Das große Buch
der
Deutschen Heere
im
20. Jahrhundert

Bruce Quarrie

Bruce Quarrie

Das große Buch der Deutschen Heere im 20. Jahrhundert

Die Gesamtdarstellung der Deutschen Heere
von 1900 bis heute

Organisationen und Gliederungen
Bewaffnungen - Fahrzeuge
Ausrüstungen
Chronologien beider Weltkriege

Deutsche Bearbeitung: Horst Scheibert

PODZUN-PALLAS

©

Copyright, 1990

Alle Rechte, auch die auszugsweisen Nachdrucks
der deutschen Ausgabe, beim PODZUN-PALLAS-VERLAG,
Markt 9, 6360 Friedberg/H., Tel.:06031/3131, Telefax: 06031/62969
Satz: PODZUN-PALLAS, Diana Tillinger
Deutsche Übersetzung: Heinrich Kaiser
Technische Herstellung: Freiburger Graphische Betriebe, 7800 Freiburg
ISBN: 3-7909-0388-4

Titel der englischen Originalausgabe:
Encyclopaedia of the German Army in the 20th century
© Bruce Quarrie, 1989
Patrick Stephens Ltd.
part of Thorsons Publishing Group,
Wellingborough, Northamptonshire, NN8 2RQ, England
ISBN der englischen Ausgabe: 0-85059-922-9

Inhalt

Vorwort

Die Entstehungsgeschichte dieses Buches reicht zurück bis zu dem langen heißen Sommer von 1976, als mein Kollege Terry Gander und ich das Glück hatten, bei dem Scharfschießen auf dem Schießplatz Suffield in Kanada Gäste des britischen Heeres zu sein. Das Erlebnis weckte ein lebhaftes Interesse für die Organisation und Ausrüstung der heutigen Heere und führte zu Terrys erstem Buch in dieser Serie der militärischen Nachschlagewerke bei PSL, der Encyclopaedia of the modern British Army (dem Lexikon des modernen britischen Heeres), dessen dritte Auflage jetzt herauskommt. Darauf folgten Nachschlagewerke über die moderne Royal Air Force, die Royal Navy und die Marineflieger seit 1945; die beiden letzteren werden von einem befreundeten Kollegen, Paul Beaver, geschrieben. Weitere Titel dieser Serie sind geplant.

Mehrere Jahre hatte mein besonderes Interesse dem deutschen Heer in der Zeit des Zweiten Weltkrieges sowie der Waffen-SS gegolten. In den Jahren seit 1976 verbrachte ich viel Zeit damit, verschiedene Aspekte der deutschen Landstreitkräfte zu untersuchen und Bildmaterial zu sammeln, hauptsächlich in dem Bundesarchiv in Koblenz und im Bildarchiv Preußischer Kulturbesitz in Berlin, wo ich die Leitung und die Mitarbeiter entgegenkommend und hilfreich fand. Das gleiche gilt für die meisten Deutschen, mit denen ich zusammenkam, besonders für die Berliner mit ihrem sehr ungezwungenen Auftreten und Sinn für trockenen Humor.

In zwei Weltkriegen war Deutschland der Angreifer, jetzt ist es zum Symbol einer geteilten Welt geworden, und die Bevölkerung sowohl im Osten als im Westen weiß, daß sie im Grenzgebiet wohnt. Die moderne Bundeswehr ist die vorderste Bastion der NATO und hat eines der am besten ausgerüsteten Heere der Welt, das gleiche gilt für das der DDR.

Meine Forschungsergebnisse ermutigen mich ebenso wie die günstige Aufnahme, die Terry Ganders und Paul Beavers frühere Bücher fanden. Daher entwarf ich vor zwei Jahren den Plan für ein Nachschlagewerk über das deutsche Heer und die Waffen-SS von 1933-45; obwohl die Machtergreifung durch Hitler und sein Selbstmord zwölf Jahre später Wendepunkte in der Weltgeschichte markieren, wurde mir doch klar, daß eine Untersuchung über die deutschen Landstreitkräfte nicht von deren Geschichte getrennt werden konnte. In Übereinstimmung mit PSL schloß ich, daß das Werk den Versuch machen sollte, in einem einzigen Buch umfassend über die deutschen Heere von der Jahrhundertwende bis zur Gegenwart zu berichten. Es war eine enorme, aber auch lohnende Aufgabe. Meinen Verlegern muß ich für ihre Geduld danken, die sie für die Verzögerungen aufbrachten, wenn es sich herausstellte, daß die Informationen zu ungenau oder in einigen Fällen überhaupt nicht zu beschaffen waren. Es ist nicht zu vermeiden, daß in den folgenden Ausführungen Lücken auftreten, aber ich hoffe, daß das, was vorgelegt wird, sich als ein nützliches Nachschlagewerk für andere erweisen wird. Ich wäre den Lesern sehr dankbar, welche Informationslücken auffüllen könnten; Ergänzungen könnten bei einer späteren revidierten Auflage berücksichtigt werden.

Dieses Buch wurde geschrieben, weil ich ein solches, das jedoch nicht existierte, gern besessen hätte. Es gibt zwar Dutzende, wenn nicht gar Hunderte anderer Bücher, die sich mit der Materie befassen, aber hauptsächlich den Zeitraum des Dritten Reiches abdecken. Es sei auch darauf hingewiesen, daß dieses Buch keinen Versuch macht, die komplizierten Belange der Uniformen, Abzeichen, Medaillen und Auszeichnungen darzustellen. Diese Dinge sind in zahllosen Büchern veröffentlicht worden, sie setzen spezielle Publikationen mit Farbbildern voraus, wenn sie überhaupt einen Wert haben sollen. Dieses Buch ist auch keine »Geschichte« im eigentlichen Sinne des Wortes, wenn auch einige Abschnitte einen kurzen Überblick geben über die Entwicklung der deutschen Armee und ihre Beziehung zu der jeweiligen politischen Situation. Die chronologischen Angaben sind als Hinweise für solche Leser gedacht, die sich eingehender mit Feldzügen oder einzelnen Gefechten befassen wollen.

Vorliegendes Buch hätte ohne die Hilfe von Freunden und Institutionen nicht geschrieben werden können, daher gilt mein besonderer

Dank den Mitarbeitern des Bundesarchivs, des Bildarchivs Preußischer Kulturbesitz, des Imperial War Museums, des Army Transport Museums, der Büchereien in Wellingborough und Northampton. Folgende Persönlichkeiten waren besonders entgegenkommend bei der Beschaffung von Informationen und Bildmaterial: Chris Ailsby, Paul Beaver, Christopher F. Foss, Ian Furse von BMW, Sergeant M. Gabriel aus dem Büro des Militärattachés der Bundesrepublik Deutschland, Terry Gander, John und Diane Moore und Fred Stephens. Stuart Bonham und John Marriott von der National Westminster Bank haben auch beträchtliche Hilfe geleistet. Ein besonderes Wort des Dankes muß auch an John Rue gehen für seine tadellosen Zeichnungen, die er in kürzester Zeit fertigstellte. Und schließlich gilt mein besonderer Dank all denen, die ich unabsichtlich übergangen haben mag.

Bruce Quarrie
Wellingborough

7

Teil I

Entstehung und Entwicklung des kaiserlichen Heeres

Vor dem Jahre 1866 gab es kein »deutsches« Heer. Was als »Deutschland« zu bezeichnen wäre, war in Wirklichkeit eine Vielzahl von unabhängigen und halbunabhängigen Ländern, von denen Preußen das größte war. Preußen war 1648 in dem Religionskrieg, der zwischen Protestanten und Katholiken in Europa tobte, als »Brandenburg-Preußen« entstanden. In den folgenden zweihundert Jahren bestand ein großer Teil der europäischen Geschichte aus dem unvermeidbaren Konflikt zwischen dem Neuen und dem Alten, zwischen einem überwiegend protestantischen Norddeutschland, das von einem »Emporkömmling« beherrscht wurde, und den alten bröckelnden Überbleibseln des Heiligen Römischen Reiches, die kurz als das Österreichisch-Ungarische Reich bezeichnet wurden. Die Rivalität zwischen diesen beiden Staaten war heftig, — der eine versuchte seine Identität zu begründen, der andere klammerte sich an die Vergangenheit, und dies führte zu einem fast ununterbrochenen — erklärten oder unerklärten — Kriegszustand. Die bedeutendste Episode war der sog. »Siebenjährige Krieg« von 1756-1763. Der Erfolg der Preußen über die französischen und österreichischen Bündnispartner brachte Friedrich II. die Bezeichnung »Friedrich der Große« ein und der preußischen Armee wegen ihrer legendären Disziplin und Feuergenauigkeit den Ruf, die beste in Europa zu sein.

Ein Nachteil von Friedrichs System war dessen Starrheit, und deshalb schnitt die preußische Armee zu Beginn des 19. Jahrhunderts schlecht ab bei den Auseinandersetzungen mit dem neuen Emporkömmling, dem revolutionären Frankreich. Preußen wurde 1806 in der Schlacht bei Jena von Napoleon besiegt und in einen Marionettenstaat verwandelt. Wie durch ein Wunder

brachte es die preußische Armee fertig, ihre Identität zu bewahren und mittels durchtriebener Tricks eine Reserve an ausgebildeten Soldaten zu bilden, die ihren kämpferischen Wert in den Feldzügen gegen den früheren Eroberer in den Jahren 1813-15 bewiesen.

Preußen und Österreich waren zwar in den meisten napoleonischen Kriegen Verbündete, aber es blieb die alte Rivalität und Feindschaft, die sich verschärften, als der österreichische Staatsmann Fürst Metternich in 1815 den Wiener Kongreß in dem Sinne beeinflußte, daß der Deutsche Bund entstand. Dieser löste die vorhergehende chaotische Vielfalt von 400 »Ländern« auf und reduzierte ihre Zahl auf einige 40, aber noch gab es kein wirkliches Nationalgefühl. In den 20er und 30er Jahren erhob sich — nicht nur in Deutschland — eine anschwellende Woge der Unzufriedenheit — Verfassungsreformen wurden gefordert, um dem einfachen Bürger eine größere Entwicklung auf die Gestaltung des Staatswesens zu geben; ferner sollte ein deutsches Nationalparlament eingerichtet werden, das als Parallele zu dem Bundestag in Frankfurt gedacht war oder ihn schließlich ersetzen sollte. In den meisten Ländern begegnete man der Welle der liberalen Forderungen mit umso härterer Unterdrückung, während in einigen anderen (besonders in Hannover und Sachsen) beschwichtigende Konzessionen den Zweck verfolgten, die fundamentalen Ursachen der Unzufriedenheit unter den sprichwörtlichen Teppich zu kehren. Lieder, z.B. »Deutschland über alles« und »Die Wacht am Rhein« stammen aus dieser unruhigen Zeit. Die Absetzung von Louis Philippe im Februar 1848 und die Errichtung einer Zweiten Republik in Frankreich trieben die Entwicklung u.a. auch in Deutschland voran. Im März begannen die Massen auf den Straßen zu demonstrieren. Der Aufruhr begann in München und breitete sich schnell bis Berlin aus. Nach beträchtlichem Blut-

Links: Truppen auf Eisenbahntransport zur Front, August 1914 (BPK/WWI/1420).

vergießen war es unumgänglich geworden, Metternich aus seinen Ämtern zu entfernen; am 30. März versammelte sich ein provisorisches Parlament in Frankfurt. Am 7. April forderte der Bundestag demütig Wahlen für die Einberufung eines neuen Nationalparlaments.

Österreich, das wegen der ungarischen Unabhängigkeitsforderung mit innenpolitischen Spannungen belastet war, zog sich vom Deutschen Bund zurück, die übrigen Länder des »kleineren Deutschlands« blieben weiterhin uneinig. Die tatsächliche Einigung ließ ungefähr zwanzig Jahre auf sich warten und wurde auch dann nur als Ergebnis eines Krieges erreicht.

Bismarck

Die Haupttriebfeder sowohl für die deutsche Einigung als auch für die Schaffung einer modernen Nationalarmee war Fürst Otto von Bismarck. Er wurde 1815 geboren, in dem Jahre, als die Alliierten Napoleon endgültig besiegten; er erbte alle Traditionen einer Familie des preußischen Landadels. Der Anfang seiner Karriere im preußischen Staatsdienst war wenig erfolgreich, weil er der verlangten Disziplin nicht den gebührenden Gehorsam entgegenbrachte. Er wurde in den Bundestag gewählt, bevor dieser aufgelöst wurde; er vertrat die politischen Ansichten des rechten Flügels, die für die preußische und deutsche Armee bis vor verhältnismäßig kurzer Zeit bestimmend waren. In dem neuen Bundestag tauchte Bismarck 1851 als prominenter Abgeordneter auf; zu dieser Zeit war er erst 36 Jahre alt. Einige Jahre später wurde Bismarck wegen seiner politischen Ansichten entlassen, als sein Gönner starb und Kronprinz Wilhelm (ein Mann mit schwachen liberalen Neigungen) die Regierung übernahm. Als Vertreter Preußens an den russischen Hof in St. Petersburg (Leningrad) »in die Verbannung geschickt«, lernte er viel in dieser Position, noch mehr lernte er, als er 1862 kurzfristig an den Hof Napoleons III. in Paris abgeordnet wurde. England besuchte er bei einer Reihe von Gelegenheiten während seiner — wie er sie nannte — »Frostperiode«.

Als der Kronprinz im Jahre 1861 König Wilhelm I. wurde, übernahm er eine Verfassungskrise wegen der Vergrößerung und Reorganisation der Armee, und Bismarck schien der einzige zu sein, der die Lage zu meistern in der Lage war. Daher wurde er aus Paris zurückberufen, um an die Spitze des Parlaments zu treten. Als erstes gelang es ihm, die liberal gesonnenen Menschen Euro-

pas zu befremden, indem er die russische Unterdrückung des polnischen Aufstandes im Jahre 1863 unterstützte. Auf diese Weise gewann er den Zar als einen wertvollen Verbündeten: Rußland unternahm nichts, als Preußen und Österreich, notwendigerweise Verbündete, im Jahre 1864 die Frage, wem Schleswig-Holstein gehören solle, endgültig lösten, indem sie die Dänen unter Gewaltanwendung hinauswarfen. Zwei Jahre später brachten die Preußen den Österreichern eine klare Niederlage bei, nachdem diese versucht hatten, den Bundestag wieder unter ihre Kontrolle zu bringen. Diese Tatsache ermöglichte es Bismarck, eine Koalition der norddeutschen Länder zustande zu bringen. Vier Jahre später ließ er Nachrichten über die Absichten Napoleons III. gegen die neutralen südlichen Länder durchsickern und konnte infolgedessen ein fast vereintes Deutschland gegen Frankreich in den Krieg führen.

Das Ergebnis des französisch-preußischen Krieges 1870-71 war eine demütigende Niederlage der Franzosen und das Entstehen des von Preußen geführten neuen Deutschlands — eines modernen europäischen Staates. Der Krieg hinterließ auch noch einen Zankapfel, der zu ernsthaften Auswirkungen im 20. Jahrhundert führen sollte: Preußen annektierte das Elsaß und den größten Teil von Lothringen. Die neue Macht zeigt ihre Kraft.

Die österreichisch-preußischen und französisch-preußischen Kriege

Bevor der kurze Krieg gegen Dänemark von preußischen und österreichischen Truppen gewonnen wurde, war die Armee des »kleineren Deutschlands« schon mobil gemacht worden. Der Grund dafür war der kurze Krieg im Jahre 1859 zwischen Österreich und Frankreich wegen Sardinien. Die preußische Armee war zwar mobil gemacht worden, doch sie brauchte nicht in den Kampf einzugreifen. Diese »Übung« erwies sich indessen als äußerst nützlich, denn sie offenbarte Schwächen der Mobilmachungspläne und besonders des Eisenbahnwesens. Die Schwachstellen wurden umgehend beseitigt von Bismarck und dem General Helmuth von Moltke, der seit 1857 Chef des Generalstabs war. Andere Reformen waren schon in Angriff genommen worden: eine neuer Waffenrock war eingeführt worden, und der Schako wurde durch die Pickelhaube ersetzt; dies war ein Lederhelm, an dessen Spitze zum Teil die Waffengattungen zu erkennen waren; die Infanterie hatte eine Metallspitze und die Artillerie eine Kugel. Außerdem wurde das Zündnadelgewehr eingeführt, das Nikolaus von Dreyse entwickelt hatte.

Diese Waffe war ein Hinterlader-Schlagbolzengewehr mit dem Kaliber 11 mm; eine Stahlnadel durchschlug und aktivierte eine Quecksilber-Initialzündung, welche die Schwarzpulver-Treibladung zur Detonation brachte. Im Krieg 1870-71 stellte sich heraus, daß es schwerer nachzuladen war und auch eine geringere Reichweite hatte als das französische Chassepot-Schlagbolzengewehr; deshalb wurde es durch das Mauser-Gewehr Modell 1871 ersetzt, das die Vorzüge beider aufwies und schließlich (über das französische Lebel-Gewehr und das österreichische Mannlicher-Magazingewehr) zu dem Gewehr 98 und dem Karabiner 98 mit kleinerem Kaliber führte. Die Entscheidung in dem österreichisch-preußischen Krieg fiel am 3. Juli 1866 in der Schlacht bei Königgrätz, in der die Preußen den Österreichern und ihren sächsischen Verbündeten Verluste in Höhe von 40.000 Mann beibrachten, sie selbst hatten ein Viertel dieser Ausfälle. Wegen Erschöpfung konnten sie die Verfolgung nicht aufnehmen, und die verbliebenen, feindlichen Kräfte konnten sich in die Festung gleichen Namens zurückziehen. Der französische Kaiser Napoleon III. wurde dann überredet, sich einzuschalten; er brachte einen Frieden zustande, in dem Preußen Hannover, Hessen-Kassel und Nassau »erwarb«. Die Erinnerung an 1806 saß tief, und die antifranzösischen Gefühle waren stark. Nachdem Österreich besiegt worden war, — bald wurde es jedoch ein neuer Verbündeter — brauchte Bismarck einen neuen gemeinsamen Gegner, um das Bündnis zu festigen. Frankreich war der »natürliche« Feind, und in 1870 brachte es der Baumeister der deutschen Politik fertig, beide Länder in einen Krieg hineinzumanövrieren, wegen der belanglosen Frage der spanischen Thronfolge.

Der französisch-preußische Krieg war nicht eine Angelegenheit von wenigen Wochen wie der Konflikt mit Österreich, aber er zeigte die Überlegenheit der deutschen Organisation und Verwaltung, besonders auf der Ebene des Generalstabs unter Moltkes Leitung. Der Konflikt ist mitunter als ein für Preußen leicht zu gewinnendes Rennen beschrieben worden; das war bestimmt nicht so. Der Mut der Franzosen war dem der Deutschen ebenbürtig, ihre Chassepot-Gewehre und die Mitrailleuse-Maschinengewehre waren den Waffen ihrer Gegner überlegen.

Entschlossenheit und überlegene Taktik waren die entscheidenden Faktoren für den deutschen Erfolg, dazu kam die größere Beweglichkeit unter Ausnutzung der Eisenbahnen, besonders nachdem Paris eingeschlossen war und durch Hunger zur Kapitulation gezwungen wurde. Der Sieg über Frankreich brachte Baden, Bayern, Hessen und Hannover in das neue »größere Deutschland«, doch sie behielten ihre Autonomie. Am 18. Januar 1871 wurde Wilhelm I. der erste deutsche Kaiser des neuen Staates.

Nach der Niederlage Frankreichs richtete Bismarck seine Aufmerksamkeit darauf, die Stellung Deutschlands in Europa zu festigen; zur gleichen Zeit ermunterte er in der Innenpolitik nationale Gefühle, um das frühere Konglomerat von Kleinstaaten zu einem einigen Ganzen zusammenzuschweißen. Obwohl in dem neuen Deutschland das allgemeine Wahlrecht für Männer eingeführt wurde, hatte der Reichstag keine Exekutivgewalt, denn der Kaiser — von Bismarck beraten — konnte gegen jeden vom Reichstag gefaßten Beschluß Widerspruch einlegen. Das soll jedoch nicht heißen, daß es eine Scheindemokratie war, denn Bismarck hatte erkannt, daß eine zufriedene Bevölkerung wahrscheinlich weniger zu rebellieren geneigt war als jene, die sich unterdrückt fühlte. Als Bismarck und Wilhelm einige weit verbreitete Forderungen erfüllten — Verbesserungen auf dem Gebiet der Erziehung und die Einführung der Sozialversicherung wären hier zu erwähnen — setzten sie sich an die Spitze der Reformbewegung und erweckten den Eindruck, daß die Exekutive wohlwollend auf die Bedürfnisse der Bevölkerung reagiere.

Zwei von Bismarcks bemerkenswertesten Erfolgen in der Außenpolitik waren die Unterzeichnung eines Freundschaftsvertrages mit Österreich-Ungarn im Jahre 1879, der zum Abschluß des Zweibundes führte, und zwei Jahre später erreichte er ein ähnliches Abkommen mit Rußland, das zum »Dreikaiserbund« führte. Eine solche Konstellation hatte Bismarck nachdrücklich gewünscht, denn am meisten fürchtete er ein Bündnis zwischen Rußland und Frankreich und die sich daraus ergebende Möglichkeit, daß Deutschland zu irgendeinem Zeitpunkt einen Zweifrontenkrieg zu führen hätte.

Eins der Hauptinteressengebiete Bismarcks, auch Moltkes, des Chefs des Generalstabs, war die Armee. Im Jahre 1874 drückte Bismarck im Reichstag eine Gesetzesvorlage durch, die erhöhte Ausgaben und die Errichtung eines stehenden Heeres von 400.000 Mann ermöglichte, dessen wesentliche Stärke nicht allein in der Mannschaftsstärke lag, sondern auch in dem System des von Moltke und seinen Mitarbeitern geschaffenen Generalstabs. Gerade dieser Befehlsstruktur hatte Preußen seinen Erfolg 1870-71 zu verdanken; andere europäische Staaten bemühten sich, dieses System eiligst zu kopieren. Sehr starke Beachtung schenkte Bismarck auch der Schaffung eines modernen Eisenbahnnetzes, das die Mobilmachung im Falle einer Krise erheblich beschleunigen sollte.

Im Zusammenhang damit steht auch die Ausbildung der Armee-Pioniere im Gleisbau, die im Kielwasser einer vorrückenden Armee unverzüglich eine Bahnverbindung bauen sollten, auf der Verstärkungen und Nachschub schneller nach vorn zu bringen waren als auf den schlechten Straßen jener Zeit. Doch die Ära Bismarck war nicht von Dauer, und nicht lange nach dem Tode Wilhelm I. geriet der Kanzler mit dem neuen Kaiser, dem 29jährigen Wilhelm II., in Konflikt. Als seine Stellung unhaltbar geworden war, dankte Bismarck 1890 ab; in Verbitterung starb er acht Jahre später. Moltke war schon gegangen; 1888 hatte er sich aus Altersgründen in den Ruhestand zurückgezogen und die Armee den inkompetenten Händen des Generals Alfred von Waldersee überlassen. Glücklicherweise wurde dieser drei Jahre später durch den hochbegabten und für Neuerungen aufgeschlossenen General Alfred von Schlieffen ersetzt, dessen Ideen die Strategie der Deutschen in beiden Weltkriegen bestimmen sollten.

Der Schlieffenplan

Als 1890 Deutschland den Rückversicherungsvertrag mit Rußland nicht verlängerte, begann Rußland Bündnisverhandlungen mit Frankreich. Moltke sah nunmehr Rußland als die größte Bedrohung des noch wenig gefestigten Deutschlands und seine Planungen für einen eventuellen Krieg beruhten auf der Voraussetzung eines schnellen Schlages gegen Rußland, damit die Armee innerhalb weniger Wochen den Rücken frei hatte, um sich dann mit den Franzosen auseinanderzusetzen. Seit 1871 hatten sich die Franzosen darauf konzentriert, Festungslinien zu bauen, die einen Angriff aus dem Osten aufhalten sollten; eine solch defensive Einstellung hatte keinen Nutzen aus dem Krieg von 1870-71 gezogen. Ihre Mobilmachung, so rechnete Moltke, würde nur langsam anlaufen, und ihre möglichen Angriffsbewegungen könnten aufgehalten werden, während die Hauptanstrengung darauf ausgerichtet war, die Russen niederzuwerfen.

Moltke und Schlieffen waren sich in einem Punkte einig: Einkreisung, d.h. eine Front mußte gehalten werden, während die andere mit einem kräftigen Stoß die Linien des Feindes durchbrach, um dessen Manövrierfähigkeit einzuschränken und ihn gegen vorbereitete Stellungen zu drücken. Grundsätzlich unterschieden sie sich in der Einschätzung der Befestigungslinien, welche die Russen bauten; Schlieffen traf daher die folgende Entscheidung: ein schneller Sieg gegen diesen Gegner würde nicht möglich sein, eine Umfassungsbewegung durch das neutrale Belgien könnte die französischen Verteidigungslinien an den Flanken umgehen und die französischen Kräfte in ungefähr sechs Wochen einschließen. Schlieffen fürchtete auch, in dieselbe Falle zu geraten, wie es Napoleon 1812 passiert war. Gedanken an den verhängnisvollen Rückzug aus Moskau spielten bei seinen Planungen eine entscheidende Rolle. Eine wesentliche Tatsache, die er als bedeutungslos außer acht ließ, die jedoch für die spätere Niederlage der deutschen Streitkräfte von enormer Bedeutung war, war die britische Garantie der belgischen Neutralität. Wenn sein Plan haargenau ausgeführt würde, — und davon ging er aus — dann könnte Großbritannien nicht schnell genug mobilmachen und Expeditionstruppen schicken, um das Ergebnis seines Planes zu vereiteln. Stattdessen rechnete er mit der Erbitterung der Franzosen wegen der Annektierung von Elsaß und Lothringen in 1871; er nahm deshalb an, der Anfang der französischen Offensive sei in dieser Region zu erwarten, — dann würde die französische Armee ihren Kopf in eine sorgfältig vorbereitete Schlinge stecken. Während die Franzosen in diese Falle gelockt würden, sollte das Gros der deutschen Armee am rechten Flügel einen wichtigen Angriff vortragen, Belgien durchstoßen, um Verdun herum eine Schwenkung ausführen, Paris umgehen und von rückwärts angreifen.

Schlieffens Plan, von der Armee 1894 angenommen, war in allen Einzelheiten ausgearbeitet, als Schlieffen 1906 in Ruhestand ging, aber bis zu seinem Tode im Jahre 1913 dennoch an dem Projekt weiterarbeitete. Daß der Plan schließlich scheiterte, lag. z.T. an Änderungen, die Moltkes Sohn, der auch Helmuth hieß, vornahm. Er fürchtete die Bedrohung durch die Russen noch mehr als sein Vater, und weil er den militärischen Fähigkeiten der Österreicher nicht viel zutraute, verringerte er die Stärke der Angriffstrup-

DAS DEUTSCHE
REICH UND SEINE
VERBÜNDETEN
AM VORABEND DES
KRIEGES 1914

ICELAND

NORWAY

SWEDEN

Oslo
(Christiniana)

Stockholm

St Petersburg
(Leningrad)

BALTIC

SEA

Moscow

DENMARK

Copenhagen

BRITAIN

Amsterdam

IMPERIAL RUSSIA

London

HOLLAND

Berlin

Warsaw

BELGIUM

GERMAN EMPIRE

Brussels

Paris

FRANCE

SWITZ-
ERLAND

Vienna

AUSTRIA-HUNGARY

CASPIAN
SEA

ITALY

Belgrade

ROMANIA

Bucharest

BLACK SEA

Sarajevo

SERBIA

Sofia

PORTUGAL

Lisbon

Madrid

Rome

MONTE-
NEGRO

ALBANIA

BULGARIA

Constantinople

PERSIA

SPAIN

GREECE

OTTOMAN EMPIRE

SPANISH MOROCCO

Athens

MOROCCO

ALGERIA

TUNISIA

MEDITERRANEAN SEA

ARABIA

*Erzherzog Franz Ferdinand und
seine Frau bei der Ankunft auf
dem Bahnhof in Sarajewo.
(BPK/WW I/1402).*

pen von 71 auf 55 Divisionen; die frei gewordenen Truppen setzte er zur Stärkung der Verteidigung im Osten ein. Auch durch die unbeständige, etwas wichtigtuerische und ziemlich unbesonnene Wesensart Wilhelms II. beeinflußt, entschied er, Paris solle nicht umgangen werden, sondern müsse eingenommen werden, und zwar im Interesse des wichtigeren militärischen Ziels, die französischen Feldarmee einzuschließen. Aber wie Schlieffen unterschätzte auch er die Möglichkeit einer schnellen britischen Reaktion und stellte die ungeheuren Schwierigkeiten nicht ausreichend in Rechnung, die sich bei der Abstimmung der Bewegungen einer solch ungeheuren Angriffstruppe und ihrer ausreichenden Versorgung mit Nachschub ergeben mußten; zwar gab es Eisenbahnen, aber die deutsche Armee war 1914 fast völlig pferdebespannt, sie verfügte nur über etwa 4.000 Motorfahrzeuge.

Der Ausgang des Krieges 1870-71 enthielt die Garantie dafür, daß es zu irgendeinem Zeitpunkt wieder zu einem Krieg zwischen Frankreich und Deutschland kommen würde. Der Kampf um Kolonien, die Deutschland erst spät — nach 1880 — erwarb, erzeugte Reibungen und versetzte Deutschland in Wettbewerb mit seinem traditionellen Verbündeten Großbritannien. Kaiser Wilhelm II. verschlimmerte die Situation, als er ein Flottenbauprogramm auflegte, um die Kriegsmarine auf die Stärke der Royal Navy zu bringen. In dieser Zeit stießen Österreichs und Rußlands Interessen auf dem Balkan aufeinander. Die Lage spitzte sich zu, als 1914 der österreichische Thronfolger, Erzherzog Franz Ferdinand, von dem serbischen Nationalisten Gavrilo Princip ermordet wurde. Österreich und Rußland wurden unerbittlich in einen Krieg verwickelt. Deutschland war verpflichtet, Österreich zu unterstützen, aber sein einziger Offensivplan war eine Modifikation des Schlieffenplanes.

Chronologie des Ersten Weltkrieges

1914

28. Juni	Erzherzog Franz Ferdinand von Österreich durch Gavrilo Princip in Sarajewo ermordet.	1. August	Frankreich ordnet Mobilmachung an. England beruft die Marine-Reserve ein. Deutschland erklärt Rußland den Krieg.
23. Juli	Österreichisches Ultimatum an Serbien.		
26. Juli	Frankreich und Rußland ergänzen ihre Mobilmachungspläne.	3. August	Frankreich und Deutschland erklären sich gegenseitig den Krieg.
28. Juli	Offizieller Kriegszustand zwischen Österreich und Serbien.	4. August	Deutschland marschiert in Belgien ein. England erklärt den Krieg.
31. Juli	Rußland ordnet Mobilmachung an; Deutschland stellt Ultimatum an Rußland.	12.-20. August	Die Serben schlagen den österreichischen Angriff zurück;

Verlesen der Kriegserklärung, Berlin, Unter den Linden. (BPK/WW I/1412)

Reservisten auf dem Marsch in die Kasernen, August 1914. (BPK/WW I/1417)

*Links: Truppen auf dem
Marsch zum Bahnhof am
2. August 1914 in Ber-
lin. (BPK/WW I/1419)*

*Unten: Das Infanterie-
Regiment 83 in Namur,
22. August 1914.
(BPK/WW I/1427)*

Fall von Lüttich; Belgier ziehen sich auf Antwerpen zurück. Britische Expeditionstruppen verzögern den deutschen Vorstoß auf Mons, so
daß sich die Franzosen in
Richtung Verdun zurückziehen können; Schlacht bei Le
Cateau. Die Russen fallen in
Ostpreußen ein, werden aber
bei Tannenberg besiegt. Russen

25. Aug.-6. Sept.

29. Oktober

besiegen die Österreicher bei
Lemberg.
Schlacht an der Marne; briti-
sche Expeditionstruppen zie-
hen sich nach Flandern zurück
und bringen den deutschen
Vorstoß bei Ypern zum Ste-
hen.
Türkei erklärt den Krieg, um
Deutschland und Österreich-
Ungarn zu unterstützen.

Die Schlacht bei Tannenberg vom 26. bis 30. August 1914. Hier haben Infanteristen, um Schußfeld zu haben, eine Wand im Erdgeschoß eines Hauses herausgeschlagen.

General Hindenburg während der Schlacht bei Tannenberg im August 1914. Bei ihm die Generäle Ludendorff (3. v.l.) und Hoffmann. (BPK/WW I/1456)

Ein Gemälde von F. Grotemeyer zeigt einen Infanterieangriff während des Kampfes um Langemarck am 10. November 1914 in Belgien. (BPK/WW I/1428)

Männer einer Artillerie-Abteilung lassen sich während einer Feuerpause ihre Mahlzeit schmecken.
(BPK/WW I/1435)

1915

ab 4. Februar	Die Deutschen beginnen eine Offensive gegen die Russen in Ostpreußen.	Mai	Die Deutschen vertreiben die Russen aus Polen und machen 750.000 Gefangene.
25. April	Britische Truppen landen auf der Halbinsel Gallipoli	4. Mai	Italien erklärt Österreich den Krieg.
April - Juni	Schlacht bei Ypern, von den Deutschen mit großangelegten Gasangriffen begonnen; Verluste der Alliierten 100.000 Mann, Verluste der Deutschen 50.000 Mann.	Mai - Juni	Mit Bulgariens Hilfe überrennen die Deutschen Serbien.
		6. August	Scheitern der englischen Offensiven auf Gallipoli bei Sulva Bay und Anzac. Die Alliierten verlieren 200.000 Mann.

Infanterie mit schweren Maschinengewehren in Verteidigungsstellungen in Masuren an der Ostfront, Februar 1915.
(BPK/WW I/1459)

Oben: Infanteristen mit primitiven Gasmasken während des deutschen Gasangriffs bei Ypern am 22. April 1915. (BPK/WW I/1487)

Rechts: Befehlsausgabe eines Regimentstabes. (BPK/WW I/1452)

Rechts: In Gorlice an der Ostfront 1915: Artillerie rollt an die Front. (BPK/WW I/1466)

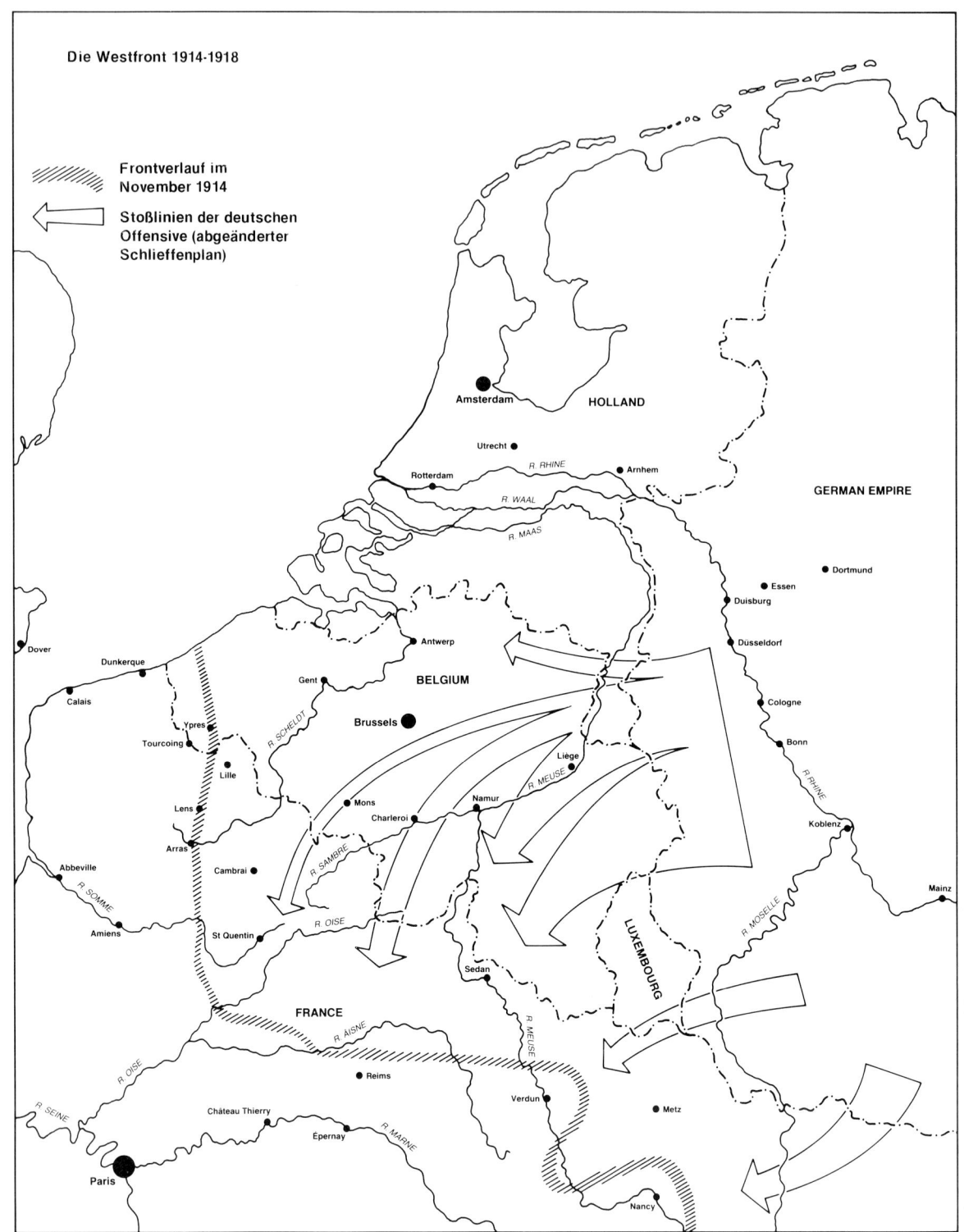

Die Westfront 1914-1918

Frontverlauf im
November 1914

Stoßlinien der deutschen
Offensive (abgeänderter
Schlieffenplan)

HOLLAND

Amsterdam

Utrecht

R. RHINE

Arnhem

GERMAN EMPIRE

Rotterdam

R. WAAL

R. MAAS

Dortmund

Essen

Duisburg

Düsseldorf

Dover

Dunkerque

Antwerp

BELGIUM

Cologne

Calais

Gent

R. SCHELDT

Brussels

Liège

Bonn

Ypres

Tourcoing

Lille

Mons

Charleroi

Namur

R. MEUSE

R. RHINE

Koblenz

Lens

Arras

Cambrai

R. SAMBRE

LUXEMBOURG

Mainz

Abbeville

R. SOMME

St Quentin

R. OISE

Sedan

R. MOSELLE

Amiens

FRANCE

R. AISNE

R. MEUSE

Reims

Verdun

Metz

Château Thierry

Épernay

R. MARNE

R. SEINE

R. OISE

Paris

Nancy

20. Dez. 1915 - 8. Januar 1916	Die Alliierten evakuieren Gallipoli.
Dez. 1915 - 29. April 1916	Britische Invasion Mesopotamiens; nach anfänglichem Erfolg werden die Truppen isoliert, eingeschlossen und schließlich zur Kapitulation gezwungen.

1916

Januar - April	Erfolgreiche russische Offensive wirft die Türken aus Bitlis, Erzurum und Trebizond.
21. Febr.-Sept.	Neue Deutsche Offensive bei Verdun scheitert endgültig, weil Truppen abgezogen werden mußten, um die russischen Angriffe am Narocz-See im März und die britische Offensive an der Somme abzuwehren.
Mai	Die Griechen übergeben Fort Rupel; Briten entwaffnen die griechische Armee und halten die Stellungen bei Saloniki gegen bulgarische Angriffe.
Mai - 4. August	Österreichisch-deutsche Offensive in Italien kostet Italien 500.000 Mann Verluste, kann aber Triest nicht einnehmen.
4. Juni	Die Russen vernichten zwei österreichische Armeen in der Nähe von Luzk.
1. Juli-13. Nov.	Schlacht an der Somme. Große Verluste auf beiden Seiten. Erster (erfolgloser) Einsatz von Tanks. Die Alliierten werden schließlich zum Stehen gebracht, doch sie erzielen beachtlichen Bodengewinn.

Oben: Ulan mit Gasmaske, 1916. (BPK/WW I/1487)

Unten: Weihnachten 1916 in Polen. (BPK/WW I/1467)

Vom östlichen Kriegsschauplatz.
Ein russisches Schloss in Polen, in dem z. Z. ein deutsches Dragoner-Regiment untergebracht ist.

27. August	Rumänien schließt sich den Alliierten an.
11. November-6. Dezember	Die Deutschen greifen Rumänien an und nehmen Bukarest ein. Deutscher Versuch, Friedensverhandlungen einzuleiten, wird von England zurückgewiesen.
November 1916-Januar 1917	Die Briten vertreiben die Türken aus Ägypten.

1917

März	Die Deutschen ziehen sich freiwillig aus dem Frontvorsprung bei Verdun zurück und kommen so einer geplanten alliierten Offensive zuvor. Ausbruch der Revolution in Rußland.
6. April	Amerika tritt in den Krieg ein, nachdem Deutschland den uneingeschränkten U-Bootkrieg verkündete.
9. April	Britischer Angriff bei Arras.
16. April	Französischer Angriff in der Champagne. Zwar sind die französischen Truppen erfolgreich, aber infolge der Verluste demoralisiert. Erste Anzeichen einer Meuterei treten im Mai auf.
Mai	Die Italiener machen einen erfolglosen Angriff bei Triest; der deutsche Gegenangriff zwingt die Italiener zu ungeordnetem Rückzug auf den Fluß Piave. Kerensky wird einflußreichster russischer Politiker.
7. Juni	Eine britische Offensive eröffnet die Schlacht um Passchendaele (Dritte Schlacht um Ypern).
Juli	Die Russen greifen Österreich an. Eine deutsche Armee kommt den Österreichern zu Hilfe und schlägt den Angriff zurück.
30. Oktober -11. Dezember	Eine britische Offensive vertreibt die Türken aus Jerusalem.
November	Die erschöpften britischen Expeditionstruppen brechen die Offensive bei Passchendaele nach 250.000 Mann Verlust ab.
7. November	Lenin setzt Kerensky ab.
20. November	Schlacht bei Cambrai. 381 britische Tanks werden in einen erfolgreichen Angriff eingesetzt und überrennen einen 10 km

Oben links: An der Ost-front. Ein deutsches Dra-gonerregiment hat sich in einem polnischen Städt-chen eingerichtet. (BPK/WW I/1466c)

Mitte links: Ein gefange-ner englischer Sanitäts-feldwebel teilt mit einem deutschen Soldaten ein Päckchen Zigaretten. (BPK/WW I/1562)

Unten links: Die Offensi-ve an der Düna im Sep-tember - Dezember 1917, deutsche Infanteristen bei einem Angriff in der Nä-he von Riga. (BPK/WW I/1464)

Oben rechts: Die Nach-wirkungen eines Gasan-griffs in Flandern - tote englische Pferde. (BPK/WW I/1435)

Mitte rechts: Die erste größere Tank-Offensive der Geschichte: Britische Mk IV rücken auf Cam-brai vor, November 1917. (BPK/WW I/1486a)

Rechts: Zwei deutsche Soldaten auf einem er-beuteten britischen Mk IV. (BPK/WW I/1486)

23

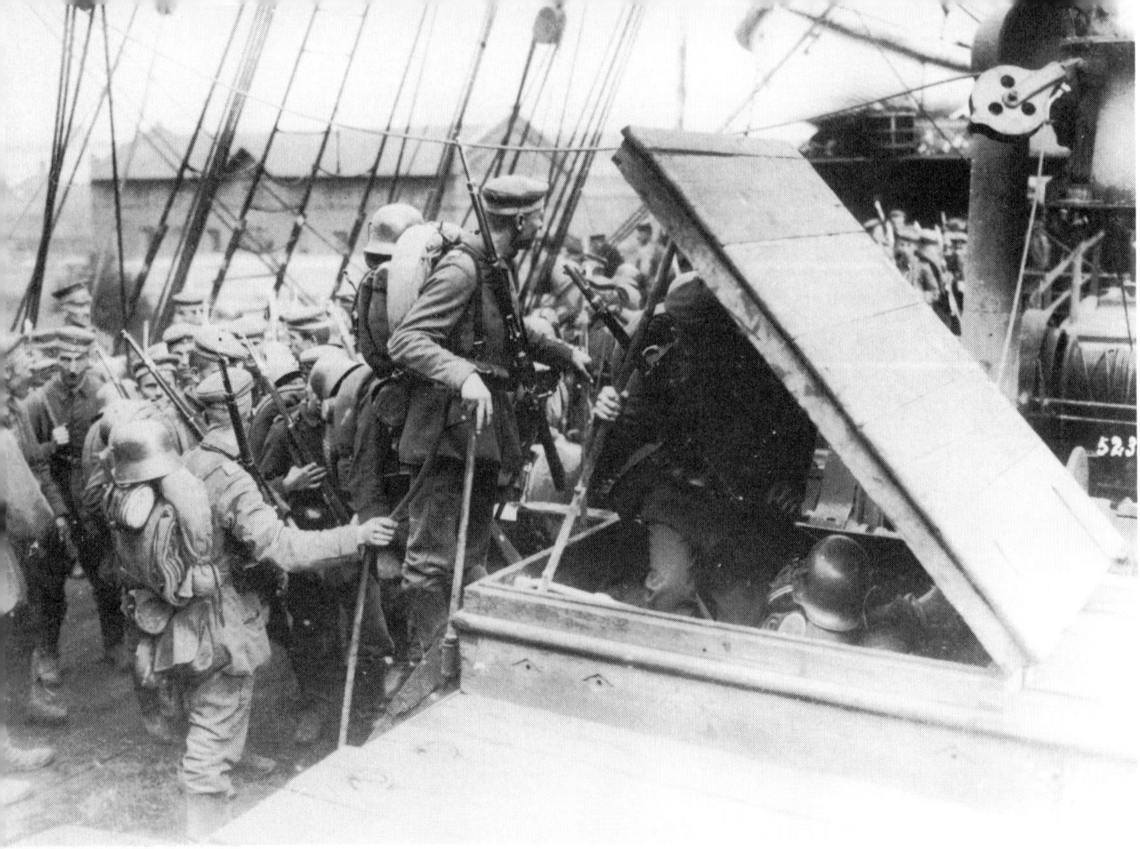

| 4. Dezember | breiten Abschnitt der »Hindenburg-Linie«.
Lenin unterzeichnet den Waffenstillstandsvertrag. | 12. Dezember | Rumänien unterzeichnet den Waffenstillstandsvertrag. |

Oben: Ostfront, 12. Oktober 1917. Deutsche Truppen bei der Verladung zum »Übergang« zur Insel Ösel.
(BPK/WW I/1464c)

Links: Während des Treffens mit der russischen Delegation auf dem Bahnhof in Brest-Litowsk im Dezember 1917.
(BPK/WW I/1590)

BALTIC SEA

Memel

Kovno
Vilna

Danzig
Minsk

Stettin
Grodno

Bialystok

Berlin
Posen
POLAND
RUSSIA

GERMANY
Warsaw
Brest-Litovsk
Pinsk

Lodz

Breslau
Lublin

Rovno

Prague
Tarnow

Cracow
Gorlice
Tarnopol

Vienna
Czernowitz

Budapest

AUSTRIA-HUNGARY

Caporetto
Vittorio
Veneto
Isonzo
ROMANIA
Brescia
Verona
Trieste
Bucharest
Constanta
Padua
Venice

BLACK SEA

Belgrade

ITALY
Sarajevo

MONTE-
NEGRO
SERBIA
Sofia
BULGARIA

Rome
Skopje

Constantinople

Tirana
Salonika
Gallipoli

MEDITERRANEAN SEA
ALBANIA

GREECE
AEGEAN SEA
OTTOMAN
EMPIRE

Die Ostfront zeigt die
weitesten Vorstöße der
Deutschen und der Russen.

SICILY

OSTFRONT UND MITTELMEERFRONT
1914-1918

Athens

MEDITERRANEAN SEA

25

*Die deutsche Offensive im Westen, 1918 - Infanteristen steigen zum Angriff aus der Deckung.
(BPK/WW I/1436a)*

*Ein frühes Panzerabwehrgewehr während des Winters 1917-18.
(BPK/WW I/1486)*

1918

21. März	Deutsche Frühjahrsoffensive auf einer Frontbreite von 110 km zwischen Arras und der Oise. Die Briten werden bis zur Somme zurückgedrängt. Um den 30. März ist die englische Armee fast von der französischen getrennt; erst französische Reserven bringen den deutschen Angriff zum Stehen.
9. April	Deutscher Angriff an der Lys-Front durchbricht portugiesische Verteidigungsstellungen; am 29. werden die Alliierten aus dem Frontvorsprung bei Ypern herausgedrängt. Zwölf

amerikanische Divisionen landen in Frankreich.

27.-30. Mai	Die Deutschen überschreiten die Aisne und gewinnen die Marne. Erfolgreicher amerikanischer Gegenangriff bei Chateau Thierry.
15. Juli	Die Deutschen erneuern ihren Angriff an der Marne.
8.-21. August	Australier, Briten, Kanadier und Franzosen starten eine große Gegenoffensive an der Somme. Sie wird von 450 Tanks eingeleitet. Elf deutsche Divisionen werden vernichtet.

Oben: Deutsche Truppen
rücken im Februar 1918
auf Dorpat vor.
(BPK/WW I/1465)

Rechts: Die letzte große
deutsche Offensive - die
Schlacht um den Chemin
des Dames. Infanterie auf
dem Vormarsch im Mai
1918. (BPK/WW
I/1436a)

Rechts: Eine anscheinend
endlose Kolonne deut-
scher Soldaten marschiert
in die Bereitschaftsstel-
lung zur Frühjahrsoffensive, Mai 1918.
(BPK/WW I/1436a)

Deutsche Soldaten in der Hindenburg-Linie, 1918.

21. Aug.-3. Sept.	Offensive der Alliierten bei Arras. Die Deutschen werden auf ihre alten Verteidigungsstellungen zurückgeworfen.	3. November	Deutschland bittet Amerika um Waffenstillstandverhandlungen.
15. September	Französisch-serbische Truppen marschieren in Bulgarien ein.	4. November	Österreich unterzeichnet den Waffenstillstand.
19. September	Die türkische Armee wird in der Schlacht bei Megiddo geschlagen.	10. November	Wilhelm II. geht nach Holland ins Exil.
27.-29. September	Die Alliierten durchbrechen die Hindenburg-Linie.	11. November	Der Waffenstillstand tritt für Deutschland um 11.00 Uhr in Kraft.
29. September	Bulgarien bittet um Waffenstillstand.		
5. Oktober	Die Deutschen ziehen sich an allen Fronten zurück.	**1919**	
26. Oktober	Ludendorff wird zum Rücktritt gezwungen.	28. Juni	Unterzeichnung des Vertrages von Versailles.

Organisation 1914 - 1918

Rekrutierung und Ausbildung

Sowohl vor als auch im Ersten Weltkrieg waren alle deutschen Männer vom 17. bis zum 45. Lebensjahr wehrpflichtig. In Friedenszeiten kam der Einberufungsbescheid während des 20. Lebensjahres; als im Krieg die Zahl der Verluste anstieg, wurde die Einberufung vorverlegt. Vor dem Kriege dauerte die Dienstzeit für die Infanterie zwei Jahre, für die Kavallerie drei Jahre. Darauf folgte eine vier- bzw. fünfjährige Zugehörigkeit zur Reserve, dann eine elfjährige zur Landwehr und eine siebenjährige zum Landsturm. Die Zahlen der Wehrpflichtigen in den Jahren 1911 - 1918 beliefen sich auf durchschnittlich eine halbe Million jährlich; aber die Zahl derer, die

frontverwendungsfähig waren, lag darunter, und zwar wegen unzulänglicher Gesundheit, Untauglichkeit oder wegen Zurückstellung bestimmter Berufe. Dennoch überstieg die Zahl der Wehrpflichtigen die Erfordernisse der Armee in Friedenszeiten, daher gab es außer der regulären Reserve eine Ersatzreserve, die man mit einer Art Territorialarmee vergleichen könnte, bei der Wehrpflichtige, die für die aktiven Truppen nicht gebraucht wurden, dreimal eine einjährige Ausbildung durchliefen. Die Zugehörigkeit zur Ersatzreserve dauerte zwölf Jahre, danach wurde der Mann dem Landsturm zugeteilt. Nach dem Kriegsausbruch 1914, als die Reserven automatisch mobil gemacht wurden, blieb jeder, der das wehrpflichtige Alter erreicht hatte, auf der aktiven Liste und konnte mit 45 Jahren nicht ausscheiden, wenn er gesund blieb. Der Kriegsaus-

Pferdebespannte Fahrzeuge und Autos überqueren eine Kriegsbrücke (1915). Auch 30 Jahre später sah es nicht viel anders aus.

bruch brachte zwangsläufig eine Menge Freiwilliger unter 20 Jahren; von 1916 ab sank jedoch die Zahl der jungen Männer, die sich freiwillig meldeten. Als Ausgleich wurden viele Männer »nachgemustert« und anschließend einberufen, die wegen Untauglichkeit früher vom Militärdienst befreit worden waren.

Die Organisation der Rekrutierung lag bei den Wehrkreisen, die in eingeschränkter und geänderter Form auch heute noch bestehen. Jeder Wehrkreis hatte das Personal für ein Armeekorps zu stellen; dazu folgende Aufstellung:

Wehrkreis	Standort	Korps
Ostpreußen	Königsberg	I
Pommern	Stettin	II
Brandenburg	Berlin	III
Provinz Sachsen	Magdeburg	IV
Posen	Posen	V
Schlesien	Breslau	VI
Westfalen	Münster	VII
Rheinland	Koblenz	VIII
Schleswig-Holst.	Altona	IX
Hannover	Hannover	X
Thüringen und Hessen-Nassau	Kassel	XI
Ostsachsen	Dresden	XII
Württemberg	Stuttgart	XIII
Baden	Karlsruhe	XIV
Elsaß	Straßburg	XV
Westlothringen	Metz	XVI
Westpreußen	Danzig	XVII
Hessen	Frankfurt/Main	XVIII
Westsachsen	Leipzig	XIX
Süd-Ostpreußen	Allenstein	XX
Ost-Lothringen	Saarbrücken	XXI

Während die halbautonomen Länder Sachsen und Württemberg in das preußische System mit der entsprechenden Numerierung eingegliedert waren, stellte Bayern drei Korps mit eigener Numerierung.

Süd-Bayern	München	I
Unterfranken und Pfalz	Würzburg	II
Nord-Bayern	Nürnberg	III

Die Grundausbildung dauerte normalerweise drei Monate, danach wurde der Soldat zu einem aktiven Regiment versetzt; während des Krieges wurde die Ausbildung auf lediglich einen Monat, manchmal auch auf nur wenige Wochen ver-

kürzt; diese Tatsache war in hohem Maße für die nachlassende Qualität der Armee verantwortlich. Die hauptsächlichen Ausbildungszentren für Rekruten waren in Altengrabow, Arys, Bitsch, Darmstadt, Döberitz, Elsenborn, Friedrichsfeld, Grafenwöhr, Gruppe, Hammelburg, Hammerstein, Heuberg, Jüterbog, Königsbrück, Lamsdorf, Lechfeld, Lockstedt, Münsingen, Munster, Neuhammer, Oberhofen, Ohrdruf, Orb, Senne, Warthe, Zeithain und Zossen. Nachdem die deutsche Armee in Belgien einmarschiert war und die Russen aus Polen verdrängt hatte, wurden zwei weitere Ausbildungslager eingerichtet, eins in Beverloo und eins in Warschau.

Offizierausbildung

In der kaiserlichen Armee waren Auswahl, Ausbildung und Beförderung, unter modernen Gesichtspunkten betrachtet, altmodisch; sie beruhten sowohl auf familiären Verbindungen und Einfluß als auch auf Verdienst. Junge Männer aus Familien von angemessenem Ansehen, die auch gute Schulzeugnisse hatten, wurden für zwei Jahre zur Anfangsausbildung auf eine Kadettenanstalt geschickt. Diese Anstalten waren in Bensberg, Dresden, Karlsruhe, Köslin, Lichterfelde, München, Naumburg, Oranienstein, Plön, Potsdam und Wahlstadt. Am Ende dieses Zeitabschnitts machten die 17 bis 20jährigen Kadetten die Fähnrichsprüfung. Wer die vorgeschriebenen Noten erreichte, wurde umgehend zum Leutnant befördert und einem Regiment zugeteilt. Wer die Prüfung nicht bestand, mußte eine weitere neunmonatige Ausbildung durchmachen und wurde dann einer Einheit als Offizierstellvertreter zugeteilt und erhielt sein Offizierspatent erst, wenn er seine vorgesetzten Offiziere von seiner Eignung überzeugt hatte. Für Bewerber, die weniger gute Beziehungen hatten, gab es einen anderen Weg, Offizier zu werden. Kandidaten mit den nötigen Schulzeugnissen konnten nach dem Eintritt in die Armee Offizierbewerber werden, d.h., sie taten drei Monate als einfache Soldaten Dienst und wurden dann zum Korporal befördert.

Wenn ihm sein Einheitsführer nach sechs Monaten die Eignung bescheinigte, wurde er für acht oder neun Monate auf eine der oben genannten Schulen geschickt. Dann trat er für eine bestimmte Zeit zu seinem Truppenteil, zu weiterer Beurteilung, zurück.

Von diesem Punkt an, war die Beförderung — ohne Rücksicht auf den Weg der Vorbereitung

— sehr langwierig und bedurfte der königlichen Zustimmung. In Friedenszeiten konnte der Leutnant damit rechnen, im Alter von 29 Jahren zum Oberleutnant, mit 36 Jahren zum Hauptmann, mit 45 Jahren zum Major und mit 52 Jahren zum Oberstleutnant befördert zu werden. Die Beförderung zum Oberst und die Übertragung eines Regiments wurde im allgemeinen erst mit 54 Jahren erreicht. Während des Krieges wurde dieser Vorgang wegen der hohen Verluste — besonders bei den niedrigen Dienstgraden — zwangsläufig beschleunigt.

Die Dienstgrade bei der deutschen Armee von 1914-18 und ihre englischen Entsprechungen waren die folgenden:

Generalfeldmarschall	Field Marshal (Army Group commander)
Generaloberst	(Colonel) General (Army commander)
General der Infanterie, Kavallerie or Artillerie	General (Korps commander)
Generalleutnant	Lieutenant-General (Divisional commander)
Generalmajor	Major-General (Brigade commander)
Oberst	Colonel (Regimental commander)
Oberstleutnant	Lieutenant-Colonel (Regimental 2ic)
Major	Major (Battalion commander)
Hauptmann	Captain in the infantry, artillery or engineers
Rittmeister	Captain in the cavalry or train
Oberleutnant	Lieutenant
Leutnant	2nd Lieutenant
Stabsfeldwebel	Staff Sergeant
Hauptfeldwebel	Regimental Sergeant Major

Oben:
General von Stolzmann von der Südarmee mit einigen seiner deutschen und österreichischen Stabsoffiziere; Datum unbekannt. (BPK/WW I/1543)

Generalfeldmarschall Paul von Hindenburg (1847-1934) an seinem 70. Geburtstag, 1917, mit Ludendorff. (BPK/WW I/1535)

Oberfeldwebel	Sergeant-Major
Feldwebel	Company Sergeant-Major in the infantry, foot artillery or engineers
Wachtmeister	CSM in the cavalry, horse artillery or train
Unterfeldwebel	Sergeant
Unteroffizier	(Junior) Sergeant
Obergefreiter	Corporal
Gefreiter	Lance-Corporal
Gemeiner	Private

Während des Krieges wurde das strenge Auswahl- und Ausbildungsverfahren für Offiziere auf ein begrenztes Maß zurückgenommen; die Lehrgänge wurden verkürzt und geeignete Feldwebel zu Offizieren befördert, die jedoch nur die entsprechenden Funktionen bekleideten, aber kein Patent hatten. In ähnlicher Weise konnten auch Feldwebel der Reserve oder der Ersatzreserve, die eine zwölfjährige Dienstzeit — möglichst vor dem Kriege — nachweisen konnten, zu Feldwebelleutnanten ernannt werden.

Ein Hinweis auf die Erfordernisse, die durch den Weltkrieg bedingt waren, wird durch folgende Tatsache deutlich: In Friedenszeiten gab es 669 Infanteriebataillone, zu Beginn von 1918 jedoch 2.300; die Zahl der Batterien der Artillerie stieg von 1.042 auf 5.150; dies entspricht in etwa einem Anstieg der Gesamtstärke des Heeres von 840.000 in Friedenzeiten auf über 6.000.000 Männer 1918.

Zusammensetzung

1914 bestand eine deutsche Armee aus zwei Korps zu je zwei Infanteriedivisionen; zu einer Division gehörten durchschnittlich 17.500 Soldaten und 4.000 Pferde. Die Division war der kleinste gemischte Großverband der großen taktischen Einheit und ist es bis zum Beginn des Zweiten Weltkrieges auch geblieben. Am Anfang gehörten zwei Infanteriebrigaden zu einer Division. Ab 1915 wurden die vierten Regimenter der aktiven und Reservedivisionen als Stamm für neue Divisionen abgezogen. Ab 1916 hatte jede Infanteriedivision nur eine Infanteriebrigade mit drei Infanterieregimentern. Die Brigade hatte einen Stab mit 13 Offizieren. Das Regiment verfügte über einen Stab mit 59 Mann (Offiziere und anderen Dienstgraden) und drei Bataillone (zu je vier Kompanien) mit je 776 Mann. Dazu

kamen pro Kompanie zwei Maschinengewehrzüge zu je drei Gewehren.

Jede Division setzte sich aus Infanterie, Artillerie und Unterstützungstruppen zusammen. Jedes Korps verfügte über ein Regiment Artillerie mit zwei bis drei Abteilungen.

Jede Artillerie-Abteilung hatte zwei bis vier Geschütze (die Zahl hing von dem Kaliber ab). Bei der Divisions-Feldartillerie hatte jede Abteilung drei Batterien mit je sechs Geschützen oder Haubitzen, deren Zahl später auf vier verringert wurde. Vielen Korps unterstanden eine Kavalleriebrigade aus zwei Regimentern. Jedes Regiment bestand aus fünf Schwadronen, von denen jede über 167 Offiziere und Mannschaften verfügte; doch nur vier waren Feldschwadronen, die fünfte war eine Ausbildungsschwadron. Das Korps hatte außerdem ein Feldpionierbataillon mit vier aktiven Kompanien. Nach der Mobilmachung blieb eine Kompanie davon beim Ersatzbataillon und bildete zusammen mit zwei Reservekompanien einen Ausbildungs- und Ersatzverband. Zu einer Feldpionierkompanie gehörten 267 Offiziere und Mannschaften. Zwei Kompanien des Bataillons waren Feldpioniere, die dritte war die Minenwerferkompanie mit 250 Offizieren und Mannschaften. Zusätzlich gab es einen Scheinwerferzug, der aus 40 Offizieren und Mannschaften bestand; er war mit elektrischen 60-cm-Projektoren und tragbaren 25-35-cm-Projektoren ausgerüstet, die entweder elektrisch oder mit Azetylen betrieben wurden.

Korps konnten außerdem folgende Truppen unterstellt werden:

— Eine oder mehrere Flak-Batterien, deren Kanonen entweder bespannt oder auf Lastwagen montiert wurden;

— Eine Nachrichteneinheit; deren Stärke bewegte sich zwischen 50 und 130 Offizieren und Mannschaften; sie waren verantwortlich für die Verbindungen über Fernschreiber, Telefon oder Funk, Signallampen, Brieftauben und Meldehunde.

— Eine Vermessungsbatterie, deren personelle Ausstattung nicht feststellbar ist. Sie war nicht nur dafür verantwortlich, Karten herzustellen und auf den neuesten Stand zu bringen, sie hatte auch Luftbilder, Aufklärungsberichte, erbeutete Feindkarten und -dokumente auszuwerten, den meteorologischen Dienst zu versehen und für die Artillerie die Schallmessung zu übernehmen.

— Eine motorisierte Transportkolonne, normalerweise unter dem Befehl eines Majors mit einem Stab von 32 Offizieren und Mannschaften; dazu kamen Transport- und Nachschuboffiziere und bei jedem Regiment Zahlmeister, die u.a. für die Feldbäckereien und -küchen verantwortlich waren. Zu jedem Transportregiment gehörten drei Bataillone mit 16 Gepäckwagen, 12 allgemeinen Nachschubwagen, 12 Wagen mit Munition für Handfeuerwaffen, 12 Feldküchen, drei Wagen für Sanitätsvorräte, drei Marketenderwagen und ein Werkzeugwagen.

— Zwei Sanitätsoffiziere, vier Sanitätsunteroffiziere und 16 Krankenträger pro Regiment; außerdem hatte das Korps zwei Feldlazarette und zwei weitere Lazarette pro Division, von denen jedes eine Kapazität von 200 Betten für Verwundete hatte. Sowohl pferdebespannte als auch motorisierte Krankenwagen wurden eingesetzt.

— Ein Veterinäroffizier mit Assistenzärzten für jedes Kavallerie- und Feldartillerieregiment.

— Einem Korps konnte für besondere Aufgaben auch ein Jäger- oder ein Gebirgsjägerbataillon unterstellt werden.

Alle diese Verbände und Einheiten wurden je nach Bedarf ganz oder teilweise den unterstellten Divisionen zugeteilt.

Körperpanzerung wurde während des Ersten Weltkrieges wie in früheren Jahrhunderten getragen; gelegentlich konnte sie für die Schwere einer Verwundung von Bedeutung sein. Mit der Erfindung des Leichtmetalls ist die Schichtpanzerung wieder in Mode gekommen; sie ist auf alle Fälle eine moralische Stütze. (BA/ABC/3364a)

Deutsche Heeresdivisionen 1914 - 1918

Im Zweiten Weltkrieg behielten die Divisionen durchweg ihre Zusammensetzung bei, auch wenn sie nach schweren Verlusten wieder aufgefrischt wurden. Infolge der hohen Verluste und weil keine vollständigen Berichte darüber vorhanden sind, wohin einzelne Regimenter abgegeben wurden, um neue Divisionen aufzustellen, ist für den Ersten Weltkrieg keine vollständige Aufstellung möglich. Das folgende ist daher nur eine Zusammenfassung: Bei der Mobilmachung in 1914 (siehe Chronologie) gab es 51 aktive und 32 Reservedivisionen. 13 weitere Reservedivisionen wurden bis Oktober 1914 aufgestellt, weitere neun bis Februar 1915. Es folgten im März und April 1915 neun weitere Divisionen, wozu die vierten Regimenter von 57 existierenden Divisionen abgezogen wurden. Vier selbständige Infanteriebrigaden (Nr. 183, 185, 187 und 192) wurden im Juli 1915 aufgestellt, jede hatte drei Regimenter und daher die gleiche Stärke wie eine Division, aber kein Kavallerieregiment. Weitere zwei Divisionen folgten im November, zwischen Juni und Dezember 1916 weitere 34. Anfang 1917 folgten nochmals 13, bei denen 25% wiedergenesene Verwundete waren; im Verlauf dieses Jahres wurden noch einmal 23 Divisionen aufgestellt. Die Gesamtzahl der deutschen Divisionen — ob Aktive, Reserve, Landwehr- oder Landsturm — stieg schließlich auf über 240. Bis auf den Landsturm wurden alle an der Front eingesetzt; der Landsturm hatte demgegenüber folgende Aufgaben: Küstenverteidigung, Bewachung der Grenzen, Festungsorganisation, Bewachung der Verbindungswege und der Kriegsgefangenen und

Generalfeldmarschall August von Mackensen in Bukarest, 1917. (BPK/WW I/1541)

Ein Beobachter mit einer Telekamera im Korb unter einem Fesselballon an der Westfront, 1916. (Über MARS)

schließlich Besatzungen für die Garnisonen in besetzten Städten zu stellen, um die innere Sicherheit zu gewährleisten.

Die Luftstreitkräfte

Die Ausrüstung und Operationen der Luftstreitkräfte liegen außerhalb der Betrachtungen dieses Buches, sie können also nur kurz erwähnt werden; anders liegen die Dinge in dem Abschnitt über Hubschrauber in den Ausführungen über die moderne Bundeswehr (S. 391). Bis zum November 1916 unterstanden die Luftstreitkräfte dem Heer, wurden dann aber eine getrennte Teilstreitkraft. Bei jedem Armeekorps gab es allerdings noch einen Fliegerkommandeur, der die Operationen zu koordinieren hatte. Die grundlegende Einheit der Flieger war das Geschwader, das planmäßig aus 12 Bombern oder 18 Jägern oder Aufklärungsflugzeugen bestand, aber die Zahl der einsatzfähigen Flugzeuge lag meist darunter. Die Luftstreitkräfte waren für die Armee von besonderer Bedeutung, weil sie die Aufklärung, die Herstellung von Landkarten, die Vermessung, photographische Aufnahmen und die Zielerfassung für die Artillerie durchführten und damit im Laufe der Zeit die Aufgaben der Balloneinheiten übernahmen. Die Aufklärungsflugzeuge waren meistens Zweisitzer.

Die Ballonabteilungen

Im November 1916 wurden die »Luftschiffertruppen« aus dem Verband des Heeres herausgelöst und erhielten ihre eigene Befehlsstruktur. Den ganzen Krieg hindurch wurden sie durch Armeekorps eingesetzt; denen je eine Abteilung zugewiesen worden war. Eine Abteilung bestand aus zwei oder drei Staffeln, von denen jede zwei Ballone mit etwa 133 Offizieren und Mannschaften hatte. Die Ballone hatten ein Fassungsvermögen von 600, 800 und 1.000 m^3. Sie waren mit Drahtseilen an auf Lastwagen montierten Winden befestigt.

Infanteriewaffen 1914 - 1932

Handfeuerwaffen (automatische und Revolver)

9-mm-Pistole 08

Kaliber: 9 mm; Länge 222 mm; Länge des Laufes: 102 mm (siehe Text!); Gewicht (geladen): 0,876 kg; Mündungsgeschwindigkeit: 317-457 m/sec. (siehe Text!); Kapazität des Magazins: 8 oder 32 Schuß (siehe Text!); größte Wirkungsweite: 70 m; Feuergeschwindigkeit: Einzelfeuer.

Die P 08 ist wohl die berühmteste Pistole des 20. Jahrhunderts (allgemein ist sie unter der Bezeichnung »Luger« bekannt geworden). Entwickelt wurde sie um 1890 von Georg Luger, hergestellt wurde sie von 1898 ab in den Deutschen Munitions- und Waffenfabriken (DMW), bis die Produktion von Mauser 1930 weitergeführt und 1943 eingestellt wurde. Die Waffe wurde zuerst von der Schweizer Armee (1900) mit dem Kaliber 7,65 mm übernommen; 1904 wurde sie auf 9 mm nachgebohrt und 1908 von der deutschen Armee übernommen unter der Bezeichnung »Parabellum« (»für den Krieg«), dies war die telegrafische Adresse DMW. Die 9-mm-Parabellum-Patrone ist später weltweit zum militärischen Standardkaliber geworden. Sie war — und ist — eine rückstoßgetriebene Einzelfeuer-Selbstladewaffe mit einem Gelenkschloß und einem Sicherungshebel an der linken Griffseite. Die Standardlauflänge war 102 mm; aber es wurden auch Versionen mit 152-, 192-, 203- und sogar 250-mm-Läufen in begrenzten Mengen hergestellt. Eine Trommel mit 32 Schuß oder »Schneckenmagazin« und eine hölzerne Schulterstütze standen für die Versionen mit längerem Lauf zur Verfügung und verwandelten sie in einen wirksamen Maschinenkarabiner. Die Form des Magazins ähnelt einem Schneckenhaus, daher auch der Name, es paßte an die Unterseite des Kolbens und führte die Patronen in die normale Ladekammer. Später wurde ein hölzerner Pistolenhalter ähnlich wie für die Mauser C/96 hergestellt, der sich als Schulterstütze aufklappen ließ. Die P 08 hatte als Vordervisier ein Korn in der Form eines umgekehrten V und eine offene V-Nute auf dem hinteren Ende des Laufes als Visier. Das Standardmagazin faßte acht Patronen zwischen 7,15 und 8,125 g, die eine Anfangsgeschwindigkeit, wie in der Zahlenübersicht oben angegeben, erreichten. Die maximale Reichweite, die auch von der Länge des Laufes abhängig war, lag bei der Langlaufversion mit dem schwereren Projektil bei 1,100 m. Der größte Nachteil der P 08 bestand darin, daß sie im Frieden entwickelt wurde, in der Herstellung teuer und im Feld schwer sauber zu halten war. Keiner der Mängel beeinträchtigte ihre Beliebtheit in beiden Weltkriegen.

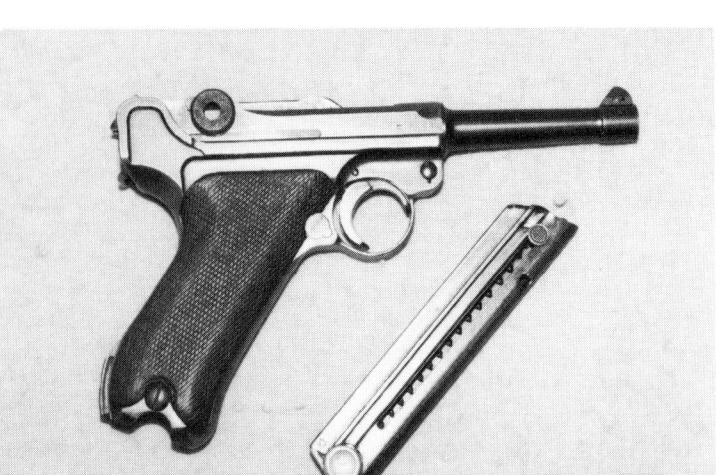

Die P 08 Luger mit dazugehörigem Partronenrahmen. (Foto mit Genehmigung von Christopher Ailsby)

10,6 mm M 1879

Kaliber: 10,6 mm; Länge: 310 mm; Lauflänge: 183 mm; Gewicht (geladen): 1,04 kg; Mündungsgeschwindigkeit: 205 m/sek; Magazinkapazität: 6 Schuß; größte Wirkungsweite: 70 m; Feuergeschwindigkeit: Einzelfeuer.

Trotz der Einführung der weit überlegenen P 08 blieb der Reichskommissions-Revolver von 1879 den ganzen Weltkrieg hindurch und noch lange danach im Dienst. Als Gefechtswaffen haben Revolver im Vergleich zu den automatischen Waffen den großen Nachteil, daß die Patronen einzeln statt in einem Ladestreifen nachgeladen werden. Aber Ladehemmungen treten nicht auf, es sei denn, die beweglichen Teile erwischen ein Kleidungsstück; doch da sie nur wenige bewegliche Teile hat, ist sie leicht auseinanderzunehmen und zu reinigen, und der Verschleiß ist gering. Trotz ihres ungewöhnlichen Kalibers und der geringen Mündungsgeschwindigkeit blieb die M 1879 eine geschätzte Waffe.

Es ist eine Tatsache, daß der Erste Weltkrieg der letzte umfassende Konflikt war, in dem die Handfeuerwaffen eine größere Rolle spielten und nicht lediglich Symbole für die Autorität von Offizieren waren, sondern Verteidigungswaffen. In der Enge des Schützengrabens bei einem Angriff das Gewehr — womöglich noch mit aufgepflanztem Seitengewehr — viel zu unhandlich. Diese Situation änderte sich erst im letzten Kriegsjahr mit der Einführung der MP 18, der ersten wirklichen Maschinenpistole.

7,63 oder 9-mm-Mauser C/96

Kaliber: 7,63 oder 9 mm; Länge: 308 mm; Lauflänge: 140 mm (Standardmodelle); 99 mm (»Bolo«); Gewicht (geladen): 1,22 kg; Mündungsgeschwindigkeit: 433 m/sek. (7,63 mm); 344 m/sek. (9 mm M 1912); 415 m/sek. (Mauser Export); Fassungsvermögen des Magazins: 10 Schuß (Standardmodelle); 6 Schuß (»Bolo«); 20 Schuß (712); größte Wirkungsweite: 700 m (7,63 mm); 1000 m (9 mm) (beide mit Schulterstütze); Feuergeschwindigkeit: 30 Schuß/Min. Einzelfeuer.

Nach der P 08 Luger und der späteren Walther P 38 ist die »Besenstiel-Mauser« (diesen Spitznamen hat sie wegen der Form ihres Kolbens), die gesuchteste Handfeuerwaffe der Welt, Sammler zahlen hohe Preise für ein Exemplar. Dies ist erstaunlich, da ihre Entwicklung bis 1896 zurückreicht und nach fast 100 Jahren noch in Produktion ist: die Chinesen stellen eine modifizierte 7,62-mm-Version als Typ 80 her, die sich einer lebhaften Nachfrage erfreut.

Die Entwicklungsarbeit nahmen zwei Brüder namens Federle, die für Peter Paul Mauser arbeiteten, bereits 1893 auf; die ersten beiden Exemplare waren nach zwei Jahren fertig, und die Produktion begann 1897. Der Anspruch der »Mauser« auf Berühmtheit beruht darauf, daß sie die erste automatische Pistole der Welt mit einem Selbstlademagazin war. Mit der Produktion zu beginnen war ein privates Risiko (es sei daran erinnert, daß in allen Armeen der Welt die Offiziere einen großen Teil ihrer Ausrüstung selbst kaufen muß-

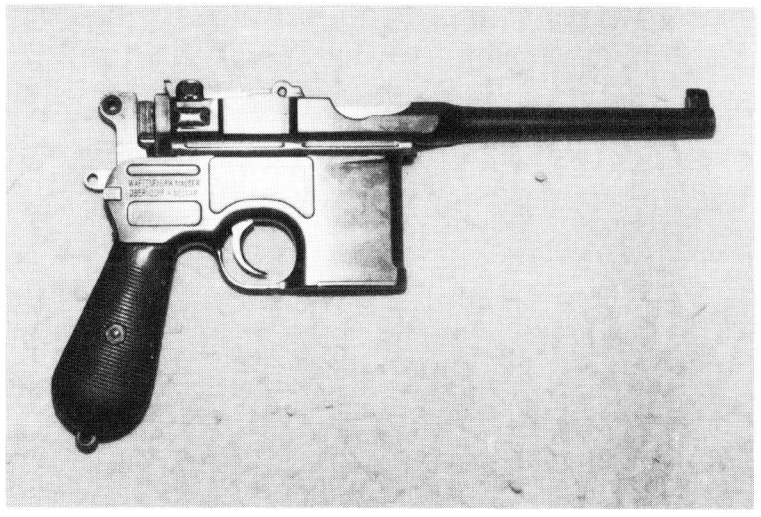

Die C/96 »Besenstiel« — Mauser (Photo mit Genehmigung von Christopher Ailsby).

ten), aber die Vorteile waren der Armee bald klar, und die Parabellum »Neue Sicherung« ging 1912 als Militärmodell in Produktion; bis 1918 wurden 150.000 Exemplare hergestellt.

Die C/96 war eine komplizierte, rückstoßbetriebene Pistole, deren Magazin vor dem Abzug liegt; die Nachladung erfolgt, indem ein Ladestreifen von oben durch eine Aussparung des Laufs eingeführt wird. Ein erfahrener Schütze konnte bei Einzelfeuer bis zu 30 Schuß pro Minute abgeben. Dies machte die C/96 besonders wertvoll für den Nahkampf im Grabenkrieg. Nach 1918 blieb die Waffe in Produktion, eine Version mit kurzem Lauf, die »Bolo« wurde in großer Zahl an die bolschewistischen Streitkräfte in Rußland exportiert. In den 20er Jahren begannen Spanien und China damit, die Waffe — ohne Lizenz! — nachzubauen, die nun einen geänderten Abzugsmechanismus hatte und ein vollautomatisches Feuern erlaubte. Verärgert begann die Mauser-Gesellschaft (Paul Mauser starb 1914), selbst eine Version zu bauen, die als Modell 712 »Schnellfeuer« oder »Reihenfeuer« bekannt wurde und mit der es möglich war, sowohl Einzelfeuer als auch Dauerfeuer abzugeben. Es hatte ein 20-Schuß-Magazin, das von unten angesetzt wurde, anders als der Ladestreifen mit zehn Schuß, der von oben eingesetzt wurde; damit war die Waffe eher ein Maschinenkarabiner als eine Handfeuerwaffe. Als Gefechtswaffe war sie nur von eingeschränktem Wert, denn bei Dauerfeuer wurde der Lauf stark nach oben gerissen (wenn die Waffe seitwärts abgewinkelt wurde, wirkte sie wie eine Sichel), das scharfe »brrp« und ein Bleihagel zwang die Gegner, schleunigst in Deckung zu gehen.

Die meisten C/96 waren mit einem hohlen Holzhalfter versehen, der am rückwärtigen Ende des Kolbens anzubringen war und umgeklappt als Schulterstütze diente; so konnten die 7,63-mm- und 9-mm-Versionen auf größere Enfernungen wirkungsvoll eingesetzt werden. Bei dem Militärmodell war in den Holzhalftern ein Behälter für Reinigungsgerät eingearbeitet. Später wurde außen ein lederner Gurthalfter angebracht, der alles zusammenhalten sollte, auch einen Schraubenzieher.

Maschinenpistolen
9 mm MP 18 und 28

Kaliber: 9 mm; Länge: 815 mm; Lauflänge: 200 mm; Gewicht (geladen): 5,245 kg; Mündungsgeschwindigkeit: 365 m/sek; Fassungsvermögen des Magazin: 20 oder 32 Schuß; größte Wirkungsweite: 200 m; Feuergeschwindigkeit: 350-450 Schuß/Min. (zyklisch).

1916 begann Hugo Schmeisser für die Armee eine Nahkampfwaffe mit hoher Feuergeschwindigkeit zu entwickeln; gerade rechtzeitig für die Frühjahrsoffensive 1918 war die erste tatsächliche Maschinenpistole der Welt, die MP 18, einsatzbereit. Sie hatte folgende Konstruktionsmerkmale: einen Rückstoßmechanismus, der das Gas der abgefeuerten Patrone dazu benutzte, eine neue automatisch in den Verschluß einzuführen; ferner eine hölzerne Schulterstütze (wie beim Karabiner), einen luftgekühlten Lauf mit einem perforierten Mantel und das Schneckenmagazin der Luger, mit 32 Schuß. Für den Grabenkampf war sie ideal; im Gefecht wurde sie oft als leichtes Maschinengewehr mißbraucht.

Nach dem Kriege wurden die Bestände der MP 18, die sich die Franzosen nicht angeeignet hatten, der Polizei übergeben, die sie in der Weise abänderte, daß die Waffe mit einem 20- oder 32-Schuß-Magazin bedient werden konnte. Diese Konstruktion wurde beibehalten, als die Produktion 1928 wieder aufgenommen und das Modell in MP 28 umbenannt wurde. Sie konnte auch

Angehöriger der Waffen-SS mit einer Maschinenpistole MP 28 II. (BA/73/94/48)

Einzelfeuer abgeben, während die MP 18 nur auf Dauerfeuer eingestellt war. Die MP 28 war eine solidere Waffe als die spätere MP 38 und MP 40 und war folglich auch teurer; bei Beginn des Zweiten Weltkrieges war die Produktion eingestellt worden. Aber wegen ihrer überlegenen Eigenschaften war sie bei der Truppe beliebt; den ganzen Krieg hindurch fand sie Verwendung, hauptsächlich bei der Waffen-SS.

Gewehre
7,92 mm-Gewehr 98 und Karabiner 98

Kaliber: 7,92 mm; Länge: 1.250 mm (Gewehr 98); 1.1075 mm (Karabiner 98); Lauflänge: 740 mm (Gew. 98); 600 mm (Kar. 98); Gewicht (geladen): 4,2 kg (Gew. 98); 3,9 kg (Kar. 98); Mündungsgeschwindigkeit: 870 m/sek. (Gew. 98); 755 m/sek. (Kar. 98); Fassungsvermögen des Magazin: 5 Schuß; größte Wirkungsweite: 1000 m (Gew. 98); 800 m (Kar. 98); Feuergeschwindigkeit: 15 Schuß/Min. (Einzelfeuer).

Das Gewehr 1898 war fraglos eines der bedeutensten aller Zeiten. Wilhelm und Peter Paul Mauser hatten schon einen guten Ruf, als sie 1867 die Königlich-Württembergischen Waffenfabriken verließen, um ihr eigenes Schlagbolzengewehr zu entwickeln, das von der deutschen Armee 1871 als das 11-mm-Gewehr 71 angenommen wurde. Wilhelm starb 1882, Paul führte die Entwicklung eines neuen Gewehres (mit röhrenförmigem Magazin) weiter, das als Gewehr 84 übernommen wurde, sich aber bald als unbeliebt erwies und 1888 durch das 7,92-mm-Reichkommissions-Gewehr 88 ersetzt wurde, das einige Merkmale des österreichischen Mannlicher-Gewehrs übernommen hatte. Dies hatte aber folgenden Nachteil: wenn das Magazin einmal angesetzt war, konnte das Gewehr nicht nachgeladen werden. So konnte es vorkommen, daß ein Infanterist in einer kritischen Situation nur noch einen Schuß im Lauf hatte und nicht nachladen konnte, bevor er diesen Schuß abgefeuert hatte. Angeregt durch eine Forderung der belgischen Armee, ein neues Gewehr ohne den Nachteil des Mannlicher-Gewehrs zu entwicklen, stellte Mauser ein neues Gewehr her, das ein jederzeit, je nach Erfordernis nachladbares Magazin mit fünf Schuß hatte, dies war das 7,65-mm-Modell 1889. Dann wurde das Magazin des von der spanischen Armee übernommenen 7-mm-Modells 1893 verbessert, und schließlich kam das weiterentwickelte Modell

1898 heraus, das von der deutschen Armee als das Gewehr 98 in Dienst gestellt und ununterbrochen bis 1945 benutzt wurde; durch die Typen mit kurzem Lauf wurde es nie völlig ersetzt.

Das Gewehr 98 war eine ausgereifte Konstruktion, mit pistolengriffähnlichem Kolbenhals, Holzkolben und einem 5-Schuß-Magazin; lediglich zwei Dinge gaben Anlaß zur Kritik: es war reichlich lang, und der Kammerstengel ragte seitlich zu stark heraus, wodurch die Handhabung erschwert wurde. Deshalb fertigte Mauser 1904 eine neue Version an, deren Lauf kürzer und der Kammerstengel seitlich abgewinkelt war — dies war der Karabiner 98a. Danach kam 1908 der Karabiner 98b heraus, bei dem der Trageriemen an der linken Seite der Waffe statt an der Unterseite des Kolbens befestigt war. Alle drei Waffen verfeuerten die gleiche randlose 7,92-mm-Patrone, die 80 mm lang war, eine Treibladung von 3,05 g und ein Geschoß von 12,87 g hatte.

Nach dem Ersten Weltkrieg, als die Reichswehr auf 100.000 Mann beschränkt wurde, begrenzten weitere Bestimmungen des Versailler Vertrages sogar die Zahl der Patronen, die bei der Ausbildung verschossen werden durften, auf 60 Schuß pro Mann. Mauser stellte zwei Spezialgewehre für die Ausbildung her, um diese Bestimmung zu umgehen; das erste war ein 4,5-mm-Luftgewehr und das zweite eine 5,58-mm-»Sportgewehr«. Sie waren insofern originell, als sie bezüglich Gewicht und Abmessungen völlig mit dem Karabiner 98b übereinstimmten; daher konnte sich ein Soldat, der an ihm ausgebildet war, mit Leichtigkeit auf die vollkalibrige Waffe umstellen. Nachdem die Nationalsozialisten an die Macht gekommen waren, wurden diese Ausbildungsgewehre an die Hitlerjugend ausgegeben, und nach der Aufkündigung des Versailler Vertrages wurde die Produktion des Mauser-Modells wieder in vollem Umfange als Karabiner 98 k (k = kurz) aufgenommen.

Maschinengewehre
Das 7,92 mm schwere Maschinengewehr 08 (sMG 08)

Kaliber: 7,92 mm; Länge: 1,175 mm; Lauflänge: 719 mm; Gewicht (geladen): 64,09 kg; Mündungsgeschwindigkeit: 892 m/sek.; Fassungsvermögen des Magazins: 250-Schuß-Gurte; größte Wirkungsweite: 2.000 m; Feuergeschwindigkeit: 300 Schuß/Min. (Standard); 450 Schuß/Min. (mit Mündungsverstärker).

Der 1840 in Maine, USA, geborene Hiram Maxim zog später nach England, um an der Verwirklichung seiner Idee zu arbeiten und ein Schnellfeuergewehr zu bauen, das nur einen Lauf haben sollte, anders als die früheren Gatling- und Gardener-Gewehre; 1885 hatte er seine ersten Vorführungsmodelle fertig. Die Konservativen brauchten zwar einige Zeit, das Leistungsvermögen dieser neuen Waffe zu erfassen, aber beim Ausbruch des Ersten Weltkrieges war jede Armee der Welt mit Maxim-Maschinengewehre ausgerüstet — mit Ausnahme der Franzosen und der Japaner, die Hotchkiss-Modelle benutzten. Die Maxims wurden in Lizenz in verschiedenen Kalibern gebaut, die deutsche Armee entschied sich für 7,92 mm wie bei den Mauser-Gewehren. Das »Spandau«, wie das MG nach dem Standort der Deutschen Waffen- und Munitionsfabriken (DWM) in Berlin genannt wurde, wurde 1908 von der deutschen Armee übernommen und erhielt die offizielle Bezeichnung 7,92-mm-sMG 08. Bis 1934 blieb es im Dienst, als es allmählich durch das MG 34 ersetzt wurde; doch es wurde weiterhin von Einheiten der Reserve für Ausbildungszwecke benutzt. Das sMG 08 war ungeheuer schwer, seine schlittenartige Lafette wog 37,65 kg; der wassergekühlte Lauf wog 26,44 kg; es hatte Spatengriffe für das Richten und wurde mit 250-Schuß-Gurten bedient. Im Gefecht erwies es sich als genau und zuverlässig; Ladehemmungen traten äußerst selten auf, sie waren gewöhnlich auf fehlerhafte Munition zurückzufüh-

Oben: Ein sMG 08, zur Flugzeugabwehr eingesetzt, Februar 1915 /BPK/WW I/1459).

Unten: Ein sMG 08 in Feuerstellung (BA/76/7/16).

ren. Das »Spandau« richtete Unheil auf den Schlachtfeldern an der Westfront an, es war die Ursache für die meisten Verluste der Alliierten bei den selbstmörderischen Angriffen über das Niemandsland hinweg.

Das 7,92 mm MG 08/15

Kaliber: 7,92 mm; Länge: 1,398 mm; Lauflänge: 719 mm; Gewicht (geladen): 18 kg; Mündungsgeschwindigkeit: 450 m/sek.; Fassungsvermögen des Magazins: 50-, 100- oder 250-Schuß-Gurte; größte Wirkungsweite: 2000 m; Feuergeschwindigkeit: 450 Schuß/Min.

Anfang 1915 erkannte die deutsche Armee, daß ein leichteres und transportableres Maschinengewehr notwendig war, und stellte im folgenden Jahr das MG 08/15 in Dienst. Dies war im wesentlichen die gleiche Waffe wie das sMG 08, hatte aber eine kleinere und leichtere Wasserkühlung, einen einzigen Pistolengriff und eine hölzerne Schulterstütze und eine leichte Zweibein-Lafette. Obwohl es im Vergleich zu den späteren MG 34 und MG 42 noch sehr gewichtig war, konnte ein starker Mann notfalls damit aus der Hüfte schießen — eine Tatsache, welche die Bedienungen zu schätzen wußten.

Im letzten Kriegsjahr wurde eine letzte Version des »Spandau« eingeführt, das MG 08/18, das keine Wasserkühlung mehr hatte, sondern einen luftgekühlten Lauf mit einem durchbrochenen Mantel. Doch dieses Modell war sehr anfällig für Ladehemmungen, infolge Überhitzung des Laufs.

Minenwerfer

Minenwerfer gehören nicht mehr zu den Handfeuerwaffen — mehr schon zur Artillerie. Daher wurden schwere und mittlere Minenwerfer in Divisions-Minenwerferkompanien zusammengefaßt; das Personal wurde von den Pionieren abkommandiert.

Oft wurden diesen Kompanien auch leichte Minenwerfer zugeteilt. Minenwerferkompanien sind groß; wenn sie vollständig sind, haben sie an die 300 Mann.

Gewöhnlich hatten sie gezogene Rohre, die auf schweren Bodenplatten mit abnehmbaren Rädern in Stellung gebracht wurden; sie wurden in Kalibern von 7,6 cm bis 24,5 cm hergestellt. Dies waren alles Waffen, die geeignet waren, die feindlichen Schützengräben mit Steilfeuer zu belegen.

Es folgen die technischen Daten der hauptsächlichen Modelle:

Deutsche Soldaten kommen nach dem Abschuß des 24,5-cm-Minenwerfers aus der Deckung; das Foto wurde im Juni 1918 an der Aisne aufgenommen. (BPK/WW I/1436a)

Der leichte 7,6-cm-Minenwerfer alter Art 1

Kaliber: 76 mm; Gesamtlänge: 380 mm; Länge der Züge: 342,5 mm; Gefechtsgewicht: 100 kg; Gewicht des Fahrwerks: 90 kg; Höhenrichtbereich: 45-90°; Schwenkbereich: 21-24°; Mündungsgeschwindigkeit: 90 m/sek.; Reichweite: 1.050 m.

Der mittlere Minenwerfer alter Art

Kaliber: 170 mm; Gesamtlänge« nicht bek.; Länge der Züge: 568 mm; Gefechtsgewicht: 483 kg; Gewicht des Fahrwerks: nicht bek.; Schwenkbereich: 20°; Höhenrichtbereich: 45-90°; Mündungsgeschwindigkeit: 920 m/sek. (Sprenggranaten); 1.030 m (Brandmun.); 1.190 m (Gas).

Der 24,5 cm schwere Minenwerfer alter Art

Kaliber: 245 mm; Gesamtlänge: 860 mm; Länge der Züge: 768 mm; Gefechtsgewicht: 619,5 kg; Gewicht des Fahrwerks: 472 kg; Höhenrichtbereich: 45-75°; Schwenkbereich 20°; Mündungsgeschwindigkeit: 64-74 m/sek. mit der langen und kurzen Granate; Reichweite: 560-908 m mit der langen und der kurzen Granate.

Die oben beschriebenen Modelle waren die Standardmodelle der deutschen Minenwerfer in den ersten beiden Kriegsjahren und wurden als »alte Art« klassifiziert. In 1916 wurden neue, leichte, mittlere und schwere Minenwerfer von denselben Kalibern, jedoch mit der Bezeichnung »neuer Art« eingeführt. Sie hatten längere Rohre und demzufolge größere Reichweiten. Schwere Minenwerfer konnten eine Feuergeschwindigkeit von 20 Schuß pro Stunde erreichen, mittlere schafften 35 bis 45 in der Stunde, und die leichten Werfer konnten es auf 20 Schuß pro Minute bringen; doch diese Geschwindigkeit konnte nicht auf Dauer beibehalten werden. Das Gewicht der Granaten war sowohl für die Werfer »alter Art« als auch »neuer Art« standardisiert: 24,5 cm - 94 kg; 17 cm - 49,5 kg (Sprenggranaten); 42,5 kg (Gas); und 7,6 cm - 4,5 kg.

Der 7,6 cm leichte Minenwerfer neuer Art

Kaliber: 76 mm; Gesamtlänge: 480 mm; Länge der Züge: 392 mm; Gefechtsgewicht: 142 kg; Gewicht des Fahrwerks: nicht bek.; Höhenrichtbereich: 45-75°; Schwenkbereich: 360°; Mündungsgeschwindigkeit: 90 m/sek.; Reichweite: 1.100 m.

Diese Waffe wurde als Grabenmörser eingesetzt; doch von 1917 ab wurde sie auf die Lafette der alten 7,7-cm-Kanone des Modells 96 montiert. In dieser Ausführung erhöhte sich das Gesamtgewicht auf 249,4 kg; der Werfer konnte so auch als Flachfeuerwaffe mit einem Höhenrichtbereich von 0-34° eingesetzt werden; die größte Reichweite war 910 m.

Der mittlere 17-cm-Minenwerfer neuer Art

Kaliber: 170 mm; Gesamtlänge: nicht bek.; Länge der Züge: 641 mm; Gefechtsgewicht: 558,8 kg;

Links: Ein 17-cm-Minenwerfer neuer Art (Terry Gander)

Oben rechts: Ein schwerer 24,5-cm-Minenwerfer neuer Art wird feuerbereit gemacht. (IWM/Q 23710)

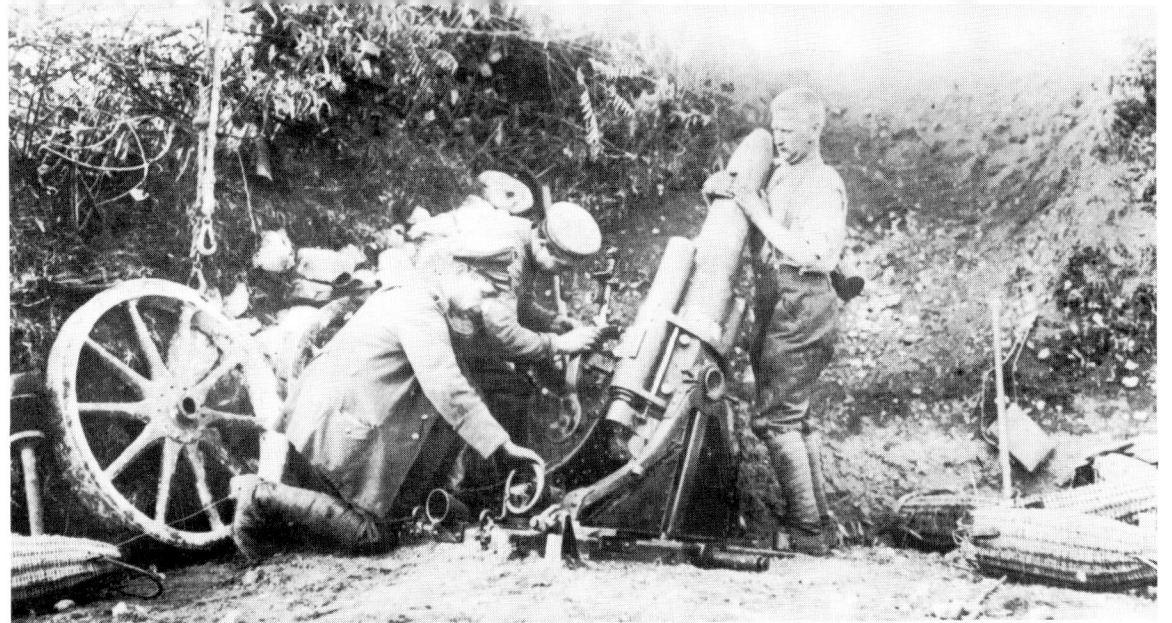

Gewicht des Fahrwerks: nicht bek.; Höhenrichtbereich: 45-90°; Schwenkbereich: 25°; Mündungsgeschwindigkeit: 90 m/sek.; Reichweite:
920 m (Sprenggranate); 1.190 m (Gas).

Der schwere 24,5-cm-Minenwer-
fer neuer Art

Kaliber: 245 mm; Gesamtlänge: 1.200 mm; Länge
der Züge: 1.112 mm; Gefechtsgewicht: 768 kg;
Gewicht des Fahrwerks: 577 kg; Höhenrichtbereich: 45-75°; Schwenkbereich: 24°, Mündungsgeschwindigkeit: 65 m/sek.; Reichweite 970 m.
Die obigen drei Minenwerfer blieben für den
Rest des Krieges im Dienst neben den folgenden
zwei Waffen mit glattem Rohr:

Der glatte 18-cm-Minenwerfer

Wie der 24,5 cm schwere Minenwerfer neuer
Art, außer: Kaliber: 180 mm; Gesamtlänge: nicht
bek.; Gefechtsgewicht: 450 kg; Gewicht des
Fahrwerks: 215 kg; Höhenrichtbereich: 45-75°;
Schwenkbereich: 22,4°; Reichweite: 500 m.

Der 24-cm-Flügelminenwerfer

Kaliber: 240 mm; Gesamtlänge: nicht bek.;
Rohrlänge: 1.260 mm; Gefechtsgewicht: 1.351
kg; Gewicht des Fahrwerks: 1.098 kg; Höhenrichtbereich: 50-75°; Schwenkbereich: 52°;
Mündungsgeschwindigkeit: nicht bek.; Reichweite: 1.550 m.
Die zuletzt genannte Waffe hatte die Vorsilbe

»Flügel«, weil sie Granaten verschoß, die mit vier
Flossen versehen waren, die das Torkeln des 100
kg schweren Projektils während des Fluges verhindern und die Treffsicherheit erhöhen sollten.
Es gab auch einen Granat-Schnellwerfer mit dem
Kaliber 3,9 cm, der eine Granate verschoß, die
0,7 kg wog und etwa 650 m erreichen konnte.
Weiter gab es ab 1916 den »Granatwerfer«, der
als Mörser eingesetzt wurde. Er hatte eine kleine
Bodenplatte, einen Zapfen mit einem Neigungs-
messer, um die Höheneinstellung zu kontrollie-
ren und konnte eine Splitter-Stielhandgranate
von 1,85 oder 2,5 kg bis zu einer Entfernung von
300 m schleudern; das Gesamtgewicht im Gefecht war 40 kg. Eine weitere Waffe, von der ich
allerdings nur eine Skizze gesehen habe, war ein
Preßluft-Grabenmörser mit dem Kaliber 10,5
cm, der mit Leitflossen versehene Granaten bis
zu einer Entfernung von 500 m verfeuerte.
Nach dem Krieg wurden die Minenwerfer ausgemustert. Ab 1930 erhielt das Heer 5-cm- und
8-cm-Mörser des Stokes-Modells; ab 1941 folgten
12-cm-Waffen.

Minen

Die Konstruktion der See-Minen war technisch
perfekt, aber Landminen, wie es sie heute gibt
oder im Zweiten Weltkrieg gab, die flach unter
der Erdoberfläche eingegraben und durch Druck
zur Detonation gebracht wurden, die gab es im
Ersten Weltkrieg nicht. Doch das »Minieren«
wurde ein wichtiger Teil des Grabenkrieges, der
sich seit Ende 1914 entwickelte.

Zu Beginn des Krieges waren die Pionierbataillone der deutschen Armee die einzigen, die im »Minieren« ausgebildet waren, d.h., sie trieben Tunnel vor bis unter die Stellungen des Feindes, legten dort eine Sprengladung ab, die unmittelbar vor einem Angriff zur Detonation gebracht wurde und dann ein Höchstmaß an Verlusten und Verwirrung verursachte. Die Briten und Franzosen hatten zwar auch Pionierbataillone, aber ihre Ausbildung in den Techniken des »Minierens« war oberflächlich, den offensiven Zweck des Minierens hatten sie noch nicht erkannt, außerdem war ihre Ausrüstung unzureichend. Daher waren die Alliierten, genauer: eine indische Brigade, die den britischen Expeditionstruppen zugeteilt war, die ersten, die unter dieser »neuen« Form der Kriegführung zu leiden hatten. Im Dezember 1914 trieben deutsche Pioniere einen Tunnel bis unter die feindlichen Stellungen, brachten dort zehn Minen an — verschnürten Sprengladungen zwischen 22 und 135 kg. Diese Ladungen waren zwar klein im Vergleich zu späteren Minen, aber sie richteten eine derartige Verwüstung an, daß die unglückliche indische Brigade fast aufgerieben wurde, der folgende deutsche Infanterieangriff überrannte ihre Stellungen.

Diese völlig unerwartete Entwicklung veranlaßte die Franzosen, nun auch ihrerseits mit dem Minieren zu beginnen; sie waren entsetzt, als sie entdeckten, daß das Erdreich von deutschen Tunnels in unterschiedlichem Ausbauzustand geradezu durchlöchert war. Nun begann eine erschreckende und besonders nervenzerstörende Form der Kriegführung.

Das Eingraben einer Mine begann damit, eine »Sappe« auszuheben (dieses Wort kommt aus dem Französischen und bedeutet soviel wie »Arbeit mit dem Spaten«, davon ist auch das Wort »sapper«, frz. »sappeur« — Pionier, abgeleitet). Das war ein offenes Loch von ausreichender Tiefe; von der vorderen Wand aus wurde ein Tunnel vorgetrieben, der im weiteren Verlauf des Ausbaus mit Lattenrosten abgestützt wurde; es gab in dessen viele Fälle, in denen Tunnels einstürzten, besonders im nassen Lehmboden in Flandern. Wenn die Bedrohung einmal erkannt war, blieb der Feind auch nicht untätig. Jeder Graben hatte einen Horchposten; dies war weiter nichts Großartiges oder Kompliziertes, sondern nur irgendein »Landser«, der die Aufgabe hatte, in regelmäßigen Abständen das Ohr an die Erde zu legen, um festzustellen, ob das Geräusch von Hacken oder Spaten zu hören war. Wenn Grabungsarbeiten ausgemacht wurden, wurde ei-

ne Gegen-Mine in der allgemeinen Richtung des feindlichen Tunnels abgesenkt; durch eine Sprengladung sollte der feindliche Tunnel zum Einsturz gebracht werden, möglichst während die feindlichen Pioniere bei der Arbeit waren.

Das Ausmaß der deutschen Minier-Tätigkeit nahm im Laufe des Krieges zu, und in 1916 wurden die ersten Pionier-Mineur-Kompanien aufgestellt, die von ausgebildeten Bergbauingenieuren aus Kohlebergwerken geführt wurden. Mittlerweile hatten die Alliierten vor ihren Schützengräben zahlreiche Stollen bis in die Tiefe von 4 bis 5 m vorgetrieben. In regelmäßigen Abständen wurden Abzweigungen gegraben, an deren Enden Horchposten saßen, die versuchen sollten, Grabungsgeräusche früher festzustellen, als es vorher möglich war.

Manchmal kam es vor, daß feindliche Miniergruppen aufeinanderstießen und sich plötzlich gegenüberstanden; in einem solchen Falle entbrannte ein unterirdischer Kampf. In anderen Fällen versuchten beide Seiten absichtlich, sich in einen feindlichen Tunnel hineinzugraben, an dem die feindlichen Pioniere gerade nicht arbeiteten, um einen überraschenden Stoßtrupp hindurchzuschicken. Gas wurde auch eingesetzt, indem ein Loch in den feindlichen Tunnel gebohrt wurde, durch das dann todbringendes oder Tränengas gepumpt werden konnte. Aus diesem Grunde nahmen die Pioniere Mäuse oder kleine Vögel mit nach unten; diese Geschöpfe reagierten empfindlicher auf die ersten Anzeichen von Gas, als Menschen es vermochten und gaben rechtzeitig Warnzeichen, wobei man hoffte, daß die Zeit ausreichte, den Tunnel zu räumen.

Handgranaten

Die Handgranate ist im Laufe der Geschichte unverändert geblieben; sie bestand aus einem mit einer Sprengladung gefüllten Behälter und einer Art Verzögerungszünder, der am Anfang der Entwicklung aus Kordel bestand, die mit Salpeter getränkt war, der die Versorgung mit Sauerstoff sicherstellte, daß die Flamme nicht erlosch, wenn die Granate geworfen wurde. Die Wirkung einer Handgranate beruht auf der Kombination von der Explosion einer Sprengladung mit der Splitterwirkung durch die Zerlegung des metallenen Behälters; da die erste gering ist, ist die letztere von um so größerer Bedeutung. Weniger bekannt ist es, daß die kugelförmige deutsche Handgranate und die britische Mills Bomb nicht deshalb eine gezahnte Oberfläche hatten, um eine größere Splitterwirkung zu erzielen, — diese Nebenwirkung war natürlich vorhanden — sondern um die Waffe griffiger zu machen, besonders für die Soldaten, die in nassen und schlammigen Schützengräben umherklettern mußten.

Anfangs wurden die Handgranaten sozusagen in Eigenbau hergestellt, daher gab es bei der Beschreibung der Konstruktionsmerkmale beträchtliche Abweichungen. Zu Beginn des Ersten Weltkrieges war das vorherrschende deutsche Modell eine Kugel, mit Rippenmuster versehen und etwa 76 mm Durchmesser. Aus einer Öffnung am Oberteil der Granate hing ein Stück Draht mit einem Ring daran. Wenn man an diesem Draht zog — etwa so, als wenn man einen Außenbordmotor anwirft — wurde der Zünder durch die entstehende Reibung scharf gemacht; die Zünder hatten eine unterschiedliche Brenndauer.

Darauf folgten die Eierhandgranate und die Stielhandgranate, die in nur leicht veränderter Form sowohl im Ersten als auch im Zweiten Weltkrieg benutzt wurden. Die Eierhandgranate war genauso groß wie ein Freilandei, sie war eine Weiterentwicklung der Kugelhandgranate, aber mit ihren 0,3 kg war sie wesentlich leichter als die 0,7 kg der Kugelhandgranate, sie konnte daher bis zu 45 m geworfen werden, anstatt der anderen, mit der kaum 30 m zu erreichen waren; sie hatte einen Reibungszünder mit fünf bis acht Sekunden Brenndauer.

Die Stielhandgranate bestand aus einem Hohlzylinder, der mit der gleichen Explosionsmischung aus Schießpulver, Kaliumperchlorat, Barium-Nitrat und Aluminium-Pulver gefüllt war wie die Eierhandgranate. (Das Mischungsverhältnis schwankte). Die Sprengladung war an einem 200 mm langen Holzgriff befestigt. Bei den ersten Modellen wurde die Zündvorrichtung nicht durch die Mitte eingeführt, sondern durch einen seitlich versetzten Durchbruch und wurde durch eine Klammer am Holzgriff entweder festgeschraubt oder aufgenagelt, festgehalten. Ein besonderes Merkmal war der Sicherungsstift; wenn er entfernt wurde, durchschlug ein Bolzen die Zündkappe, so daß die Zündung ausgelöst wurde, die sechs Sekunden brannte, bevor die Detonation erfolgte. Bei Granaten, die für den Grabenkampf bestimmt waren, wurde die Brenndauer auf zwei bis drei Sekunden verkürzt. Oft wurde ein halbes Dutzend Sprengköpfe um den Kopf einer Stielhandgranate geschnürt, um die Wirkung zu erhöhen. Als man die Wirksamkeit dieser Granate erkannt hatte, wurden die folgenden Modelle entwickelt. Der Zünder und die Zündschnur wurden in den durchbohrten Handgriff verlegt und so gegen Schmutz und Nässe geschützt. Wenn der Draht gezogen wurde, der aus dem unteren Ende des Stiels heraushing, so wurde der Reibungszünder in Betrieb gesetzt. Der übliche Katalysator bei diesen Zündern war Phosphor; die Verzögerung entstand, weil der Zündfunke erst ein Kartonplättchen überwinden mußte, bevor er die Sprengladung erreichte.

Gestellte Aufnahme, die einen Grenadier eines Stoßtrupps mit einer geballten Ladung zeigt. Auf dem Boden liegt ein Deckungsschild, der im Nahkampf Verwendung fand. (BPK/WW I/1433)

Die ersten Gewehrgranaten waren gewöhnliche Handgranaten, allerdings mit einem dünnen Stiel, der in den Gewehrlauf gesteckt wurde; sie wurden durch eine Platzpatrone in eine Flugbahn befördert. Eine andere Art wurde in einen Becher am Ende des Gewehrlaufs eingepaßt; in der Mitte hatten sie ein Loch, durch die das Standardgeschoß hindurch flog, bevor das Treibgas die Granate in eine langsame, torkelnde Flugbahn brachte. Schließlich wurden die besten Elemente beider Systeme vereinigt; ein Becher nahm die Granate auf, die an ihrer Spitze einen Aufschlagzünder hatte, und eine Platzpatrone (mit oder ohne Holzverschluß) diente als Treibladung. Die deutschen Gewehrgranaten des Modells 1914 wogen knapp ein Kilogramm, sie enthielten eine Sprengladung von etwa 0,8 kg und konnten bis zu einer Entfernung von etwa 100 m eingesetzt werden; es wurde sogar von 200 m berichtet, doch eine solche Entfernung ist unwahrscheinlich, besonders unter Gefechtsbedingungen.

Gas- und Rauchgranaten wurden ebenfalls, doch in kleineren Mengen verwandt; erstere wurden mit roten Buchstaben gekennzeichnet, die ihren Inhalt angaben, meistens wies ein »B« darauf hin, daß es sich um eine Art Tränengas handelte, das nicht todbringend war, sondern eine zeitweilige Kampfunfähigkeit auslöste. Die mit »C« gekennzeichneten Granaten enthielten Tränengas, aber auch tödliche Senfgasvarianten, gewöhnliche Methyl-Schwefel-Chloride.

Flammenwerfer

Der erste wirkliche Flammenwerfer wurde 1901 von einem Berliner Ingenieur namens Richard Fiedler entworfen. Nach erfolgreichen Versuchen wurden drei Pionierbataillone (das 23., 24. und 25.) mit der neuen Ausstattung ausgerüstet. Im nächsten Jahr wurde das 3. Garde-Pionierregiment mit zwölf Flammenwerferkompanien aufgestellt; bei Kriegsausbruch war die deutsche Armee gut mit dieser neuen Waffe ausgestattet. Ihr erster dokumentierter Einsatz Ende Juli 1915 richtete sich gegen zwei Bataillone der britischen Schützenbrigade, die Stellungen in Anlehnung an einen Krater besetzt hatten, der von deutschen Mineuren bei Hooge in Holland verursacht worden war. Sechs Flammenwerfer wurden eingesetzt, die plötzlich einsetzende Woge aus Flammen und dichtem, schwarzen Rauch überwältigte die A- und C-Kompanie der Brigade. Erstaunlicherweise waren die unmittelbaren Verluste nur ganz gering, aber die britischen Soldaten waren derart verwirrt und demoralisiert, daß sie für die deutschen Infanteristen, die unmittelbar nach dem Flammenüberfall angriffen, eine leichte Beute waren.

Es gab zwei Kategorien der deutschen Flammenwerfer, die leichten und die schweren; die leichten waren von Soldaten einfach zu transportieren, die schweren wurden an geschützten Stellen im Graben eingesetzt. Beide arbeiteten nach dem gleichen Prinzip: ein Behälter war mit einem Benzin-Öl-Gemisch gefüllt, der andere war mit Preßluft gefüllt, welche die Flüssigkeit versprühen sollte. An beiden war ein Gummischlauch angeschlossen, an dessen Ende eine Stahldüse mit einem Zünder war. Der schwere Flammenwerfer hatte eine Wirkungsdauer von bis zu zwei Minuten, der leichte von ungefähr zehn Sekunden. Die Reichweiten waren 40 bzw. 20 m. Der leichte Flammenwerfer wurde auch im Zweiten Weltkrieg benutzt (siehe »Infanteriewaffen 1933-45).

Deutsche Infanteristen gehen mit leichten Flammenwerfern vor (BA/81/123/29).

Geschütze 1914 - 1932

Flugzeug- und Ballonabwehrkanonen

7,7 cm Ballonabwehrkanone

Kaliber: 77 mm; Rohrlänge: nicht bek.; Gefechtsgewicht: 2.500 kg; größte Erhöhung 70°; Schwenkbereich: 360°; Mündungsgeschwindigkeit: 510 m/sek.; Geschoßgewicht: 7,65 kg; größte Höhenreichweite: nicht bek.; größte horizontale Reichweite: nicht bek.; erreichbare Feuergeschwindigkeit: 8 Schuß/Min.

Die Länge von Kanonenrohren wird üblicherweise in Kalibern gemessen, d.h., wieviel Male die Länge eines Rohres größer ist als sein Kaliber. In dem ersten Beispiel ist die Rohrlänge nicht bekannt, in dem nächsten Beispiel ist sie 30 (Kaliber). Somit würde eine 7,7-cm-Kanone L/30 (L=Länge) ein Rohr haben, das 7,7 cm x 30 lang ist, d.h. 231 cm. Die deutsche Armee gab grundsätzlich das Kaliber ihrer Waffen von 20 mm und darüber in cm und nicht in mm an.

Eine Zeichnung dieser Kanone befindet sich in dem Abschnitt »Fahrzeuge« unter »Plattform oder BAK-Wagen, Kraftwagen 14«.

7,7 cm Luftkanone

Wie die 7,7-cm-Ballonabwehrkanone, außer: Rohrlänge L/30; Gefechtsgewicht: 1.250 kg; größte Erhöhung: 80°; Mündungsgeschwindigkeit: 487 m/sek.; Geschoßgewicht: 7,9 kg.

Als der Erste Weltkrieg 1914 ausbrach, machte man sich kaum Gedanken über Flugzeugabwehr. Die deutsche Armee verfügte nur über 18 Geschütze mit dem Kaliber 7,7 cm, die geeignet waren, diese Aufgabe zu übernehmen; sie waren als Ballon-Abwehr-Kanonen (BAK) bekannt. Es waren im Grunde gewöhnliche Feldkanonen, die auf einem vierbeinigen Metallrahmen — Sockel mit einer festen Erhöhung von 70° montiert wurden, doch hatten sie noch nicht den 360° Schwenkbereich, der klugerweise von Anfang an für alle Flugabwehrwaffen als unerläßlich erkannt worden war. Zur späteren Entwicklung gehörte, daß französische 75-mm- und russische 76,2-mm-Kanonen so umgearbeitet wurden, daß sie 7,7-cm-Granaten verschießen konnten. Außerdem gab es die Spezialanfertigung »Luftkanone«, die aber bald von der 8,8-cm-Flak übertroffen wurde. (Flak= Flugzeug-Abwehr-Kanone).

8,8 cm Flak

Kaliber: 88 mm; Rohrlänge: nicht bek.; Gefechtsgewicht: 7.300 kg; größte Erhöhung: 70°; Schwenkbereich: 360°; Mündungsgeschwindigkeit: 785 m/sek.; Geschoßgewicht: 15,3 kg; größte vertikale Reichweite: 3.850 m; größte horizontale Reichweite: nicht bek.; erreichbare Feuergeschwindigkeit: 10 Schuß/Min.

Sowohl Krupp als auch Erhardt (die nach dem Kriege Rheinmetall bildeten) arbeiteten unabhängig voneinander an einer verbesserten Flugzeugabwehrkanone, um die im weiteren Verlauf des Krieges erreichten größeren Höhen und Geschwindigkeiten in den Griff zu bekommen. Nach Experimenten mit 8-cm-Waffen einigte man sich auf 8,8-cm-Kanonen, die eine hinreichend schwere Granate verschießen konnten, um ein Flugzeug mit einem einzigen Schuß zum Absturz zu bringen. Das Ergebnis war schließlich die 8,8-cm-Flak, der Vorgänger der berühmten Serienausführung 18/36/37/41 der 8,8-cm-Flak des Zweiten Weltkrieges; sie war auf einem festen Sockel auf einer stählernen Plattform montiert, die von vier Stahlfelgenrädern getragen wurde. Diese Bauweise führte bei den späteren Modellen zum Anbau von Lafettenholmen an die Protze, was insofern sehr praktisch war, als die Kanone schießen konnte, ohne daß man sie von dem Transportfahrzeug abmontieren mußte. Die 8,8-cm-Flak kam 1917 heraus und wurde bis zum Ende des Krieges in großer Stückzahl gebaut; die späteren Bestimmungen des Versailler Vertrages beeinträchtigten ihre weitere Entwicklung ganz erheblich bis nach 1933.

Feldkanonen

7,7 cm FK 96

Kaliber: 77 mm; Rohrlänge L/27; Gefechtsgewicht: 1.020 kg; größte Erhöhung: 16°;

Schwenkbereich: 4°; Mündungsgeschwindigkeit: 465 m/sek.; Geschoßgewicht: 6,8 kg; größte Reichweite: 8.465 m; Feuergeschwindigkeit: nicht bek.

7,7 cm FK 96 nA

Wie 7,7-cm-FK 96, außer: Gefechtsgewicht: 945 kg; größte Reichweite: 7.800 m.

7,7 cm FK 96/15

Wie 7,7-cm-FK 96 nA, außer: größte Erhöhung: 15°; Mündungsgeschwindigkeit: 477 m/sek.; Geschoßgewicht: 6,2 kg; größte Reichweite: 8.400 m.

7,7 cm FK 16

Wie 7,7-cm-FK 96/15, außer: Rohrlänge L/35; Gefechtsgewicht: 1.325 kg; größte Erhöhung: 40°; Mündungsgeschwindigkeit: 600 m/sek.; Geschoßgewicht: 6,1 kg; größte Reichweite: 10.300 m.

Die deutsche Armee trat mit zwei älteren Typen von Feldkanonen des Kalibers 7,7 cm in den Ersten Weltkrieg ein: die FK 96 war 1896 in Dienst gestellt worden, die FK 96 nA. (neuer Art) von 1905 war praktisch die gleiche Waffe auf einer leichteren Lafette. Alle Kanonen dieser Zeit hatten die gleichen Merkmale: eisenbereifte hölzerne Speichenräder (stählerne Speichen oder durchbrochene Ganzmetallräder gab es bei den größeren Kalibern), eine Kastenlafette mit Rückstoßsporn, ein Splitterschutzschild, dessen obere Hälfte, wenn sie im Gefecht nicht gebraucht wurde, heruntergeklappt werden konnte. Diese Waffe war usprünglich ein von Erhardt entwickeltes Modell, wurde dann von Krupp zur FK 96 nA umgearbeitet; die FK 96/15 von 1915 wies weitere Änderungen auf, u.a. einen größeren Höhenrichtwinkel und eine etwas leichtere Granate, um eine größere Reichweite zu erzielen. Die in 1916 eingeführte FK 16 war ein weiter verbessertes Modell, das ein längeres Rohr und einen noch größeren Höhenrichtwinkel hatte, um die Reichweite zu vergrößern. Diese 7,7-cm-Waffen waren zwar nützlich, sie waren leichter als die 10,5-cm-Gegenstücke, sie hatten eine angemessene Reichweite, aber ihre Granaten waren zu leicht, als daß sie an den sorgfältig ausgeführten Befestigungen, die nach dem ersten Kriegsjahr üblich wurden, nennenswerten Schaden hätten anrichten können.

10,5 cm FH 98/09

Kaliber: 105 mm; Rohrlänge L/16; Gefechtsgewicht: 1.225 kg; größte Erhöhung: 40°; Schwenkbereich: 4°; Mündungsgeschwindigkeit: 302 m/sek.; Geschoßgewicht: 15,8 kg; größte Reichweite: 6.300 m; erreichbare Feuergeschwindigkeit: 4 Schuß/Min.

10,5 cm leFH 16

Wie 10,5-cm-FH 98/09, außer: Rohrlänge L/17; Gefechtsgewicht: 1.450 kg; Mündungsgeschwindigkeit: 395 m/sek.; Geschoßgewicht: 14,8 kg; größte Reichweite: 9.225 m.

10,5 cm FH 17

Wie 10,5-cm-le FH 16, außer: Rohrlänge L/20; Gefechtsgewicht: 1.500 kg; größte Erhöhung: 43°; Mündungsgeschwindigkeit: 430 m/sek.; Geschoßgewicht: 17,7 kg; größte Reichweite: 8.950 m.

Dies waren die drei Standard-Feldhaubitzen (FH) während des ganzes Ersten Weltkrieges; sie wurden 1909, 1916 und 1917 eingeführt. Diese Geschütze wurden von Sechser-Gespannen gezogen; sie hatten nur einen Schwenkbereich von 4°, größere Schwenkungen wurden durch Umsetzen des Lafettenschwanzes ausgeführt, aber in einem Krieg, der weitgehend zum Stellungskrieg wurde, war der Schwenkbereich unbedeutend. Die leichte FH 16 hatte die Bezeichnung »le«, weil sie eine leichtere Granate verschoß, um größere Weiten zu erreichen.

Eine Haubitze ist ein Kurzrohrgeschütz, dessen Geschosse eine gekrümmte Flugbahn beschreiben, so daß sie senkrecht im Ziel einschlagen, feindliche Stellungen hinter Bergen oder Höhenrücken konnten auf diese Weise erreicht werden. Eine Kanone hat ein längeres Rohr, die Flugbahn ist flacher, um größere Reichweiten zu erzielen.

13 cm FK 13

Kaliber: 135 mm; Rohrlänge L/35; Gefechtsgewicht: 5.791 kg; größte Erhöhung: 26°; Schwenkbereich: 4°; Mündungsgeschwindigkeit: 695 m/sek.; Geschoßgewicht: 40 kg; größte Reichweite: 14.400 m; erreichbare Feuergeschwindigkeit: 2 Schuß/Min.(?).

Dieses Geschütz von Krupp hatte ein ungewöhnliches Kaliber und wurde kurz vor dem Kriege eingeführt, um einige der älteren 15-cm-Waffen zu ersetzen. Sie hatte einen einzelnen Lafettenschwanz mit Rückstoßsporn, einen umklappbaren Splitterschutzschild, sie war kein er-

Oben: Sowohl Pferde als auch Mannschaften dieses Artilleriegespanns tragen auf diesem Foto Gasmasken; Aufnahme an der Somme 1916. (BPK/WW I/1487)

Unten: Deutsches 17-cm-Geschütz beim Feuern während der alliierten Gegenoffensive vom Juli bis September 1918 (siehe »Eisenbahn-Geschütze«). (BPK/WW I/1436)

15 cm sFH 13 unmittelbar nach dem Abschuß; Westfront, 14. Nov. 1914. (IWM/via MARS)

An einer Böschung werden Gasgeneratoren für die Zündung vorbereitet (BA via MARS)

folgreiches Modell und wurde nur in geringer Stückzahl hergestellt, bevor die 15-cm-Kanone 16 in Dienst gestellt wurde.

Schwere Artillerie

15 cm sFH 02

Kaliber: 150 mm; Rohrlänge L/12; Gefechtsgewicht: 2.189 kg; größte Erhöhung: 42°; Schwenkbereich: 8°; Mündungsgeschwindigkeit: 276 m/sek.; Geschoßgewicht: 39,5 kg; größte Reichweite: 7.450 m; erreichbare Feuergeschwindigkeit: nicht bek.

15 cm sFH 13

Wie 15-cm-sFH 02, außer: Rohrlänge L/14; Gefechtsgewicht: 2.250 kg; größte Erhöhung: 45°; Mündungsgeschwindigkeit: 381 m/sek.; Geschoßgewicht: 42 kg; größte Reichweite: 8.600 m; erreichbare Feuergeschwindigkeit: 2 Schuß/Min.

15 cm K 16

Wie 15-cm-sFH 13, außer: Rohrlänge L/7; Gefechtsgewicht: 10.870 kg; größte Erhöhung: 43°; Mündungsgeschwindigkeit: 757 m/sek.; Geschoßgewicht: 51,4 kg; größte Reichweite: 22.000 m.

Dies waren die Standardmodelle der deutschen schweren Feldartillerie; die sFH 02 des Baujahres 1902 wurde 1913 nach der Einführung der moderneren sFH 13 zurückgezogen. Außer den konventionellen Splittergranaten verschoß das Geschütz Gasgranaten*. Die K 16, die die sFH 13 ergänzte, war eine gewaltige Waffe, wegen ihrer extrem großen Reichweite konnte sie Bereitstellungsräume, Kolonnen und sonstige Ziele weit hinter den vorderen Linien erfassen.

Infanteriegeschütze
Das leichte 7,5-cm-Infanteriegeschütz (le IG) 18

Kaliber: 75 mm; Rohrlänge L/11; Gefechtsgewicht: 400 kg; größte Erhöhung: 75°; Schwenkbereich: 12°, Mündungsgeschwindigkeit: 690 m/sek.; Geschoßgewicht: 6 kg; größte Reichweite: 3.375 m; erreichbare Feuergeschwindigkeit: 4-6 Schuß/Min.

Dies war die erste Artilleriewaffe, die nach dem Krieg zur Standardausrüstung der Armee wurde; es war ein sehr ungewöhnliches Modell; das klei-

---

* Die Haupttypen der deutschen Gasgranaten wurden mit einem grünen, blauen oder gelben Kreuz gekennzeichnet, das über den Inhalt der jeweiligen Granaten Aufschluß gab. Geheimdienstquellen der britischen Armee stellten die folgenden Typen fest: »Grünkreuz«, mit Diphosgen gefüllt; »Grünkreuz 1«: - Diphosgen und Chloropicrin; »Grünkreuz 2«-Phosgen, Diphosgen und Diphenylchlorarsin, ein Tränengas; »Blaukreuz«-Kombination aus Splittergranaten und Diphenylchlorarsin; »Gelbkreuz«-Dichloräthysulfid oder »Senfgas« — ein scharf ätzender Kampfstoff. Alle wirkten tödlich, wenn sie eingeatmet wurden, Senfgas wirkte tödlich, wenn es mit der Haut in Berührung kam. Die deutsche Armee setzte als erste Gas im Kriege ein.

ne Rohr erschien angesichts der luftbereiften Räder und des Splitterschutzschildes als geradezu winzig. Außerdem war es nicht so, daß der Verschluß sich um das Rohr bewegte, sondern das Umgekehrte war der Fall: das Nachladen ging vor sich wie bei einem Luft- oder Schrotgewehr. Die Waffen hatten eine Kastenträgerlafette mit Rückstoßsporn.

Gebirgsgeschütze
7,5-cm-Gebirgskanone (Geb K) 08

Kaliber 75 mm; Rohrlänge L/17; Gefechtsgewicht: 529 kg; größte Erhöhung 38°; Schwenkbereich: 5°; Mündungsgeschwindigkeit: 300 m/sek.; Geschoßgewicht: 5,3 kg; größte Reichweite: 5.750 m; erreichbare Feuergeschwindigkeit: nicht bek.

7,5-cm-Gebirgsgeschütz (Geb G) 14

Wie 7,5-cm-Gebirgskanone (Geb K) 08, außer: Rohrlänge L/16; Gefechtsgewicht: 491 kg; größte Erhöhung: 36°; Mündungsgeschwindigkeit: 280 m/sek.; größte Reichweite: 4.700 m.

7,5-cm-Geb L 15

Wie 7,5-cm-Geb G 14, außer: Rohrlänge L/15; Gefechtsgewicht: 630 kg; größte Erhöhung: 50°; Schwenkbereich: 14°; Mündungsgeschwindigkeit: 386 m/sek.; Geschoßgewicht: 5,5 kg; größte Reichweite: 6.625 m.

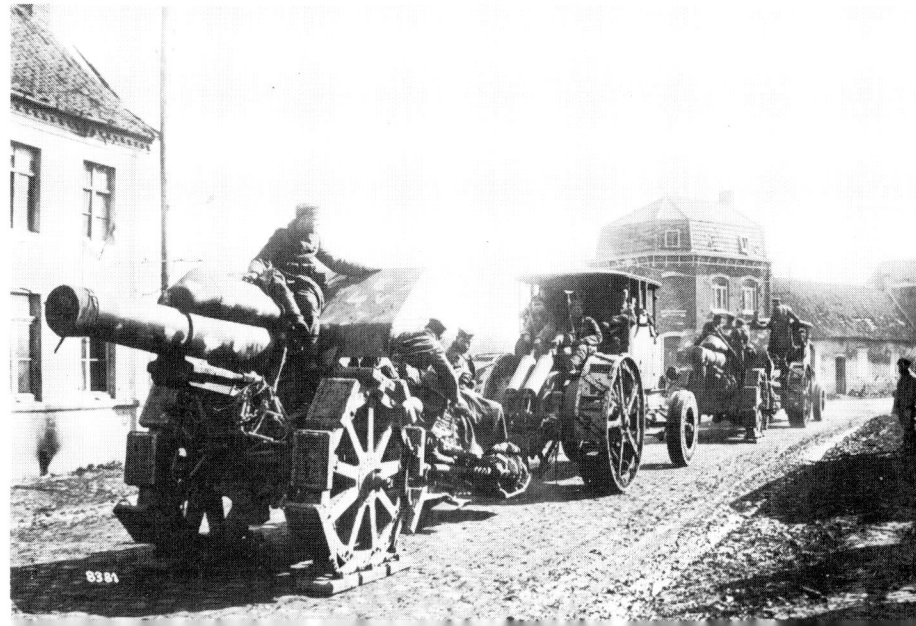

21-cm-Mörser auf dem Weg an die Front, April 1918. (IWM über MARS)

21-cm-»Kaiser-Wilhelm-Geschütz«

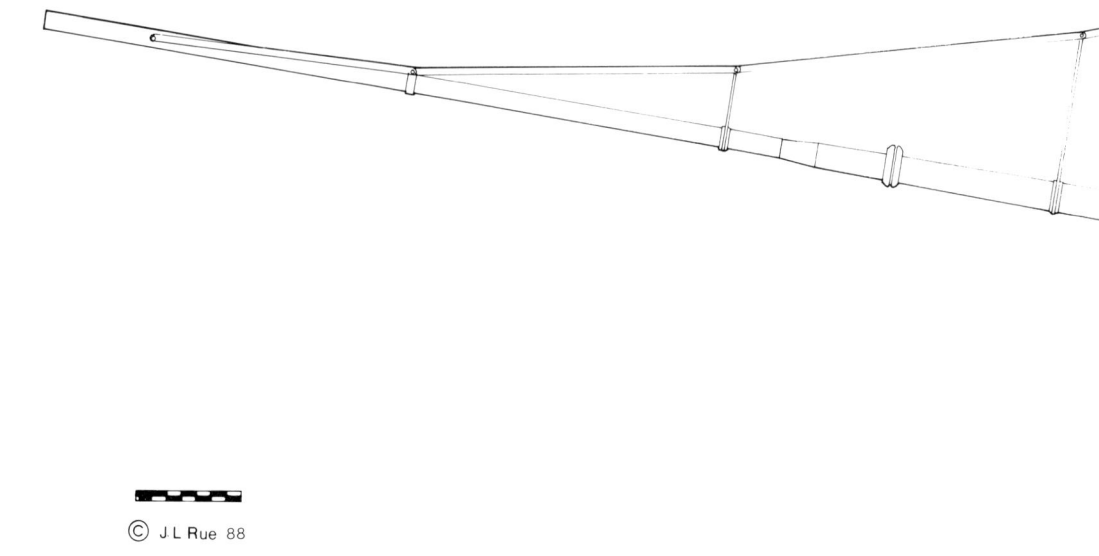

© J L Rue 88

Links: Ein feuerbereites Geschütz, das dem auf S. 51 gezeigten ähnlich ist. (IWM über MARS)

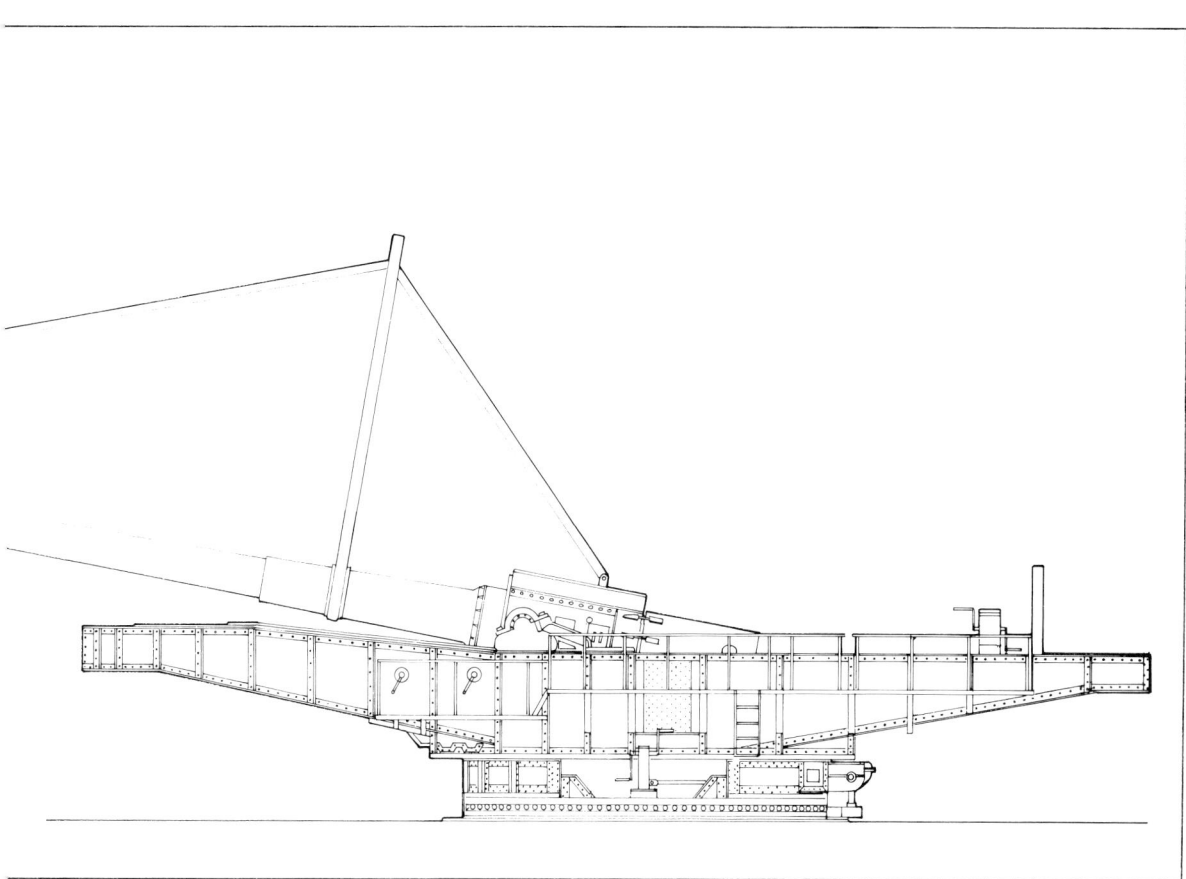

Diese drei Gebirgsgeschütze, mit kurzem Rohr, mit einem einzigen Lafettenschwanz und mit Splitterschutzschild, waren die Vorläufer der späteren und viel wirkungsvolleren Geb G 36. Sie waren so konstruiert, daß sie für den Transport in etwa sieben »Pakete« zerlegt wurden. An anderer Stelle wird gezeigt, wie die typische Gebirgsartillerie den leichteren und praktischeren rückstoßfreien Geschützen das Feld räumte.

Superschwere Artillerie

Der lange 21-cm-Mörser

Kaliber: 211 mm; Rohrlänge L/11; Gefechtsgewicht: 6.680 kg; größte Erhöhung: 70°; Schwenkbereich: 4°; Mündungsgeschwindigkeit: 393 m/sek.; Geschoßgewicht: 113 kg;

Reichweite: 11.100 m; erreichbare Feuergeschwindigkeit: nicht bek.

Der 21-cm-Mörser hatte die Bezeichnung »Lang«, weil die Rohrlänge ihn als Haubitze erscheinen ließ; er wurde 1916 eingeführt und in beiden Weltkriegen eingesetzt. Das schwere Rohr war an der Vorderseite der Lafette montiert, das auf zwei großen Stahlspeichenrädern ruhte. Wegen des Gewichts mußte der Mörser in zwei Lasten transportiert werden; Rohr und Lafette wurden von einem Pferdegespann gezogen, bis Traktoren eingeführt wurden, die stark genug waren, die gesamte Last des Geschützes auf einmal zu bewegen.

Das 21-cm-»Kaiser-Wilhelm-Geschütz«

Kaliber: 210 mm; Rohrlänge L/170; Gefechtsgewicht: 750 Tonnen; größte Erhöhung: 55°; Schwenkbereich: 360°; Mündungsgeschwindigkeit: 1.550 m/sek.; Geschoßgewicht: 119,7 kg; größte Reichweite: 122,3 km; erreichbare Feuergeschwindigkeit: nicht bek.

Das »Kaiser-Wilhelm-Geschütz« war auch unter der Bezeichnung »Paris-Geschütz« bekannt, weil es eingesetzt wurde, um diese Stadt aus einer Entfernung von 122 km zu beschießen.

Dieses Geschütz wurde von Prof. Rausenberger bei Krupp, unter Mitwirkung der Marinegeschützabteilung, entwickelt und kam 1918 zum Einsatz. Viele Einzelheiten sind nicht verfügbar, aber es wird allgemein angenommen, daß drei komplette Geschütze und vier Rohre fertiggestellt wurden. Ein Geschütz explodierte infolge eines Unfalls beim Nachladen. Das kann entweder so passiert sein, daß sich jemand verzählte oder einfach vergaß, daß die Geschosse für diese Geschütze in der Reihenfolge, in der sie abgefeuert werden sollten, numeriert waren. Jede folgende Granate hatte einen um Bruchteile größeren Führungsring als die vorhergehende, um der enormen Abnutzung des Rohres Rechnung zu tragen, die auf die 181 kg schwere Treibladung zurückzuführen war.

Das Rohr war ein Meisterstück der Erfindungsgabe. In die äußere Rohrhülle eines 38-cm-Schiffsgeschützes wurde ein 21-cm-Rohrfutter so eingesetzt, daß die Mündung dieses Geschützes 12,89 m über die Mündung des Schiffsgeschützes hinausragte; damit wurde ein weiteres sechs Meter langes Glattrohr verbunden, um die Mündungsgeschwindigkeit zu erhöhen. Die Gesamtkonstruktion des Rohres war mit 40 m so lang, daß eine Trägerkonstruktion angebracht werden mußte, damit das Rohr infolge seines Gewichtes nicht abknickte. Die Lafette war nicht minder neuartig, sie ähnelte einer massiven Trägerbrücke oder einem Eisenbahnkran. Das vordere Ende war an einer Säulenplatte gelagert, so daß es schwenkbar war, das hintere Ende ruhte auf einem schweren Räderpaar, das auf einer kreisförmigen Gleisanlage lief und eine Schwenkung von 360° ermöglichte. Die Geschütze wurden im Wald von Crépy nordostwärts von Paris in Stellung gebracht und so sorgfältig getarnt, daß alle Bemühungen der Alliierten, sie ausfindig zu machen, vergeblich waren. Zwischen dem 23. März und dem 9. August 1918 wurden 303 Schuß abgefeuert, 256 Menschen wurden getötet, weitere 620 verwundet.

42 cm »Gamma«

Kaliber: 420 mm; Rohrlänge L/12; Gefechtsgewicht: 140 Tonnen; größte Erhöhung: 75°; Schwenkbereich: 46°; Mündungsgeschwindigkeit: 452 m/sek.; Geschoßgewicht: 1.003 kg; größte Reichweite: 14.200 m; erreichbare Feuergeschwindigkeit: nicht bek.

Dies war eine schwere Haubitze für Versuchszwecke, sie wurde 1906 von Krupp für die Küstenverteidigung entwickelt, im Anschluß an frühere Versuche, die mindestens bis 1893 zurückreichten. Mit äußerster Treffgenauigkeit verfeuerte dieses Geschütz Granaten, die schwer genug waren, jedes Kriegsschiff oder Blockhaus zu zerstören. Aber es waren zehn Eisenbahnwaggons erforderlich, um alle Bestandteile zu transportieren, und es dauerte zwei volle Tage, um die Teile zusammenzubauen. Daher forderte die Armee Krupp auf, noch einmal nachzudenken...

42 cm »Dicke Bertha«

Kaliber: 420 mm; Rohrlänge L/14; Gefechtsgewicht: 42,6 Tonnen (einige Quellen geben 43,3 Tonnen an); größte Erhöhung: 70°; Schwenkbereich: 360°; Mündungsgeschwindigkeit: nicht bek.; Geschoßgewicht 816 kg; größte Reichweite: 9.375 m (einige Quellen geben 10.250 m an); erreichbare Feuergeschwindigkeit: nicht bek.

Die »Dicke Bertha« — oft mit dem »Paris-Geschütz« verwechselt — war Krupps Nachfolgeversion für »Gamma«; sie wog nur ein Drittel so viel, ihre Granaten waren 20% leichter, sie hatte eine Reichweite von 10 km und konnte, auf fünf Lasten verteilt, von Traktoren gezogen werden. Sie war massiv gebaut, hatte zwei riesige Räder und eine geschlossene Kastenlafette, deren rückwärtiges Ende sich auf einem Zahnradkranz bewegte und 360° schwenkbar war. Zwei (manche Quellen sprechen von sieben) »Dicke Berthas« wurden gebaut, sie waren beteiligt an der Belagerung von Lüttich, Namur, Antwerpen, Maubeuge, Verdun, Ypern und wurde auch an der russischen Front an der Donau eingesetzt.

Ein großes Geheimnis umgibt sowohl das »Paris-Geschütz« als auch die »Dicke Bertha«. Bei Kriegsende war keinerlei Spur von ihnen zu finden. Auf dem Versuchsgelände von Krupp blieb »Gamma« übrig und lieferte in den 30er Jahren die Grundlage für die Versuche, die zu »Karl«, dem Belagerungsgeschütz auf Selbstfahrlafette, führten. Die beiden Geschütze zu verschrotten wäre eine unheimliche Arbeit gewesen — was ist nun eigentlich mit ihnen geschehen?

Eisenbahngeschütze

17 cm K »Samuel«

Kaliber: 173 mm; Rohrlänge L/40; Gefechtsgewicht: 60 Tonnen; größte Erhöhung: 47°; Schwenkbereich: 12°; Mündungsgeschwindigkeit: 815 m/sek.; Geschoßgewicht: 62,8 kg; größte Reichweite: 24,08 km; Feuergeschwindigkeit: nicht bek.

21 cm SK L/40 »Peter Adalbert«

Wie 17 cm K »Samuel«, außer: Kaliber 209 mm; Gefechtsgewicht: nicht bek.; größte Erhöhung: 45°; Schwenkbereich: 0°; Mündungsgeschwindigkeit: 780 m/sek.; Geschoßgewicht: 115 kg; größte Reichweite: 25,58 km.

35 cm K (E)

Kaliber: 350 mm; Rohrlänge L/45; Gefechtsgewicht: 205 Tonnen; größte Erhöhung: 50°; Schwenkbereich: 360°; Mündungsgeschwindig-keit: nicht bek.; Geschoßgewicht: 700 kg; größte Reichweite: 30 km.

38 cm Schiffskanone L/45 »Max«

Wie 35 cm K (E), außer: Kaliber: 380 mm; Gefechtsgewicht: 274,33 Tonnen; größte Erhöhung: nicht bek.; Mündungsgeschwindigkeit: 800 m/sek.; Geschoßgewicht: 750 kg; größte Reichweite: 24 km.

Eisenbahngeschütze sind ein Zweig der Artillerie, die auf solchen Lafetten montiert sind, daß sie auf normalen Eisenbahnstrecken fahren können. Waffen dieser Art traten zuerst im Amerikanischen Bürgerkrieg auf. Die Idee wurde in Europa zuerst in Frankreich aufgegriffen und dann von allen anderen Ländern nachgeahmt, auch von Deutschland.

Das kleinste der deutschen Eisenbahngeschütze im Ersten Weltkrieg war »Samuel«, ein einfaches 17-cm-Geschütz, das vollständig, mit Rädern und Lafette auf einen Eisenbahn-Tiefladewagen (mit zwei vierrädrigen Laufgruppen) montiert wurde. Dies war notwendig geworden, weil es sich her-

Ein schweres 17-cm-Geschütz »Samuel«, das auf einem Eisenbahnwaggon montiert wurde, in Nordfrankreich während der Juni-Offensive 1918. (BPK/WW I/1436)

Oben: Ein 24-cm-Küsten-
geschütz SK L/40 auf ei-
nem Eisenbahnfahrge-
stell. (Terry Gander).

Links: 17-cm-K »Samuel«
(BA/81/123/27).

ausgestellt hatte, daß das Gewicht der Geschütze den Transport durch Pferde nicht mehr zuließ. »Peter Adalbert« war ein 21-cm-Schiffsgeschütz, das auf einer speziell konstruierten Kastenträgerlafette montiert war. Weil das Geschütz selbst keinen Schwenkbereich hatte, mußten besonders gekrümmte Eisenbahnstrecken gebaut werden, um das Geschütz auf das Ziel einzurichten. Der Rückstoß war enorm, trotz eines hydro-pneumatischen Systems in der Lafette. So kam es, daß sich das Geschütz bei jedem Schuß einige Meter nach rückwärts bewegte; nach einigen Schüssen mußte eine Lokomotive herangeholt werden, die das Geschütz wieder in die richtige Position schob. Die 35-cm- und die 38-cm-Geschütze waren ehemalige Schiffsgeschütze, aber sie waren so schwer und hatten einen so enormen Rückstoß, daß sie nicht auf ihrem Transportfahrzeug abgefeuert werden konnten. (Bei einem Kriegsschiff ist die See ein großartiger Stoßdämpfer). Sie wurden daher auf vorbereitete Drehscheiben gesetzt und hatten so einen Schwenkbereich von 360°. Sie wurden hauptsächlich bei der Belagerung von Verdun eingesetzt.

Küstenartillerie

15 cm SK L/40

Kaliber: 149 mm; Rohrlänge L/40; Gefechtsgewicht: nicht bek.; größte Erhöhung: 30°; Schwenkbereich: 360°; Mündungsgeschwindigkeit: 805 m/sek.; Geschoßgewicht: 45,5 kg; größte Reichweite: 20.000m; erreichbare Feuergeschwindigkeit: nicht bek.

Die 15-cm-Schiffskanone L/40 ist repräsentativ für die deutsche Küstenartillerie in beiden Weltkriegen. Das ursprüngliche Geschütz war um die Jahrhundertwende als Sekundärbestückung für Schlachtschiffe entwickelt worden. Bis 1914 waren einige in versenkbaren Befestigungen eingebaut, die Hafenanlagen zu decken hatten. In diesen Befestigungsanlagen waren die Geschütze unter der Erdoberfläche installiert, die Lafette hob sich nur für die wenigen Sekunden, die zum Abfeuern notwendig waren, und wurden dann zum Nachladen und zum Schutz vor feindlichem Artilleriebeschuß wieder zurückgezogen. Nach einiger Zeit fand man, daß dieses Konzept zu zeitraubend und zu teuer war; später wurde die Küstenartillerie — mit Sicherheit während des Zweiten Weltkrieges — in Betonbunkern, die mit schmalen Schießscharten ausgestattet und daher tatsächlich bombensicher waren, oder in gepanzerten Kasematten mit Rundumschwenkung untergebracht.

17 cm SK L/40

Kaliber: 173 mm; Rohrlänge L/40; Gefechtsgewicht: nicht bek.; größte Erhöhung: 45°; Schwenkbereich: 360°; Mündungsgeschwindigkeit: 875 m/sek.; Geschoßgewicht: 62,8 kg; größte Reichweite: 27.200 m; erreichbare Feuergeschwindigkeit: nicht bek.
Die vorhergehenden Angaben beziehen sich auch auf das Geschütz für die Küstenverteidigung, das 1908 in Dienst gestellt wurde.

24 cm SK L/35

Kaliber: 240 mm; Rohrlänge L/35; Gefechtsgewicht: nicht bek.; größte Erhöhung: 45°; Schwenkbereich: 360°; Mündungsgeschwindigkeit: 675 m/sek.; Geschoßgewicht: 148,5 kg; größte Reichweite: 20.200 m; erreichbare Feuergeschwindigkeit: nicht bek.

24 cm SK L/40

Wie 24 cm SK L/35, nur größere Rohrlänge L/40; Mündungsgeschwindigkeit: 810 m/sek.; größte Reichweite: 26.750 m.
Diese Kanonen wurden ursprünglich als Ausrüstung für Schlachtschiffe entwickelt. Als das Schiffsbauprogramm reduziert wurde, wurden die Reserve-Exemplare für die Küstenverteidigung eingesetzt. Die L/35 wurde 1910, die L/40 wurde 1914 in Dienst gestellt.

28 cm SK L/40

Kaliber: 283 mm; Rohrlänge L/40; Gefechtsgewicht: nicht bek.; größte Erhöhung: 45°; Schwenkbereich: 360°; Mündungsgeschwindigkeit: 820 m/sek.; Geschoßgewicht: 240 kg; größte Reichweite: 29.500 m; erreichbare Feuergeschwindigkeit: nicht bek.

28 cm-Küsten-Haubitze

Wie 28 cm SK L/40, außer Rohrlänge L/11; Gefechtsgewicht: 37.000 kg; größte Erhöhung: 70°; Mündungsgeschwindigkeit: 379 m/sek.; Geschoßgewicht: 350 kg; größte Reichweite: 11.400 m.

28 cm SK L/45

Wie 28 cm SK L/40, außer Rohrlänge L/45; Gefechtsgewicht: nicht bek.; größte Erhöhung: 45°; Mündungsgeschwindigkeit: 875 m/sek.; Geschoßgewicht: 284 kg; größte Reichweite: 36.100 m.

28 cm SK L/50

Wie 28 cm SK L/45, außer Rohrlänge L/50; Mündungsgeschwindigkeit: 905 m/sek.; größte Reichweite: 39.100 m.
Die 28 cm SK L/40 war ursprünglich für die Deutschland-Klasse konstruiert worden, wurde aber 1901 für die Küstenverteidigung bestimmt; die L/45 wurde 1907 für die Schlachtschiffe der Westfalen-Klasse gebaut und die L/50 für die Schlachtkreuzer der Seydlitz-Klasse in 1910. Die Küstenhaubitze — obwohl gleichen Kalibers — war ein Außenseiter, sie war ein Überbleibsel von einem Konzept um die Jahrhundertwende, als man Schiffsgeschütze plante, die den Gegner vernichten sollten, indem ihre Granaten die Deckpanzerung durchschlagen sollten anstatt die dickeren Bugpanzerplatten. Ihre Hauptschwäche war die geringe Reichweite, aber bei der Küstenverteidigung war dies kein Nachteil, denn hier mußten die feindlichen Kriegsschiffe relativ nahe an die Küste herankommen, um an den Bodenbefestigungen nennenswerten Schaden anzurichten.

35 cm SK L/52,5

Kaliber: 356 mm; Rohrlänge L/52,5; Gefechtsgewicht: nicht bek.; größte Erhöhung: 52°; Schwenkbereich: 360°; Mündungsgeschwindigkeit: nicht bek.; Geschoßgewicht: 535 kg; größte Reichweite: 50.990 m; erreichbare Feuergeschwindigkeit: nicht bek.

38 cm SK L/45 »Max«

Kaliber: 381 mm; Rohrlänge L/45; Gefechtsgewicht: 270 Tonnen; größte Erhöhung: 55°; Schwenkbereich: 2°; Mündungsgeschwindigkeit: nicht bek.; Geschoßgewicht: 1.030 kg; größte Reichweite: 47.500 m; erreichbare Feuergeschwindigkeit: nicht bek.
Diese waren die größten Küstengeschütze des Ersten Weltkrieges, auch sie waren ursprünglich als Bestückung für Schlachtschiffe entwickelt worden und wurden 1914 bzw. 1916 in Dienst gestellt.

Fahrzeuge 1914 - 1918

Panzer

Sturmpanzerwagen A 7V

Haupthersteller: Daimler; Herstellungszeit: 1917-18; Bewaffnung: 1 x 5,7-cm-Kanone; 6-7 7,92-mm-MG; Besatzung: 18; Gefechtsgewicht: 32 Tonnen; Gesamtlänge: 7,35 m; Höhe: 3,40 m; Breite: 3,10 m; höchste Geschwindigkeit: 12 km/h; Aktionsradius: 35 km; Antrieb: 2 x Daimler 4-Zyl.-Benzinmotoren; Motorleistung: 2 x 100 PS bei 900 U/Min.; Hubraum: 17.000 ccm; Tankfüllraum: 500 l; Dicke der Panzerung: 15-30 mm.

Der A 7V war der einzige deutsche Panzer, der im Ersten Weltkrieg eingesetzt wurde. Entwickelt wurde er aufgrund einer Forderung einer Abteilung des Kriegsministeriums, der Abteilung 7 Verkehrswesen, daher rührt auch seine Bezeichnung. Die Entwicklungsarbeiten begannen erst nach dem ersten britischen Panzereinsatz an der Somme in 1916, und der erste Prototyp wurde am 17. Mai 1917 vorgestellt. Die Produktion ging langsam voran, jedoch nicht in erster Linie wegen Rohstoffmangels, sondern weil die Armee einen bemerkenswerten Mangel an Begeisterung für die neue Waffe zeigte. Demzufolge wurde auch die erste deutsche Panzerabteilung mit fünf A 7V erst im Januar 1918 aufgestellt und kam dann am 21. März bei St. Quentin zum Einsatz. Auf einer ähnlichen Ebene liegt es, daß 100 A 7V in Auftrag gegeben worden waren, vor dem Ende des Krieges jedoch nur 20 bis 30 fertiggestellt waren. Die Armee verließ sich auf mehr erbeute-te britische Panzer, auf die dann deutlich sichtbar Eiserne Malteserkreuze aufgemalt wurden.

Der A V7 benutzte als Grundlage das Fahrgestell des amerikanischen Holt-Traktors (den die Armee bereits als Fahrzeug für den Munitionsnachschub nutzte), auf dem ein hoher, an den Seiten abgeschrägter Aufbau aus zusammengenieteten Stahlplatten geschraubt war. Eine erbeutete russische 5,7-cm-Feldkanone war im Bug eingebaut, die übrigen Seiten waren mit Maschinengewehren gespickt. Kommandant und Fahrer saßen in einem erhöhten, nicht schwenkbaren »Turm« in der Mitte des Fahrzeugs, die MG-Schützen in der Wanne.

Der A V7 hatte in den Gefechten keinen größeren Erfolg; bis zum Ende des Krieges wurde nur ein Prototyp eines verbesserten Fahrzeugs mit der Bezeichnung A 7V-U gebaut. Dieser übernahm die rhombusförmige Anbringung der Laufkette, wie sie bei den britischen Panzern üblich war; er hatte ferner an jeder Seite eine Geschützplattform, von der jede eine 5,7-cm-Kanone und vier MG-Luken hatte. Er wog 39 Tonnen, war also schwerer als der A 7V, hatte aber infolge der auf 150 PS verstärkten Motoren die gleiche Leistung.

Krupp produzierte Prototypen eines leichten Panzers, des LK I und II (LK = leichter Kampfwagen), der mit einem einzigen MG in einem kleinen, rundum schwenkbaren Turm ausgerüstet war. Dieses Konzept war offensichtlich eine Kopie des britischen »Whippet« und des französischen »FT 17«. Ein weiteres Modell existierte

Ein A 7V-Panzer, in Staub gehüllt, auf dem Weg zur Front, Juni 1918. (IWM/Q 23924)

Sturmpanzerwagen A 7V

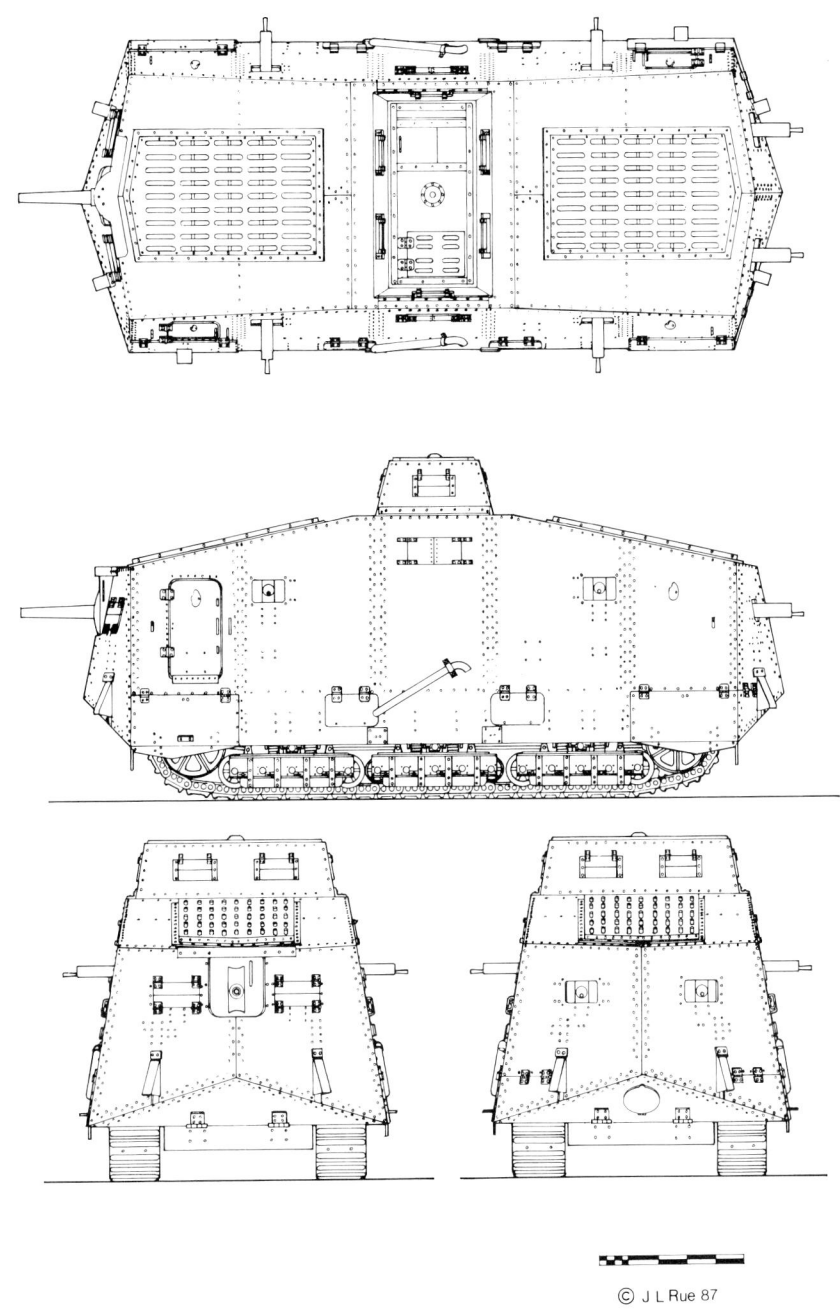

© J L Rue 87

nur als Entwurf, es war der »Großkampfwagen«, der vier 5,7-cm-Kanonen in zwei Seitentürmen auf jeder Seite haben sollte.

Panzerkraftwagen

4 x 4 Straßenpanzerkraftwagen Typ A5P

Haupthersteller: Büssing; Herstellungszeit: 1915; Bewaffnung: 3 x 7,92-mm-MG; Besatzung: 9; Gefechtsgewicht: 10,25 Tonnen; Gesamtlänge: 9,50 m; Höhe: nicht bek.; Breite: 2,10 m; höchste Geschwindigkeit: 35 km/h; Aktionsradius: 250 km; Antrieb: Büssing 6-Zyl.-Benzinmotor; Motorleistung: 90 PS (U/Min. nicht bek.); Hubraum: nicht bek.; Tankfüllung: nicht bek.; Dicke der Panzerung: 5-7 mm.

4 x 4 Straßenpanzerkraftwagen Typ M 1915

Haupthersteller: Daimler; Herstellungzeit: 1915; Bewaffnung: 3 x 7,92-mm-MG; Besatzung 8-9; Gefechtsgewicht: 9 Tonnen; Gesamtlänge: 5,61 m; Höhe: nicht bek.; Breite: 2,05 m; höchste Geschwindigkeit: 40 km/h; Aktionsradius: 250 km; Antrieb: Daimler M 1464 4-Zyl.-Benzinmotor; Motorleistung: 80 PS bei 1.200 U/Min.; Hubraum: 9.850 ccm; Tankfüllung: nicht bek.; Dicke der Panzerung: 5-7 mm.

4 x 4 Straßenpanzerkraftwagen Typ E-V/4

Haupthersteller: Erhardt; Herstellungszeit: 1915-18; Bewaffnung: 3 x 7,92-mm-MG; Besatzung 8-9; Gefechtsgewicht: 9 Tonnen; Gesamtlänge: 5,60 m; Höhe: 3,00 m; Breite: 2,00 m; höchste Geschwindigkeit: 45 km/h; Aktionsradius: 250 km; Antrieb: Erhardt 4-Zyl.-Benzinmotor; Motorleistung: 70 PS bei 850 U/Min.; Hubraum: 8.600 ccm; Tankfüllung: 175 l; Dicke der Panzerung: 5-7 mm.

Büssing und Daimler bauten 1915 Prototypen von neuen Panzerkraftwagen, nachdem die Armee die Fähigkeiten, besonders des belgischen Panzerwagens »Minerva« kennengelernt hatte. (Paul Daimler hatte seinen ersten Panzerwagen schon 1904/05 gebaut, dieses Fahrzeug hatte als erstes in der ganzen Welt schon einen 4-Rad-Antrieb und einen drehbaren Turm; aber die österreichisch-ungarische Armee zeigte kein Interesse, und so ließ man das Projekt fallen. Das Fahrzeug war 4,86 m lang, 2,74 m hoch und 1,76 m breit, sein Gewicht betrug drei Tonnen. Es hatte ein einzelnes 7,92-mm-Maxim-MG im Turm und

4 x 4 Straßenpanzerkraftwagen Typ E-V/4

© J L Rue 87

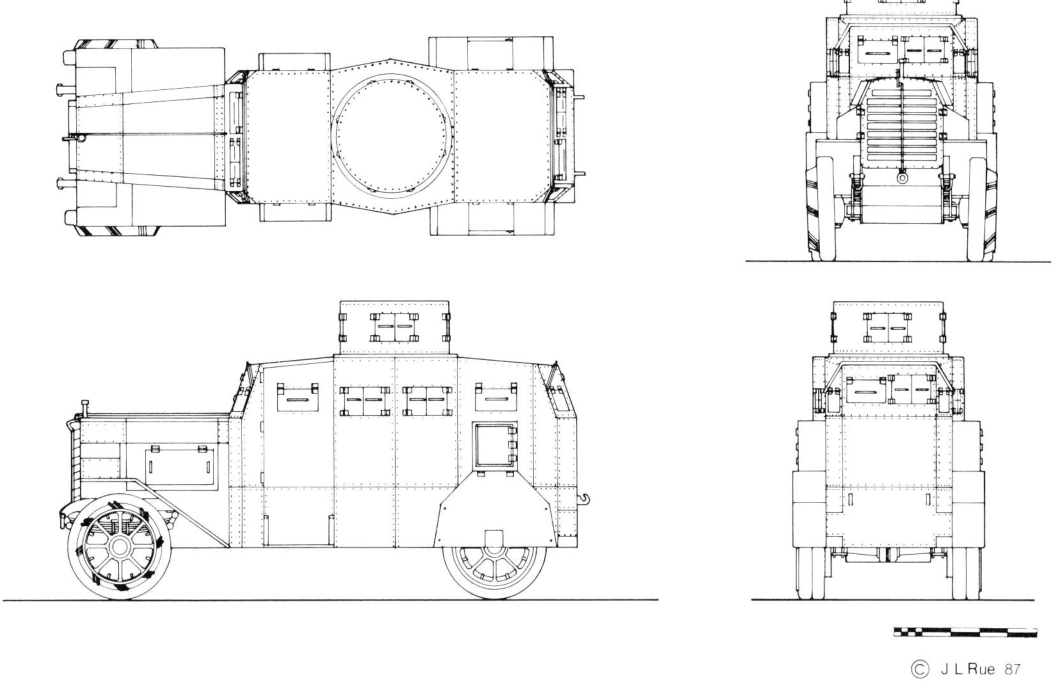

Links: Freikorps-Angehörige mit einem Flammenwerfer und einem Panzerkraftwagen Typ E-V/4 in Berlin, März 1919.
(BPK/1645)

Rechts: Ein Panzerkraftwagen Erhardt Typ E-V/4, etwa 1918.
(BA/69/131/53)

war durch eine 4-mm-Panzerung gegen leichte Handfeuerwaffen geschützt. Der Motor war ein 4-Zyl.-Benzin-Modell, das eine Durchschnittsgeschwindigkeit von 40 km/h und eine Spitzengeschwindigkeit von 45 km/h erreichte und einen Aktionsradius von 250 km hatte).

1915 war der Krieg — außer in Nord- und Ostafrika und im Mittleren Osten — in einen Stellungskrieg übergegangen, und Panzerwagen hielt man für wenig wertvoll. Daher wurde nur das Modell von Erhardt in die Produktion genommen, und bis zum Ende des Krieges wurden 33 Exemplare fertiggestellt. Das Modell von Daimler führte später zu dem Nachkriegsmodell DZVR, das zwischen 1919 und 1922 zusammen mit dem Benz-Typ VP 21 und dem Erhardt-Typ 21 für die Reichswehr gebaut wurde. Alle diese Fahrzeuge waren groß, langsam und plump, der Erhardt-Typ hatte als einziger einen drehbaren Turm. Er wurde nur in beschränktem Umfang im Krieg eingesetzt, mehr bei Straßenkämpfen verschiedener Gruppen in den Nachkriegswirren.

Andere Fahrzeuge

Da das motorisierte Transportwesen noch relativ neu war, zog die deutsche Armee im Ersten Weltkrieg — wie auch die Armeen anderer Nationen nahezu jedes Zivilauto — jeden Zivilkraftwagen, jede Zugmaschine oder jedes Motorrad, — alles was auf dem zivilen Markt verfügbar war, zum militärischen Dienst heran. Einige von ihnen wurden dann als »Militärmodell« bezeichnet, aber weder die Hersteller noch Einrichtungen wie das »Imperial War Museum« in London, noch das »Army Transport Museum« in Humberside haben irgendwelche Aufzeichnungen über Abmessungen oder Verwendung dieser Fahrzeuge. Entweder wurden solche Berichte nicht geführt, oder sie wurden zufällig oder auch absichtlich im Laufe der Jahre vernichtet.

Die deutschen Firmen stehen in dieser Hinsicht nicht allein: zahlreiche britische und amerikanischen Firmen haben im Laufe der Jahre angesichts von Übernahmen oder unter dem Zwang, andere Gebäude beziehen zu müssen, anscheinend wertlose Berichte oder Fotos einfach ausrangiert. Ich weiß von dem Flugzeughersteller Gloster und der Lastwagenfirma Thornycroft, daß sie insofern in einer glücklicheren Lage waren, als die zum Altmaterial weggeworfenen Büropapiere von Enthusiasten an sich genommen wurden und daher heute noch existieren. An-

derswo rennt man bei Nachforschungen gegen eine leere Wand, und wenn man etwas über das motorisierte Transportwesen von 1914-18 sucht, stößt man auf »Fehlanzeige«, ob in Deutschland, England oder in irgendeinem anderen Land.

Einzelne, bruchstückhafte Darstellungen gibt es zweifellos in Zeitungsartikeln, Spionageberichten und was über die Jahre hin publiziert wurde, aber es ist unmöglich, folgerichtige oder zuverlässige Daten daraus zusammenzustellen. In Deutschland hat Werner Oswald auf diesem Gebiet die meiste Arbeit geleistet, und die folgenden Aufzeichnungen sowie Daten sind ausschließlich seiner Arbeit zu verdanken. Ein Teil des Problems liegt auch darin, daß die militärischen Spezialfahrzeuge in sehr geringer Stückzahl — im Vergleich zu den späteren Jahren — hergestellt wurden, z.B. wurden von Krupp/Daimler 855 Artilleriezugkraftwagen hergestellt, dazu kamen 277 Zugkraftwagen für die 7,7-cm-Flakvariante. Dies ist im Vergleich zu den 180 Traktoren, die Büssing für den Artilleriemunitions-Nachschub baute, eine größere Stückzahl, als irgendein anderer Hersteller aufweisen kann.

Die Angaben für die folgenden Fahrzeuge sind teilweise vorhanden:

Geschützwagen 14

Haupthersteller: Erhardt; Herstellungszeit: 1913-14; Einsatzgewicht: nicht bek.; Gesamtlänge: 6,90 m; Höhe: nicht bek.; Breite: nicht bek.; Radstand: 4,20 m; Bodenfreiheit: nicht bek.; höchste Geschwindigkeit: nicht bek.; Aktionsradius: nicht bek.; Antrieb: Erhardt 4-Zyl.-Benzinmotor; Motorleistung: 50 PS (U/Min. nicht bek.); Hubraum: 7.960 ccm; Tankfüllung: nicht bek.

Geschützwagen 14 - Typ E-V/4

Haupthersteller: Erhardt; Herstellungszeit: 1914-18; Einsatzgewicht: 8 Tonnen; Gesamtlänge: nicht bek.; Höhe: nicht bek.; Breite: nicht bek.; Radstand: 4,70 m; Bodenfreiheit: 32 cm; höchste Geschwindigkeit: 45 km/h; Aktionsradius: nicht bek.; Antrieb: Erhardt 4-Zyl.-Benzinmotor; Motorleistung: 70 PS bei 850 U/Min.; Hubraum: 9.300 ccm; Tankfüllung: 175 l.

Geschützwagen 14

Haupthersteller: Krupp und Daimler; Herstellungszeit: 1914-15; Einsatzgewicht: 8 Tonnen; Gesamtlänge: 6,275 m; Höhe: nicht bek.; Breite: nicht bek.; Radstand: 3,84 m; Bodenfreiheit: nicht bek.; höchste Geschwindigkeit: 45 km/h;

Geschützwagen 14 mit 7,7-cm-BAK

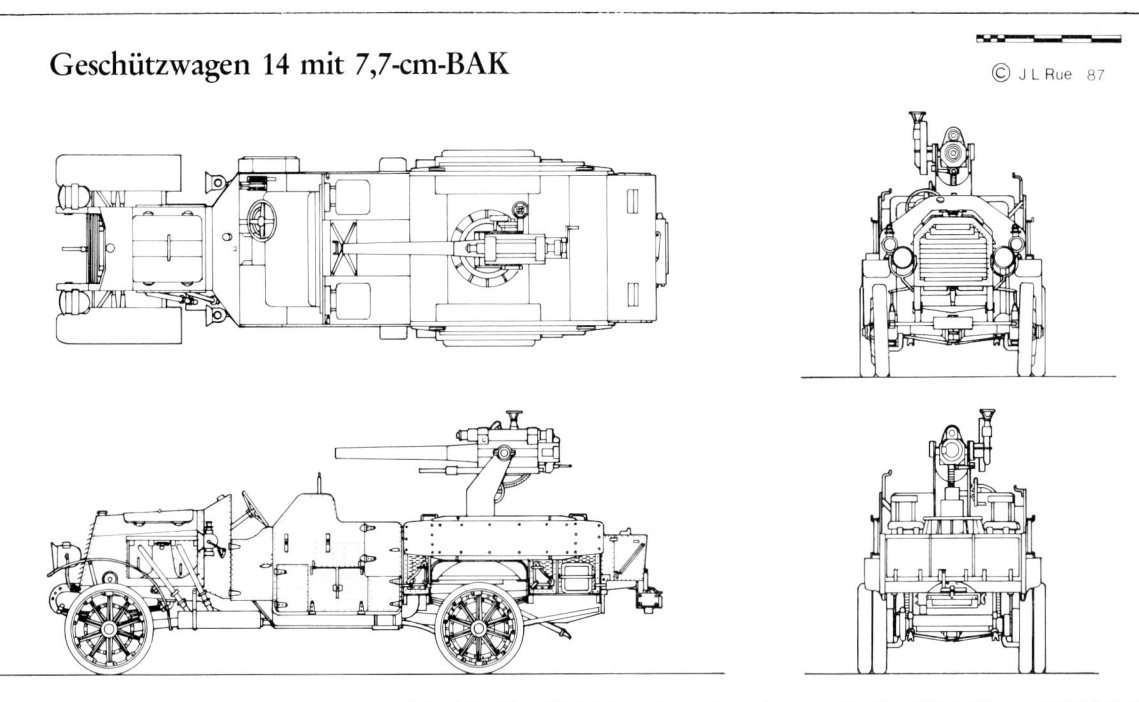

Aktionsradius: nicht bek.; Antrieb: Daimler M 1464 4-Zyl.-Benzinmotor; Motorleistung: 80 PS bei 1.200 U/Min.; Hubraum: 9.850 ccm; Tankfüllung: nicht bek.

Diese drei Fahrzeuge waren vierrädrige Lastkraftwagen mit oben offenen Fahrerkabinen; sie hatten eine rückwärtige Plattform, auf der eine 7,7-cm-Ballon-Abwehr-Kanone (BAK) montiert war; dazu kamen, auf Regalen gelagert, Munitionsbehälter; die Besatzung bestand aus zehn Mann.

KD-1 Artillerie-Zugkraftwagen/ Geschützzugkraftwagen 19

Haupthersteller: Krupp/Daimler; Herstellungszeit: 1917-18; Einsatzgewicht: 11,25 Tonnen; Gesamtlänge: 6,70 m; Höhe: 3,00 m; Breite: 2,20 m; Radstand: 3,75 m; Bodenfreiheit: 40 cm; höchste Geschwindigkeit: 35 km/h; Aktionsradius: 230 km; Antrieb: Daimler M 1574 4-Zyl.-Benzinmotor; Motorleistung: 100 PS bei 1.200 U/Min.; Hubraum: 12.020 ccm; Tankfüllung: 200 l. Zunächst war dies ein Artillerie-Zugkraftwagen für die 8,8-cm-Flugzeugabwehrkanone; die aus zehn Mann bestehende Besatzung fuhr auf dem Lastwagen mit, der ein ähnliches Modell war wie die vorhergehenden drei, jedoch mit stärkerem Motor. 1918 wurden einige davon zu Selbstfahrlafetten für die 7,7-cm-Flugzeugabwehr/Ballon-Abwehr-Kanone umgebaut und blieben bis 1935 in Dienst.

Oswald führt in einer Liste die Hersteller auf, die von 1914-18 Motorfahrzeuge für die Armee herstellten. 1914 waren die Hersteller leichter und mittlerer Lastkraftwagen (2,5 - 3,5 Tonnen): Adler, Audi, Benz, Bergmann, Daimler, Dürkopp, Dux, Erhardt, Fafnir, Frankfurter, Hansa-Lloyd, Loeb, Horch, NAG, NSU, Opel, Podeus, Simson, Stoewer und Vomag. In der schweren 4,5-Tonnen-Klasse waren es: Benz, Bergmann, Büssing, Daimler, Deutz, Erhardt, Hansa-Lloyd, Komnick, Mannsmann-Mulag, NAG und Union-Werke, 1915 kamen MAN und Sauer dazu, 1916 Faun und Magirus.

Die deutsche Armee benutzte auch Dampfzugkraftwagen als Traktoren für die schwere Artillerie. In diesem Zusammenhang sei darauf hingewiesen, daß im ganzen Ersten Weltkrieg — und zu einem großen Teil auch noch im Zweiten Weltkrieg — die leichtere Artillerie sowie der größte Teil der Nachschubfahrzeuge von Pferdegespannen gezogen wurden.

KD-1 Artillerie-Zugmaschine/Geschütz-Kraftwagen 19

© J L Rue 87

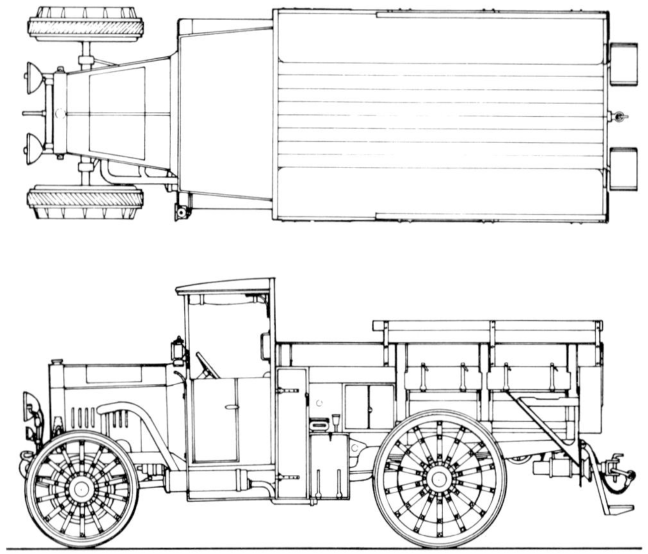

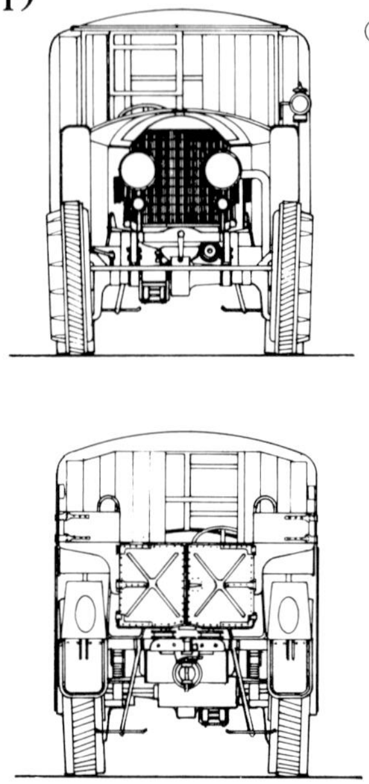

Daimer - Marienfelde ALZ 13
Armee-Lastzug 1914

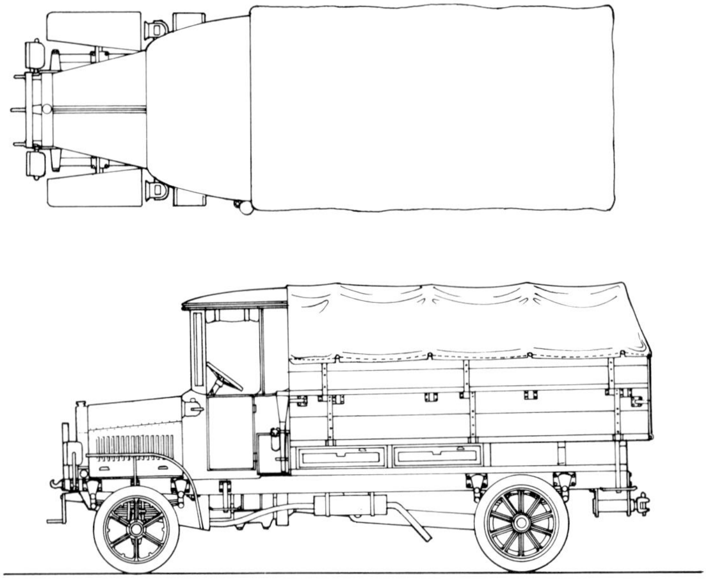

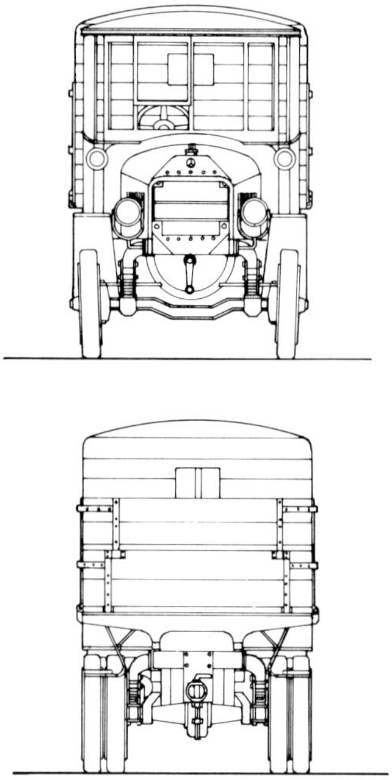

© J L Rue 87

Fahrzeuge 1918 - 1932

Nutz- und Stabsfahrzeuge

4 x 2 mittlerer Kübel-Personenkraftwagen (m Kübel-Pkw) Typ 8/38 PS

Hauptsteller: Mercedes-Benz; Herstellungszeit: 1926-29; Leergewicht: 1,23 Tonnen; Gewicht, vollbeladen: 1,86 Tonnen; Gesamtlänge: 4,38 m; Höhe: 1,52 m; Breite: 1,62 m; Radstand: 2,81 m; Bodenfreiheit: 21 cm; höchste Geschwindigkeit auf der Straße: 72 km/h; Aktionsradius/Straße: 280 km; Aktionsradius/Gelände: nicht bek.; Antrieb: Daimler-Benz M 6506 6-Zyl.-Benzinmotor; Motorleistung: 38 PS bei 3.400 U/Min.; Hubraum: 1.988 ccm; Tankfüllung: 45 l .

4 x 2 m Kübel-Pkw Stuttgart 200

Wie 4 x 2 m Kübel-Pkw 8/38 PS, außer: Herstellungszeit: 1929-31; Gewicht, leer: 1,25 Tonnen; beladen: 1,86 Tonnen; Gesamtlänge: 4,385 m; Höhe: 1,62 m; Breite: 1,71 m; höchste Straßengeschwindigkeit: 75 km/h; Antrieb: Daimler-Benz M02 6-Zyl.-Benzinmotor; Motorleistung: 38 PS bei 3.200 U/Min.

4 x 2 m Kübel-Pkw Stuttgart 260

Wie 4 x 2 m Kübel-Pkw Stuttgart 200, außer: Herstellungszeit: 1929-35; Gesamtlänge: 4,38 m; Höhe: 1,75 m; Breite: 1,68 m; Bodenfreiheit: 19 cm; höchste Straßengeschwindigkeit: 85 km/h; Aktionsradius auf Straßen: 260 km; Antrieb: Daimler-Benz M 11 6-Zyl.-Benzinmotor; Motorleistung: 50 PS bei 3.400 U/Min.; Hubraum: 2.581 ccm.

4 x 2 m Kübel-Pkw Typ 12N - RW

Hauptsteller: Adler; Herstellungszeit: 1932/33; Gewicht, leer: 1,85 Tonnen; vollbeladen: 2,2 Tonnen; Gesamtlänge: 4,20 m; Höhe: 1,50 m; Breite: 1,70 m; Radstand: 2,84 m; Boden-

Paradeaufstellung einer Kompanie der Leibstandarte Adolf Hitler, um 1934. Der Wagen im Vordergrund ist ein Mercedes Benz 4 x 2 Stuttgart, die dahinter sind Hanomags. (BA/ABC - 18270).

freiheit: nicht bek.; höchste Straßengeschwindigkeit: 75 km/h; Aktionsradius auf Straßen: 410 km; im Gelände: nicht bek.; Antrieb: Adler Typ 12 N 6-Zyl.-Benzinmotor; Motorleistung: 50 PS bei 3.000 U/Min.; Hubraum: 2.916 ccm; Tankinhalt: 70 l.

Wegen der Einschränkungen durch den Versailler Vertrag wurde die Reichswehr erst Ende der 20er Jahre mit moderner Ausrüstung ausgestattet. Die oben aufgeführten 4-Sitzer-Modelle von Mercedes waren Cabriolets mit Faltverdeck, es waren hervorragende Fahrzeuge, wie der sehr ähnliche »Adler«. Das deutsche Heer erhielt erst leichte und mittelschwere Kraftfahrzeuge mit Vierradantrieb, nachdem Hitler zum Kanzler gewählt worden war.

6 x 4 schwerer geländegängiger Personenkraftwagen (s gg -Pkw) Horch 8 Typ 40

Haupthersteller: Horch; Herstellungszeit: 1926-28; Gewicht, leer: 2,68 Tonnen; vollbeladen: nicht bek.; Gesamtlänge: 4,70 m; Höhe: 2,10 m; Breite: 2,00 m; Radstand 3,17 m; Bodenfreiheit: nicht bek.; höchste Straßengeschwindigkeit: 70 km/h; Aktionsradius auf Straßen: 340 km; im Gelände: 270 km; Antrieb: Horch 8-Zyl.-Benzinmotor; Motorleistung: 65 PS bei 3.000 U/Min.; Hubraum: 3.378 ccm; Tankinhalt: 90 l.

6 x 6 s gg-Pkw Typ M

Haupthersteller: Selve; Herstellungszeit: 1926-29; Gewicht, leer: 2,685 Tonnen; vollbeladen: 3,3 Tonnen; Breite: 1,86 m; Radstand: 3,485 m; Bodenfreiheit: 23,5 cm; höchste Geschwindigkeit auf Straßen: 67 km/h; Aktionsradius auf Straßen: 470 km; im Gelände: 380 km; Antrieb: Selve S 6/12 6-Zyl.-Benzinmotor; Motorleistung: 53 PS bei 3.000 U/Min.; Hubraum: 3.096 ccm; Tankfüllung: 115 l.

6 x 4 s gg-Pkw Typ GI

Haupthersteller: Mercedes-Benz; Herstellungszeit: 1926-28; Gewicht, leer: 2,4 Tonnen; vollbeladen: 3,2 Tonnen; Breite: 2.04 m; Radstand: 3,338 m; Bodenfreiheit: 23,2 cm; höchste Straßengeschwindigkeit: 60 km/h; Aktionsradius auf Straßen: 500 km; im Gelände: 400 km; Antrieb: Daimler-Benz M03 6-Zyl.-Benzinmotor; Motorleistung: 50 PS bei 3.000 U/Min.; Hubraum: 3.079 ccm; Tankinhalt: 120 l.

4 x 4 s gg-Pkw Typ 70/Typ 740

Haupthersteller: Horch; Herstellungszeit: (Typ 70) 1932; (Typ 740) 1934; Gewicht, leer: 2,8 Tonnen; vollbeladen: 3,4 Tonnen; Gesamtlänge: 5,10 m; Höhe: 2,15 m; Breite: 2,10 m; Radstand: 3,47 m; Bodenfreiheit: nicht bek.; höchste Straßengeschwindigkeit: 60 km/h; Aktionsradius auf Straßen: 350 km; im Gelände: 260 km; Antrieb: Horch 8-Zyl.-Benzinmotor; Motorleistung: 100 PS bei 3.600 U/Min.; Hubraum: 4.944 ccm; Tankinhalt: 100 l.

Um die Lücke zwischen Personen- und Lastkraftwagen zu überbrücken, entwickelte die Reichswehr von 1926 ab eine Serie von 4- und 6-rädrigen schweren Personenkraftwagen mit verbesserter Geländegängigkeit. Diese wurden oft mit Maschinengewehren ausgerüstet; sie wurden auch dazu benutzt, leichtere Geschütze zu transportieren, einige wurden auch zu Krankentransportfahrzeugen umgebaut.

Leichte Lastkraftwagen

6 x 4 leichte Gelände-Lastkraftwagen (le gl-Lkw) 1,5 Tonnen Typ G3

Haupthersteller: Mercedes-Benz; Herstellungszeit: 1928; Gewicht, leer: 2,5 Tonnen; vollbeladen: 4 Tonnen; Gesamtlänge: 6,00 m; Höhe: 2,45 m; Breite: 2,10 m; Radstand: 3,95 m; Bodenfreiheit: 22,5 cm; höchste Straßengeschwindigkeit: 60 km/h; Aktionsradius auf Straßen: 300 km; im Gelände: 230 km; Antrieb: Daimler-Benz M09-14 6-Zyl.-Benzinmotor; Motorleistung: 60 PS bei 2.680 U/Min.; Hubraum: 3.460 ccm; Tankinhalt: 105 l.

6 x 4 le gl-Lkw 1,5 Tonnen Typ G3a

Wie 6 x 4 le gl-Lkw 1,5 Tonnen Typ G3, außer: Herstellungszeit: 1929-35; Gewicht, leer: 3,3-3,925 Tonnen je nach Fahrgestell; wurde sowohl als Lastwagen als auch als Fernsprechwagen und als Befehlswagen gebaut; Gewicht, vollbeladen: 4,8-5,05 Tonnen; Gesamtlänge: 5,75-6,00 m; Höhe: 2,35-2,70 m; Breite: 2,10-2,20 m; höchste Straßengeschwindigkeit: 60 km/h; Aktionsradius auf Straßen: 350 km; im Gelände: 270 km; Antrieb: Daimler-Benz M09 6-Zyl.-Benzinmotor; Motorleistung: 68 PS bei 2.900 U/Min.; Hubraum: 3.663 ccm.

6 x 4 le gl-Lkw 1,5 Tonnen Typ G 31

Haupthersteller: Büssing-NAG; Herstellungszeit: 1931-35; Gewicht, leer: 3,1-3,75 Tonnen; vollbeladen: 4,6-5,47 Tonnen; Gesamtlänge: 5,35-5,75 m; Höhe 2,35-2,76 m; Breite: 2,00-2,25 m; Radstand: 3,665 m; höchste Straßengeschwindigkeit: 60 km/h; Aktionsradius auf Straßen: 350 km; im Gelände: 270 km; Antrieb: Büssing-NAG Typ G 4-Zyl.-Benzinmotor; Motorleistung: 65 PS bei 2.500 U/Min.; Hubraum: 3.920 ccm; Tankfüllung: 125 l.

4 x 2 le Lkw 1,5 Tonnen (ö) Typ 25H

Haupthersteller: Phänomen Granit; Herstellungszeit: 1931-33; Gewicht, leer: 2 Tonnen; vollbeladen 3,5 Tonnen; Gesamtlänge: 5,33 m; Höhe: 2,40 m; Breite: 1,80 m; Radstand: 3,55 m; Bodenfreiheit: 20,5 cm; höchste Straßengeschwindigkeit: 65 km/h; Aktionsradius auf Straßen: 340 km; im Gelände: nicht bek.; Antrieb: Phänomen Granit 25 4-Zyl.-Benzinmotor; Motorleistung: 37 PS bei 2.500 U/Min.; Hubraum: 2.497 ccm, Tankinhalt: 53 l.

Die Reichswehr verfügte nicht über schwere, sondern nur über leichte Lastkraftwagen der 1,5-Tonnen-Klasse und mittlere der 3-Tonnen-Klasse (s. unten). Sie wurden als Lastfahrzeuge, Krankenwagen und solange als Artillerie-Zugmaschinen benutzt, bis stärkere und geeignetere Lastkraftwagen und Halbkettenfahrzeuge für die wieder aufgestellte und vergrößerte Wehrmacht in den 30er Jahren gebaut werden konnten.

Mittlere Lastwagen
6 x 4 mittlere gl-Lkw 3 Tonnen Typ L3 H63

Haupthersteller: Krupp; Herstellungszeit: 1931-35; Gewicht, leer: 5,7-6 Tonnen; vollbeladen: 9,12 Tonnen; Gesamtlänge: 7,05-7,40 m; Höhe: 3,00-3,20 m; Breite: 2,35-2,50 m; Radstand: 4,75 m; Bodenfreiheit: 26 cm; höchste Straßengeschwindigkeit: 50 km/h; Aktionsradius auf Straßen: 330 km; im Gelände: 250 km; Antrieb: Krupp M11 6-Zyl.-Benzinmotor; Motorleistung: 90 PS bei 1.700 U/Min.; Hubraum: 6.107 ccm; Tankinhalt: 150 l.

6 x 4 m gl-Lkw 3 Tonnen Typ 3 GL 6

Haupthersteller: Büssing-NAG; Herstellungszeit: 1931-38; Gewicht, leer: 6,2-6,5 Tonnen; vollbeladen: 9,5 Tonnen; Gesamtlänge: 7,10-7,65 m; Höhe: 2,80 m; Breite: 2,30-2,35 m; Radstand: 5,15 m; Bodenfreiheit: 30 cm; höchste Straßengeschwindigkeit: 45 km/h; Aktionsradius auf Straßen und im Gelände: nicht bek.; Antrieb: Büssing-NAG C4 6-Zyl.-Benzinmotor; Motorleistung: 90 PS bei 1.200 U/Min.; Hubraum: 9.350 ccm; Tankinhalt: nicht bek.

Motorräder
400 ccm mittleres Kraftrad BMW R4

Haupthersteller: BMW; Herstellungszeit: 1932-36; Gesamtgewicht: 345 kg; Radstand: 1,32 m; höchste Straßengeschwindigkeit: 100 km/h; Aktionsradius: 340 km; Antrieb: BMW M 69 1-Zyl.-Viertakt-Benzinmotor; Motorleistung: 12 PS bei 4.000 U/Min.; Hubraum: 398 ccm; Tankinhalt: 12 l.

Ein Meldefahrer mit einem nicht identifizierten Motorrad in Düsseldorf, im Februar 1919 (IWM/Q 7423).

600 ccm schweres Kraftrad Victoria KR V1

Haupthersteller: Victoria; Herstellungszeit: 1927-32; Gesamtgewicht: nicht bek.; Radstand: 1,50 m; höchste Straßengeschwindigkeit: 95 km/h; Aktionsradius: 260 km; Antrieb: Victoria M 600; Motorleistung 18 PS bei 4.200 U/Min.; Hubraum: 596 ccm; Tankinhalt: 12 l.

Das BMW R4 war ein Vorläufer einer berühmten Serie von Motorrädern, die wegen ihrer Bedienungseigenschaften Zuverlässigkeit und Geländegängigkeit den deutschen Streitkräften bis heute dienen. Die Victoria war stärker, wurde aber ebenfalls für Verbindung und Aufklärung eingesetzt. Später wurde sie durch stärkere 750 ccm-Maschinen mit Seitenwagen ersetzt.

Gepanzerte Fahrzeuge

4 x 4 Schupo-Sonderwagen Typ DZVR

Haupthersteller: Daimler; Herstellungszeit: 1919-22; Bewaffnung: 2 x 7,92-mm-MG; Besatzung: 8; nach 1921: 6; Gefechtsgewicht: 10,5 Tonnen; nach 1921: 12 Tonnen; Gesamtlänge: 5,58 m; nach 1921: 6,10 m; Höhe: 3,10 m; nach 1921: 3,36 m; Breite: 2,10 m; nach 1921: 2,60 m; Radstand: 3,75 m; Bodenfreiheit: 34 cm; höchste Straßengeschwindigkeit: 50 km/h; Aktionsradius: 350 km; Antrieb: Daimler M 1574 4-Zyl.-Benzinmotor; Motorleistung: 100 PS bei 1.200 U/Min.; Hubraum: 12.020 ccm; Tankinhalt: 200 l; nach 1921: 250 l; Panzerung 4-12 mm.

4 x 4 Schupo-Sonderwagen Typ VP-21

Haupthersteller: Benz; Herstellungszeit: 1921-22; Bewaffnung: 2 x 7,92-mm-MG; Besatzung: 5; Gefechtsgewicht: 11 Tonnen; Gesamtlänge: 5,95 m; Höhe 3,32 m; Breite 2,60 m; Radstand: nicht bek.; Bodenfreiheit: 30 cm; höchste Geschwindigkeit: 55 km/h; Aktionsradius: 350 km; Antrieb: Benz 4-Zyl.-Benzinmotor; Motorleistung: 100 PS bei 1.200 U/Min.; Hubraum: 12.300 ccm; Tankfüllung: 270 l; Panzerung: 4-12 mm.

4 x 4 Schupo-Sonderwagen Typ 21

Haupthersteller: Erhardt; Herstellungszeit: 1921-22; Bewaffnung: 2 x 7,92-mm-MG; Besatzung: 6;

Gefechtsgewicht: 11 Tonnen; Gesamtlänge: 6,50 m; Höhe: 3,45 m; Breite: 2,41 m; Radstand: nicht bek.; Bodenfreiheit: nicht bek.; höchste Geschwindigkeit: 53 km/h; Aktionsradius: 350 km; Antrieb: Erhardt 4-Zyl.-Benzinmotor; Motorleistung: 80 PS bei 1.300 U/Min.; Hubraum: 8.490 ccm; Tankinhalt: 250 l; Panzerung: 4-12 mm.

Die obigen drei Modelle wurden in den unmittelbaren Nachkriegsjahren gebaut, sie waren groß und unförmig und ließen das Erbe der weiter oben beschriebenen Produktionen der Kriegszeit erkennen. Wegen der Bedingungen des Versailler Vertrages wurden sie als Polizeifahrzeuge bezeichnet. Die Radnaben wurden durch kreisförmige, aufgeschraubte Stahlplatten geschützt. Das Modell Erhardt war von den dreien das interessanteste mit den meisten Neuerungen, es hatte zwei unabhängig voneinander schwenkbare MG-Türme. In 1921 wurde das Modell DZVR »gestreckt«, wobei sich das Gewicht erhöhte und die Zahl der Besatzung reduziert wurde, aber es behielt dieselbe Bezeichnung und hatte dieselbe Leistung. Die hergestellten Stückzahlen waren: Daimler 71; Benz: 25 und Erhardt: 30.

4 x 2 mittlerer gepanzerte Personenkraftwagen (m gp Pkw) Maschinengewehr-Kraftwagen, SdKfz 13 und 14

Haupthersteller: Adler; Herstellungszeit: 1932-34; Bewaffnung SdKfz 13: 1 x 7,92-mm-MG; SdKfz 14: keine, da Funkwagen; Besatzung: SdKfz 13: 2; SdKfz 14: 3; Gefechtsgewicht: 2,25 Tonnen; Gesamtlänge 4,20 m; Höhe: 1,50 m; Breite: 1,70 m; Radstand: 2,84 m; Bodenfreiheit: 21 cm; höchste Straßengeschwindigkeit: 60 km/h; Aktionsradius auf Straßen: 320 km; im Gelände: 230 km; Antrieb: Adler Standard 6 6-Zyl.-Benzinmotor; Motorleistung: 60 PS bei 3.200 U/Min.; Hubraum: 2.916 ccm; Tankfüllung: 70 l; Panzerung: 8 mm.

In 1932 verlangte die Reichswehr ein leichtes gepanzertes Fahrzeug für Aufklärungszwecke. Das Ergebnis war ein offenes Fahrzeug, ohne Turm, das in der Zeit, als es Deutschland verboten war, »richtige« Panzer zu bauen, als Übungsfahrzeug diente. Trotz allem blieb es bis 1941 im Dienst; es hatte keinen Vierrad-Antrieb, eine schlechte Geländegängigkeit und eine so dünne Panzerung, daß sie keinen Schutz gegen Handfeuerwaffen bot. Das SdKfz 14 war ein unbewaffneter Funkwagen.

Vom Versailler Vertrag zum Aufstieg Hitlers

Gegen Mitte Dezember 1918 hatte die deutsche Armee in jeder Hinsicht aufgehört zu existieren. Das Offizierkorps, von dem viele glaubten, es habe den Zusammenbruch verursacht, wurde verleumdet oder mißachtet. Der Kaiser war ins Exil gegangen; eine große Anzahl der Soldaten sympathisierte mit dem Bolschewismus. Sie nannten sich Spartakisten (nach dem Gladiator, der sich der Macht Roms widersetzt hatte) und setzten Soldatenräte mit gewählten Führern ein. Andere Soldatengruppen, besonders die von den »Stoß-trupps«*) vereinigten sich unter der Führung von jüngeren Offizieren, die im Krieg das Vertrauen der Soldaten erworben hatten. Sie nannten sich »Freikorps« und waren entschlossen, insbesondere Deutschlands Ostgrenzen zu verteidigen und die Spartakisten auszuschalten. Daneben gab es den »Stahlhelm«, einen Veteranenverband

---

*) Stoßtrupps: Gegen Ende des Krieges wurden kleine Gruppen von Soldaten für blitzartige Angriffe besonders ausgebildet; in den alliierten Schützengräben richteten sie — oft bei Nacht — ziemlich viel Unheil an. Sie hielten sich für etwas wie eine Elite in der Armee.

*Von der Westfront zu-
rückgekehrte Truppen
marschieren durch das
Brandenburger Tor.
(BPK/1599a)*

*Große Menschenmengen
strömten zum Pariser
Platz, um die zurückkeh-
renden Truppen zu be-
grüßen. (BPK/1599a)*

*Oben: Stoßtrupps üben
den Angriff auf Schüt-
zengräben an der Som-
me; Sommer 1916.
(BPK/WWI/1433)*

*Links: Generalfeldmar-
schall Hindenburg zeich-
net Männer des 3. Gar-
deregiments zu Fuß mit
dem Eisernen Kreuz aus;
Datum unbekannt.
(BPK/WWI/1538)*

*Oben rechts: Männer ei-
nes Freikorps in der Wei-
dinger Straße in Berlin
während der Revolution
im März 1919.
(BPK/1645)*

*Links: Ein vierrädriges
gepanzertes Fahrzeug
zieht ein Geschütz durch
die Straßen von Berlin
1919. (BPK)*

des rechten Flügels, der die Unterstützung des Feldmarschalls (und späteren Präsidenten) Paul von Hindenburg hatte.

Die unmittelbare Nachkriegszeit war durch heftige Zusammenstöße zwischen den Rechten und den Linken, zwischen denen, die eine sozialistische Regierung wollten, und denen, die einer mehr traditionellen Form den Vorzug gaben, die — wie man glaubte — die Würde Deutschlands wiederherstellen könne. Es war keine Überraschung, daß sich viele Freikorps-Kämpfer und Angehörige des »Stahlhelms« schließlich in der SA wiederfanden. Die Freikorps waren dafür verantwortlich, daß der Versuch der Spartakisten, die Macht in Berlin zu ergreifen, blutig unterdrückt wurde, wobei die Führer der deutschen Kommunisten, Rosa Luxemburg und Karl Liebknecht, getötet wurden. Ein ähnlicher Versuch, einen bayerischen Sowjet (Räteregierung) mit Sitz in München zu gründen, wurde ebenso brutal unterdrückt. Die Freikorps-Brigade Erhardt, die das Hakenkreuz als Abzeichen führte, versuchte später, im März 1920, Wolfgang Kapp zum Kanzler der neuen Republik zu machen, deren gewählte Vertreter in Weimar saßen. Doch Kapp, ein Journalist mit konservativen Ansichten, war eine keineswegs allgemein beliebte Persönlichkeit, und der versuchte Putsch wurde in fünf Tagen niedergeschlagen.

Die neue Republik wurde schwer durch die Bestimmungen des Versailler Vertrages belastet, den die siegreichen Alliierten Deutschland auferlegt hatten, wobei Amerika sich allerdings zurückgehalten hatte. Elsaß-Lothringen wurde an Frankreich zurückgegeben, andere territoriale Regelungen zuungunsten Deutschlands wurden getroffen, massive Kriegsreparationen wurden verlangt, die zu bezahlen die Weimarer Republik

wegen der galoppierenden Inflation nicht mehr imstande war. Dies führte zur militärischen Besetzung des Ruhrgebiets durch die Franzosen, die bis 1925 dauerte. Was die Reichswehr betraf, so waren die einschneidendsten Wirkungen des Versailler Vertrags die Beschränkung des Reichsheeres auf 4.000 Offiziere und 96.000 Mann, die in sieben Infanteriedivisionen mit je drei Regimentern und drei Kavalleriedivisionen mit je sechs Regimentern aufzuteilen waren; die Auflösung des Generalstabs und ein absolutes Verbot, Artillerie, Panzer und militärische Flugzeuge zu entwickeln. Die Alliierten waren entschlossen, dafür zu sorgen, daß Deutschland niemals wieder die Fähigkeit haben sollte, einen Angriffskrieg zu führen.

Schon 1921 bildeten sich unter Duldung des Reichswehrministeriums zur Sicherung der Ostgrenze und Betreuung illegaler Waffenbestände aus Freiwilligen bestehende »Arbeitskommandos«. Sie sind bekannter geworden unter der Bezeichnung »Schwarze Reichswehr« — womit aber mehr hineingedeutet wurde, als es wirklich war. Nach dem Kapp-Putsch wurden sie aufgelöst.

Das Reichsabwehrministerium stand auch hinter einem geheimen Abkommen mit der Sowjetunion, demzufolge Deutschland den Russen beim Aufbau ihrer Schwerindustrie helfen wollte; als Gegenleistung sollten deutsche Soldaten und Flieger die Erlaubnis erhalten, russische Panzer und Flugzeuge für die Ausbildung zu benutzen. 1926 trat von Seeckt nach einem Zerwürfnis mit von Hindenburg zurück und ging als Militärberater nach China. Doch er war der führende Kopf der Reichswehr gewesen, und Hitler, als er an die Macht kam, erbte einen hervorragenden Stamm, auf den er bei der Einführung der allge-

Der Kapp-Putsch vom 13. bis 17. März 1920. Ein MG 08 wird bei Berlin in Stellung gebracht. (BPK/1655)

Mitte: Angehörige der Brigade Erhardt haben auf ihrem Wagen ein Maschinengewehr in Stellung gebracht, Berlin. (BPK/1655)

Männer eines Freikorps stehen auf dem Halle'schen Tor in Berlin. (BPK/1655)

meinen Wehrpflicht aufbauen konnte. Weil das Heer so klein war, konnten Seeckt und sein Nachfolger, General Wilhelm Heye, bei der Auswahl ihrer Rekruten sehr wählerisch sein und Offiziere ernennen, die ihre eigenen konservativen Ansichten teilten.

Die SA (Sturmabteilung) wurde im Oktober 1920 von Emil Maurice meist aus Mitgliedern des Freikorps aufgestellt, um Mitglieder der im Entstehen begriffenen Nationalsozialistischen Deutschen Arbeiterpartei bei öffentlichen Versammlungen zu schützen. Diese Partei stammte von der Deutschen Arbeiterpartei, die 1919 in München entstanden war.

Einer ihrer ersten Mitstreiter als Mitglied Nr. 7 war ein demobilisierter österreichischer Gefreiter namens Adolf Hitler, dem es gelang, General Ludendorff als Verbündeten zu gewinnen, der bis 1918 Chef des Generalstabes war, als er zum Rücktritt gezwungen wurde. Ein weiterer Offizier der aktiven Armee, Hauptmann Ernst Röhm, wurde der Führer der Sturmabteilungen (SA) und durch die Mithilfe seines früheren Befehlshabers, des General von Epp, brachte er genug Geld auf, um eine Zeitung zu kaufen, die die Nazi-Ideologie verbreiten sollte.

Angeregt durch den Erfolg des italienischen Faschistenführers Benito Mussolini, der im Oktober 1922 einen Staatsstreich unternahm, und durch die Tatsache, daß die Stärke seiner eigenen Partei auf 70.000 gestiegen war, versuchte Hitler im November des folgenden Jahres seinen eigenen Staatsstreich. Als der bayerische Staatskommissar eine Rede im Münchner Bürgerbräukeller halten wollte, umstellte Hitler das Gebäude mit 600 SA-Männern und drang mit Hermann Göring, dem Jagdflieger-As des Ersten Weltkrieges, und anderen Anhängern in den Versammlungsraum ein. Hitler gab einen Pistolenschuß in die Decke ab, um Aufmerksamkeit zu erregen, und rief eine nationale Revolution aus. Als er am nächsten Tag einen Massenaufmarsch versuchte, wurde dieser Versuch von der Staatspolizei durchkreuzt, die in die Menge feuerte und sowohl Hitler als auch Göring verwundete. Hitler floh in ein Versteck, wurde aber zwei Tage später festgenommen, wegen Hochverrats angeklagt und zu fünf Jahren Gefängnis verurteilt. Göring schaffte es, durch Flucht nach Schweden seiner Festnahme zu entgehen. Röhm wurde nicht verurteilt, aber er wurde aus der Armee ausgestoßen. Die Nazi-Partei und die SA wurden als illegal erklärt.

Während seiner Einkerkerung begann Hitler »Mein Kampf« zu schreiben, eine Zusammenfas-

Adolf Hitler, ganz rechts sitzend, mit (v.l.n.r) Sperrl, Max Mund, Georg Wimmer, Inkofer, Lansamer und Brandmeier; in Frankreich, Datum unbekannt. Hoffmann-Bild Nr. 1081. (BPK/WW I/1440 a)

sung der nationalsozialistischen Ideologie. Nachdem er nur zehn Monate abgesessen hatte, wurde er auf freien Fuß gesetzt und machte sich sofort daran, seine ruinierte Partei wieder aufzubauen; er wurde allerdings gezwungen, einen Eid zu leisten, daß er nur durch verfassungsgemäße Mittel versuchen werde, die Macht zu erringen. Er hatte auch Streit mit Röhm, der dann aus der Partei austrat, als Hitler sich weigerte, der SA Unabhängigkeit von der Partei zuzugestehen.

Allmählich wuchs die Partei wieder an, doch der Mittelpunkt ihrer Popularität verschob sich langsam nach Norden, dank der Beredsamkeit von Hitlers Rivalen Gregor Strasser und seinem Genossen Josef Göbbels. Im Februar 1926 schaffte es Hitler, Göbbels für seine Denkweise zu gewinnen und Strasser zu diskreditieren, indem er dessen Politik der kollektiven Landwirtschaft und der Gewinnbeteiligung der Arbeiter auf einem Treffen in Bamberg ablehnen ließ. Von diesem Zeitpunkt an war Hitler der unbestrittene Führer der Partei, und der Ruf »Heil Hitler« war von nun an in der Öffentlichkeit zu hören. Der erste Parteitag wurde im Juli 1926 in Weimar abgehalten, aber im folgenden Jahr nach Nürnberg verlegt. Zu diesem Zeitpunkt hatte die Mitgliederzahl in etwa den früheren Höchststand von 70.000 erreicht.

Im Mai 1928 hatte die Partei 100.000 Mitglieder und gewann bei den Wahlen 12 Sitze im Reichstag. Ein Jahr später hatte sich die Mitgliederzahl verdoppelt. Inzwischen war ein neuer Mann ins Rampenlicht getreten: Heinrich Himmler wurde

Links: Heldengedenktag auf dem Königsplatz in München 1923. General Ludendorff vorn links neben Hindenburg in Zivilkleidung mit Hut in der Hand, steht im Vordergrund. (BPK/NS 80)

Unten: Soldaten des Freikorps Oberland in München-Oberwiesenthal am 1. Mai 1923. (BPK/NS 6)

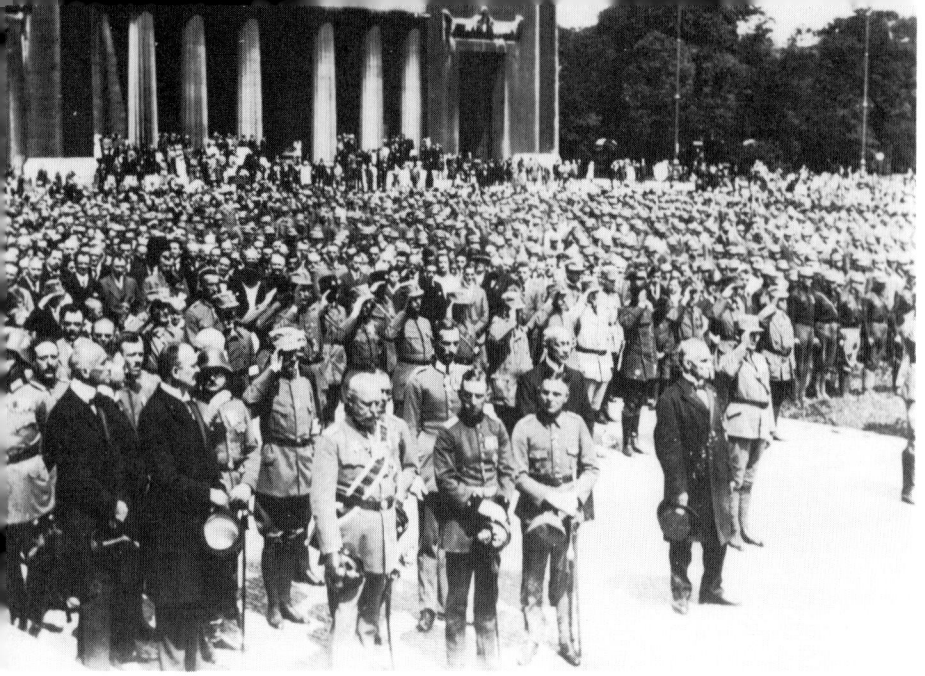

der Führer der SS (Schutz-Staffel); dies war Hitlers 200 Mann starke Leibwache, die schwarze Uniformen trug, im Gegensatz zu den »Braunhemden« der SA.

Bei den Reichstagswahlen 1930 vergrößerte die Nazi-Partei die Zahl ihrer Sitze auf 107, sie war zur zweitstärksten Partei geworden; die Sozialdemokraten hatten 143 Sitze, die Kommunisten 77. Im Januar 1931 überredete Hitler Röhm, wieder als Stabs-Chef der SA in die Partei einzutreten. Im Oktober dieses Jahres wurde er zum ersten Mal offiziell von Präsident von Hindenburg empfangen, was einer Anerkennung seiner zunehmenden Macht gleichkam. Bei den Wahlen in 1932 erhöhte sich die Zahl ihrer Sitze auf 230; aber diese anscheidende Mehrheit war irreführend, weil sie infolge des deutschen Verhältniswahlrechts in Wirklichkeit nur 37% der Wählerschaft hinter sich hatten. Als dann Göring zum Reichstagspräsidenten gewählt wurde, bat (»verlangte« wäre das treffende Wort) Hitler, daß Hindenburg ihn zum Kanzler ernennen solle.

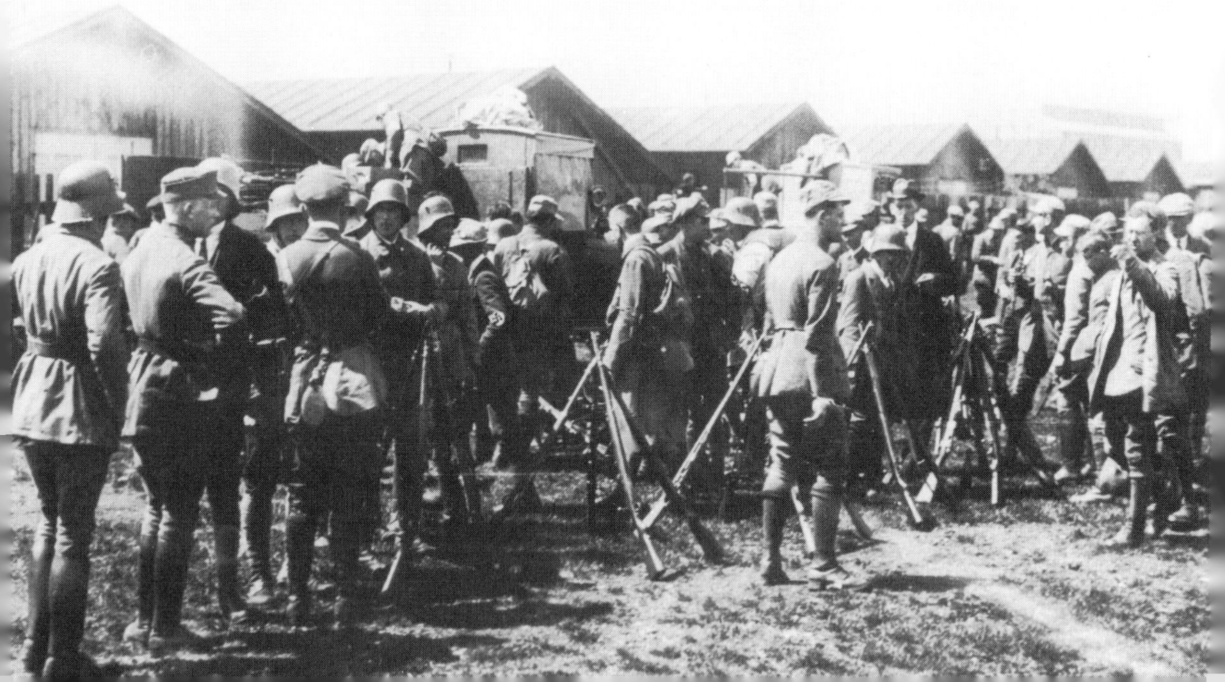

Aber der alte Generalfeldmarschall entschied sich für den General Kurt von Schleicher, der im Ersten Weltkrieg zu seinem Stab gehört hatte und von dem er glaubte, er könne die Fraktion der Nazis im Reichstag spalten.

Hindenburg irrte sich. Schleicher gelang es nicht, sich Gregor Strassers Unterstützung zu sichern; im Gegenteil, der Führer des Stahlhelms, Theodor Düsterberg, schlug sich auf die Seite Hitlers. Schleicher trat nach nur 57 Tagen zurück. (Er wurde später im Zusammenhang mit der Röhm-Affäre ermordet.) Daher hatte Hindenburg im Januar 1933 keine andere Wahl, als Hitler das Kanzleramt zu übertragen. Hitler hatte den Gipfel der Macht mit verfassungsgemäßen Mitteln erreicht, wie er geschworen hatte, aber noch hatte er seine Position zu festigen, weil die Nazis keine Mehrheit im Reichstag hatten, sondern mit Franz von Papens Demokraten eine Koalitionsregierung bilden mußten.

Oben: Hitler-Anhänger zur Zeit des Putsches in München, 9. November 1923. (Sammlung des Verfassers).

Links: Hitler mit Hess, Röhm und Göring in der »Bürgerbräu-Keller-Zeit«. (Historische Archive Christopher Ailsby).

Teil II

Die deutschen Landstreitkräfte und das Dritte Reich

Eine von Hitlers ersten Handlungen, nachdem er Reichskanzler geworden war, bestand darin, die Beziehungen zur Armee und den Streitkräften zu festigen, deren Offiziere im großen und ganzen dazu neigten, die Nazis mit beachtlichem Argwohn zu betrachten. Sie waren beruhigt, als Hitler in einer seiner ersten Reden die Reichswehr und die Partei als die Stützen des deutschen Staates bezeichnete. Hitler entließ Schleicher und ersetzte ihn durch einen seiner Anhänger, den General Werner von Blomberg. Die Führung der Armee erhielt neue Talente, als u.a. Walther von Reichenau, Ludwig Beck und Werner von Fritsch befördert wurden, um 1933-34 den Kern eines neuen Generalstabes zu bilden.

Inzwischen hatte es Hitler eilig, seine politische Stellung zu festigen. Nachdem er im Reichstag hatte Feuer legen lassen, das den Kommunisten prompt zur Last gelegt wurde, konnte er nun den nationalen Notstand ausrufen und diktatorische Machtbefugnisse an sich reißen. Doch nicht nur Kommunisten wurden verhaftet. Aus Furcht, daß der »Stahlhelm« ein ernsthafter Rivale werden könne, ließ Hitler auch dessen Führer verhaften. Kurz danach verbot er die Sozialdemokratische Partei; nun waren die Nazis allein die Herren im Staat. Die SA wurde auch als mögliche Gefahr angesehen, da viele ihrer Mitglieder noch Anhänger der politischen Ansichten von Gregor Strasser und dessen Sohn Otto waren, der aus Furcht um sein Leben aus dem Land fliehen mußte. Gregor hatte weniger Glück, er wurde eines der ersten Opfer.

Wenn die SA stärker geworden war — ihre Mitgliederzahl erreichte 1934 viereinhalb Millionen — so traf das nicht weniger auf Heinrich Himmlers SS zu, deren hauptsächliche militärische Stärke vorerst in dem Eliteregiment »Leibstandarte Adolf Hitler« lag unter dem Kommando des früheren Freikorpssoldaten Josef (»Sepp«) Dietrich.

An Morgen des 28. Februar 1933 quillt Rauch aus dem noch schwelenden Reichstag. (BPK/NS 105)

Deutschland-Tag in Weimar im Oktober 1930: SA-Männer paradieren vor dem Führer. (BPK/NS/13a)

Braunschweig 1931: Hitler mit SA-Männern; Röhm geht an seiner linken Seite. (BPK/NS 15)

Im Juni 1934 ging die SS auf Hitlers direkten Befehl gegen die SA vor, deren oberste Führer in der Nacht des 30. Juni sämtlich verhaftet und hingerichtet wurden. Röhm wurde eine Pistole angeboten, aber er weigerte sich, Selbstmord zu begehen; danach wurde auch er erschossen. Während die blanke Rücksichtslosigkeit von Hitlers Handlungsweise viele empörte, war die Reichswehr im allgemeinen einverstanden, weil sie schon länger gefürchtet hatte, daß die wachsende Stärke der SA eine Bedrohung für sie darstellen könnte. Doch von nun an fürchtete sie die SS. Daher hielt es Hitler 1935 für nötig, Blomberg und Fritsch eine geheime Garantie zu geben, daß die SS in Kriegszeiten dem Heer unterstellt werden sollte. Er stellte dies außerdem im August 1938 klar — diesmal öffentlich — indem er eine Verlautbarung herausgab, daß in einer Zeit des nationalen Notstandes die Waffen-SS zwei Aufträge zu erfüllen habe: (sinngemäß) »einmal im Rahmen des Heeres unter dessen Oberbefehl, sie wird dann ausschließlich militärischen Befehlen und Anweisungen unterstehen. Im Frieden wird sie aber eine Gliederung der Partei bleiben und in Übereinstimmung mit meinen Anweisungen dann dem Befehl des Reichsführers SS (Himmler) unterstehen.«

In 1934 war eine weitere Änderung der Verhältnisse eingetreten, die für die Reichswehr weitreichende Folgen haben sollte. Als Präsident von Hindenburg am 2. August starb, machte Hitler sich selbst zu ihrem Oberbefehlshaber. So wurde die Armee sein persönliches Instrument. Dann folgte 1938 eine weitere Stärkung seiner Position.

Zu Anfang des Jahres heiratete vom Blomberg eine attraktive junge Frau namens Eva Gruhn. Hitler benutzte Belastungsmaterial, das Himmlers Schützling Reinhard Heydrich ausgegraben hatte, und ließ den unglücklichen Generalfeldmarschall mit Angaben über das etwas lockere Vorleben seiner Frau konfrontieren. Der Skandal zwang von Blomberg zum Rücktritt. Zur gleichen Zeit brachte Heydrich weitere gefälschte Unterlagen bei, um zu beweisen, daß der Oberbefehlshaber des Heeres, Generaloberst von Fritsch, ein Homosexueller sei. Fritsch wurde aus der Wehrmacht ausgestoßen, obwohl ein (geheimes) Militärgericht seine Schuldlosigkeit nachwies. Als der Krieg ausbrach, schloß er sich »seinem Regiment« an und suchte den Tod in Polen. Inzwischen übernahm Hitler selbst das Reichskriegsministerium und ernannte den Generaloberst Walther von Brauchitsch zum Nachfolger von Fritsch. Brauchitsch fiel 1941 in Ungnade, als die Wehrmacht nicht in der Lage war, Moskau zu erobern.

Im März 1935 hatte Hitler den Versailler Vertrag aufgekündigt, die allgemeine Wehrpflicht eingeführt und mit dem schnellen Aufbau der Luftwaffe unter Göring und der Panzerwaffe unter Generalleutnant Oswald Lutz, später General Heinz Guderian begonnen. Weitere Einzelheiten hierzu sind im folgenden Abschnitt und bei der

Links: Aufmarsch der Partei im Luitpold-Stadium in Nürnberg 1934. Männer der Leibstandarte Adolf Hitler stehen im Vordergrund, Hitler steht in der Mitte des Fotos, er wird flankiert von Himmler und Lutze, der nach der Ermordung Röhms Stabschef der SA geworden war. (BA/ABC/4062A)

Rechts: Generalfeldmarschall von Hindenburg, hinter ihm Hitler, Ley und Göring, bei einer Parade am 27. August 1933. Als Hindenburg im August 1934 starb, beseitigte Hitler das Amt des Reichspräsidenten und nahm den Titel »Führer und Reichskanzler« an.

Unten links: Der Aufmarsch zum Reichsparteitag im Luitpold-Stadium in Nürnberg 1933. (BPK/Hoffmann 4052)

Unten: Fahnenträger der Reichswehr marschieren Unter den Linden in Berlin, 1933. (BPK)

Links: Generale der
Reichswehr, Juni 1934.
Von links nach rechts:
von Rundstedt, von
Fritsch und von Blom-
berg. (BPK/NS-
Zeit/Reichswehr)

Links: Ein Trompeter-
korps der Kavallerie bei
einer Parade, 1934.
(BPK/Grimm 0104-24)

Unten links: General
von Blomberg und Ad-
miral Raeder bei einer
Veranstaltung der Partei,
Datum unbekannt.
(BPK)

Behandlung der PzKpfw I, II, III und IV zu finden.

Im März 1936 besetzte das Heer das Rheinland,
das den Bestimmungen des Versailler Vertrages
gemäß entmilitarisiert worden war. Zwei Jahre
später zogen deutsche Truppen anläßlich des An-
schlusses von Österreich an das Reich in Wien
ein. Im gleichen Jahr (Oktober) besetzten Hee-
resverbände die an Deutschland abgetretenen Su-
detengebiete, im März 1939 folgte die Rest-
Tschechoslowakei. Ab nun wartete der Rest Eu-
ropas ängstlich darauf, was als nächstes kommen
würde. Am 1. September war die Antwort da,
und die Welt wurde in einen Krieg hineingezo-
gen, der lange, blutige Jahre dauern sollte.

Rechts: Juni 1936 wurden in Wunsdorf Manöver abgehalten; PzKpfw. I beim Aufmarsch zur Paradeaufstellung. (BPK/Grimm 1399-24)

Rechts: Generalfeldmarschall von Mackensen, von Generaloberst von Fritsch (links) und von Blomberg flankiert, bei einer Parade in Potsdam, 1936. (BPK/NS-Zeit/-Wehrmacht/Paraden).

Unten: Hitler, Himmler und Ley mit Wehrmachtsoffizieren und Führern der SS und SA im Berliner Lustgarten. (BPK)

Der Reichsparteitag in Nürnberg 1937. Auf der Tribüne von rechts nach links: von Blomberg, Göring, von Fritsch und Hitler. (BPK)

Ein frühes Foto zeigt Guderian in schwarzer Panzeruniform in 1937 während eines Manövers, das in Mecklenburg vor Hitler und Mussolini abgehalten wurde. (BPK/Guderian 319-47)

Das Staatsbegräbnis für General Ludendorff am 22. Dezember 1937 in München. (BPK/LoC 3128-128)

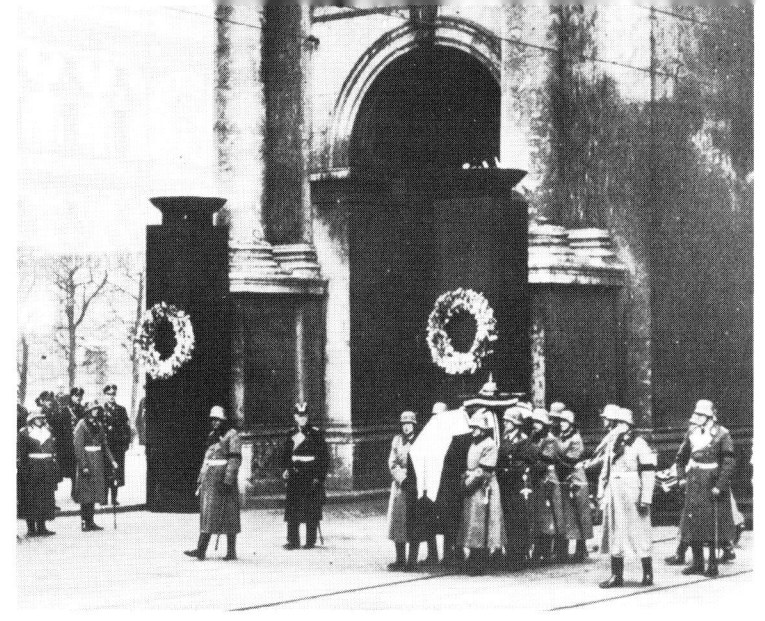

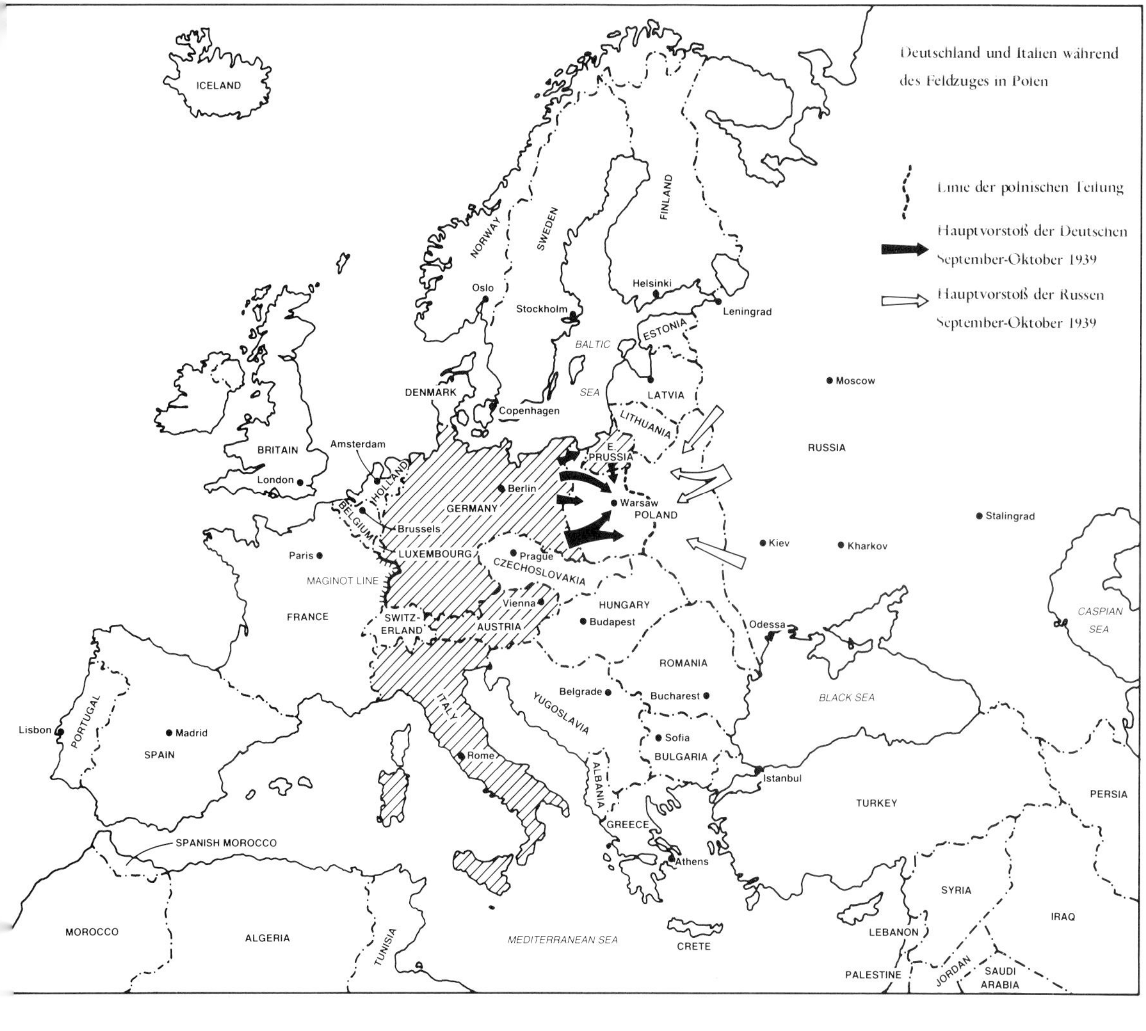

Deutschland und Italien während des Feldzuges in Polen
Linie der polnischen Teilung
Hauptvorstoß der Deutschen September-Oktober 1939
Hauptvorstoß der Russen September-Oktober 1939
ICELAND
NORWAY
SWEDEN
FINLAND
Oslo
Stockholm
Helsinki
Leningrad
ESTONIA
BALTIC
SEA
LATVIA
LITHUANIA
Moscow
RUSSIA
DENMARK
Copenhagen
BRITAIN
London
Amsterdam
HOLLAND
BELGIUM
Brussels
LUXEMBOURG
GERMANY
Berlin
E. PRUSSIA
Warsaw
POLAND
Prague
CZECHOSLOVAKIA
Vienna
AUSTRIA
SWITZ-ERLAND
Paris
MAGINOT LINE
FRANCE
HUNGARY
Budapest
Kiev
Kharkov
Stalingrad
Odessa
CASPIAN SEA
ROMANIA
Bucharest
Belgrade
YUGOSLAVIA
BLACK SEA
Sofia
BULGARIA
ALBANIA
Istanbul
TURKEY
PERSIA
GREECE
Athens
ITALY
Rome
PORTUGAL
Lisbon
Madrid
SPAIN
SPANISH MOROCCO
MOROCCO
ALGERIA
TUNISIA
MEDITERRANEAN SEA
CRETE
SYRIA
IRAQ
LEBANON
PALESTINE
JORDAN
SAUDI ARABIA

Chronologie des Zweiten Weltkrieges

Anmerkung: In der folgenden Chronologie werden die bedeutenderen Ereignisse aufgeführt, an denen die Landstreitkräfte beteiligt waren oder die sich auf das Heer auswirkten. Die wichtigsten See-oder Luftkriegshandlungen werden nur deshalb aufgeführt, um sie in den geschichtlichen Zusammenhang einzuordnen.

Vorspiel 1933 - 1938

30. Januar 1933	Hitler wird Reichskanzler.
16. März 1935	Aufkündigung des Versailler Vertrages, Einführung der allgemeinen Wehrpflicht in Deutschland. Reichswehr offiziell in Wehrmacht umbenannt.
7. März 1936	Besetzung des Rheinlandes.
17./18. Juli 1936	Ausbruch des Spanischen Bürgerkriegs.
27. Okt. 1936	Unterzeichnung des Achsenvertrags mit Mussolini.
November 1936	Deutschland beginnt mit der Unterstützung Francos im Spanischen Bürgerkrieg durch Entsendung der ersten Abteilungen der Legion Condor.
12. März 1938	Die Wehrmacht übernimmt nach dem Anschluß Österreichs dessen Bundesheer.
Mai 1938	Die Legion Condor verläßt Spanien.

1939

10. - 16. März	Die Tschechoslowakei wird besetzt.
28. März	Ende des Spanischen Bürgerkriegs.
1. September	Die Wehrmacht dringt in Polen ein.
3. September	Großbritannien und England erklären den Krieg.
27. September	Der Fall Warschaus.
30. November- 12. März 1940	Der russisch-finnische »Winterkrieg«.

1940

9. April	Wehrmachtsteile besetzen Dänemark und Norwegen; Dänemark kapituliert.
10. Mai	Die Invasion Hollands und Belgiens beginnt.
11. Mai	Kampf um Eben-Emael.
14. Mai	Panzer überschreiten die Maas.
15. Mai	Holland kapituliert.
17. Mai	Fall von Brüssel.
20. Mai	Armee erreicht die Kanalküste.
27. Mai - 4. Juni	Evakuierung der britischen Armee aus Dünkirchen.

Rechts: Deutsche Truppen marschieren in Salzburg ein; 12. März 1938. (BPK/NS-Zeit/Anschluß Östereich)

Rechts: Göring beim Abschreiten der Front von Soldaten der Legion Condor, die am 31. Mai 1939 aus Spanien zurückkehrten. Neben ihm die Generäle von Richthofen und Sperrle. (BPK/LoC 3128-232)

Unten: Das berühmte (gestellte) Bild deutscher Soldaten beim Abbau eines polnischen Grenz-Schlagbaumes, 1. September 1939. (BPK/WW II)

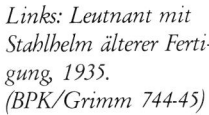

Links: Leutnant mit Stahlhelm älterer Fertigung, 1935. (BPK/Grimm 744-45)

Linke Seite rechts: Frühjahr 1939: deutsche Artilleristen üben die Panzerabwehr-Taktik (direktes Richten) mit ihrer 10,5-cm-le. FH 18.

*Am 3. September 1939
in Polen: Pferdebespannte
Kolonnen in Polen.
(BPK/WW II/6)*

*Nach Warschau sind es
noch 347 km.
(BPK/WW II/6)*

*Ein PzKpfw. III (Ausf.
D) überquert am 19. Sep-
tember 1939 eine verlegte
Schnellbrücke.
(BPK/WW II/6)*

Motorisierte Kolonnen beim Vormarsch in Polen. (BPK/WWII)

Infanteristen auf dem Vormarsch in Polen. (BPK/LoC 2787-182)

NORWEGEN UND DÄNEMARK APRIL 1940
HOLLAND, BELGIEN UND FRANKREICH
MAI-JUNI 1940
GRIECHENLAND, JUGOSLAWIEN UND
KRETA APRIL-MAI 1941
NORDAFRIKA FEBRUAR-APRIL 1941

Links außen: Deutsche Gebirgsjäger auf einem Truppentransporter auf dem Seewege nach Norwegen, 9. April 1940. (BPK/WW II 29 Hoffmann 1405)

Links: Generaloberst von Brauchitsch während der Kämpfe in Frankreich, Mai 1940. (BPK/WW II 39)

Mitte links außen: Noch ein Foto vom Feldzug in Polen. (BPK/WW II 39)

Unten ganz links außen: Zugmaschinen mit ihren 10,5-cm-Haubitzen beim Stellungswechsel während des Frankreichfeldzuges, 22. Mai 1940. (BPK/WII 44)

Links: Generalmajor Rommel als Kommandeur der 7. Panzerdivision in Frankreich, 1940. (BPK/W II 55)

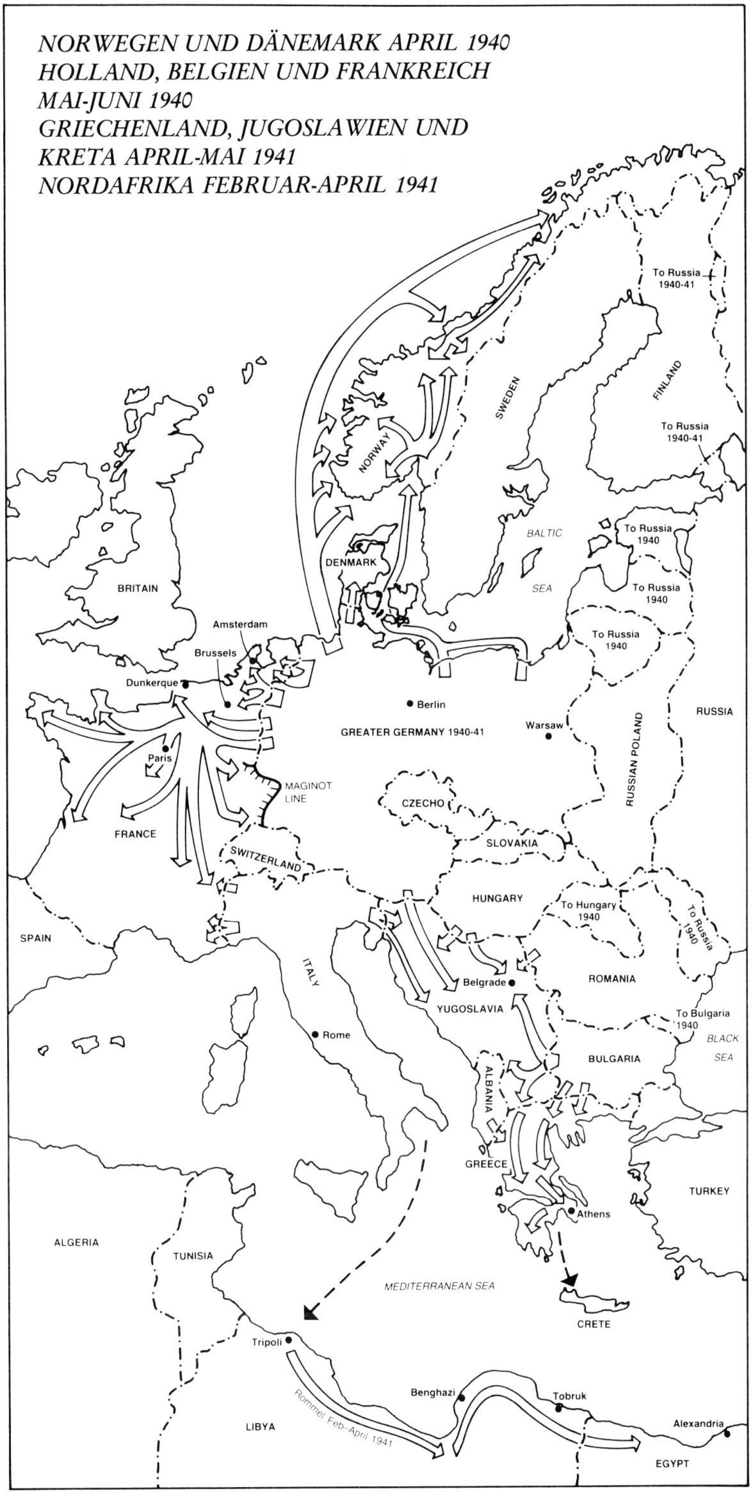

9. Juni	Norwegen kapituliert; die Landstreitkräfte erreichen die Seine.
10. Juni	Italien erklärt den Krieg und marschiert in Frankreich ein.
13. Juni	Truppen des Heeres marschieren in Paris ein.
22. Juni	Waffenstillstand mit Frankreich unterzeichnet.
Aug.-September	»Schlacht um England«.
28. Oktober	Italiener marschieren in Griechenland ein.
November 1940-Februar 1941	Britische Kräfte landen in Griechenland und schlagen die Italiener in Nordafrika.

1941

12. Februar	Erwin Rommel und die 5. Leichte Division erreichen Tripoli.
22. Februar-24. März	Rommel greift El Agheila an und nimmt es ein.
6. April	Die Wehrmacht marschiert in Jugoslawien und Griechenland ein.
9. April	Rommel erobert Bardia.
10. April	Die Belagerung von Tobruk beginnt.

12. April	Einnahme von Belgrad.
17. April	Jugoslawien kapituliert.
22.-23. April	Griechenland kapituliert; britische Truppen beginnen mit ihrer Evakuierung nach Kreta.
28. April	Rommel nimmt Sollum ein.
15. Mai	Sollum von den Briten zurückerobert.
20.-28. Mai	Invasion Kretas.
28. Mai	Versenkung der »Bismarck«.
15.-17. Juni	Britischer Gegenangriff in Ägypten zurückgeschlagen.
22. Juni	Die Wehrmacht greift die Sowjetunion an — Operation »Barbarossa«.
9. Juli	Bei Minsk werden 300.000 Russen gefangengenommen.
17. August	Der Fall von Kiew.
15. September	Die Belagerung Leningrads beginnt.
7. Oktober	Bei Wjasma werden 650.000 Russen gefangengenommen.
15. Oktober	Die Armee erreicht den Don.
18.-30. Nov.	Die Briten erneuern den Angriff in der Wüste und erreichen Tobruk.

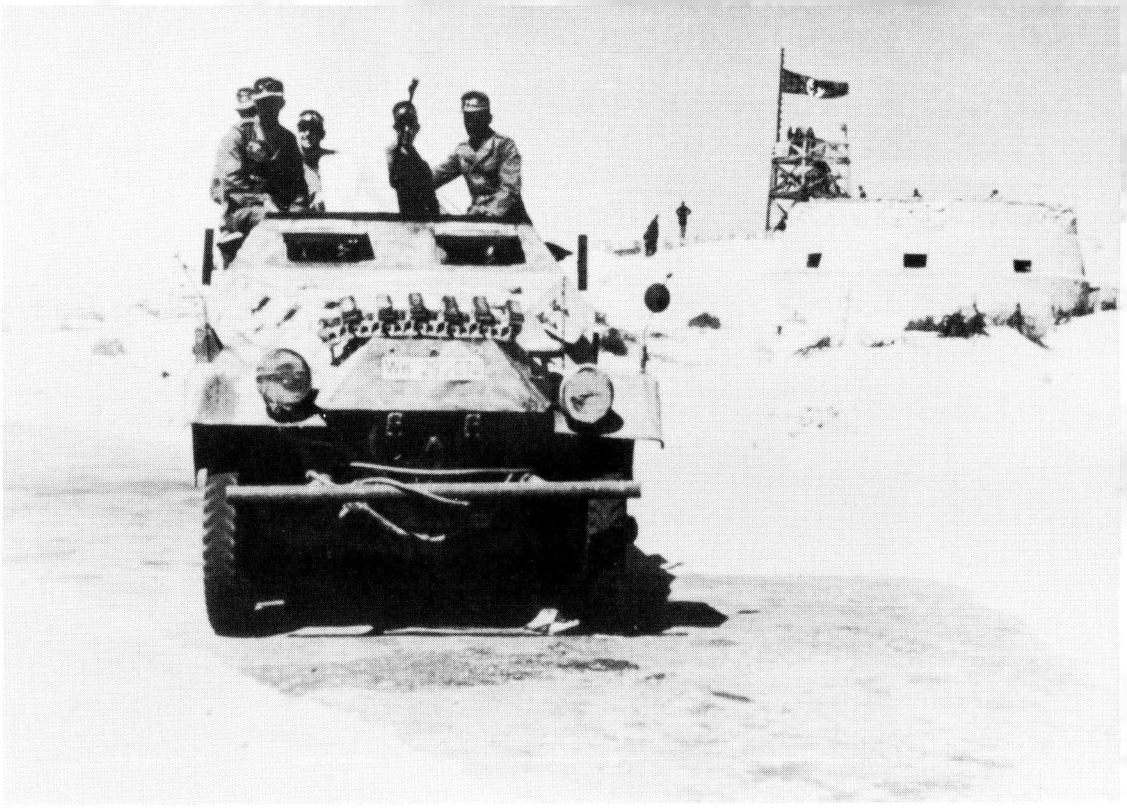

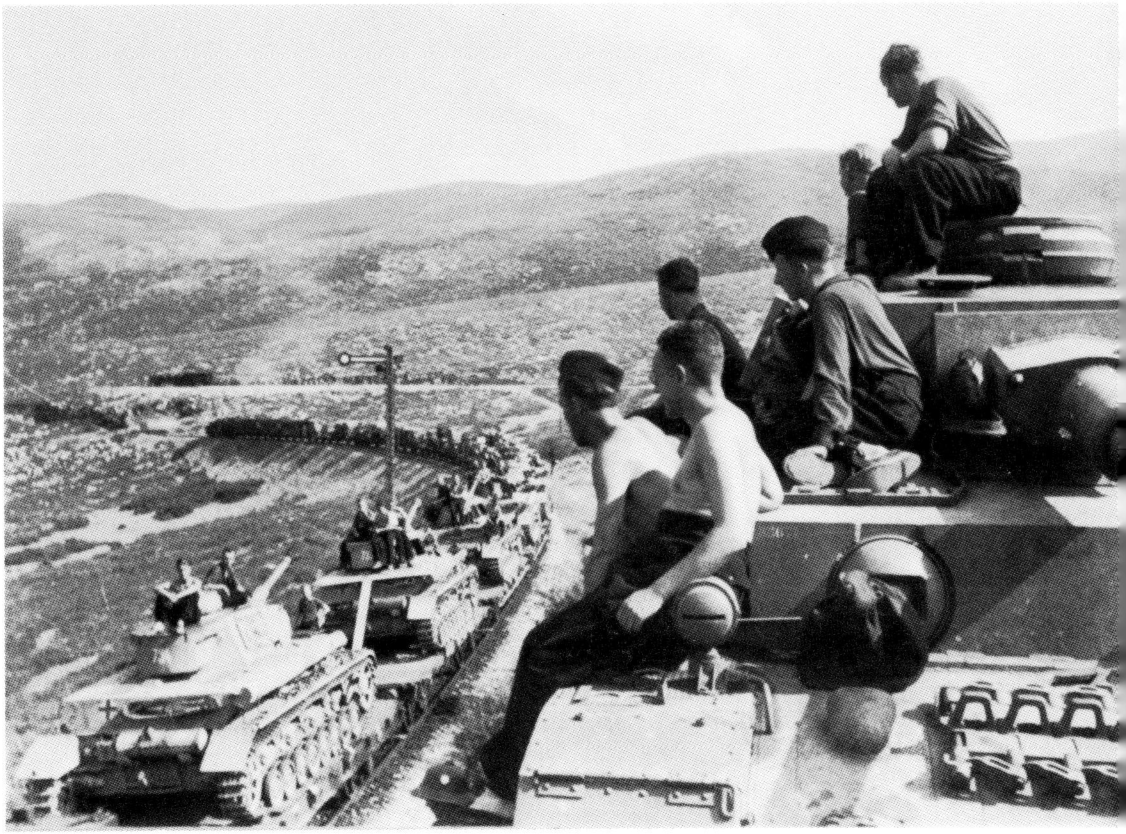

Links: Die Invasion Kretas war die größte Luftlandung der Geschichte; hier sieht man, wie Fallschirmjäger aus Ju 52-Maschinen abgesetzt werden. (Sammlung des Verfassers)

Links: Offiziere beim Kartenstudium während einer Befehlsausgabe, 22. Juni 41. (BPK/W II 32/Grimm 291-26)

Unten: Generaloberst Heinz Guderian in seinem Befehls-SPW zu Beginn des Rußlandfeldzuges, 1941. (BPK/W II 133/Guderian 31-8-7)

Wichtigste Schlachtfelder an der Ostfront

BALTIC SEA

LAKE LADOGA

Tallinn

Leningrad

Luga

Novgorod

LAKE PEIPUS

LAKE ILMEN

Pskov

Staraya Russa

Riga

Cholm

Kalinin

Dvinsk (Daugavpils)

Rzhev

Königsberg

Kaunas

EAST PRUSSIA

Vilnius

Vitebsk

Moscow

Podolsk

Smolensk

Grodno

Minsk

Bialystok

Mogilev

Tula

Warsaw

POLAND

Brest-Litovsk

Pinsk

Bryansk

Gomel

Orel

Lublin

PRIPET MARSHES

Novgorod

Kursk

Rovno

Voronezh

Lvov

Zhitomir

Kiev

Belgorod

Vinista

Kharkov

Kamenets Podolsk

Cherkassy

Poltava

Uman

Kremenchug

Stalingrad

Kirovgrad

Dnepropetrovsk

Lugansk

HUNGARY

Krivoi Rog

Zaporozhye

Donetsk

Taganrog

Rostov

Odessa

ROMANIA

SEA OF AZOV

Kerch

Krasnodar

Sevastopol

Maikop

BLACK SEA

CAUCASUS MOUNTAINS

Hitler mit Keitel, Göring und Mussolini im September 1941. (Sammlung des Verfassers)

Einer der ersten T-34, der im September 1941 in der Nähe des Ladogasees abgeschossen wurde, während die Heeresgruppe Nord auf Leningrad vorstieß. (BPK/W II 137)

Guderian mit Major Franck, dem Kommandeur der Vorausabteilung der 3. Pz.-Division auf Francks Gefechtsstand in der Nähe von Lubny am 15. September 1941. (BPK/W II 190b/Guderian 318-27)

Die deutsche Armee blieb den ganzen Zweiten Weltkrieg hindurch weitgehend pferdebespannt. Hier zieht eine Kolonne an einem ausgebrannten leichten Sowjet-Panzer des Typs T-26 vorbei; Anfang des Rußlandfeldzuges. (Sammlung des Verfassers)

Das Wetter wurde zum Hauptproblem — doch wird dies von den Russen abgestritten, sie führen es auf ihre eigene militärische Überlegenheit zurück, daß der Angriff zum Stehen gebracht wurde. Als dieses Foto gemacht wurde, betrug die Temperatur -35°C! (BPK/W II 138/Grimm 130-12)

Die Kälte ließ oft den Mechanismus der Waffen einfrieren. Hier Stellung vor Leningrad, 19. November 1941. (BPK/W II 137)

Oben: Feuern bei eisiger Kälte. (BPK/W II 180)

Unten: Nur noch 100 km bis nach Moskau, dem letztlich unerreichbaren Ziel. Das Fahrzeug ist ein SdKfz 260. (BPK/W II 141/Grimm 179a-24)

6. Dezember	Die Russen eröffnen die Gegenoffensive vor Moskau.
7. Dezember	Die Japaner greifen Pearl Harbour an.
8. Dezember	Die Vereinigten Staaten erklären Japan den Krieg.
10. Dezember	Tobruk wieder eingenommen; HMS »Prince of Wales« und HMS »Repulse« von japanischen Flugzeugen versenkt.
11. Dezember	Italien und Deutschland erklären den USA den Krieg und umgekehrt.
19. Dezember	Nach der Entlassung von Brauchitsch übernimmt Hitler persönlich die Führung des Heeres.
25. Dezember	Der Fall von Hongkong.

1942

17. Januar	Die Briten erobern Halfaya zurück.
22. Januar	Rommel erobert Agedabia zurück.
12./13. Februar	Der »Kanal-Durchbruch« der Scharnhorst, Gneisenau mit anderen deutschen Kriegsschiffen.
15. Februar	Der Fall Singapur
4.-8. Mai	Schlacht im Korallen-Meer.
8. Mai	Beginn der deutschen Frühjahrsoffensive in Rußland.

Oben links: Rommel, der das Ritterkreuz und das Eichenlaub zum Ritterkreuz trägt, zu Beginn der dritten deutschen Offensive in Afrika im Mai 1942. (BPK/W II 262)

Oben rechts: Oberst Pochard von der 23. Pz.-Division an der Oskol-Front ostwärts von Charkow, am 26. Juni 1942. (BPK/W II 144/Grimm 247-6)

Unten: Grenadiere der 23. Pz.-Division gehen im Schutz eines PzKpfw III im September 1942 am Fuße des Kaukasus vor. (BPK/W II 150/Grimm 217-28)

12.-28. Mai	Die erste Schlacht um Charkow.		aus Libyen und erobert Tobruk.
30. Mai	Erster Angriff der RAF mit 1.000 Bombern (auf Köln).	28. Juni	Die Wehrmacht beginnt die Sommer-Offensive in Rußland; Rommel nimmt Marsa Martruch.
3.-6. Juni	Schlacht um Midway.		
17.-21. Juni	Rommel wirft die Briten		

1.-17. Juli	Erste Schlacht um El Alamein.
2.-5. Juli	Der Fall Sewastopols und Zusammenbruch des sowjetischen Widerstands auf der Krim.
24. Juli	Der Fall von Rostow.
13. August	Montgomery übernimmt das Kommando über die 8. Armee in Afrika.

Links: Ein deutscher Infanterist legt als Fliegersichtzeichen eine Hakenkreuzflagge in Stalingrad aus, 18. November 1942. (BPK/W II 159)

Unten: Infanteristen rücken am 8. Oktober 1942 in Vororte Stalingrads ein. (BPK/W II 148)

Ganz unten: Ein 2-cm-Flak-Zug in einem Tal im Kaukasus am 14. November 1942. (BPK/W II 148)

Rechts: Feldmarschall Paulus, der Oberbefehlshaber der 6. Armee, geht am 31. Januar 1943 in Gefangenschaft. (TASS über BPK)

19. August	Landungsversuch der Alliierten bei Dieppe (Nordfrankreich) wird abgeschlagen.
24. August	Die Belagerung von Stalingrad beginnt.
23. Oktober	Zweite Schlacht um El Alamein.
3. November	Rommel zum Rückzug gezwungen.
8. November	Anglo-amerikanische Truppen landen in Afrika (Operation »Torch«).
13. November	Die Briten erobern Tobruk zurück.
19. November	Die Russen beginnen den Gegenangriff bei Stalingrad.
22. November	Die 6. Armee in Stalingrad eingeschlossen.
12. Dezember	Manstein beginnt mit dem Versuch, Stalingrad zu entsetzen.

Rechts: Feldmarschall Paulus, der Oberbefehlshaber der 6. Armee, geht am 31. Januar 1943 in Gefangenschaft. (TASS über BPK)

Unten: Ein Motorradfahrer, der bei dem Frühjahrshochwasser Schwierigkeiten hat, am 11. März 1943. (BPK/W II 265)

Eine Besprechung in der »Wolfsschanze«, Hitlers Hauptquartier in Ostpreußen, am 19. Mai 1943. Im folgenden Jahr sollte dies der Schauplatz des Bombenattentats am 20. Juli sein. Von links nach rechts: General von Manstein, Generaloberst Ruoff, Hitler, General Zeitzler (Chef des Stabes des OKH, später durch Guderian ersetzt) und Generalfeldmarschall von Kleist. (BPK/W II 205)

1943

15. Januar	Die Briten beginnen den Vorstoß auf Tripoli.
2. Februar	Die 6. Armee kapituliert in Stalingrad.
14. Februar	Die Russen nehmen Rostow wieder ein.
9. März	Rommel verläßt Afrika; an seine Stelle tritt von Arnim.
14. März	Zweite Schlacht um Charkow.
16. März	Dieses Datum wird als der Wendepunkt des Krieges im Atlantik betrachtet.
9. Mai	Die Streitkräfte der »Achse« kapitulieren in Tunesien.
5.-12. Juli	Schlacht im Kursker Bogen (»Zitadelle«).
10. Juli	Die alliierte Invasion von Sizilien beginnt.

Mitte: SS-Männer während des Kampfes im Warschauer Ghetto im April 1943. (BPK/W II 19g)

Jürgen Stroop mit anderen Führern und Männern der SS in Warschau, Mai 1943. (BPK/W II 119g)

Der rumänische Marschall Antonescu war vom 12.-14.4.43 Hitlers Gast auf Schloß Kleßheim bei Salzburg. Von links nach rechts: Walter Warlimont, Dr. Paul Schmidt, Marschall Antonescu, Hitler und Keitel. (BPK/W II)

General der Infanterie Heinrich, Chef des Stabes der finnischen Armee, zusammen mit General Weisenberger an der Kandalakscha-Front, 15. Juli 1942. (BPK/W II 161a)

Göring mit den Generalen Jodl und Keitel im Führerhauptquartier unter der Reichskanzlei, 1943. (BPK/Hoffmann 3555)

Links: Ein nachdenkli-cher Heinz Guderian kurz nach seiner Ernen-nung zum Chef des Sta-bes des Oberkommandos des Heeres auf einem Flug. (BPK/W II 55/Gu-derian)

Links: Tiger I der schwe-ren Panzer-Abteilung 504 in Nord-Italien. (BPK/W II 296/Grimm 292-29)

Unten links: Während der Offensive bei Kursk, Feldmarschall von Kluge und Generaloberst Model (vorn) an der Lagekarte, 3. August 1943. (BPK/W II 207)

12. Juli	Die Sowjetarmee geht auf der gesamten Front zur Ge-genoffensive über.
22. Juli	Fall von Palermo.
25. Juli	Mussolini tritt zurück.
5. August	Fall von Orel und Belgorod.
17. August	Fall von Sizilien.
17.-18. August	Amerikanische und britische Bomber greifen Schwein-furt, Regensburg und Peene-münde an.
23. August	Fall von Charkow.
3. September	Die Alliierten landen in Ita-lien.
8. September	Italien kapituliert.
9. September	Die Alliierten landen in Sa-lerno.
10. September	Deutsche Truppen besetzen Rom.
13. Oktober	Italien erklärt Deutschland den Krieg.
6. November	Fall von Kiew.

Rechts: Mit einer Zeltbahn getarnt, steht ein Beobachtungsposten Wache; die Handgranaten sind wurfbereit. Vermutlich im nördlichen Rußland im Herbst 1943. Das Netz über seinem Kopf hat sowohl den Zweck, Insekten abzuhalten als auch zur Tarnung beizutragen. (BPK/W II 161b)

Rechts: Eine der großen Schwierigkeiten, mit denen die Deutschen im ganzen Rußland-Feldzug zu tun hatten, waren die Partisanenangriffe auf Nachschublinien und Sicherungsposten aus den vielen Wäldern und Sümpfen heraus. Gegen sie werden gutgetarnte Jagdkommandos eingesetzt. (BPK/W II 187)

Unten rechts: Eine gute Portrait-Studie von Hilmar Pabel, gegen Ende 1943 aufgenommen, als der lange Rückzug begann. Die unbekümmerte Heiterkeit der ersten Kriegstage ist einer müden Gleichgültigkeit gewichen — aber dies änderte nichts daran, daß der deutsche Soldat hart und zumeist hervorragend bis zum Ende des Krieges kämpfte. (BPK/W II 193)

1944

15.-19. Januar	Belagerung von Leningrad beendet.
22. Januar	Die Alliierten landen in Anzio.
15. Februar	Die Alliierten bombardieren das Kloster Monte Cassino.
20. März	Deutschland besetzt Ungarn.
9. Mai	Fall von Sewastopol
17. Mai	Fall von Monte Casino
4. Juni	US-Truppen marschieren in Rom ein.
6. Juni	D-Day: die Alliierten landen in der Normandie (Operation »Overlord«).
23. Juni	Beginn der sowjetischen Sommeroffensive.
3. Juli	Fall von Minsk.
18. Juli	Die Briten eröffnen die Offensive bei Caen.

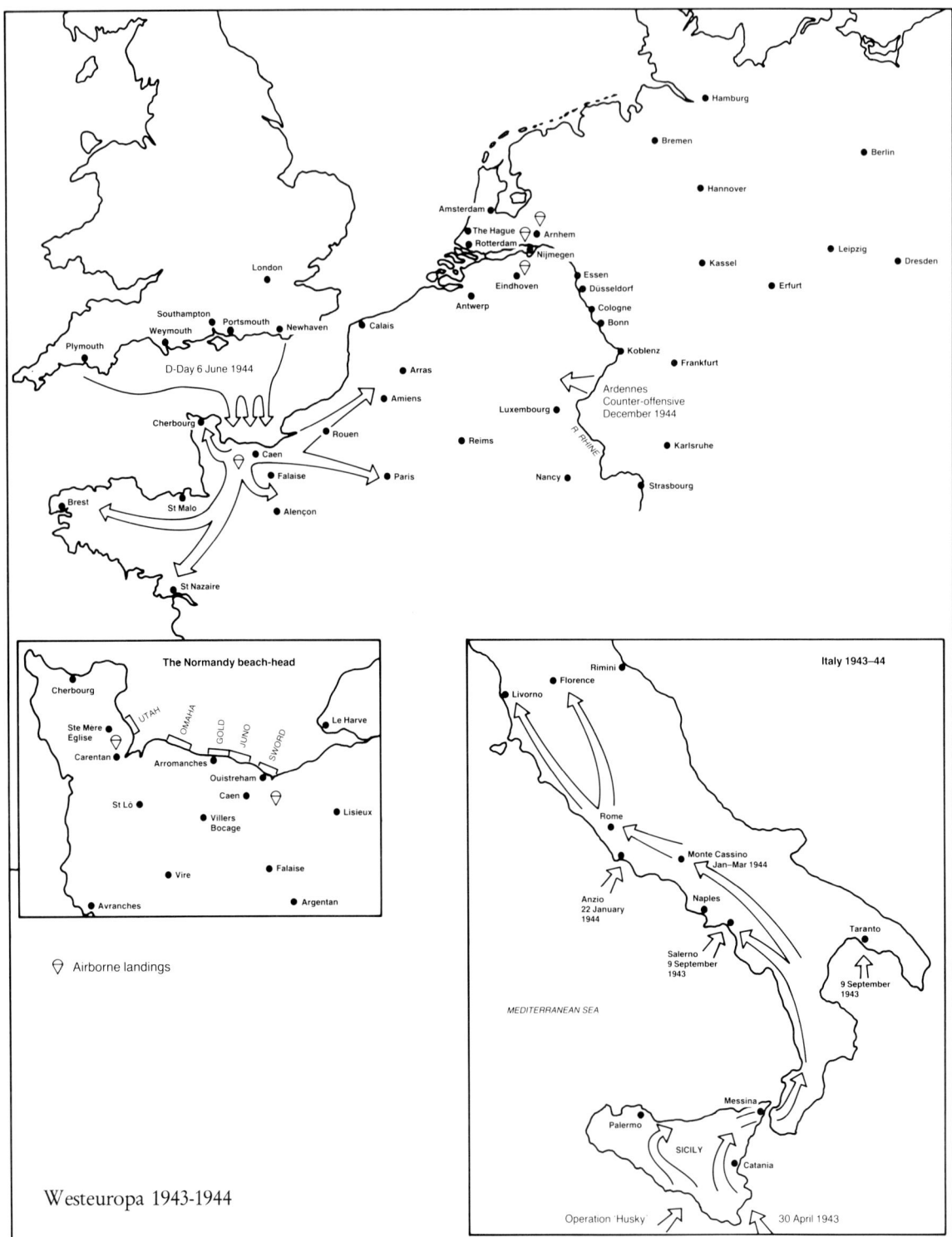

The Normandy beach-head

Cherbourg
Ste Mère Eglise
Carentan
UTAH
OMAHA
GOLD
JUNO
SWORD
Arromanches
Ouistreham
Le Harve
Caen
St Lô
Villers Bocage
Lisieux
Vire
Falaise
Avranches
Argentan

Airborne landings

London
Southampton
Weymouth
Portsmouth
Newhaven
Plymouth
D-Day 6 June 1944
Calais
Arras
Amiens
Cherbourg
Rouen
Reims
Caen
Falaise
Paris
Brest
St Malo
Alençon
St Nazaire

Amsterdam
The Hague
Rotterdam
Arnhem
Nijmegen
Eindhoven
Antwerp
Essen
Düsseldorf
Cologne
Bonn
Koblenz
Luxembourg
Nancy
Strasbourg
Frankfurt
Karlsruhe
Ardennes Counter-offensive December 1944
R RHINE

Hamburg
Bremen
Berlin
Hannover
Kassel
Leipzig
Dresden
Erfurt

Italy 1943–44

Rimini
Florence
Livorno
Rome
Monte Cassino Jan–Mar 1944
Anzio 22 January 1944
Naples
Salerno 9 September 1943
Taranto
9 September 1943
MEDITERRANEAN SEA
Messina
Palermo
SICILY
Catania
Operation 'Husky'
30 April 1943

Westeuropa 1943-1944

104

Rechts: PzKpfw V Panther Ausf. G einer nicht identifizierten Einheit während der Ardennen-Offensive im Dezember 1944. (BPK/W II 116/Grimm 189-28)

Unten: Infanteristen von Models Armeegruppe B posieren für eine Aufnahme vor einem ausgebrannten amerikanischen Lastwagen, 16./17. Dezember 1944. (BPK/W II 116/Grimm 187-24)

Ein deutscher Infanterist betrachtet amerikanische 105-mm-Haubitzen, die während der Ardennen-Offensive bei Monschau stehengelassen wurden. (BPK/W II 116/Grimm 190-2)

20. Juli	Klaus von Stauffenberg gelingt es nicht, Hitler zu töten. Viele Offiziere des Heeres werden unmittelbar danach hingerichtet.
25. Juli	US-Truppen gelingt der Durchbruch bei St. Lô.
28. Juli	Fall von Brest-Litowsk.
1. August	Beginn des Warschauer Aufstandes; Patton bricht bei Avranches durch.
7.-12. August	Der deutsche Gegenangriff auf Avranches endgültig abgeschlagen.
15. August	Die Alliierten landen in Südfrankreich (Operation »Anvil/Dragon«).
20.-23. August	Die Russen besetzen Rumänien.
25. August	Befreiung von Paris.
3. September	Die Alliierten marschieren in Brüssel ein.
4. September	Die Alliierten marschieren in Antwerpen ein.
16. September	Die Russen marschieren in Sofia ein.
17. September	Luftlandetruppen bei Arnheim abgesetzt.
20. Oktober	Die Russen marschieren in Belgrad ein.
12. November	Versenkung der »Tirpitz«.
16. Dezember	Die Deutschen eröffnen die Gegenoffensive in den Ardennen.
24. Dezember	Die Russen schließen Budapest ein.

1945

12. Januar	Beginn der russischen Winteroffensive.
16. Januar	Die Alliierten zwingen die Deutschen zum Rückzug in die Ardennen.
17. Januar	Die Russen marschieren in Warschau ein.
4.-12. Februar	Konferenz von Jalta.
13. Februar	Der Fall von Budapest.
5. März	US-Truppen marschieren in Köln ein.
7. März	US-Truppen überqueren den Rhein bei Remagen.
22. März	US-Truppen überqueren den Rhein bei Oppenheim.
23. März	Britische Truppen überqueren den Rhein bei Rees.
30. März	Die Russen marschieren in Danzig ein.
9. April	Die Alliierten greifen die »Gotenlinie« in Italien an.
13. April	Die Russen marschieren in Wien ein.
16. April	Beginn des russischen Angriffs auf Berlin.
18. April	US-Truppen marschieren in der Tschechoslowakei ein.
25. April	US- und russische Truppen treffen sich an der Elbe.
28. April	Mussolini von Partisanen hingerichtet.
30. April	Hitler begeht Selbstmord.
2. Mai	Die Russen beenden die Eroberung Berlins; die deutschen Truppen in Italien kapitulieren.
7. Mai	Alle deutschen Streitkräfte kapitulieren bedingungslos.
6.-9. August	Atombombenabwurf auf Hiroshima und Nagasaki.
14. August	Kapitulation Japans.

Oben: General Weidling, der Militärbefehlshaber von Berlin, kommt aus seinem Bunker, um sich sowjetischen Offizieren zu ergeben. (BPK/W II 253)

Unten: Generaloberst Jodl erwidert den Gruß britischer Militärpolizisten, als er in Begleitung von Major Oxenius (mit der Tasche) das alliierte Hauptquartier in Reims am 7. Mai 1945 betritt. Die Kapitulation trat zwei Tage später in Kraft. (BPK/W II 126)

Organisation 1933 - 1945

Die Kommandostrukturen der deutschen Streitkräfte unter Hitler waren einerseits kompliziert, andererseits einfach, auf verschiedenen Ebenen und zu verschiedenen Zeiten gut bzw. schlecht, je nachdem, wie das Kriegsglück wechselte und einzelne Persönlichkeiten seine Gunst gewannen oder in Ungnade fielen. Hitler als Oberster Kriegsherr konnte seine eigenen Vorstellungen mit wechselndem Erfolg durchsetzen.

Bevor Hitler die diktatorische Machtbefugnis an sich riß, gab es zwei Oberkommandos, eine für das Heer und eine für die Kriegsmarine. Ein drittes wurde gebildet, als die Luftwaffe 1935 von der Heeresführung unabhängig wurde, in demselben Jahr, als die allgemeine Wehrpflicht eingeführt wurde. Nach der Entlassung von Blombergs 1938 und der Aufhebung des Postens des Kriegsministers schuf Hitler das Oberkommando der Wehrmacht (OKW) mit General (später Generalfeldmarschall) Wilhelm Keitel als Chef des Stabes (OKW) und Generalmajor Alfred Jodl (ab 1939) als Chef der Operations-Abteilung. Im Gegensatz zu vielen anderen, die von Hitler in hohe Stellen berufen wurden, behielten diese beiden ihre Position den ganzen Krieg hindurch. Die drei getrennten Oberkommandos — Oberkommando des Heeres (OKH), das Oberkommando der Luftwaffe (OKL) und das Oberkommando der Marine (OKM) — waren dem Oberkommando der Wehrmacht (OKW) unterstellt. Diese Situation änderte sich 1941, als das OKH mit Hitler als Oberbefehlshaber und mit General Franz Halder als Chef des Stabes*) allein für die Operationen in der Sowjetunion verantwortlich gemacht wurden und das OKW allein die Befehlsgewalt für alle anderen Kriegsschauplätze hatte. Die Waffen-SS (diese Bezeichnung wurde ihr erst 1940 gegeben) unterstand im Kriege dem OKW, war aber kein vierter Wehrmachtsteil. Die Fallschirmjäger und die Luftwaffen-Feld-Divisionen, ursprünglich zur Luftwaffe gehörend, unterstanden dem Heer.

Unterhalb der Spitzengliederung gab es wie im Ersten Weltkrieg Heeresgruppen, Armeen, Korps, Divisionen usw. Nur ihre Bezeichnungen wie Panzer-Abteilungen, Panzer-Regimenter, Panzer-Divisionen, Panzerkorps, motorisierte Infanterie, Panzergrandiere, Fallschirmjäger und Luftwaffen-Felddivisionen und natürlich Waffen-SS waren neu, auch gab es Änderungen bei den Bezeichnungen der Dienstgrade: der »Gemeine« des Ersten Weltkrieges wurde nun »Schütze«, ab 1943 auch »Grenadier« oder »Füssilier« genannt.

Rekrutierung und Ausbildung

Noch bevor Hitler die Wiedereinführung der Wehrpflicht für alle wehrtauglichen Männer über zwanzig Jahre am 16. März 1935 verkündete, hatte er befohlen, die Stärke der Armee von 100.000 auf 300.000 bis zum 1. Oktober 1934 im geheimen zu vergrößern. Die Veröffentlichung der Ranglisten wurde eingestellt, um das Anwachsen der Zahl der Offiziere zu verschleiern. Diese Vergrößerung der Armee wurde dadurch erreicht, daß von jedem Regiment ein bzw. zwei Bataillone zur Aufstellung eines neuen Regiments abgestellt wurden; jedes Regiment stellte dann seine weiteren Bataillone auf, dabei griff man auch auf die paramilitärische »Landespolizei« zurück (es gab 15 Länder). Absicht war, 21 aktive Divisionen aufzustellen.

Der Gedanke, daß eine allgemeine Wehrpflicht begrüßt werden könnte, ist uns heute weniger vertraut, aber 1935 wurde sie von dem deutschen Volk begeistert aufgenommen als greifbares Zeichen dafür, daß die belastenden Bestimmungen des Versailler Vertrages beseitigt wurden. Mit der Verkündung der allgemeinen Wehrpflicht war die Absicht verbunden, eine Friedensarmee von 36 Divisionen statt der bisher 21, wie oben erwähnt wurde, aufzustellen, die in zwölf Korps aufgeteilt wurden; für jedes Korps war ein Wehrkreis zuständig. Die alten Truppenübungsplätze wurden wieder in Betrieb genommen, neue zusätzlich angelegt, dazu weitere Schulen zur Offi-

---

*) Wie früher schon erwähnt, wurde Brauchitsch als Oberbefehlshaber des Heeres wegen des Fehlschlages vor Moskau im Dezember 1941 abgesetzt; von diesem Zeitpunkt an übernahm Hitler selbst den Oberbefehl über das Heer. Halder wurde 1942 entlassen, ihm folgte Kurt von Zeitzler bis 1944, danach folgten Heinz Guderian und schließlich ab März 1945 Hans Krebs.

Vergleichbare Dienstgrade

NSDAP	Heer	Waffen-SS	engl./amerik. Dienstgrade
Reichsleiter (1) (Martin Bormann)		Reichsführer-SS (Heinrich Himmler)	
Reichsleiter (2)	Generalfeldmarschall	Oberstgruppenführer	Field Marshal (Br); 5-Star General (US)
Gauleiter (1)	Generaloberst	Obergruppenführer	General
Gauleiter (2)	General der Infanterie, Kavallerie or Artillerie	Gruppenführer	General (Br); Lt-General (US)
Deputy Gauleiter (1)	Generalleutnant	Brigadeführer	Lt-General (Br); Major-General (US)
(2)	Generalmajor	Oberführer	Major-General (Br); Brigadier (US)
(3)	Oberst	Standartenführer	Colonel
Kreisleiter (1)	Oberstleutnant	Obersturmbannführer	Lt-Colonel
(2)	Major	Sturmbannführer	Major
Ortsgruppenleiter	Hauptmann	Hauptsturmführer	Captain
Zellenleiter	Oberleutnant	Obersturmführer	Lieutenant
Blockleiter	Leutnant	Untersturmführer (1)	2nd Lieutenant
Bereitschaftsleiter (1)	Stabsfeldwebel	Untersturmführer (2)	Staff Sergeant (Br) Master Sergeant (US)
(2)	Hauptfeldwebel	Sturmscharführer	Regimental Sergeant-Major (Br); First Sergeant (US)
(3)	Oberfeldwebel	Hauptscharführer	Sergeant-Major (Br); Master Sergeant (US)
(4)	Feldwebel	Oberscharführer	Company Sergeant-Major (Br); Technical Sergeant (US)
(5)	Unterfeldwebel	Scharführer	Sergeant (Br); Staff Sergeant (US)
Hauptarbeitsleiter (1)	Unteroffizier	Unterscharführer	Sergeant
(2)	Obergefreiter	Rottenführer	Corporal
Arbeitsleiter (1)	Gefreiter	Sturmmann	Lance Corporal (Br); Acting Corporal (US)
(2)	Oberschütze	Oberschütze	Private (Br); PFC (US)
Helfer	Schütze	Mann	Privat

zierausbildung und für die neuen Waffengattungen (z.B. Panzertruppe). Die infanteristische Grundausbildung blieb im großen und ganzen die gleiche wie vorher.

Zu einer wichtigen Entwicklung ist die folgende zu rechnen: sowohl die bereits dienenden Offiziere und Mannschaften als auch die neu eintretenden Rekruten mußten den Eid in der neuen Form leisten:

»Ich schwöre bei Gott, diesen heiligen Eid, daß ich dem Führer des Deutschen Reiches und Volkes, Adolf Hitler, dem Obersten Befehlshaber der Wehrmacht, unbedingten Gehorsam leisten und als tapferer Soldat bereit sein will, jederzeit für diesen Eid mein Leben einzusetzen«.

Die Rekruten der SS-Verfügungstruppe, die später in »Waffen-SS« umbenannt wurde, leisteten ein geringfügig anderen, aber ebenso bindenden Eid:

»Ich gelobe Dir, Adolf Hitler, dem Führer und Kanzler des deutschen Reiches, Treue und Tapferkeit. Ich gelobe Dir und den Vorgesetzten, die Du ernennst, Gehorsam bis zum Tod«.

Parade in Bückeburg im Oktober 1935

Die Infanteriedivision

Der wichtigste Großverband des Heeres blieb die Infanteriedivision, die im wesentlichen noch wie im Ersten Weltkrieg zusammengesetzt war. Nur wenige (vier) von ihnen waren schon zu Beginn des Krieges voll motorisiert. Die Infanterie wurde mit der Bahn in das Aufmarschgebiet gebracht, wie im Ersten Weltkrieg auch, dann mußte sie marschieren. Die Aufgaben dieser motorisierten Infanterie (im Verlauf des Krieges wurden es 18 beim Heer und rund 15 bei der Waffen-SS) waren es, nachdem die gepanzerten Divisionen durchbrochen waren, diesen zu folgen, die Flanken zu sichern und nach Gewinnen der Angriffsziele die Panzerdivision dort abzulösen. Sie selbst wurden dann später von der langsamer folgenden, nichtmotorisierten Infanteriedivision abgelöst.

Die grundsätzliche Gliederung der Infanteriedivision (auch der motorisierten) zeigte drei Infanterieregimenter zu je drei Bataillonen (mit einer durchschnittlichen Stärke von 700 Mann). Die Bataillone gliederten sich in vier Kompanien, von denen eine die schwere war; diese hatte acht sMG-s (MG 34, später MG 42 mit einer Lafette für Dauerfeuer) und sechs mittlere 8-cm-Mörser. Jede der übrigen drei Kompanien hatte zwei schwere und neun leichte MG und drei leichte 5-cm-Mörser. Die 13. Kompanie in jedem Regiment hatte zwei 15-cm- und sechs 7,5-cm-Infante-

riegeschütze, und die 14. Kompanie hatte zwölf 3,7-cm-Geschütze und vier leichte Maschinengewehre; die 15. Kompanie bestand aus je einem Pionier-, Nachrichten- und Versorgungszug.

Zur Unterstützung der drei Infanterieregimenter gab es in den Divisionen ein Artillerieregiment, eine motorisierte Panzerjägerabteilung, eine Aufklärungsabteilung, eine Nachrichtenabteilung und ein Pionierbataillon. Dazu kam die Intendantur, der Nachschubführer mit Nachschubkolonne, eine Sanitätsbataillon mit einem Feldlazarett und einem Veterinärzug sowie Feldpost und die Militärpolizei.

Das Artillerieregiment bestand aus fünf Abteilungen, von denen eine die Beobachtungsabteilung mit vier motorisierten Batterien war. Die drei leichten Abteilungen hatten je drei Batterien zu je vier 10,5-cm-Geschützen, die 4. (schwere) Abteilung hatte drei Batterien mit je vier 15-cm-Geschützen.

Die Panzerjägerabteilung bestand aus drei Kompanien, von denen jede zwölf 3,7-cm- (später 5-cm)-Geschütze hatte; dazu kam eine vierte Stabs- und Versorgungskompanie mit zwölf 2-cm-Flakgeschützen, Nachrichtenzug, Stabseinheiten und Versorgungsteilen.

Die Aufklärungsabteilung verfügte über leichte (4-Rad) und schwere (6- bzw. 8-Rad) gepanzerte Radfahrzeuge, zwei 7,5-cm-Infanteriegeschütze, drei 3,7-cm-Panzerabwehrgeschütze, vier sMG und achtzehn leichte MG, drei Mörser und einen Nachrichtenzug. Kräder wurden ebenfalls verwendet.

Die Nachrichtenabteilung hatte je eine Funk-und eine Fernsprechkompanie. Das Pionierbataillon hatte eine Pionierkompanie, eine Brückenbaukompanie und drei Pionier-Sturmzüge mit neun leichten MG und mehreren Flammenwerfern und einen Nachrichtenzug.

Alle motorisierten Divisionen und Regimenter/Bataillone verfügten über Instandsetzungs-Truppenteile. Bis 1944 hatten sich zahlreiche Veränderungen zu den obigen Darstellungen ergeben. Der grundlegende Bestandteil war jedoch immer das Infanterieregiment, aber anstatt der bisher drei waren es jetzt zumeist nur noch zwei pro Division. Die Bataillone hatten zwar noch je vier Kompanien, aber die schweren Kompanien hatten nun sechs schwere und drei leichte MG, vier 12-cm- und sechs 8-cm-Mörser, während die anderen Kompanien zwei schwere und dreizehn leichte MG hatten. Die 15. Kompanie war in die Stabskompanie eingegliedert worden. Die 14. Kompanie hatte nun drei 5-cm-Panzerabwehrgeschütze und bis zu 36 Infanterie-Panzerabwehrwaffen (Panzerfaust oder Panzerschreck/Ofenrohr); nur die 13. Kompanien blieben fast unverändert. Auch das Artillerieregiment blieb im wesentlichen unverändert. Eine größere Veränderung trat bei der Panzerjägerabteilung ein, die nun zwölf 7,5-cm-Pak 40, 14 Geschütze auf Selbstfahrlafetten (Sturmgeschütze, Marder) und zwölf 2- bzw. 3,7-cm-Flakgeschütze auf Selbstfahrlafetten hatten. Das Ausmaß der Motorisierung hatte auf der ganzen Linie zugenommen. Die bei den Panzerdivisionen bis 1943 vorhandenen Kradschützenbataillone wurden aufgelöst oder in Teilen von den Aufklärungsbataillonen übernommen.

Im Verlauf des Krieges wurden die Geschütze der Artillerie in zunehmendem Maße auf Selbstfahrlafetten umgestellt. Letztere wurden vorrangig den Panzer- und Panzergrenadierdivisionen zugeteilt. Genaue Angaben, wie die einzelnen Einheiten zu einem bestimmten Zeitpunkt ausgestattet waren, sind nicht möglich, da die Ausstattungen sich laufend änderten.

Die Panzerdivision

Die Panzerdivisionen waren für die »Blitzkrieg«-Strategie ausgerüstet worden. 1939 gab es fünf und vier sog. leichte Divisionen, die man auch als kleinere Panzerdivision hätte bezeichnen kön-

nen. Für den Angriff im Westen wurde ihre Zahl auf zehn erhöht (davon vier durch Verstärkungen der leichten Divisionen), und für die Operation »Barbarossa« 1941 standen 19 zur Verfügung. Gegen Ende des Krieges gab es 26 Panzerdivisionen des Heeres und sieben der Waffen-SS, dazu die Elitedivision der Luftwaffe »Hermann Göring«.

Der Hauptbestandteil der Panzerdivision ab 1941 war neben zwei Panzergrenadier-Regimentern das Panzerregiment und ein motorisiertes Artillerieregiment.

Betrachten wir zunächst die Organisation in den ersten Kriegsjahren. Das Panzerregiment hatte eine Stabskompanie mit fünf PzKpfw II, dazu einen Nachrichtenzug und eine Instandsetzungskompanie. Jede der zwei oder drei Abteilungen des Regiments hatte eine Stabskompanie mit fünf PzKpfw II, vier Kradzüge, einen Nachrichtenzug und acht 2- oder 3,7-cm-Flak-Geschütze. Jede Panzerabteilung hatte drei Kompanien (zwei leichte und eine mittlere). 1940 war die mittlere mit fünf PzKpfw IV und zehn PzKpfw III ausgestattet; von den beiden anderen Kompanien hatte jede fünf PzKpfw II und 17 PzKpfw I, vereinzelt III — dann zumeist Skoda-Panzer.

Die PzKpfw I und II wurden so schnell wie möglich aus den Kampfeinheiten zurückgezogen, und so hatte sich das Bild bis 1941 folgendermaßen geändert: die leichten Kompanien hatten nun 22 PzKpfw III und die mittleren 17 PzKpfw IV. Die Panzergrenadierbrigade umfaßte zwei Regimenter oder ein Regiment mit einem Kradschützenbataillon. Jedes Regiment hatte zwei Bataillone mit je fünf Kompanien. Die Hauptträger-Fahrzeuge zu Beginn des Krieges waren Lastwagen, die aber bald bei einem Bataillon durch gepanzerte Halbkettenfahrzeuge (SPW) ersetzt wurden. Vier Kompanien des Bataillons waren folgendermaßen ausgestattet: Drei waren normale Kampfkompanien, die 4. eine schwere mit 3,7-cm- oder 5-cm-Pak, zwei 7,5-cm-Infanteriegeschützen, drei leichte Flak-Geschützen mit Mörsern. Zusätzlich hatte jedes Regiment eine Kompanie mit sechs 15-cm-sIG 33.

Das Artillerieregiment war vollmotorisiert und bestand aus drei Abteilungen und einer Stabsbatterie mit einem Nachrichten-, Aufklärungs-, Karten- und Beobachtungszug. Eine Abteilung hatte drei Batterien mit je vier 15-cm-Geschützen; die anderen beiden Abteilungen waren mit je vier 10,5-cm-Geschützen ausgestattet. Jede Batterie hatte wenigstens zwei leichte MG zur Nahverteidigung und jede Abteilung hatte ihre eigenen

Links: Heinz Guderian (rechts) als Chef des Stabes der Kraftfahrkampftruppen mit Hauptmann von Hünersdorff in Münster 1935. (BPK/NS-Zeit/Reichswehr).

Unten: PzKpfw I bei einer Schauvorführung bei Bückeburg im Oktober 1935. (BPK/Grimm 907-28).

Versorgungs- und Flak-Einheiten. Doch auch hier können keine unumstößlichen Regeln aufgeführt werden, weil sich Gliederungen und Ausrüstungen laufend änderten. Die Panzerjägerabteilung umfaßte drei Kompanien, die im Idealfalle zehn gezogene Geschütze hatten, anfangs waren es 3,7-cm-, später war es eine Mischung von sechs zu vier aus 3,7-cm- und 5-cm-Geschützen, bevor die 7,5-cm-Pak 40 und spezielle Jagdpanzer aufkamen. Außerdem gab es die üblichen Nachrichten- und Versorgungseinheiten, und jede Kompanie hatte wenigstens ein halbes Dutzend MG zur Nahverteidigung.

Die Aufklärungsabteilung hatte zwei Kompanien mit gepanzerten Fahrzeugen, jede hatte sechs schwere (sechs- oder achträdrige) und 18 leichte (vierrädrige) Fahrzeuge und eine Kradschützenkompanie mit wenigstens 18 Krädern, die mit MG ausgerüstet waren. Die Stabskompanie hatte gewöhnlich einen Zug 7,5-cm-Infanteriegeschütze, einen Zug 3,7-cm- oder 5-cm-Pak Geschütze, drei MG und einen Nachrichtenzug. Zur Division gehörte auch eine Nachrichtenabteilung mit einer motorisierten Funk- und einer Fernsprechkompanie, ein Pionierbataillon mit vier Kompanien, von denen wenigstens eine mit Halbkettenfahrzeugen ausgestattet war, eine war eine Brückenbaukompanie. Die üblichen Versorgungseinheiten der Division (Nachschub., Instandsetzung etc.) waren ungefähr dreimal so stark wie in einer gewöhnlichen Infanteriedivision. Zumeist gab es zwei Feldlazarette, daneben Feldpost und Militärpolizei.

Als die PzKpfw IV ab Sommer 1945 in zunehmendem Maße durch den PzKpfw V (Panther) verstärkt zum Hauptkampfpanzer der Panzertruppe wurde, wobei der PzKpfw III allmählich ausgesondert wurde, änderte sich auch der Aufbau der Panzerdivision. Diese Veränderungen, von denen die wichtigste die Reduzierung der Panzerbataillone auf generell nur zwei (öfter sogar auf nur eins) war. Die folgende Beschreibung einer Panzerdivision aus dem Jahre 1944 ist idealisiert, denn die Situation in jener Zeit war sehr schwierig, wenn die Ausfälle an Menschen und der Verlust des zerstörten Materials ersetzt werden sollten. In der Praxis sah es zuletzt so aus, daß nur noch die sieben wichtigsten Waffen-SS-Divisionen, die Heeresdivision »Großdeutschland« und die Luftwaffendivision »Hermann Göring« immer wieder bis zur vollen Kampfstärke aufgefüllt werden konnten. Das Panzerregiment bestand nun aus zwei Bataillonen, aber jedes hatte vier Panzerkompanien; das erste Bataillon hat-

te Panther, das zweite PzKpfw IV (z.T. sogar nur Sturmgeschütze). Bei voller Ausstattung waren in jeder Kompanie 17 Panzer. Die Stabskompanien hatten schon lange keine PzKpfw II mehr, sondern drei Panther und fünf PzKpfw IV und einige SPW. Die Panzergrenadierkräfte (die Panzergrenadier-Brigade war aufgelöst) bestanden noch aus zwei Regimentern zu je zwei Bataillonen, aber wenigstens das erste Bataillon hatte nun gepanzerte Halbkettenfahrzeuge. Die Zahl der Kompanien pro Bataillon war von fünf auf vier verringert worden, aber ihre Feuerkraft war wesentlich größer als vorher. Im ersten Bataillon hatten die ersten drei Kompanien je vier schwere und 29 leichte MG, zwei 8-cm-Mörser, zwei 7,5-cm-Geschütze und sieben 2-cm-Flak; die vierte Kompanie hatte indessen nur zwei schwere und vier leichte MG, aber vier 12-cm-Mörser und sechs 7,5-cm-Geschütze. Im zweiten Bataillon hatten drei Kompanien je vier schwere und 18 leichte MG und zwei 8-cm-Mörser; die vierte Kompanie hatten sechs 2-cm-Flak, vier 12-cm-Mörser und zwei leichte MG.

Das Artillerieregiment war modernisiert worden: eine seiner drei Abteilungen hatte zwei Batterien mit je sechs 10,5-cm-»Wespen« und eine Batterie mit sechs »Hummeln«. Die zweite Abteilung hatte zwei Batterien mit je sechs gezogenen 10,5-cm-Geschützen, und die dritte Abteilung hatte drei Batterien mit gezogenen 15-cm-Geschützen. Die Unterstützungseinheiten waren wie zuvor, jedoch mit einem höheren Anteil an Halbkettenfahrzeugen, besonders beim Pionierbataillon. Zusätzlich gab es in vielen Fällen, aber nicht grundsätzlich, eine selbständige Nebelwerferbatterie mit sechs 15-cm-Raketenwurfgeräten. Bei den SS-Panzerdivisionen gab es mitunter eine ganze Abteilung dieser Waffe.

Die Panzerjägerabteilung hatte jetzt fast nur noch Selbstfahrlafetten, und zwar zwei Kompanien mit Sturmgeschützen, »Hetzern«, Jagdpanzern IV oder Jagdpanthern; eine weitere Kompanie hatte zwölf gezogene Pak 40 (7,5 cm). Die Flakgeschütze waren aus dieser Abteilung abgezogen worden und zu einer Flakabteilung bei der Division zusammengefaßt. Jede hatte fünf Batterien, zwei schwere mit je sechs 8,8-cm-Geschützen, zwei mittlere mit 3,7-cm-Waffen und eine leichte mit 2-cm-Flak-Vierlingen auf Halbkettenfahrzeugen.
Die PzKpfw VI Tiger, später auch der Tiger II (Königstiger) wurden normalerweise den Panzerdivisionen nicht zugeteilt, sie waren zu selbständigen schweren Panzer-Abteilungen zusammen-

gefaßt. Diese Verbände — im folgenden einzeln aufgeführt — konnten auch einer Panzerdivision vorübergehend zugeteilt werden.

Mit »Tigern« ausgestattete schwere Panzerabteilungen

(Jede Abteilung hatte bei voller Ausstattung 45 Panzer in drei Kompanien)
sPzAbt 501: in Tunesien 1943 vernichtet; wieder aufgestellt; ab 1944 Einsätze in Rußland.
sPzAbt 502: wurde an allen Fronten in Rußland eingesetzt; wurde in 1945 in sPzAbt 511 umbenannt und erhielt einige »Tiger II«.
sPzAbt 503: war 1942-44 in Rußland eingesetzt; wurde dann nach Frankreich zur Neuausrüstung mit »Tiger II« zurückgezogen. Danach Einsätze in Rumänien, Polen, Ungarn und Tschechoslowakei.
sPzAbt 504: eine Kompanie in Tunesien vernichtet; eine zur Division »Hermann Göring« abgestellt; war für den Rest des Krieges in Italien eingesetzt.
sPzAbt 505: war 1943-45 im Osten eingesetzt, wurde im September 1944 auf »Tiger II« umgerüstet.
sPzAbt 506: war 1943-44 in Rußland; dann herausgezogen, in die Normandie geschickt und im August 1944 auf Tiger II umgerüstet; kämpfte bei Arnhem und war die einzige »Tiger II«-Abteilung des Heeres, die an der Ardennen-Offensive teilnahm.
sPzAbt 507: kämpfte im Osten.
sPzAbt 508: war in Italien eingesetzt.
sPzAbt 509: kämpfte im Osten, wurde im September 1944 herausgezogen und auf »Tiger II« umgerüstet, danach in Ungarn und in der Tschechoslowakei vernichtet.
sPzAbt 510: erst im Juni 1944 aufgestellt, war in Kurland und Ostpreußen im Einsatz.
sPzLehr-Abt: war seit 1944 fester Bestandteil der Pz-Lehr-Div.
sPzAbt Großdeutschland: war seit Kursk (Juli 1943) fester Bestandteil der Division Großdeutschland.
sSSPzAbt 101: war im Frühjahr 1944 aus der 13. Kompanie des 1. SS-Pz.-Regiments der Division »Leibstandarte Adolf Hitler« hervorgegangen und kam im Westen zum Einsatz. Sie wurde im September 1944 in sSSPzAbt 501 umbenannt.
sSSPzAbt 102: aufgestellt im Frühjahr 1944; kämpfte im Westen; im Dezember 1944 mit »Tiger II« wieder aufgestellt und in sSSPzAbt 502 umbenannt kam sie nach Ungarn.

sSSPzAbt 103: im Frühjahr 1944 aufgestellt aus der 13. Kompanie des 3. SS-Pz.-Regiments der Division »Totenkopf«; nahm nicht an den Kämpfen in der Normandie teil; wurde im Oktober 1944 auf »Tiger II« umgerüstet, in sSS-PzAbt 503 umbenannt und ging danach nach Ostpreußen.
Die SS-Pz.-Division »Das Reich« hatte seit Kursk (Juli 1943) eine Tigerkompanie als festen Bestandteil.

Die Panzergrenadier-Division

Die Panzergranadier-Divisionen (bis 1942 Infanterie-Divisionen 'mot' genannt) erhielten im Verlauf des Krieges einen immer größeren Anteil von gepanzerten Fahrzeugen. Die wichtigsten Bestandteile waren die beiden Panzergrenadier-Regimenter zu je drei Bataillonen und vier Kompanien pro Bataillon. Eine Kompanie war die schwere Kompanie mit vier 12-cm-Mörsern, drei 7,5-cm-Infanteriegeschützen und zwei leichten MG; die anderen drei Kompanien hatten je vier schwere und 18 leichte MG und zwei 8-cm-Mörser. Die Stabskompanie eines jeden Regiments hatte auch drei 7,5-cm-Infanteriegeschütze, drei mit MG ausgerüstete Kradschützenzüge und einen Nachrichtenzug. Die 13. Kompanie war mit sechs 15-cm-Infanteriegeschützen auf Selbstfahrlafetten ausgerüstet; die 14. Kompanie hatte 18 Infanterie-Panzerabwehrwaffen und 12 leichte MG, die 15. Kompanie hatte zwölf 2-cm-Flak auf Selbstfahrlafetten.
Anstelle eines Panzerregiments hatte die Panzergrenadier-Division ab 1943 nur ein einzelnes Panzerbataillon oder — in der Regel — eine Sturmgeschützabteilung, zu der drei Batterien mit je 14 Sturmgeschützen gehörten, drei weitere Sturmgeschütze waren bei der Stabskompanie. Das Artillerieregiment bestand aus drei Abteilungen; eine hatte eine Batterie mit sechs 15-cm-Geschützen auf Selbstfahrlafetten (Hummel) und zwei Batterien je sechs 10,5-cm-Geschützen auf Selbstfahrlafetten (Wespen); die zweite Abteilung hatte zwei Batterien mit gezogenen 10,5-cm-Geschützen; die dritte Abteilung hatte eine Batterie gezogener 10,5-cm-Geschütze und zwei Batterien gezogener 15-cm-Geschütze. Die Panzerjägerabteilung hatte zwei Kompanien mit je 14 Jagdpanzern, die mit 7,65-cm- oder 7,62-cm-Kanonen bestückt waren; ferner eine Kompanie mit zwölf gezogenen Pak 40 (7,5 cm). Die Flak-Abteilung hatte zwei Batterien mit je vier oder sechs gezogenen 8,8-cm-Flak-Geschützen und eine Batterie

Rechts: Einer der ersten »Tiger«, die mit der sPzAbt 501 nach Tunesien geschickt wurden. (BA/550/772/6).

Rechts: »Tiger II« der sPzAbt 503 bei der Ausbildung in Mailly-le-Camp, bevor sie im August 1944 in die Normandie geschickt wurden. (BA/721/397/29.

Unten: Das 18-Tonnen SdKfz 9 war das schwerste Halbkettenfahrzeug des deutschen Heeres. Hier fährt ein solches Fahrzeug in Italien an einem ausgefallenen »Tiger« der sPzAbt 508 vorbei. (BA/311/903/25).

mit zwölf Flak-Vierlingen auf Halbkettenfahrzeugen. Die Aufklärungsabteilung hatte sechs SdKfz 234/3 oder /4 mit 7,5-cm-Geschützen und 18 vierrädrige gepanzerte Fahrzeuge mit 2-cm-Geschützen, dazu kamen zwei bis drei Kradschützenkompanien und eine motorisierte Unterstützungskompanie mit drei Pak 40, drei 7,5-cm-Infanteriegeschützen und drei leichten MG. Die Ersatz-, Nachrichten-, Pionier- und Versorgungseinheiten entsprachen denen der Panzerdivisionen.

Die Gebirgsjägerdivision

Die Gebirgsjägerdivision war wie eine normale Infanteriedivision aufgebaut, jedoch — wie die Fallschirmjägerdivision — mit dem Elite-Status ausgestattet. Der grundlegende Bestandteil war die Gebirgsjägerbrigade mit zwei Regimentern zu je drei Bataillonen, von denen jedes fünf Kompanien hatte. Die ersten drei Kompanien hatten je zwölf leichte MG, drei 8-cm-Mörser und drei 5-cm-Mörser; die vierte hatte zwölf schwere MG; die fünfte, die Unterstützungskompanie, hatte zwei 7,5-cm-Gebirgsgeschütze, einen Beobachtungs/Nachrichtenzug, einen leichten MG-Zug mit vier MG. Außerdem hatte jedes Regiment eine Panzerjägerkompanie mit neun 3,7-cm- und drei 4,7-cm-Geschützen (später 5 und 7,5 cm) und vier leichte MG; ferner eine Versorgungskompanie, zu der gewöhnlich zwei gezogene 15-cm-Geschütze gehörten.

Das Artillerieregiment hatte vier Abteilungen; die ersten beiden hatten zwei Batterien mit je vier 7,5-cm-Gebirgsgeschützen; die dritte Abteilung hatte drei Batterien mit je vier 10,5-cm-Geschützen; die vierte Abteilung hatte zwei Batterien mit gezogenen 15-cm-Geschützen. Im Laufe des Krieges wurden die Gebirgsjägerdivisionen auch auf die rückstoßfreien Geschütze der Fallschirmjäger umgerüstet. Die ersten drei Batterien hatten Pferde oder Maultiere, nur die 15-cm-Batterie war motorisiert. Die Panzerjägerabteilung war zwei Kompanien stark, jede mit zwölf 3,7-cm- (später 5- oder 7,5cm)-Geschütze ausgestattet. Die Aufklärungsabteilung hatte zwei Radfahrkompanien mit je zwei schweren und neun leichten MG und zwei 5-cm- (später 8-cm)-Mörsern; ferner eine motorisierte Unterstützungskompanie mit einem Beobachtungs/Nachrichtenzug, sechs 8-cm-Mörsern, drei 3,7-cm-oder 5-cm-Pak und eine leichtes MG. Die übrige Zusammensetzung entsprach der einer normalen Infanteriedivision.

Die Fallschirmjäger-Division

Die Fallschirmjäger-Divisionen waren keine Heeres-, sondern Luftwaffenverbände; sie trugen die bei der Luftwaffe üblichen Hoheits- und Rangabzeichen. Bei den Luftlande-Operationen, z.B. in Holland, Belgien, Norwegen und auf Kreta, unterstanden sie dem Kommando der Luftwaffe. Nach 1941 fanden keine Luftlande-Operationen größeren Stils mehr statt, die Fallschirmjäger kämpften dann unter Führung des Heeres als normale Infanteristen, allerdings mit Elitestatus. Die Organisation entsprach im großen und ganzen der einer Gebirgsjäger-Division, doch die Infanteriebrigade umfaßte drei Regimenter, während die schwere Kompanie anstelle der Gebirgsgeschütze die rückstoßfreien 7,5-cm-IG/40 hatte. Das Artillerieregiment hatte nur zwei Abteilungen, die mit 10,5-cm-IG 40, 42 und 43 ausgestattet waren. Die Panzerjägerabteilung hatte eine ähnliche Zusammensetzung wie bei der Gebirgsjäger-Division, benutzte aber 2,8-cm-Geschütze mit konischer Bohrung, die später, als die Fallschirmjäger als normale Infanterie eingesetzt wurden, wie in anderen Verbänden durch die 5-cm-Pak 38 oder die 7,5-cm-Pak 40 ersetzt wurden.

Außer den Fallschirmjäger-Divisionen hatte die 22. Heeresdivision eine besondere Ausbildung in Luftlande-Operationen und wurde deshalb als Luftlande-Division eingestuft, die mit JU 52-Flugzeugen an die Einsatzorte gebracht wurde.

Die Luftwaffen-Felddivisionen

Diese Verbände von geringer Qualität und zweifelhaftem Kampfwert, wurden von 1942 an aus überzähligem Luftwaffenpersonal aufgestellt. Besser wäre es gewesen, dieses Personal — wegen der fehlenden Ausbildung, auch der Offiziere — auf bestehende Heeresverände aufzuteilen. Ihre Zusammensetzung entsprach der einer normalen Infanteriedivision, doch sie hatte nur eine Aufklärungskompanie anstelle einer Abteilung, und das Artillerieregiment hatte 7,5-cm- anstelle von 10,5-cm-Geschützen. Allerdings gehörte eine Flak-Abteilung mit acht 8,8-cm- und zwölf 2-cm-Geschützen dazu, und die 8,8 cm war hervorragend zur Panzerbekämpfung geeignet.

Die Volksgrenadier-Division

Diese Verbände von geringer Qualität wurden 1944 von Himmler aufgestellt, nachdem er zum Befehlshaber des Ersatzheeres ernannt worden war. Nur selten erreichten sie ihre auf dem Papier vorgesehene Ausstattung. Nominell hatten sie drei Infanterieregimenter, von denen jedes zwei Bataillone zu je vier Kompanien hatte, dazu eine 13. Infanterie-Geschütz-Kompanie mit vier 12-cm-Mörsern und vier 7,5-cm-Geschützen und eine 14. Panzerjägerkompanie mit 54 Panzerfäusten. Die ersten drei regulären Kompanien in jedem Bataillon waren mit je neun leichten MG ausgerüstet, die vierte, als die schwere Kompanie, hatte sechs 8-cm-Mörser und vier 7,5-cm-Geschütze. Die Panzerjägerabteilung hatte zwei Kompanien mit je 14 Jagdpanzern IV oder ähnliche mit 7,5-cm- oder 7,62-cm-Kanonen ausgerüsteten Jagdpanzer und zwölf gezogene Pak 40. Eine Aufklärungsabteilung gab es nicht, nur eine Radfahrkompanie, mitunter als »Füsilierkompanie« bezeichnet, die zwei schwere und acht leichte MG, zwei 7,5-cm-Geschütze und zwei 8-cm-Mörser hatte.

Das Artillerieregiment war pferdebespannt. Die erste Abteilung hatte drei Batterien mit sechs 7,5-cm-Geschützen. Die zweite und dritte Abteilung hatten zwei Batterien mit je sechs 10,5-cm-Geschützen, die vierte Abteilung hatte zwei Batterien mit je sechs 15-cm-Geschützen; außerdem gehörte eine normale Nachrichtenabteilung und ein Pionierbataillon dazu, allerdings mit Fahrrädern ausgestattet.

Sonstige Verbände

Die ursprünglichen vier leichten Divisionen (Nr. 1-4) bildeten den Kern für die 6. bis 9. Panzerdivision. Sie waren voll motorisiert, hatten aber nur eine selbständige Panzerabteilung, die jedoch ihre Panzer I und II auf Tieflader verlasten konnten. Ihre motorisierte Infanterie nannte sich Kavallerie-Schützen, da sie zumeist aus früheren Kavallerie-Regimentern hervorgegangen waren. Hiervon gab es nur ein Regiment, allerdings mit vier Bataillonen — eins davon war ein Kradschützen-Bataillon. Diese Division war vorgesehen, nach erzieltem Durchbruch schnell — noch vor

Fallschirmjäger verlassen einen gelandeten Lastensegler und gehen zum Angriff (Übungsbild) vor. (BA/569/1579/14)

den motorisierten Infanterie-Divisionen — in die Tiefe des feindlichen Hinterlandes vorzustoßen. Nach dem Feldzug in Polen wurden sie noch 1939 zu Panzer-Divisionen (6.-9.) umgerüstet und aufgestockt.

Die Waffen-SS-Division »Florian Geyer« blieb eine Kavallerie-Einheit und erfüllte zusammen mit sechs Kosaken-Divisionen die traditionellen Aufträge der Aufklärung und Verfolgung. Weitere leichte Divisionen waren die 5., aus der später die 21. Panzerdivision wurde, die 90., die als Panzergrenadier-Division umgerüstet wurde und die 164., die eine motorisierte Infanterie-Division

wurde. Diese letzten drei wurden durch ihre Kämpfe im Rahmen von Rommels »Afrika-Korps« bekannt, aber wegen der schwierigen Nachschubsituation hatten sie zu keiner Zeit die vorgesehene Soll-Stärke. Ende 1940 wurden die 97., 99., 100. und 101. Infanteriedivision auf »leichte Divisionen« umgestellt, später in Jägerdivisionen umbenannt und ähnlich wie die Gebirgsdivisionen ausgerüstet, allerdings mit einer größeren Zahl von Fahrzeugen.

Schließlich gab es noch die 1. Kavallerie-Division, die 1942 zur 24. Panzerdivision umgerüstet wurde.

Heeres-, Luftwaffen- und Waffen-SS-Divisionen 1935-1945

Abkürzungen: A.R. - Artillerie-Regiment; Btl. - Bataillon; Fj. - Fallschirmjäger-; Füs. - Füsilier-; Gebirgs. - Gebirgsjäger; G.R. - Grenadier-Regiment (alle Infanterie-Regimenter wurden 1942 in »Grenadier-Regimenter« umbenannt); I.D. - Infanterie-Division; I.R. - Infanterie-Regiment; Jäg.D. - Jägerdivision; Jäg.R. - Jäger-Regiment; mot. - motorisiert; Nr. - Nummer; Pz.D. - Panzerdivision; Pz.R. - Panzerregiment; Pz.Gr.D. - Panzergrenadierdivision; Pz.Gr.R. - Panzergrenadierregiment; (alle motorisierten Divisionen wurden 1942-43 in Pz.Gr.D. umbenannt); Res. - Reserve-; umb - umbenannt zu; VGren.D. - Volksgrenadier-Division; VGren.R. - Volksgrenadierregimet; w-aufg. - wieder aufgestellt; Wkr. - Wehrkreis.

Infanterie-Divisionen

Nr.	Wkr.	Verbände
1	I	I.R. 1, 22 und 43, A.R. 1 (1935)
2 (mot)	II	I.R. 5, 22, 92, A.R. 2 (1921), umb. 1940 in 12. PzD.
3	III	I.R. 8, 29, 50, A.R. 3 (1921), umb. 1940 in 3. I.D. (mot)
4	IV	I.R. 53, 103, 108, A.R. 4, (1921), umb. 1940 in 14. PzD.
5	V	I.R. 14, 56, 75, A.R. 5 (1935-36), umb. 1941 in 5. Jäg-D.
6	VI	I.R. 18, 37, 58, A.R. 6, (1944 vernichtet und w-aufg. als 6. VGrenD).
7	VII	I.R. 19, 61, 62, A.R. 7 (1921)
8	VIII	I.R. 28, 38, 84, A.R. 8 (1935), umb. 1942 in 8. Jäg-D.
9	IX	I.R. 36, 57, 116, A.R. 9 (1935), 1944 vernichtet, w-aufg als 9. VGrenD.
10	XIII	I.R. 29, 41, 85, A.R. 10 (1935-36), umb. 1940 in 10. I.D. (mot)
11	I	I.R. 2, 23, 44, A.R. 11 (1934-35)
12	II	I.R. 27, 48, 89, A.R. 12 (1935-36), 1944 vernichtet und w-aufg als 12. VGrenD.
13 (mot)	XI	I.R. 33, 66, 93, A.R. 13 (1935-36), 1940 umb. in 13. PzD.
14	IV	I.R. 11, 53, A.R. 14 (1935-36), umb. 1940 im 14. PzD.
15	IX	I.R. 81, 88, 106, A.R. 15 (1935-36)
16[1]	VI	I.R. 60, 64, 79, A.R. 16 (1935-36), umb. 1940 z.T. als 16. PzD, z.T. als 16. I.D. (mot).
16[2]	VIII	G.R. 21, 223, 225, A.R. 1316 (1944)
17	XIII	I.R. 21, 55, 95, A.R. 17 (1935)
18[1]	VIII	I.R. 30, 51, 54, A.R. 18 (1935-36), umb. 1940 zu 18. I.D. (mot)
18[2]	V	VGrenR 293, 294, 295, A.R. 1818 (1944)
19[1]	XI	I.R. 59, 73, 74, A.R. 19 (1935-36), umb. 1940 als 19. PzD.
19[2]	IX	VGrenR 59, 73, 74, A.R. 119 (1944)

Die Wehrkreise waren die Dienststellen, die für die Aufstellung und Erhaltung der bewaffneten Streitkräfte zuständig waren. Ihre Standorte waren: Wehrkreis I - Königsberg; II - Stettin; III - Berlin; IV - Dresden; V - Stuttgart 1; VI - Münster; VII - München; VIII - Breslau; IX - Kassel; X - Hamburg; XI - Hannover; XII - Wiesbaden; XIII - Nürnberg; XIV, XV und XVI - Berlin; wurden in 1939 aufgelöst; XVII - Wien; XVIII - Salzburg; XIX - gab es nicht; XX - Danzig; ohne Nummer: Warschau und Prag.

Wehrkreise des Deutschen Reiches

20	X	I.R. 69, 76, 90, A.R. 20 (1935-36), umb. 1937-38 als 20. I.D.(mot)	29	IX	I.R. 15, 71, 86, A.R. 29 (1934-35), umb. 1937-38 als 29. I.D. (mot)
21	I	I.R. 3, 24, 45, A.R. 21 (1935)	30	X	I.R. 6, 26, 46, A.R. 30 (1935)
22	X	I.R. 16, 47, 65, A.R. 22 (1935-36), umb. 1938 zu Luftlandedivision.	31	XI	I.R. 12, 17, 82, A.R. 31 (1934-35) vernichtet 1944 und w-aufg als 31. VGrenD.
23¹	III	I.R. 9, 67, 68, A.R. 23 (1934-35), umb. 1942 als 26. PzD.	32	II	I.R. 4, 94, 96, A.R. 32 (1935-36)
23²	III	G.R. 9, 67, 68, A.R. 23 (1942)	33	XII	I.R. 104, 110, 115, A.R. 33 (1935-36), umb. 1940 zu 15. PzD.
24	IV	I.R. 31, 32, 102, A.R. 24 (1935-36)			
25	V	I.R. 13, 35, 119, A.R. 25 (1934-35), umb. 1940 zu 25. I.D. (mot)	34	XII	I.R. 80, 107, 253, A.R. 34 (1936)
			35	V	I.R. 34, 109, 111, A.R. 35 (1935-36), vernichtet 1944 und w-aufg als 35. VGrenD.
26	VI	I.R. 39, 77, 78, A.R. 26 (1936) vernichtet 1944 und w-aufg als 26. VGrenD.	36	XII	I.R. 70, 87, 118, A.R. 36 (1935-36), umb. 1940 zu 36. I.D. (mot); vernichtet 1943 und w-aufg als 36. I.D.; vernichtet 1944 und w-aufg als 36. VGrenD.
27	VII	I.R. 40, 63, 91, A.R. 27 (1935-36) umb. 1940 zu 17. PzD.			
28	VIII	I.R. 7, 49, 83, A.R. 28 (1935-36), umb. 1941 als 28. Jäg.D.	37		wurde nicht aufgestellt

38	III	I.R. 108, 112, A.R. 138 (1941 oder 1942)
39	IV	I.R. 113, 114, A.R. 139 (1942)
40		wurde nicht aufgestellt
41	VIII	G.R. 938, 965, 733, keine Artillerie (1941)
42	XVII	existierte nur als 42. Jäg.D.
43		wurde nicht aufgestellt
44	XVII	G.R. 131, 132, 134, A.R. 95 (1938), Österreichische Division mit der Bezeichnung »Hoch- und Deutschmeister«.
45	XVII	I.R. 130, 133, 135, A.R. 98 (1938, frühere Österreichische 4. Division), 1944 vernichtet und w-aufg als 45. VGrenD.
46	XIII	I.R. 42, 72, 97, A.R. 114 (1938),
47	VI	G.R. 103, 104, 115, A.R. 147 (1944)
48	XI	G.R. 126, 127, A.R. 148 (1944)
49	XI	G.R. 148, 149, 150, A.R. 149 (1944)
50	III	I.R. 121, 122, 123, A.R. 150 (1939)
51		wurde nicht aufgestellt
52	IX	I.R. 163, 181, 205, A.R. 152 (1939), 1943 völlig vernichtet und in 52. Sicherungs-Division umbenannt, hatte allerdings nur Brigadestärke
53-55		wurden nicht aufgegestellt.
56	IV	I.R. 171, 192, 234, A.R. 156 (1939), 1944 vernichtet und w-aufg als 56. VGrenD.
57	VII	I.R. 179, 199, 217, A.R. 157 (1939)
58	X	I.R. 154, 209, 220, A.R. 158 (1939)
59	II	G.R. 1034, 1035, G.R. 1036, A.R. 159 (1944)
60	XX	I.R. 242, 243, 244, A.R. 160 (1939), in Stalingrad vernichtet, w-aufg 1943 mit der Bezeichnung PzGD »Feldherrnhalle«
61	I	I.R. 151, 162, 176, A.R. 161 (1939)
62	VIII	I.R. 164, 183, 190, A.R. 162 (1939)
63		wurde nicht aufgestellt.
64	VI	G.R. 1037, 1038, 1039, A.R. 164 (1944)
65	XII	I.R. 145, 146, 147, A.R. 165 (1942)
66-67		wurden nicht aufgestellt
68	III	I.R. 169, 178, 196, A.R. 168 (1939)
69	VI	I.R. 159, 193, 236, A.R. 169 (1939)
70	V (?)	G.R. 1018, 1019, 1020, A.R. 170 (1944)
71	XI	I.R. 191, 194, 211, A.R. 171 (1939)
72	X	I.R. 105, 124, 266, A.R. 172 (1939)
73	XIII	I.R. 170, 186, 213, A.R. 173 (1939)
74		wurde nicht aufgestellt
75	II	I.R. 172, 202, 222, A.R. 175 (1939)
76	III	I.R. 178, 203, 230, A.R. 176 (1939)
77	V	G.R. 1049, 1050, A.R. 177 (1943-44)
78	V	I.R. 195, 215, 238, A.R. 178 (1939), umb in 1942 als Sturmdivision
79	XII	I.R. 208, 212, 226, A.R. 179 (1939), in Stalingrad vernichtet und 1943 dann w-aufg, 1944 vernichtet und als 79. VGrenD gegen Ende dieses Jahres im Wkr XX w-aufg
80		wurde nicht aufgestellt
81	VIII	I.R. 161, 174, 189, A.R. 181 (1939)
82	IX	I.R. 158, 166, 168, A.R. 182 (1939)
83	X	I.R. 251, 257, 277, A.R. 183 (1939)
84	VI	G.R. 1051, 1052, 1062, A.R. 184 (1944)
85	XII	G.R. 1053, 1054, A.R. 185 (1944)
86	VI	I.R. 167, 184, 216, A.R. 186 (1939),
87	IV	I.R. 173, 185, 187, A.R. 187 (1939)
88	VII	I.R. 245, 246, 248, A.R. 188 (1939)
89	X	G.R. 1055, 1056, A.R. 189 (1944)
90	III	existierte nur als 90. Leichte (PzG)D
91	XII	G.R. 1057, 1058, keine Artillerie, 1944 aufgestellt als »Luftlandedivision«!
92	XVII	G.R. 1059, 1060, A.R. 192 (1944)

93	III	I.R. 270, 271, 272, A.R. 193 (1939)
94	IV	I.R. 267, 274, 276, A.R. 194 (1939)
95	IX	I.R. 278, 279, 280, A.R. 195 (1939), 1944 vernichtet und w-aufg als 95. VGrenD
96	XI	I.R. 283, 284, 287, A.R. 196 (1939)
97	VII	existierte nur als 97. JägD
98	XIII	I.R. 282, 289, 290, A.R. 198 (1939)
99	XIII	existierte nur als 99. JägD - siehe 7. GebirgsD
100	XVII	existierte nur als 100. JägD
101	V	existierte nur als 101. JägD
102	VIII	I.R. 232, 233, 235, A.R. 102 (1940)
103		wurde nicht aufgestellt
104	IV	existierte nur als 104. JägD, die aus der 704. I.D. gebildet wurde
105		wurde nicht aufgestellt
106	VI	I.R. 239, 240, 241, A.R. 106 (1940)
107-109		wurden nicht aufgestellt
110	X	I.R. 252, 254, 255, A.R. 120 (1940)
111	XII	I.R. 50, 70, 117, A.R. 111 (1940)
112	XII	I.R. 110, 256, 258, A.R. 86 (1940)
113	XIII	I.R. 260, 261, 268, A.R. 87 (1940)
114	I	existierte nur als 114. JägD, die 1943 aus der 714. I.D. gebildet wurde
115		wurde nicht aufgestellt
116	VI	existierte nur als 116 PzD, die aus dem Stamm der 16. I.D. gebildet wurde
117	I	existierte nur als 117. JägD, die von der 717. I.D. aufgestellt wurde
118	XVII	existierte nur als 118. JägD, die von der 718. I.D. aufgestellt wurde
119		wurde nicht aufgestellt
120	I	verschiedenartige versprengte Truppenteile
121	X	I.R. 405, 407, 408, A.R. 121 (1940)
122	II	I.R. 409, 411, 414, A.R. 122 (1940)
123	III	I.R. 415, 416, 418, A.R. 123 (1940)
124		wurde nicht aufgestellt
125	I	I.R. 419, 420, 421, A.R. 125 (1940)
126	VI	I.R. 422, 424, 426, A.R. 126 (1940)
127-128		wurden nicht aufgestellt
129	IX	I.R. 427, 428, 430, A.R. 129 (1940)
130		wurde nicht aufgestellt
131	XI	I.R. 431, 432, 434, A.R. 131 (1940)
132	VII/XII	I.R. 436, 437, 438, A.R. 132 (1940)
133	VI/XIII	G.R. 733, 746, A.R. 133 (1943-44 auf Kreta)
134	IV	I.R. 439, 445, A.R. 134 (1940)
135-136		wurden nicht aufgestellt
137	XVII	I.R. 447, 448, 449, A.R. 137 (1940)
138-139		wurden nicht aufgestellt
140		Jäg Brigade 139, G.R. (?) 503, (1944, Finnland)
141	I	Res. G.R. 1, 61, 206, Res. Art.Abt. 1 (1939, Reserveverband)
142		wurde nicht aufgestellt
143	III	Res. G.R. 68, 76, 208, Art. unbekannt (1939, Reserveverband)
144-146		wurden nicht aufgestellt
147	VII	Res. G.R. 212, 268, (1939, Ausbildungsverband)
148	VIII	G.R. 281, 28, 286, A.R. 1048 (1939)
149-150		wurden nicht aufgestellt
151	I	Res. G.R. 21, 206, 217, (1939, Reserveverband)
152	II	G.R. 75, 207 (1939, Ausbildungsverband)
153	III	Feldausbildung. R. 715, 716, 717, (1939)
154	IV	Res. G.R. 56, 223, 255, Res. Art.Abt. 24 (1939)
155	V	Feldausbild. R. 1227, 1228, 1229, (1944)
156	VI	Res. G.R. 26, 227, 254, Res. A.R. 26 (1939)
157	XVII	existierte nur als 8. Geb.D.
158	VIII	Res. G.R. 18, 213, 221, Res. A.R. 18 (1939)
159	IX	G.R. 1209, 1210, 1211, A.R. 1059 (1939)
160	X	Res. G.R. 30, 58, 225, Res.A.R. 58 (1939)
161	I	I.R. 336, 364, 371, A.R. 241 (1940)

162	II	I.R. 303, 314, 329, A.R. 236 (1940)
163	III	I.R. 307, 310, 324, A.R. 234 (1940)
164	XII	I.R. 382, 433, 440, (1940) in 1942 umb in 164. Leichte Afrika-Division)
165	V	Res. G.R. 205, 215, 260, Res.A.R. 5 (1939)
166	VI	Res. G.R. 6, 69, Res. Art.Abt. 6 (1939)
167	VII	I.R. 315, 331, 339, A.R. 238 (1940)
168	VIII	I.R. 417, 429, 442, A.R. 248 (1940)
169	IX	I.R. 378, 379, 392, A.R. 230 (1940)
170	X	I.R. 391, 399, 401, A.R. 240 (1940)
171	XI	Res. G.R. 19, 71, 216, Res. A.R. 252 (1939)
172	XII	Inf. Ers/Ausb.R. 34, 36, Art.Ers/Ausb.R. 33 (möglicherweise auch noch weitere Einheiten, 1939)
173	XIII	Res. G.R. 17, 73, 389, Res. A.R. 117 (1939)
174	IV	Res. G.R. 24, 209, 256, Res. Art.Abt. 14 (1939)
175		wurde nicht aufgestellt
176	VI	G.R. 1218, 1219, 1220, A.R. 1176 (1939)
177	XVII	Inf. Ers/Ausb.R. 44, 131, Art.Ers/Ausb.R. 44 (1939)
178-179		wurden nicht aufgestellt
180	X	G.R. 1221, 1222, 1223, A.R. 180 (1939)
181	XI	Füs./G.R. 334, 359, 363, A.R. 222 (1940)
182	XII	Res. G.R. 79, 112, 342, Res. A.R. 34 (1940)
183	XIII	I.R. 330, 343, 351, A.R. 219 (in 1944 vernichtet und als 183. VGrenD w-aufg)
184-186		wurden nicht aufgestellt
187	XVII	existierte nur als 187. JägD.
188		wurde nicht aufgestellt
189	IX	G.R. 1212, 1213, 1214, A.R. 1089 (1939)
190	X	G.R. 1224, 1225, 1226 (1939)
191	XI	Res. G.R. 31, 267 (1939) später in 49. I.D. unbenannt
192	II	Gren.Ausb.R. 12, 32 (1939)
193	XIII	Inf.Ers/Ausb.R. 10, 46, 296, Art.Ers/Ausb.R. 10 (1939)
194-195		wurden nicht aufgestellt
196	VI/XIII	I.R. 340, 345, 362, A.R. 233 (1940)
197	XII	I.R. 321, 332, 374A.R. 229 (1940)
198	V	I.R. 305, 308, 326, A.R. 235 (1940)
199	V	I.R. 341, 357, 410, A.R. 199 (1939)
200		wurde nicht aufgestellt
201	IX	SicherungsR. 406, 601 (1942)
202		wurde nicht aufgestellt
203	III	SichR. 613, 930, 931 (1942)
204		wurde nicht aufgestellt
205	V	I.R. 335, 353, 358 A.R. 205 (1940)
206	I	I.R. 301, 312, 413, A.R. 206 (1939)
207	II	SichR. 322, 374 (1939)
208	III	I.R. 309, 337, 338 A.R. 208 (1939)
209	IV	I.R. 304, 394, 414 (1939)
210	-	G.R. 388, A.R. 210 (1942, Norwegen, Küstenverteidigung)
211	VI	I.R. 306, 317, 365, A.R. 211 (1939)
212	VII	I.R. 316, 320, 323, A.R. 121 (1939) in 1944 vernichtet und als 121. VGrenD w-aufg
213	VIII	I.R. 245, 318, A.R. 213 (1939) *318 354 406*
214	IX	I.R. 355, 367, 388, A.R. 214 (1939)
215	V	I.R. 380, 390, 435, A.R. 215 (1939) *8810*
216	XI	I.R. 348, 396, 398, A.R. 216 (1939)
217	I	I.R. 311, 346, 389, A.R. 217 (1939)
218	III	I.R. 323, 386, 397, A.R. 218 (1939)
219-220		wurden nicht aufgestellt
221	VIII	Sich-R. 350, 360 (1939)
222		wurde nicht aufgestellt
223	IV	I.R. 344, 385, 425, A.R. 223 (1939)
224		wurde nicht aufgestellt
225	X	I.R. 333, 337, 376, A.R. 225 (1939)
226	VIII	G.R. 1040, 1041, 1042, A.R. 226 (1944)
227	VI	I.R. 328, 366, 412, A.R. 227 (1939)
228	I	I.R. 325, 356, 400, A.R. 228 (1939)
229		wurde nicht aufgestellt

230	VIII	G.R. 349 (1942, Norwegen)	264	VI	G.R. 891, 892, 893, A.R. 264 (1943)
231	XIII	I.R. 302, 319, 342, (1939, in 1940 aufgelöst)	265	XI	G.R. 894, 895, 896, A.R. 265 (1943)
232	IX	G.R. 1043, 1044, 1045, A.R. 232 (1944)	266	V	G.R. 897, 898, 899, A.R. 266 (1943)
233-235		wurden nicht aufgestellt	267	XI	I.R. 467, 487, 497, A.R. 267 (1940)
236	I	??	268	VII	I.R. 468, 488, 499 A.R. 268 (1939)
237	XIII	G.R. 1046, 1047, 1048, A.R. 237 (1944)	269	X	I.R. 469, 489, 490, A.R. 269 (1939)
238		wurde nicht aufgestellt	270	X	G.R. 341, FestungsR 856 (1939, in 1940 aufgelöst)
239	IX	I.R. 327, 372, 44, (1939)	271	XIII	G.R. 977, 978, 979 A.R. 271 (1943)
240	-	I.R. 82 (?), 167, 719, (1942, Holland)	272	III	G.R. 980, 981, 982 A.R. 272 (1943), in 1944 vernichtet und als 272. VGrenD w-aufg.
241		wurde nicht aufgestellt			
242	II	G.R. 765, 917, 918, A.R. 242 (1943)	273	III	I.R. 544, 545, 546 (1939)
243	XVII	G.R. 920, 921, 922, A.R. 243 (1943)	274	II	G.R. 862, 865, A.R. 274 (1943)
244	I	G.R. 932, 933, 934, A.R. 244 (1943)	275	IV	G.R. 983, 984, 985, A.R. 275 (1943)
245	V	G.R. 935, 936, 937, A.R. 245 (1943)	276	XI	G.R. 986, 987, 988, A.R. 276 (1940, aufgelöst und 1943 w-aufg.)
246	XII	I.R. 313, 352, 404, A.R. 246 (1939)	277	V	G.R. 989, 990, 991, A.R. 277 (1940, aufgelöst und 1943 w-aufg)
247-249		wurden nicht aufgestellt	278-279		wurden nicht aufgestellt
250	XIII	I.R. 262, 263, 269, A.R. 250 (1941, Spanische Freiwillige, die »Blaue Division«)	280[1]	IV	Zusammensetzung unbekannt, in 1940 aufgestellt und aufgelöst
251	IX	I.R. 451, 459, 471, A.R. 251, in 1944 vernichtet und als 251. VGrenD w-aufg.	280[2]	-	Einheit für die Küstenverteidigung, Stärke unbekannt, 1942 in Norwegen aufgestellt
252	VIII	I.R. 452, 461, 472, A.R. 252 (1939)	281	II	SichR. 107, 368 (1941)
253	VI	I.R. 453, 464, 473, A.R. 253 (1939)	282	V	G.R. 848, 849, 850, A.R. 282 (1942-43)
254	VI	I.R. 454, 474, 484, A.R. 254 (1939)	283		wurde nicht aufgestellt
255	IV	I.R. 455, 465, 475, A.R. 255 (1939)	284	?	Zusammensetzung unbekannt, Sicherungsverband
256	IV	I.R. 456, 476, 481, A.R. 256 (1939)	285	V	SichR. 113, 322 (1941)
257	III	I.R. 457, 466, 477, A.R. 257 (1939), in 1944 vernichtet und als 257. VGrenD w-aufg.	286	VIII	Sich-R. 31, 61, 122, (1942)
			287-289		wurden nicht aufgestellt
258	II	I.R. 458, 478, 479, A.R. 258 (1939)	290	X	I.R. 501, 502, 503, A.R. 290 (1940)
259		wurde nicht aufgestellt	291	I	I.R. 504, 505, 506, A.R. 291 (1940)
260	V	I.R. 460, 470, 480, A.R. 260 (1939)	292	II	I.R. 507, 508, 509, A.R. 292 (1940)
261		wurde nicht aufgestellt	293	III	I.R. 510, 511, 512, A.R. 293 (1940)
262	XVII	I.R. 462, 482, 486, A.R. 262 (1939)	294	IV	I.R. 513, 514, 515, A.R. 294 (1940)
263	XII	I.R. 463, 483, 485, A.R. 263 (1939)	295	XI	I.R. 516, 517, 518, A.R. 295

296	XIII	I.R. 519, 520, 521, A.R. 196 (1940)
297	XVII	I.R. 522, 523, 524, A.R. 297 (1940)
298	VIII	I.R. 525, 526, 527, A.R. 298 (1940)
299	IX	I.R. 528, 529, 530, A.R. 299 (1940) in 1944 vernichtet und als 299. VGrenD w-aufg.
300	XIII	Estnischer »Heimat-Schutzverband« (1944)
301		wurde nicht aufgestellt
302	II	I.R. 570, 571, 572, A.R. 302 (1940)
303		wurde nicht aufgestellt
304	IV	I.R. 573, 574, 575, A.R. 304 (1940)
305	V	I.R. 576, 577, 578, A.R. 305 (1940)
306	VI	I.R. 579, 580, 581, A.R. 306 (1940)
307	V	Zusammensetzung unbekannt (1939, aufgelöst in 1940)
308		wurde nicht aufgestellt
309	?	Zusammensetzung unbekannt (1939, aufgelöst in 1940)
310	?	Zusammensetzung unbekannt (1939, in 1940 aufgelöst)
311	I	I.R. 247, 249, 250 (1939-40, in 1940 aufgelöst)
312-316		wurden nicht aufgestellt
317	XIII	Zusammensetzung unbekannt, in 1940 aufgelöst)
318		wurde nicht aufgestellt
319	IX	I.R. 582, 583, 584, A.R. 319 (1940), größte Division der deutschen Armee — etwa 40.000 Mann — der Verteidigung der Kanal-Inseln zugeteilt.
320	VIII	I.R. 585, 586, 587, A.R. 320 (1940)
321	XI	I.R. 588, 589, 590, A.R. 321 (1940)
322		wurde nicht aufgestellt
323	XIII	I.R. 591, 592, 593, A.R. 323 (1940)
324		wurde nicht aufgestellt
325	Paris	Sich-R.1, 5, 190, A.R. 325 (1943)
326	VI	I.R. 751, 752, 753, A.R. 326 (1942)
327	XVII	I.R. 595, 596, 597, A.R. 327 (1940)
328	IX	I.R. 547, 548, 549, A.R. 328 (1941)

329	VI	I.R. 551, 552, 553 A.R. 329 (1941)
330	V	I.R. 554, 555, 556, A.R. 330 (1941)
331	XVII	I.R. 557, 558, 559, A.R. 331 (1941)
332	VIII	I.R. 676, 677, 678 A.R. 332 (1941)
333	III	I.R. 679, 680, 681, A.R. 333 (1941)
334	XIII/ XVIII	I.R. 754, 755, 756 A.R. 334 (1942) in Tunesien vernichtet und 1943 als 334. I.D. (mot) w-aufg.
335	V	I.R. 682, 683, 684, A.R. 335 (1941)
336	IV	I.R. 685, 686, 687, A.R. 336 (1941)
337	VII	I.R. 688, 689, 690, A.R. 337 (1941, in 1944 vernichtet und als 337. VGrenD w-aufg)
338	II	I.R. 757, 758, 759, A.R. 338 (1942)
339	IX	I.R. 691, 692, 693 A.R. 339 (1941)
340	I	I.R. 694, 695, 696, A.R. 340 (1941)
341	I (?)	I.R. 638, 639, 640, (1939, in 1940 aufgelöst)
342	XII	I.R. 697, 698, 699, A.R. 342 (1941)
343	XIII	G.R. 851, 862, A.R. 343 (1942)
344	V	G.R. 854, 855, A.R. 344 (1942), in 1944 vernichtet und als 344. VGrenD w-aufg.
345		wurde nicht aufgestellt
346	IX	G.R. 857, 858, A.R. 346 (1942)
347	II	G.R. 860, 861, 862, A.R. 347 (1942)
348	XII	G.R. 863, 864, 865, A.R. 348 (1942)
349	I	G.R. 911, 912, 913, A.R. 349 (1943), in 1944 vernichtet und als 349. VGrenD w-aufg
350		wurde nicht aufgestellt
351	XVII	I.R. 641, 642, 643, (1940, im gleichen Jahr wieder aufgelöst)
352	XI	G.R. 914, 915, 916, (1943), in 1944 vernichtet und als 352. VGrenD w-aufg
353	II	G.R. 941, 942, 943, A.R. 353 (1943)
354		wurde nicht aufgestellt
355	V	G.R. 866, 867, 868, A.R. 355 (1943)

356	IX	G.R. 869, 870, 871, A.R. 356 (1943)	388	I	Feldausb.R. 638, 639, 640 (1942)
357	XVII	G.R. 944, 945, 946, A.R. 357 (1943)	389	XII	I.R. 544, 545, 546, A.R. 389 (1941-42)
358	VIII	I.R. 644, 645, 646, (1940, aufgelöst in 1940)	390	XI	Feldausb.R. 635, 636, 637, (1942-43, in 1944 umgestellt als Sicherungs-Div.)
359	III	G.R. 947, 948, 949, A.R. 359 (1943)	391	XII	Feldaub.R. 718, 719, 720, (1942-43), in 1944 vernichtet und als 391. Sicherungs-Div. aufgestellt!
360		wurde nicht aufgestellt			
361	VI	G.R. 951, 952, 953, A.R. 361 (1943) in 1944 vernichtet und als 361. VGrenD w-aufg	392	XVII	G.R. 845, 846, 847, A.R. 392 (1943)
362	VII	G.R. 954, 955, 956, A.R. 362 (1943)	393	VI	I.R. 662, 663, 664, (1939, aufgelöst in 1940)
363	IX	G.R. 957, 958, 959, A.R. 363 (1943)	394		wurde nicht aufgestellt
			395	I	I.R. 674, 675, (1939-40, aufgelöst in 1940)
364	V (?)	G.R. 971, 972, 973, A.R. 364 (1943)	396-398		wurden nicht aufgestellt
365	V	I.R. 647, 648, 649, (1940, aufgelöst in 1940)	399	I	I.R. 662, 663, 664, (1939, aufgelöst in 1940)
366		wurde nicht aufgestellt	400		nur der Divisionsstab aufgestellt
367	VII	G.R. 974, 975, 976, A.R. 367 (1943)	401	I	Inf-Ersatz-R. 161, 228 (1942)
368		wurde nicht aufgestellt	402	II	Inf.-Ers.-R. 258, 522, Art.-Ers.-R. (?) (1942)
369	XVII	G.R. 369, 370 , A.R. 369 (1942)	403	III	Sich-R. 177, 406, (1941)
370	VIII	I.R. 666,667,668, A.R. 370 (1942)	404	IV	Inf.Ers/Ausb.R. 524, 544, 554, Art.-Ers/Ausb.-R. 2 (1942)
371	VI	I.R. 669, 670, 671, A.R. 371 (1942)	405	V	Inf.Ers/Ausb.-R. 5, 35, 78, (1942, nur Stabseinheiten)
372	IV	I.R. 650, 651, 652, (1940, aufgelöst in 1940)	406	VI	Inf.Ers/Ausb.-R. 211, 426, 536, Art.Ers/Ausb.-R. 6, Datum der Aufstellung unbekannt, in 1944 zur Inf.Div. erklärt.
373	XVII	G.R. 383, 384, A.R. 373 (1943)			
374-375		wurden nicht aufgestellt	407	VII	Inf.Ers/Ausb.-R. 307 (?), 527, Art.Ers/Ausb.-R. 27, (1943)
376	VII	I.R. 672, 673, 766, A.R. 376 (1942)	408	VIII	Zusammensetzung unbekannt
			409	IX	Inf.Ers/Ausb.R. 519, 29, 572, Art.Ers/Ausb.-R. (mot) 15, (1939-40 als Stabseinheiten; vollständige Division 1942 ?)
377	IX	I.R. 768, 769, 770 (1942)			
378		wurde nicht aufgestellt			
379	IX	I.R. 656, 657, 658, (1939, aufgelöst in 1940)			
380	III(?)	Zusammensetzung unbekannt (1940, aufgelöst 1940)	410	X	Verschiedene Ausbildungsbataillone (1939, in 1944 eingesetzt)
381	XVIII	Feldausb. R. 615, 616 (1942)	411	XI	Inf.Ers/Ausb.-R. 111 (1939)
382	IX	Feldausb. R. 618, 619, 620, (1942)	412	XII	Zusammensetzung unbekannt, nur Ausbildungseinheit (1939)
383	I	I.R. 531, 532, 533, A.R. 383 (1941-42)	413	XIII	Inf.Ers/Ausb.R. 113, Art. Ers/Ausb.R. 17 (1943)
384	IV	I.R. 534, 535, 536 A.R. 384 (1941-42)	414-415		wurden nicht aufgestellt
385	VI	I.R. 537, 538, 539, A.R. 385 (1941-42)	416	X	I.R. 711, 713, 714, A.R. 416 (1942)
386	VI	I.R. 659, 660, 661, (1940, aufgelöst in 1940)	417	XVII	Inf. Ers/Ausb.R. 172, 174, (1940 ?)
387	VII	I.R. 541, 542, 543, A.R. 387 (1942)	418	XVIII	Existierte nur als Gebirgs-Ers/Ausb-Division
			419-420		wurden nicht aufgestellt

126

421	I	Zusammensetzung unbekannt; nur Ausbildungseinheit (1940)	488-525		wurden nicht aufgestellt
422-427		wurden nicht aufgestellt	526	VI	Inf. Ers/Ausb.R. 211, 253, 416 (1939-40) Grenzschutzverband)
428	XX	Zusammensetzung unbekannt, nur Stabseinheit (1939-40)	527-536		wurden nicht aufgestellt
429	XXI	Zusammensetzung unbekannt, nur Stabseinheit (1939-40)	537	XVIII	Zusammensetzung unbekannt (1939), Grenzschutzverband
430	XXI	Zusammensetzung unbekannt, nur Stabseinheit (1939-40)	538	XVIII	Zusammensetzung unbekannt (1939), Grenzschutzverband
431	XXI	Zusammensetzung unbekannt, Einheiten für örtliche Verteidigung, 1943 zur Inf.Ers/ Ausb.Division erklärt.	539	Prag	bestand nur aus zwei Bataillonen ! (1939-40), Grenzschutzverband
432	VII	Inf.Ers/Ausb.R. 370, 528 (1942)	540	Prag	Zusammensetzung unbekannt (1939-40), Grenzschutzverband
433	III	Inf.Ers/Ausb.R. 533, 543, Art. Ers/Ausb.R. 168 (1943)	541	XI	VGrenR. 1073, 1074, 1075, A.R. 1541 (1944)
434-437		wurden nicht aufgestellt	542	I	VGrenR. 1076, 1077, 1078, A.R. 1542 (1944)
438	XVIII	OrtsverteidigungsR. 18, 184, (1943)	543	V	VGrenR. 1079, 1080, 1081, A.R. 1543 (1944)
439		wurde nicht aufgestellt	544	VIII	VGrenR. 1082, 1083, 1084, A.R. 1544 (1944)
440	Rhodos	Festungsbrigaden 938, 939, 967 (1943)	545	XII	VGrenR. 1085, 1086, 1087, A.R. 1545 (1944)
441	XI	Zusammensetzung unbekannt, 1944 zur Küstenverteidigung abgestellt	546	?	VGrenR. 1088, 1089, 1090, A.R. 1546 (1944)
442	VIII	Zusammensetzung unbekannt, Sicherungsverband (1940)	547	X	VGrenR. 1091, 1092, 1093, A.R. 1547 (1944)
443		wurde nicht aufgestellt	548	IV	VGrenR. 1094, 1095, 1096, A.R. 1548 (1944)
444	XII	Sicherungs-R. 45, 602, (1940)	549	II	VGrenR. 1098, 1099, A.R. 1549 (1944)
445-453		wurden nicht aufgestellt	550	II	VGrenR. 1110, 1111, 1112, A.R. 1550 (1944)
454	VIII	Sicherungs-R. 57, 375, (1940-41)	551	II	VGrenR. 1113, 1114, 1115, A.R. 1551 (1944)
455	?	Zusammensetzung unbekannt, Sicherungsverband (1940)	552	V	VGrenR. 1116, 1117, 1118, A.R. 1552 (1944)
456-460		wurden nicht aufgestellt.	553	V	VGrenR. 1119, 1120, 1121, A.R. 1553 (1944)
461	I	Inf.-Ers.R. 11, 491, 521, (1941-42)	554	V	I.R. 621, 622, 623, (1940) aufgelöst in 1940
462	XII	VGrenR 1215, 1216, 1217, A.R. 1462 (1942-44)	555	VI	I.R. 624, 625, 626, 627, (1940, aufgelöst in 1940)
463	III	Inf. Ers/Ausb.R. 293, 523, Art. Ers/Ausb.R. 23, (1942)	556	XII	I.R. 628, 629, 630, (1940, aufgelöst in 1940)
464	IV	Inf. Ers/Ausb.-R. 534, Art. Ers/Ausb.R. 24 (1942)	557	IV	I.R. 632, 633, 634, (1940, aufgelöst in 1940)
465	V	Inf. Ers/Ausb.R. 515, 525, Art.Ers/Ausb.-R. 25 (1942)	558	XIII	VGrenR. 1122, 1123, 1124, A.R. 1558 (1944)
466		wurde nicht aufgestellt	559	IX	VGrenR. 1125, 1126, 1127, A.R. 1559 (1944)
467	VII	Inf. Ers/Ausb.-R. 517, 527, Gebirgs-Ers/Ausb.R. 537, Gebirgs-Art. Ers/Ausb.-R. 79 (?) (1942)	560	X	VGrenR. 1128, 1129, 1130, A.R. 1560 (1944, Luftwaffenpersonal)
468-470		wurden nicht aufgestellt			
471	XI	Inf. Ers.R. 551, 561, 571, Art. Ers.-R. 19 und 31, (1942)			
472-486		wurden nicht aufgestellt			
487	XVII	Inf. Ers/Ausb.-R. 262, 587, (1942)			

561	?	VGrenR. 1141, 1142, 1143, A.R. 1561 (1944)
562	(?)	VGrenR. 1144, 1145, 1146, A.R. 1562 (1944)
563	III	VGrenR. 1147, 1148, 1149, A.R. 1563 (1944)
564	XVII	VGrenR. 1150, 1151, 1152, A.R. 1564 (1944)
565	XIII	VGrenR. 1153, 1154, 1155, A.R. 1565 (1944)
566	IX (?)	VGrenR. 1156, 1157, 1158, A.R. 1566 (1944)
567	XIII	VGrenR. 1159, 1160, 1161, A.R. 1567 (1944)
568	IV	VGrenR. 1162, 1163, 1164, A.R. 1568 (1944)
569	VI	VGrenR. 1165, 1166, 1167, A.R. 1569 (1944)
570	II (?)	VGrenR. 1168, 1169, 1170, A.R. 1570 (1944)
571	V	VGrenR. 1171, 1172, 1173, A.R. 1571 (1944)
572	II	VGrenR. 1174, 1175, 1176, A.R. 1572 (1944)
573	VIII	VGrenR. 1177, 1178, 1179, A.R. 1573 (1944)
574	V	VGrenR. 1180, 1181, 1182, A.R. 1574 (1944)
575	III	VGrenR. 1183, 1184, 1185, A.R. 1575 (1944)
576	XIII	VGrenR. 1186, 1187, 1188, A.R. 1576 (1944)
577	VI	VGrenR. 1189, 1190, 1191, A.R. 1577 (1944)
578	VII	VGrenR. 1192, 1193, 1194, A.R. 1578 (1944)
579	VI	VGrenR. 1195, 1196, 1197, A.R. 1579 (1944)
580	XI	VGrenR. 1198, 1199, 1200, A.R. 1580 (1944)
581	XI	VGrenR. 1203, 1204, 1205, A.R. 1581 (1944)
582	VI	VGrenR. 1206, 1207, 1208, A.R. 1582 (1944)
583-588		wurden nicht vollständig aufgestellt
589-600		wurden nicht aufgestellt
601-608		nur Divisionsstäbe vorhanden
609	IV	Zusammensetzung unbekannt
610		nur Divisionsstab vorhanden
611-612		wurden nicht aufgestellt
613-615		nur Divisionsstäbe vorhanden
616-701		wurden nicht aufgestellt
702	II	I.R. 722, 742, Art.-Abt. 662 (1941)
703		wurde nicht aufgestellt
704	IV	I.R. 724, 734, A.R. 654 (1941), in 1943 umben. zu 104. Jäg.Div.
705-706		wurden nicht aufgestellt
707	VII	I.R. 727, 747, Art.Abt. 657 (1941)
708	VIII	I.R. 728, 748, Art.-Abt. unbekannt (1941), in 1944 vernichtet und als 708. VGrenD. mit VGrenR. 728, 748, 760 w-aufg.
709	IX	I.R. 729, 739, Art.Abt. 709 (1941)
710	X	I.R. 730, 740, Art.-Abt. 710 (1941)
711	XI	I.R. 731, 744, Art.-Abt. 711 (1941)
712	XII	I.R. 732, 745, Art.-Abt. 652 (1941)
713	XIII	I.R. 733, 746, Art.-Abt. 713 (1941)
714	I	I.R. 724, 741, (1941), in 1943 in 114. Jäg.Div. umbenannt
715	V	I.R. 715, 735, Art.-Abt. 715 (1941)
716	VI	I.R. 726, 736, Art.-Abt. 716 (1941)
717	I	I.R. 737, 749, (1941) in 1943 umben. in 117. JägDiv.
718	XVIII	I.R. 738, 750, (1941), in 1943 umben. in 118. Jäg.Div.
719	III	I.R. 723, 743, Art.-Abt. 719 (1941)
720-998		wurden nicht aufgestellt
999	V	existierte nur als 999. Leichte Afrika-Division.

Gebirgsjäger-, Jäger- und Leichte Divisionen

Nr.	Wkr.	Verbände
1[1]	VII	GebirgsR. 98, 99, 100, Gebirgs A.,R. 79 (1938-39)
1[2]	VIII	Ski-Jäg.-R. 1. und 2. (1944)
1-5		Leichte Divisionen — siehe unter Pz-Div.
2	XVIII	GebirgsR. 136, 137, Gebirgs-A.R. 111 (1938-39)
3	XVIII	GebirgsR. 138, 139, Gebirgs A.R. 112 (1938-39)
4	IV	GebirgsR. 13, 91, Gebirgs A.R. 94 (1940)

5[1]	XVIII	GebirgsR. 85, 100, Gebirgs A.R. 95 (1940)
05[2]	V	Jäg.R. 56, 75, A.R. 5 (mot) (1941), ehem. 5. I.D.
6[2]	XVIII	GebirgsR. 141, 143, Gebirgs A.R. 118 (1939-40)
7	XIII	GebirgsR. 144, 206, Gebirgs A.R. 82 (1941-42), ehem. 99. Jäg.-Div.
8[1]	VIII	Jäg.R. 38, 84, A.R. 8 (1942), ehem. 8. I.D.
8[2]	XVIII	GebirgsR. 142, 144, Gebirgs A.R. 124 (1942)
9[1]	XVII	Gebirgskampfgruppe, Norwegen 1945
9[2]	XVII	Gebirgskampfgruppe, Österreich 1945
28	VIII	Jäg.R. 49, 83, A.R. 28 (1941), ehem. 28. I.D.
42	XVII	Jäg.R. 25, 40, A.R. 142, (1943-44), ehem. 187. I.D.
90	III	siehe 90. PzG.-Div.
99	XIII	siehe 7. Gebirgs-Div.
100	XVII	Jäg.R. 54, 227, A.R. 83 (1940)
101	V	Jäg.R. 228, 229, A.R. 85 (1940)
104	IV	Jäg.R. 724, 734, A.R. 654 (1943), ehem. 704. I.D.
114	I	Jäg.R. 721, 741, A.R. 661 (1943), ehem. 714. I.D.
117	I	Jäg.R. 737, 747, A.R. 670 (1943), ehem. 717. I.D.
118	XVIII	Jäg.R. 738, 750, A.R. 668 (1943), ehem. 718. I.D.
164	XII	PzG R. 125, 283, 433, A.R. 220 (1942), ehem. 164. I.D. Lehrdivision
188	XVIII	Res.GebirgsR. 136, 137, 139, Res. Gebirgs-A.R. 112 (nur 1 Abteilung) (1939)
999	V	Schützen-R. (Straf-) 961, 963, 964, A.R. 999 (1943)

Motorisierte und Panzergrenadier-Divisionen

Nr.	Wkr.	Verbände
2	II	siehe 2. I.D. und 12. PzD.
3	III	Pz-Btl. 103, G.R. (mot) 8, 29, A.R. 3 (mot) (1940), ehem. 3. I.D. (1921)
10	XIII	PzG R. 20, 41, A.R. 10 (mot) (1940)
14	IV	PzG R. 11, 53, A.R. 14 (mot) (1940)
15	XII	PzBtl. 115, PzG R. 104, 115, A.R. 33 (mot) (1943)
16	VI	siehe 16. I.D. und 116. Pz.Div.
18	VIII	Pz.Btl. 118, PzG R. 30, 51, A.R. 18 (mot) (1940), ehem. 18. I.D.
20	X	Pz.Btl. 120, PzG R. 76, 90, A.R. 20 (mot) (1937-38), ehem. 20. I.D. (1935-36)
25	V	Pz.Btl. 125, PzG R. 35, 119, A.R. 25 (mot) (1940), ehem. 25. I.D.

Ein erbeuteter britischer Carden-Lloyd-Träger mit einem Horstmann-Laufwerk, im Besitz der 3. Panzergrenadier-Division in Italien. Er ist mit drei Abschußvorrichtungen für die RPzB 54 zur Panzerabwehr ausgerüstet.

29	IX	PzBtl. 129, PzG R. 15, 71, 86, A.R. 29 (mot) (1937-38), ehem. 29. I.D. (1934-35)
36	XII	I.R. (mot) 87, 118, A.R. 36 (mot) (1940), ehem. 36. I.D. (1935-36), in 1943 vernichtet und 1944 als 36. I.D. w-aufg., vernichtet und als 36. VGren-Div. aufgestellt
60	XX	Pz.Btl. 160, PzG R. 120, Füs.R. 271, A.R. 160 (mot) (1943), ehem. 60. I.D. (1939).
90	III	I.R. (mot) 155, 200, 361, A.R. 190 (mot), (1941-42 als Leichte Division), 1943 umben. in 90. PzGDiv., PzBtl. 190, PzGR. 200, 361, A.R. 190 (mot)
345	IX	Res.PzBtl. 345, Res.PzG.R. 148, 152, (1942)
386	III	Res.Pz.Btl. 386, Res I.R. (mot) 149, 153, (1942)

Außer den obengenannten gab es eine Reihe motorisierter Divisionen nur mit einer Namensbezeichnung wie »Großdeutschland« (GD) mit den aus ihr entstandenen (ab 1944) Panzergrenadier-Divisionen, Führer-Begleit-Division, Führer-Grenadier-Division, Brandenburg und Kurmark. Ferner gab es die Division »Hermann Göring« — im Unterschied zur Panzer-Division HG als Panzergrenadier-Division«. »2 HG« genannt. 1943 entstand aus Resten der 60. Panzergrenadier-Division die Division »Feldherrnhalle«, abgekürzt «FFH» genannt.

Panzerdivisionen

Nr.	Wkr.	Verbände
1	IX	PzR. 1, PzG.R. 1, 113, PzA.R. 73 (1935)
2	XIII, 1935 XVIII, 1938	Pz.R. 3, PzG.R. 2, 304, PzA.R. 74 (1935), an Wkr. und PzR. 4 zu 13. PzDiv. (1938)
3	III	PzR. 5, 6, PzG.R. 3, 394, PzA.R. 75 (1935), PzR. 5 in 1941 zu 21. PzDiv. abgestellt
4	X	PzR. 35, 36, PzG.R. 12, 33, PzA.R. 103 (1938), PzR. 36 in 1940 zu 14. PzDiv. abgestellt
5	VIII	PzR. 15, 31, PzG.R. 13, 14, PzA.R. 116 (1938), PzR. 14 in 1941 zu 11. PzDiv. abgestellt
6	VI	PzR. 11, PzG.R. 4, 114, PzA.R. 76 (1939-40), ursprünglich als 1. Leichte Division aufgestellt (1938)
7	IX	PzR. 25, PzG.R. 6, 7, PzA.R. 78 (1939-40), ursprünglich als 2. Leichte Div. aufgestellt (1938)
8	III	PzR. 10, PzG R. 8, 28, PzA.R. 80 (1939-40), ursprünglich als 3. Leichte Division aufgestellt (1938)
9	XVII	PzR. 33, PzG R. 10, 11, PzA.R. 102 (1939-40), ursprünglich als 4. Leichte Div. aufgestellt (1938)
10	V	PzR. 7 PzG R. 69, 86, PzA.R. 90 (1939), 1943 in Tunesien in

Ein Kampfpanzer IIIH der 5. Panzerdivision, Balkan, Frühjahr 1941 (BA/158/94/12).

		Gefangenschaft geraten und nicht wieder aufgestellt
11	VIII	PzR. 15, Pz.Gr. 110, 111, PzA.R. 119 (1940-41), bei Cherkassy vernichtet, aber wieder aufgestellt
12	II	PzR. 29, PzG R. 5, 25, PzA.R. 2 (1940), ursprünglich als 2. I.D. aufgestellt (1921)
13	XI	PzR. 4, PzG R. 66, 93, PzA.R. 13 (1940), ursprünglich als 13. I.D. aufgestellt
14	IV	PzR. 36, PzG R. 108, PzA.R. 4, (1940), ursprünglich als 4. I.D. aufgestellt (1921), bei Stalingrad vernichtet, aber 1943 w-aufg.
15	XII	PzR. 8, PzG R. 115, PzA.R. 33 (1940), ursprünglich als 33. I.D. aufgestellt (1935-36)
16	VI	PzR. 2, PzG R. 64, 79, PzA.R. 16 (1940), ursprünglich als 16. I.D. aufgestellt (1935-36), bei Stalingrad vernichtet, aber w-aufg.
17	VII	PzR. 39, PzG R. 40, 63, PzA.R. 27 (1940), ursprünglich als 27. I.D. aufgestellt (1935-36)
18	IV	PzR. 18, PzG R. 52, 101, PzA.R. 88 (1940), Herbst 1943 in 18. Artillerie-Division umgegliedert
19	XI	Pz R. 27, PzG R. 73, 74, PzA.R. 19 (1940), ursprünglich als 19. I.D. aufgestellt
20	IX	PzR. 21, PzG R. 59, 112, PzA.R. 92 (1940)
21 Afrika	III	PzR. 5, PzG R. 104, PzA.R. 155 (1941), ursprünglich als 5. Leichte Div. aufgestellt
21 (OB West)		PzR 100, PzG R. 125, 192, PzA.R. 155
22	XII	PzR. 204, PzG R. 129, 140, PzA.R. 140 (1940-41), 1943 vernichtet und aufgelöst
23	V	PzR. (201) 23, PzG R. 126, 128, PzA.R. 128 (1940)
24	III	Pz R. 24, PzG R. 21, 26, PzA.R. 89 (1941), ursprünglich als 1. Kavallerie-Div. aufg. (1921)
25	VI	Pz R. 9, PzG R. 146, 147, PzA.R. 91 (1942)
26	III	PzR. (202), 26, PzG.R. 9, 67, PzA.R. 26 (1942-43), ursprünglich als 23. I.D. aufgestellt
27	?	Pz-Abt. 127, PzG R. 140, PzA.R. 127, (1942), war nie eine voll ausgerüstete Division, wurde im März 1943 aufgelöst
116	VI	Pz R. 116, PzG R. 60, 150, A.R. 146 (mot) (1940), aufgestellt aus einem Teil der 16. I.D.
130	III	Panzer-Lehr-Division PzR. 130, PzG R. 901, 902, PzA.R. 130 (1944)

Der sowjetische T-34 wurde von den Deutschen sehr geschätzt, besonders wenn es ihnen gelang, intakte Exemplare zu erbeuten; dieser T-34/76 E wird von Männern der Division »Großdeutschland« benutzt. (BA/711/427/18)

Ein Krad (BMW R 75), das zur Division »Hermann Göring« gehört. Es trägt das Wikinger-Schiff als (inoffizielles) Divisionsabzeichen. (BA/639/4267/14).

155	V	Res. PzBtl. 7, Res.PzG R. 5, Res. G.R. 260 (mot), Res. Art.Abt. 260 (1939)
179	IX	Res. PzBtl. 1, Res. PzG R. 81, ResG.R. 29 (mot), Res. Art.Abt. 29 (1939)
233	III	Res. PzBtl. 5, Res. PzG R. 83, ResG.R. 3 (mot), Res Art.Abt. 59 (1939)

7[2]	FJägR 19, 20, 21, FJäg A.R. 7 (1944)
8	FJägR 22, 23, 24, FJäg A.R. 8 (1944 — nicht voll aufgestellt)
9	FJägR 25, 26, 27, FJäg A.R. 9 (1945 — hatte nur wenige wirkliche Fallschirmspringer in seinen Reihen)
10	FJägR 28, 29, 30, FJäg A.R. 10 (1945 — kam nicht zur Aufstellung)

Zusätzlich zu den oben genannten gab es sieben weitere, nicht numerierte, sondern namentragende Panzerdivisionen, von denen die beiden bekanntesten »Großdeutschland« (spätere Panzergrenadier-Division) und die Luftwaffendivision »Hermann Göring-1« (1-HG) waren. Die wesentlichen Bestandteile waren die Pz. PzG, Füs. und das A.R. »Großdeutschland« und Pz PzG R 1 und 2, PzAR 1 und das Flak R. »Hermann Göring«. Die anderen namentragenden »Panzerdivisionen« waren »Clausewitz«, »Feldherrnhalle«, »Hostein« und »Münchberg«. Sie waren fast alle erst in den letzten Wochen des Krieges gebildet worden und erreichten nie die Stärke einer Division.

Fallschirmjäger-Division

Nr.	Verbände
1	FJägR 1, 3, 4, FJäg A.R. 1 (1942), ehem. 7. Flieger-Div.
2	FJägR 2, 6, 7, FJäg A.R. (1943), ehem. 7. Flieg.Div. und 2 FJ-Brig.
3	FJägR 5, 8, 9, FJäg A.R. 3 (1943)
4	FJägR 10, 11, 12, FJäg A.R. 4 (1943)
5	FJägR 13, 14, 15, FJäg A.R. 5 (1943)
6	FJägR 16, 17, 18, FJäg A.R. 6 (1944)
7[1]	FJägR 1, 2, 3, (1938-40), die 7. Flieger-Div. erlitt auf Kreta und in Rußland schwere Verluste, die Reste gingen an die neuen 1. und 2. FJ-Div.

Luftwaffen-Feld-Division

Nr.	Verbände
1	I.R. 1 und 2 A.R. 1 (1942)
2	I.R. 3 und 4, A.R. 2 (1942-43)
3	I.R. 5 und 6, A.R. 3 (1942-43)
4	I.R. 7 und 8, A.R. 4 (1942-43)
5	I.R. 9 und 10, A.R. 5 (1942-43)
6	I.R. 11 und 12, A.R. 6 (1942-43)
7	I.R. 13 und 14, A.R. 7 (1942), in 1943 aufgelöst
8	I.R. 15 und 16, A.R. 8 (1942)
9	I.R. 17 und 18, A.R. 9 (1942)
10	I.R. 19 und 20, A.R. 10 (1942)
11	I.R. 21 und 22, A.R. 11 (1942)
12	I.R. 23 und 24, A.R. 12 (1942)
13	I.R. 25 und 26, A.R. 13 (1942)
14	I.R. 27 und 28, A.R. 14 (1942-43)
15	I.R. 29 und 30, A.R. 15 (1942), 1943 vernichtet, aber mit Personal der 7. Feld-Div. w-aufg.
16	I.R. 31 und 32, A.R. 16 (1942-43), später auch I.R. 45 (1944)
17	I.R. 33 und 34, A.R. 17 (1943)
18	I.R. 35 und 36, A.R. 18 (1943), später auch I.R. 47 (1944)
19	I.R. 37 und 38, A.R. 19 (1943), später auch I.R. 46 (1944)
20	I.R. 39 und 40, A.R. 20 (1943)
21	I.R. 41 und 42, A.R. 21 (1943)
22	I.R. 43 und 44, A.R. 22 (1943), nicht vollständig aufgestellt.

Ein SdKfz 231 der »Leib-
standarte Adolf Hitler«;
der Turm ist nach rück-
wärts gerichtet (steht auf
»6 Uhr«); das Fahrzeug
ist dabei, einen gefällten
Baum zur Seite zu zie-
hen (BPK/WII103/2514).

Waffen-SS-Divisionen

Nr.	Bezeichnung	Verbände
-	SS-Verfü-gungs-	SS-R Deutschland, Germania; Der Führer (1939)
1	Leibstandarte Adolf Hitler	SS-G.R. 1 und 2, SS-A.R. 1 (1941), nach 1943 mit SS-PzR 1 als 1. SS-PzDiv.
2	Reich, später Das Reich	SS-R- Deutschland und Der Führer, SS-A.R. 2 (1940-41), nach 1943 mit SS-PzR 2 als SS-Pz-Div.
3	Totenkopf	SS-Inf.R. 5 und 6 (später mit der Bezeichnung »Thule« und »Theodor Eicke«), nach 1943 mit SS-PzR 3 als 3. SS-PzDiv.
4	Polizei	SS-I.R. 7 und 8 (später PzG), SS A.R. 4 (1939), nach 1944 mit SS-PzBtl 4, wurde aber nicht als Pz.-Div. geführt
5	Wiking	SS-R. »Germania« und »West-land«, SS-A.R. 5 (1940), nach 1943 mit SS-PzR 5 als 5. SS-Pz-Div.
6	Nord	SS-GebirgsJägR 11 und 12 (»Reinhard Heydrich« und »Michael Geismar«) SS-Ge-birgs-A.R. 6 (1940)
7	Prinz Eugen	SS-GebirgsJägR 13 und 14 (»Artur Phleps« und Skander-berg«) SS-Gebirgs-A.R. 7 (1942)
8	Florian Geyer	SS-KavallerieR. 15, 16, 17, 18, SS-A.R. 8 (1942 aus SS-Kaval-lerie-Brig. 1)
9	Hohenstaufen	SS-PzR. 9, SS-PzG R 19 und 20, SS-PzA.R. 9 (1943-44)
10	Frundsberg	SS-PzR. 10, SS-PzG R. 21 und 22, SS-PzA.R. 10 (1943-44)
11	Nordland	SS-G.R. 23 und 24 (»Norge« und »Danmark«) (1943), nach 1944 mit SS-PzBtl. 11, wurde aber nicht als Pz-Div. geführt.
12	Hitlerjugend	SS-PzR. 12, SS-PzGR 25 und 26, SS-PzA.R. 12 (1943-44)
13	Handschar (1. Kroatische)	SS-GebirgsJägR 27 und 28, SS-GebirgsA.R. 13, (1943)
14	1. Galizische	SS-G.R. 29, 30, 31, SS-A.R. 14 (1943-44)
15	1. Lettische	SS-G.R. 32, 33, 34, SS-A.R. 15 (1943)
16	Reichsführer-SS	SS-PzBtl. 16, SS-PzG.R. 35 und 36, SS-PzA.R. 16, (1943)
17	Götz von Berlichingen	SS-PzBtl. 17, SS-Pz.G.R. 37 und 38, SS-PzA.R. 17, (1943)
18	Horst Wessel	SS-PzBtl. 18, SS-PzG.R. 39 und 40, SS-PzA.R. 18, (1944)
19	2. Lettische	SS-G.R. 42, 43, 44, SS-A.R. 19 (1944)
20	1. Estnische	SS-G.R. 45, 46, (möglicherwei-se auch 47), SS-A.R. 20 (1943)
21	Skanderberg (1. Albani-sche)	SS-GebirgsJägR 50 und 51, SS-GebirgsA.R. 21 (1944), wurde nicht vollst. aufg. sondern nach wenigen Monaten wieder aufgelöst.
22	Maria There-sia	SS-KavallerieR. 52, 53, 54, 55, SS-A.R. 22 (1944)
23[1]	Kama (1. Kroatische)	SS-GebirgsJägR 56, 57, 58, SS-GebirgsA.R. 23 (1944), wurde

Ein Sturmgeschütz III der 16. SS-Division (»Reichsführer-SS:) Rom 1944. (BA /305(700/6)

		nicht vollst. aufgestellt, sondern nach wenigen Monaten aufgelöst.
23[2]	Nederland	Zusammensetzung unbekannt (1945), nur 1 Brig.
24	Kastjäger	SS-GebirgsJäg R. 59 und 60, SS-GebirgsA.R. 24 (1944)
25	Hunyadi (1. Ungarische)	SS-G.R. 61, 62, 63, SS-A.R. 25 (1944)
26	2. Ungarische	SS-PzBtl. 26, SSPzG.R. 64, 65, 66, SSPzA.R. 26, (1944)
27	Langemarck	SSPzBtl. 27, SSPzGR. 67 und 68 (1944)
28	Wallonien	SSPzGR. 69 und 70, SSPzA.R. 28 (1944), ehem. SS-Sturmbrigade 5 (1941)
29[1]	1. Russische	(?) SSG.R. 71, 72, 73 (1944)
29[2]	1. Italienische	Zusammensetzung unbekannt (1945)
30	2. Russische	SSGR. 75, 76, 77, SS-A.R. 30 (1944)
31	Böhmen-Mähren	SSGR. 78, 79, 80, SS-A.R. 31 (1944)
32	30. Januar	Zusammensetzung unbekannt (1945)
33[1]	3. Ungarische	Zusammensetzung unbekannt, als Kavallerie-Div. bezeichnet (1944)
33[2]	Charlemagne	Zusammensetzung unbekannt, Französische Freiwillige (1944)
34	Landsturm Nederland	SSPzGR 48 (General Seyffardt) und 49 (De Ruyter), SSPzA.R. 54 (1943)
35	Grenzpolizei	Zusammensetzung unbekannt (1945)
36	Dirlewanger	Zusammensetzung unbekannt, Strafeinheit (1945)
37	Lützow	Zusammensetzung unbekannt, als Kavallerie-Div. bezeichnet, wie die meisten Verbände des letzten Aufgebots wahrscheinlich nicht größer als ein Regiment (1945).
38	Nibelungen	Zusammensetzung unbekannt, in Bad Tölz aus Offiziersanwärtern zusammengestellt (1945)

Sonstige Divisionen

1. Kosaken-Kavallerie-Division	Kosaken-Regiment 1-6 (1943)
2. Kosaken-Kavallerie-Division	Zusammensetzung unbekannt (1944)
18. Artillerie-Division	8 Art.Abt. (mot) (1943) s. 18. Pz.Div.

Infanterie-Waffen 1933-1945

Handfeuerwaffen

7,63 oder 9 mm Mauser C/96

Siehe Infanterie-Waffen 1914-32

7,65 mm Mauser HSc

Kaliber: 7,65 mm, Länge: 152 mm, Lauflänge: 86 mm, Gewicht (geladen): 0,6 kg, Mündungsgeschwindigkeit: 300 m/sek., Kapazität des Magazins: 8 Schuß, größte Gefechtswirkung: 25 m, Feuergeschwindigkeit: 24 Schuß/Min., Einzelfeuer.

Unter dem Eindruck des Erfolges, den die Firma Walther Ende der 20er Jahre mit Polizei-Pistolen hatte (siehe Walther PP und PPK), begann Mauser 1935 mit der Entwicklung einer modernen automatischen Pistole. Im Jahre 1940 kam das Modell heraus, von dem für die Wehrmacht eine viertel Million Exemplare hergestellt wurden. Ihre Stromlinienform und ihre ausgezeichnete Balance machten sie sehr beliebt, und in 1970 wurde die Produktion wieder aufgenommen. Sie ist ein Rückstoßmodell mit einem Doppelschloß wie bei den Walther-Waffen, aber sie wurde nie mit dem Kaliber 9 mm hergestellt.

9-mm-Pistole 08 (Luger)

Siehe Infanterie-Waffen 1914-32

6,35, 7,65 und 9 mm Walther PP

Kaliber: 6,35, 7,65 und 9 mm, Länge: 173 mm, Lauflänge: 99 mm, Gewicht (geladen): 0,682 kg, Mündungsgeschwindigkeit: 290 m/sek., größte Gefechtsreichweite: 25 m, Feuergeschwindigkeit: 24 Schuß/Min. Einzelfeuer.

6,35, 7,65 und 9 mm Walther PPK

Wie Walther PP 6,35, 7,65 und 9 mm, außer: Länge: 155 mm, Lauflänge: 86 mm, Gewicht (geladen): 0,568 kg, Mündungsgeschwindigkeit: 280 m/sek. Kapazität des Magazins: 7 Schuß, Feuergeschwindigkeit: 21 Schuß/Min. Einzelfeuer.

Obwohl die Waffenfabrik Walther schon 1886 gegründet worden war, konnte Walther erst in den 30er Jahren einige seiner Modelle an das Militär verkaufen, nachdem das Rückstoß-Modell 6 aus dem Jahre 1915 für die Armee nicht akzeptabel war. In 1929 brachte Walther die PP (Polizei-Pistole) mit dem Kaliber 6,35 und 7,65 mm heraus, die bald von der deutschen Polizei übernommen wurde, weil sie klein und leicht zu verbergen war. Danach kam die PPK (Polizei-Pistole

Angehörige der Waffen-SS 1940 in Frankreich. Der Soldat im Vordergrund hat eine Mauser C/96 mit dem dazugehörigen Holzhalfter an seinem Koppel befestigt, zusätzlich zu dem Standard-Karabiner 98, den er umgehängt hat. (über Fred Stephens)

Kurz), die sogar noch kleiner war. Das Kaliber 6,35 mm wurde bald aufgegeben, aber die PP mit dem Kaliber 7,65 mm wurde bis 1945 produziert. Als Hitler an die Macht kam und die Armee vergrößert wurde, bot Walther 9-mm-Versionen beider Waffen an, die von der Polizei und Sicherheitskräften übernommen wurden. Das gilt bis zum heutigen Tage, denn nach dem Kriege wurde die Herstellung wieder aufgenommen, und die Walther PP und PPK werden auf der ganzen Welt von Polizei und Sicherheitskräften benutzt. Die 9-mm-Versionen verschossen eine kürzere Kugel als andere Handfeuerwaffen dieses Kalibers.

Sowohl die PP als auch die PPK waren eine sehr moderne Konstruktion, mit Rückstoßmechanismus, außenliegendem Abzugshahn, zweistufigem Abzug und hervorragenden Sicherheitsvorrichtungen. Sie waren auch schnell und leicht zu ziehen und gut sauber zu halten.

9 mm Walther P 38

Kaliber: 9 mm, Länge: 219 mm, Lauflänge: 124 mm, Gewicht (geladen): 0,96 kg, Mündungsgeschwindigkeit: 350 m/sek., Magazinkapazität: 8 Schuß, größte Kampfentfernung: 50 m, Feuergeschwindigkeit: 24 Schuß/Min., Einzelfeuer.

Neben der P 08 (Luger) und der automatischen »Besenstiel«-Mauser C/96 ist die Walther-Pistole 38 eine der am meisten gesuchten Handfeuerwaffe der Welt, Sammler bezahlen hohe Preise dafür, wenn ihnen ein Kriegs-Exemplar angeboten wird. Wie die PP und PPK war die P 38 so erfolgreich, daß die Produktion dieser Waffe, die

immer noch weltweit benutzt wird, 1957 wieder in Gang gebracht wurde.

Die Pistole wurde entwickelt, um die P 08 Luger zu ersetzen, die zwar eine noch durchaus brauchbare Waffe, aber zu kompliziert und in der Herstellung zu teuer war. Mit beiden Pistolen konnte die gleiche 9-mm-Parabellum-Patrone verschossen werden. Die P 38, die 1938 zuerst von den Panzertruppen in Dienst genommen wurde, übernahm viele Konstruktionsmerkmale der früheren PP und PPK, u.a. den außenliegenden Abzug, die zuverlässige Sicherung, die ein unbeabsichtigtes Feuern ausschloß, selbst wenn die Pistole gespannt und eine Patrone im Lauf war. Außerdem machte ein Anzeigestift, der im Dunkeln zu fühlen war, darauf aufmerksam, wenn noch ein Schuß im Lauf steckte, so daß gar mancher Unfall verhütet werden konnte. (Bei der Luger traten selbstverschuldete Verletzungen auf, da es möglich war, sie auseinanderzunehmen, auch wenn noch eine Patrone im Lauf war; beim Zusammensetzen der Pistole war es beliebt, den Lauf an das Koppelschloß zu drücken, um ihn in dem Rückstoßmechanismus einzuführen, wenn der Lösungshebel an der Rückseite der Kammer gedrückt wurde, konnte dies zu unglücklichen Folgen führen). Die P 38 ist eine wirkungsvolle Pistole und angenehm in der Handhabung; sie hat einen bequemen, mit Plastikplatten belegten Griff; über eine Million Exemplare wurden hergestellt. In der Hand eines geübten Schützen reicht die Treffsicherheit bis 115 m.

Außer Mauser und Walther stellten weitere 29 Firmen Pistolen für die deutschen bewaffneten Streitkräfte im Zweiten Weltkrieg her, aber die

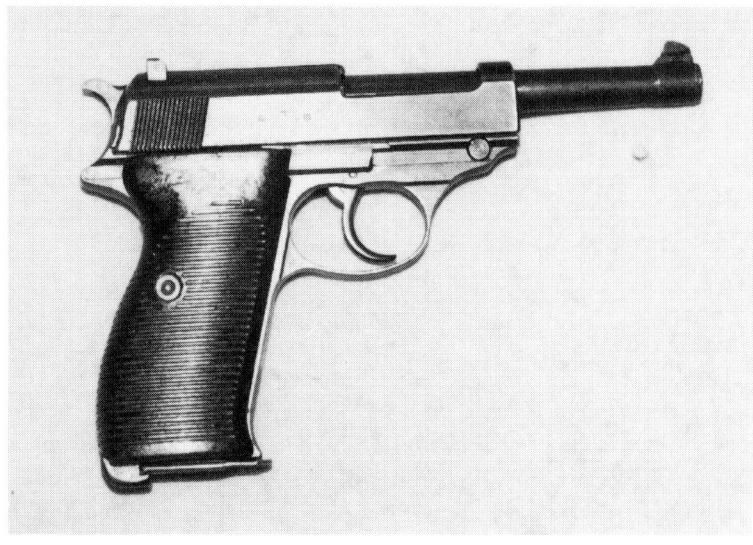

Die Walther P 38 (Foto mit freundlicher Genehmigung von Christopher Ailsby).

obengenannten waren die hauptsächlichen Modelle, die in Dienst gestellt wurden. Eine nichtdeutsche Pistole muß allerdings erwähnt werden:

9 mm Pistole Automatique Browning

Hochleistungsmodell

Kaliber: 9 mm, Länge: 196 mm, Lauflänge: 112 mm, Gewicht (geladen): 1,01 kg, Mündungsgeschwindigkeit: 354 m/sek., Magazinkapazität: 13 Schuß, größte wirksame Kampfentfernung: 50-70 m, Feuergeschwindigkeit: 30 Schuß/Min. Einzelfeuer.

Als die Wehrmacht 1940 Belgien überrannte, fiel die Fabrique National in deutsche Hände. Eins ihrer hauptsächlichen Erzeugnisse war seit 1935 die in Lizenz gebaute Browning-Hochleistungspistole, eine ausgezeichnete automatische Rückstoßwaffe mit dem großen Vorteil gegenüber den Modellen von Mauser und Walther, daß sie ein Magazin mit 13 Schuß hatte, was dadurch möglich gemacht wurde, daß zwei Reihen gegeneinander versetzt in den Kolben eingeführt wurden. Diese Waffe blieb während der gesamten Besatzungszeit in Produktion und wurde von allen Teilen der Wehrmacht und der Waffen-SS benutzt. Nachdem die Alliierten Belgien in 1944 befreit hatten, setzte die FN die Produktion fort, und die Browning wird in beachtlichen Mengen noch heute hergestellt.

Ein anderes Modell von FN, das in der Produktion blieb, war das ältere Browning Modell 1910, eine automatische Waffe aus der Zeit des Ersten Weltkrieges, die mit dem Kaliber 7,65 und 9 mm als Polizei-Pistole hergestellt wird. Selbstverständlich benutzten die deutschen Streitkräfte auch eine Vielzahl erbeuteter Waffen oder solche, die in den besetzten oder verbündeten Staaten hergestellt wurden, dazu gehörten die tschechische 9-mm-CZ 38, die polnische 9-mm-Radom wz 35, die dänische 9-mm-M 1910/22, die

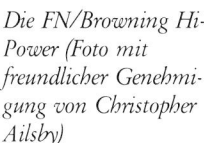

*Die FN/Browning Hi-
Power (Foto mit
freundlicher Genehmi-
gung von Christopher
Ailsby)*

ungarische 7,65-mm-Frommer, die italienische 9-mm-Beretta Modell 1934 und die sowjetische 7,62-mm-Tokarew Modell TT 1930/33, die eine genaue Kopie des automatischen amerikanischen Colts 45 war.

Maschinenpistolen

9 mm MP 28

Siehe Infanterie-Waffen 1914-32

9 mm MP 34/35

Kaliber: 9 mm, Länge: 840 mm, Lauflänge: 200 mm, Gewicht (geladen): 4,73 kg, Mündungsgeschwindigkeit: 365 m/sek., Magazinkapazität: 24 oder 32 Schuß, größte wirksame Gefechtsentfernung: 200 m, Feuergeschwindigkeit: 650 Schuß/Min.

Die MP 34/35 wurde ursprünglich von den Gebrüdern Bergmann in Dänemark hergestellt, nach 1940 auch in Deutschland. Die gesamte Produktion wurde an die Waffen-SS ausgeliefert. Das Modell war der MP 28 sehr ähnlich, der Hauptunterschied bestand darin, daß das Magazin an der rechten Seite anstatt von der linken angesetzt wurde. Sie war eine gut konstruierte und robuste Waffe, viele hielten sie für eine Waffe, die der MP 38 und 40 überlegen war. Sie hatte eine hölzerne Schulterstütze und einen durchbrochenen Laufmantel und verschoß die Standard-9-mm-Parabellum-Munition.

9 mm MP 38, 38/40 und 40

Kaliber: 9 mm, Länge: 833 mm (Schulterstütze ausgezogen): 630 mm (Schulterstütze umgeklappt), Lauflänge: 251 mm, Gewicht (geladen): 4,7 kg, Mündungsgeschwindigkeit: 365 m/Sek., Magazinkapazität: 32 Schuß, größte Gefechtsreichweite: 200 m, Feuergeschwindigkeit: 500 Schuß/Min. zyklisch. Dies war die erste Maschinenpistole der Welt, die auf einem hölzernen Kolben verzichtete und stattdessen eine einfache, röhrenförmige Schulterstütze aus Stahl hatte. Im übrigen war die MP 38 von konventioneller Bauweise. Sie war ein Rückstoßmodell, das für den Gebrauch bei gepanzerten und Luftlandeverbänden bestimmt war. Sie wurde von Berthold Giepel und Heinrich Vollmer, den Ko-Direktoren der Erfurter Erma-Werke, entwickelt. Aber diese Waffe wurde auch von Haenel in Suhl hergestellt, dessen Chefkonstrukteur Hugo Schmeisser war. Dies scheint eine logische Erklärung dafür zu sein, daß die MP 38 und 40 im allgemeinen, aber irrtümlicherweise als die »Schmeissers« bekannt wurden.

Die MP 38 ging 1938 in Produktion, aber es dauerte nicht lange, bis ein gefährlicher Konstruktionsfehler offensichtlich wurde: wenn die Waffe gespannt war, konnte der Abzug leicht, auch ohne Absicht, vorwärts gestoßen werden. Um weitere Unfälle zu vermeiden, wurde ein Sicherheitsstift eingeführt, so daß die Pistole erst abgefeuert werden konnte, wenn der Stift entfernt wurde. Mit dieser Änderung wurde die Waffe als

Ein Gebirgsjäger in Winterausrüstung mit Anorak, Skiern, Kletterausrüstung und einer MP 40. (BA/572/1732/8a).

MP 38/40 bezeichnet. 1940 wurden weitere Änderungen eingeführt, um die Massenproduktion zu vereinfachen; der größte Teil der maschinell hergestellten Bestandteile wurden durch Stanzteile aus Stahlplatten hergestellt, wobei weitgehender Gebrauch des Schweißvorganges gemacht wurde. Dies war im Endeffekt die MP 40, die bis zum Ende des Krieges in Produktion blieb.

Die MP 38 und 40 eigneten sich gut für den Kampf vom Fahrzeug. Sie waren kurz genug, so daß sie auf Fahrzeugen geführt und von Fahrzeugen herab abgefeuert werden konnten, auch von Panzern; sie erwiesen sich als ausgezeichnete Nahkampfwaffen, die für Einzelfeuer und Dauerfeuer gleichmäßig geeignet waren. Zehntausen-

de wurden hergestellt, daher wurden diese Maschinenpistolen eine der bekanntesten Waffen des Krieges.

Zu weiteren Maschinenpistolen, die in Dienst genommen wurden, gehörten die österreichische 9-mm-Steyr-Solothurn SI-100, das ungarische 9-mm-Modell 1943, das finnische 9-mm-Suomi-Modell 1931, erbeutete britische Lanchester, die völlig identisch waren mit der MP 28, die sowjetische 7,62-mm-PPD M 1934//38/40, und PPSh 41 und von 1943 an das amerikanische 0,45 inch (10,43 mm) Thompson M 1928, das den Beinamen »Tommy-Gewehr« erhielt und das M 3, die »Fettspritze«.

Oben: Ein kroatischer (Freiwilliger Stabsfeldwebel der Luftwaffe) erklärt den Karabiner 90 K.

Unten: Auch hier kroatischer Freiwillige (Ärmelabzeichen beim Offizier) während einer Schießübung mit dem Karabiner 98 K.

Gewehre

Das 7,92 mm Gewehr 98 und der Karabiner 98

Siehe Infanterie-Waffen 1914-32

Das 7,92 mm Gew 41 (W)

Kaliber: 7,92 mm, Länge: 1.124 mm, Lauflänge: 546 mm, Gewicht (geladen): 5,03 kg, Mündungsgeschwindigkeit: 776 m/sek. Magazinkapazität: 10 Schuß, größte Gefechtsweite: 800 m, Feuergeschwindigkeit: 20 Schuß/Min., Einzelfeuer.

Das 7,92 mm Gew 43

Wie 7,92-mm-Gew 41 (W), außer: Länge: 1.117 mm, Lauflänge: 549 mm, Gewicht (geladen): 4,4 kg.

In den Feldzügen 1939 und 1940 wurde die Erfahrung gemacht, daß eine wirksamere Waffe als das vorhandene Schlagbolzengewehr Gew 98 und der Kar 98 notwendig war, insbesondere eine höhere Feuergeschwindigkeit. Die Armee legte daher Mauser und Walther eine Spezifikation vor, und beide stellten 1941 den Prototyp eines Selbstladegewehrs her. Das Modell Mausers war dem der Walther unterlegen, so daß letzteres als Gew 41 in Produktion ging. Es beruhte auf einem Mechanismus, den der norwegische Konstrukteur Sören H. Bang erfunden hatte: ein offener Konus wurde über die Mündung gestülpt, der einen Teil des Treibgases auffing, wenn das Gewehr abgefeuert und dadurch nach vorn gestoßen wurde, so daß ein Verbindungsstab gezogen wurde, der mit dem Verschlußblock verbunden war, den Verschluß öffnete und die nächste Patrone in die Verschlußkammer zog, darauf drückten Federn den Mündungskonus und den Verbindungsstab in die ursprüngliche Lage. In der Praxis erwies sich dieser Mechanismus, als sehr schwerfällig und für Ladehemmungen anfäl-

lig, außerden war das Gewehr zu schwer. Als die Waffe von der Armee übernommen werden sollte, war Deutschland in die Sowjetunion einmarschiert, und die Truppen erbeuteten große Mengen sowjetischer 7,62-mm-Tokarew SVT 38 und 40, dies war ein Selbstladegewehr mit einem einfacheren gasbetriebenen Mechanismus, den Walther dann bei der Konstruktion des Gew 43 kopierte, das eine viel wirksamere Waffe als das Gew 41 war, leichter instandzuhalten und auch leichter an Gewicht. Die Standardausführung des Gew 43 war sogar mit einem Zielfernrohr ausgestattet und wurde weitgehend als Scharfschützengewehr benutzt. Nach dem Kriege wurde die Produktion noch einige Jahre in der Tschechoslowakei weitergeführt.

Das 7,92 mm FG 42

Kaliber: 7,92 mm, Länge: 940 mm, Lauflänge: 502 mm, Gewicht (geladen): 4,53 kg, Mündungsgeschwindigkeit: 761 m/sek., Magazinkapazität: 20 Schuß, größte Gefechtswirkung: 800 m, Feuergeschwindigkeit: 750-800 Schuß.

Nachdem das Heer nun ein Selbstladegewehr hatte, von dessen Unzulänglichkeit einmal abgesehen, entschied Hermann Göring, der Oberbefehlshaber der Luftwaffe, daß seine Fallschirmtruppen eine noch bessere Waffe haben müßten. Der ständige Machtkampf innerhalb der Führung des Dritten Reiches erzeugte ein derartiges Durcheinander, daß Göring sechs Firmen damit beauftragen konnte, ein derartiges Gewehr zu entwickeln. Die Rheinmetall-Borsig-Version wurde ausgewählt. Es war ein bisher unerreichtes, zukunftsweisendes automatisches Modell. Obwohl es nur in geringer Stückzahl hergestellt wurde (ungefähr 7.000 Stück), sollte es doch einen bedeutenden Einfluß auf die Entwicklung der Nachkriegswaffen haben, insbesondere wurde sein Mechanismus für die Entwicklung des amerikanischen Maschinengewehrs M 60 kopiert.

Ein lettischer Angehöriger der Waffen-SS mit einem Gewehr 43, das in der Standardausführung mit einem Zielfernrohr ausgestattet war. (BA/81/142/36)

Das Fallschirmjägergewehr (FG) war ein Modell, das folgende Neuerungen aufwies: einen Plastikkolben in gradliniger Verlängerung des Laufes, einen Pistolengriff, ein Zweibein zur Abstützung des Laufs, so daß das automatische Gewehr als leichtes MG eingesetzt werden konnte, einen Mündungsfeuerdämpfer und sogar ein umklappbares Stab-Bajonett. Der gasbetriebene Mechanismus ließ sowohl Einzel- als auch Dauerfeuer zu. Das kastenförmige Magazin wurde an der linken Seite der Waffe angesetzt. Anders als die Gew 41 und 43, die kurze Patronen verschossen, kam das FG 42 mit der langen 7,92-mm-Standard-Patrone aus. Bedauerlicherweise war das Gewehr kompliziert und teuer in der Herstellung, dazu die geänderten Einsätze der Fallschirmtruppe (keine Sprünge mehr) nach dem Einsatz auf Kreta, beides zusammen erklärt den verhältnismäßig geringen Produktionsumfang. Dennoch war das Gewehr beliebt.

Der 7,92 mm MKb 42 (H)

Kaliber: 7,92 mm, Länge: 940 mm, Lauflänge: 364 mm, Gewicht (geladen): 4,9 kg, Mündungsgeschwindigkeit: 640 m/sek., Magazinkapazität: 30 Schuß, größte Gefechtswirkung: 400 m, Feuergeschwindigkeit: 500 Schuß/Min., zyklisch.

Der 7,92 mm MKb 42 (W)

Wie der 7,92 mm MKb 42 (H), außer: Länge 931 mm, Lauflänge 406 mm, Gewicht (geladen): 4,4 kg, Mündungsgeschwindigkeit: 650 m/sek., Feuergeschwindigkeit: 600 Schuß/Min.

Der 7,92 mm MKb 43/StG 44

Wie der 7,92 mm MKb 42 (H), außer: Länge: 940 mm, Lauflänge: 419 mm, Gewicht (geladen): 5,22 kg, Feuergeschwindigkeit: 500 Schuß/Min.
Die Erfahrung in den Feldzügen 1939 und 1940 hatte gezeigt, daß fast alle infanteristischen Kampfhandlungen auf Entfernungen stattfanden, die weit unter den 800-1000 Metern lagen, für die die meisten Gewehre ausgelegt waren. Das Heer faßte die entsprechenden Berichte zusammen und legte Haenel und Walther die militärische Forderung eines neuen Maschinenkarabiners (MKb) vor, der die von Polte entwickelte, kurze 7,92-mm-Munition (die auch von den Gew 41 und 43 benutzt wurde) verwenden konnte. Beide Entwürfe waren sich bemerkenswert ähnlich, sie wiesen die gleiche gerade Linienführung bei der Anordnung von Lauf und Kolben auf (wie das FG 42), mit einem Pistolengriff, aber anstelle des seitlich anzusetzenden 20-Schuß-Magazins des FG 42 sahen beide Entwürfe gebogene 30-Schuß-Magazine vor, die unter dem Lauf vor dem Abzug angesetzt wurden. Wie die MP 38 und 40 sollten auch die MKb 42 so einfach und billig wie möglich hergestellt werden, und zwar aus gestanzten und spritzgegossenen Metallteilen.

Rechts: Einer der SS-Fallschirmsoldaten, die Skorzeny bei einem Unternehmen zur Befreiung Mussolinis, der in einem Hotel auf dem Gipfel des Gran Sasso gefangengehalten wurde, begleiteten. Im Hintergrund liegt ein Lastensegler DFS 230. (BA/567/1503a/1)

Unten: Das umklappbare Stab-Bajonett ist deutlich unter dem Lauf dieses FG 42 zu erkennen. (BA/738/289/16).

Links:
Generalfeldmarschall Albert
Kesselring, der zuletzt zum
Oberbefehlshaber aller deutschen Truppen in Italien ernannt wurde, wird als ei-
ner der besten Befehlshaber
der Wehrmacht angesehen.
Hier probiert er vor anderen Offizieren ein Sturmgewehr MP 43 aus.
(BA/580/1980/14)

Etwa 3.500 Expemplare von jedem Modell wurden hergestellt und an die Truppe in Rußland
ausgegeben, wo sie sich sofort als Erfolg erwiesen. Doch Hitler intervenierte, und aus uner-
gründlichen Motiven verbot er die Weiterentwicklung der Sturmgewehre, wie diese neuen
Waffen nun bezeichnet wurden. Unverzagt, von
der Armee unterstützt, gab Haenel sein Modell
(wieder eins von Hugo Schmeisser, das dem von
Walther um Haaresbreite überlegen war) in Massenproduktion und änderte die Bezeichnung in
MP 43. Es hatte einen etwas längeren Lauf als der
MKb 42 (H) und wog einen Bruchteil mehr,
stimmte aber im übrigen mit ihm überein. Im
Gefecht erwies er sich als so erfolgreich, daß Hitler ein Jahr später nachgab und offiziell die Bezeichnung »Sturmgewehr« genehmigte.

Das MP 43/StG 44 war eine außergewöhnliche
Waffe, die den Weg für die Sturmgewehre bahn-
te, mit denen die meisten Armeen in der Nachkriegszeit ausgerüstet wurden. Die Wirkung der
vergleichsweise kurzen Munition mit der geringeren Treibladung war infolge der Feuergeschwindigkeit und der größeren Treffsicherheit
größer als die einer Maschinenpistole. Es wurden
Versionen mit Infrarot-Zielfernrohren für den
Nachteinsatz gebaut. Daneben gab es eine Son-
deranfertigung mit gebogenem Lauf, »Krumm-
lauf« genannt, der dazu bestimmt war, um die
Ecke zu schießen, und besonders für die Besatzungen von Panzern und gepanzerten Kampffahrzeugen geeignet war. Dieses Modell war kein
Erfolg, und allem Anschein nach wurden nur
wenige Exemplare hergestellt.

Rechts: Angehörige der Waffen-SS bei der Ausbildung an einem Vorkriegsmodell des schweren MG 08 (über Fred Stephens).

Unten: Ein MG 34 auf der schweren Lafette für Dauerfeuer. (BPK/W II/155/Grimm 200-11)

Maschinengewehre

7,92 mm MG 08, 08/15 und 08/18

Siehe Infanterie-Waffen 1914-32

7,92 mm MG 34

Kaliber: 7,92 mm, Länge: 1.129 mm, Lauflänge: 627 mm, Gewicht (geladen): 11,9 kg (mit Zweibein) 31,07 kg (mit dreibeinigem Gestell), Mündungsgeschwindigkeit: 755 m/sek. Magazinkapazität: 75-Schuß-Sattel oder 50-Schuß-Gurte, von denen fünf miteinander verbunden werden konnten, größte Gefechtsweite: 2.000 m, Feuergeschwindigkeit: 800-900 Schuß/Min.

7,92 mm MG 42

Wie MG 34, außer: Lauflänge: 533 mm, Gewicht (geladen): 11,8 kg (mit Zweibein), 29,7 kg (mit dreibeinigem Gestell), Mündungsgeschwindigkeit: 755 m/sek., Feuergeschwindigkeit: 1.550 Schuß/Min.

Diese beiden Maschinengewehre wurden zu ihrer Zeit allgemein als die besten der Welt betrachtet, von der Bundeswehr wurden sie mit dem NATO-Standardkaliber 7,62 mm beibehalten. Ihr Entwicklungszeitraum reicht bis 1919 zurück. In jenem Jahr hatte Rheinmetall — oder: um den vollen Namen zu nennen, die Rheinische Metallwaren- und Maschinenfabrik — eine holländische Firma eingerichtet, um die Beschränkungen des Versailler Vertrages umgehen

zu können; danach folgte in den 20ern Jahren eine geheime Verbindung zu russischen Waffen-Produktionsstätten und schließlich wurde die kleine Schweizer Firma Solothurn gekauft. Letztere Fusion führte 1929 zur Konstruktion des MG 30 »Solothurn«; dies war ein luftgekühltes, aus Kastenmagazinen versorgtes MG, das bis 1935 in Produktion blieb, seine hauptsächlichsten Abnehmer waren die österreichische und die ungarische Armee. Aus diesem Modell gingen das MG 15 und das MG 17 hervor, die ursprünglich als Waffen für Luftfahrzeugen entwickelt, aber später auch für den Erdeinsatz eingerichtet wurden. Die MG 30/15/17 hatten alle das gleiche Kaliber 7,92 mm. Die technischen Daten waren folgende:

7,92 mm MG 30 (Solothurn)

Länge: 1,175 mm, Lauflänge: 596 mm, Gewicht (geladen): 7,7 kg, Mündungsgeschwindigkeit: 761 m/sek. Magazinkapazität: 25-Schuß-Kasten, größte Gefechtswirkung: 2.000, Feuergeschwindigkeit: 800 Schuß/Min.

7,92 mm MG 15

Wie 7,92 mm MG 30 (Solothurn), außer: Länge: 1.334 mm, Lauflänge: 595 mm, Gewicht (geladen): 12,7 kg, Mündungsgeschwindigkeit: 755 m/sek, Magazinkapazität: 50-Schuß-Sattel, Feuergeschwindigkeit: 850 Schuß/Min.

7,92 mm MG 17

Wie 7,92 mm MG 15, außer: Mündungsgeschwindigkeit: 778 m/sek., Magazinkapazität: 250-Schuß-Gurt, Feuergeschwindigkeit: 1.000 Schuß/Min.
Da die MG 15 und 17 als Waffen für die Luftwaffe entwickelt worden waren, wurden sie vorwiegend von den Luftwaffen-Felddivisionen und

den Fallschirmjägern benutzt, auch das österreichisch-ungarische MG 30, von dem etwa 5.000 Exemplare hergestellt worden waren, kam noch im Zweiten Weltkrieg auf deutscher Seite zum Einsatz. Weil sie aus Magazinbehältern versorgt wurden, eigneten sie sich für den Einsatz als leichte MG. Anfang der 30er Jahre wurde Mauser beauftragt, eine darauf ähnliche Waffe zu entwickeln, die mit gegurteter Munition versorgt werden konnte und für Dauerfeuer geeignet war. So entstand das MG 34, eine Waffe mit ausgezeichneter Technik und Fabrikation.

Es war luftgekühlt und hatte einen durchbrochenen Laufmantel, einen Pistolengriff und hölzerne Schulterstütze. Beim Einsatz als leichtes MG wurde am Vorderteil des Laufes das Zweibein aufgeklappt, für den Einsatz als schweres MG konnte es auf ein dreibeiniges Gestell aufgesetzt werden. Es konnte entweder Munition aus der 75-Schuß-Satteltrommel verschießen (so genannt, weil zwei verbundene Trommeln rittlings auf die Patroneneinführung gesetzt wurden, aus den beiden Trommeln wurde abwechselnd je eine Patrone in die Geschoßkammer eingeführt) oder mit 50-Schuß-Gurten, von denen maximal fünf miteinander verbunden werden konnten, geschossen werden. Zusätzliche Lafetten schufen die Möglichkeit, das MG 34 auf Kampfpanzern und gepanzerten Kampffahrzeugen für die Flugzeugabwehr einzusetzen. Ferner gab es ein Periskop, das ein Schießen aus der Deckung des Schützengrabens erlaubte, ohne daß die Schützen sichtbar waren.

Eine wichtige Neuerung bestand darin, daß der Lauf schnell entriegelt und gewechselt werden konnte, — für eine Schnellfeuerwaffe ein wesentliches Konstruktionsmerkmal, das bei dem MG 42 — allerdings in einfacherer Form — beibehaltenf wurde. Ein Schnellentriegelungshebel machte einen Laufwechsel in fünf Sekunden möglich. Im Grunde war das MG 42 die gleiche Waffe wie das MG 34, doch die Konstruktion wurde wegen der Feuergeschwindigkeit, der Einfachheit und preiswerten Herstellung geändert. Aus diesem Grunde wurden beim MG 42 auch Plastikteile sowie gestanzte und spritzgegossene Metallteile verwendet wie bei der MP 40, Gelenkstellen wurden geschweißt und nicht vernietet oder verschraubt. Es hatte auch eine höhere Feuergeschwindigkeit als sein Vorgänger, der jedoch auch bis zum Kriegsende in Produktion blieb.

Das MG 34 mit einem stärkeren Laufmantel, aber ohne Schulterstütze, war die hauptsächliche Sekundärbewaffnung aller deutschen Panzer und gepanzerten Kampffahrzeugen den ganzen Zweiten Weltkrieg hindurch. Die deutsche Armee benutzte daneben — wie auch auf anderen Gebieten — eine Vielzahl von Maschinengewehren der besetzten Länder oder der Vasallenstaaten, z.B. die tschechische 7,92 mm ZBvz 26 und 27, die sowjetische 12,7 mm DShK und 7,62 mm SG 43, erbeutete britische und amerikanische schwere Maschinengewehre des Typs Vickers und Browning, obwohl sie alle unterschiedliche Munitionsarten benötigten.

Panzerabwehr-Waffen

7,92 mm PzB 38

Kaliber: 7,92 mm, Länge: 1.300 mm, Lauflänge: 1.090 mm, Gewicht: 15,88 kg, Mündungsgeschwindigkeit: 1.210 m/sek., Wirkungsweite: siehe Text, Feuergeschwindigkeit: Einzelfeuer.

7,92 mm PzB 39

Wie 7,92 mm PzP 38, außer: Länge: 1.580 mm, Gewicht: 12,35 kg, Mündungsgeschwindigkeit: 1.265 m/sek.

Die Panzerbüchse war ein Gewehr zur Panzerbekämpfung, das von Rheinmetall-Borsig entwickelt worden war. Sie hatte ein rückstoßgetriebenes gleitendes Schloß, die außergewöhnliche Anfangsgeschwindigkeit wurde erreicht, indem man eine 7,92-mm-Kugel, deren Kern aus Wolfram-Karbid bestand, mit einer 13-mm-Patrone kombinierte. Um den ungeheuren Rückstoß teilweise aufzufangen, glitt der Lauf zurück und warf dabei die leere Hülse aus. Sie hatte einen Pistolengriff, eine kurze Schulterstütze, eine Zweibeinstütze und einen Mündungsfeuerdämpfer. Die PzB 39 war im Grunde die gleiche Waffe, aber von einfacherer Konstruktion, sie hatte nicht den zurückgleitenden Lauf, die leere Hülse wurde ausgeworfen, wenn der Pistolengriff nach unten gedrückt wurde. Eine Mündungsbremse sollte dazu beitragen, den Rückstoß abzufangen. Theoretisch hatten die PzB eine Reichweite über 1.000 m, doch sie durchschlugen bei einem Auftreffwinkel von 90° auf eine Entfernung von 300 m nur 25-mm-Panzerplatten, bei 100 m waren es 30 mm. Weil diese Panzerbüchsen kaum eine Wirkung hatten, wurden sie später in der Weise geändert, daß der Lauf auf 613 mm verkürzt wurde und die gleichen Granaten verschießen konnte wie der Kar 98. In dieser Ausführung wurde sie Granatbüchse 39 genannt.

20 mm PzB 41

Kaliber: 20 mm, Länge: 2.110 mm, Lauflänge: 910 mm, Gewicht: 44 kg, Mündungsgeschwindigkeit: 735 m/sek., Wirkungsweite: siehe Text, Feuergeschwindigkeit: Einzelfeuer.

Dies war eine Variante des Schweizer 20-mm-»Solothurn«-Panzerbekämpfungsgewehrs, das von der deutschen Armee als schweres Panzerbekämpfungsgerät benutzt wurde; dazu gehörte entweder eine Zweibein-Stütze oder zwei kleine gummibereifte Räder, in der zuletzt genannten Ausführung gehörten zwei röhrenförmige Schleppschwengel aus Stahl. Es arbeitete nach dem Rückstoßprinzip, wurde aus 5- bzw. 10-Schuß-Magazinen versorgt und von der linken Seite geladen. Es war eine schwere und unhandli-

Unten links: Ein Infanterist des Afrika-Korps mit einer Granatbüchse 39, einer »abgesägten« PzB 39, die zum Verschießen von Gewehrgranaten eingerichtet wurde. BA/783/123/27a)

Unten rechts: Ein Unteroffizier der Division »Hermann Göring« mit einer 27-mm-Leuchtpistole Modell Walther. (BA/639/4263/6)

che Waffe, deren Produktion nach 1940 bald eingestellt wurde, da ihre Leistung kaum besser war als die der 7,92-mm-PzB.

Zu den sonstigen Panzerbekämpfungsgewehren, die von der Armee benutzt wurden, gehörten: das polnische 7,92 mm Modell 35s Mascerek (dem die PzB 38 und 39 nachgebaut wurden), ferner eine Waffe mit der Bezeichnung SS 41, über die nur soviel bekannt ist, daß ihre Produktion eingestellt wurde, als sie kaum begonnen hatte. Es handelte sich um ein »Bulldog«-Modell (d.h. der Lauf lag in seiner ganzen Länge im Schaft), hatte das Kaliber 20 mm, einen Pistolengriff und ein 10-Schuß-Kastenmagazin. Zu der Zeit, als es herausgebracht wurde, war es bereits veraltet, denn nur gegen leichte Panzerung konnte es etwas ausrichten.

27 mm Leuchtpistole

Dies war die Standardausführung der 27-mm-Signalpistole, die so umgebaut wurde, daß sie Gewehr- oder entsprechend geänderte Eierhandgranaten verschießen konnte. Diese Waffe hatte ein glattes Rohr, war nur für Einzelfeuer geeignet, hatte einen Revolvergriff, mit einem Laufeinsatz und einer Schulterstütze konnte die Treffgenauigkeit erhöht werden, doch auch dann war sie noch eine ungenaue und ziemlich wirkungslose Waffe.

Unten Ein Feldwebel der Division »Großdeutschland« unterweist einen Soldaten in der Handhabung der Panzerfaust. Er trägt am rechten Ärmel ein Sonderabzeichen für das Niederkämpfen von Panzerkampfwagen durch Einzelkämpfer. (BA/712/4795/9a

Oben: Leutnant Gerhard Konopka von der Division »Großdeutschland« mit einer 27-mm-Leuchtpistole. (BA/732/123/13

Panzerfaust

Die Panzerfaust tauchte zuerst 1942 in Rußland auf, als die Truppe anstelle der damals vorhandenen PzB eine wirkungsvollere Waffe zur Panzerbekämpfung forderte, die von Infanteristen getragen werden konnte. Sie wurde von Dr. Heinrich Langweiler bei der Hugo Schneider AG entwickelt und war eine sehr einfache, aber wirkungsvolle Waffe für kurze Entfernungen. Die ursprüngliche Panzerfaust war ein offenes Rohr von 360 mm Länge, hatte in der Mitte eine Explosivladung und an einem Ende eine Hohlgranate, an deren Ende Leitflossen waren, die nach dem Abschuß durch Federn in Position gebracht wurden, um den Flug der Granate zu stabilisieren. Beim Abschuß mußte das Gerät auf Armlänge vom Körper weggehalten werden, um den Schützen gegen den am hinteren Ende des Rohres austretenden Feuerstrahl zu schützen. Es war unmöglich, mit der ursprünglichen Panzerfaust einen gezielten Schuß abzugeben. Daher verlängerte Langweiler das Startrohr, damit es unter den Arm genommen werden konnte und baute eine einfache Zielvorrichtung an. Sie ging im Oktober 1943 als Panzerfaust 30 (auch als Faustpatrone 1 bekannt) in Produktion, und monatlich wurden bis zu 200.000 Stück hergestellt. Sie hatte eine Reichweite von 30 m und konnte auf diese Entfernung eine Panzerung von 140 mm bei einem 30°-Auftreffwinkel durchschlagen, — das reichte aus, jeden Panzer der damaligen Zeit zu vernichten. Nach dem Abschuß wurde das Rohr einfach weggeworfen. Weiterentwicklungen waren die Panzerfaust 60, welche die doppelte Reichweite hatte, und die Panzerfaust 100, die eine Reichweite von 100 m hatte, und schließlich kam im Januar 1945 eine Panzerfaust 150 heraus,

deren Startrohr wiederbenutzbar war. Alle Versionen der Panzerfaust waren billige und wirksame Waffen, einfach in der Herstellung und der Bedienung.

8,8 cm Raketen-Panzerbüchse 54

Kaliber: 88 mm, Länge: 1.640 mm, Gewicht: 9,18 kg, Mündungsgeschwindigkeit: 105 m/sek, Wirkungsreichweite: 120 m. Die 8,8-cm-Raketen-Panzerbüchse, auch als »Panzerschreck« oder — mit dem typischen Humor des Infanteristen — als »Ofenrohr« bekannt, war die erste Raketen-Panzerbüchse der deutschen Armee und weitgehend eine Kopie der amerikanischen Bazooka, die 1942 in Afrika erbeutet wurde.

Sie bestand aus einem hohlen Rohr mit einem Pistolengriff, in dem ein Magnet eingebaut war, der den Strom für die Abschußvorrichtung lieferte, einer Schulterstütze aus Leichtmetall, einer Zielvorrichtung und einem Schild, der den Schützen gegen den Rückstoßfeuerstrahl schützte. (Bei den ersten Modellen war der Schild noch nicht vorgesehen, deshalb mußten die Schützen eine Gasmaske als Gesichtsschutz tragen). Die Waffe verschoß eine Rakete, die Stabilisierungsflossen hatte, 3,28 kg wog,, 685 mm lang war und einen 0,66 kg schweren Hohlladungssprengkopf hatte, der bis auf 120 m eine Panzerung von 100 mm bei einem Auftreffwinkel von 30° durchschlug. Diese Waffe wurde von 1943 an in großen Mengen eingesetzt. Sie war viel wirkungsvoller als die amerikanische 60-mm-Bazooka, weil ihr Sprengkopf einen größeren Durchmesser hatte.

8,8 cm Raketenwerfer 43

Kaliber: 88 mm, Länge 2.970 mm, Rohrlänge: 1.600 mm, Gewicht: 143 kg, Mündungsge-

Rechts: Ein späteres Modell der RPzB 54 mit Schutzschild. (BA/578/1936/13a)

Links: Eins der ersten Modelle der RPzB 54 beim Einsatz; noch war der Schild nicht eingeführt, der das Gesicht des Schützen gegen den Rückstoßfeuerstrahl schützen sollte. (BA/494/3396/24)

schwindigkeit: 145 m/sek., Wirkungsreichweite: 700 m, Feuergeschwindigkeit: 6 Schuß/Min.
Diese Weiterentwicklung der RPzB 54 hatte den Beinamen »Püppchen« und wurde von Dr. Erich von Holt bei der Anhaltisch-Westfälischen Sprengstoff AG entwickelt. Sie verschoß die gleiche Hohlladungsrakete wie die RPzB 54, aber das hintere Ende des Startrohres war geschlossen. Dies bewirkte eine höhere Anfangsgeschwindigkeit und damit eine größere Reichweite, verursachte aber auch einen erheblichen Rückstoß. Aus diesem Grund wurde das Rohr auf einer zweirädrigen Kastenlafette montiert. Wegen seines Gewichts und der verhältnismäßig hohen Herstellungskosten wurde dieser Werfer nur in geringer Stückzahl hergestellt.

Mörser / Granatwerfer

5 cm le GrW 36

Kaliber: 50 mm, Länge: 465 mm, Gewicht der Granate: 0,89 kg, Wirkungsweite: 520 m, Feuergeschwindigkeit: 15 Schuß/Min.

8 cm GrW 34

Kaliber: 81 mm, Länge: 1.143 mm, Gewicht: 56,7 kg, Gewicht der Granate: 3,4 kg, Wirkungsreichweite: 2.380 m, Feuergeschwindigkeit: 12 Schuß/Min.

12 cm sGrW 42

Kaliber: 120 mm, Länge: 1.850 mm, Gewicht: 282 kg, Gewicht der Granate: 15,79 kg, Wirkungsreichweite: 5.940 m, Feuergeschwindigkeit: 6 Schuß/Min.

In den Grabenkämpfen des Ersten Weltkrieges setzten die Deutschen eine große Zahl von »Minenwerfern« ein, und 1930 übernahm die deutsche Armee Mörser, deren Konstruktion an Entwürfe von Mr. (später Sir) Wilfred Stokes, einem britischen Ingenieur, aus dem Jahre 1915 anknüpften. Dies waren sehr einfache, aber wirkungsvolle Waffen, deren Höhenrichtbereich über 45° lag. Sie bestanden aus einer Bodenplatte, einem Glattrohr mit einem Schlagbolzen, einer Zweibeinstütze mit einer Höhen- und einer Seitenrichtschraube. Ursprünglich waren sie für Belagerung oder Grabenkämpfe vorgesehen, wobei die Granaten fast senkrecht auf den Feind niedergingen. Inzwischen fanden die Mörser weitere Verwendungszwecke, besonders im Gebirge oder in unübersichtlichem Gelände.
Der 5 cm le GrW (leichte Granatwerfer) 36 war so konstruiert, daß er notfalls auch von nur einem Mann bedient werden konnte, wenn die planmäßige Bedienung auch aus zwei Mann bestand. Er war zu leicht, als daß er eine tatsächliche Wirkung hätte haben können. Daher wurden die 8-cm-Werfer die Standardwaffe, wie in der gesamten übrigen Welt. Der 12-cm (schwere)-Granatwerfer 42 ging in Produktion, nachdem die deutschen Streitkräfte die Wirkung der so-

wjetischen schweren Mörser zu spüren bekommen hatten. Er wurde an die Unterstützungskompanien aller Infanterie- und Panzergrenadier-Regimenter ausgeliefert. Solche schweren Granatwerfer hatten zwar eine geringere Reichweite als die Haubitzen vergleichbarer Kaliber, aber die gleiche Wirkung; darüber hinaus waren sie einfacher und billiger in der Herstellung und hatten eine größere Feuergeschwindigkeit. Deutsche 8-cm-Granatwerfer wurden in großer Zahl auch in SdKfz 250- und 251-Halbkettenfahrzeuge eingebaut und hatten somit die notwendige Beweglichkeit, um den zu erwartenden Feuerschlägen des Feindes auszuweichen. Das Heer setzte auch 10-cm-Granatwerfer ein, um Nebelfronten zu legen.

Oben: Eine der härtesten Schlachten in Italien wurde um die Ruine des Klosters Monte Cassino ausgetragen, das von alliierten Bombern sinnlos zerstört wurde, obwohl sich die Deutschen geweigert hatten, es wegen seines historischen Wertes zu besetzen. Erst nach der Zerstörung besetzten es deutsche Truppen. Hier bringen Fallschirmjäger 8-cm-Granatwerfer im Schutt in Stellung. (BA/578/1926/36)

Links: Ein 8-cm-Granatwerfer im Augenblick des Abschusses. Die Bedienung besteht aus Fallschirmjägern. (BA/577/1917/8)

Bezeichnung	Gesamtge-wicht (kg)	Gewicht der Sprengla-dung (kg)	Abmessungen (mm)		Sprengwir-kung Radius (m)	Panzer-durchdrin-gung (mm)
			Durchmes-ser/Länge	Höhe		
Panzerminen						
Pappmine	6,8	5,0	305	127	51	22
Panzer Schnell	7,7	6,0	254	102	56	26
Holzmine 42	8,16	5,2	305	114	52	23
Sprengriegel 43	9,98	7,98	838	82,5	65	35
Tellermine 29	6,0	4,5	254	76,2	49	20
Tellermine 35	9,0	5,2	324	76,2	54	24
Tellermine 35 S	9,75	6,3	324	90	54	24
Tellermine 42	9,0	5,2	305	102	54	24
Tellermine 43	8,2	5,2	317,5	102	54	24
Topfmine	9,0	5,7	317,5	140	55	25
R-Mine 43	9,3	4,0	102	90	45	17
Schützenminen						
LPZ	4,0	2,27	267	127	35	10
Eismine 42	2,58	1,8	267	102	31	8
Glasmine 43	0,45	0,2	152	102	10	-
Stabmine	0,9	0,23	254	127	11	-
Stockmine	2,08	0,3	559	76,2	7	-
Ballmine	1.0	0,2	254	254	10	-
Schü-Mine 42	0,5	0,23	127	102	10	-
Schü-Mine 43	4,0	0,17	127	102	10	-
Behelfsmine W-1	0,9	0,11	114	51	8	-
Topfmine	5,67	0,11	90	76,2	8	-

Minen

Die wichtigsten deutschen Minen waren: für die Panzerbekämpfung die Tellerminen und im übrigen die Schützenminen. Alle bestanden entweder aus einer Amatol-(Ammonium-Nitrat) oder TNT-(Trinitrotoluol) Sprengladungen und einer Druckplatte oder Schlagbolzenzündern, mit Ausnahme der Schützen-, Stock- und Ballminen, die durch Stolperdrähte ausgelöst wurden. Die meisten waren rund, die bemerkenswerte Ausnahme waren die Sprengriegel in Zinn- oder Stahlbehältern, die Vorgänger der heutigen Riegelmine. Um zu verhindern, daß sie aufgespürt und von Minensuchern ausgegraben werden konnten, wurden einige aus nicht-magnetischen Materialien hergestellt, z.B. die Holzmine aus Holz, die Glasmine aus Glas, die S-Mine Typ 42 aus Glas oder Holz und die S-Mine Typ 43 aus Beton. Die deutschen Minen wurden in der Regel im Abstand von 2 m verlegt, 50-100 mm unter der Erdoberfläche. Einzelheiten werden in der nachstehenden Tabelle aufgeführt. Nur die LPZ und die Eismine konnten etwas gegen gepanzerte Fahrzeuge ausrichten.

Beim Verlegen von Tellerminen (T Mi 42) in Italien. (BA/571/1701/23)

*Ein deutscher Fallschirm-
jäger in Winterbeklei-
dung hält eine Haft-
Hohlladung in der
Hand, eine 3 kg schwere,
magnetische Panzerbe-
kämpfungsmine.
(BA/555/902/ 12)*

*Ein Soldat der Division
»Hermann Göring«
führt einen Kar 98 mit
einer 46-mm-Schußgrana-
te zur Panzerbekämpfung
vor. (BA/369/4263/14)*

*Fallschirmjäger halten
Schubkarren für nützlich
zum Transport ihrer
Ausrüstung während des
Kampfes um Arnheim.
Zu beachten sind die Ei-
erhandgranaten im Kop-
pel des Mannes in der
Mitte. (BA/590/2333/7a)*

*Rechts: Stielhandgranaten
im Koppel von Fall-
schirmjägern in Winter-
bekleidung in Rußland.
(BA/578/1940/2)*

(Hand-)Granaten

Es gab viele Arten von Granaten als Handfeuer-waffen: die wichtigsten waren Handgranaten (Splitter-, Panzerabwehr- und Rauch-) und Gewehrgranaten (Splitter-, Panzerabwehr- und Leucht-). Von beiden gab es mehrere Ausführungen, wie in der folgende Liste nachzulesen ist. Aus Zweckmäßigkeitsgründen wird die Panzerfaust bei den Granaten aufgeführt.

Die Stielhandgranate Mod. 1924, 1939 und 43 waren im wesentlichen wie das Modell 1914, von der Länge und dem vereinfachten Herstellungsverfahren abgesehen. In 1942 wurde von der SS eine Splittermanschette einführt, nachdem man die russischen Granaten eingehend geprüft hatte. Eine Übungsgranate ohne Sprengsatz stand auch für die Ausbildung zur Verfügung.
Gewehrgranaten wurden aus 30-mm-Schießbechern abgeschossen.

Bezeichnung	Gesamtgewicht (kg)	Gewicht der Sprengladung (kg)	Reich-, Wurfweite (m)	Umkreis d. Wirkung (m)*	Panzerdurch-schlagskraft (mm)
Handgranten					
Stilgranate[1]	0,59	0,17	35	13	—
Eierhandgranate M 1939[2]	0,34	nicht bek.	45	13	—
Haft-Hohlladung[3]	3,5	1,5	0	30	110
Panzerwurfmine[4]	0,91	0,57	18	16	64
Rauchgranate[5]					
a) M 14	0,37	0,3	45	18	—
b) M 39	0,85	nicht bek.	30	16	—
c) M 41	0,59	nicht bek.	35	16	—
d) Rot	0,125	0,054	45	7	—
e) Orange	0,125	0,054	45	7	—
f) Gelb	0,125	0,054	45	7	—
g) Violett	0,125	0,054	45	7	—
Gewehrgranaten					
Gewehrgranate [6]	0,255	0,03	90	10	—
Gewehr-Panzergranate[7]	0,25	0,05	45	13	20
Große Gewehr-Panzergranate	0,38	0,13	90	13	33
Große Panzergranate 46	0,415	0,15	200	9	90
Große Panzergranate 61	0,57	0,25	200	10	126
Schußgranate P-40[8]	0,57	0,17	90	16	37
Leuchtgranate[9]	nicht bek.	nicht bek.	90	300	—
Pistolenleuchtgranate[10]	0,28	nicht bek.	75	90	—
Panzerfaust 30, 60, 100, 150	6,375	1,5	s. Anm. 11	30	140

---

* Bei Leucht- oder Rauchgranaten beziehen sich die Angaben auf den deutlich erhellten oder eingehüllten Bereich.

Anmerkung: 1 Splittergranate mit 4 Sek. Verzögerungszünder, 2 Splittergranate mit 4 Sek. Verzögerungszünder, 3 Hohlladungs-Panzerbekämpfungsmine, hatte drei Magneten auf der Unterseite, damit sie an die Seite der feindlichen Kampffahrzeuge geklappt werden konnte, sie hatte einen 4,5-7 Sek. Verzögerungszünder, 4 bei dieser genialen Erfindung wurde eine Hohlladung mit einem Holzgriff kombiniert, an dem sich vier mit Draht versteifte Segeltuchflossen befanden, die sich beim Flug wie ein Regenschirm öffneten und dafür sorgten, daß das Projektil mit dem Kopf, in dem der Aufschlagzünder saß, zuerst aufschlug. 5 das Mod 39 hatte einen 7 Sek., die anderen einen 4 Sek. Verzögerungszünder. Drei Rillen am Stiel gewährleisteten, daß sie im Dunkeln von den Splittergranaten unterschieden

werden konnten. 6 Gewehrgranate mit 4 Sek. Verzögerungszünder, 7 Panzerbekämpfungsgranaten hatten alle Aufschlagzünder, 8 eine Hohlladungswaffe, 9 Leuchtgranate, hatte einen 6 Sek. Verzögerungszünder, 10 Leuchtgranate, die aus einer Leuchtpistole abgefeuert wurde, die der britischen »Very Light« ähnlich war, 11 die Sprengköpfe dieser Waffen waren die gleichen, nur die Reichweite war unterschiedlich, sie hing von der Stärke der Treibladung ab. Siehe Text über »Panzerfaust«.

Flammenwerfer

Der Flammenwerfer wurde zuerst von den Deutschen 1914 eingesetzt. Die bloße Drohung mit dem Einsatz von Flammenwerfern reichte oft schon aus, daß Soldaten kapitulierten, die andernfalls im Granat- oder MG-Feuer kaltblütig ausgehalten hätten. Andererseits verlangte die Handhabung eines Flammenwerfers große Geschicklichkeit. Eine echte Wirkung erzielten sie allerdings nur im Stellungskrieg beim Einsatz gegen vorbereitete Befestigungen. Es ist bemerkenswert, daß Flammenwerfer mit Erfolg gegen unterirdische Gänge der Japaner auf den pazifischen Inseln, aber auch in Korea und Vietnam eingesetzt wurden. Aber kein Land der NATO oder des Warschauer Pakts hat moderne Flammenwerfer für die Verwendung bei der kämpfenden Truppe. Die Deutschen setzten nach 1941 Flammenwerfer zumeist nur noch auf gepanzerten Fahrzeugen ein. Jeder Flammenwerfer be-

Links: Ein SS-Grenadier während der Kämpfe um Kursk mit Schießbecher und dazugehöriger Granate auf seinem Kar 98. (BA/78/20/2a)

Unten: Flammenwerferdemonstration während eines Manövers. (BA/639/4273/22)

steht aus vier wichtigen Teilen: aus einem Behälter mit brennbarer Flüssigkeit, die meist klebrig ist, so daß sie sich auf der menschlichen Haut festsetzt, aus einem weiteren Behälter mit komprimiertem Gas, das die Flüssigkeit treibt, aus einem Rohr, in dem beides gemischt wird, und einer Düse mit eingebautem Zünder, um das Flamm-Material zu versprühen.

Der erste Flammwerfer des Heeres war das schwere und unhandliche Modell 35 mit einem Gewicht von 35,8 kg, darauf folgten die fast identischen Modelle 40 und 41, bei denen eine beachtliche Reduzierung des Gewichts bis auf 21,42 kg erzielt werden konnte. Schließlich kam das Modell 42 heraus, es wog nur 13,37 kg und hatte anstelle eines Gasbehälters Treibpatronen, die unter den klimatischen Bedingungen in Rußland nicht einfroren. Alle diese Flammenwerfer hatten Flüssigkeit und Gas für zehn Feuerstöße von je einer Sekunde und hatten eine Reichweite von 20-25 Metern.

Das letzte Modell gegen Kriegsende war der »Einstoßflammenwerfer 46«, der ursprünglich für die Belange der Fallschirmjäger entwickelt worden war. Dies war ein einfacher Hohlkörper, der mit Brennstoff gefüllt war und eine Gaspatrone hatte, die für einen einmaligen Feuerstoß von einer Sekunde ausreichte. Nach der Benutzung wurde die Waffe weggeworfen. Von den letzten Tage der Belagerung Berlins abgesehen, scheint aber dieser Flammenwerfer nur beschränkte Verwendung gefunden zu haben.

Hier werden Verbindungsschläuche eines Flammenwerfers überprüft, bevor er zum Einsatz kommt. BA/94/437/32a)

Geschütze 1933-1945

Flugabwehr-Geschütze

2 cm Flak 30

Kaliber: 20 mm, Rohrlänge: 2.300 mm, Gefechtsgewicht: 483 kg, größte Erhöhung: 90°, Schwenkbereich: 360°, Mündungsgeschwindigkeit: 899 m/Sek. (Sprenggr.), 830 m/Sek. (beim Verschießen von panzerbrechender Munition auf Bodenziele), Geschoßgewicht 0,12 kg, größte horizontale Reichweite: 2.697 m, Feuergeschwindigkeit: 120/280 Schuß/Min.

2 cm Flak 38

Wie 2 cm Flak 30, außer: Gefechtsgewicht: 406 kg, Feuergeschwindigkeit: 220/480 Schuß/Min.

2 cm Flakvierling

Wie 2 cm Flak 38, außer: Gefechtsgewicht: 1.514 kg, größte Erhöhung: 100°, Feuergeschwindigkeit: 800/1.800 Schuß/Min.

Die 2 cm Flak 30 (später Flak 38) blieb den ganzen Zweiten Weltkrieg hindurch eine der hauptsächlichen Waffen des deutschen Heeres, doch gege Ende des Krieges fiel es diesem Waffensystem immer schwerer, gegen die schwer gepanzerten alliierten Schlachtflieger viel auszurichten, die sich auf alles stürzten, das auch nur die geringste Bewegung machte. Beide Modelle hatten einen einzelnen Sitz für den Richtkanonier und wurden durch gebogene 10-Schuß-Magazine geladen. Sie hatten ein dreibeiniges Untergestell, das ein Rundum-Schwenken erlaubte; sie wurden entweder auf zweirädrigen Anhängern gezogen oder auf einer Vielzahl von Fahrzeugen montiert. Der Flakvierling war eine Sonder-Lafettierung für vier Flak 38, die von Mauser für die Kriegsmarine entwickelt und dann auch vom Heer übernommen wurde. Siehe auch unter »Möbelwagen« und »Wirbelwind«.

3 cm Flak 103

Kaliber: 30 mm, Rohrlänge: 1.338 mm, Gefechtsgewicht: 618 kg, größte Erhöhung: 80°, Schwenkbereich: 360°, Mündungsgeschwindigkeit: 899 m/Sek. Geschoßgewicht: 0,15 kg, größte vertikale Reichweite: 4.694 m, größte horizontale Reichweite: 5.715 m, Feuergeschwindigkeit: 400.

Diese Waffe wurde Ende des Krieges entwickelt, von Rheinmetall ab 1944 hergestellt und sollte das 2-cm-System ergänzen, das sich in jener Zeit bereits als unzulänglich erwiesen hatte. Sie wurde vor dem Ende der Feindseligkeiten nur in gerin-

Ein 2 cm Flakvierling im Einsatz gegen Bodenziele. (BA/303/586/26)

Eine 2 cm Flak wird von Männern der Division »Hermann Göring« in Stellung gebracht. (BA/639/4271/14)

Eine 2 cm Flak, die auf einem SdKfz 10 der Division »Hermann Göring« montiert wurde. (BA/639/4272/38)

Ein Flakvierling, am 22. Februar 1942 in Tunesien aufgenommen. (BPK/W II 265)

ger Stückzahl hergestellt und sollte die Hauptwaffe des Flakpanzers »Kugelblitz« werden, aus dem die Amerikaner später das M 42 entwickelten, das noch später von der Bundeswehr in Dienst gestellt wurde.

3,7 cm Flak 18/36/37

Kaliber: 3,7 cm, Rohrlänge: 3.626 mm, Gefechtsgewicht (Flak 18): 1.757 kg, (Flak 36/37): 1.544 kg, größte Erhöhung 85°, Schwenkbereich: 360°, Mündungsgeschwindigkeit: 820 m/Sek (Sprenggr.), 770 m/Sek. (Panzergr.), Geschoßgewicht: 0,556 kg, größte vertikale Reichweite: 4.785 m, größte horizontale Reichweite: 6.460 m, tatsächliche Feuergeschwindigkeit: Flak 18 80, Flak 36 120 Schuß/Min.

3,7 cm Flak 43

Wie 3,7 cm Flak 18/36/37, außer: Rohrlänge 3.300 mm, Gefechtsgewicht: 1.247 kg, größte Erhöhung 90°, tatsächliche Feuergeschwindigkeit 180 Schuß/Min.

Die 3,7 cm Flak 18 kam 1935 heraus, wurde jedoch nur in geringer Stückzahl hergestellt und dann durch die Flak 36/37 ersetzt, die ein leichteres dreibeiniges Untergestell hatte, anstelle des unförmigen vierbeinigen Untergestells des Vorgängermodells. Mit dem Modell 36 war die Flak 37 identisch, die allerdings eine neue Zielvorrichtung hatte. Die Flak 43 war eine bodennahe Version der Rheinmetall-Luftabwehrkanone MK 103, die auf der gleichen Lafette montiert wurde, wie die Flak 36/37. Es wurde auch eine Zweirohr-Version hergestellt, die als Flakzwilling 43 bekannt wurde und ein Gesamtgefechtsgewicht von 2.781 kg hatte. Die Flak 36/37 wurde auf ei-

ne Vielzahl von Halbkettenfahrzeugen und auf das Fahrgestell des PzKpfw IV montiert — siehe »Ostwind«.

5 cm Flak 41

Kaliber: 50 mm, Rohrlänge: 4.686 mm, Gefechtsgewicht: 3.100 kg, größte Erhöhung: 90°, Schwenkbereich: 360°, Mündungsgeschwindigkeit: 840 m/Sek. Geschoßgewicht: 2,2 kg, größte vertikale Reichweite: 9.000 m, (die Wirkungshöhe lag bei 5.600 m), größte horizontale Reichweite: 12.400 m, Feuergeschwindigkeit: 130 Schuß/Min.

Das 5 cm Panzerabwehrgeschütz Pak 38 war ein erfolgreiches Modell, das auch dann noch im Dienst blieb, als die 7,5 cm Pak 40 eingeführt wurde. Die 5 cm Flak 41 wurde ab November 1940 in Dienst gestellt und erwies sich als Fehlkonstruktion; sie sollte den mittleren Höhenbereich abdecken, der zwischen den 2-cm- und 3,7-cm einerseits und den 8,8-cm-Kanonen andererseits lag. Doch es stellte sich heraus, daß sie instabil und schwierig zu richten war. Man versuchte, das Modell zu verbessern, indem man ihm eine neue Lafette, ein neues Rückstoßsystem und eine Radar-Feuerleitung gab — aber bis gegen Ende des Krieges wurde davon lediglich ein Prototyp herausgebracht.

8,8 cm Flak 18/36/37

Kaliber: 88 mm, Rohrlänge: 4.930 mm, Gefechtsgewicht: 4.985 kg, größte Erhöhung: 85°, Schwenkbereich: 360°, Mündungsgeschwindigkeit: 820 m/Sek (Sprenggr.), 795 m/Sek. (Panzergranaten gegen Bodenziele); Geschoßgewicht: 9,4 kg, größte vertikale Reichweite: 9.900 m (aber

Göring glaubte, daß kein englischer Bomber das Herz des Vaterlandes erreichen könnte — andere waren sich da nicht so sicher. Hier ein nächtliches Flak-Schießen, das es schon im Herbst 1939 gab. (BPK/W II/333)

Beim Laden eine 8,8 cm
Flak-Geschützes, das —
nach dem eingestellten
Höhenwinkel zu urteilen
— zur Panzerbekämp-
fung eingesetzt ist.
(BA/496/3491/ 36).

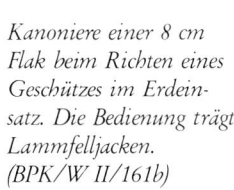

Kanoniere einer 8 cm
Flak beim Richten eines
Geschützes im Erdein-
satz. Die Bedienung trägt
Lammfelljacken.
(BPK/W II/161b)

die Wirkungshöhe war nur 8.000 m), größte horizontale Reichweite: 14.813 m, Feuergeschwindigkeit: 15 Schuß/Min.

8,8 cm Flak 41

Wie 8,8 cm Flak 18/36/37, außer: Rohrlänge 6.548 mm, Gefechtsgewicht: 7.800 kg, größte Erhöhung: 90°, Mündungsgeschwindigkeit: 1.000 m, größte vertikale Reichweite: 15.000 m (aber die Wirkungshöhe reichte nur bis 9.600 m), größte horizontale Reichweite: 19.730 m, Feuergeschwindigkeit: 20 Schuß/Min.

Die Flak 18/36/37 war zwar als Flugzeugabwehrgeschütz entwickelt worden, berühmt wurde sie aber als Panzerabwehrwaffe. Sie wurde 1931 von einer Konstruktionsgruppe bei Krupp entwickelt, die geheim nach Schweden entsandt worden war, um mit Bofors Verbindung aufzunehmen. Die Produktion wurde aufgenommen, nachdem Hitler den Versailler Vetrag für unverbindlich erklärte. Das Geschütz war ein konventionelles Modell, hatte allerdings einen halbautomatischen Verschluß und war auf einem hohen Sockel montiert, der die erforderliche Erhöhung

Oben: 8,8 cm Flakgeschütze, auf Eisenbahnwaggons montiert, dienten dem Schutz von Eisenbahnknotenpunkten und konnten sehr schnell ihre Stellungen wechseln. (BA/638/4208a/31)

Unten: Ein zur Panzerbekämpfung eingesetztes 8,8 cm-Geschütz. Auf dem Schild ist das Symbol des Afrika-Korps zu erkennen. Zwei PzKpfw IV stehen im Hintergrund; bei Agheila 1941. (BA/W II/263)

zuließ und seinerseits auf einer kreuzförmigen Plattform montiert war, deren seitliche Holme links und rechts an das Rohr geklappt wurden, wenn das Geschütz auf der zweirädrigen Protze transportiert wurde. Die Flak 38 war im Grunde das gleiche Geschütz wie die Flak 18; die Rohrkonstruktion bestand aus drei Teilen, die in einem äußeren Futterrohr eingebettet waren, wenn Verschleiß eintrat, konnte der am meisten betroffene Teil ausgewechselt werden, was eine beträchtliche Materialeinsparung bedeutete. Die Flak 36 hatte auch identische Vorder- und Hinterausleger mit Rohrstützen, so daß das Geschütz sowohl vorwärts als auch rückwärts gezogen werden konnte, diese einfache Veränderung trug wesentlich zur Beweglichkeit und damit Schnelligkeit auf dem Gefechtsfeld bei. Die Flak 37 war im Grunde das gleiche Modell, doch das Rohr bestand aus zwei Abschnitten, sie hatte ferner eine einfacher zu bedienende Zielvorrichtung.

Rheinmetall-Borsig begann in 1939 die Arbeit an einem verbesserten Geschütz mit größerer Mündungsgeschwindigkeit und Reichweite, das 1941 als Flak 41 herauskam. Es hatte einen Drehscheiben-Unterbau — ohne den hohen Sockel —, der eine zusätzliche Erhöhung von 5° zuließ. Daß die Gesamthöhe der Waffe verringert wurde, war beim Einsatz zur Panzerbekämpfung von Vorteil. Dies Modell hatte wieder ein dreiteiliges Rohr, aber Schwierigkeiten beim Auswurf der Kartuschen führte dazu, daß ein zweiteiliges Rohr eingeführt wurde. Eine spezielle Version der Flak 41 zur Panzerbekämpfung wurde später entwickelt und als Pak 43 bezeichnet.

Es wurden zwei weitere 8,8-cm-Flugabwehrgeschütze gebaut; das erste wurde als Flak 36/43 bekannt und war lediglich ein Rohr der Flak 41 auf einer Lafette der Flak 36, da mehr Rohre produziert wurden, als Lafetten hergestellt werden konnten. Das zweite Modell war die Flak 37/41, von der nur 12 Exemplare gebaut wurden. Dies war eine normale Flak 37, die mit einer größeren Geschoßkammer für eine größere Treibladung ausgestattet war. Als das erste Duzend des geänderten Modells gebaut worden war, waren die Probleme mit dem Rohr der Flak 41 gelöst, und es wurden keine weiteren Flak 37/41 gebaut. (Eine Zeichnung befindet sich unter SdKfz 7 im Abschnitt »Fahrzeuge«).

10,5 cm Flak 38/39

Kaliber: 105 mm, Rohrlänge: 6.648 mm, Gefechtsgewicht: 10.224 kg, größte Erhöhung: 85°, Schwenkbereich: 360° Mündungsgeschwindigkeit: 881 m/Sek. größte vertikale Reichweite: 11.400 m (aber die größte Wirkungshöhe war 9.450 m), Feuergeschwindigkeit: 12 Schuß/Min. Die schweren 10,5 cm- und 12,8 cm-Flugabwehrgeschütze wurden fast ausschließlich von Luftwaffenpersonal bedient. Sie waren das Rückgrat der Verteidigung der deutschen Städte und werden hier nur der Vollständigkeit wegen aufgeführt. Das 10,5 cm-Geschütz war ein von Rheinmetall entwickeltes Modell, das eine Ladeautomatik hatte, welche die hohe Feuergeschwindigkeit einer solch schweren Waffe ermöglichte. Von 1936 an wurden über 2.000 Exemplare hergestellt, von denen viele auf Eisenbahntiefladewagen zum Schutz von Bahnhöfen und Rangierbahnhöfen und zur schnelleren Verlegung montiert waren. Sie wurden später durch die 8,8-cm-Flak 41 zwar nicht völlig verdrängt, aber doch weitgehend ersetzt, weil diese eine größere Leistung entwickelte, obwohl sie eine leichtere Granate verschoß.

12,8 cm Flak 40

Kaliber: 128 mm, Rohrlänge 7.835 mm, Gefechtsgewicht: 27.000 kg, größte Erhöhung: 88°, Schwenkbereich: 360°, Mündungsgeschwindigkeit: 880 m/Sek. Geschoßgewicht: 26 kg, größte vertikale Reichweite: 14.800 m (aber die größte Wirkungshöhe war 10.675 m), Feuergeschwindigkeit: 10 Schuß/Min.

Die 12,8 cm Flak 40 war das schwerste deutsche Flugabwehrgeschütz und bildete die Basis für das Panzerabwehrgeschütz Pak 44, das auf den Jagdtiger montiert wurde. Der Auftrag ging an Rheinmetall, und 1938 wurde das Geschütz in Dienst gestellt. Es war ein schwerfälliges Modell, denn Rohr und Lafette mußten getrennt transportiert werden, so daß vor dem Einsatz erst beide Teile wieder zusammengebaut werden mußten. Es wurden nur 567 Exemplare gebaut, von denen die Hälfte auf Eisenbahnwaggons montiert wurde.

Panzerabwehrgeschütze
2,8 cm sPzB 41

Kaliber: 28-20 mm (konische Bohrung), Rohrlänge: 1.714 mm, Gefechtsgewicht: 229 kg (Standardausführung), 118 kg (Luftlande-Ausführung), größte Erhöhung: 45°, Schwenkbereich: 90°, Mündungsgeschwindigkeit: 1.402 m/Sek. Geschoßgewicht: 0,1305 kg, größte Reichweite: 1.000 m, panzerbrechende Wirkung: 50 mm bei 30° auf 500 m.

Die sPzB 41 wurde 1942 auf Drängen des Heeres als Ersatz für die hoffnungslos unzulängliche 3,7-cm-Pak 35/36 gebaut. Sie war das, was gebraucht wurde: eine sehr leichte, äußerst bewegliche, auch für Luftlandetruppen geeignete Waffe, die im Mannschaftszug transportiert und von zwei Mann bedient werden konnte. Sie hatte außerdem eine größere Durchschlagskraft als die 3,7-cm-Waffe mit ihrem größeren Kaliber, die sie ersetzte. Wegen ihrer geringen Größe und ihres niedrigen Gewichts, wurde sie als Panzerbüchse und nicht als Geschütz bezeichnet.

Der Plan, ein »Geschütz« mit einer konischen Bohrung zu konstruieren, bei dem das Geschoß »gequetscht« wurde, um bei einer vorgegebenen Treibladung eine höhere Geschwindigkeit zu erreichen, geht auf ein Patent aus dem Jahre 1903 zurück, das ein Karl Puff angemeldet hatte. Aber das Konzept ruhte, bis es Anfang der 20er Jahre von Hermann Gerlich wieder hervorgeholt wurde. Gerlich starb 1934, aber die Idee der »kegelförmigen« oder »konischen« oder »Quetschbohrung« überlebte und wurde von der deutschen Armee bei der Konstruktion der 2,8 cm sPzB 41, der leichten 4,2 cm Pak 41 und der 7,5 cm Pak 41 verwendet. Bei diesen Modellen verjüngt sich das Rohr entweder allmählich oder abschnittsweise vom Verschluß bis zur Mündung. Die Geschoßhülle weist Metallknöpfe auf, die in Aussparungen gepreßt werden, sobald das Geschoß beschleunigt. Gleichzeitig werden noch die Führungsringe des Geschosses zusammengedrückt. Weil das Geschoß selbst im Vergleich zur Treibladung klein und leicht ist, erhält es eine hohe kinetische Energie, die in Durchschlagskraft umgesetzt wird. Der Nachteil war ein hoher Rohrverschleiß, und deshalb geriet das Gerlich-Prinzip in Mißkredit, so daß Geschossen nur mit Führungsringen der Vorzug gegeben wurde, da sie eine ähnliche Wirkung erzielten. Bei den deut-

schen Geschützen mit konischer Bohrung war nach etwa 500 Schüssen ein Rohrwechsel erforderlich.

Die sPzB 41 hatte eine Spreizlafette aus Leichtmetall, einen doppelten Splitterschutzschild und kleine Räder mit Gummibereifung; sie hatte als Bediengeräte ein Zielfernrohr an der linken Seite des Rohres, ferner Spatengriffe zum Einrichten der Waffe. Beim Einsatz wurden die Räder abmontiert, so daß die PzB flach auf dem Boden lag und so das ohnehin niedrige Profil noch verringerte, so daß auch der Schütze flach auf dem Boden liegen konnte. Die noch leichtere Luft-Landelafette war aus Stahlrohren gefertigt, hatte jedoch keinen Splitterschild als Standardausführung.

Die sPzB 41 wurde auf das gepanzerte SdKfz 221 und das Halbketten-SdKfz 250/11 montiert.

3,7 cm Pak 35/36

Kaliber: 37 mm, Rohrlänge: 1.665 mm, Gefechtsgewicht: 423 kg, größte Erhöhung: 25°, Schwenkbereich: 60°, Mündungsgeschwindigkeit: (a) 762 m/Sek. (Standard-PzGran. 39, (b) 1.030 m/Sek. (PzGran 40 Wolfram), (c) 110 m/Sek. (Stielgranate 41, Hohlgranate), Geschoßgewicht: (a) 0,68 kg, (b) 0,354 kg, (c) 8,5 kg, größte Reichweite: 4.025 m (Sprenggran.), Feuergeschwindigkeit: 10-15 Schuß/Min. panzerbrechende Wirkung: (a) 36 mm bei 30° auf 500 m, (b) 55 mm bei 30° auf 500 m, (c) 180 mm bei 30° auf 300 m.

Die Pak 35/36 war bei Kriegsausbruch das Standard-Panzerabwehrgeschütz des deutschen Heeres, doch bald wurde sie »Heeres-Anklopfgerät« getauft, weil ihre Leistung gegen die schwer gepanzerten französischen Char Bs, britischen Matildas und natürlich 1941 gegen die sowjetischen T-34 und KW1 gänzlich unzureichend war. In Spanien und Polen hatte sie sich als nützlich er-

Eine 3,7 cm Pak 35/36, die noch 1944 von Fallschirmjägern in Italien benutzt wurde. (BA/570/1606/22)

Eine 3,7 cm Pak 35/36, hier von Fallschirmjägern im Mannschaftszug in Stellung gebracht. (BA/555/904/25)

wiesen, aber schon 1940 war sie völlig veraltert. Die Verwendung von Wolfram-Granaten und die Entwicklung von flossenstabilisierten Hohlgranaten, die auf die Rohrmündung aufgesetzt und mit einer Treibladung abgefeuert wurden, verlängerte die Existenz dieses Geschützes, aber um die Mitte des Krieges war es weitgehend zurückgezogen und an Reserve- oder Ausbildungseinheiten übergeben worden. Sie war ein konventionelles Modell, hatte eine Spreizlafette mit Stahlrohrholmen, einen abgeschrägten Splitterschutzschild, konnte im Mannschaftszug transportiert und von nur zwei Mann bedient werden. Über 20.000 Exemplare wurden als Panzerabwehrgeschütze hergestellt, und das Basismodell wurde in den PzKpfw III als die 3,7 cm KwK eingebaut. Die Pak 35/36 wurde auch als Selbstfahrlafette auf das SdKfz 10 und die Halbkettenfahrzeuge SdKfz 250/10 und 251/10 montiert; einige wurden auch auf erbeutete Fahrzeuge behelfsmäßig eingebaut. (Eine entsprechende

Zeichnung befindet sich unter SdKfz 10 in dem Abschnitt »Fahrzeuge«).

4,2 cm le Pak 41

Kaliber: 40,6 - 29,4 mm, Rohrlänge: 2.250 mm konische Bohrung, Gefechtsgewicht: 450-640 kg (je nach Lafette), größte Erhöhung: 15-32° (x), Schwenkbereich: 41-60° (x), Mündungsgeschwindigkeit: 1.265 m/Sek., Geschoßgewicht: 0,336 kg, größte Reichweite: 1.000 m, Feuergeschwindigkeit: 10-12 Schuß/Min., panzerbrechende Wirkung: 70 mm bei 30° auf 500 m, 50 mm auf 1.000 m.

Das tatsächliche Maximalkaliber dieser Waffe war 4,6 cm, aber sie wurde als 4,2-cm-Geschütz klassifiziert und kam zur gleichen Zeit heraus wie die oben beschriebene sPzB 41 und war im Regelfall auf der Lafette der Pak 35/36 montiert; die Rohre wurden jedoch auch auf Fahrzeugen verwandt. Materialknappheit, besonders an Mangan, führte 1942 zur Einstellung der Produktion. Die Pak 41 hatte einen doppelten Splitterschutzschild und war so gut ausbalanciert, daß sie notfalls von einem einzigen Mann bedient werden konnte.

4,7 cm Pak M 36 (t)

Kaliber: 47 mm, Kaliberlänge: L/44, Gefechtsgewicht: 570 kg, größte Erhöhung: 26°, Schwenkbereich: 50°, Mündungsgeschwindigkeit: 775 m/Sek. Geschoßgewicht: 1,7 kg, größte Reichweite (Sprenggran.): 5.800 m, Feuergeschwindigkeit: 10 Schuß/Min. panzerbrechende Wirkung: 55 mm bei 30° auf 500 m.

Dieses tschechische Panzerabwehrgeschütz wurde auf das Fahrgestell des PzKpfw I gebaut und so 1940 als Panzerjäger I bezeichnet. Für Aufgaben im rückwärtigen Gebiet wurde das Geschütz auch auf die französische Lorraine- und Renault-Zugmaschine gebaut. Einige gepanzerte Beutefahrzeuge des Modells Panhard wurden ebenfalls auf diese Waffe umgerüstet.

5 cm Pak 38

Kaliber: 50 mm, Rohrlänge: 2.975 mm, Gefechtsgewicht: 986 kg, größte Erhöhung: 27°, Schwenkbereich: 65°, Mündungsgeschwindigkeit: (a) 823 m/Sek. (Standard-PzGran. 39), (b) 1.198 m/Sek. (PzGran. 40 Wolfram), Geschoßgewicht: (a) 2,25 kg, (b) 0,975 kg, größte Reichweite (Sprenggran.): 2.652 m, Feuergeschwindigkeit: 12-14 Schuß/Min., panzerbrechende Wirkung: (a) 61 mm bei 30° auf 500 m, 50 mm auf 1.000 m, (b) 86 mm bei 30° auf 500 m, 55 mm auf 1.000 m.

Noch während die 3,7 cm Flak 35/36 in Dienst gestellt wurde, begannen Planungen für ein stärkeres Panzerabwehrgeschütz, um die Bedürfnisse der deutschen Armee in den 40er Jahren abzudecken. 1938 erhielt Rheinmetall den Auftrag, eine 5-cm-Waffe zu entwickeln. Ende 1940 kam das Modell als Pak 38 heraus, die in jeder Hinsicht eine perfekte Konstruktion war, sie hatte eine Spreizlafette mit abwärts geschwungenen Holmen, eine Drehstabfederung, gepreßte Stahlräder mit Vollgummibereifung, eine Mündungsbremse und einen doppelten Splitterschutzschild. Die Einführung der Wolfram-Granate steigerte ihre Wirkung. Später wurde — wie schon für die Pak 35/36 — eine flossenstabilisierte Panzerhohlgranate entwickelt, die mit einer Treibladung abgeschossen wurde. Diese Granate hatte die gleiche Durchschlagskraft wie die frühere, doch die Reichweite war auf 150 m beschränkt. Das Grundmodell der Pak 38 in der Lang- und Kurzrohrausführung wurde zur Hauptwaffe der späteren Serien des PzKpfw III und des Spähwagens »Puma« und wurde ebenfalls auf nicht gepanzerte Halbkettenfahrzeuge des SdKfz 10 montiert.

7,5 cm Pak 40

Kaliber: 75 mm, Rohrlänge: 3.450 mm, Gefechtsgewicht: 1.425 kg, größte Erhöhung: 22°, Schwenkbereich: 65°, Mündungsgeschwindigkeit: (a) 792 m/Sek. (Standard-PzGran. 39), (b) 933 m/Sek. (PzGran. 40 Wolfram), Geschoßgewicht: (a) 6,8 kg, (b) 3,2 kg, größte Reichweite (Sprenggran.): 7.680 m, Feuergeschwindigkeit: 12-14 Schuß/Min., panzerbrechende Wirkung:

104 mm bei 30° auf 500 m, 89 mm auf 1.000 m,
(b) 115 mm bei 30° auf 500 m; 96 mm auf 1.000 m.

7,5 cm Pak 41

Kaliber: 75-55 mm, Rohrlänge: 3.450 mm, konische Bohrung, Gefechtsgewicht: 1.356 kg, größte Erhöhung: 17°, Schwenkbereich: 60°, Mündungsgeschwindigkeit: 1.125 m/Sek. (Wolfram-PzGran. 41), Geschoßgewicht: 2,59 kg, Feuergeschwindigkeit:12-14 Schuß/Min., panzerbrechende Wirkung: 171 mm bei 30° auf 500 mm, 145 mm auf 1.000 m.

7,5 cm Pak 97/38

Kaliber: 75 mm, Rohrlänge: 2.720 mm, Gefechtsgewicht: 1.190 kg, größte Erhöhung: 25°, Schwenkbereich: 60°, Mündungsgeschwindigkeit: (a) 570 m/Sek. (Standardgran.), (b) 450 m/Sek. (Hohlladungsgran.), Geschoßgewicht: 2,58 kg, Feuergeschwindigkeit: 12 Schuß/Min., panzerbrechende Wirkung: 100 mm bei 30° auf 500 m.

Sowohl Krupp als auch Rheinmetall-Borsig hatten schon 1939 den Auftrag erhalten, ein 7,5-cm-Panzerabwehrgerät zu entwickeln. Doch diesen Projekten wurde eine niedrige Dringlichkeit zugebilligt, bis das deutsche Heer im Sommer 1941 auf die sowjetischen T-34 und KW-I stieß. Die Arbeit schritt dann schnell voran, und Ende des Jahres wurde die Pak 40 (von Rheinmetall) und die Pak 41 (von Krupp) in Dienst gestellt.

Die Pak 40 war in jeder Hinsicht eine vergrößerte Pak 38, sie hatte die gleiche Spreizlafette mit Rohrholmen, Drehstabfederung, einen doppelten Splitterschutzschild, gepreßte Stahlräder mit Vollgummibereifung und eine Mündungsbremse. Sie hatte ein niedriges Profil, erzielte hervorragende Ergebnisse und blieb das wichtigste Panzerabwehrgeschütz für den Rest des Krieges.

Die Pak 41 von Krupp war auf normale Kampfentfernung — bis 1.000 m — eine überlegene Waffe. Sie war ein Modell mit konischer Bohrung, die sich von den oben beschriebenen Ausführungen dieser Art dadurch unterschied, daß der größte Teil des Rohres parallel war, ein kegelförmig gebohrter Teil wurde aufgeschraubt, der das Kaliber um 20 mm auf 55 mm verringerte; daran wurde wieder ein paralleles Stück mit dem Kaliber 55 mm geschraubt. Diese Konstruktionsweise hatte zur Folge, daß nur der konisch gebohrte Teil nach etwa 500 Schuß ausgewechselt werden mußte. Von Ende 1941 ab wurde die Beschaffung von Wolfram schwierig; aus diesem Grunde wurden insgesamt nur 150 Pak 41 gebaut. Wäre diese Materialknappheit nicht eingetreten, hätte das Modell von Krupp das von Rheinmetall sicher ersetzt, denn es war in der Lage, jeden damals bekannten Panzer zu zerstören. Einige Lafetten der Pak 41, ein Spreizlafettenmodell, bei dem der Splitterschutzschild ein fester Bestandteil der Konstruktion und nicht eine nachträglich aufgeniete Vorrichtung war, wurden mit dem Rohr der Pak 40 kombiniert.

Die Pak 97/38 wurde in Rußland als behelfsmäßige Lösung zum Einsatz gebracht, bevor die Pak 40/41 in Dienst gestellt werden konnte. Das Rohr der französischen Feldkanone M 1897 wurde mit der Mündungsbremse ausgerüstet, um den Rückstoß aufzufangen, und auf die Lafette der Pak 38 montiert. Diese Waffe war auch dann noch nicht so wirksam wie die Pak 40, als 1942

Links: Eine 5 cm Pak 38 im Einsatz in Rußland. (Christopher Ailsby Historical Archives)

Rechts: Eine 7,5 cm Pak 40 im Einsatz, vermutlich in Italien. (BA 315/1127/3)

für sie eine Hohlladungsgranate entwickelt wurde.
(Eine Zeichnung ist unter SdKfz 11 in dem Abschnitt «Fahrzeuge» zu finden).

7,62 cm Pak 36/39/ (r)

Kaliber: 76,2 mm, Rohrlänge: 3.895 mm, Gefechtsgewicht: 1.730 kg, größte Erhöhung: 25°, Schwenkbereich: 60° Mündungsgeschwindigkeit: (a) 740 m/Sek. (Standard-PzGran. 39), (b) 990 m/Sek. (Pz.Garn. 40 Wolfram), Geschoßgewicht: (a) 7,54 kg, (b) 4,05 kg, größte Reichweite (Sprenggran.): 8.960 m, panzerbrechende Wirkung: (a) 98 mm bei 30° auf 500 m, 88 mm auf 1.000 m, 71 mm auf 2.000 m, (b) 118 mm bei 30° auf 500 m, 92 mm auf 1.000 m, 55 mm auf 2.000 m.

Dies war ein erbeutetes russisches Feldgeschütz Modell 1936 oder 1939, das mit einer neuen Kammer ausgestattet wurde, damit es die normalen Granaten der Pak 40 verschießen konnte, sie war eine z.T. praktischere und auch wirkungsvollere Waffe als die 7,5 cm Pak 97/38. Von diesem russischen Geschütz wurden 1941 große Mengen erbeutet, die Lafette war zwar etwas höher als es für Panzerabwehrgeschütze ideal ist, bei denen ein niedrigeres Profil immer vorteilhaft ist, doch blieb sie den ganzen Krieg hindurch im Dienst.

8 cm PAW 600 (später 8 H 63 genannt)

Kaliber: 80 mm, Rohrlänge: 3.032 mm, Gefechtsgewicht: 600 kg, größte Erhöhung: 32°, Schwenkbereich: 55°, Mündungsgeschwindigkeit: 520 m/Sek. Geschoßgewicht: 2,7 kg, größte Reichweite (Sprenggran.): 6.200 m, Feuerge-

schwindigkeit: 8 Schuß/Min., panzerbrechende Wirkung: 140 mm bei 30° auf 750 m.

Man fand schon früh heraus, daß der Drall der gezogenen Rohre die Wirksamkeit der Hohlladungsgranate beeinträchtigte. Daher brachte Rheinmetall ein Glattrohr-Vorderladergeschütz heraus, das eine flossenstabilisierte Granate verschoß. Dieses Prinzip wurde von den Sowjets in der Nachkriegszeit kopiert und auch von der Bundeswehr bei dem Leopard 2 und von den USA bei dem Kampfpanzer M1 A1 Abrams beibehalten. Bei einer Hohlladungsgranate ist der Durchmesser entscheidend für ihre Wirkung, eine hohe Mündungsgeschwindigkeit ist nicht erforderlich. Die Wirkung dieser Waffen wird durch die Entfernung nicht beeinträchtigt, ihre Durchschlagskraft bleibt bis zur Höchstentfernung die gleiche. (Es ist jedoch eine Tatsache, daß es schwieriger ist, ein relativ kleines Ziel wie einen Panzer mit einem Glattrohr zu bekämpfen als mit einem gezogenen Rohr, die wirksame Kampfentfernung der PAW 600 betrug nur 800 m). Die PAW 600 war ein glänzendes Modell, das seiner Zeit weit voraus war, jedoch zu spät herauskam, als daß es den Ausgang des Krieges hätte entscheidend beeinflussen können, es wurden nur 260 Exemplare gebaut.

8,8 cm Pak 43

Kaliber: 88 mm, Rohrlänge: 6.610 mm, Gefechtsgewicht: 3.700 kg, größte Erhöhung: 40°, Schwenkbereich: 360°, Mündungsgeschwindigkeit: (a) 1.000 m/Sek. (Standard-PzGran. 39/43), 1.130 m/Sek. (PzGran 40/43) Wolfram, Geschoßgewicht: (a) 10,16 kg, (b) 7,30 kg, größte Reichweite (Sprenggran.) 17.500 m, Feuergeschwindigkeit: 10 Schuß/Min., panzerbrechende Wirkung: (a) 182 mm bei 30° auf 500 m, 167 mm auf 1.000 m, 139 mm auf 2.000 m, (b) 226 mm bei 30° auf 500 m, 192 mm auf 1.000 m, 136 mm auf 2.000 m.

8,8 cm Pak 43/41

Wie 8,8 cm Pak 43, außer: Gefechtsgewicht: 4.380 kg, größte Erhöhung: 38°, Schwenkbereich: 56°.

Die Pak 43 war das beste deutsche Panzerabwehrgeschütz, es hatte die gleiche vierrädrige Protze wie die 8,8 cm Flak 18/36/37, aber ohne den hohen Aufbausockel, da ein großer Erhöhungswinkel nicht erforderlich war. Das Geschütz war ein Hochleistungsmodell wie die Flugabwehrgeschütze und hatte eine Mündungsbremse, um die ungeheuren Rückstoßkräfte zu verringern. Ein gut abgeschrägter Splitterschutzschild diente zum Schutz für die Bedienung. Im Notfall konnte das Geschütz noch auf der Protze feuern, aber im Regelfalle wurde es abgeprotzt, um die an sich niedrigere Silhouette zu verringern. Die Waffe hatte einen 360°-Schwenkbereich, was bei der Panzerbekämpfung von Vorteil ist.

Die Herstellung von Rohren ging schneller vonstatten als die Herstellung von Lafetten, daher wurden viele Geschütze auf Lafetten der leichten FH 18 gebaut und als Pak 43/41 bezeichnet. Diese Waffen hatten eine Spreizlafette und daher nur einen begrenzten Schwenkbereich, sie waren sehr schwer und folglich nur mühsam im Mannschaftszug zu bewegen, was wiederum ihre Wirksamkeit beeinträchtigte. Das Geschütz war im Prinzip das gleiche wie die Pak 43 und konnte einen T-34 auf 3.500 m zerstören.

12,8 cm Pak 44

Kaliber: 128 mm, Rohrlänge: 7.023 mm, Gefechtsgewicht: 10.160 kg, größte Erhöhung: 45°, Schwenkbereich: 360°, Geschoßgewicht: 28 kg, Mündungsgeschwindigkeit: 1.000 m/Sek. (Pz Gran. 43), größte Reichweite (Spremggran.): 22.410 m, Feuergeschwindigkeit: 8 Schuß/Min., panzerbrechende Wirkung: 230 mm bei 30° auf 1.000 m, 202 mm auf 2.000 m, 173 mm auf 3.000 m.

Die Pak 44 war das letzte und stärkste Panzerabwehrgeschütz, das von Krupp und Rheinmetall als Prototyp fertiggestellt wurde. Es hatte eine Kreuzlafette, ähnlich die der Pak 43. Die Krupp'sche Version hatte eine zweirädrige Vorder- und Hinterprotze, die vor dem Feuern entfernt werden mußten. Die Ausführung von

Rheinmetall hatte zwei Räderpaare, die unter den vorderen Ausleger montiert waren, und eine vierrädrige, abkoppelbare Protze auf der Rückseite. Beim Einsatz wurde die rückwärtige Protze abgehängt, und die vorderen vier Räder wurden angehoben, keine der beiden Versionen war bei Kriegsende in Serienproduktion gegangen. Einige Rohre — es wurden insgesamt 51 hergestellt — wurden auf Lafetten der französischen 155 mm-Feldgeschütze montiert, um sie überhaupt in den Einsatz schicken zu können, die Mehrzahl wurde in dem »Jagdtiger« eingebaut.

Feldgeschütze

7,5 cm le FK 18

Kaliber: 75 mm, Rohrlänge: 1.940 mm, Gefechtsgewicht: 1.120 kg, größte Erhöhung: 45°, Schwenkbereich: 30°, Mündungsgeschwindigkeit: 485 m/Sek., Geschoßgewicht: 5,8 kg, größte Reichweite: 9.425 m, Feuergeschwindigkeit: 10 Schuß/Min.

7,5 cm FK 38

Wie 7,5 cm le FK 18, außer: Rohrlänge: 2.550 mm, Gefechtsgewicht: 1.365 kg, Schwenkbereich: 50°, Mündungsgeschwindigkeit: 605 m/Sek. größte Reichweite: 11.500 m.

7,5 cm FK 7 M 85

Rohrlänge: 3.201 mm, Gefechtsgewicht: 1.778 kg, größte Erhöhung: 42°, Schwenkbereich: 30°, Mündungsgeschwindigkeit: 550 m/Sek., größte Reichweite: 10.275 m.

Mit den 7,5 cm Feldkanonen waren die Artillerieabteilungen ausgerüstet und später durch die 10,5 cm Haubitzen ergänzt. Die le FK 18 kam 1938 heraus. Die verbesserte FK 38 wurde 1942 in Dienst gestellt, sie war zwar leichter als die 10,5 cm Waffen und auch leichter im Mannschaftszug zu bewegen, aber ihnen fehlte eben doch deren Wirkung. Beide Modelle wurden von Krupp entwickelt, hatten eine Spreizlafette und ein hydropneumatisches Rückstoßsystem. Die 7 M 85 stellte einen späten Versuch dar, die Fronttruppen in Rußland mit einem Feldgeschütz auszustatten, das auch für die Panzerbekämpfung geeignet war. Im Grunde bestand es aus einer Lafette der 10,5 cm le FH 18/40, auf die ein verkürztes Rohr der Pak 40 aufmontiert wurde. Sie hatte eine größere Erhöhung und konnte im indirekten Richtverfahren Sprenggranaten auf grö-

Verladeübung einer le FH 18 auf einem Schiff, vor der geplanten Invasion Englands 1940. (BA/81/146/16a)

Eine 10,5 cm le FH 18 an der Oskol-Front, Juli 1942. (BPK/WW II/145/Grimm 264-12)

ßere Entfernungen verschießen als die Pak 40 und war insofern eine äußerst nützliche Waffe. Bis Kriegsende wurden aber nur verhältnismäßig wenige Exemplare hergestellt.

10,5 cm le FH 18

Kaliber: 105 mm, Rohrlänge: 2.941 mm, Gefechtsgewicht: 1.985 kg, größte Erhöhung: 40°, Schwenkbereich: 56°, Mündungsgeschwindigkeit: 470 m/Sek., Geschoßgewicht: 14,8 kg, größte Reichweite: 10.675 m, Feuergeschwindigkeit: 6 Schuß/Min.

10,5 cm le FH 18M

Wie 10,5 cm le FH 18, außer Mündungsgeschwindigkeit: 540 m/Sek., Geschoßgewicht: 14,2 kg, größte Reichweite: 12.235 m.

10,5 cm le FH 18/40

Wie 10,5 cm le FH 18M, außer Rohrlänge: 2.710 mm, Gefechtsgewicht: 1.955 kg.

10,5 cm le FH 42

Wie 10,5 cm le FH 18/40, außer: Gefechtsgewicht: 1.630 kg, größte Erhöhung: 45°, Schwenkbereich: 70°, Mündungsgeschwindigkeit: 595 m/Sek., Geschoßgewicht: 14,8 kg, größte Reichweite: 13.000 m.

10,5 cm le FH 43

Rohrlänge: 2.941 mm, Gefechtsgewicht: 2.200 kg, größte Erhöhung: 45°, Schwenkbereich: 360°, Mündungsgeschwindigkeit 610 m/Sek., größte Reichweite: 15.000 m.
Die 10,5 cm Waffen waren die wichtigsten Ge-

schütze auf der Divisionsebene. Die le FH 18 war ein von Rheinmetall entworfenes Modell, das 1935 in Dienst gestellt wurde. Es hatte eine Spreizlafette, große gummibereifte Speichenräder und einen Splitterschutzschild. Zur Vergrößerung der Reichweite wurde 1939 eine Mündungsbremse eingeführt, damit eine stärkere Treibladung benutzt werden konnte; diese Version erhielt die Bezeichnung le FH 18M (M = Mündungsbremse). Aufgrund der Erfahrungen in Rußland stellte die Armee Erwägungen an, wie das Gewicht der Lafette verringert werden könnte; dies wurde durch die einfache Behelfslösung erreicht, das Geschütz auf die Lafette der Pak 40 zu montieren. Diese Version war die le FH 18/40. Darauf folgte die le FH 42, die eine noch leichtere Lafette hatte und eine etwas leichtere Granate auf eine größere Entfernung verschießen konnte. Die le FH 18 wurde auch auf eine Selbstfahrlafette montiert und als »Wespe« bezeichnet.

Die abschließende Entwicklung in diesem Kaliber war ein eigenartiges Modell von Skoda, das entwickelt wurde, weil die Armee ein Geschütz verlangte, das rundum schwenkbar war, im direkten Richten zur Panzerbekämpfung einzusetzen war und außerdem eine ausreichende Erhöhung und damit die Verwendung als konventionelle Haubitze zuließ. Die le FH 43 hatte eine Spreizlafette auf der Rückseite und zwei weitere Holme, die auf dem Transport unter dem Rohr zusammengeklappt wurden. Beim Einsatz wurden alle vier Holme ausgelegt, wobei die Räder auf beiden Seiten des Rohres angehoben wurden, so daß die Waffe nun auf einer vierbeinigen Plattform ruhte und um 360° schwenkbar war. Es war eine ausgezeichnete Waffe, die aber zu spät zum Einsatz kam und keinen Einfluß mehr auf den Ausgang des Krieges hatte. Das Modell wurde von den Sowjets beim Bau der 122-mm-DS 30 kopiert, das bis heute im Dienst steht. (Eine Zeichnung ist bei SdKfz 6 im Abschnitt »Fahrzeuge« zu finden).

Schwere Artillerie

10 cm s K 18

Kaliber: 105 mm, Rohrlänge: 5.460 mm, Gefechtsgewicht: 5.642 kg, größte Erhöhung: 48° Schwenkbereich: 64°, Mündungsgeschwindigkeit: 835 m/Sek. Geschoßgewicht: 15,1 kg, größte Reichweite: 19.075 m, Feuergeschwindigkeit: 6 Schuß/Min.

Diese Aufnahme zeigt eine 15 cm sFH 18 beim Nachtschießen an der Leningrader Front. (BA/206/1866/11)

10 cm s K 18/40

Wie 10 cm sK 18, außer: Rohrlänge: 6.300 mm, Gefechtsgewicht: 5.680 kg, größte Erhöhung: 45°, Schwenkbereich: 56°, Mündungsgeschwindigkeit: 885 m/Sek. größte Reichweite: 20.850 m. Die sK 18 wurde Ende der 20er Jahre entwickelt, von Krupp und Rheinmetall hergestellt und 1934 in Dienst gestellt. Sie war eine unzulängliche Waffe. Die Lafette war für den Pferdezug zu schwer, Kaliber- und Geschoßgewicht waren für ein schweres Geschütz, das den Divisionen und Korps zugeliefert werden sollte, ausgesprochen unzulänglich. Die s K 18/40 war eine geringfügig verbesserte Version mit einem neuen Rohr, das eine stärkere Treibladung zuließ, aber Mündungsgeschwindigkeit und Reichweite wurden nur unbeträchtlich größer. Es wurden verhältnismäßig wenige Exemplare hergestellt. Die letzten wurden nach dem Feldzug von 1940 der Küstenverteidigung zugeteilt.

15 cm s FH 18

Kaliber: 150 mm, Rohrlänge: 4.440 mm, Gefechtsgewicht: 5.512 kg, größte Erhöhung 45°, Schwenkbereich 64°, Mündungsgeschwindigkeit: 495 m/Sek., Geschoßgewicht: 43,5 kg, größte Reichweite: 13.250 m, Feuergeschwindigkeit: 4 Schuß/Min.

15 cm s FH 36

Wie s FH 18, außer: Rohrlänge 3.555 mm, Gefechtsgewicht: 3.280 kg, Schwenkbereich: 56°, Mündungsgeschwindigkeit: 485 m/Sek., größte Reichweite: 12.300 m.

Die Bedienung eines 21 cm Mörsers macht ihr Geschütz feuerbereit. Die Männer haben ihre Köpfe in Moskitonetze gehüllt. (BA/639/4256/33)

15 cm K 39

Wie 15 cm K 18, außer: Kaliber: 149,1 mm, Rohrlänge: 8.255 mm, Gefechtsgewicht: 12.200 kg, größte Erhöhung: 46°, Schwenkbereich: 60°, Mündungsgeschwindigkeit: 865 m/Sek., größte Reichweite: 24.700 m.

15 cm SKC Mörserlaf

Wie 15 cm K 39, außer: Gefechtsgewicht: 17.500 kg, größte Erhöhung: 50°, Mündungsgeschwindigkeit: 890 m/Sek., größte Reichweite: 23.700 m.

Wegen der Unzulänglichkeit der s K 18 wurde ein 15-cm-Rohr auf deren Lafette montiert, und dies wurde die s FH 18, die den ganzen Krieg hindurch im Dienst blieb und auch einer Selbstfahrlafette mit der Bezeichnung »Hummel« eingebaut wurde. Ihr Gewicht war so groß, daß sie in zwei Lasten (Rohr und Lafette getrennt) transportiert werden mußte. Die Armee forderte daher eine Verringerung des Gewichts. Das Ergebnis war die s FH 36, die ein kürzeres Rohr und eine Mündungsbremse zur Verringerung der Rückstoßkräfte hatte. Bei der Herstellung wurden dort, wo es die Konstruktion zuließ, leichtere Legierungen verwandt, aber der Bedarf der Luftfahrtindustrie an Leichtmetall hatte zur Folge, daß die Herstellung dieses Geschützes 1942 auslief.

Die anderen oben aufgeführten Geschütze waren Küstenverteidigungswaffen, die auf Modellen für Kriegsschiffe basierten, sie wurden erwähnt, weil sie sowohl von Heeres- als auch von Marinepersonal bedient wurden. (Siehe auch unter »Küstenartillerie«).

17 cm K 18 Mörserlaf

Kaliber: 173 mm, Rohrlänge: 8.530 mm, Gefechtsgewicht: 17.520 kg, größte Erhöhung: 50°,

Schwenkbereich: 16°, Mündungsgeschwindigkeit: 925 m/Sek., Geschoßgewicht: 62,8 kg, größte Reichweite: 29.600 m, Feuergeschwindigkeit: 40 Schuß/Std.

Die K 18 wurde 1940-41 als schwerstes Geschütz auf Korpsebene in Dienst gestellt. Diese Waffe war auf einer geraden, aber sehr praktischen Kastenlafette montiert, im Einsatz ruhte sie auf einer Drehscheibe, während die Räder vom Boden abgehoben wurden. Das rückwärtige Ende der Lafette war auf einer Plattform gelagert, wodurch begrenzte Schwenkungen möglich waren. Diese Konstellation gewährleistete Standfestigkeit und Treffgenauigkeit beim Schießen auf große Entfernungen. Um die gewaltigen Rückstoßkräfte aufzufangen, wurde ein doppeltes System benutzt: der Rückstoß des Rohres wurde in einer Wiege aufgefangen, die ihrerseits von zwei Rücklaufbremsen aufgefangen wurde. Sie wurde normalerweise in zwei Lasten (Rohr und Lafette) getrennt transportiert.

21 cm Mörser 18

Kaliber: 211 mm, Rohrlänge: 6.510 mm, Gefechtsgewicht: 16.700 kg, größte Erhöhung: 70°, Schwenkbereich: 16°, Mündungsgeschwindigkeit: 565 m/Sek., Geschoßgewicht: 133 kg, größte Reichweite: 16.700 m, Feuergeschwindigkeit: pro zwei Min. ein Schuß.

21 cm K 38

Wie 21-cm-Mörser 18, außer: Rohrlänge: 11.620 mm, Gefechtsgewicht: 25.300 kg, größte Erhöhung: 50°, Schwenkbereich: 17°, Geschoßgewicht: 120 kg, größte Reichweite: 33.900 m.

21 cm K 39

Wie 21-cm-K 38, außer: Kaliber: 210 mm, Rohrlänge: 9.530 mm, Gefechtsgewicht: 33.800 kg,

21 cm Mörser 18

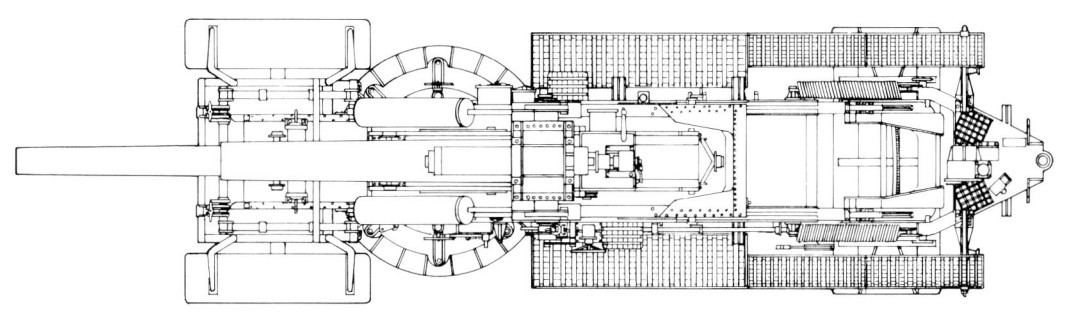

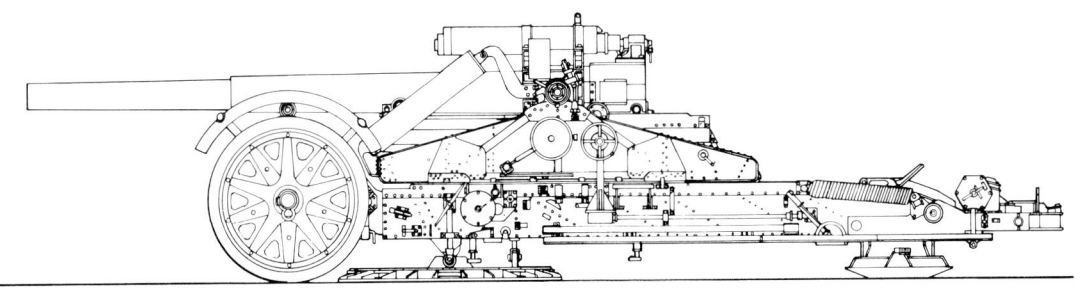

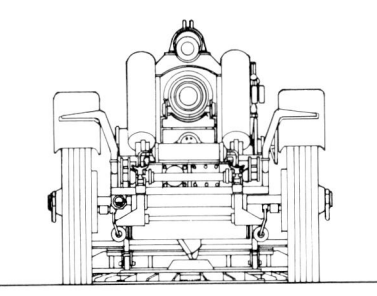

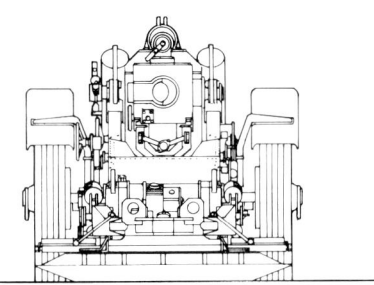

© J L Rue 87

171

größte Erhöhung: 45°, Schwenkbereich 360°, Mündungsgeschwindigkeit: 800 m/Sek., Geschoßgewicht: 135 kg, größte Reichweite: 30.000 m.

Der 21-cm-Mörser 18 hatte ein kurzes Rohr und war auf der Lafette der 17-cm-K 18 montiert, wurde aber von der Armee wegen seiner geringen Reichweite nicht so geschätzt wie die 17-cm-K 18. Die K 38 war zwar eine überlegene Waffe, war aber nicht beliebt.

Von beiden Modellen wurden nur wenige Exemplare gebaut, weil das Heer davon überzeugt war, daß die 21-cm-Geschütze eine Zeitverschwendung seien. Die Produktion wurde 1942 eingestellt. Die K 39 war ein von Skoda entwickeltes Modell, von dem den Deutschen bei der Besetzung der Tschechoslowakei 13 Exemplare in die Hände fielen.

24 cm K L/46

Kaliber: 238 mm, Rohrlänge: 10.948 mm, Gefechtsgewicht: 45.200 kg, größte Erhöhung: 45°, Mündungsgeschwindigkeit: 850 m/Sek., Geschoßgewicht: 180 kg, größte Reichweite: 32.000 m.

24 cm K 3

Wie 24 cm K L/46, außer: Rohrlänge: 13.102 mm, Gefechtsgewicht: 54.866 kg, größte Erhöhung: 56°, Mündungsgeschwindigkeit: 970 m/Sek., Geschoßgewicht: 151,4 kg, größte Reichweite: 37.500 m.

Die K L/46 war ein Schiffsgeschütz, das für die Küstenverteidigung bestimmt war. Es war ein von Rheinmetall entwickeltes Modell, das nur in geringer Stückzahl hergestellt wurde, weil es in

sechs getrennten Lasten transportiert werden mußte und 25 Mann Bedienung benötigte, die eineinhalb Stunden zur Herstellung der Feuerbereitschaft brauchten.

35,5 cm H M1

Kaliber: 356 mm, Rohrlänge: 10.355 mm, Gefechtsgewicht: 75.000 kg, größte Erhöhung: 75°, Schwenkbereich: 360°, Geschoßgewicht: 575 kg, größte Reichweite: 20.000 m, Feuergeschwindigkeit: pro acht Min. ein Schuß.

Von diesem unförmigen Rheinmetall-Modell wurden nur fünf Exemplare gebaut. Über ihre Verwendung habe ich keine Einzelheiten gefunden. Von dem vergrößerten Kaliber abgesehen, scheinen sie auf dem 24 cm K 3-Modell zu basieren.

54 cm Sfl-Mrs., Karl (Gerät 041)

Kaliber: 538 mm, Rohrlänge: (X Kal.) 11, Gefechtsgewicht: 12.300 kg, größte Erhöhung: 70°, Schwenkbereich: 5°, Mündungsgeschwindigkeit: 300 m/Sek., Geschoßgewicht: 1.247 kg, größte Reichweite: 12.500 m, Feuergeschwindigkeit: nicht bek. vielleicht vier Schuß pro Stunde.

60 cm Sfl Mrs., Karl (Gerät 040)

Wie 54 cm Sfl Mrs., Karl, außer: Kaliber: 598 mm, Rohrlänge: (X Kal.) 7, größte Erhöhung: 75° Schwenkbereich: 4°, Mündungsgeschwindigkeit: 285 m/Sek., Geschoßgewicht: 1.576 kg, größte Reichweite: 6.675 m.

Die Mörser auf Selbstfahrlafette des Modells »Karl« waren schwere Belagerungsgeschütze auf Vollkettenfahrzeugen, sie wurden im russischen Feldzug eingesetzt.

Ein 7,5 cm le IG 18 während des Manövers im Februar 1936. (BPK/Grimm-1065-5)

Infanteriegeschütze

7,5 cm le IG 37

Kaliber: 75 mm, Rohrlänge: 1.682 mm, Gefechtsgewicht: 510 kg, größte Erhöhung: 40°, Schwenkbereich: 58°, Mündungsgeschwindigkeit: 280 m/Sek., Geschoßgewicht: 5,5 kg, größte Reichweite: 5.150 m, Feuergeschwindigkeit: 8-12 Schuß/Min.

7,5 cm le IG 42

Wie 7,5 cm le IG 37, außer: Gefechtsgewicht: 590 kg, größte Erhöhung: 32°, Schwenkbereich: 60°, größte Reichweite: 4.600 m.

Als Infanteriegeschütze wurden die Waffen klassifiziert, die den Infanterie- und nicht den Artillerieregimentern zugeliefert wurden. Ihr Zweck bestand darin, der Infanterie die Fähigkeit zu geben, selbst schweres Unterstützungsfeuer zu geben. Beide oben erwähnten Waffen wurden 1944 in Dienst gestellt, um die le IG 18, die seit 1927 im Dienst waren, zu ersetzen. Das Basismodell wurde 1940 von Krupp entwickelt, ging allerdings nicht in Serie. In der Folgezeit wurden Rohr und Verschluß mit den veralteten Lafetten der 3,7 cm Pak 35/36 kombiniert und als le IG 37 bezeichnet. Andere Rohre wurden auf Lafetten montiert, die für das Panzerabwehrgeschütz PAW 600 entwickelt worden waren. So entstand das le IG 42. Keines der beiden Modelle wurde in nennenswerter Stückzahl hergestellt.

15 cm sIG 33

Kaliber: 150 mm, Rohrlänge: 1.700 mm, Gefechtsgewicht: 1.700 kg, größte Erhöhung: 73°, Schwenkbereich: 23°, Mündungsgeschwindigkeit: 240 m/Sek., Geschoßgewicht: 38 kg, größte Reichweite: 4.700 m, Feuergeschwindigkeit: 2-3 Schuß/Min.

Das s IG wurde 1933 in Dienst gestellt, den ganzen Kriege hindurch benutzt und fand auch Verwendung als Selbstfahrlafette auf dem Fahrgestell des Panzers I. Es war das konventionelle Modell einer schweren Waffe, normalerweise pferdebespannt und als schwerer Geschützzug des Infanterieregiments eingesetzt. Später wurde eine Panzerabwehr-Hohlladungsgranate entwickelt, die mehr zur Verteidigung und kaum für den Angriff geeignet war; außerdem gab es für den Einsatz gegen Befestigungsanlagen eine flossenstabilisierte Stabgranate, die in die Mündung des Rohres paßte und eine Reichweite von 1.000 m hatte.

Ein 15 cm sIG im Sommer 1941 in Rußland. (BA/75/89/30)

Gebirgsgeschütze

7,5 cm Geb.G. 36

Kaliber: 75 mm, Rohrlänge: 1.450 mm, Gefechtsgewicht: 750 kg, größte Erhöhung: 70°, Schwenkbereich: 40°, Mündungsgeschwindigkeit: 475 m/Sek., Geschoßgewicht: 5,7 kg, größte Reichweite: 9.150 m, Feuergeschwindigkeit: 5-8 Schuß/Min.

Dieses Geschütz wurde von Rheinmetall-Borsig 1936 entwickelt und ab 1938 in Dienst gestellt, um das Geb.G. 15 von 1925 zu ersetzen. Es wurde 1940 in Norwegen zum ersten Mal eingesetzt. Dieses Modell hatte eine Spreizlafette, Preßstahlräder mit Vollgummibereifung, es konnte für den Transport auf Mauleseln in acht Lasten transportiert werden. Die Lafette hatte unglücklicherweise eine nur geringe Standfestigkeit, so kam es, daß das Geschütz beim Schießen mit geringer Erhöhung förmlich in die Luft sprang. Als das Heer ein neues Modell forderte, stellten Rheinmetall und Böhler 1942 neue Modelle und Prototypen vor. Aber zu dieser Zeit hatten rückstoßfreie Waffen bereits bewiesen, daß sie den konventionellen Gebirgsgeschützen überlegen waren, und die Produktion des Geschützes, das Geb.G. 43 geworden wäre, wurde eingestellt.

10,5 cm Geb.H. 40

Kaliber: 105 mm, Rohrlänge: 3.150 mm, Gefechtsgewicht: 1.660 kg, größte Erhöhung: 71°, Schwenkbereich: 51° Mündungsgeschwindigkeit: 565 m/Sek., Geschoßgewicht 14,5 kg, größte Reichweite: 16.740 m, Feuergeschwindigkeit: 6-7 Schuß/Min.

In 1940 erhielt die österreichische Firma Böhler den Auftrag, die größere 10,5-cm-Gebirgshaubit-

Links: Gebirgsjäger mit
einem 7,5 cm Geb.G. 36
im Einsatz im Kaukasus,
13. Oktober 1942.
(BPK/WII 154)

Mitte links: Ein 7,5 cm
Geb.G. 36.
(BA/100/781/9)

Unten links: Ein zerleg-
tes Geb.G. 36 wird auf
Pferde verlastet.
(BA/102/882/26a)

Rechts: Ein Geb.G. 36
wird feuerbereit gemacht,
Rumänien im Juli/Aug.
1944. (BA/713/579/4a)

ze in Serie gehen zu lassen. Dies war ein ungewöhnliches Modell, bei dem die beiden Räder
am Vorderteil der Spreizlafette unabhängig voneinander gefedert waren. Die ersten Exemplare
wurden ab 1942 in Dienst gestellt. Das Modell
blieb bei der schweizer und österreichischen Armee noch bis in die 60er Jahre im Dienst. Die
Geb.H. 40 konnte in fünf Lasten zerlegt werden,
wenn sie auf Maultieren transportiert werden
sollte, sie konnte aber auch von einem leichten
Lastwagen oder einem Halbkettenfahrzeug gezogen werden.

Rückstoßfreie Geschütze

7,5 cm LG 40

Kaliber: 75 mm, Rohrlänge: 1.150 mm, Gefechtsgewicht: 145 kg, größte Erhöhung: 42°,
Schwenkbereich: 360°, Mündungsgeschwindigkeit: 350 m/Sek., Geschoßgewicht: 5,8 kg, größte Reichweite: 6.800 m, Feuergeschwindigkeit: 8
Schuß/Min.

Die deutsche Armee experimentierte seit Anfang
der 30er Jahre mit rückstoßfreien Geschützen.
Die Entwicklungsarbeit wurde hauptsächlich
von Rheinmetall ausgeführt. Weil sie für die Verwendung durch Luftlandetruppen bestimmt waren, erhielten sie den Namen »Leichtgeschütze«,
um ihren eigentlichen Verwendungszweck zu
tarnen. Das Prinzip des rückstoßfreien Geschützes war nicht neu. Um den Rückstoß aufzufangen, sind normalerweise eine schwere Lafette
und ein Rohrvorholmechanismus erforderlich.
Wenn eine Kraft, die so groß ist wie die abgefeu-
erte Treibladung, gleichzeitig nach rückwärts
freigesetzt wird, heben sich die beiden auf. Bei
den ersten Versuchen wurden logischerweise

Fallschirmjäger am Ver-
schluß eines 10,5 cm LG
40. (BA/546/668/7)

zwei entgegengesetzte Rohre verwandt, wobei das nach rückwärts gerichtete Rohr einen blinden Gegenschuß abfeuerte. Rheinmetall fand eine andere Lösung: der Gegendruck wurde durch eine Explosivladung erzeugt, die ihre Gase mit hoher Geschwindigkeit durch ein Düsensystem preßte. Später berechnete Rheinmetall zutreffend, daß Treibladungen gleichen Gewichts unnötig waren; eine Gegenladung des halben Gewichts würde ausreichen, wenn die Gase mit der doppelten Geschwindigkeit ausgestoßen würden. Bei dem LG 40 bestand die Munition aus einem Projektil und einem Behälter für die Treibladung, die äußerlich genauso aussah wie bei jeder anderen Artilleriemunition, das Projektil war mit dem identisch, das von einem 7,5-cm-Infanteriegeschütz verschossen wurde. Doch die Bodenplatte der Kartusche war aus Plastik, sie hielt die Rückstoßkräfte nach dem Abschuß für den Bruchteil einer Sekunde auf, was notwendig war, um das Projektil auf die vorgesehene Geschwindigkeit zu bringen. Dann gab die Bodenplatte nach und ließ die Gase mit hoher Geschwindigkeit durch die Düsen an der Rückseite entweichen, wodurch der Rückstoß aufgehoben wurde.

Alle rückstoßfreien Geschütze leiden bis heute unter dem gleichen Problem: Der starke Rückstrahl ist für jeden, der unmittelbar hinter dem Geschütz steht, gefährlich und verrät außerdem den Standort des Geschützes. Weil sie aber so leicht und im Mannschaftszug auch leicht zu bewegen sind, bleiben sie dennoch wertvolle Waffen. Im Dienst der Wehrmacht gingen sie zuerst an die Fallschirmjäger. Infolge der Verluste auf Kreta, gab es später keine Luftlande-Operationen größeren Stils mehr, daher wurden diese Geschütze auch an Gebirgsdivisionen ausgegeben.

10,5 cm LG 40

Kaliber: 105 mm, Rohrlänge: 1.380 mm, Gefechtsgewicht: 388 kg, größte Erhöhung: 41°, Schwenkbereich: 80°, Mündungsgeschwindigkeit: 335 m/Sek., Geschoßgewicht: 14,8 kg, größte Reichweite: 7.950 m, Feuergeschwindigkeit: 8 Schuß/Min.

10,5 cm LG 42

Wie 10,5 cm LG 40, außer: Gefechtsgewicht: 540 kg, größte Erhöhung: 42°, Schwenkbereich: 360°.

Rheinmetall baute das LG 40, dessen Ausführung mit dem Kaliber 7,5 cm von der Armee übernommen wurde. Krupp experimentierte auch mit rückstoßfreien Geschützen, doch seine 7,5 cm-Version wurde abgelehnt, aber die Arbeit an einem 10,5 cm-Kaliber ging weiter, bei dem der Schlagbolzen nicht an der Bodenplatte der Kartusche saß, wo er erheblichem Verschleiß ausgesetzt war. Krupp setzte den Zündbolzen an die Seite der Geschoßkammer und den Abschußmechanismus an die Oberseite des Rohres. Infolgedessen wurde die Plastikbodenplatte nicht behindert. Dieses Modell erhielt die Bezeichnung 10,5 cm LG 40 und wurde im gleichen Jahr in Dienst gestellt und auch auf Kreta eingesetzt. Auch Rheinmetall hatte in der Zwischenzeit ein 10,5 cm-Modell fertiggestellt, das als LG 42 in Dienst gestellt wurde. Der hauptsächliche Unterschied zwischen den beiden Modellen war: Krupp benutzte einen beim Öffnen zur Seite schwingenden Verschlußblock, Rheinmetall behielt den Gleitverschluß wie bei der 7,5 cm-Version des LG 40 bei. Alle drei rückstoßfreien Geschütze wurden im Normalfalle von dem NSU-Kettenrad gezogen.

Ein 10,5 cm LG 40 beim Einsatz in Italien. (BA/570/1616/17a)

176

*Oben: Ein rückstoßfreies
10,5 cm LG 40 wird
von einem NSU-
Kettenrad gezogen.
(BA/547/688/18)*

*Unten: Ein 15 cm-Nebel-
werfer wird einsatzbereit
gemacht, Herbst 1943.
(BPK/WII 180)*

Ein 15 cm-Nebelwerfer wird in Stellung gebracht, Italien. (BA/304/643/15)

Ein 21 cm-Nebelwerfer wird einsatzbereit gemacht, Nordafrika. (BA/787/505/9a)

Raketenwerfer-Artillerie

15 cm NbWf 41

Kaliber: 150 mm, Länge der Wurfgranate: 93 cm, Gesamtgewicht: 34,1 kg, Gewicht des Sprengkopfes: 10 kg, Gewicht der Treibladung: 5,9 kg, größte Reichweite: 6.700 m.

Der Versailler Vertrag verbot den Deutschen, irgendwelche neuartige Artillerie zu entwickeln, aber die Raketen-Artillerie wurde nirgends erwähnt; daher wurde 1930 eine Raketen-Versuchsstelle unter der Leitung von General Walter Dornberger in Kummersdorf eingerichtet. Die Forschungsgruppe kam nach der Prüfung früherer militärischer Raketenmodelle zu dem Schluß, daß die Ursache für deren allgemeines Versagen darin lag, daß der Raketenmotor am rückwärtigen Ende und die Sprengladung am vorderen Ende saßen, und aus diesem Grunde die Labilität während des Fluges und die große Treffungenauigkeit zur Folge hatten. Man beschloß daher, den Feststoffmotor an der Spitze der Rakete unterzubringen; die Abgase wurden abgeleitet durch Düsen an der unteren Hälfte des Raketenkörpers, in dem die Sprengladung enthalten war. 26 Düsen, die in einem Winkel von 14° zur Längsrichtung angebracht waren, verliehen den Raketen einen Drall, so daß sich Leitflossen erübrigten.

Die erste Waffe, die aus diesen Arbeiten hervorging, war der Nebelwerfer 41, der 1941 gegen den anfänglichen Widerstand konservativer Elemente des Heeres in Dienst gestellt wurde. (»Nebelwerfer« war ein Deckname, der den wahren Verwendungszweck der Waffe verschleiern sollte). Sechs 15 cm-Startrohre mit elektrischer Zündung wurden in ringförmiger Anordnung auf zwei Drehzapfen gelagert und auf die Lafette der 3,7 cm PaK 35/36 montiert; zu jedem Gerät gehörten vier Mann Bedienung. Beim Abfeuern ging die Bedienung etwa 15 m weiter rückwärts in Deckung, bevor sie den Zündvorgang auslöste, demzufolge die Raketen in zwei Sekunden Abstand in einer Wellensalve starteten. Die Waffe wurde zuerst an der russischen Front eingesetzt und erwies sich als ein solcher Erfolg, daß die Arbeit an Raketen mit einem größeren Kaliber sofort aufgenommen wurde. Später wurden die Nebelwerfer 41 in zwei Reihen zu je fünf Rohren auf gepanzerten Halbkettenfahrzeugen des Modells »Maultier« montiert.

21 cm NbWf 42

Kaliber: 210 mm, Länge der Rakete: 125 cm, Gesamtgewicht der Rakete: 112,5 kg, Gewicht des Sprengkopfes: 47,2 kg, Gewicht der Treibladung: 17,9 kg, größte Reichweite: 7.850 m.

Wegen des dringenden Bedarfs an der russischen Front stand keine in die Länge gezogene Entwicklungszeit zur Verfügung wie früher für den Nebelwerfer 41. Die Kummersdorfer Konstruktionsgruppe mußte also auf ein traditionelles Modell zurückgreifen, das den Motor am rückwärtigen Ende und die Sprengladung an der Spitze hatte. Der so entstandene Nebelwerfer 42 mit dem Kaliber 21 cm, der 1942 herauskam, war demzufolge weniger genau als die kleinere Waffe. Da die Werfer jedoch in Batterien oder gar in ganzen Regimentern eingesetzt wurden, um Sperrfeuerteppiche zu legen, spielte die Treffgenauigkeit keine so große Rolle.

Ein SPW-lang der 8. Panzerdivision, der mit Raketenabschußgeräten ausgestattet ist. Er wurde auch »Stuka zu Fuß« genannt. (BA/208/21/39a)

28 cm NbWf 42

Kaliber: 283 mm, Länge der Rakete: 125 cm, Gesamtgewicht der Rakete: 83,7 kg, Gewicht des Sprengkopfes: 61 kg, Gewicht der Treibladung: 6,57 kg, größte Reichweite: 1.925 m.

Zeitlich kam diese Waffe nach dem 30 cm-Nebelwerfer 1942 heraus. Sie hatte den gleichen Motor, aber eine neue Sprengladung.

30 cm NbWf 42

Kaliber: 300 mm, Länge der Rakete: 124 cm, Gesamtgewicht der Rakete: 125,6 kg, Gewicht des Sprengkopfes: 66,23 kg, Gewicht der Treibladung: 15,4 kg, größte Reichweite: 4.550 m.

Der 28 cm NbWf 42 und der 32 cm NbWf hatten nicht die für wünschenswert gehaltene Reichweite, deshalb wurde 1942 ein neuer 30 cm-Wurfkörper entwickelt; er hatte ähnliche Merkmale wie seine Vorgänger, jedoch war er mit einem stärkeren Motor ausgestattet. Wie der 28 cm-Wurfkörper wurde er in »Sechser-Packungen« von Startgeräten mit offenem Rahmen abgefeuert.

32 cm NbWf Flamm

Kaliber: 320 mm, Länge der Rakete: 130 cm, Gesamtgewicht der Rakete: 78,4 kg, Gewicht des Sprengkopfes: 55,8 kg, Gewicht der Treibladung: 6,57 kg, größte Reichweite: 2.200 m.

Der Wurfkörper Flamm, eine Einzelschuß-Brandrakete kam 1941 heraus und wurde aus einem kistenartigen Startrahmen abgefeuert, der einfach auf den Boden gestellt wurde und die erforderliche Erhöhung durch entsprechendes Einstellen der Stützlatten erhielt. 1943 erhielten die Waffen neue sechsreihige Startgeräte mit der Bezeichnung 28/32 cm-Nebelwerfer 41, weil sie sowohl 28 cm- als auch 32 cm-Geschosse verschießen konnten. Diese 28/32 cm-Startgeräte wurden auf dem SPW-lang (SdKfz 251) montiert.

Kampfwagenkanonen

2 cm KwK 30

Kaliber: 20 mm, Kaliberlänge (Rohrlänge: Kaliber) L 97, Gewicht: 63 kg, Mündungsgeschwindigkeit: 800 m/Sek., Geschoßgewicht: 0,12 kg, größte Reichweite: 4.800 m, Feuergeschwindigkeit aus 10-Schuß-Magazin: 280 Schuß/Min., panzerbrechende Wirkung: 20 mm bei 30° auf 500 m.

2 cm KwK 38

Wie 2 cm KwK 30, außer: Kaliberlänge: L 97,3, Gewicht: 56 kg.

Diese beiden Waffen waren Versionen der Flak 30 und 38, hatten aber ein etwas kürzeres Rohr. Beide waren luftgekühlte, automatische Waffen, aus Magazinen geladen, mit einer hohen Feuergeschwindigkeit. Sie wurden in den PzKpfw II, den »Luchs«, und in die vier-, sechs- und achträdrigen Panzerspähwagen eingebaut.

3,7 cm KwK L/45

Kaliber: 37 mm, Kaliberlänge: L 42,3, Gewicht: 195 kg, Mündungsgeschwindigkeit: 745 m/Sek., Geschoßgewicht: 0,68 kg, größte Reichweite: 4.025 m, Feuergeschwindigkeit: 10-15 Schuß/Min., panzerbrechende Wirkung: 30 mm bei 30° auf 500 m.

Diese Panzerkanone war das Gegenstück zur PaK 35/36, sie war die Hauptwaffe aller PzKpfw III bis zur Ausf G., als sie durch die 5 cm KwK L 42 ersetzt wurde.

5 cm KwK L 42

Kaliber: 50 mm, Kaliberlänge: L 38,5, Gewicht: 223 kg, Mündungsgeschwindigkeit: 685 m/Sek., Geschoßgewicht: 2,08 kg, größte Reichweite: 2.500 m, Feuergeschwindigkeit: 15 Schuß/Min., panzerbrechende Wirkung: 56 mm bei 30° auf 500 m.

5 cm KwK 39 L 60

Wie 5 cm KwK L 42, außer: Kaliberlänge: L 53,2, Gewicht: 305 kg, Mündungsgeschwindigkeit: 823 m/Sek., größte Reichweite: 2.650 m, panzerbrechende Wirkung: 61 mm bei 30° auf 500 m. Die 5-cm (Kurz = L 42) wurde hauptsächlich (bei E durch Umrüstung) in G, die PzKpfw III Ausf. E bis J eingebaut; die Langrohrversionen gingen in die Ausf. J bis M. Diese Panzerkanonen entsprachen der PaK 38, sie wurde auch in »Puma« eingebaut.

7,5 cm KwK L 24

Kaliber: 75 mm, Kaliberlänge: L 20,9, Gewicht: 285 kg, Mündungsgeschwindigkeit: 385 m/Sek., Geschoßgewicht: 6,76 kg, größte Reichweite: 9.500 m, Feuergeschwindigkeit: 10 Schuß/Min., panzerbrechende Wirkung: 41 mm bei 30° auf 500 m.

7,5 cm KwK 40 L 43

Wie 7,5 cm KwK L 24, außer: Kaliberlänge: L 39,7, Gewicht (einschl. Mündungsbremse): 472 kg, Mündungsgeschwindigkeit: 740 m/Sek. Geschoßgewicht: 6,8 kg, größte Reichweite: 7.680 m, Feuergeschwindigkeit: 10 Schuß/Min. panzerbrechende Wirkung: 89 mm bei 30° auf 500 m.

7,5 cm KwK 40 L 48

Wie 7,5 cm KwK L 43, außer: Kaliberlänge: L 44,8, Gewicht (einschl. Mündungsbremse): 496 kg, Mündungsgeschwindigkeit: 750 m/Sek., größte Reichweite: 8.000 m, panzerbrechende Wirkung: 104 mm bei 30° auf 500 m.

7,5 cm KwK 42 L 70

Wie 7,5 cm KwK 40 L 48, außer: Kaliberlänge: L 67,3, Gewicht (einschl. Mündungsbremse): 1.084 kg., Mündungsgeschwindigkeit: 933 m/Sek., größte Reichweite: 10.000 m, panzerbrechende Wirkung: 141 mm bei 30° auf 500 m.

Das Kaliber der deutschen Standard-Panzerkanone war den ganzen Krieg hindurch 7,5 cm. Mit der kurzen Vision L 24 waren die folgenden Fahrzeuge ausgestattet: PzKpfw IV Ausf. A bis F 1, die PzKpfw III Ausf. N. die ersten StuG III (mit der Bezeichnung StuK L 24), die SdKfz 250/8 und das Halbkettenfahrzeug 251/9 sowie die gepanzerten Fahrzeuge 233 und 234/3. Die Versionen L 43 wurde in den PzKpfw IV Ausf. F 2 und G, die noch stärkere Version L 48, das Gegenstück zur Pak 40, in die Ausf. H, J und »Hetzer« eingebaut. Die Version L 43 und L 38 wurden auch in die späteren StuG III, StuG IV, SdKfz 251/22 und SdKfz 234/4 montiert. Mit der Variante L 70 wurden alle drei Ausführungen des PzKpfw V (Panther) ausgerüstet, ebenso die Jagdpanzer IV.

8,8 cm KwK 36 L 56

Kaliber: 88 mm, Kaliberlänge: L 53,3, Gewicht (einschl. Mündungsbremse): 1.330 kg, Mündungsgeschwindigkeit: 810 m/Sek., Geschoßgewicht: 9,4 kg, größte Reichweite: 12.000 m, Feuergeschwindigkeit: 7-8 Schuß/Min., panzerbrechende Wirkung: 110 mm bei 30° auf 500 m.

8,8 cm KwK 43 L 71

Wie 8,8 cm KwK 36 L 56, außer: Kaliberlänge: L 68,7, Mündungsgeschwindigkeit: 1.018 m/Sek., Geschoßgewicht: 10 kg, panzerbrechende Wirkung: 182 mm bei 30° auf 500 m.

Die KwK war die Panzerkanone, die aus der berühmten 8,8 cm Flak 18/36 entwickelt und ausschließlich im »Tiger« eingebaut wurde. Die mit einem längeren Rohr ausgestattete KwK 43 war die Panzerkanone, die der Pak 43 entsprach, sie wurde nur im »Tiger II«, Jagdpanther und Nashorn eingebaut, einige wurden auch auf den Jagdtiger wegen des Mangels an 12,8 cm Pak-Rohren montiert.

Eisenbahngeschütze

15 cm K (E)

Kaliber: 149 mm, Kaliberlänge: L 37, Gefechtsgewicht: 75 Tonnen, größte Erhöhung: 45°, Schwenkbereich: 360°, Mündungsgeschwindigkeit: 805 m/Sek., Geschoßgewicht: 43 kg, größte Reichweite: 22,5 km.

17 cm K (E)

Wie 15 cm K (E), außer: Kaliber: 173 mm, Kaliberlänge L 28, Gefechtsgewicht: 80 Tonnen, Mündungsgeschwindigkeit: 875 m/Sek., Geschoßgewicht: 62,8 kg, größte Reichweite: 27,2 km.

Eisenbahngeschütze wurden zu einer der vordringlichsten Anliegen der Wehrmacht, nachdem man sich vom Versailler Vertrag losgesagt hatte. An vielen Modellen wurde — ausschließlich von Krupp — eine Menge Arbeit geleistet. Dem Kaliber nach das kleinste Geschütz war die 15 cm K (E) (E = auf Eisenbahnlafette). Dies war ein 15 cm-Standard-Feldgeschütz, das auf einer um 360° schwenkbaren Drehscheibe auf einem Tiefladewaggon montiert wurde, der Ausleger hatte, um den seitlichen Rückstoß aufzufangen. Bald sah man ein, daß es sinnlos war, Waffen dieses Kalibers auf Schienen zu setzen. Nachdem 18 Exemplare gebaut worden waren, wurden sie durch 17 cm-Geschütze von den alten Schlachtkreuzern der »Deutschland«-Klasse ersetzt. Diese waren aber im Endeffekt auch nicht besser, und daher wurde dieses Programm 1938 aufgegeben, als erst sechs Exemplare ausgeliefert worden waren.

20 cm K (E)

Schwenkbereich: Kaliber: 203 mm, Kaliberlänge: L 57, Gefechtsgewicht: 86,1 Tonnen, größte Erhöhung: 47°, Schwenkbereich: 0°, Mündungsgeschwindigkeit: 925 m/Sek., Geschoßgewicht: 122 kg, größte Reichweite: 37 km.

Als acht 20 cm-Geschütze, die eigentlich für die Kreuzer der »Blücher«-Klasse bestimmt waren, 1938 zur Verfügung standen, forderte das Heer Krupp auf, eine Eisenbahnlafette dafür zu bauen. Der Auftrag wurde unter Rückgriff auf Zeichnungen für »Peter Adalbert« aus dem Ersten Weltkrieg ausgeführt. Offenbar wußte hier aber die Linke nicht, was die Rechte tat — denn wer auch immer für die Erteilung des Auftrags verantwortlich war, er ignorierte, daß inzwischen eine neue Serie von schweren 21 cm-Feldgeschützen aufgelegt wurde. Ein nachträglicher Auftrag, die 20 cm-Geschütze auf das größere Kaliber aufzubohren, kam zu spät.

21 cm K 12 (E)

Kaliber: 211 mm, Kaliberlänge: 152, Gefechtsgewicht: 302 Tonnen, größte Erhöhung: 55°, Mündungsgeschwindigkeit: 1.500 m/Sek., Geschoßgewicht: 107,5 kg, größte Reichweite: 115 km.

Zeitlich kam die 21 cm K 12 (E) von 1939 vor der 20 cm K (E) von 1940-41. Letztere war so etwas wie ein Betriebsunfall, erstere war Teil eines Ferngeschützprogramms, in dem eine ganze Serie von 21 cm-Geschützen entwickelt wurde. Doch die K 12 war nicht erfolgreicher als die konventionellen Geschütze dieses Kalibers. Wegen der Erfahrungen in bezug auf Rohrverschleiß bei dem »Paris-Geschütz« wurde die konventionelle Ausführung mit Zügen und Feldern aufgegeben. Die Rohre wurden stattdessen mit acht Zügen auf der gesamten Rohrlänge ausgestattet, in die entsprechende Felder der Führungsringe paßten. Nur zwei Geschütze dieses Modells wurden fertiggestellt; sie beschossen die britische Küste 1940, aber sie hatten einen solch ungeheuren Rückstoß, daß sie auf ihren 18 Laufräderpaaren aufgebockt werden mußten, damit sich der Verschluß nicht wie ein Pfahl in den Boden rammte. Zum Laden mußten die Geschütze wieder abgebockt werden. Dies war aber reine Zeitverschwendung. Als die Pläne für eine Überquerung des Kanals aufgegeben wurden, geschah dasselbe mit den beiden K 12.

24 cm K (E) »Theodor Bruno«

Kaliber: 238 mm, Kaliberlänge: L 32, Gefechtsgewicht: 94 Tonnen, größte Erhöhung: 45°, Schwenkbereich: 1°, Mündungsgeschwindigkeit: 675 m/Sek., Geschoßgewicht: 148,5 kg, größte Reichweite: 20,2 km.

24 cm K (E) »Bruno«

Wie 24 cm K (E) »Theodor Bruno«, außer: Kaliberlänge: L 37, Gefechtsgewicht: 95 Tonnen, Mündungsgeschwindigkeit: 810 m/Sek., größte Reichweite: 26,750 km.

28 cm K (E) »Kurze Bruno«

Kaliber: 283 mm, Kaliberlänge: L 38, Gefechtsgewicht: 129 Tonnen, größte Erhöhung: 45°, Schwenkbereich: 1°, Mündungsgeschwindigkeit: 820 m/Sek., Geschoßgewicht: 240 kg, größte Reichweite: 29,5 km.

28 cm K (E) »Lange Bruno«

Wie 28 cm K (E) »Kurze Bruno«, außer: Kaliberlänge: L 40, Gefechtsgewicht: 123 Tonnen, Mündungsgeschwindigkeit: 875 m/Sek., Gefechtsgewicht: 284 kg, größte Reichweite: 36,1 km.

28 cm K (E) »Schwere Bruno«

Wie 28 cm K (E) »Lange Bruno«, außer: Kaliberlänge: L 42, Gefechtsgewicht: 118 Tonnen, Mündungsgeschwindigkeit: 860 m/Sek., größte
Reichweite: 35,7 km.

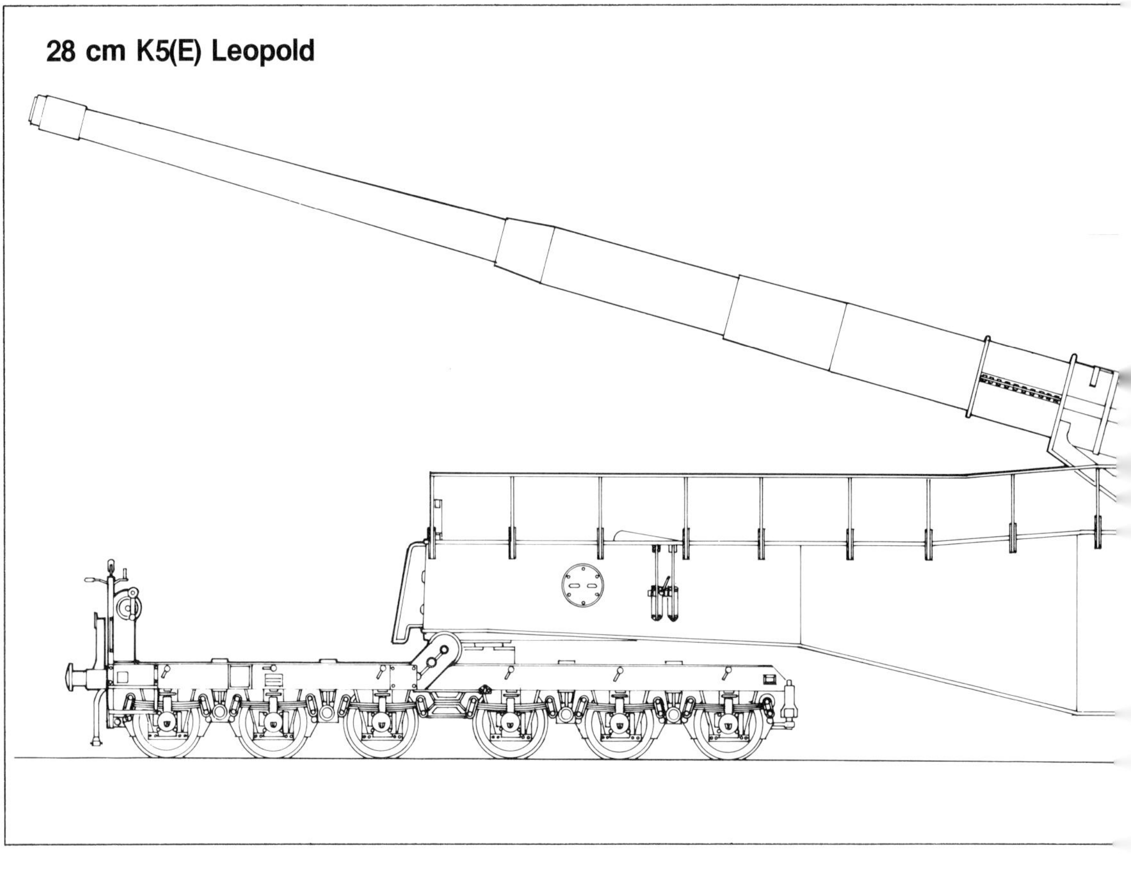

28 cm K5(E) Leopold

28 cm K (E) »Neue Bruno«

Wie 28 cm K (E) »Schwere Bruno«, außer Kaliberlänge: L 54, Gefechtsgewicht: 150 Tonnen, größte Erhöhung: 50°, Mündungsgeschwindigkeit: 995 m/Sek., Gefechtsgewicht: 265 kg, größte Reichweite: 36,6 km.

Die »Bruno«-Klasse der schweren Eisenbahngeschütze war eine Wiederaufnahme der von Krupp entwickelten Küstengeschütze aus den Jahren 1917-18, die ursprünglich für Schlachtschiffe der »Von der Tann«-Klasse bestimmt waren. »Theodor Bruno« und »Bruno« hatten Rohre von geringfügig unterschiedlicher Länge, die auf umgebaute Eisenbahnlafetten montiert wurden, deren Modelle aus dem Ersten Weltkrieg stammten. Von 1936-39 wurden sechs Stück gebaut. Die übrigen Geschütze hatten alle das Kaliber 28 cm, das erste war »Kurze Bruno«, nach seinem kurzen Rohr benannt, acht Exemplare wurden zwischen 1937 und 1938 gebaut. Dann kam

»Lange Bruno«, von dem 1937 drei Stück gebaut wurden. Sie wurden nach ihrem längeren Rohr benannt. Die beiden »Schweren Brunos« wurden so genannt, weil es sich um Rohre ehemaliger Schiffsgeschütze handelte. Sie wurden 1937-38 gebaut. Schließlich kam der »Neue Bruno«, von dem drei bei Krupp gebaut und 1939, 1941 und 1942 in Dienst gestellt wurden.

28 cm K (E) »Leopold«

Wie 28 cm K (E) »Neue Bruno«, außer: Kaliberlänge: L 72, Gefechtsgewicht: 218 Tonnen, Mündungsgeschwindigkeit: 1.128 m/Sek., Geschoßgewicht: 255 kg, größte Reichweite: 62,180 km.

Die Eisenbahngeschütze der »Leopold«-Klasse waren den alliierten Soldaten als »Anzio Annie« bekannt, weil eins dieser Geschütze für die Beschießung des Brückenkopfes bei Anzio eingesetzt wurde; seine getarnte Stellung befand sich in einem Eisenbahntunnel bei Colli Albani. Ins-

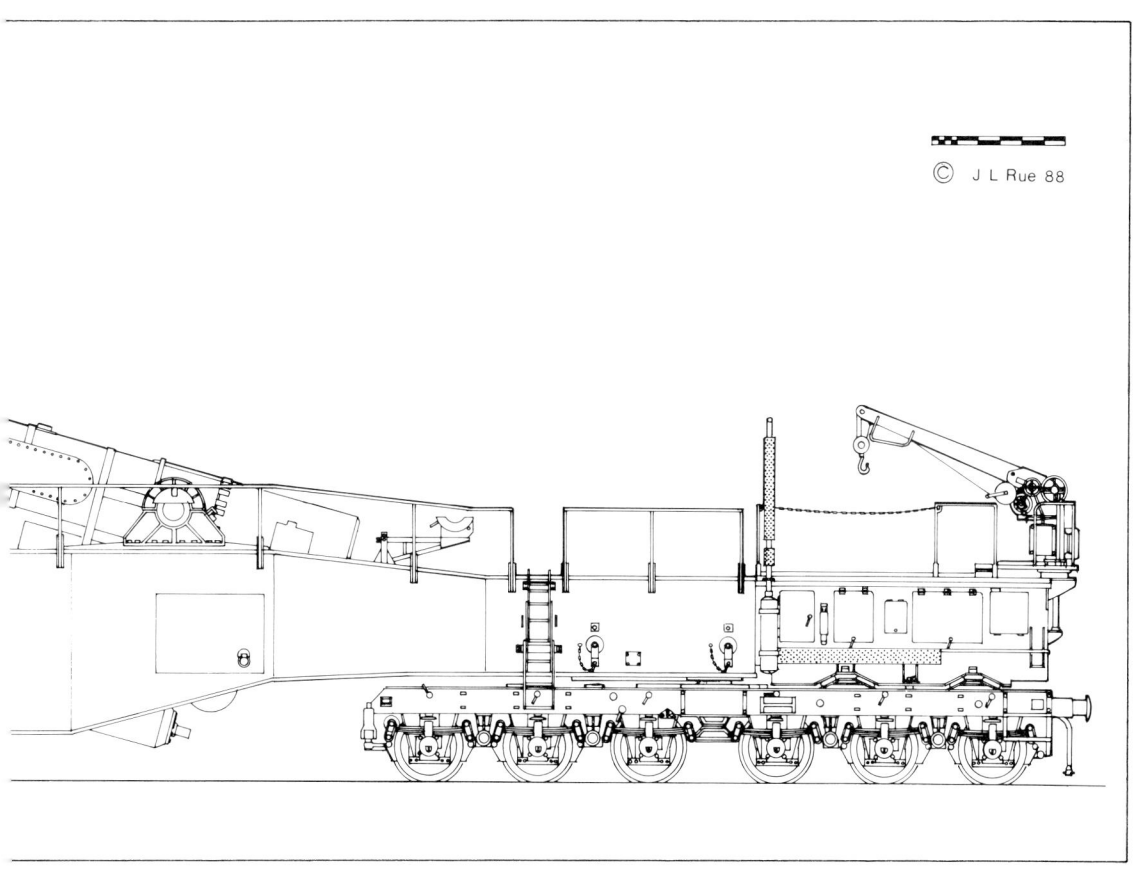

© J L Rue 88

gesamt wurden 28 Exemplare produziert. Sie hatten längere Rohre als die früheren 28 cm-Modelle und dementsprechend auch eine größere Reichweite. Sie hatten das gleiche System von Zügen wie die 21 cm K 12, doch die Lafette mit 12 Räderpaaren brauchte zum Feuern und Laden nicht auf- bzw. abgebockt zu werden. »Anzio Annie« wurde von amerikanischen Truppen erbeutet, nachdem sie aus dem Brückenkopf ausgebrochen waren; sie steht nun auf dem Versuchsgelände in Aberdeen, Maryland in USA, wo sie noch besichtigt werden kann.

Gegen Ende des Krieges experimentierte Krupp an einer raketenunterstützten Granate, die eine

Links: Die 28 cm K 5 (E)-Geschütze waren in Calais stationiert und zur Beschießung von Dover eingesetzt. Sie hatten zwar keinerlei Einfluß auf den Ausgang des Krieges, boten aber einen eindrucksvollen Anblick. (BPK/WII 87/Grimm 125-28).

Unten: Alliierte Soldaten besichtigen das erbeutete 28 cm K 5(E)-Geschütz »Anzio Annie«. (Terry Gander)

Reichweite von 86,9 km hatte, aber nicht so treffgenau war wie konventionelle Geschosse. Dann entwickelten die Wissenschaftler in Peenemünde ein reines Raketengeschoß, das als »Peenemünder Pfeil« bekannt wurde und aus einer K 5 abgeschossen wurde, die zu einem Glattrohr mit dem Kaliber 31 cm aufgebohrt wurde. Die Reichweite betrug 151,3 km. Ein weiteres Projekt, das noch in der Entwicklung war, bestand aus einem »Leopold«-Modell, das für Straßentransport auf umgearbeiteten Tigerfahrgestellen eingerichtet, aber nicht mehr vollendet wurde.

38 cm K (E) »Siegfried«

Kaliber: 380 mm, Kaliberlänge: L 48, Gefechtsgewicht: 294 Tonnen, größte Erhöhung: 45°, Schwenkbereich: 0°, Mündungsgeschwindigkeit: 1.050 m/Sek., Geschoßgewicht: 495 kg, größte Reichweite: 55,7 km.

Da Krupp Erfahrung im Bau von Eisenbahngeschützen hatte, wurde die Firma 1938 beauftragt, das Modell eines überschweren Eisenbahngeschützes zu entwickeln, das ein 38 cm-Rohr haben sollte. Das Modell wurde im folgenden Jahr genehmigt, und die Armee gab acht »Siegfrieds« in Auftrag, aber nur drei wurden 1943-44 noch fertiggestellt.

40 cm K (E) »Adolf«

Wie 38 cm K (E) »Siegfried«, außer: Kaliber: 406 mm, Gefechtsgewicht: 323 Tonnen, Mündungsgeschwindigkeit: 610 m/Sek., Geschoßgewicht: 1.030 kg, größte Reichweite: 56 km.

»Adolf« war ein weiteres überschweres Modell, das auf einem Standard-Schiffs- und Küstengeschütz basierte und 1940 in Dienst gestellt wurde. Es wurde nur ein Exemplar gebaut.

80 cm K (E) »Gustav« (auch DORA genannt)

Kaliber: 800 mm, Kaliberlänge: L 36, Gefechtsgewicht: 135 Tonnen, größte Erhöhung: 65°, Mündungsgeschwindigkeit: 820 m/Sek., Geschoßgewicht: 4.800 kg, größte Reichweite: 47 km.

Das schwerste Eisenbahngeschütz, das je gebaut wurde, war »Gustav«, eine massive Waffe, die nicht auf dem normalen Schienenstrang transportiert werden konnte, sondern abschnittsweise auf Tiefladewagen transportiert und in der Feuerstellung wieder zusammengesetzt werden mußte. Vorbereitungen der Feuerstellung und der Aufbau erforderten 1.500 Mann und bis zu

einem Monat Zeit. Beim Einsatz wurde schwere »Gustav« auf zwei parallelen, besonders verstärkten Schienenstrecken bewegt. »Schwere Gustav« wurde 1942 fertiggestellt und zum ersten und letzten Mal bei der Belagerung von Sewastopol eingesetzt und danach an die Front vor Leningrad verlegt, ohne dort zum Einsatz zu kommen. Bei Kriegsende war dieses Geschütz in der Nähe von Warschau.

Küstenartillerie

3,7 cm SK C/30

Kaliber: 37 mm, Kaliberlänge: L 80, größte Erhöhung: 80°, Schwenkbereich: 360°, Mündungsgeschwindigkeit: 1.000 m/Sek., Geschoßgewicht: 0,7 kg, größte Reichweite: 6.585 m., Feuergeschwindigkeit: 80-160 Schuß/Min.

Dies war das Marine-Modell der Flak 18/36/37, das in einer Küstenstellung zur Flugzeugabwehr und zum Kampf gegen leichte Seestreitkräfte auf kürzere Entfernungen eingesetzt wurde, z.B. gegen Motor-Torpedoboote; für diese Aufgabe wurde im übrigen auch die 7,5 cm Pak 40 eingesetzt.

8,8 cm SK C/35

Kaliber: 88 mm, Kaliberlänge: L 42, größte Erhöhung: 30°, Schwenkbereich: 360°, Mündungsgeschwindigkeit: 700 m/Sek., Geschoßgewicht: 9,4 kg, größte Reichweite: 12.350 m, Feuergeschwindigkeit: 15 Schuß/Min.

Dies war die Marine-Version der Flak 18/36 für den Einsatz in Küstenstellungen.

10,5 cm SK C/32

Kaliber: 105 mm, Kaliberlänge: L 40, Gefechtsgewicht: 15.231 kg, größte Erhöhung: 79°, Schwenkbereich: 360°, Mündungsgeschwindigkeit: 785 m/Sek., Geschoßgewicht: 15,1 kg, größte Reichweite: 15.250 m, Feuergeschwindigkeit: 15 Schuß/Min.

10,5 cm SK L 60

Wie 10,5 cm SK C/32, außer: Kaliberlänge: L 60, Gefechtsgewicht: 11.750 kg, größte Erhöhung: 80°, Mündungsgeschwindigkeit: 900 m/Sek., größte Reichweite: 17.500 m.

Auch dies waren Marine-Versionen der Flak 38/39 in Varianten mit langem bzw. kurzem Rohr.

15 cm U-Boot oder T-Boot L 45

Kaliber: 150 mm, Kaliberlänge: L 45, Gefechtsgewicht: nicht bek., größte Erhöhung: 45°, Schwenkbereich: 360°, Mündungsgeschwindigkeit: 680 m/Sek., Geschoßgewicht: 45,3 kg, größte Reichweite: 16.000 m.

15 cm SK C/28

Wie 15 cm L 45, außer: Kaliber: 149 mm, Kaliberlänge: L 52, Mündungsgeschwindigkeit: 785 m/Sek., Geschoßgewicht: 45,5 kg, größte Reichweite: 23.500 m.

15 cm T-Boot-Kanone C/36

Wie 15 cm SK C/28, außer: größte Erhöhung: 40°, Schwenkbereich: 120°, Mündungsgeschwindigkeit: 835 m/Sek., größte Reichweite: 19.525 m.

Außer den Modellen der älteren 15 cm SK L 40 aus dem Ersten Weltkrieg, die auch weiterhin der Küstenverteidigung dienten, wurden drei neue Modelle von Marinegeschützen, die ursprünglich für U- bzw. Torpedo-Boote entwickelt worden waren, in der Zeit des Dritten Reiches in Dienst gestellt, und zwar die L 45 1934, die C/28 1936 und die C/36 1937. Sie wurden auf Barbetten (Geschützplattformen hinter Bodenwehren) und in Kasematten montiert, aber auch auf zwei vierrädrigen Protzenfahrzeugen, die sechs Ausleger (anstatt der sonst üblichen vier) hatten, zur größeren Standfestigkeit und Treffgenauigkeit beim Schießen. Geschütze dieses Kalibers wurden oft in koaxialen Paaren montiert.

20 cm SK C/34

Kaliber: 203 mm, Kaliberlänge: L 57, Gefechtsgewicht: nicht bek., größte Erhöhung: 40°, Schwenkbereich: 360°, Mündungsgeschwindigkeit: 925 m/Sek., Geschoßgewicht: 122 kg, größte Reichweite: 37.000 m.

Dies war ein Neuzugang zu den alten 17-, 24-und 28 cm-Waffen aus den Jahrgängen des Ersten Weltkrieges.

30 cm SK L 50

Kaliber: 305 mm, Kaliberlänge: L 50, Gefechtsgewicht: 177 Tonnen, größte Erhöhung: 45°, Schwenkbereich: 360°, Mündungsgeschwindigkeit: 1.120 m/Sek., Geschoßgewicht: 250 kg, größte Reichweite: 51.000 m.

Diese Schlachtschiff-Geschütze aus dem Ersten Weltkrieg hatten eine maschinelle, halbautomatische Bedienung.

38 cm SK C/34

Kaliber: 383 mm, größte Erhöhung: 60°, Schwenkbereich: 360°, Mündungsgeschwindigkeit: 1.050 m/Sek., Geschoßgewicht: 475 kg, größte Reichweite: 55.700 m.

Diese Geschütze wurden 1934 von Krupp für Schlachtschiffe der »Bismarck«/»Tirpitz«-Klasse entwickelt. Vier wurden in der »Batterie Todt« auf Kap Griz Nez installiert und beschossen die Südküste Englands.

40,6 cm SK C/34

Kaliber: 406 mm, Kaliberlänge: L 45-48, größte Erhöhung: 60°, Schwenkbereich: 360°, Mündungsgeschwindigkeit: 610 m/Sek., Geschoßgewicht: 1.030 kg, größte Reichweite: 56.000 m.

Diese Geschütze mit dem Decknamen »Adolf« waren für die Schlachtschiffe der H-Klasse geplant, die jedoch nie gebaut wurden. Drei wurden bei der »Batterie Lindemann« in der Nähe von Kap Griz Nez eingebaut, auch sie beschossen die englische Südküste. Sie wurden komplett mit ihren Schiffstürmen und -unterbauten entweder einzeln oder in Paaren installiert.

Militärfahrzeuge 1933-1945

Kampfpanzer

PzKpfw I Ausf A, SdKfz 101*

Haupthersteller: Henschel, MAN, Herstellungszeit: 1934-36, Bewaffnung: 2x7,92-mm-MG, Besatzung: 2 Mann, Gefechtsgewicht: 5,4 Tonnen, Gesamtlänge: 4,02 m, Höhe: 1,79 m, Breite: 2,06 m, Breite der Laufketten: 28 cm, Bodenfreiheit: 29,5 cm, Höchstgeschwindigkeit auf Straßen: 37 km/h, Aktionsradius (auf Straßen): 200 km, (im Gelände): 140 km, Motortyp: Krupp M 305 4-Zyl. Benzin, Motorleistung: 60 PS bei 2.500 U/Min., Hubraum: 3.460 ccm, Tankfüllung: 144 Liter, Panzerung: 15 mm rundum.

PzKpfw I Ausf B, SdKfz 101

Wie PzKpfw I Ausf A, SdKfz 101, außer: Haupthersteller: wie Ausf A plus Wegmann, Herstellungszeit: 1935-39, Gefechtsgewicht: 6 Tonnen, Gesamtlänge: 4,43 m, Höchstgeschwindigkeit auf Straßen: 40 km, Aktionsradius (auf Straßen): 180 km, (im Gelände): 130 km, Motortyp: Maybach NL 38 TKRM 6-Zyl. Benzin, Hubraum: 3.790 ccm, Tankfüllung: 146 Liter.

Kleine Panzer-Befehlswagen auf Gw I Ausf B, SdKfz 265

Wie PzKpfw I Ausf B, SdKfz 101, außer: Haupthersteller: Daimler-Benz, Herstellungszeit: 1936-38, Bewaffnung: 1x7,92-cm-MG, Besatzung: 3 Mann, Gefechtsgewicht: 5,88 Tonnen, Gesamtlänge: 4,42 m, Höhe: 1,96 m, Panzerung: 14,5 mm rundum.

Nachdem Hitler an die Macht gekommen war und den Versailler Vertrag für unwirksam erklärt hatte, begann Deutschland mit der Wiederbewaffnung. Eins der dringendsten Bedürfnisse der Armee war ein geeignetes Übungsfahrzeug, an dem die Besatzungen für künftige Panzergenerationen die notwendige Grundausbildung in der Handhabung eines Vollkettenfahrzeuges mit schwenkbarem Turm erhalten konnten. Um diesen Anforderungen zu entsprechen, entwickelte Henschel den PzKpfw I aus einer früheren Fahr-

zeugserie, die als landwirtschaftlicher Schlepper produziert worden war und deren Grundmodell auch auf Einzelheiten des britischen Carden-Lloyd-Lastwagen zurückgingen. Es handelte sich um keinen »Kampfpanzer« im eigentlichen Sinne des Wortes; seine leichte Verwundbarkeit wurde im spanischen Bürgerkrieg offenkundig. Damals war das unter dem Kommando des Oberst Wilhelm von Thoma stehende sog. »Panzerkorps« der Legion Condor mit PzKpfw I ausgestattet. Dieses Fahrzeug wurde mangels anderer Kampfpanzer noch während des Polen- und Frank-

*Ausf - Ausführung, SdKfz - Sonderkraftfahrzeug, Die meisten, doch nicht alle deutschen Militärfahrzeuge erhielten eine SdKfz-Nummer.

Auf dem Wege zu einer Parade zu Hitlers Geburtstag am 20. April 1936 fahren PzKpfw I durch das Brandenburger Tor. (BPK/Grimm-1221-3)

PzKpfw I Ausf B, SdKfz 101

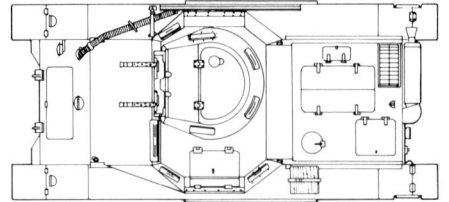

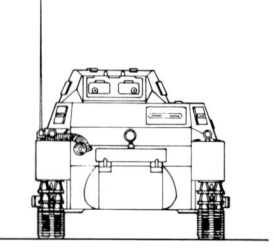

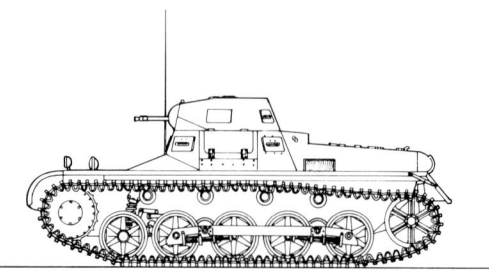

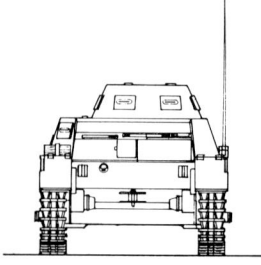

© J L Rue 87

reichfeldzuges als Massenpanzer eingesetzt. Einige Fahrzeuge waren sogar noch an den Kampfhandlungen in Rußland 1941 beteiligt.

Der PzKpfw I war ein kleines 2-Mann-Fahrzeug (Fahrer und Kommandant/Schütze) — und dies waren die beiden Aufgaben, für die eine Spezialausbildung am dringendsten war. Der Fahrer saß auf der linken Seite, der Kommandant saß etwas höher daneben in dem kleinen, nach rechts versetzten Turm. Wegen seines lauten (luftgekühlten) Krupp-Boxermotors hieß er in der Landsersprache »Krupp-Sport«. Etwa 800 Exemplare der Ausf A wurden hergestellt, danach wurde nur noch das etwas größere und stärkere Modell B gebaut — rund 2.000 wurden produziert. Weitere 184 erhielten einen kastenartigen Aufbau anstelle eines Turmes. Dies waren die mit zwei Funkgeräten ausgestatteten Befehlsfahrzeuge, die bis 1943 im Dienst blieben. 40 wurden zu Panzern umgebaut, die bei Luftlandetruppen von Gleitflugzeugen transportiert wurden.

Das Fahrgestell des PzKpfw I wurde auch als Waffenträger, z.B. für 4,7-cm-Panzerabwehr- und 15-cm-Infanteriegeschütze (siehe Abschnitt »Selbstfahrlafetten«) sowie als Munitionsträger benutzt.

PzKpfw Ausf A-C, SdKfz 121

Haupthersteller: MAN, Henschel, Famo, Herstellungszeit: 1938-40, Bewaffnung: 1x2-cm-KwK

38 L/55, 1x7,92-cm-MG, Besatzung: 3 Mann, Gefechtsgewicht: 8,9 Tonnen, Gesamtlänge: 4,81 m, Höhe: 2,02 m, Breite: 2,28 m, Breite der Laufketten: 30 cm, Bodenfreiheit: 34 cm, Höchstgeschwindigkeit auf Straßen: 40 km/h, Aktionsradius (auf Straßen): 150 km, (im Gelände): 100 km, Motortyp: Maybach HL 62 TRM 6-Zyl. Benzin, Motorleistung: 140 PS bei 2.600 U/Min., Hubraum: 6.191 ccm, Tankfüllung: 170 Liter, Panzerung: Turm: 15-30 mm, Wanne: 10-30 mm.

PzKpfw II Ausf D/E, SdKfz 121

Wie PzKpfw II Ausf A-C, SdKfz 121, außer: Haupthersteller: Daimler-Benz, MAN, Herstellungszeit: 1938-41, Gefechtsgewicht: 10 Tonnen, Gesamtlänge: 4,64 m, Breite 2,30 m, Bodenfreiheit: 29 cm, Höchstgeschwindigkeit (auf Straßen): 55 km/h, Aktionsradius (auf Straßen): 160 km, (im Gelände): 110 km, Motortyp: Maybach HL 66 P 6-Zyl. Benzin, Motorleistung: 180 PS bei 3.200 U/Min., Hubraum: 6.754 ccm, Tankfüllung: 200 Liter.

PzKpfw II Ausf F, SdKfz 121

Wie PzKpfw II Ausf D/E, SdKfz 121, außer: Herstellungszeit: 1940-43, Gefechtsgewicht: 9,5 Tonnen, Panzerung am Turm: 15-35 mm.

PzKpfw II Ausf C, SdKfz 121

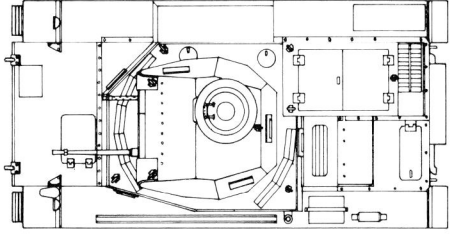

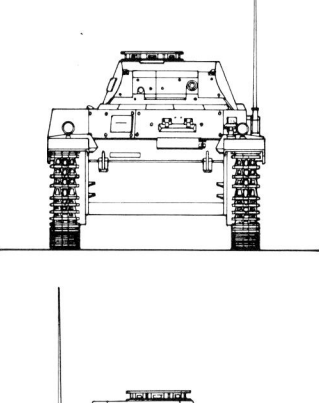

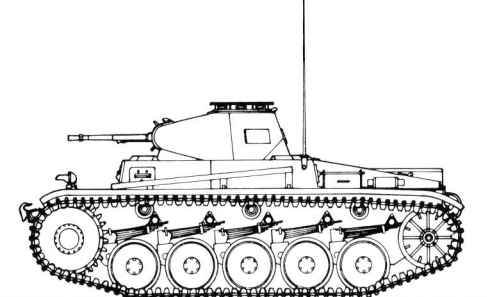

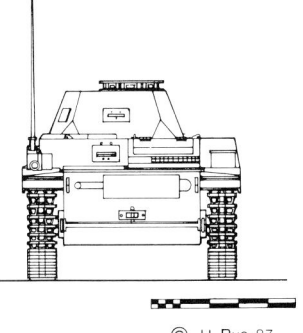

PzKpfw II Ausf L »Luchs«, SdKfz 123

Haupthersteller: MAN, Henschel, Herstellungszeit: 1941-43, Bewaffnung: 1-2-cm-KwK 38 oder 5-cm-KwK 39 L/60, 1x7,92-mm-MG, Besatzung: 4 Mann, Gefechtsgewicht: 11,8 Tonnen, Gesamtlänge 4,63 m, Höhe 2,21 m, Breite: 2,48 m, Breite der Laufketten: 36 cm, Bodenfreiheit: 36 cm, Höchstgeschwindigkeit (auf Straßen): 60 km/h, Aktionsradius (auf Straßen): 190 km, (im Gelände): 130 km, Motortyp, Motorleistung und Hubraum: wie bei Ausf D/E/F, Tankfüllung: 235 Liter, Panzerung: am Turm: 20-30 mm, an der Wanne: 20-30 mm.

Als ersten wirklich für den Kampfeinsatz geplanten Kampfpanzer baute MAN 1935 einen Panzer, der stärker, besser bewaffnet und gepanzert war als der PzKpfw I und die Bezeichnung PzKpfw II erhielt. Etwa 200 Fahrzeuge mit der Bezeichnung a1, a2 und a3 wurden vor Anlaufen der Serie hergestellt, sie hatten ein Balkenlaufwerk, das Ähnlichkeit mit dem Laufwerk des PzKpfw I hatte. Dann ging die Ausf. A mit einem Christie-Laufwerk* 1937-38 in Serie. Die B-und C-Version waren im Grunde ähnlich, hatten aber verbesserte Sichtgeräte für die 3-Mann-Besatzung (Fahrer, Kommandant und Funker), die Ausf. C hatte eine von 15- auf 30 mm verstärkte Stirnpanzerung.

*J. Walter Christie war ein amerikanischer Konstrukteur, der sich in der Rolle des Propheten befand, der im eigenen Lande nichts galt. Seine Ideen wurden von den Deutschen und den Briten, aber am erfolgreichsten von den Sowjets in die Praxis umgesetzt. Sein Grundkonzept bestand darin, große Laufräder zu verwenden, die unabhängig voneinander gefedert waren; Stützrollen waren nicht nötig bei dieser Konstruktionsweise.

Ein PzKpfw II zeigt seine Wat-Fähigkeit, 1941 in Jugoslawien. (BA/162/294/9a)

Ein PzKpfw II der 15. Panzerdivision, der mit einer Rohrschutzhülle aus Segeltuch gegen den afrikanischen Sand und Staub ausgestattet ist. (BA/783/110/12)

PzKpfw II und IV suchen sich Deckung hinter einer Kakteenhecke. (549/741/14)

Die Ausführungen D und E waren Modelle mit größerem Lauf und Drehstababfederung. Sie erreichten auf der Straße eine größere, im Gelände eine geringere Geschwindigkeit und hießen auch »Schnellkampfwagen«. Es wurden rd. 250 von ihnen hergestellt. Auch die Ausf F war mit ihrer schwachen Bewaffnung allen anderen Panzern unterlegen. Rund 625 wurden von ihnen gebaut. 1942 wurde die Fertigung dieses Panzers eingestellt. Es ist überhaupt erstaunlich, wie lange dieser Kampfpanzer noch hergestellt wurde, wo doch die Erfahrungen schon in Spanien, Polen und Frankreich die Unzulänglichkeiten dieses Fahrzeugs, selbst als Aufklärungsfahrzeug, bestätigt hatten.

Die abschließende Entwicklung des PzKpfw II war die Ausf L «Luchs», der von einem Panzer-

kampfwagen zu einem Panzerspähwagen umklassifiziert wurde. Der »Luchs« hatte ein geändertes Laufwerk mit übereinanderliegenden Laufrädern, etwas dickere Panzerung und bessere Rundum-Wirkungsmöglichkeiten. Die ersten 100 waren noch mit der alten und völlig unzulänglichen 2-cm-KwK 38 ausgerüstet, aber die letzten 31 hatten bei oben offenem Turm die weit überlegene 5-cm-KwK 39 L/60. Der PzKpfw II mit all seinen Varianten fand fast den ganzen Krieg hindurch Verwendung zumeist in den Stäben als Aufklärungsfahrzeug. Sein Fahrgestell diente noch lange als Waffenträger.

Brückenbau- und Pionier-Versionen waren Modelle ohne Turm, ebenso verschiedene Selbstfahrlafetten, die später beschrieben werden.

Ein PzKpfw II »Luchs«, 1944. (BA/90/3931/19)

PzKpfw 35 (t)

Haupthersteller: Skoda, Herstellungszeit: 1935-37, Bewaffnung: 1x3,72-cm-KwK (t) L/40, 2x 7,92-mm-MG, Besatzung: 4 Mann, Gefechtsgewicht: 11 Tonnen, Gesamtlänge: 4,65 m, Höhe: 2,35 m, Breite: 2,25 m, Breite der Laufketten: 32 cm, Bodenfreiheit: 35 cm, Höchstgeschwindigkeit (auf Straßen): 34 km/h, Aktionsradius (auf Straßen): 190 km, (im Gelände): 120 km, Motortyp: Skoda T 11/0 4-Zyl. Benzin, Motorleistung: 115 PS bei 1.800 U/Min., Hubraum: 8.620 ccm, Tankfüllung: 153 Liter, Panzerung: 16-25 mm, zu beachten: Dieser PzKpfw 35 (t) erhielt keine SdKfz-Nummer.

Wie der PzKpfw I hatte der leichte tschechische Panzer LT-35 viele Konstruktionsmerkmale des Carden-Lloyd-Fahrzeuges geerbt, das in Prag von der CKD (Ceskomorowska Kolben Danek) in Lizenz gebaut wurde, war aber größer, besser bewaffnet und stärker gepanzert als das deutsche Fahrzeug. Nach dem Einmarsch in die Tschechoslowakei übernahm das deutsche Heer 1939 diesen Panzer und den noch besseren LT-38 (siehe nächsten Abschnitt!). Die meisten PzKpfw 35 t (t = tschechisch) gingen an die 6. Panzerdivision. Rund 300 Stück wurden insgesamt gebaut. Die genietete Konstruktion war im Grunde ein solider Panzer, mit einem 3,7-cm-KwK L/45 und einem koaxialen MG. Die Sicht des Kommandanten bei geschlossener Luke war allerdings eingeschränkt, und das Profil war ziemlich hoch.

PzKpfw 38 (t)

Haupthersteller: Praga, Herstellungszeit: 1938-42, Bewaffnung: 1x3,7-cm-KwK L/45, 2x7,92-mm-MG, Besatzung: 4 Mann, Gefechtsgewicht: 10,5 Tonnen, Gesamtlänge: 4,9 m, Höhe: 2,37 m, Breite: 2,06 m, Breite der Laufketten: 29,3 cm, Bodenfreiheit: 40 cm, Höchstgeschwindigkeit (auf Straßen): 42 km/h, Aktionsradius (auf Straßen): 240 km, (im Gelände): 160 km, Motortyp: Praga EPA 6-Zyl. Benzin, Motorleistung: 125 PS bei 2.000 U/Min., Hubraum: 7.754 ccm, Tankfüllung: 218 Liter, Panzerung: 17-25 mm, zu beachten: Dieser PzKpfw 38 erhielt keine SdKfz-Nummer.

Aufklärungspanzer 38 (t)

Wie PzKpfw 38 (t), außer: Herstellungszeit: 1943-44, Bewaffnung: 1x2-cm-KwK, Besatzung: 4 Mann, Gefechtsgewicht: 9,75 Tonnen, Aktionsradius (auf Straßen): 210 km, (im Gelände): 140 km, Motortyp: Praga A 6-Zyl. Benzin, Motorleistung: 150 PS bei 2.600 U/Min., Hubraum: 7.754 ccm, Panzerung: 17,5-25 mm.

Das deutsche Heer kam durch die Besetzung der Tschechoslowakei mit dem 35 (t) zu einem — am Standard jener Zeit gemessen — annehmbaren Panzer. Als weitaus besser erwies sich jedoch dessen Nachfolgemuster LT-38, der auch als der TNHP-8 bekannt war und im deutschen Dienst als PzKpfw 38 (t) bezeichnet wurde. Wenn er

auch viele Merkmale mit dem früheren Modell gemeinsam hatte, z.B. die vernietete und verschraubte Panzerung, die bekanntlich nicht so widerstandsfähig ist wie die geschweißte, die gleiche Besatzung und die ziemlich hohe Silhouette, so war der 38 (t) schneller, hatte eine größere Reichweite und wegen seines hohen Leistungsgewichts eine bessere Geländegängigkeit, trotz seiner schmaleren Laufketten. Er wurde auch von CKD hergestellt. Die Deutschen benannten diese Fabrik in »Praga« um. Der 38 (t) blieb als Panzer bis 1942 in Serie. Noch länger fand das Fahrgestell Verwendung, und zwar für die Jagdpanzer Marder III und Hetzer, für »Bison«, das Geschütz auf Selbstfahrlafette und den Flakpanzer 38 (t). Gegen Ende des Krieges wurde auch eine geringe Zahl von Flammenwerfer- und Pionier-Varianten hergestellt.

Der PzKpfw 38 (t) war für das deutsche Heer so wichtig, daß — wie man schätzt — 1940 die Panzerdivisionen zu 20% mit diesem Panzer ausgestattet waren, obwohl er von russischen, ameri-kanischen und britischen gepanzerten Kampfpanzern ab 1941 übertroffen wurde, blieb er bis zum Ende des Krieges in Frontverwendung. Er hatte ein geändertes Christie-Laufwerk, das über und zwischen den ersten beiden Laufrädern auf jeder Seite zwei Stützrollen hatte, er war von robuster Bauweise und im Felde leicht zu warten. Deutsche Verbesserungen an der Sichtvorrichtung des Kommandanten steigerten seine Einsatzmöglichkeiten.

PzKpfw II Ausf A, SdKfz 141

Haupthersteller: Daimler-Benz, Herstellungszeit: 1936, Bewaffnung: 1x3,7-cm-KwK L/45, 3x7,92-mm-MG, Besatzung: 5 Mann, Gefechtsgewicht: 15,4 Tonnen, Gesamtlänge 6,59 m, Höhe: 2,335 m, Breite: 2,81 m, Breite der Laufkette: 36 cm, Bodenfreiheit: 38 cm, Höchstgeschwindigkeit (auf Straßen): 32 km/h, Aktionsradius (auf Straßen): 180 km, (im Gelände): 120 km, Motortyp:

Rechts: Übungsbild, PzKpfw II und 38 (t) beim Übersetzen über die Lahn, Frühjahr 1940. (BPK/LoCE 455-1031)

Links oben: Panzer rollen vor! Voran ein PzKpfw II, dahinter 38 (t) in Frankreich, Mai/Juni 1940. (BPK/WII 44)

PzKpfw 38 (t) Ausf C

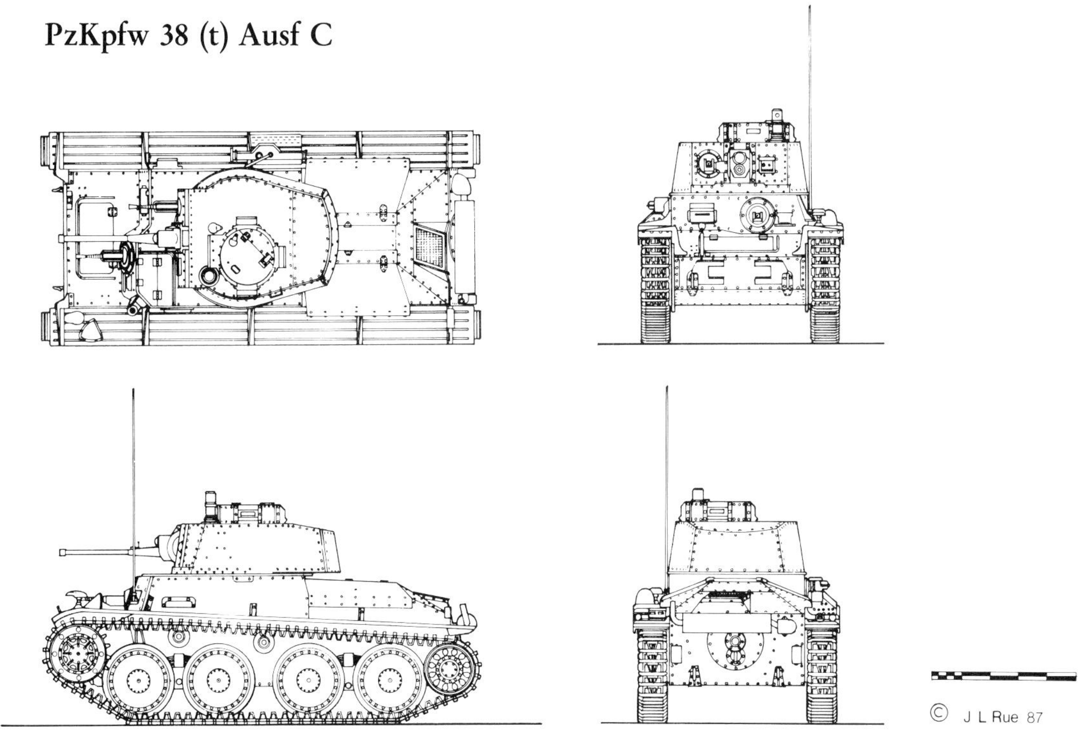

© J L Rue 87

Maybach HL 108 TR V-12 Benzin, Motorleistung: 250 PS bei 3.000 U/Min. Hubraum: 10.838 ccm, Tankfüllung: 300 Liter, Panzerung: 14,5 mm rundum, 5 große Laufrollen an jeder Seite.

PzKpfw III Ausf B/C, SdKfz 141

Wie PzKpfw III Ausf A, außer: Herstellungszeit: 1937-38, Gefechtsgewicht: 15,9 Tonnen, Gesamtlänge: 6 m, Höhe: 2,45 m, Breite: 2,87 m, Bodenfreiheit: 37,5 cm, Höchstgeschwindigkeit (auf Straßen): 35 km/h, nunmehr 8 kleine Laufrollen auf jeder Seite.

PzKpfw III Ausf D, SdKfz 141

Wie PzKpfw III Ausf B/C SdKfz 141, außer: neue Kommandantenkuppel, Herstellungszeit: 1938-39, Gefechtsgewicht: 19,8 Tonnen, Aktionsradius (auf Straßen): 150 km, (im Gelände): 100 km, Panzerung: 30 mm rundum.

PzKpfw III Aisf E, AdKfz 141

Wie PzKpfw III Ausf D, außer: nunmehr sechs mittelgroße Doppellaufrollen an jeder Seite, Haupthersteller: Daimler-Benz, Alkett, MAN, Herstellungszeit: 1939-40, Bewaffnung: 1x3,7-cm-KwK L/45, 2x7,92-mm-MG, Gefechtsgewicht: 19,5 Tonnen, Gesamtlänge: 5,98 m, Höhe: 2,435 m, Breite: 2,91 m, Bodenfreiheit: 38,5 cm, Höchstgeschwindigkeit (auf Straßen): 40 km/h, Aktionsradius (auf Straßen): 160 km, Motortyp: Maybach HL 120 TRM V-12 Benzin, Motorleistung: 300 PS bei 3.000 U/Min., Hubraum: 11.867 ccm, Tankfüllung: 320 Liter.

PzKpfw III Ausf F/G, SdKfz 141

Wie PzKpfw III Ausf E, SdKfz 141, außer: Herstellungszeit: 1940, Bewaffnung: 1x3,7-cm-KwK (die ersten 335 Fahrzeuge), 1x5-cm-KwK L/42 (die letzten 100 Fahrzeuge), 2x7,92-mm-MG, Gefechtsgewicht: 20,3 Tonnen.

PzKpfw III Ausf H, SdKfz 141

Wie PzKpfw III Ausf F/G, außer: Herstellungszeit: 1940-41, Bewaffnung: 1x5-cm-KwK L/42, 2x7,92-cm-MG, Gefechtsgewicht: 21,6 Tonnen, Gesamtlänge: 5,52 m, Höhe 2,50 m, Breite: 2,95 m, Breite der Laufkette: 40 cm, Aktionsradius (auf Straßen): 140 km, (im Gelände): 90 km.

PzKpfw III Ausf J/L/M, SdKfz 141/1

Wie PzKpfw III Ausf H, SdKfz 141, außer: Herstellungszeit: 1941-42, Bewaffnung: die ersten Modelle der Serie wie Ausf H, spätere Modelle 1x5-cm-KwK L 60 u. 2 MG, Gefechtsgewicht: 22,3 Tonnen, Gesamtlänge: 5,56 m, Panzerung: Turm: 37-50 mm, Wanne: 25-50 mm. Die Ausf L und M hatten zusätzliche 20-mm-Stirnpanzerung, und viele Fahrzeuge wurden nachträglich mit 5-mm-Schürzen als Abstandspanzerung um den Turm und längs der Wanne ausgestattet.

PzKpfw III Ausf N, SdKfz 141/2

Wie PzKpfw III Ausf J/L/M SdKfz 141/1, außer: Herstellungszeit: 1942-43, Bewaffnung: 1x7,5-cm-KwK L 24, 2x7,92-mm-MG, Gefechtsgewicht: 23 Tonnen, Aktionsradius (auf Straßen): 130 km.

Panzerbefehlswagen III Ausf D1

Haupthersteller: Daimler-Benz, Herstellungszeit: 1938-39, Bewaffnung: 1 x hölzerne Geschützattrappe (3,7 cm), 1x7,92-mm-MG, Besatzung: 5 Mann, Gefechtsgewicht: 19,3 Tonnen, Gesamtlänge: 6 m, Höhe: 2,45 m, Breite: 2,87 m, Breite der Laufkette: 36 cm, Bodenfreiheit: 37,5 cm, Höchstgeschwindigkeit (auf Straßen): 35 km/h, Aktionsradius (auf Straßen): 150 km, (im Gelände): 100 km, Tankfüllung: 300 Liter, Panzerung: 30 mm rundum, zu beachten: Dieses Fahrzeug erhielt keine SdKfz-Nummer.

Panzerbefehlswagen III Ausf E, SdKfz 266

Wie Panzerkampfwagen III Ausf E, außer: hölzerne Geschützattrappe (3,7 cm), Herstellungszeit: 1940, Gesamtlänge: 5,38 m, Höhe: 2,435 m, Breite: 2,91 m, Bodenfreiheit: 38,5 cm, Höchstgeschwindigkeit (auf Straßen): 40 km/h, Aktionsradius (auf Straßen): 160 km, Tankfüllung: 320 Liter.

Panzerbefehlswagen III Ausf H/K, SdKfz 267/268

Wie Panzerbefehlswagen III Ausf E, außer: Herstellungszeit: Ausf H: 1941-42, Ausf K: 1942-43, Bewaffnung: Ausf H: 1 x hölzerne Geschützat-

Ein PzKpfw III M in Rußland, Sommer 1943. Zu beachten ist die Abstandspanzerung, die sowjetische Hohlladungen abhalten soll. (BA/219/595/23)

PzKpfw III Ausf E, SdKfz 141

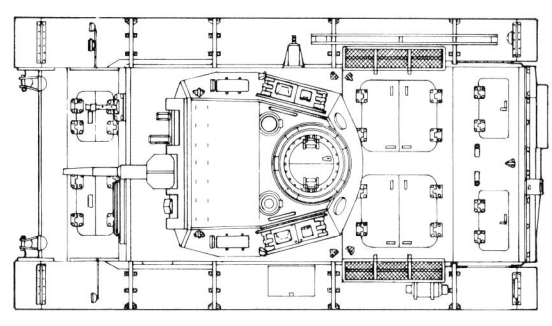

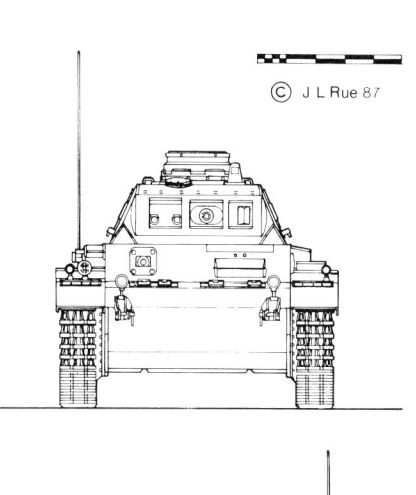

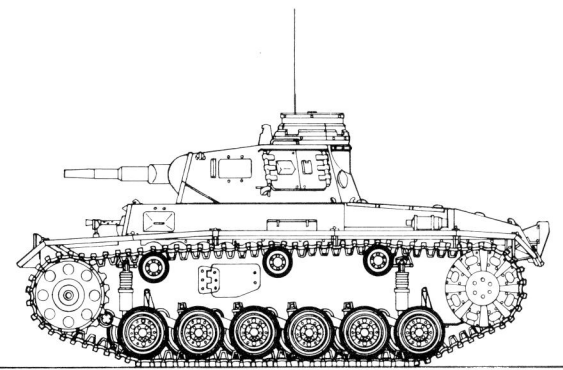

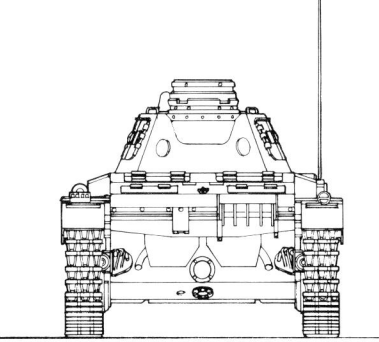

PzKpfw III Ausf J, SdKfz 141/1

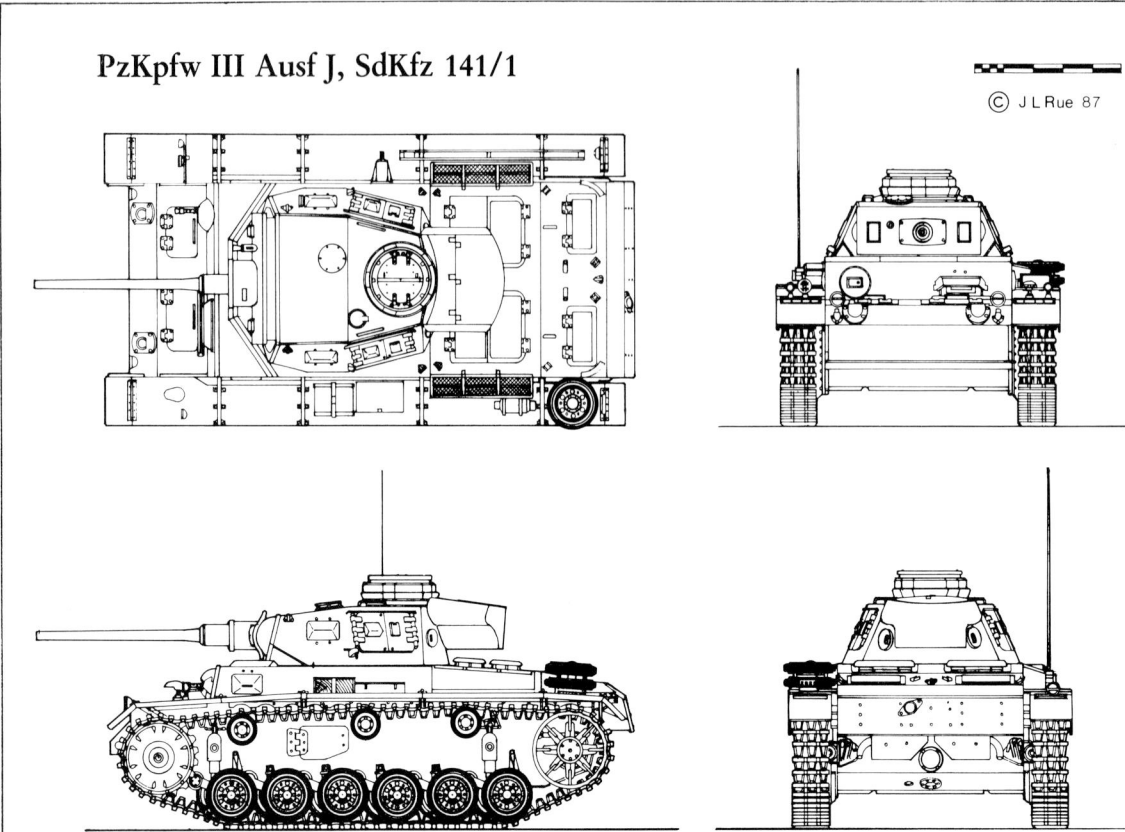

© J L Rue 87

trappe: 1x7,92-mm-MG, Ausf K: 1x5-cm-KwK L 42 oder L 60, 1x7,92-cm-MG, Gefechtsgewicht: Ausf H: 21,6 Tonnen, Ausf K: 23 Tonnen, Gesamtlänge: 5,52 m, Höhe 2,50 m, Breite 2,95 m.

Panzerbeobachtungswagen III, SdKfz 143

Wie Panzerbefehlswagen III Ausf H oder K, außer: Haupthersteller: Alkett, Herstellungszeit: 1942-43, Bewaffnung: 1 x hölzerne Geschützattrappe (2 cm), 1x7,92-mm-MG, Gefechtsgewicht: 23 Tonnen, Gesamtlänge: 5,52 m, Höhe: 2,50 m, Breite: 2,95 m, Panzerung: Turm: 30-50 mm, Wanne: 30-70 mm.

Die deutsche Rüstungsindustrie hatte Ende der 20er und Anfang der 30er Jahre den Panzerbau im Ausland genau verfolgt, besonders in Großbritannien, Frankreich und Rußland (Amerika entwickelte bis 1939 keine Panzer, dann erst folgte der »Stuart M 3«. Walter Christie hatte zwar auf eigenes Risiko in den 20er Jahren Prototypen gebaut, die jedoch nicht übernommen wurden). Aufgrund ihrer Studien entschieden die Deutschen, daß zwei verschiedene Typen von Kampfpanzern nötig seien, einer davon in der 20-Tonnen-Klasse mit einer panzerbrechenden Hochleistungskanone und einer in der 25-Tonnen-Klasse mit einer Waffe von größerem Kaliber, die zur Unterstützung der Infanterie Sprenggranaten verschießen sollte. Als Hitler an die Macht gekommen war und den Versailler Vertrag als ungültig erklärt hatte, wurden Daimler-Benz und Krupp 1935 aufgefordert, Prototypen herzustellen, die dann als PzKpfw III bzw. IV vorgestellt wurden. Beide waren Fahrzeuge mit fünf Mann Besatzung (Kommandant/Richtschütze/Ladeschütze/Fahrer/Funker in der Wanne). Beide hatten viele gemeinsame Merkmale in bezug auf das Erscheinungsbild, doch der PzKpfw IV war etwas größer und schwerer.

General Guderian hatte sich nachdrücklich dafür eingesetzt, daß der PzKpfw III gleich mit einer 5-cm-Waffe ausgerüstet wurde, aber er und die anderen Offiziere, die mit der Schaffung der Panzerstreitkräfte befaßt waren, wurden von dem Chef des Waffenamtes und dem Inspekteur der Artillerie überstimmt, die die 3,7-cm-Pak 35/36 als das hauptsächliche Panzerabwehrgeschütz der Infanterie standardisiert hatten. Glücklicherweise war Daimler-Benz weitsichtig genug, für den PzKpw III einen Turmkranz zu entwickeln, des-

PzKpfw III Ausf N, SdKfz 141/2

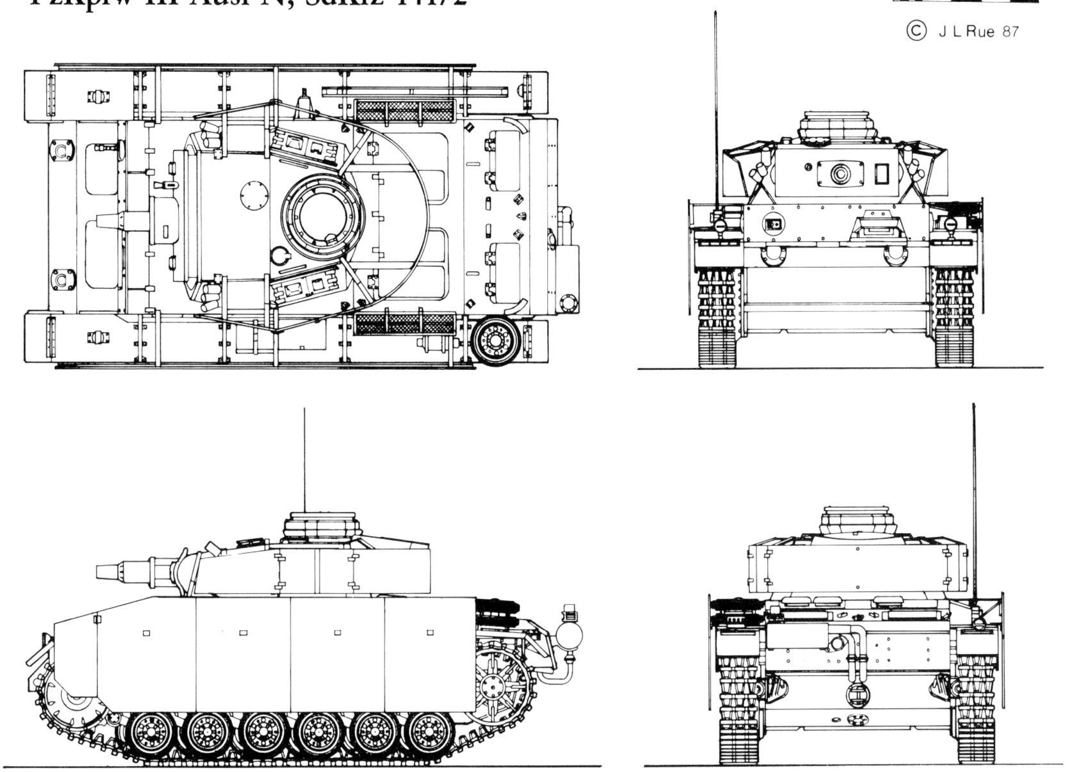

Rechts: Ein PzKpfw III G des Panzerregiments 15 der 11. Panzerdivision während einer Kampfpause in der Nähe von Tscherkowo im Juli 1942. /BPK/WII 190/Grimm 40-5)

Unten: Ein PzKpfw III wird während des Einsatzes in Jugoslawien im April 1940 aufgefüllt. (BPK/WII 279)

Ein PzKpfw III vom Panzerregiment 201 der 23. Panzerdivision an der Oskol-Front im Juli 1942. Zu beachten: russische Gefangene sind auch aufgesessen. (BPK/WII 145/Grimm 263-7)

Ein PzKpfw III (mit der 5-cm-Langrohrkanonen L 60) der 23. Panzerdivision bei Soldatskaya, September 1942. (BPK/WII 152/Grimm 215-29)

Ein Panzerbefehlswagen III Ausf E der 1. Abteilung des Panzerregiments 5 der 21. Panzerdivision in Nordafrika. (BA/783119/26a)

sen Durchmesser auch für einen späteren Einbau einer 5-cm-Waffe groß genug war.

Zuerst ging der PzKpfw III Ausf A in Serie, zehn Stück wurden in Flußstahlausführung als Vorführungsmodelle gebaut. Es stellte sich aber bald heraus, daß das Laufwerk, das aus fünf großen Laufrädern und zwei Stützrollen auf jeder Seite bestand, den Anforderungen nicht genügt. Die Ausf B, von der 15 Stück gebaut wurden, hatte acht kleine Laufräder und drei Stützrollen. Die folgenden Ausführungen C und D brachten weitere Änderungen am Laufwerk, um die Geländegängigkeit zu verbessern, bei der Ausf D wurde auch die Panzerung verstärkt. 15 Exemplare wurden von der Ausf C und 30 von der Ausf D gebaut.

Das erste endgültige Serienmodell war die Ausf E, das 1939 herauskam. Es hatte sechs größere Laufräder auf diagonaler Drehstabfederung und behielt die drei Stützrollen der Ausf B bis D bei. Zwischen 1939 und 1940 wurden 96 Stück hergestellt. Die Ausf F war äußerlich die gleiche, enthielt aber einige Verbesserungen des Motors, die letzten 100 der auf 435 Fahrzeuge ausgelegten Serie hatten schließlich die 5-cm-KwK L 42. Die früheren Modelle E und F wurden angesichts der Erfahrungen aus den Kämpfen im Mai/Juni 1940 umgehend ebenfalls auf diese Waffe umgerüstet. 52 Fahrzeuge des Modells E wurden nach dem Frankreich-Feldzug mit einer Ausrüstung zum Tief-Waten bis zu 3,96 m ausgerüstet, sie waren für den Einsatz bei der geplanten Invasion Englands für die »Operation Seelöwe« vorgesehen, — die nicht stattfand. In Rußland wußte man ihren Wert zu schätzen, wo viele Flüsse den Vormarsch der Panzer behinderten, die meisten gingen an die 18. Panzerdivision. Die 250 Exemplare der Ausf M, die 1942 gebaut wurden, waren ähnlich ausgerüstet.

Die Ausf G sollte ursprünglich mit dem 3,7-cm-Geschütz ausgerüstet werden, doch dies wurde schleunigst geändert, und alle 600 Fahrzeuge erhielten sowohl die stärkere Waffe als auch eine dickere Panzerung, die 308 Exemplare der Ausf H wiesen außerdem Änderungen am Motor auf. Dann kam die Ausf J, bei der ein zusätzlicher Panzerschutz angebracht wurde, da sich die PzKpfw III im Kampf gegen den T-34 und den KW-1 als hoffnungslos unterlegen erwiesen hatten. Aus demselben Grund wurden die letzten 1.067 der insgesamt 1.549 gebauten Fahrzeuge des Modells J mit der 5-cm-KwK L 60 ausgerüstet, die ein längeres Rohr und eine beträchtlich größere Wirkung hatte, die Ausf L und M hatten

die gleiche Waffe (653 der Ausf L wurden fertiggestellt). Die Ausf J zeigte die Kugelblende des Bug-MG außen auf der Frontpanzerung. Der Unterschied zwischen diesen drei Modellen, die von den Briten »Mark III Specials« (Sonderausführung des Modells III) genannt wurden, bestand darin, daß die Panzerung des Folgemodells jeweils stärker war als die des Vorgängers. Bei 100 Exemplaren der Ausf M wurde das 5-cm-Geschütz durch einen Flammenwerfer ersetzt.

Die Schlußversion der PzKpfw III war die Ausf N. Da der Turmkranz des PzKpfw III zu klein war für die Größe und den Rückstoß einer 7,5-cm KwK L 48, wurde die Ausf N mit der 7,5-cm-KwK L 24 ausgerüstet, die ein kurzes Rohr hatte. Die Aufgaben der PzKpfw III und IV wurden somit vertauscht. Auf den Kraftantrieb für die Turmschwenkung wurde verzichtet, um diese größere Waffe und die vergleichsweise größere Munition unterbringen zu können, der Turm mußte (wieder) mit einer Handkurbel geschwenkt werden.

Die Produktion des PzKpfw III wurde 1943 nach der Fertigstellung von insgesamt über 6.000 Exemplaren eingestellt, aber das Fahrgestell wurde weiterhin benutzt, und zwar für verschiedene Selbstfahrlafetten der Sturmgeschütze, Panzerjäger und der Feldartillerie, die im nächsten Abschnitt beschrieben werden. Außerdem wurden Befehlswagen-Varianten mit Geschützattrappen und zusätzlicher Funkausrüstung, Artillerie-Beobachtungsvarianten, Munitions- und Bergefahrzeuge gebaut.

Pz Kpfw IV Ausf A, SdKfz 161

Haupthersteller: Krupp, Herstellungszeit: 1936-37, Bewaffnung: 1x7,5 cm KwK L 24, 2x7,92-mm-MG, Besatzung: 5 Mann, Gefechtsgewicht: 17,3 Tonnen, Gesamtlänge: 5,60 m, Höhe 2,65 m, Breite 2,75 m, Breite der Laufkette: 36 cm, Bodenfreiheit: 40 cm, Höchstgeschwindigkeit (auf Straßen): 32 km/h, Aktionsradius (auf Straßen): 250 km, (im Gelände): 160 km, Motortyp: Maybach HL 108 TR V-12, Motorleistung: 250 PS bei 3.000 U/Min., Hubraum: 10.853 ccm, Tankfüllung: 453 Liter, Panzerung: 14,5-20 mm.

PzKpfw IV Ausf B, SdKfz 161

Wie PzKpfw Ausf A, SdKfz 161, außer: Herstellungszeit: 1937-38, Bewaffnung: wie Ausf A, aber nur 1 MG, Gefechtsgewicht: 17,7 Tonnen, Gesamtlänge: 5,87 m, Höchstgeschwindigkeit (auf Straßen): 40 km/h, Aktionsradius (auf Straßen):

260 km, (im Gelände): 170 km, Motortyp: Maybach HL 120 TRM V-12, Motorleistung: 300 PS bei 3.000 U/Min., Hubraum: 11.867 ccm, Tankfüllung: 470 Liter, Panzerung: 14,5-28 mm.

PzKpfw IV Ausf C/D, SdKfz 161

Wie PzKpfw IV Ausf B, SdKfz 161, außer: Herstellungszeit: 1938-39, ab 1941 mit vorgeschraubten zusätzlichen Panzerplatten, Gefechtsgewicht: 20 Tonnen, Gesamtlänge: Ausf C wie Ausf B, Ausf D 5,92 m, Höhe (Ausf D): 2,68 m, Breite (Ausf D): 2,86 m, Aktionsradius (auf Straßen): 230 km, (im Gelände) 150 km.

PzKpfw IV Ausf E, SdKfz 161

Wie PzKpfw IV Ausf C/D, außer: Herstellungszeit: 1939, mit verbesserter Zusatzpanzerung, Gefechtsgewicht: 21 Tonnen, Gesamtlänge: wie Ausf D, Höhe: wie Ausf D, Breite: wie Ausf D, Aktionsradius (auf Straßen): 220 km, Panzerung: Turm: 20-30 mm, Wanne: 20-50 mm.

PzKpfw IV Ausf F1, SdKfz 161

Wie PzKpfw IV Ausf E, Außer: Herstellungszeit: 1940-41, Gefechtsgewicht: 22,3 Tonnen, Gesamtlänge: 5,93 m, Breite: 2,88 m, Breite der Laufkette nun: 40 cm, Aktionsradius (auf Straßen): 200 km, (im Gelände): 130 km, Panzerung: Turm: 30-50 mm, Wanne: 20-50 mm plus 30 mm zusätzlicher Stirnpanzerung.

PzKpfw IV Ausf F2/G, SdKfz 161 (F2), SdKfz 161/1 (G)

Wie PzKpfw IV Ausf F1, SdKfz 161, außer: Haupthersteller: Krupp, Steyr, Vomag, Praga, Herstellungszeit: 1942, Bewaffnung: 1x die längere 7,5 cm KwK L 43, 2x7,92-mm-MG, Gefechtsgewicht: 23,6 Tonnen, Gesamtlänge: 6,63 m, Aktionsradius (auf Straßen): 190 km.

PzKpfw IV Ausf H/J, SdKfz 161/2

Wie PzKpfw IV Ausf F2/G, SdKfz 161, außer: Herstellungszeit: 1943-45, Bewaffnung: 1 x die etwas noch längere 7,5 cm KwK L 48, 2x7,92 mm-MG, Gefechtsgewicht: 25 Tonnen, Höchstgeschwindigkeit (auf Straßen): 38 km/h., Aktionsradius (auf Straßen) Ausf H: 180 km, Ausf J: 270 km, (im Gelände) Ausf H: 120 km, Ausf J: 180 km, Tankfüllung (Ausf J): 680 Liter, Panzerung: wie oben mit zusätzlichen 5-mm-Schürzen, letztere wurden auch nachträglich an vielen vorhergehenden Modellen des PzKpfw IV angebracht. Der PzKpfw IV wird im allgemeinen als das »Arbeitspferd« der Panzerdivisionen betrachtet und wurde in größerer Stückzahl und in mehr Varianten hergestellt als irgendein anderer deutscher Panzer der Zeit zwischen 1933 und 1945. Wie oben bereits erwähnt, wurde er — während Daimler-Benz den PzKpfw III baute — von Krupp als der Hauptunterstützungspanzer für die Infanterie hergestellt. Weil er größer war, konnte er mit stärkeren Waffen bestückt werden und wurde schließlich — zusammen mit dem Panther — der Hauptkampfpanzer des Heeres. Einige Fahrzeuge, die die Kämpfe in Nordafrika überlebt hatten, wurden von den Israelis in dem Unabhängigkeitskrieg benutzt. Der PzKpfw IV hatte — wie der PzKpfw III — 5 Mann Besatzung und war ursprünglich als Ausstattung der vierten schweren Kompanie einer jeden Panzerabteilung vorgesehen, die übrigen drei Kompanien hatten PzKpfw I, II, Skoda oder III. Aber die kriegsbedingten Verluste und Verknap-

Ein PzKpfw IV H der 6. Panzerdivision im Sommer 1943 in Rußland. Das aus drei Balken bestehende Abzeichen auf der Wanne hatte während der »Operation Zitadelle« — dem Kampf um Kursk — auch die 3. SS-Panzerdivision »Totenkopf«. (BA/219/561a/15)

Ein PzKpfw IV H der 15. Panzergrenadier-Division hat offensichtlich während des Kampfes die Laufketten verloren. (BA/312/998/27)

Links: PzKpfw IV H der 2. Panzerdivision in Frankreich, 1944. Als Abzeichen ist der Dreizack zu erkennen, der eine Alternative zu dem üblichen umgekehrten »Y« war. (BA/298/1761/8a)

Rechts: PzKpfw IV F1 der Division Großdeutschland. (BA/748/97/27)

PzKpfw IV Ausf D, SdKfz 161

© J L Rue 87

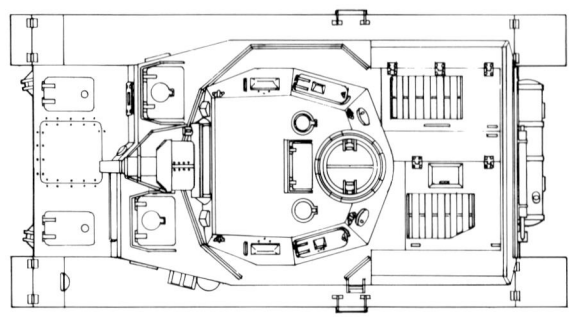
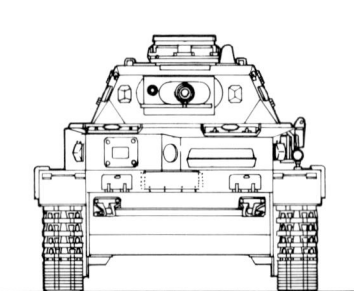
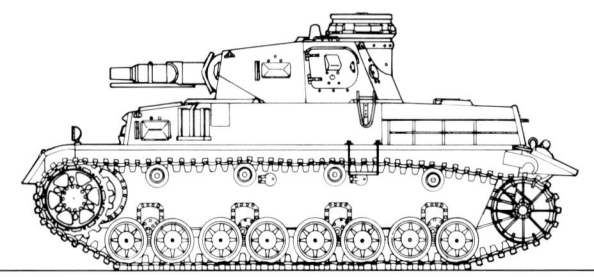
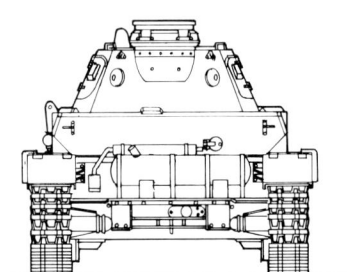

PzKpfw IV Ausf G, SdKfz 161/1

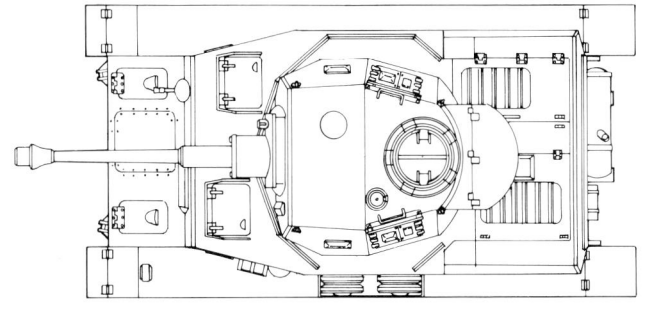

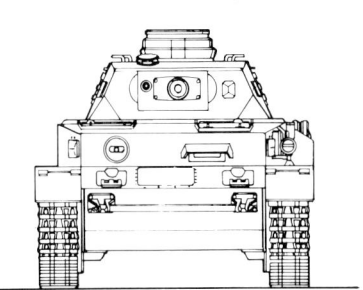

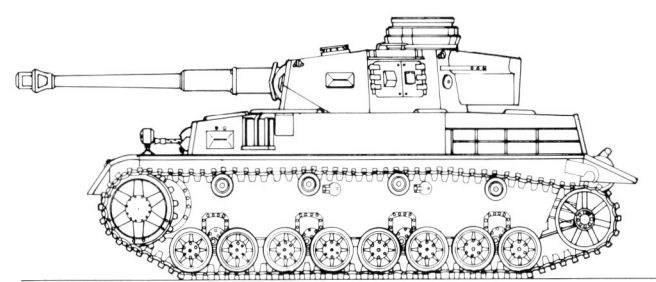

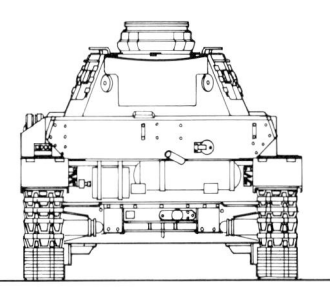

pungen verringerten die Zahl der Kompanie pro Abteilung auf drei, eine mit PzKpfw IV, die anderen mit PzKpfw III. Dann kam der Panther, und als die ideale Zusammensetzung eines Panzer-Regiments ergaben sich zwei Abteilungen mit je vier Kompanien, und zwar eine Abteilung mit PzKpfw IV, die andere mit PzKpfw V Panther ausgestattet. In der Praxis wurde aber die volle Ausstattung nur selten erreicht.

Die ursprüngliche PzKpfw IV Ausf A, von dem 35 Exemplare gebaut wurden, war das Modell einer Vor-Serie und nur aus Flußstahl. Es hatte auf jeder Seite acht Laufräder, paarig gefedert und vier Stützrollen. Dieses Fahrgestell wurde während der gesamten Produktion beibehalten. Mit der Ausf B wurde die geschweißte Panzerung und die Verstärkung der Frontpanzerung eingeführt, ferner ein Sechs-Gang-Getriebe (anstatt des bisherigen Fünf-Gang-Getriebes), um die Geländegängigkeit zu verbessern. Es wurden nur 42 Fahrzeuge gebaut, dann kam die Ausf C mit weiteren Verbesserungen, 143 Stück wurden gebaut, mit denen das geplante Produktionsziel erreicht wurde, bevor der Feldzug gegen Polen im September 1939 begann.

Die Serienfertigung der Ausf D/E begann im gleichen Monat (229 bzw.) 223 Fahrzeuge; die Panzerung wurde verstärkt, die Geschützblende wurde umgeformt und für den Fahrer bessere

Links: PzKpfw IVF2 (links) und H in Rußland, Februar 1942. (BA/732/130/15)

Unten: Ein PzKpfw IV G in Tunesien, 1943. (BA/574/1775/3)

PzKpfw IV Ausf H, SdKfz 161/2

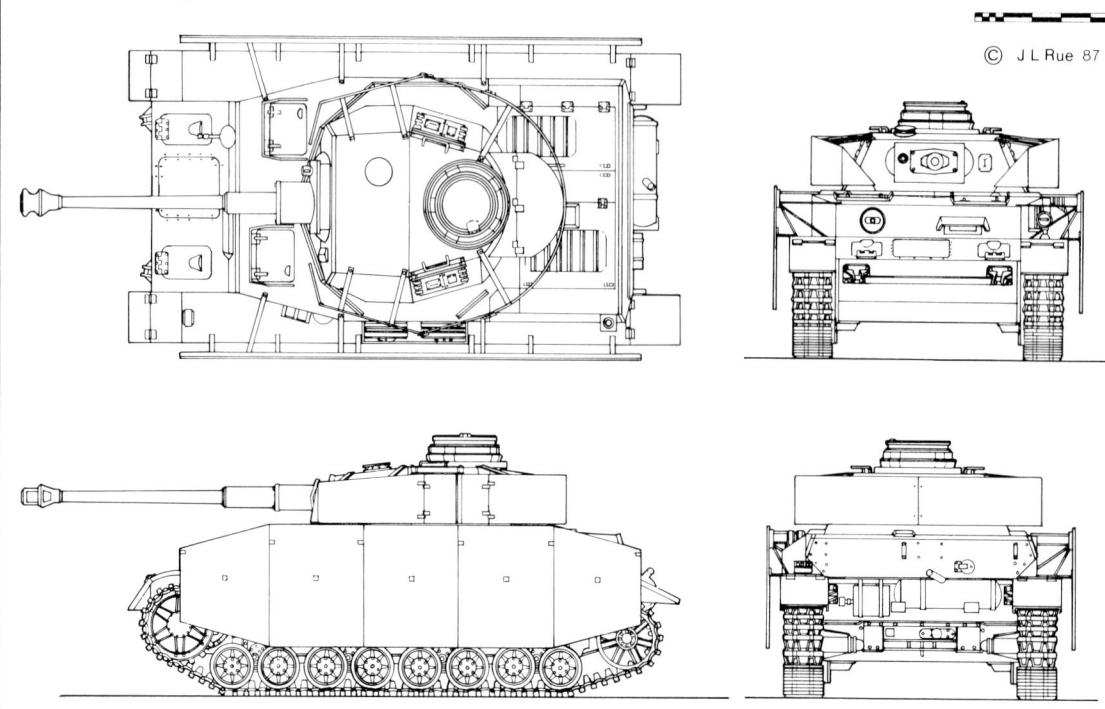

© J L Rue 87

Sichtvorrichtungen eingebaut. Dann kam die Ausf F mit geringfügig breiteren Gleisketten, um den Bodendruck zu verbessern und ein besseres Leistungsgewicht zu erzielen. Alle bisherigen Modelle waren für die Infanterie-Unterstützungsaufgabe mit einem kurzen 7,5 cm-Geschütz (L 24) ausgerüstet. Als 462 Fahrzeuge der Ausf F fertiggestellt waren, wurde die Produktion für einen Monat angehalten, damit Änderungen eingeführt werden konnten (besonders an dem Munitionsstauraum, weil die Munition länger war), damit Platz für die treffsichere L-43-Kanone geschaffen wurde. Die ersten Fahrzeuge der Serie mit den kurzen Rohr wurden daraufhin in Ausf F1 umbenannt, die folgenden 175 Exemplare mit der langen Kanone waren die Ausf F2. An der Rohrmündung wurde eine einfache Mündungsbremse angebracht, um die Rückstoßkräfte abzufangen, andernfalls wäre der Verschluß gegen die Hinterseite des Turms geflogen. Diese Änderung war der Wendepunkt für den PzKpfw IV, denn sie gab dem Fahrzeug die Möglichkeit, es nun mit dem T-34 auf gleiche Entfernung aufzunehmen, anstatt den Kampf erst auf kurze Entfernung zu eröffnen, um eine gute Wirkung zu erzielen. Viele früher hergestellten Fahrzeuge wurden daher auf die L 43 umgerüstet.

Bei der Ausf H und J wurde eine doppelte Mün-

dungsbremse eingeführt; es wurden 3.774 bzw. 1.748 Fahrzeuge dieser Serien gebaut, die mit der längeren L-48-Kanone bestückt waren. Zu den weiteren Verbesserungen gehörte die verstärkte Grundpanzerung, die Anbringung von Panzerschürzen, um die Wirkung von Hohlladungsgranaten zu neutralisieren, die Vereinfachung der Herstellung, zur Vereinfachung der Gesamtproduktion. Wie beim PzKpfw III N wurde der Motor zum Schwenken des Turms geopfert, um mehr Platz für Brennstoff und Munition zu gewinnen. Die Zahl der Stützrollen wurde bei der Ausf J von vier auf drei verringert, was für die Identifikation nützlich war, und es verringerte sich die Zahl der Schießscharten für Pistolen. Einige Fahrzeuge der Ausf H wurden als Befehlspanzer benutzt, aber sie behielten ihre vollständige Bewaffnung bei, anders als die Befehlspanzer des PzKpfw III.

Der PzKpfw IV war trotz seiner kastenähnlichen Erscheinungsform mit zahlreichen Geschoß-Fangstellen der einzige deutsche Panzer, der den ganzen Krieg hindurch in Produktion blieb, dies spricht für das in seiner Zeit sehr solide Modell. Die Wanne und das Fahrgestell bildeten — wie beim PzKpfw III — die Basis für mehrere Artilleriegeschütze auf Selbstfahrlafetten, über die später berichtet wird. Dieser Panzer war — anders als viele andere — innen geräumig und wurde von den Besatzungen geschätzt, denn er war mechanisch zuverlässiger und ausgereifter als der spätere Panther, Tiger und Königtiger, obwohl seine Panzerung und Bewaffnung schwächer waren.

PzKpfw V Panther Ausf D, SdKfz 171

Haupthersteller: MAN, Herstellungszeit: 1942-43, Bewaffnung: 1x7,5 cm KwK L/70, 2x7,92 mm MG, Besatzung: 5 Mann, Gefechtsgewicht: 44 Tonnen, Gesamtlänge: 6,87 m, Höhe: 2,95 m, Breite: 3,27 m, Breite der Laufkette: 66 cm, Bodenfreiheit: 54 cm, Höchstgeschwindigkeit (auf Straßen): 46 km/h, Aktionsradius (auf Straßen): 160 km, (im Gelände): 100 km, Motortyp: Maybach HL 230 P V-12 Benzin, Motorleistung: 700 PS bei 3.000 U/Min., Hubraum: 23.880 ccm, Tankfüllung: 730 Liter, Panzerung: Turm: 45-80 mm, Wanne: 40-80 mm.

PzKpfw V Panther Ausf A, SdKfz 171

Wie PzKpfw V Ausf D, SdKfz 171, außer: Herstellungszeit: 1943-44, Bewaffnung: wie Ausf D, aber 3 MG, Gefechtsgewicht: 45,5 Tonnen, Höhe: 3,10 m, Panzerung: Turm: 45-100 mm.

PzKpfw V Panther Ausf G, SdKfz 171

Wie PzKpfw V Panther Ausf A, SdKfz 171, außer: Haupthersteller: MAN, MNH, Daimler-Benz, Herstellungszeit: 1944-45, Gefechtsgewicht: 44,8 Tonnen, Höhe: 2,95 m.

Bergepanther SdKfz 179

Wie PzKpfw V Panther Ausf G, Sdkfz 171, außer: Haupthersteller: Demag, Herstellungszeit: 1944-45, Bewaffnung: 1x2-cm-KwK L/51, 1x7,92-mm-MG, Besatzung: 2-5 Mann, Gefechtsgewicht: 42,7 Tonnen, Gesamtlänge: 8,08 m, Höhe: 2,74 m, Breite: 3,27 m, Aktionsradius (auf Straßen): 240 km, (im Gelände): 160 km, Tankfüllung: 1.075 Liter, Panzerung: 40-80 mm.

Gegen Ende 1941 hatte Guderian angeordnet, daß eine Kommission einen Bericht über den sowjetischen T-34 vorlegte. Daimler-Benz und MAN (Maschinenfabrik Augsburg-Nürnberg) wurden aufgefordert, Prototypen eines neuen deutschen Panzers in der 30-Tonnen-Klasse anzufertigen. In erstaunlich kurzer Zeit waren die beiden Prototypen zu Hitlers Geburtstag 1942 fertig. Das Modell von DB war fast eine genaue Kopie des T-34, einschließlich eines Dieselmotors, des MB 507. Während die beiden Prototypen angefertigt wurden, hatte Hitler befohlen, daß das

Ein PzKpfw V Ausf D mit einem interessanten rotbraunen und dunkelgrünen Tarnanstrich über dem gelben Grundanstrich.
(BA/705/264/1)

PzKpfw V.
(BA/280/1096/15)

Ein PzKpfw V einer nicht identifizierten Einheit in Italien.
(BA/313/1001/35)

Offiziere bei einer Besprechung neben einem PzKpfw V Ausf A. In der Mitte, mit einer Offiziersfeldmütze, sitzt Oberst Langkeit, der Kommandeur des Panzerregiments »Großdeutschland«.
(BA/712/498/34a)

PzKpfw V Panther Ausf G, SdKfz 171

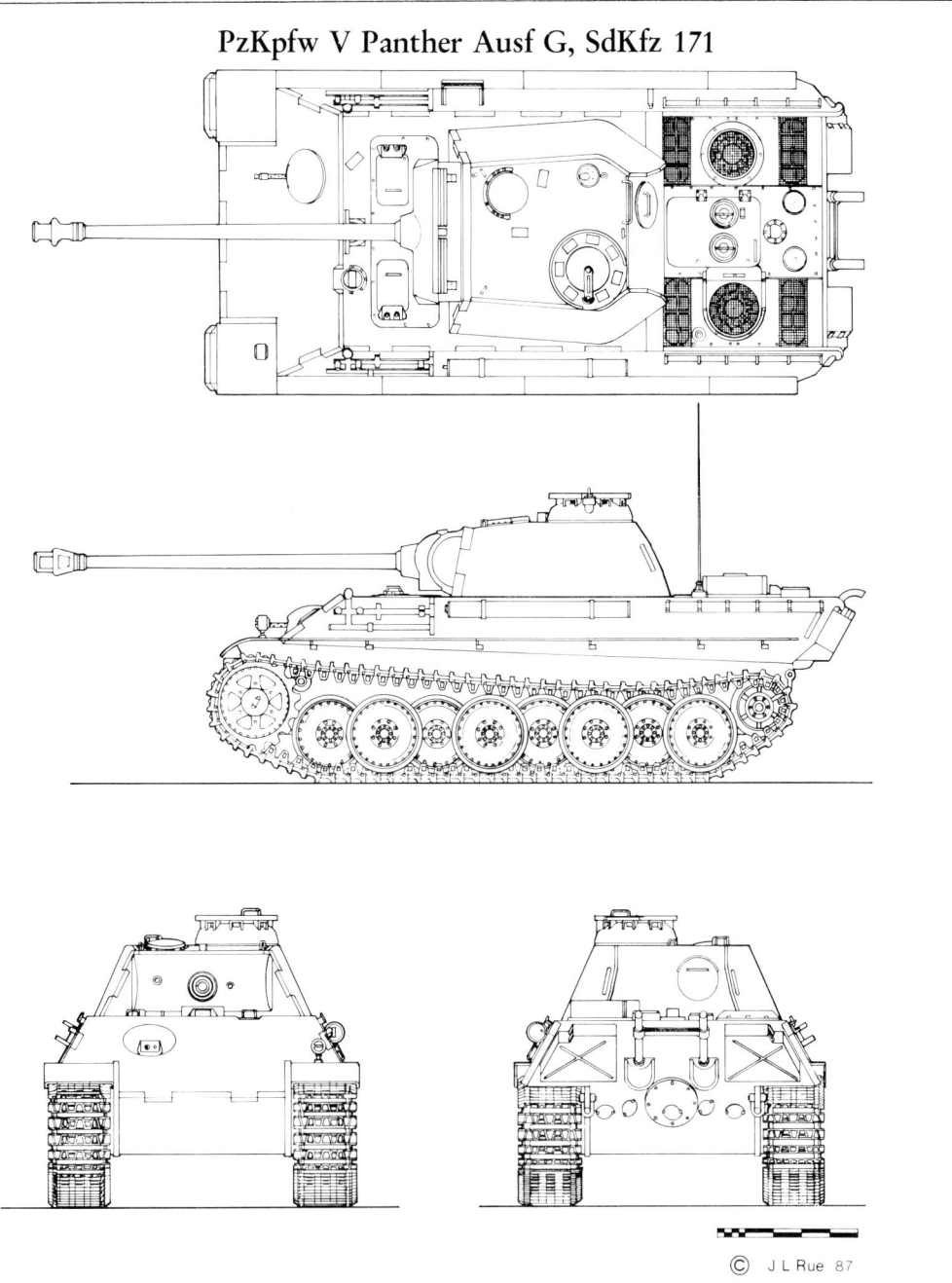

vorgesehene 7,5 cm L/48-Geschütz durch eine L/70-Waffe ersetzt werden sollte, die von Rheinmetall-Borsig gerade entwickelt wurde. Nun stellte sich heraus, daß der Turm des Modells von Daimer dieses Geschütz nicht aufnehmen konnte. Aus diesem Grunde und wegen der Bedenken hinsichtlich der Zuverlässigkeit eines nicht erprobten Dieselmotors empfahl der Rü-stungsminister, Albert Speer, die Annahme des MAN-Modells, dessen Turm auf einem der Tiger-Prototypen basierte und groß genug für die stärkere Kanone war. Es sollte beachtet werden, (siehe Abschnitt über »Geschütze!), daß dies trotz seiner leichteren und kleineren Granate eine überlegenere panzerbrechende Wirkung hatte als die 8,8 cm-Waffe des Tigers.

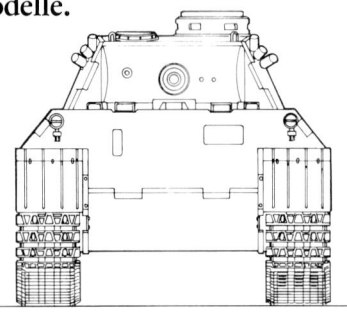

Vorderansicht des PzKpfw V Panther Ausf D, SdKfz 171. Zu beachten: die Kuppel der ersten Modelle.

Der überarbeitete Prototyp von MAN war im September 1942 fertig, aber er überschritt die ursprünglich gesetzte Grenze von 30 Tonnen erheblich, teilweise wegen der neuen und schwereren Kanone und des Turmes, teilweise weil Hitler später angeordnet hatte, daß die Stirnpanzerung von 60 mm, wie sie der T-34 hatte, auf 80 mm verstärkt wurde. Der PzKpfw V Ausf D, wie das erste Serienmodell genannt wurde, wog 44 Tonnen, daher wurde der Motor, mit dem er eigentlich ausgestattet werden sollte, der Maybach HL 210, gegen den stärkeren HL 230 P 30 ausgewechselt. Drehstabfederung zusammen mit überlappenden Laufrädern und breiten Laufketten gaben dem Fahrzeug eine Geländegängigkeit, die kein vorhergehendes deutsches Fahrzeug erreicht hatte. (Es ist anzumerken, daß breite Laufketten ein Konstruktionsmerkmal sind, das von dem T-34 kopiert wurde, dessen Fahrtüchtigkeit im Schlamm und Schnee besser als die der früheren deutschen Panzer war. Der Hauptunterschied zwischen dem Erscheinungsbild des PzKpfw V und dem aller vorhergehenden deutschen Panzer war schon beim ersten Anblick er-

kennbar: Bug, Seiten und Rückseite des Turmes waren alle so geschrägt, daß sie den Feindbeschuß ablenkten und kaum Geschoßfangstellen aufwiesen. Aus diesem Grunde war der Panther ebenso gefechtstüchtig wie der Tiger, obwohl seine Panzerung dünner war und dennoch auf normale Kampfentfernungen von keinem einzigen alliierten Panzer durchschlagen werden konnte, bis die Sowjets die Josef-Stalin-Serie einführten. Die Ausf D ging im Januar 1943 in Serie; insgesamt wurden davon 534 Stück hergestellt. Aber »unser Sorgenkind«, wie Guderian diesen Panzer nannte, litt an zahlreichen mechanischen Kinderkrankheiten, so daß die ersten 300 Fahrzeuge im April wegen notwendiger Änderungen in die Fabrik zurückgerufen werden mußten. Manche Übel waren einfach abzustellen, aber das Schaltgetriebe war der schwächste Punkt des Panthers. Da man zwei 18-Tonnen-Halbkettenfahrzeuge brauchte, um einen Panther abzuschleppen, mußte ein gepanzertes Pionier- und Bergefahrzeug beschafft werden, und schließlich kam der Bergepanther heraus. Ein Panther ohne Turm, mit einem hölzernen Lastenaufbau zum Schutz der Besatzung vor der Witterung. Er hatte eine starke Winde und zwei hydraulisch betriebene Sporne, die in den Boden getrieben werden konnten, um dem Bergefahrzeug Halt zu geben, wenn es einen festgefahrenen Panzer aus einem schlammigen Graben ziehen mußte. Der PzKpfw V kam beim Unternehmen »Zitadelle«, dem Kampf um Kursk, zum ersten Mal zum Einsatz. Danach wurde die 1. Panzerdivision mit Panthern ausgerüstet, bald darauf folgten die SS-Leibstandarte »Adolf Hitler« und »Das Reich«, usw.

PzKpfw V A, die vermutlich zur Fallschirm-Panzerdivision »Hermann Göring« gehörten, in Italien. (BA/478/3164/39).

Die Erfahrungen im Gefecht führten zu mehreren Vorschlägen von Feldtruppenteilen, die dann in die folgende Ausf A eingearbeitet wurden, von der 1.768 Fahrzeuge hergestellt wurden. Dieses Modell hatte eine dickere Turmpanzerung, ein verstärktes Laufwerk, eine Kugelblende für das MG im Bug, Episkope ersetzten die Sehschlitze für direkte Sicht in der Kuppel des Kommandanten. Als Ergebnis dieser Verbesserungen erhöhte sich das Gewicht. Bei dem letzten Modell, der Ausf G, das im März 1944 in Serie ging, wurden Verbesserungen an der Transmission vorgenommen, der Sehschlitz des Fahrers wurde durch ein Episkop ersetzt und die Panzerung an der Oberseite der Wanne zum Schutz der Treibstoffbehälter verstärkt. Der Munitionsvorrat wurde von 79 auf 82 Schuß erhöht. 3.740 Fahrzeuge der Ausf G wurden bis zum Ende des Krieges fertiggestellt. (Nebenbei bemerkt: die Bezeichnung »Panther« wurde offiziell erst ab 22. Februar 1944 aufgrund eines Befehls von Hitler eingeführt.)

Im Gefecht erwies sich der Panther als der beste Panzer, den die Deutschen im Krieg hatten, er war dem T-34 auch dann noch überlegen, als dieser mit dem 85-mm-Geschütz ausgerüstet wurde. Er war besser als jedes beliebige amerikanische oder englische Modell. Außer auf Kernschußweite war er nur durch einen Schuß aus der Flanke oder von rückwärts außer Gefecht zu setzen und war daher bei seinen Besatzungen sehr beliebt. Es wurden auch Befehlspanzer hergestellt, die einen verringerten Munitionsvorrat, dafür aber zusätzliche Funkgeräte mitführten. Artillerie-Beobachtungsfahrzeuge wurden ebenfalls gebaut, aber ein geplanter Panther II Ausf F mit einem 8,8-cm-Geschütz kam nicht über das Prototyp-Stadium hinaus.

PzKpfw VI Tiger I Ausf H/E, SdKfz 181

Hauptersteller: Henschel, Herstellungszeit: 1942-44, Bewaffnung: 1x8,8 cm KwK 36 L/56, 2x7,92 mm MG, Besatzung: 5 Mann, Gefechtsgewicht: 56,9 Tonnen, Gesamtlänge: 8,24 m, Höhe: 2,88 m, Breite 3,73 m, Breite der Laufkette: 52 cm oder 72,5 cm — siehe Text! Bodenfreiheit: 47 cm, Höchstgeschwindigkeit (auf Straßen): 38 km/h, Aktionsradius (auf Straßen): 90 km, (im Gelände): 60 km, Motortyp (Ausf H): Maybach HL 210 P 45 V-12 Benzin, (Ausf E): Maybach HL 230 P 45 V-12 Benzin, Motorleistung (Ausf H): 650 PS bei 3.000 U/Min., (Ausf E)« 700 PS bei 3.000 U/Min. Hubraum (Ausf H): 21.353

ccm, (Ausf E) 23.880 ccm, Tankfüllung: 534 Liter, Panzerung: Turm: 82-100 mm, Ausf E: 82-110 mm, Wanne: 63-102 mm.

Eine kleine Kampfgruppe aus vier Tiger-Panzern der schweren SS-Panzerabteilung 101 (sSSPzAbt 101) und einem einzigen PzKpfw IV umging am Morgen des 13. Juni 1944 eine Kolonne der 7. Britischen Panzerdivision, die aus Villers-Bocage kam und auf dem Marsch nach Caen war, und ging in einem Wald in Deckung. Einer von ihnen fuhr direkt in die Stadt und setzte in schneller Folge drei Cromwell-Cruiser-Panzer außer Gefecht, ein vierter entkam, indem er sich eiligst in eine Seitenstraße zurückzog und somit außer Sicht war. Der einzelne Tiger fuhr bergab durch die Stadt, fuhr um eine Ecke und stieß auf eine ganze Schwadron von Cromwells, die von wenigstens einem Sherman Firefly begleitet wurde, der das Feuer eröffnete und das deutsche Fahrzeug traf. Angesichts dieses Widerstands wendete der Tiger und fuhr den Weg, den er gekommen war, zurück und stand plötzlich dem Cromwell gegenüber, der dem ersten Treffen entkommen war. Obwohl der Tiger zwei weitere Treffer abbekam, blieb er unbeschädigt und erledigte den Feind, der ihm im Wege stand, bevor er die Stadt verließ, um sich seinen Kameraden wieder anzuschließen. Diese kleine Kampfgruppe fiel dann über die Schwadron her, die sie vorher umgangen hatten, und vernichtete sie — etwa 25 Panzer.

Bei diesem Angriff war der Kommandant des Führungspanzers der SS-Obersturmführer Michael Wittmann, das führende »Panzer-As« des Zweiten Weltkrieges, der an der russischen Front schon 117 Panzer und Selbstfahrlafetten abgeschossen hatte, bevor er in die Normandie verlegt wurde. Für diesen Einsatz wurde er zum Hauptsturmführer befördert und mit den Schwertern zum Eichenlaub des Ritterkreuzes ausgezeichnet.

1944 war der Tiger zu einem Schreckgespenst für die westlichen Alliierten geworden, die ihm zuerst 1942 in Tunesien begegnet waren. In zeitgenössischen britischen und amerikanischen Berichten wurden alle deutsche Panzer ausnahmslos als »Tiger« bezeichnet, obwohl die meisten davon PzKpfw IV waren.

Der Ursprung des Tigers reicht zurück bis in das Jahr 1937, als das deutsche Rüstungsministerium die Spezifikation für einen neuen schweren Panzer an Daimler-Benz, Henschel, MAN und Porsche gab. Der Vorgang wurde zu den Akten gelegt, nachdem sich die PzKpfw III und IV als zu-

PzKpfw VI Tiger I Ausf E, SdKfz 181

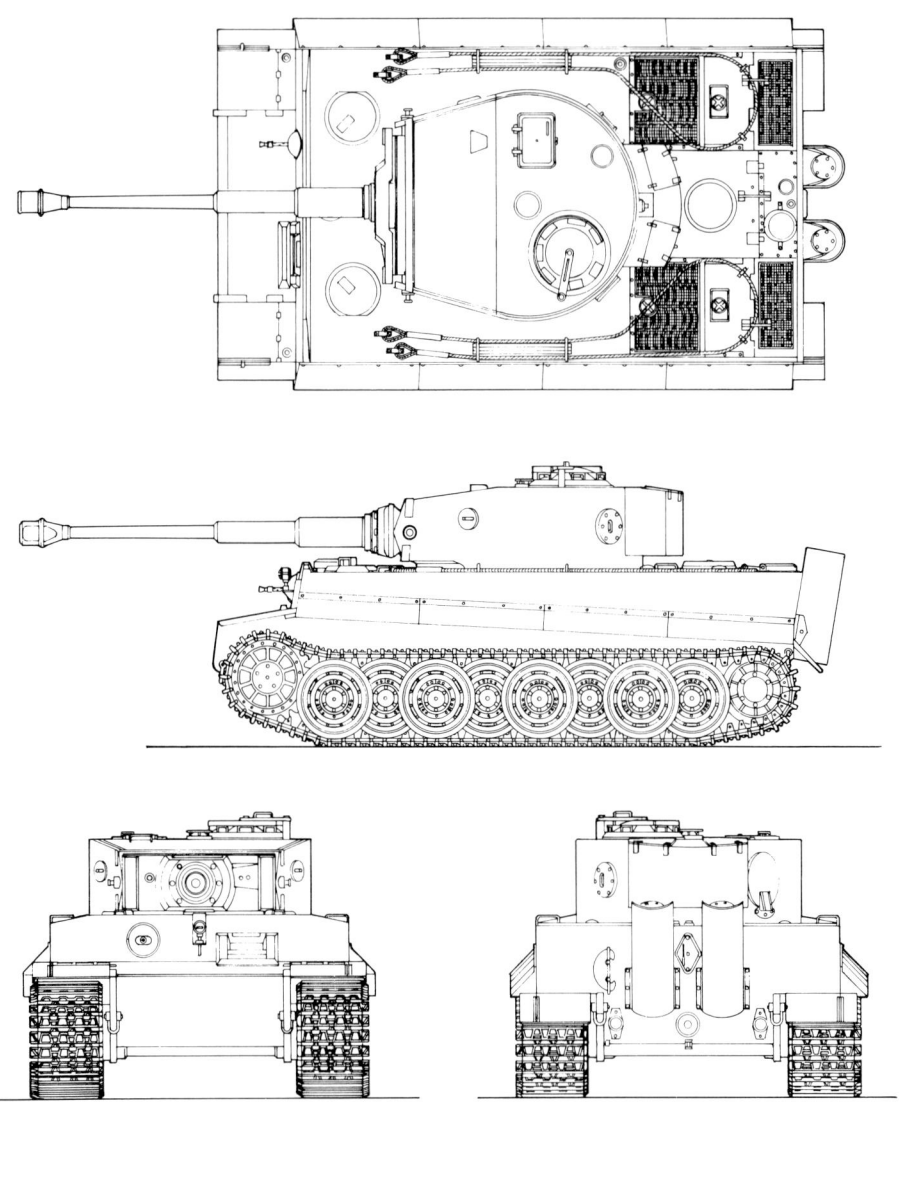

© J L Rue 87

Ein Tiger der schweren SSPzAbt. 101 auf der Fahrt durch Morgny, Frankreich, 1944. Der Tarnanstrich wurde auf die Zimmerit-Paste aufgetragen. (BA/299/1804/4)

friedenstellend erwiesen hatten, und wurde erst im Frühjahr 1941 wieder hervorgeholt. Hitler war von dem schweren französischen »Char B1 bis« und dem britischen Matilda I während des Frankreich-Feldzuges beeindruckt. Als seine Pläne für den Angriff auf Rußland schon weit entwickelt waren, stellte er den Bedarf eines Panzers der 45-Tonnen-Klasse fest, auf den ein geändertes 8,8 cm Flak-Geschütz montiert werden sollte. Prototypen sollten zur Vorführung an seinem Geburtstag im nächsten Jahr, am 20. April 1942, bereitstehen.

Henschel und Porsche begannen sofort die Arbeit an dem VK 4501 (dies war die Geheimbezeichnung für den Prototyp: VK = Vollkettenfahrzeug, »45« gab an, daß das Fahrzeug zur 45-Tonnen-Klasse gehören sollte und »01« gab an, daß es sich um das erste Fahrzeug dieser Spezifikation handelte). Die beiden Prototypen wurden zu dem festgesetzten Termin vorgeführt. Das Henschel-Modell — als geringfügig überlegen beurteilt — ging im August unter der Bezeichnung PzKpfw VI Tiger Ausf H in Serie. Die Bezeichnung wurde im Februar 1944 in »Ausf E«

geändert. Zu dieser Zeit wurde er auch dringend gebraucht, weil sich die PzKpfw III und IV angesichts der sowjetischen T-34-85 und IS als unzulänglich erwiesen hatten, deren überlegene Qualität nur durch bessere Ausbildung, Taktik, Optik und Funkverbindungen der Deutschen ausgeglichen werden konnte.

Vor den Vergleichsversuchen zwischen den beiden Prototypen VK 4501 hatte Porsche allerdings schon 90 Fahrgestelle für das eigene Modell gebaut; um diese sinnvoll zu verwenden, wurden sie zu Jagdpanzern umgebaut, die eine 8,8-cm-Pak 43 und einen gepanzerten Aufbau auf dem rückwärtigen Teil der Wanne erhielten. Diese Fahrzeuge wurden als »Ferdinand« bekannt, nach ihrem Konstrukteur Dr. Ferdinand Porsche. Sie wurden später in »Elefant« umbenannt. Die Zahl der serienmäßig hergestellten Fahrzeuge betrug anfangs monatlich 12, im November wurde sie auf 25 gesteigert. Die Armee wollte die Einführung des neuen Fahrzeugs bis zur Frühjahrsoffensive 1943 zurückhalten, aber Hitler befahl, den Panzer umgehend in Dienst zu stellen, und so kamen die ersten wenigen Fahrzeuge in

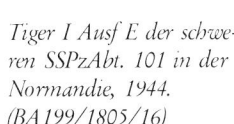

Tiger I Ausf E der schweren SSPzAbt. 101 in der Normandie, 1944. (BA199/1805/16)

Ein Tiger I der schweren PzAbt. 508 durchfährt Rom auf dem Weg zur Front bei Anzio. (BA/310880/33)

Rußland bei Stalingrad in dem Monat zum Einsatz, als die Serienproduktion begann — mit verheerendem Erfolg. Sie waren in Reihe hintereinander in morastigem Gelände vorgerückt und wurden aus der Flanke von getarnten sowjetischen Panzerabwehrgeschützen beschossen und entweder vernichtet oder aufgegeben.

Die Tiger waren an allen Fronten bis zum Ende des Krieges im Einsatz, die Fertigung erreichte mit 104 Fahrzeugen im April 1944 ihren Höhepunkt und wurden im August des gleichen Jahres eingestellt, nachdem 1.355 Fahrzeuge produziert worden waren. Zu dieser Zeit lief die Produktion des PzKpfw V Panther auf vollen Touren, und der PzKpfw VI Tiger II wurde in Dienst gestellt. Der Tiger I erwies sich als unschätzbares Übergangsmodell, seine Besatzungen schätzten seine Panzerung, die an der Stirnseite so dick war, daß sie trotz ihrer kantigen Bauweise von keinem alliierten Panzer oder Panzerabwehrgeschütz durchschlagen werden konnte, hervorragend war auch seine 8,8 cm-Waffe, die jedes alliierte Fahrzeug erledigen konnte. Aber er war untermotorisiert und mechanisch unzuverlässig, und die langsame Turmschwenkung machte ihn bei Überraschungsangriffen aus der Flanke verwundbar. Trotz dieser Nachteile flößte er seinen Gegnern Furcht und Respekt ein.

Der Tiger I machte verschiedene Modifikationen durch, um den wandelnden Anforderungen während der zwei Jahre gewachsen zu sein, in denen er in Produktion war. Die ersten Versionen hatten eine Ausstiegsluke an der Seite des Turms, die später ebenso weggelassen wurde wie die Ne-

belwurfbecher; andererseits wurden Fahrzeuge, die nach Afrika oder Südrußland geschickt wurden, mit einem besonderen Luftfilter gegen Sand und Staub ausgestattet. Nach der Fertigstellung von 250 Fahrzeugen wurde ein stärkerer Motor eingebaut. Die ersten Modelle wurden als Ausf H, die verbesserten als Ausf E bezeichnet.

Was den Tiger so ungeheuer machte, war die Entscheidung für ein 8,8 cm-Geschütz als Hauptwaffe, — eine Entscheidung, die von Hitler getroffen wurde, weil sich die Flak des gleichen Kalibers 1940 im Erdeinsatz als glänzendes Mittel zur Panzervernichtung erwiesen hatte.

Als der Tiger in Dienst gestellt wurde und noch eine ganze Zeit danach, war die KwK 36 L/56 das stärkste Panzergeschütz der Welt. 92 Schuß Munition konnten in Munitionsbehältern mitgeführt werden.

Der Tiger hatte Laufräder, die sich überdeckten und ineinandergriffen (Schachtellaufwerk), auf Drehstabfederungen montiert waren und so ein stabiles Fahrverhalten gewährleisteten, aber dieses System verursachte der Besatzung größte Kopfschmerzen, wenn eins der inneren Laufräder beschädigt wurde (beispielsweise durch eine Mine) und im Feld ausgewechselt werden mußte. Eine Besonderheit des Tigers war auch, daß er für den Transport auf normalen Tiefladewaggons der Eisenbahn zu breit war. Daher war jedes Fahrzeug mit zwei Sätzen von Gleisketten ausgestattet, die schmale Ausführung war für den Transport auf der Bahn, die breite für den Kampf, auch die äußeren Laufräder mußten beim Bahntransport abgenommen werden. Das

Tiger der 2. SS-Division
»Das Reich« während der
Kämpfe um Kursk.
(BA/81/143/31a)

gleiche galt auch für den Tiger II und den Sturmtiger.

Der Tiger wurde normalerweise an selbständige schwere Panzerabteilungen ausgeliefert, die dann für bestimmte Aufträge den Divisionen oder Korps zugeteilt wurden. Sie waren nicht fester Bestandteil einer Division, aber es gab bei der Waffen-SS und Division »Großdeutschland« Ausnahmen. Hier waren sie tatsächlich ein Bestandteil der Divisionen.

PzKpfw VI Tiger II Ausf B, SdKfz 182

Haupthersteller: Henschel, Herstellungszeit: 1944-45, Bewaffnung: 1x8,8-cm-KwK 43 L/71, 2x7,92-mm-MG, Besatzung: 5 Mann, Gefechtsgewicht: 68 Tonnen, Gesamtlänge: 7,26 m, Höhe 3,09 m, Breite 3,625 m, Breite der Laufkette: 60 cm oder 80 cm — siehe Text! Bodenfreiheit: 48,5 cm, Höchstgeschwindigkeit (auf Straßen): 40 km/h, Aktionsradius (auf Straßen): 120 km, (im Gelände): 80 km, Motortyp: Maybach HL 230 P 45 V-12 Benzin, Motorleistung: 700 PS bei 3.000 U/Min. Hubraum: 23.880 ccm, Tankfüllung: 860 Liter, Panzerung: Turm: 80-180 mm, Wanne: 80-150 mm.

Als der Tiger bereits in Serie war und die Produktion des Panther anlief, begann der Rüstungsminister Albert Speer sich Gedanken über einen noch stärkeren Panzer zu machen, und im Januar 1943 gab er Henschel und Porsche die militärische Forderung für einen neuen schweren Panzer, der für den Einbau eines 8,8-cm-Hochleistungsgeschützes geeignet war. Die beiden in Konkurrenz tretenden Prototypen trugen die Bezeichnung VK 4502 (P) und VK 4503 (H), im Oktober waren sie fertig. Porsche war so zuversichtlich, daß er sogar das Modell seines Turms in Serie gehen ließ. Doch Porsche sollte wieder enttäuscht werden, denn das Modell von Henschel ging bei der Erprobung als Sieger hervor und ging Ende Dezember in Serie. Um die produzierten Bestände sinnvoll zu verwenden, wur-

Tiger der Division
»Großdeutschland« auf
dem Bahntransport zur
Front. Es ist zu sehen,
daß sie mit den schmalen
Gleisketten ausgestattet
sind und die Kettenabdeckung abmontiert wurde. (BA/712/483/11)

den jedoch die ersten 50 Fahrzeuge mit dem Turm von Porsche ausgestattet.

Der PzKpfw VI Ausf B, auch Tiger II oder »Königstiger« genannt, war der stärkste Panzer der Welt, bis die Russen kurz vor Ende des Krieges mit ihrem JS-3 herauskamen. Dieser Tiger war entsetzlich untermotorisiert, denn der gleiche Motor, der in den Tiger I eingebaut wurde, der Maybach HL 230 P 45, wurde auch in den Tiger II eingebaut, obwohl dieser 11 Tonnen mehr wog. Dies führte zu einem eigentlich nicht mehr zu vertretenden Leistungsgewicht (PS pro Tonne). Bei der Erprobung wurden 41,5 km als Höchstgeschwindigkeit auf Straßen erreicht. Wenn aber ein Fahrzeug versucht hätte, diese Geschwindigkeit beizubehalten, wäre es nach ein paar Kilometern ausgefallen. Als im Februar die Zulieferung dieses Panzers an die Abteilungen begann, waren die Deutschen überall in der Defensive, daher waren eine starke Panzerung und ein möglichst mächtiges Geschütz bei weitem wichtiger als Beweglichkeit.

Der Tiger II mit seiner enorm dicken Panzerung, die wie beim Panther hervorragend geschrägt war, mit dem Langrohr-Hochleistungsgeschütz, der 8,8 cm KwK 43, war der eindrucksvollste deutsche Panzer, den es im Zweiten Weltkrieg gab. Er konnte die alliierten Panzer auf Entfernungen außer Gefecht setzen, die außerhalb der Reichweite von deren Panzerkanonen lagen. Aber wegen seiner schlechten Manövrierfähigkeit war es möglich, sich an ihn heranzupirschen und aus der Flanke oder von rückwärts anzugreifen. Außerdem war er durch Luftangriffe und den Raketenbeschuß durch Kampfflieger genauso verwundbar wie jedes andere gepanzerte Fahrzeug, zumal er wegen seiner Ausmaße nur schwer zu verbergen war. Er kam zu spät, als daß er den Ausgang des Krieges entscheidend hätte beeinflussen können — es wurden auch nur 487 Stück hergestellt.

Wie der Tiger I war auch der Tiger II mit zwei Sätzen Gleisketten ausgestattet, die schmalen waren für den Eisenbahntransport, die breiten für den Einsatz im Gelände.

Oben links und links: PzKpfw VI Tiger (mit dem Henschel-Turm) der sPzAbt »Feldherrnhalle«, Budapest, Frühjahr 1945. (BA/680/8262/3a und 18a)

PzKpfw VI Tiger II Ausf B,
SdKfz 182 mit Henschel-Turm

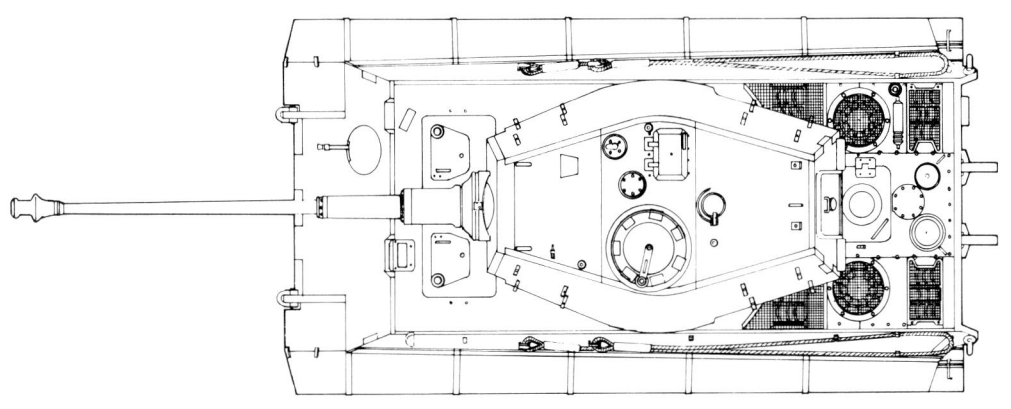

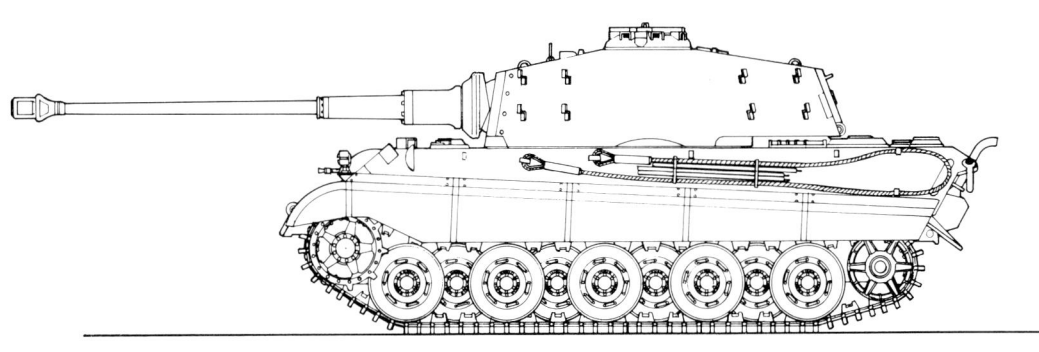

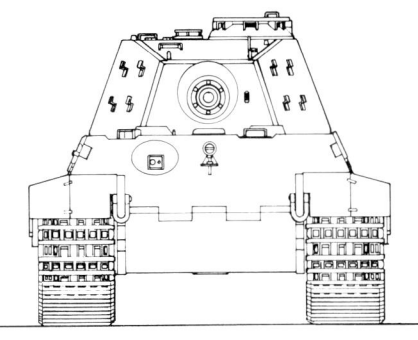

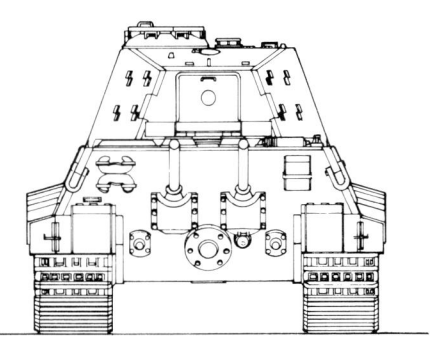

© J L Rue 87

Sprengladungsträger

Borgward V IV

Haupthersteller: Hansa-Lloyd-Goliath Werke Carl F.W. Borgward, 1939-40 und 1941-45 (siehe Text), Bewaffnung 1x500 kg Sprengladung, Besatzung: 1 Mann, Gefechtsgewicht: 3,66 Tonnen, Gesamtlänge: 3,65 m, Höhe: 1,19 m, Breite: 1,80 m, Breite der Laufkette: nicht bek., Bodenfreiheit: nicht bek., Höchstgeschwindigkeit (auf Straßen): 38 km/h, Aktionsradius (auf Straßen): 210 km, (im Gelände): nicht bek., Motortyp: Borgward 6-Zyl. Benzin, Motorleistung: 49 PS bei 3.300 U/Min., Hubraum: 2.310 ccm, Tankfüllung: nicht bek., Panzerung: maximal 10 mm.

Goliath E

Wie Borgward B IV, außer: Herstellungszeit: 1940-45, Bewaffnung: 1x 60 kg Sprengladung, Besatzung: keine, Gefechtsgewicht: 0,375 Tonnen, Gesamtlänge: 1,50 m, Höhe: 56 cm, Breite 85 cm, Höchstgeschwindigkeit (auf Straßen): 10 km/h, Motortyp: 2 x elektrische Anlasser-Motoren, Motorleistung: nicht bek., Hubraum: nicht bek., Treibstoff: Batterien, Panzerung: maximal 5 mm.

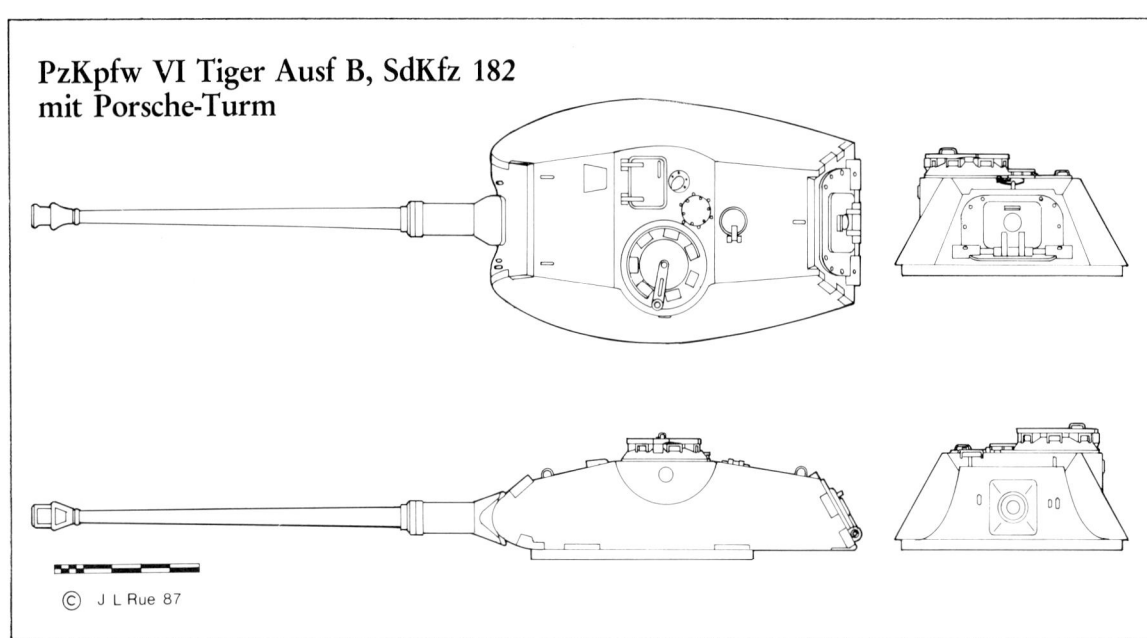

PzKpfw VI Tiger Ausf B, SdKfz 182 mit Porsche-Turm

© J L Rue 87

Goliath V

Haupthersteller: Zündapp, Herstellungszeit: 1941-45, Bewaffnung: 1 x75, 85 oder 100 kg Sprengladung, Gefechtsgewicht: 0,436 Tonnen, Gesamtlänge: 1,63 m, Höhe: 62 cm, Breite 91 cm, Höchstgeschwindigkeit (auf Straßen): 12 km/h, Aktionsradius: 12 km, Motortyp: Zündapp 2-Zyl. Benzin, Motorleistung: 12,5 PS bei 4.500 U/Min, Hubraum: 703 ccm, Tankfüllung: nicht bek.

Der Goliath E (E für »elektrisch«) wurde 1940 aufgrund einer Forderung der Armee gebaut, ein ferngesteuertes Fahrzeug zu konstuieren, das gegen Bunker eingesetzt oder als Minenräumfahrzeug benutzt werden konnte. Die Erscheinungsform ähnelte der eines britischen Panzers aus dem Ersten Weltkrieg, war jedoch wesentlich kleiner. Zwei Gleisketten liefen um zwei Seitenplattformen, in denen die Batterien für die Elektromotoren saßen, die eigentlich Anlassermotoren waren. Die Steuerungsimpulse wurden durch einen Draht übermittelt, der zu jedem der beiden Motoren führte und sich von einer Kabeltrommel auf der Rückseite des Fahrzeuges abspulte, ein dritter Draht übermittelte das Sprengsignal. Über 2.500 Exemplare wurden gebaut.

Borgward hatte schon vorher ein ähnliches, aber größeres Fahrzeug entwickelt. Nachdem 50 Stück dieser Art gebaut worden waren, gab man dieses Modell auf, weil der Goliath billiger war. Das Projekt wurde später wieder aufgegriffen, als eine stärkere Sprengladung für notwendig gehalten wurde, und erhielt die Bezeichnung Borgward B IV. Dieses Fahrzeug hatte einen Raum für einen Mann, die Sprengladung wurde mit Haken an der Vorderseite befestigt. Beim Einsatz stieg der Fahrer rechtzeitig aus und dirigierte den Träger per Funk ins Ziel. Die Sprengladung sollte nach vorn abgeworfen werden, damit das Fahrzeug für weitere Verwendung geborgen werden konnte, aber der Mechanismus versagte oft in der Praxis, und das Fahrzeug ging in vielen Fällen verloren. Dennoch wurden 500 Stück gebaut.

Die Unzulänglichkeit des Borgward B IV und des Goliath E spornte die Motorradhersteller der Firma Zündapp an, den Goliath auf einen Benzinmotor umzustellen (V = Vergasermotor), so daß er eine stärkere Ladung über eine größere Entfernung transportieren konnte, und zwar vor allem bei nur geringfügig höheren Herstellungskosten. Dies war der erfolgreichste deutsche Ladungsträger, von dem 4.500 Exemplare hergestellt wurden.

Weitere Panzer

In den bisherigen Ausführungen wurden die deutschen Kampfpanzer aus der Zeit der Wehrmacht besprochen, daneben verdienen einige andere wenigstens eine kurze Erwähnung. 1927 hatten Krupp, Rheinmetall und Daimler-Benz geheim schwere Versuchspanzer hergestellt, die als »Großtraktoren« bezeichnet wurden. Nach der Invasion Norwegens wurden 1940 drei Fahrzeuge des Rheinmetall-Modells mit der Bezeichnung »Neubaufahrzeug« zu Propagandazwecken nach Oslo verschifft. Es waren plumpe, eindrucksvoll aussehende Panzer, die 24 Tonnen wogen und drei Türme hatten. Im Hauptturm befand sich ein 7,5 cm-Kurzrohrgeschütz, vorn rechts und hinten links war je ein unabhängig schwenkbarer Turm. Es war ein Glück für die

Ein bewegungsunfähig gemachter Sprengladungsträger »Goliath«.
(BA/310/898/34)

Besatzungen dieser Fahrzeuge, daß sie nicht zum Einsatz kamen, denn ähnliche russische Modelle, der T-28 und T-35, wurden 1941 übel zugerichtet. Die »Neubaufahrzeuge« hatten auf jeder Seite fünf Laufräderpaare und vier Stützrollen und erhielten die Bezeichnung »PzKpfw V«, die später für den Panther benutzt wurden.

Nach dem Westfeldzug wurden 1940 zahlreiche erbeutete Panzer und Zugmaschinen von der Wehrmacht in Dienst gestellt, vorwiegend für Ausbildungszwecke, daneben einige zu Selbstfahrlafetten für Geschütze umgebaut und in Rußland sowie auf dem Balkan zur Partisanen-Bekämpfung eingesetzt. Dazu gehörte der »Char B1 bis« ein schwerer Panzer von Renault, der an der rechten Bugseite ein 7,5 cm-Kurzrohrgeschütz und in dem drehbaren Turm ein 4,7-cm-Panzerabwehrgeschütz hatte. Der Fahrer mußte auch das Geschütz bedienen, dies muß eine schwere Aufgabe gewesen sein, selbst wenn ein Ladeschütze dabei behilflich war. Der »Char B 1 bis« wog 32 Tonnen, hatte 4 Mann Besatzung. Er wurde von einem 6-Zyl.-Benzinmotor angetrieben, der bei 1.900 U/Min. 307 PS entwickelte und eine Höchstgeschwindigkeit von 28 km/h erreichte. Die Panzerung war bis zu 60 mm stark, die Abmessungen waren: Länge: 6,52 m, Höhe: 2,79 m, Breite: 2,50 m.

Zu den mittelschweren Panzern, die in Dienst gestellt wurden, gehörte der »Char D 2« von Renault und der »Somua 35«. Beide hatten einen Turm mit einem 4,7 cm-Geschütz und eine Besatzung von 3 Mann. Der Char D 2 wog 20 Tonnen und wurde von einem 6-Zyl.-Benzinmotor angetrieben, der 150 PS entwickelte und eine Geschwindigkeit von 22 km/h erreichte. Die Panzerung war bis 40 mm stark, die Abmessungen waren: Länge: 5,05 m, Höhe: 2,64 m, Breite: 2,17 m. Der Somua 35 wog 20,084 Tonnen und wurde von einem V-8-Benzinmotor angetrieben, der 190 PS entwickelte und eine Höchstgeschwindigkeit von 37 km/h erreichte. Die Panzerung war maximal 55 mm stark, die Abmessungen waren: Länge: 5,50 m, Höhe: 2,70 m, Breite: 2,10 m.

Der Char D 2 war eine Weiterentwicklung des leichten Renault-Panzers R 35, eines kleinen 10-Tonnen-Fahrzeuges mit 2 Mann Besatzung. Es hatte ein 3,7 cm-Geschütz in einem rundum schwenkbaren Turm und wurde durch einen 4-Zyl.-Benzinmotor angetrieben, der 82 PS entwickelte und 20 km/h erreichte. Die Panzerung war bis zu 45 mm dick, — das war viel für einen leichten Panzer! Die Abmessungen waren: Länge: 4,20 m, Höhe: 2,40 m, Breite: 1,85 m. Der leichte Panzer H 35 von Hotchkiss war identisch mit dem R 35, er wurde nach derselben Spezifikation gebaut. Der H 39 war mit seinen 12 To-

nen geringfügig schwerer. Beide waren auch 2-Mann-Fahrzeuge, mit dem gleichen 3,7 cm-Geschütz ausgestattet, von einem 6-Zyl.-Benzinmotor angetrieben, der 120 PS entwickelte und eine Höchstgeschwindigkeit von 36 km/h erreichte. Die Panzerung betrug maximal 40 mm, die Abmessungen waren: Länge: 4,22 m, Höhe: 2,14 m, Breite: 1,85 m. Außerdem gab es das Renault-Fahrzeug AMR-33, das nur mit einem Maschinengewehr bewaffnet war, und den FT-17, ein Modell aus dem Ersten Weltkrieg, das — unglaublicherweise — auch 1940 noch in großer Stückzahl im Dienst stand. Diese Fahrzeuge, aber auch alle anderen, wurden auch zur Aufrechterhaltung der inneren Sicherheit, z.B. bei Auseinandersetzungen mit dem Maquis eingesetzt. Zu den vielen Gründen, warum der Einsatz der französischen Panzer so wirkungslos war, gehört neben ihrer Schwerfälligkeit auch die Vielzahl von verschiedenen Fahrzeugtypen, derzufolge der Nachschub und die Instandsetzung zu einem kaum lösbaren Problem wurden.

Die beiden letzten Fahrzeuge, die zu erwähnen sind, gehören in das Reich der militärischen Phantasie. Das erste ist die »Maus«, ein Projekt, das Hitler im Juni 1942 Dr. Ferdinand Porsche übertrug. Es mag interessant sein, darüber zu spekulieren, ob Hitler erkannt hatte, daß der Porsche wohl ein Genie war, sofern es sich um Fahrzeuge handelte, daß er aber von militärischen Realitäten nur wenig Ahnung hatte, so daß er ihn aus realisierbaren Großprojekten hinausdrängen wollte. Die »Maus« — es gab nur zwei Modelle — war ein massives Fahrzeug, das nicht weniger als

188 Tonnen wog und mit einer 12,8 cm KwK L/55 und einem koaxialen 7,5 cm L/36-Geschütz im Turm und mit einem 2 cm MG ausgestattet werden sollte. Die Panzerung war bis zu 240 mm stark. Das Laufwerk für ein solches Ungetüm schaffte von Anfang an enorme Probleme, und die beabsichtigte Drehstabfederung mußte zugunsten einer Spiralfederung aufgegeben werden. Der Antrieb war ebenfalls ein großes Problem. Um damit fertig zu werden, baute man in den ersten Prototypen einen luftgekühlten Benzin-Flugzeugmotor von Mercedes-Benz ein, der bei 2.400 U/Min. 1.080 PS entwickelte. Ein Dieselmotor, der im zweiten Prototyp erprobt werden sollte, explodierte infolge Überlastung. Die »Maus« war 9 m lang, 3,63 m hoch und 3,67 m breit, sie hatte 6 Mann Besatzung und erreichte eine Höchstgeschwindigkeit von 20 km/h.

Die Armee nahm die »Maus« nicht ernst, beauftragte aber Adler, die Arbeit an einem Parallel-Projekt, einem vergrößerten Panther-Modell, zu beginnen, das die Bezeichnung E-100 führte und 140 Tonnen gewogen hätte, wenn es jemals gebaut worden wäre. Es war für den Einbau eines 17,4 cm-Geschützes bestimmt, aber nur eine Wanne war fertiggestellt, als die Russen die Fabrik besetzten, ein Turm wurde nicht gebaut. Dies war ein praktischeres Modell als das von Porsche und wäre mit einem Maybach V-12-Benzinmotor angetrieben worden, der 700 PS entwickelte und optimistischen Annahmen zufolge eine Geschwindigkeit von 40 km/h entwickelt hätte, zweimal so viel wie »Maus« bestenfalls geschafft hätte. Die Besatzung hätte aus 5 Mann be-

Links: Französische Panzer wurden oft bei der Partisanenbekämpfung eingesetzt, wie z.B. dieser Hotchkiss H 39...
(BA/173/1101/33)

Rechts: ... und dieser Somua S-35, beide wurden in Jugoslawien fotografiert. (BA/169/948/11)

standen, das Fahrzeug zeigte eine Länge von 8,60 m, eine Breite von 4,48 m und einer Höhe von 3,32 m. Seine Panzerung betrug bis zu 240 mm. Es ist bezeichnend, daß amerikanische und britische überschwere Panzer, der M 103 und der »Conqueror« (die beide in Dienst gestellt wurden), bald zugunsten leichterer und manövrierfähigerer Fahrzeuge aufgegeben wurden.

Sturmgeschütze und Panzerjäger auf Vollkettenfahrzeugen

4,7-cm-Pak (t) auf PzKpfw I Ausf B, SdKfz 101

Haupthersteller: Alkett, Herstellungszeit: 1939-40, Bewaffnung: 1x4,7-cm-Pak (t) L/43, Besatzung: 3 Mann, Gefechtsgewicht: 6,4 Tonnen, Gesamtlänge: 4,42 m, Höhe: 2,25 m, Breite: 1,85 m, Breite der Gleisketten: 28 cm, Bodenfreiheit: 29,5 cm, Höchstgeschwindigkeit (auf Straßen): 40 km/h. Aktionsradius (auf Straßen): 180 km, (im Gelände): 130 km, Motortyp: Maybach NL 38 TKRM 6-Zyl. Benzin, Motorleistung: 100 PS bei 3.000 U/Min., Hubraum: 3.790 ccm, Tankfüllung: 146 Liter, Panzerung: Aufbau: 10 mm, Wanne: 13 mm.

Dies war lediglich ein Umbau des PzKpfw I B, dessen Turm durch ein tschechisches 4,7-cm-Panzerabwehrgeschütz, das durch einen einfachen Splitterschild geschützt wurde, ersetzt worden

war. Es war ein relativ bewegliches Waffensystem, das in der Panzerabwehr erfolgreicher war als der damalige PzKpfw III, der nur mit einem 3,7-cm-Geschütz ausgerüstet war. Es wurden etwa 132 dieser Fahrzeuge hergestellt.

Die StuG-Familie III/IV

7,5-cm-Sturmgeschütz III Ausf A, SdKfz 142

Haupthersteller: Alkett, Herstellungszeit: 1940, Bewaffnung: 1x7,5-cm-StuK L/24, Besatzung: 4 Mann, Gefechtsgewicht: 19,6 Tonnen, Gesamtlänge: 5,38 m, Höhe: 1,95 m, Breite: 2,92 m, Breite der Gleisketten: 36 cm, Bodenfreiheit: 38,5 cm, Höchstgeschwindigkeit (auf Straßen): 40 km/h, Aktionsradius (auf Straßen): 160 km, (im Gelände): 100 km, Motortyp: Maybach HL 120 TRM V-12 Benzin, Motorleistung: 300 PS bei 3.000 U/Min., Hubraum: 11.867 ccm, Tankfüllung: 320 Liter, Panzerung: Aufbau: 30-50 mm, Wanne: 30 mm.

7,5-cm-Sturmgeschütz III Ausf B-E, SdKfz 142

Wie 7,5-cm-Sturmgeschütz III Ausf A, SdKfz 142, außer Herstellungszeit: 1940-41, Bewaffnung: 1x7,5-cmStuK L/24 oder L/33, Gefechtsgewicht: 22,2 Tonnen, Gesamtlänge: 5,40 m, Höhe: 1,96 m, Breite: 2,95 m, Breite der Gleisketten: 40 cm, Aktionsradius (auf Straßen): 140 km (im Gelände): 90 km.

Links: Ein 15 cm sIG 33 auf dem Fahrgestell des Panzer I Ausf B in Afrika. (BA/159/108/32) Oben rechts: Ein 4,7 cm Panzerjäger I in Rußland, 1941. (Sammlung des Verfassers)

Rechts: Ein StuG III der ersten Serien mit dem kurzen 7,5 cm-Geschütz, Stugeschütz-Abteilung 190. (BA/158/71/21)

Oben rechts: Ein 4,7 cm Panzerjäger I, Rußland 1941. (Sammlung des Verfassers)

7,5-cm-Sturmgeschütz 40 Ausf F/G, SdKfz 142/1

Wie Sturmgeschütz III Ausf B-E, SdKfz 142, außer: Herstellungszeit: 1942-45, Bewaffnung: 1x7,5-cm-StuK L/43 oder L/48, 1x7,92-mm-MG, Gefechtsgewicht: 23,9 Tonnen, Gesamtlänge: 5,56 m, Höhe: 2,15 m, Aktionsradius (auf Straßen): 130 km, (im Gelände): 80 km, Panzerung: Aufbau: 30-50 mm (Ausf G 30-70 mm), Wanne: 30 mm.

10,5-cm-Sturmhaubitze 42, SdKfz 142/2

Wie 7,5-cm-Sturmgeschütz 40 Ausf F/G, SdKfz 142/1, außer: Bewaffnung: 1x10,5-cm-StuH L/28, 1x7,92 mm MG, Gefechtsgewicht: 24,5 Tonnen.

7,5 cm-Sturmgeschütz IV, SdKfz 163

Haupthersteller: Krupp: Herstellungszeit: 1943, Bewaffnung: 1x7,5-cm-StuK L/48, 1x7,92 mm-MG, Gefechtsgewicht: 23 Tonnen, Gesamtlänge: 5,98 m, Höhe: 2,20 m, Breite: 2,95 m, Breite der Gleisketten: 40 cm, Bodenfreiheit: 40 cm, Höchstgeschwindigkeit (auf Straßen): 38 km/h, Aktionsradius (im Gelände): 120 km, Tankfüllung: 430 Liter, Panzerung: Aufbau: 20-80 mm, Wanne: 25-30 mm.

Das Sturmgeschütz III war das erste deutsche Sturmgeschütz, es wurde entwickelt, weil das Heer 1936 ein Unterstützungsfahrzeug anforderte, das mindestens mit einem Geschütz bestückt sein und die motorisierten Infanterie-Divisionen begleiten sollte. Das Fahrgestell des PzKpfw III lieferte den Unterbau, eine Kurzrohr 7,5-cm-StuK L/24 wurde auf der rechten Seite des Fahrers, etwas seitlich versetzt, unter einem flach geschwungenen gepanzerten Aufbau installiert. Ursprünglich war kein MG für die Nahverteidigung gegen Infanterie vorgesehen, erst später wurde der Einbau eines MG 34 oder 42 vor der Kuppel des Kommandanten durchgeführt.

Das erste Fahrzeug dieser Serie war die Ausf A, von der — noch rechtzeitig für den Westfeldzug im Mai/Juni 1940 — 30 Exemplare fertiggestellt wurden. Darauf folgten die Ausf B, C und D, von denen 320, 50 und 150 hergestellt wurden, die Verbesserungen am Motor, am Getriebe, am Laufwerk und der Zieleinrichtung des Geschützes aufwiesen. Die Ausf E, von der 272 gebaut wurden, war das erste StuG mit eingebautem

Oben: Beim Auftanken eines StuG III der 286. Sturmgeschützbrigade. (BA/87/367/14)

Unten Ein StuG III der ersten Serie, mit einem 7,5 cm-Kurzrohr-Geschütz. (BA/78/3064/6)

MG, sie hatte auch einen vergrößerten Innenstauraum.

Ende 1941 war es offenkundig, daß die Infanterie eine stärkere Waffe als die L/42 Geschütz-Haubitzen darstellten, brauchte. Es erfolgte daher die Anweisung, — wie im Kampfpanzer IV — daß die 7,5 cm (kurz) durch eine 7,5 cm (lang) L/43 oder L/48 ersetzt wurde. Das Ergebnis war die Ausf F, von der 334 produziert wurden, die auch eine dickere Panzerung hatten. Dann kam die Ausf G als die abschließende Version mit einer Gußstahl-Geschützblende, die bei der Truppe — wegen ihrer Form — als »Saukopf« bezeichnet wurde. Bis zum Kriegsende wurden 7.720 dieser Fahrzeuge hergestellt.

Während das StuG III im Verlauf des Krieges in zunehmendem Maße mehr als Panzerjäger und immer weniger für seine ursprüngliche Aufgabe eingesetzt wurde, bestand noch der Bedarf an gepanzerten Artillerie-Fahrzeugen. Deshalb wurde zwischen 1942 und 1945 in zusätzliche 1.144

StuG III die 10,5 cm StuH L/48 eingebaut. 1943 wurde das Alkett-Werk, das für den Bau der StuG III zuständig war, von einem schweren Luftangriff getroffen, so daß die Produktion für mehrere Monate ausfiel. Krupp übernahm daher den Bau des StuG IV, eine Kombination aus dem Fahrgestell des PzKpfw IV mit dem Geschütz und Aufbau des StuG III. Etwa 1.500 dieser Fahrzeuge wurden 1943 gebaut. Alle StuG III und IV wurden im weiteren Verlauf des Krieges mit gepanzerten Seitenschürzen zum Schutz gegen Hohlladungswaffen ausgerüstet.

Das StuG III und IV war ein äußerst wirkungsvolles Fahrzeug, billiger und einfacher in der Herstellung als ein Panzer, es hatte eine relativ niedrige Silhouette und einen angemessenen Panzerschutz und war als Panzerjäger recht wirkungsvoll, wenn auch nicht ganz so wie die ausgesprochenen Jagdpanzer. Ursprünglich zählten sie zur Waffenartillerie, doch wurden ab 1944 auch Panzerabteilungen damit ausgerüstet.

7,5 cm-Sturmgeschütz III Ausf E, SdKfz 142

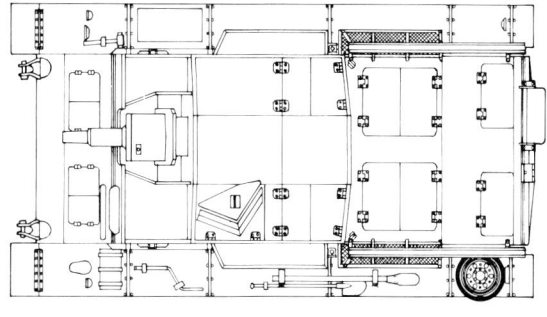
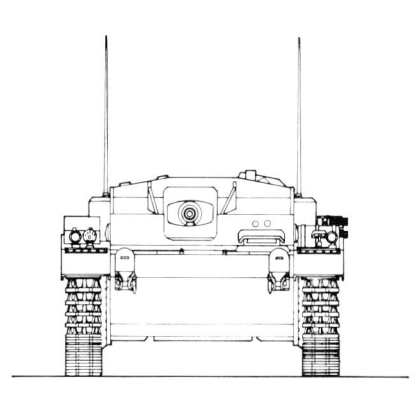
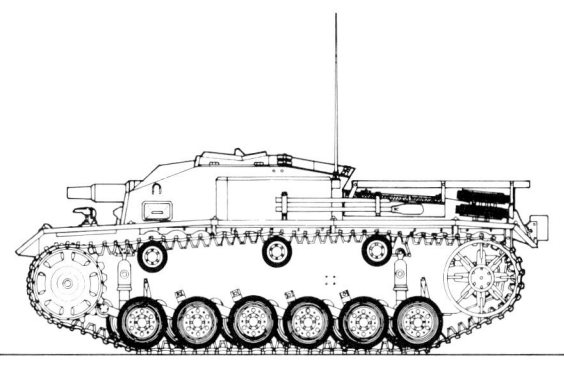
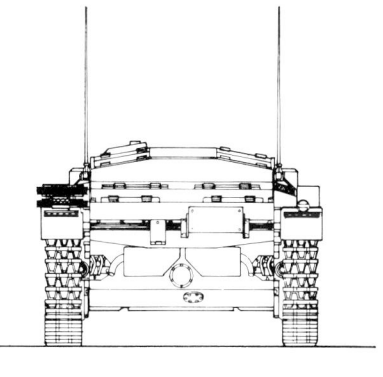

© J L Rue 87

7,5 cm-Sturmgeschütz 40 Ausf G, SdKfz 142/1

© J L Rue 87

Gefangengenommene britische Fallschirmsoldaten, während des Kampfes um Arnheim. Das Fahrzeug ist ein späteres Modell des StuG III mit einer langen 7,5 cm-Kanone in einer »Saukopf«-Geschützblende. (BA/497/3527/19a)

7,5 cm-Sturmgeschütz IV, SdKfz 163

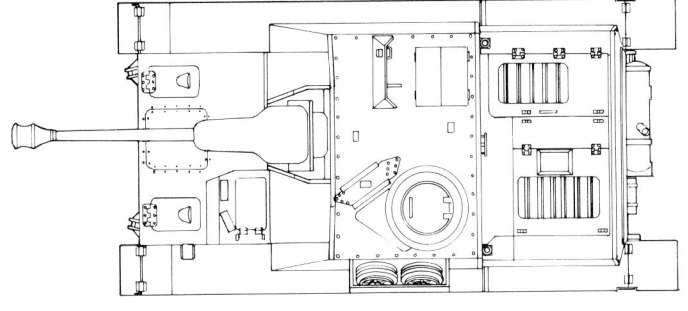
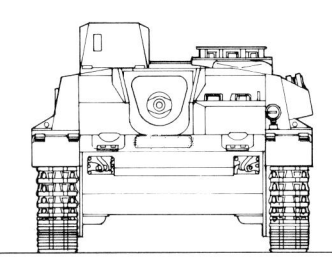
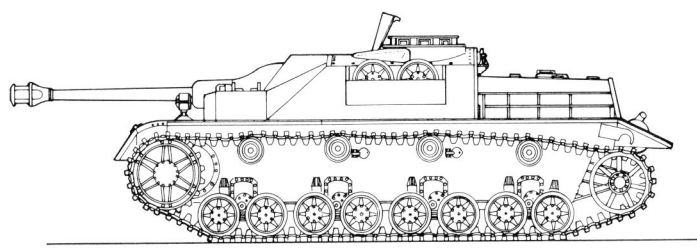
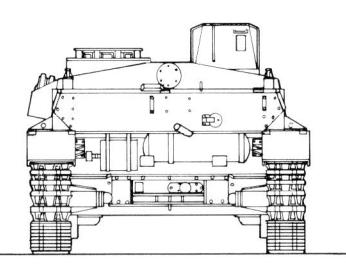

© J L Rue 87

Die Jagdpanzer
7,5 cm-Panzerjäger 39/Jagdpanzer IV Ausf F, SdKfz 162

Haupthersteller: Vomag, Herstellungszeit: 1943-44, Bewaffnung: 1x7,5-cm-StuK L/48, 1x7,92-mm-MG, Besatzung: 4 Mann, Gefechtsgewicht: 24 Tonnen, Gesamtlänge: 5,90 m, Höhe: 1,86 m, Breite: 3,17 m, Breite der Gleisketten: 40 cm, Bodenfreiheit: 40 cm, Höchstgeschwindigkeit (auf Straßen): 40 km/h, Aktionsradius (auf Straßen): 190 km, (im Gelände): 130 km, Motorentyp: Maybach HL 120 TRM V-12 Benzin, Motorleistung: 300 PS bei 3.000 U/Min., Hubraum: 11.867 ccm, Tankfüllung: 470 Liter, Panzerung: Aufbau: 30-60 mm, Wanne: 25-30 mm.

7,5 cm-Jagdpanzer IV/70 Jagdpanzer IV lang, SdKfz 162/1

Wie 7,5 cm-Panzerjäger 39/Jagdpanzer IV Ausf F, SdKfz 162, außer: Herstellungszeit: 1944-45, Bewaffnung: 1x7,5-cm-StuK L/70, Besatzung: 4-5

Mann, Gefechtsgewicht: 25,8 Tonnen, Gesamtlänge: 6,02 m, Höhe: 1,85 m, Höchstgeschwindigkeit (auf Straßen): 35 km/h, Aktionsradius (auf Straßen): 180 km, (im Gelände): 120 km, Panzerung: Aufbau: 20-80 mm, Wanne: 25-30 mm.

Zur gleichen Zeit, als bei Krupp die Serienfertigung des PzKpfw IV begann, wurde dort auch ein anderes Fahrzeug entwickelt, das Motor und Laufwerk des PzKpfw IV benutzte, aber eine völlig neue Wanne hatte, mit einem Aufbau aus geschweißtem Panzerstahl, der zur besseren Ablenkung von Geschossen sehr flach geschrägt war. Die Herstellung wurde von Vomag übernommen. Diese Fahrzeuge sollten das gleiche Geschütz erhalten wie der Panther, aber 1943 waren davon nicht genug vorhanden, so wurde stattdessen das 7,5 cm L/48-Geschütz eingebaut. Diese Fahrzeuge erhielten die Bezeichnung »Jagdpanzer IV«. Als das L/70-Geschütz 1944 zur Verfügung stand, wurden sie umbenannt in Jagdpanzer IV/70, manchmal auch Panzerjäger IV. Etwa 1.500 Jagdpanzer IV und 300 Jagdpanzer IV/70 wurden insgesamt gebaut.

8,8 cm-Jagdpanzer V Jagdpanther, SdKfz 173

Haupthersteller: Miag, MNH, Herstellungszeit: 1944-45, Bewaffnung: 1x8,8-cm-Pak 43 L/71, 1x7,92-mm-MG, Besatzung: 5 Mann, Gefechtsgewicht: 46 Tonnen, Gesamtlänge: 6,87 m, Höhe: 2,715 m, Breite: 3,27 m, Breite der Gleisketten: 66 cm, Bodenfreiheit: 54 cm, Höchstgeschwindigkeit (auf Straßen): 46 km/h, Aktionsradius (auf Straßen): 150 km, (im Gelände): 100 km, Motorentyp: Maybach HL 230 P V-12 Benzin, Motorleistung: 700 PS bei 3.000 U/Min., Hubraum: 23.880 ccm, Tankfüllung: 700 Liter, Panzerung: Aufbau: 40-80 mm, Wanne: 40-80 mm.

Der überragende Panzerjäger des Krieges, der Jagdpanther, wurde entwickelt, weil das Heer ein Fahrzeug verlangte, das wirkungsvoller war als alle anderen, die damals 1943 an der Ostfront eingesetzt waren. Der erste Prototyp kam im Oktober jenes Jahres heraus und ging im darauffolgenden Februar in Serie. Er basierte auf der Wanne und dem Fahrwerk des PzKpfw V und hatte einen feststehenden gepanzerten Aufbau über dem Vorderteil der Wanne und dem Kampfraum, in dem eine 8,8 cm Pak 43 montiert war. Dieses Fahrzeug hatte so glatte und stark geschrägte Linien, daß es frontal von keinem Panzerabwehrgeschütz zu durchschlagen war, von

rückwärts war es allerdings verwundbar, die Hochleistungskanone konnte jeden damals existierenden Panzer auf die gängigen Kampfentfernungen außer Gefecht setzen. Seine gute Manövrierfähigkeit und das geräumige Innere wußte die Besatzung zu schätzen. Alliierte Bombenangriffe verursachten Produktionsschwierigkeiten, so daß nur 382 fertiggestellt werden konnten.

8,8 cm-Jagdpanzer Tiger (P) Ferdinand/Elefant, SdKfz 184

Haupthersteller: Porsche, Steyr, Alkett, Herstellungszeit: 1943, Bewaffnung: 1x8,8-cm-Pak 43/2 L/71, 1x7,92-mm-MG, bei den ersten Fahrzeugen lose, bei späteren auf einer Lafette, Besatzung: 6 Mann, Gefechtsgewicht: 68 Tonnen, Gesamtlänge: 6,80 m, Höhe: 2,927 m, Breite 3,43 m, Breite der Gleisketten: 65 cm, Bodenfreiheit: 48 cm, Höchstgeschwindigkeit (auf Straßen): 20 km/h, Aktionsradius (auf Straßen): 130 km, (im Gelände): 90 km, Motortyp: 2 x Maybach HL 120 TRM V-12 Benzin, Motorleistung: 2 x 230 PS bei 2.800 U/Min., Hubraum: 2 x 11.867 ccm, Tankfüllung: 950 Liter, Panzerung: Aufbau 80-200 mm, Wanne: 30-80 mm.

Als das Henschel-Modell als PzKpfw VI H angenommen wurde, hatte Porsche schon 90 Fahrgestelle von dem eigenen Modell bauen lassen und

Ein Jagdpanzer IV (SdKfz 162) der Panzerjägerabteilung 228 der 116. Panzerdivision, Normandie 1944.
(BA/496/3444a/6)

7,5 cm-Jagdpanzer IV/70 »Panzer IV lang«
oder »Panzerjäger IV«, SdKfz 162/1

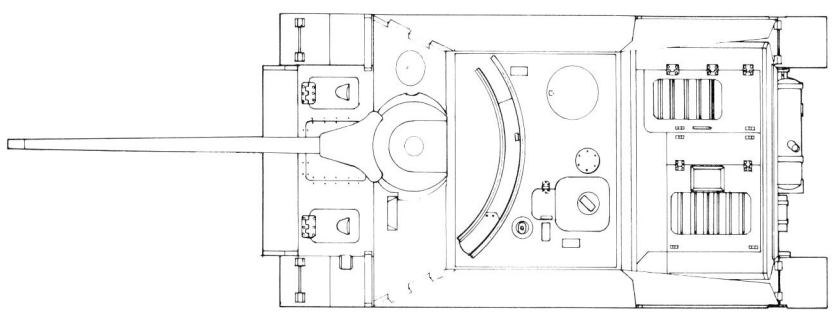

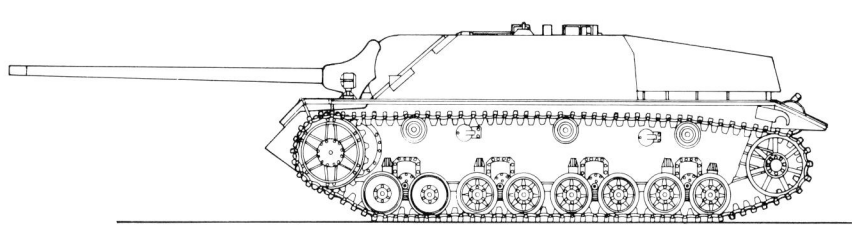

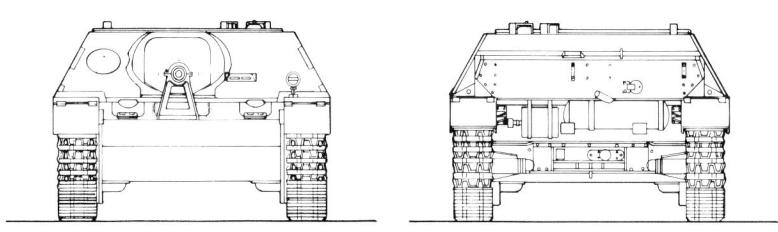

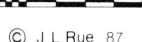

© J L Rue 87

8,8 cm-Jagdpanzer V Jagdpanther, SdKfz 173

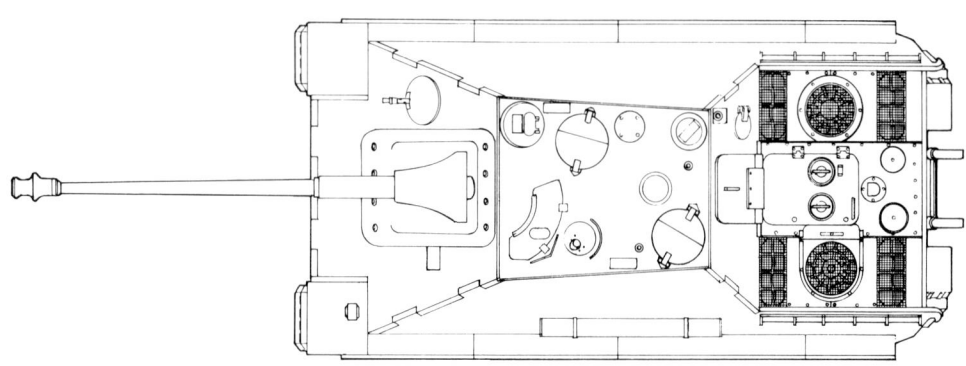

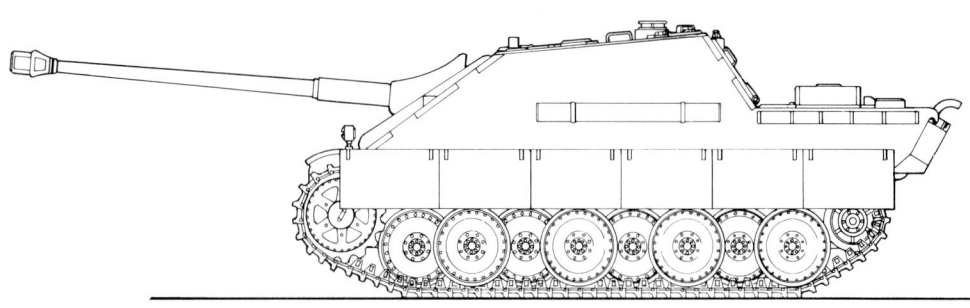

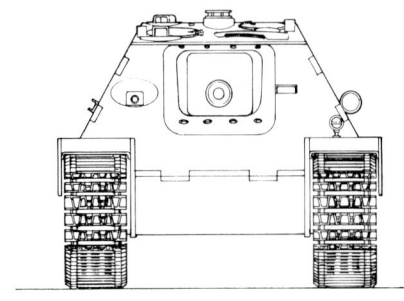

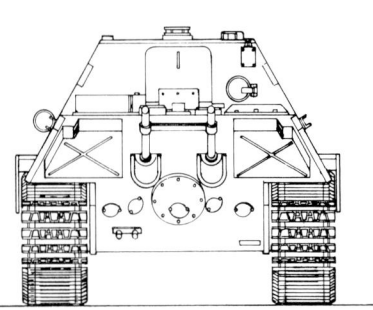

© J L Rue 87

Ein Jagdpanther der schweren Panzerabteilung 654 in Mailly-le-Camp, 1944. (BA/721/396/14)

Die klassischen Linien des Jagdpanther. (BA/721/396/13)

Ein Jagdpanther in Mailly-le-Camp, 1944. (BA/629/8200/15)

entschloß sich nun, diese als Jagdpanzer umzubauen. Sie wurden mit der 8,8 cm Pak 43 ausgerüstet. Um dies bewerkstelligen zu können, wurde der Motor vom Heck in die Mitte gesetzt, wo der Turm gewesen war. An seiner Stelle wurde ein starker, kastenähnlicher gepanzerter Aufbau errichtet. Das Fahrzeug erhielt anfänglich den Namen »Ferdinand«, nach seinem Konstrukteur, Dr. Ferdinand Porsche, später erhielt es den offiziellen Namen »Elefant«. »Weißer Elefant« wäre jedoch ein geeigneterer Name gewesen, er war zwar hervorragend gepanzert und konnte ungeheure Schläge austeilen, war aber im höchsten Grade untermotorisiert. Außerdem war anfangs kein einziges MG für die Selbstverteidigung vorgesehen, und so kam es, daß der »Ferdinand« unter den Panzernahbekämpfungstrupps der russischen Infanterie schwer zu leiden hatte, als er bei Kursk seine Erstvorstellung gab. Die übriggebliebenen Fahrzeuge wurden herausgezogen (ein Bug-MG wurde nachträglich eingebaut) und nach kurzer Auffrischung nach Italien verlegt. Doch auch hier bewährte er sich nicht. Bereits 1944 wurde der erste »Elefant« zerstört.

12,8 cm-Jagdpanzer Jagdtiger Ausf B, SdKfz 186

Haupthersteller: Henschel, Steyr, Herstellungszeit: 1944-50, Bewaffnung: 1x12,8-cm-Pak 44 L/55 (einige Fahrzeuge waren mit 1x8,8-cm-Pak 43/2 L/71 wegen Mangel an 12,8-cm-Waffen aus-

gestattet), 1x7,92-mm-MG, Besatzung: 6 Mann, Gefechtsgewicht: 75 Tonnen, Gesamtlänge: 7,80 m, Höhe: 2,945 m, Breite: 3,625 m, Breite der Gleisketten: 60-80 cm — siehe Text! Bodenfreiheit: 48 cm, Höchstgeschwindigkeit (auf Straßen): 35 km/h, Aktionsradius (auf Straßen): 120 km, (im Gelände): 80 km, Motortyp: Maybach HL 230 P 30 V-12 Benzin, Motorleistung: 700 PS bei 3.000 U/Min., Hubraum: 23.880 ccm, Tankfüllung: 860 Liter, Panzerung: Aufbau: 80-200 mm, Wanne: 80-200 mm.

Der Jagdtiger war das unvermeidbare Endergebnis der vom deutschen Heer eingeschlagenen Richtung, Panzerfahrzeuge zu Jagdpanzern umzubauen, indem man anstelle des drehbaren Turmes ein mächtigeres Geschütz einbaute. Man verwandte die Wanne und das Fahrgestell des Tiger II mit einem feststehenden, kastenförmigen Kampfraum über der Mitte des Fahrzeuges, in dem die verderbenbringende 12,8 cm Pak 44 untergebracht werden sollte, doch dies Geschütz stand nicht in ausreichender Stückzahl zur Verfügung, um alle dafür vorgesehenen Wannen auszurüsten. Deswegen erhielten einige nur die 8,8 cm Pak 43. Nur 48 Jagdtiger insgesamt wurden bis zum Ende des Krieges fertiggestellt. Er vereinigte zwar hervorragende Feuerkraft und Panzerung, hatte aber ähnliche Schwächen wie der Elefant und war letztlich kein erfolgreiches Modell. Wie der Tiger und Königstiger hatte er zwei Sätze Gleisketten, für Bahntransport bzw. Fahrt auf der Straße.

Infanteristen marschieren an einem bewegungsunfähigen »Elefant« vorbei. Obwohl dieses Fahrzeug vorn einen starken Panzerschutz und die hervorragende Pak 43 hatte, war es von der Seite oder rückwärts ausgesprochen anfällig. (BA/311/940/34)

8,8 cm-Jagdpanzer Tiger (P)
Ferdinand/Elefant, SdKfz 184

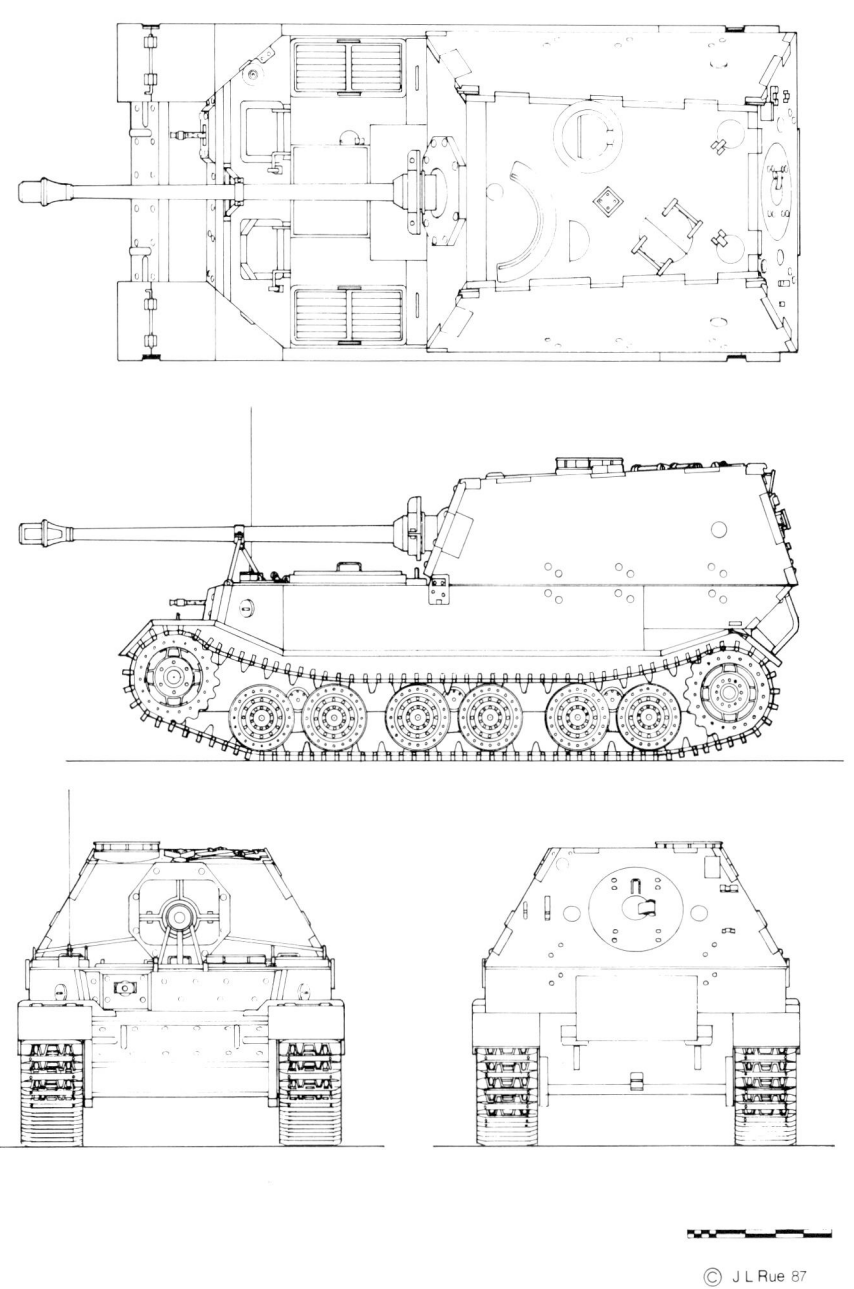

12,8 cm-Jagdpanzer Jagdtiger Ausf B, SdKfz 186

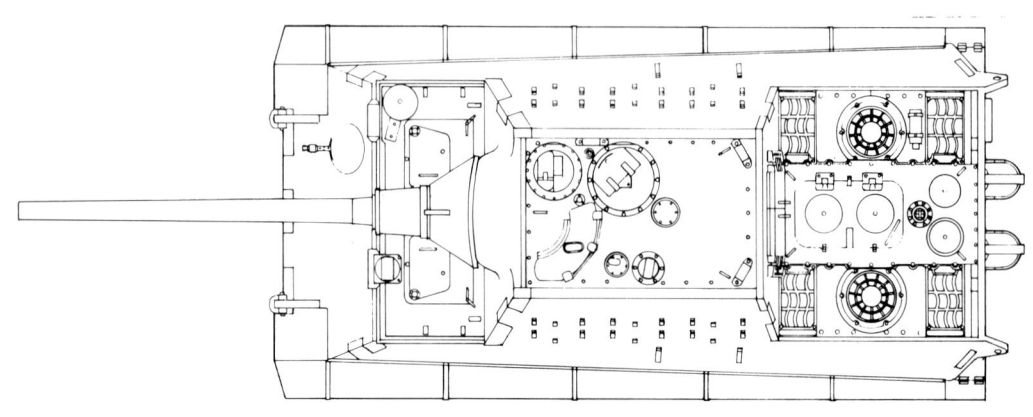

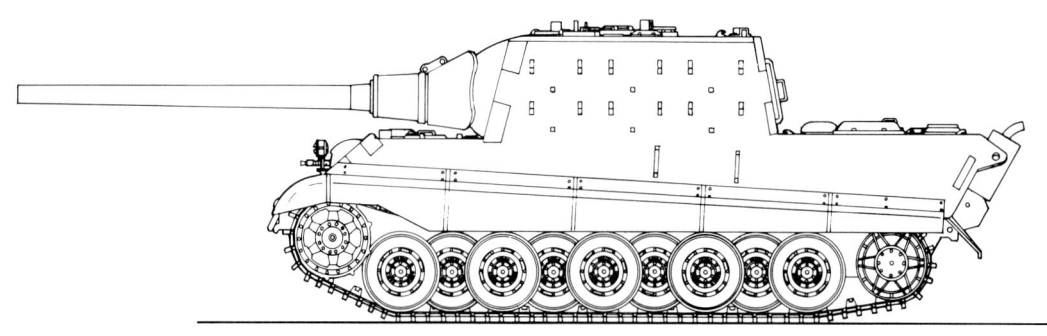

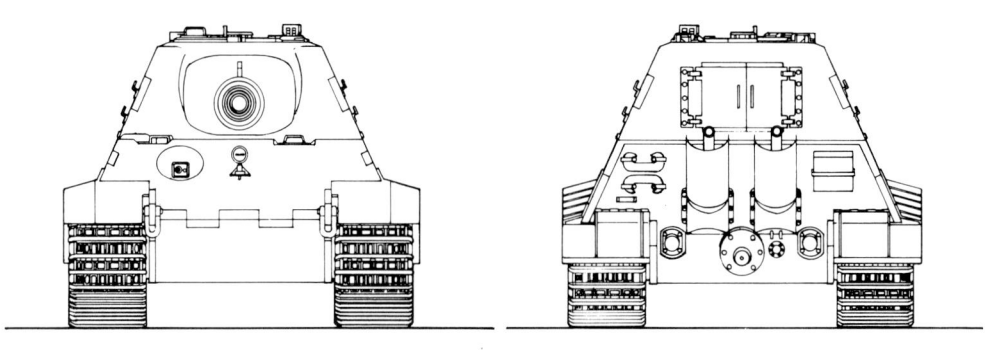

© J L Rue 87

Die Marder-Familie

7,5 cm Pak 40/1 auf PzJägLrS (f) Marder I, SdKfz 135

Haupthersteller: Alfred Becker, Herstellungszeit: 1942, Bewaffnung: 1x7,5-cm-Pak 40/1 L/46, Besatzung: 4 Mann, Gefechtsgewicht: 8,135 Tonnen, Gesamtlänge: 5,31 m, Höhe: 2,17 m, Breite: 1,83 m, Breite der Gleisketten: nicht bek., Bodenfreiheit: nicht bek., Höchstgeschwindigkeit (auf Straßen): 35 km/h, Aktionsradius (auf Straßen): 135 km, (im Gelände): etwa 90 km, Motortyp: Delahaye 6-Zyl. Benzin, Motorleistung: 70 PS bei 2.800 U/min. Hubraum: 3.550 ccm, Tankfüllung: nicht bek., Panzerung: max. 12 mm.

7,5 cm Pak 40/2 auf Fahrgestell des Pz II (A oder F), Marder II, SdKfz 131

Haupthersteller: Alkett, Famo, Herstellungszeit: 1942/43, Bewaffnung: 1x7,5-cm-Pak 40/2 L/46, Besatzung: 4 Mann, Gefechtsgewicht: 10,8 Tonnen, Gesamtlänge: 4,62 m, Höhe: 2,20 m, Breite: 2,27 m, Breite der Gleisketten: 30 cm, Bodenfreiheit: 34 cm, Höchstgeschwindigkeit (auf Straßen): 40 km/h, Aktionsradius (auf Straßen): 150 km, (im Gelände): 100 km, Motortyp: Maybach HL 62 TRM 6-Zyl. Benzin, Motorleistung: 140 PS bei 2.600 U/min., Hubraum: 6.191 ccm, Tankfüllung: 170 Liter, Panzerung: Aufbau 8-10 mm, Wanne: 14,5-35 mm.

7,5 cm Pak 40 auf Fahrgestell des Pz 38(t) Marder III Ausf H, SdKfz 138

Haupthersteller: Praga, Herstellungszeit: 1942/43, Bewaffnung: 1x7,5-cm Pak 40/3 L/46, 1x7,92 mm, Besatzung: 4 Mann, Gefechtsgewicht: 10,8 Tonnen, Gesamtlänge: 5,68, Breite 2,15 m, Breite der Gleisketten: 29,3 cm, Bodenfreiheit: 38 cm, Höchstgeschwindigkeit (auf Straßen): 47 km/h, Aktionsradius (auf Straßen): 250 km, (im Gelände): 160 km, Motorentyp: Praga EPA 6-Zyl. Benzin, Hubraum: 7,754 ccm, Tankfüllung: 218 Liter, Panzerung: 11-25 mm.

7,62 Pak (r) auf Fahrgestell des Pz II (D, E oder F), Marder II, SdKfz 132

Wie 7,5 cm Pak 40/2 auf Gw II Ausf B Marder II, SdKfz 131, außer: Bewaffnung: 1x7,62-cm-Pak (r) L/54,8, Gefechtsgewicht: 11,5 Tonnen, Gesamtlänge: 5,65 m, Höhe: 2,60 m, Breite: 2,30 m, Bodenfreiheit: 29 cm, Höchstgeschwindigkeit (auf Straßen): 55 km/h, Tankfüllung: 200 Liter, Panzerung: Aufbau: 14,5 mm, Wanne: 14,5-30 mm.

Unten: Marder II (auf dem Fahrgestell des PzKpfw II) mit einer in der Mitte montierten Pak 40; die Besatzung besteht aus Fallschirmjägern, in Italien. (BA/570/1612/10)

Ganz unten: Eine 7,62 cm Pak (r) auf dem Fahrgestell des PzKpfw II der Ausführung D. Die Besatzung besteht aus Soldaten der Division »Hermann Göring«. (BA/639/4261/24)

7,5 cm Pak auf Fahrgestell des Pz 38 (t)
Marder III Ausf M, SdKfz 138

Wie 7,5 cm Pak 40 auf Gw 38(t) Marder III Ausf H, SdKfz 138, außer: Herstellungszeit: 1943-44, Gefechtsgewicht: 10,5 Tonnen, Gesamtlänge: 4,95 m, Höhe: 2,40 m, Höchstgeschwindigkeit (auf Straßen): 45 km/h, Aktionsradius (auf Straßen): 210 km, (im Gelände): 140 km, Motorentyp: Praga AC 6-Zyl. Benzin, Motorleistung: 150 PS bei 2.600 U/Min.

7,62 cm Pak (r) auf Gw 38(t)
Fahrgestell des Pz 38(t) Marder III, SdKfz 139

Wie 7,5 cm Pak 40 auf Gw 38(t) Marder III Ausf M, SdKfz 138, außer: Herstellungszeit: 1942, Bewaffnung: 1x7,62-cm-Pak 36(r) L/54,8, 1x7,92-mm-MG, Gefechtsgewicht: 11,5 Tonnen, Gesamtlänge: 5,85 m, Höhe: 2,50 m, Breite: 2,15 m, Breite der Gleisketten: 29,3 cm, Bodenfreiheit: 38 cm, Höchstgeschwindigkeit (auf Straßen): 42 km/h, Aktionsradius (auf Straßen): 240 km, (im Gelände): 160 km, Motorentyp: Praga EPA 6-Zyl. Benzin, Motorleistung: 125 PS bei 2.200 U/Min., Hubraum: 7.754 ccm, Tankfüllung: 218 Liter, Panzerung: 10-50 mm.

»Marder« war der Sammelname, den man einer »Familie« von sechs Panzerjägern gab, die oben offen waren und zwischen 1942 und 1945 gebaut wurden. Der Marder I verwertete das Fahrgestell des erbeuteten französischen Lorraine-Traktors, auf dem ein großer, leicht gepanzerter Aufbau angebracht wurde, in dem ein komplettes Pak-40-Geschütz mit Splitterschutzschild untergebracht wurde. Es wurden nur 184 gebaut. Nach einem kurzfristigen Einsatz an der russischen Front 1942 wurden sie alle nach Frankreich verlegt, weil sie sich als hoffnungslos unzulänglich erwiesen hatten, sie wurden dann nur noch für Besatzungsaufgaben eingesetzt.

Der Marder II basierte auf dem Fahrgestell des PzKpfw II und wurde in zwei Varianten gebaut; die erste mit einer Pak 40, die in einem oben offenen Kampfraum auf dem Vorderteil der Wanne montiert war, die zweite mit einem erbeuteten russischen 7,62 cm-Geschütz, das komplett mit Splitterschutzschild auf dem Oberteil der Wanne weiter rückwärts versetzt montiert wurde. Von der ersten Variante wurden 730, von der zweiten etwa 150 fertiggestellt. Die Marder III waren die besten dieser Reihe. Alle drei Varianten basierten auf dem Fahrgestell des Panzers 38(t). Die erste Variante hatte eine Pak 40, die in einem auf drei Seiten gepanzerten Kampfraum auf dem Vorderteil des Fahrzeugs untergebracht war. Dieser Typ erwies sich als vorderlastig, nach der Fertigung

7,5 cm Pak 40/2 auf Fahrgestell des Pz II, Marder III, SdKfz 131

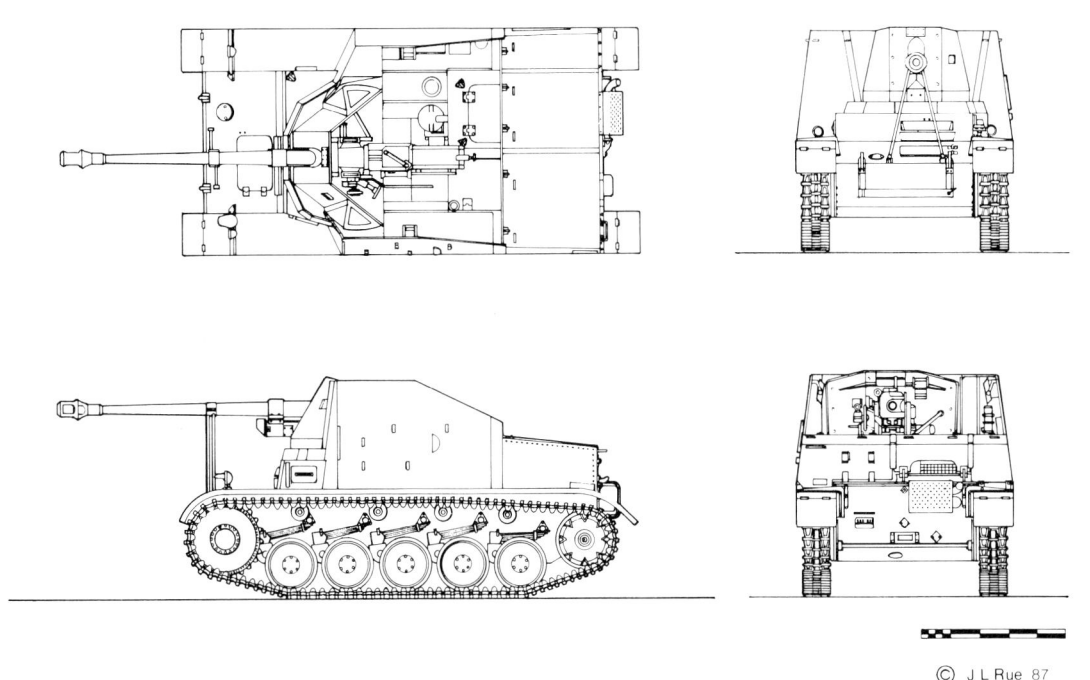

von 418 Fahrzeugen wurde von 1943 ab der Kampfraum weiter nach rückwärts versetzt, von diesem Typ wurden 799 hergestellt. Die dritte Marder-Variante hatte ein russisches 7,62 cm-Geschütz, das in der Mitte des Fahrgestells in einem oben offenen Kampfraum montiert war.

Anders als die Sturmgeschütz- und Jagdpanzer-Reihen, die auf der Grundlage exakter Pläne entwickelt wurden, stellten die Marder Behelfslö-

sungen dar, die dazu beitragen sollten, die sich verschlechternde Lage an der Ostfront zu stabilisieren. Ihre Bewaffnung war unbestreitbar wirkungsvoll, aber den Besatzungen boten sie keinerlei wirksamen Schutz, wegen ihrer hohen Silhouette waren sie sogar durch konventionellen Artilleriebeschuß in arge Bedrängnis zu bringen. Auch Panzerabwehrfeuer und der Beschuß mit Handfeuerwaffen konnten ihnen stark zusetzen.

Links: Ein Marder III (auf Fahrgestell des PzKpfw 38(t) mit der 7,5 cm Pak 40. (BA/241/2167/4)

Rechts: Ein Marder III mit 7,62 cm-Geschütz, von britischen Truppen in Nordafrika erbeutet. (Imperial War Museum MH 287)

7,62 cm Pak (r) auf Fahrgestell Pz 38(t) Marder III, SdKfz 139

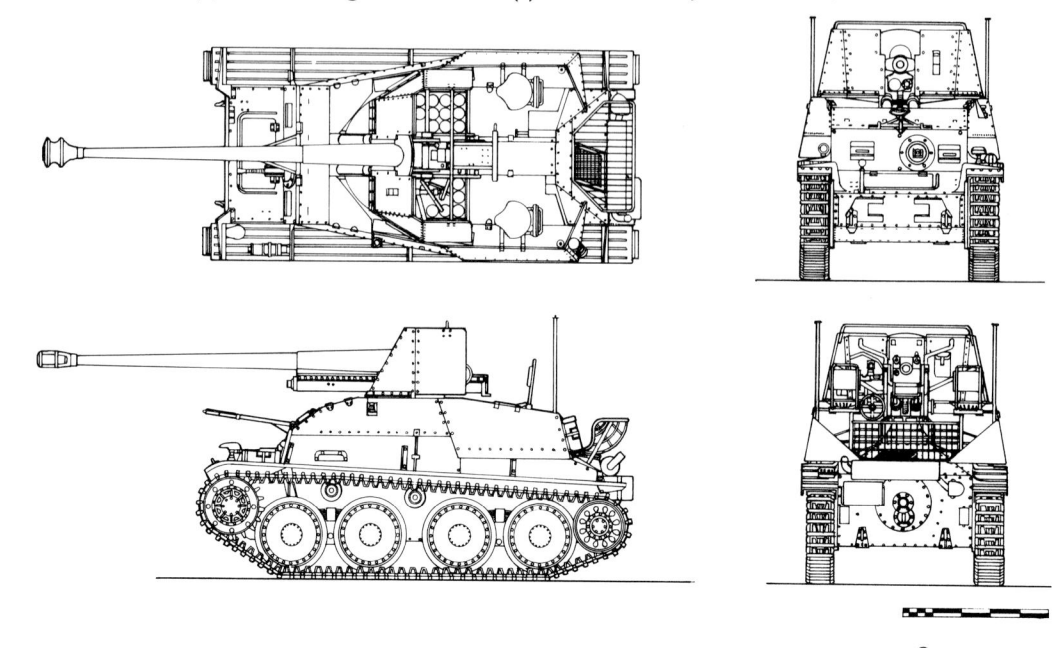

© J L Rue 87

7,5 cm le Panzerjäger 38(t) Hetzer

Haupthersteller: Praga, Herstellungszeit: 1943-45, Bewaffnung: 1x7,5-cm-Pak 39 L/48 oder KwK 42 L/70, 1x7,92-mm-MG, Besatzung: 4 Mann, Gefechtsgewicht: 16 Tonnen, Gesamtlänge: 4,87 m, Höhe: 2,17 m, Breite: 2,63 m, Breite der Gleisketten: 35 cm, Bodenfreiheit: 42 cm, Höchstgeschwindigkeit (auf Straßen): 42 km/h, Aktionsradius (auf Straßen): 260 km, (im Gelände): 170 km, Motortyp: Praga AC/2800 6-Zyl. Benzin, Motorleistung: 160 PS bei 2.800 U/Min., Hubraum: 7.754 ccm, Tankinhalt: 320 Liter, Panzerung: 20-60 mm. Zu beachten: Dieses Fahrzeug erhielt keine SdKfz-Nummer!

Der kleine, aber umso wirksamere »Hetzer« gehört eigentlich in den Abschnitt über Jagdpanzer; er soll aber hier behandelt werden, weil er eine Umwandlung des Panzers 38(t) war, wie die Marder III. Aber er war ein weit überlegeneres Fahrzeug, das eigentlich keine Umwandlung, sondern ein Umbau auf Veranlassung von Guderian war, nachdem er Generalinspekteur der Panzertruppen geworden war. Wie bei dem Jagdpanzer IV und dem Jagdpanther wurde das Fahrwerk des Panzers als Basis für einen völlig neuen Panzerjäger verwendet, der flache, gut geschrägte Platten als Panzerung hatte. Das fertige Fahrzeug hatte nur wenig Ähnlichkeit mit dem Panzer,

aus dem es entwickelt wurde. Der Hetzer sah der äußeren Erscheinungsform nach genau wie die Miniaturausgabe eines Jagdpanthers aus, war genauso wirkungsvoll und hatte die gleiche Schlagkraft wie der Panther, der dreimal so schwer war; er verband eine bemerkenswerte Beweglichkeit mit einem extrem niedrigen, geschoßabweisenden Profil. Das Modell war so vortrefflich, daß es in der Nachkriegszeit bei der tschechischen und der Schweizer Armee noch bis in die 60er Jahre in Dienst blieb. Der Hetzer kam 1943 heraus; im folgenden Jahr lief die Produktion auf vollen Touren, so daß insgesamt 1.557 fertiggestellt werden konnten. Er war ein sehr kampftüchtiger Panzerjäger, seine Schwäche war die Enge des Kampfraumes. Viele Konstruktionsmerkmale wurden beim Bau des »Jagdpanzers, Kanone« der Bundeswehr verwendet.

8,8 cm Pak auf Gw III/IV Nashorn, SdKfz 164

Haupthersteller: Deutsche Eisenwerke, Herstellungszeit: 1943-44, Bewaffnung: 1x8,8-cm-Pak 43 L/71, 1x7,92-mm-MG, Besatzung: 5 Mann, Gefechtsgewicht: 25 Tonnen, Gesamtlänge: 6,20 m, Höhe: 2,94 m, Breite: 2,95 m, Breite der Gleisketten: 40 cm, Bodenfreiheit: 40 cm, Höchstgeschwindigkeit (auf Straßen): 40 km/h, Aktionsradius (auf Straßen): 250 km, (im Gelände): 160

7,5 cm le Panzerjäger 38(t) Hetzer

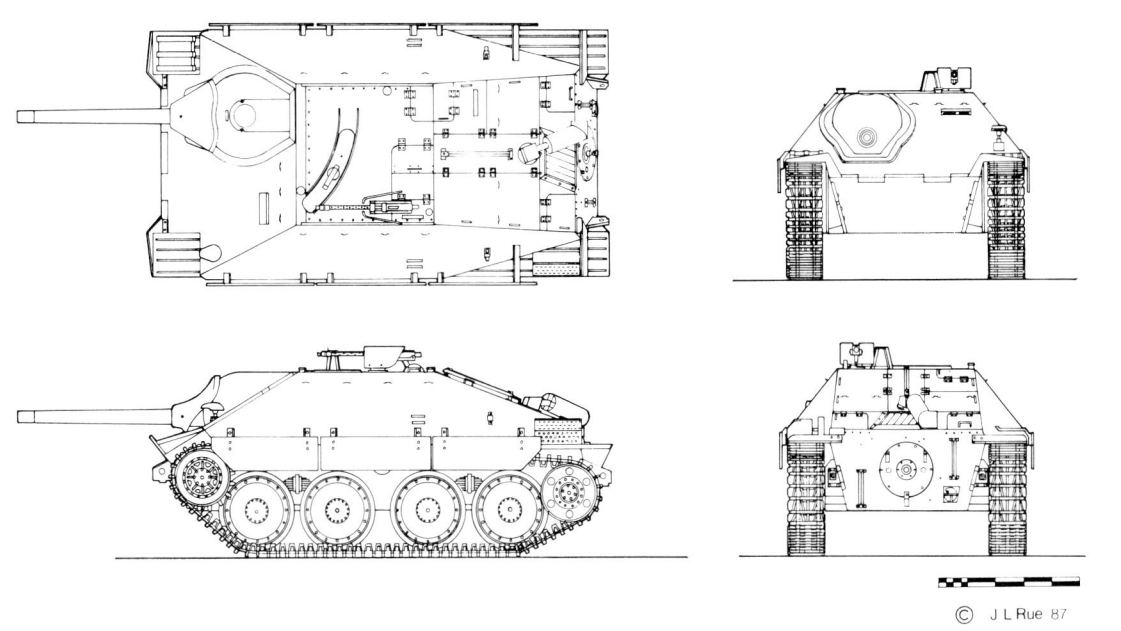

km, Motortyp: Maybach HL 120 TRM V-12 Benzin, Motorleistung: 300 PS bei 3.000 U/Min., Tankinhalt: 600 Liter, Panzerung: Aufbau: 10 mm rundum, Wanne: 20-30 mm.

Die Hornisse, später Nashorn (als die Insektennamen nur noch der gepanzerten Artillerie vorbehalten blieben) war ein weiteres Fahrzeug, dessen Entwicklung auf folgende Erkenntnisse zurückging: Improvisierte Jagdpanzer und Geschütze auf Selbstfahrlafetten waren an sich in Ordnung, aber es geht nichts über ein sorgfältig geplantes Fahrzeug. Zur Herstellung des Nashorns und der ganz ähnlichen »Hummel«, die dem Nashorn in der Produktion folgte, diente die Wanne des PzKpfw IV als Basis, diese wurde etwas verlängert, der Motor wurde nach vorn versetzt, damit auf der Heckseite ein geräumiger Kampfraum entstehen konnte, auch einige Komponenten des PzKpfw III fanden Verwendung.

Die Hauptwaffe war die 8,8 cm Pak 43/2, die auch in den Jagdpanther eingebaut wurde und die dem Nashorn eine wuchtige Schlagkraft verlieh, aber der Kampfraum war nur leicht gepanzert und außerdem oben offen; infolgedessen war der Schutz für die Besatzung minimal. Das Fahrzeug hatte eine hohe Silhouette, dennoch wurden 493 fertiggestellt.

Die niedrige Silhouette des »Hetzer« und seine geschoßabweisende Panzerung machten ihn zu einem hochwirksamen Jagdpanzer. (BA/715/213a/25)

8,8 cm Pak 43/1 auf Gw III/IV »Nashorn«, SdKfz 164

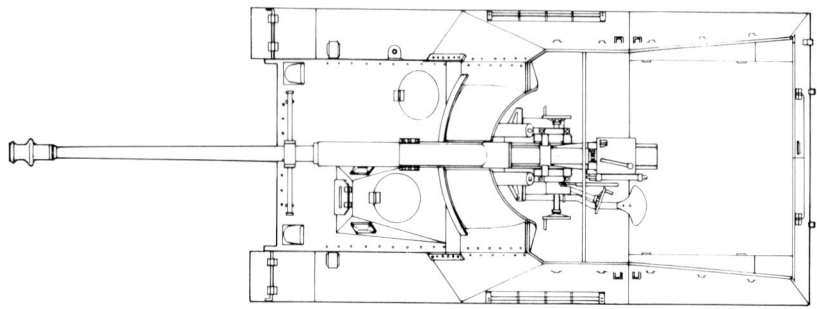

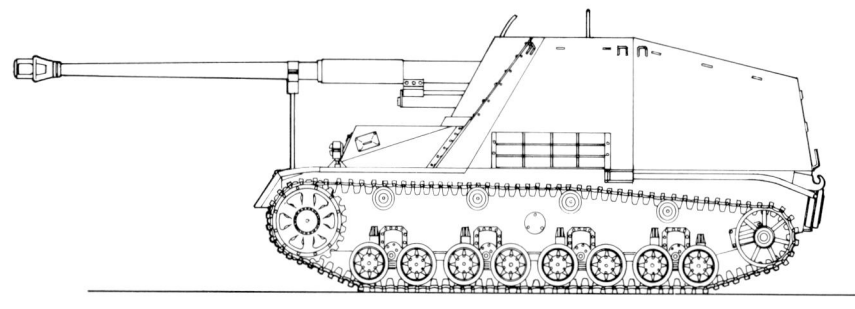

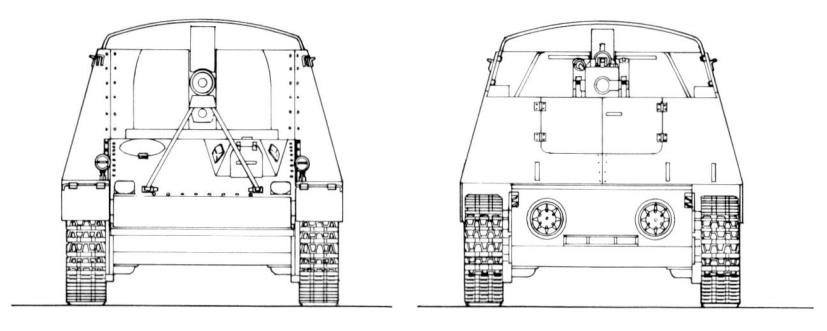

© J L Rue 87

Ein Meldereiter bringt dem Kommandanten eines »Nashorn« (8,8 cm-Selbstfahrlafette) eine Meldung. (BA/278/861/20).

Ein 15 cm sIG 33 auf dem Fahrgestell des PzKpfw I, das erste Geschütz auf Selbstfahrlafette, das dazu bestimmt war, der Infanterie bewegliche Feuerunterstützung zu geben. (BA/215/398/21a)

Artillerie auf Selbstfahrlafetten

15 cm sIG 33 auf Fahrgestell des Pz I, Ausf B

Haupthersteller: Alkett, Herstellungszeit: 1939-40, Bewaffnung: 1x15 cm sIG 33 L/11, Besatzung: 4 Mann, Gefechtsgewicht: 8,5 Tonnen, Gesamtlänge: 4,42 m, Breite 2,60 m, Breite der Gleisketten: 28 cm, Bodenfreiheit: 29,5 cm, Höchstgeschwindigkeit (auf Straßen): 35 km/h, Aktionsradius (auf Straßen): 160 km, (im Gelände): 120 km, Motortyp: Maybach NL38 TKRM 6-Zyl. Benzin, Motorleistung: 100 PS bei 3.000 U/Min. Hubraum: 3.790 ccm, Tankfüllung: 146 Liter, Panzerung: Aufbau: 10 mm, Wanne: 13 mm. Zu beachten: Dieses Fahrzeug erhielt keine SdKfz-Nummer.

Dieses erste deutsche Geschütz auf Selbstfahrlafette war ein improvisiertes Modell, das aufgrund einer Heeresforderung gebaut wurde, die ein Geschütz auf einer Vollketten-Selbstfahrlafette zur Unterstützung der Infanterie verlangte. Als Waffenträger diente das Fahrgestell des kleinen PzKpfw I B, auf das ein oben offener Aufbau mit einem schweren Infanteriegeschütz Modell 33 gesetzt wurde, das zur Standardausstattung eines jeden Infanterieregiments gehörte. Nur 38 wurden hergestellt und im Westfeldzug 1940 eingesetzt, aber sie bewiesen den Wert des Konzepts und führten zu verschiedenen Entwicklungen der Folgezeit.

15 cm sIG auf Fahrgestell Pz II Sturmpanzer II

Haupthersteller: Alkett, Herstellungszeit: 1942-434, Bewaffnung: 1x15 cm sIG 33 L/12, Besatzung: 5 Mann, Gefechtsgewicht: 12 Tonnen, Gesamtlänge: 4,75 m, Höhe 1,60 m, Breite 2,24 m, Breite der Gleisketten: 30 cm, Bodenfreiheit: 34 cm, Höchstgeschwindigkeit (auf Straßen): 40 km/h, Aktionsradius (auf Straßen) 140 km, (im Gelände): 90 km, Motortyp: Maybach HL 62 TRM 6-Zyl. Benzin, Motorleistung: 140 PS bei 2.600 U/Min. Hubraum: 6.191 ccm, Tankinhalt: 170 Liter, Panzerung: 10-20 mm. Zu beachten: Dieses Fahrzeug erhielt keine SdKfz-Nummer.

Es war eine logische Entwicklung, das sIG 33 auf das Fahrgestell des PzKpfw II zu montieren, der ein niedrigeres Profil hatte und so die Verwundbarkeit durch feindliches Artilleriefeuer verringerte, aber der Kampfraum war oben offen. Es wurden nur 12 hergestellt, die meisten — wenn nicht sogar alle — wurden anscheinend im Afrika-Korps eingesetzt.

15 cm sIG 33 auf Fahrgestell des Pz 38(t) Ausf H, Bison, SdKfz 138/1

Haupthersteller: Praga, Herstellungszeit: 1942-43, Bewaffnung: 1x15 cm sIG 33 L/11 oder /12, Besatzung: 5 Mann, Gefechtsgewicht: 12,7 Tonnen, Gesamtlänge 4,95 m, Höhe 2,47 m, Breite: 2,63 m, Breite der Gleisketten: 29,3 cm, Bodenfreiheit: 38 cm, Höchstgeschwindigkeit (auf Straßen): 35 km/h, Aktionsradius (auf Straßen): 210 km, (im Gelände): 140 km, Motortyp: Praga EPA 6-Zyl. Benzin, Motorleistung: 125 PS bei 2.200 U/Min. Hubraum: 7.754 ccm, Tankinhalt: 218 Liter, Panzerung: 15-40 mm.

15 cm sIG auf Fahrgestell der Pz 38(t) Ausf M, Bison, SdKfz 138/1

Haupthersteller: Praga, Herstellungszeit: 1943-44, Bewaffnung: 1x15 cm sIG 33 L/12, Besatzung: 4 Mann, Gefechtsgewicht: 12 Tonnen, Gesamtlänge: 4,95 m, Höhe: 2,47 m, Breite: 2,15 m, Breite der Gleisketten: 29,3 cm, Bodenfreiheit: 38 cm, Höchstgeschwindigkeit (auf Straßen): 35 km/h, Aktionsradius (auf Straßen): 190 km, (im Gelände): 130 km, Motortyp: Praga AC 6-Zyl. Benzin, Motorleistung: 150 PS bei 2.600 U/Min. Hubraum: 7.754 ccm, Tankinhalt: 218 Liter, Panzerung: 15-40 mm.

Der Bison war der dritte und letzte sIG-Träger, der gebaut wurde. Er hatte das Fahrgestell des Panzer 38 als Basis. Nachdem 90 hergestellt worden waren, die das Geschütz auf dem Vorderteil des Fahrzeugs hatten und dadurch vorderlastig wurden — sie führten die Bezeichnung H — wurde die Konstruktion geändert, der Motor nach vorn versetzt und auf dem rückwärtigen Teil der Kampfraum eingerichtet. Diese Ausf M stellte eine beträchtliche Verbesserung dar. 282 wurden gebaut, dann wurde die Produktion im September 1944 eingestellt.

10,5 cm le FH 18/2 auf Fahrgestell des Panzer II, Wespe, SdKfz 124

Haupthersteller: Famo, Alkett, Herstellungszeit: 1942-44, Bewaffnung: 1x10,5 cm le FH 18/2 L/26, 1x7,92-mm-MG, Besatzung: 5 Mann, Gefechtsgewicht: 11,8 Tonnen, Gesamtlänge: 4,81 m, Höhe: 2,32 m, Breite: 2,28 m, Breite der Gleisketten: 30 cm, Bodenfreiheit: 34 cm,

10,5 cm le FH 18/2 Fahrgestell des Panzer II auf Wespe, SdKfz 124

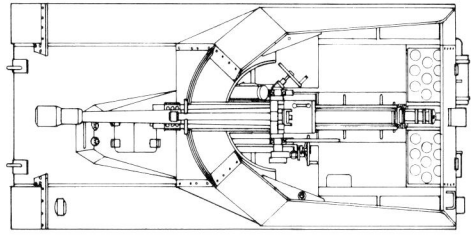
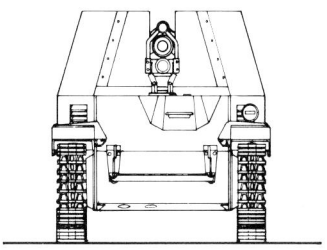
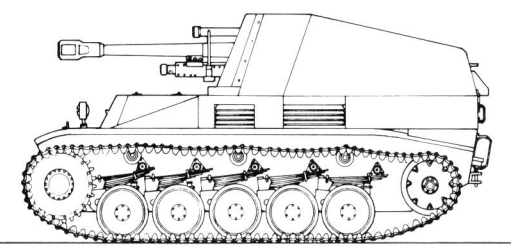
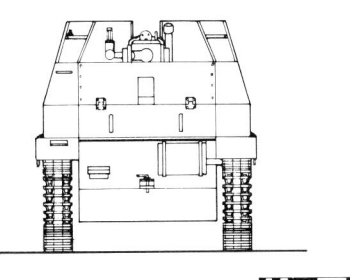

© J L Rue 87

Links: Ein 15 cm sIG auf Fahrgestell des Panzers 38(t) Bison in Rußland 1943. (BA/81/144/15a)

Rechts: Ein 10,5-cm-Geschütz der Selbstfahrlafette »Wespe« bei einer Werkstattkompanie. Im Hintergrund eine Zugmaschine SdKfz 9/1. (BA/312/968/20)

Höchstgeschwindigkeit (auf Straßen): 40 km/h, Aktionsradius (auf Straßen): 140 km, (im Gelände): 90 km, Motortyp: Maybach HL 62 TRM 6-Zyl. Benzin, Motorleistung: 140 PS bei 2.600 U/Min., Hubraum: 6.191 ccm, Tankinhalt: 170 Liter, Panzerung: Aufbau: 10-12 mm, Wanne: 14,5-20 mm.

Die Wespe wurde um das Fahrgestell des Pz Kpfw II herumgebaut, sie sollte den Panzerdivisionen stärkere bewegliche Artillerie-Unterstützung geben. Sie hatte auf dem rückwärtigen Teil einen oben offenen Kampfraum mit der Standard-Feldhaubitze der Divisions-Artillerie. Es war die le FH 18, eine zuverlässige, robuste und treffgenaue Waffe. Wie alle Selbstfahrlafetten dieses Typs litt auch die Wespe unter ihrer hohen Silhouette und dem unzureichenden Schutz für die Besatzung, — erwies sich aber doch als tüchtiges Modell, das von den Fronttruppen gut angenommen wurde. 682 wurden zwischen 1942 und 1944 hergestellt, außerdem 158 unbewaffnete Varianten, die als Munitionsfahrzeuge benutzt wurden.

15 cm Panzerhaubitze auf Gw III/IV, Hummel, SdKfz 165

Haupthersteller: Alkett, Deutsche Eisenwerke, Herstellungszeit: 1942-44, Bewaffnung: 1x15 cm sFH 18 L/30, 1x7,92-mm-MG, Besatzung: 6-7 Mann, Gefechtsgewicht: 23,5 Tonnen, Gesamtlänge: 6,20 m, Höhe: 2,85 m, Breite: 2,85 m, Breite der Gleisketten: 40 cm, Bodenfreiheit: 40 cm, Höchstgeschwindigkeit (auf Straßen): 40 km/h, Aktionsradius (auf Straßen): 250 km, (im Gelände): 160 km, Motortyp: Maybach HL 120 TRM V-12 Benzin, Motorleistung: 300 PS bei 3.000 U/Min. Hubraum: 11.867 ccm, Tankinhalt: 600 Liter, Panzerung: Aufbau: 10 mm rundum, Wanne: 20 mm rundum.

Die Hummel war das Schlußmodell der Artilleriegeschütze auf Selbstfahrlafette, die einen oben offenen Kampfraum hatten. Sie hatte — wie das Nashorn — dieselbe gestreckte Wanne und das gleiche Fahrgestell des PzKpfw IV, auf dem die 15 cm schwere Feldhaubitze montiert wurde. 666 wurden hergestellt, außerdem wurden weite-

15 cm-Panzerhaubitze 18/1 auf Gw III/IV, Hummel, SdKfz 165

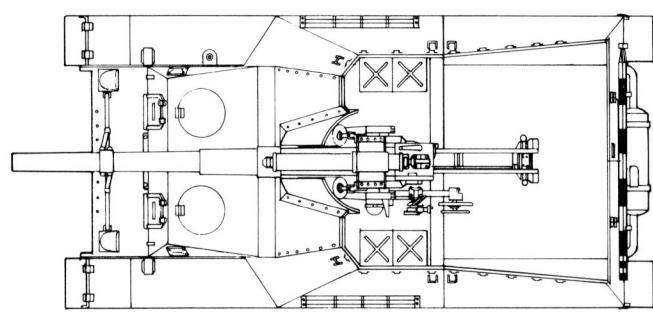
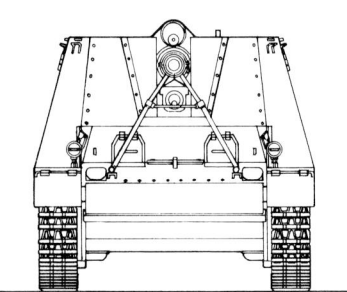
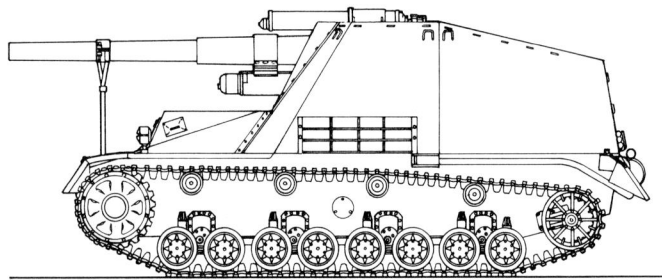
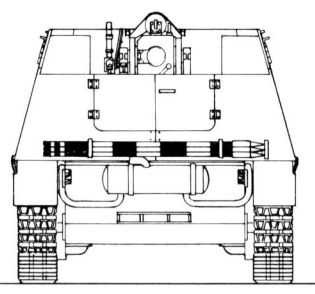

re 150, die nicht bewaffnet waren und als Munitionsfahrzeuge benutzt wurden, gebaut.

15 cm Sturmpanzer IV Brummbär, SdKfz 166

Haupthersteller: Deutsche Eisenwerke, Herstellungszeit: 1943-44, Bewaffnung: 1x15 cm StuH L/12, 1x7,92-mm-MG, nicht fest eingebaut, Besatzung: 5 Mann, Gefechtsgewicht: 28,2 Tonnen, Gesamtlänge: 5,93 m, Höhe: 2,52 m, Breite: 2,88 m, Breite der Gleisketten: 40 cm, Bodenfreiheit: 40 cm, Höchstgeschwindigkeit (auf Straßen): 40 km/h, Aktionsradius (auf Straßen): 120 km, (im Gelände): 120 km, Motortyp: Maybach HL 120 TRM-V-12 Benzin, Motorleistung: 300 PS bei 3.000 U/Min. Hubraum: 11.867 ccm, Tankinhalt: 470 Liter, Panzerung: Aufbau: 40-100 mm, Wanne: 20-50 mm.

Der Brummbär war eine schwer gepanzerte Selbstfahrlafette, die dafür gebaut wurde, feindliche Befestigungen auf kurze Entfernungen niederzukämpfen. Er basierte auf dem Fahrgestell des PzPpfw IV und hatte einen geschlossenen Kampfraum mit einer bis 100 mm starken Stirnpanzerung, in die eine Sturmhaubitze L/12 (in einer Kugelblende) eingearbeitet war, die eine 38 kg schwere Granate verschoß, die auch in die stärksten Bunker und Feldstellungen Löcher schlug. Es war ein besonders nützliches Fahrzeug für den Ortskampf und wurde aufgrund der Erfahrungen entwickelt, die in Stalingrad von der Armee gemacht wurden. Zuerst wurde er bei Krusk eingesetzt; über 300 wurden hergestellt.

Hummeln in einer trostlosen Landschaft.
(BA/278/898/3)

Hier eine Hummel im Ausbildungsdienst.
(BA/219/583a/25)

Ein Brummbär der Sturmpanzer-Abteilung 217, 218 oder 219, in Italien aufgenommen. (BA/313/1004/5a)

38 cm Panzermörser Sturmtiger Ausf E

Haupthersteller: Alkett, Herstellungszeit: 1943-44, Bewaffnung: 1x38 cm Raketen-Startgerät, 1x7,92-mm-MG, Gefechtsgewicht: 66,045 Tonnen, Besatzung: 5 Mann, Gesamtlänge: 6,28 m, Höhe: 2,85 m, Breite: 3,57 m, Breite der Gleisketten: 60-80 cm — siehe Text! Bodenfreiheit: 48,5 cm, Höchstgeschwindigkeit (auf Straßen): 40 km/h, Aktionsradius (auf Straßen): 120 km, (im Gelände): 80 km, Motortyp: Maybach HL 230 P 45 V-12 Benzin; Hubraum: 23.880 ccm, Motorleistung: 700 PS bei 3.000 U/Min., Tankinhalt: 860 Liter, Panzerung: Aufbau: 80-150 mm, Wanne: 61-82 mm. Zu beachten: Der Sturmtiger erhielt keine SdKfz-Nummer.

Der Sturmtiger war ein noch eindrucksvollerer »Bunker-Knacker«, er war eine sehr stark gepanzerte Umarbeitung des PzKpfw VI E und hatte ein massives Abschußgerät für die 38 cm-Rakete in der Bugplatte. Das Fahrzeug war durch Feindbeschuß frontal nicht zu durchschlagen; es verfeuerte Raketen, die 344 kg wogen. An der Rückseite des Aufbaus befand sich ein besonderer Kran zum Laden durch die Luke in einer Deckplatte. Ein ungewöhnliches Merkmal des Modells war, daß zum Verschluß eine gebogene Prallplatte gehörte, die den Raketenstrahl durch Löcher nach vorn ablenkte, die in Längsrichtung um das Rohr herum gebohrt waren. Dies diente nicht nur dem Schutz der Besatzung, sondern verringerte auch den ungeheueren Rückstoß —

das entsprach dem Umkehrschub bei der Landung eines Flugzeugs. Nur 18 Sturmtiger wurden gebaut. Wie die übrigen Tiger hatte auch dieses Fahrzeug zwei Sätze Gleisketten, einen für die Fahrt aus eigener Kraft, einen für den Bahntransport.

Flugzeugabwehrgeschütze auf Selbstfahrlafetten

2 cm-Flakpanzer auf Fahrgestell des Panzer 38(t), SdKfz 140

Haupthersteller: Praga, Herstellungszeit: 1943-44, Bewaffnung: 1x2-cm-Flak 38 L/55, Besatzung: 5 Mann, Gefechtsgewicht: 9,8 Tonnen, Gesamtlänge: 4,61 m, Höhe: 2,25 m, Breite 2,13 m, Breite der Gleisketten: 29,3 cm, Höchstgeschwindigkeit (auf Straßen): 42 km/h., Aktionsradius (auf Straßen): 210 km, (im Gelände): 140 km, Motortyp: Praga AC 6-Zyl. Benzin, Motorleistung: 150 PS bei 2.600 U/Min., Hubraum: 7.754 ccm, Tankinhalt: 218 Liter, Panzerung: 10-50 mm.

Ungepanzerte Halbkettenfahrzeuge und Lastwagen wurden schon jahrelang als Selbstfahrlafetten für leichte und mittlere Flugzeugabwehrgeschütze benutzt, aber erst 1943 erwarb die Armee ihr erstes planmäßig gebautes Flakfahrzeug in Form einer Umarbeitung des überall zu findenden Panzers 38(t). Wie bei der Ausf M des Bison wurde der Motor des Panzers in dem Fahrgestell nach vorn versetzt und in dem rückwärtigen Teil ein Kampfraum für eine einzige 2 cm Flak 38 geschaffen. Dieser Aufwand war in höchstem Maße unangemessen für die Aufgabe, die das Fahrzeug zu erfüllen hatte; nur 162 solcher Umarbeitungen wurden fertiggestellt. Wie sich herausstellte, wurden sie nur gegen weiche Ziele und leicht gepanzerte Fahrzeuge in Rußland eingesetzt, und nur selten gegen Flugzeuge.

3,7 cm Flak auf Gw IV Möbelwagen

Haupthersteller: Praga, Herstellungszeit: 1943-44, Bewaffnung: 1x3,7-cm-Flak 43 L/60, Besatzung: 7 Mann, Gefechtsgewicht: 25 Tonnen, Gesamtlänge: 4,61 m, Höhe: 3,10 m, Breite: 2,90 m, Breite der Gleisketten: 40 cm, Bodenfreiheit: 40 cm, Höchstgeschwindigkeit (auf Straßen): 38 km/h, Aktionsradius (auf Straßen): 180 km, (im Gelände): 120 km, Motortyp: Maybach HL 120 TRM/112 V-12 Benzin, Motorleistung: 310 PS bei 3.200 U/Min. Hubraum: 11.867 ccm, Tankinhalt: 470 Liter, Panzerung: Aufbau: 20 mm rundum, Wanne: 20-80 mm. Zu beachten: Dieses Fahrzeug erhielt keine SdKfz-Nummer.

Der Möbelwagen war eine direkte Umwandlung der PzKpfw IV, die von der Ostfront zur Reparatur zurückgeschickt wurden. Der Turm wurde entfernt, und bei dem ersten Prototyp wurde ein 2 cm-Flakvierling an dessen Stelle montiert. Als er fertiggestellt war, wurde die Wirksamkeit des Vier-Rohr-Geschützes bereits in Frage gestellt. Daher wurde beim Rest der 240 Fahrzeuge der aufgelegten Serie eine einzelne 3,7 cm-Waffe eingebaut, die trotz der niedrigeren Feuergeschwindigkeit gegen russische, später auch gegen amerikanische und britische Kampfflugzeuge, die mit einer guten Panzerung versehen waren, sehr erfolgreich war. Das Geschütz des Möbelwagens wurde von vier leichten Panzerplatten umgeben, die die Besatzung während der Fahrt gegen Splitter und Handfeuerwaffen schützten, die aber zu einer Bedienungsplattform heruntergeklappt wurden, wenn das Geschütz eingesetzt wurde. Dadurch war die Besatzung ebenso ungeschützt, als wenn sie ein Geschütz auf einem ungepanzer-

3,7-cm-Flak 43 auf Gw IV Möbelwagen

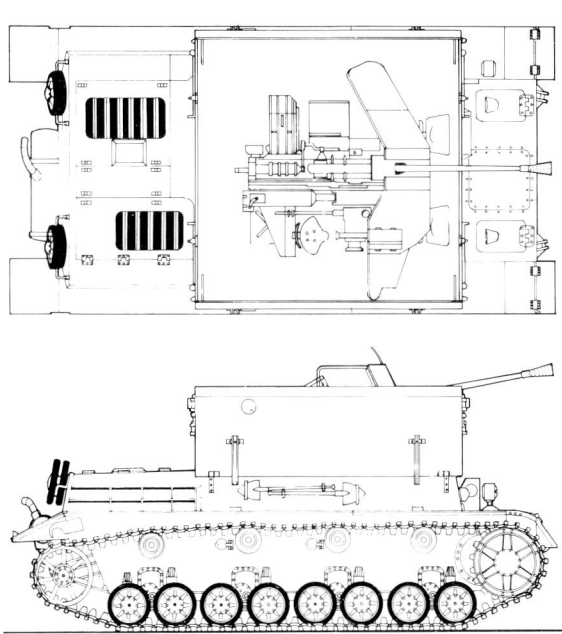
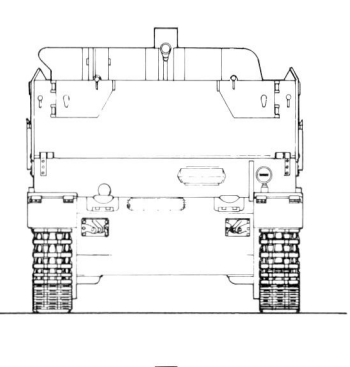
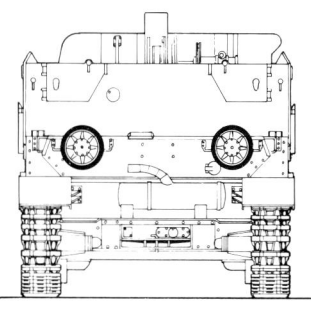

ten Halbkettenfahrzeug bedient hätte, und das war gleichbedeutend mit der Verschwendung eines vortrefflichen Panzerfahrwerks, daher konzentrierte sich das Interesse auf den »Wirbelwind« und den »Ostwind«.

2 cm-Flakvierling auf Fahrgestell Panzer IV, Wirbelwind

Haupthersteller: Ostbau (Sagan), Herstellungszeit: 1943-44, Bewaffnung: 4x2-cm-Flak 36, 1x7,92-mm-MG, Besatzung: 5 Mann, Gefechtsgewicht: 22 Tonnen, Gesamtlänge: 5,92 m, Höhe: 2,76 m, Breite: 2,90 m, Breite der Gleisketten: 40 cm, Bodenfreiheit: 40 cm, Höchstgeschwindigkeit (auf Straßen): 38 km/h, Aktionsradius (auf Straßen): 180 km, (im Gelände): 120 km, Motorentyp: Maybach HL 120 TRM 112 V-12 Benzin, Motorleistung: 310 PS bei 3.200 U/Min., Hubraum: 11.867 ccm, Tankinhalt: 470 Liter, Panzerung: Aufbau: 16 mm, Wanne: 20-80 mm.

3,7 cm Flak auf Fahrgestell Panzer IV, Ostwind

Wie 2 cm-Flakvierling auf Gw IV Wirbelwind, außer: Haupthersteller: Deutsche Eisenwerke, Herstellungszeit: 1944, Bewaffnung: 1x3,7-cm-Flak 43 L/60, 1x7,92-mm-MG, Besatzung: 7 Mann, Gefechtsgewicht: 25 Tonnen, Panzerung: Aufbau: 25 mm, Wanne: 20-80 mm.

Der Wirbelwind war ein Fahrzeug, das dem Möbelwagen weit überlegen war, denn er hatte einen rundum schwenkbaren Vieleck-Turm, der der Besatzung beim Einsatz ein gewisses Maß an Schutz bot, wenn er auch oben offen war. Als dieses Fahrzeug einsatzfähig war, hielt man die quadratische Anordnung der vier 2 cm-Waffen für unzweckmäßig, und nachdem 105 (manchen Quellen zufolge nur 86) hergestellt worden waren, wurde die Produktion auf den Ostwind umgestellt, der anstelle des Flakvierlings ein einzelnes 3,7 cm-Geschütz hatte. Als er in Dienst gestellt wurde, war der Krieg schon fast vorüber; es wurden nur 43 gebaut. Diese Fahrzeuge bereiteten den Weg für eine Vielzahl von Flugzeugabwehrpanzern der Nachkriegszeit, für die der Gepard der Bundeswehr ein hervorragendes Beispiel ist.

Weitere Artillerie auf Selbstfahrlafetten

Das deutsche Heer benutzte außer deutschen Panzern eine Reihe französischer gepanzerter Gefechtsfahrzeuge als Waffenträger für Selbstfahrlafetten, der bereits erwähnte »Marder« war dafür ein Beispiel. Die Zugmaschine von Lorraine lieferte den Antrieb für den Marder und wurde auch als Träger für die le FH 18, die 15 cm

Ein getarnter 2 cm-Flakvierling »Wirbelwind« in der Normandie. (BA/496/3455/9)

246

2 cm Flakvierling Wirbelwind

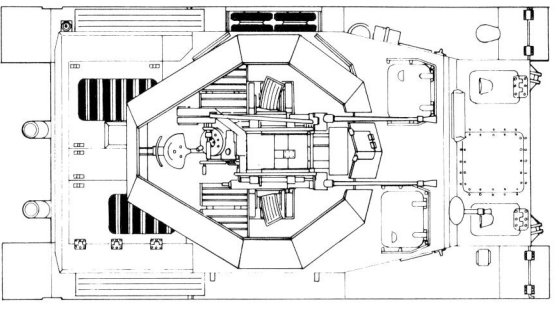
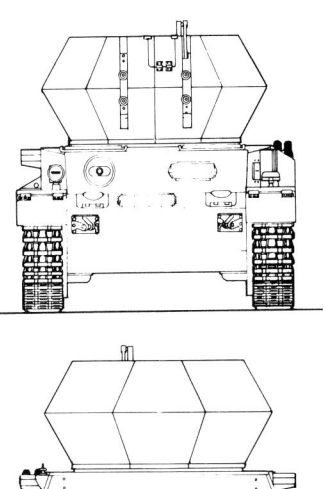
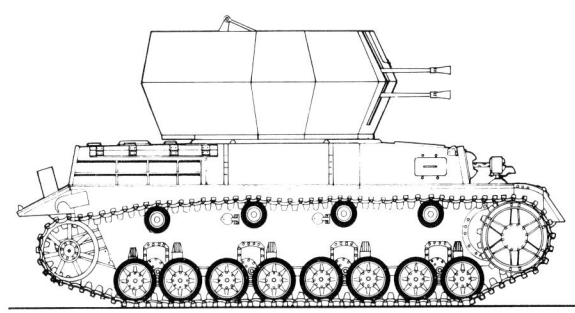

sFH 18 und das 15 cm sIG 33 benutzt, die 10,5 cm le FH 18 wurde auch auf das Fahrgestell des Renault R 35 und des Hotchkiss H 39, die le FG 16 wurde auf FMC-Trägern montiert. Eine kleine Anzahl der FMC-Fahrzeuge wurde mit Panzerabwehrschützen wie Pak 40 ausgestattet. Die meisten dieser Umbauten wurden von 1943 an vorgenommen, als das deutsche Heer jedes gepanzerte Gefechtsfahrzeug dringend nötig hatte, von denen die meisten ihre Tage in ihrem Heimatland nach der Operation »Overlord« beschlossen. Die Umbauten wurden von Alfred Becker in Krefeld durchgeführt; dabei sind die Zahlen von untergeordneter Bedeutung. Die

französischen schweren 19,4- und 28-cm-Geschütze auf Kettenfahrzeugen wurden ebenfalls benutzt.

Zu der zuletzt genannten Kategorie gehörte auch das bedeutendste Modell — wenn auch nur sechs davon gebaut wurden — der »Karl«. Dieses Fahrzeug wurde entwickelt, weil es den Fronttruppen die Unterstützung bieten sollte, die sonst nur von Eisenbahngeschützen gegeben werden konnte. Ein massives, gepanzertes Fahrgestell, das auf elf Laufrädern (auf jeder Seite) ruhte, trug einen 60-cm-Mörser, der eine 1.517 kg schwere Granate verschoß. Beim Einsatz wurde das Fahrzeug hydraulisch abgesenkt, so daß die Grund-

Eine der vielen Fahrzeug-Kreuzungen, die französische Ausrüstungsstücke benutzten, war der »Marder« I, der eine 7,5 cm Pak 40 auf dem Fahrgestell einer Lorraine-Zugmaschine hatte. (BA/297/1701/33)

Oben: Ein umgebauter Renault R 35, auf dessen Fahrwerk und Wanne ein tschechisches 4,7-cm-Panzerabwehrgeschütz montiert wurde. (BA/297/1724/12a)

Unten: Das Fahrgestell des Hotchkiss H-39 lieferte die Basis für eine Panzerjäger-Selbstfahrlafette, die mit einer Pak 40 ausgerüstet war. (BA/493/TBD)

platte auf dem Boden auflag und so den enormen Rückstoß vom Laufwerk fernhielt. Nach dem Ersteinsatz 1941 wurden die »Karl«-Fahrzeuge — deren Namen »Adam«, »Ev«, »Thor«, »Odin«, »Loki« und »Ziu« waren, auf 54-cm-Geschütze umgerüstet. Ihre größte Bedeutung hatten sie bei der Belagerung von Sewastopol 1942, aber danach wenig zu tun, weil dann das deutsche Heer, und nicht ihre Gegner die Belagerten waren. Der »Karl« wog 124,974 Tonnen und wurde von einem Daimler-Benz V-12-Dieselmotor angetrieben, der einen Hubraum von 44.500 ccm hatte und bei 2.000 U/min. 580 PS entwickelte und eine Höchstgeschwindigkeit von 10 km/h erreichte. Der Hersteller war Rheinmetall-Borsig. Die Abmessungen waren: Länge: 11,22 m, Höhe: 4,47 m, Breite 3,20 m. Der »Karl« benötigte eine Bedienung von 18 Mann!

Es gab eine Reihe anderer Fahrzeugexperimente, deren Pläne oder Prototypen vor dem Ende des Krieges vorlagen. Dazu gehörte eine Variante des PzKpfw IV mit einer le FH 18 in einem rundum schwenkbaren Turm; davon wurden acht gebaut; dieses von Krupp entwickelte Fahrzeug wurde »Heuschrecke« genannt.

Der »Kugelblitz«, eine andere Umarbeitung des Panzerkampfwagen IV gab die Anregung für den amerikanischen M 42 der Nachkriegszeit; er hatte zwei koaxiale 3 cm-Flugzeugabwehrgeschütze in einem niedrigen, abgerundeten Turm und wäre gegen tieffliegende Kampfflugzeuge sehr wirkungsvoll gewesen. Ein anderes Flakfahrzeug, das als Prototyp von Rheinmetall hergestellt wurde, hatte eine 8,8 cm Flak 41 auf einer völlig neuen gepanzerten Wanne. Wie beim Möbelwagen wurden die Rück-und Seitenwände umgeklappt, um so eine Plattform für die Bedienung des 360° schwenkbaren Geschützes zu schaffen. Während der Fahrt war der Splitterschild des Geschützes die Vorderseite des Kampfraumes. Das Geschütz hätte sowohl als Panzer- sowie auch als Flak-Geschütz wirkungsvoll eingesetzt werden können, doch waren für die wichtige Panzerabwehr bereits die noch besseren Kampffahrzeuge Nashorn und Tiger bereits auf dem Gefechtsfeld. Zeichnungen und Attrappen von einer Reihe anderer Geschütze auf Selbstfahrlafetten wurden bei Kriegsende von den Alliierten erbeutet.

Gepanzerte Radfahrzeuge

6x4 schwere gepanzerte Personenkraftwagen (s gp Pkw), SdKfz 247

Hauptersteller: Krupp, Herstellungszeit: 1937/38, Bewaffnung: keine, Besatzung: 6 Mann, Gefechtsgewicht: 5,2 Tonnen, Gesamtlänge: 4,60 m, Höhe: 1,70 m, Breite: 1,96 m, Radstand: 3,355 m, Bodenfreiheit: 24 cm, höchste Straßengeschwindigkeit: 70 km/h, Aktionsradius (auf Straßen): 390 km, (im Gelände): 270 km, Motortyp: Krupp M 304 4-Zyl. Benzin, Motorleistung: 60 PS bei 2.500 U/Min., Hubraum: 3.308 ccm, Tankinhalt: 110 Liter, Panzerung: 8 mm.

4x4 s gp Pkw, SdKfz 247/1

Hauptersteller: Horch, Herstellungszeit: 1939, Bewaffnung: keine, Besatzung: 6 Mann, Gefechtsgewicht: 4,46 Tonnen, Gesamtlänge: 5 m, Höhe 1,80 m, Breite 2 m, Radstand: 3 m, Bodenfreiheit: 23 cm, Straßenhöchstgeschwindigkeit: 80 km/h, Aktionsradius (auf Straßen): 450 km, im Gelände: 320 km, Motortyp: Horch V-8 Benzin, Motorleistung: 81 PS bei 3.600 U/Min., Hubraum: 3.823 ccm, Tankinhalt: 160 Liter, Panzerung: 8 mm.
Diese beiden Fahrzeuge waren leicht gepanzerte Personenkraftwagen, ihre Bewaffnung bestand nur aus den Handfeuerwaffen ihrer Insassen. Von jedem dieser Modelle wurden etwa 20 gebaut, bevor sich die Aufmerksamkeit auf die Serien der SdKfz 250 und 251 von gepanzerten Halbkettenfahrzeugen für Mannschaftstransport konzentrierte.
Alle Räder- und Halbkettenfahrzeuge der deutschen Armee hatten Nummernschilder mit dem Kennzeichen WH (Wehrmacht Heer); die Nummernschilder der SS hatten als Kennzeichen die SS-Runen; die der Fallschirmjäger und Luftwaffenfelddivisionen hatten WL (Wehrmacht Luftwaffe).

4x4 leichter Panzerspähwagen Ausf A, SdKfz 221

Hauptersteller: Horch: Herstellungszeit: 1935-40, Bewaffnung: 1x7,92-mm-MG, siehe auch Liste der Varianten; Besatzung: 2 Mann, Gefechtsgewicht: 4 Tonnen, Gesamtlänge: 4,80 m, Höhe: 1,80 m, Breite: 1,95 m, Radstand: 2,80 m, Bodenfreiheit: 24,5 cm, Höchstgeschwindigkeit (auf Straßen): 75 km/h., Aktionsradius (auf Straßen): 280 km, im Gelände: 200 km, Motortyp: Horch V-8 Benzin, Motorleistung: 75 PS bei 3.600 U/Min., Hubraum: 3.517 ccm, Tankinhalt: 100 Liter, Panzerung: 8-14,5 mm.

Ein 4-Rad-Panzerspähwagen, SdKfz 221, der 5. Panzerdivision in Griechenland. (BA/164/369/29a)

4x4 leichte Panzerspähwagen, SdKfz 222

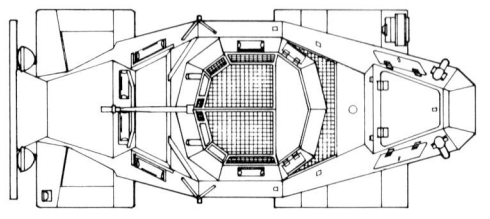
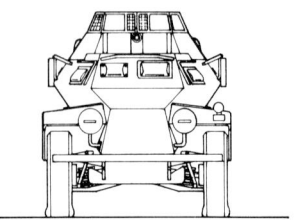
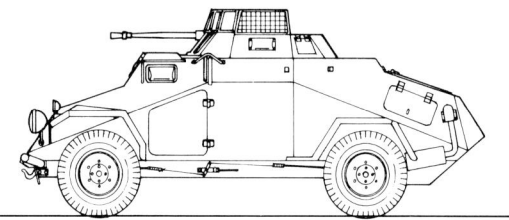
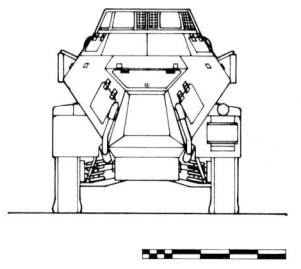

© J L Rue 87

4x4 leichte Panzerfunkwagen, SdKfz 260

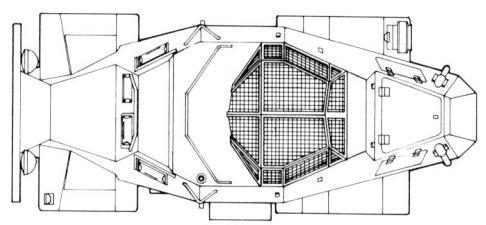
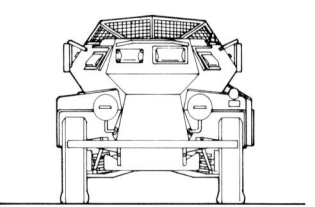
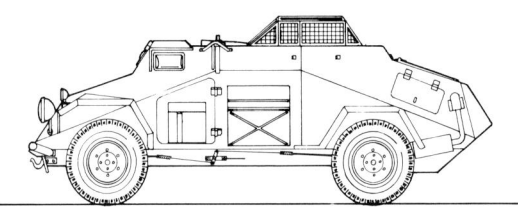
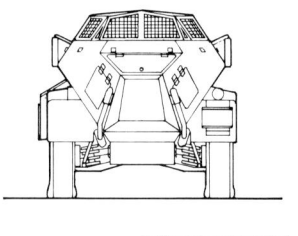

© J L Rue 87

4x4 leichter Panzerspähwagen Ausf B, SdKfz 221

Wie 4x4 leichte Panzerspähwagen Ausf A, SdKfz 221, außer: Herstellungszeit: 1941-42, Höchstgeschwindigkeit (auf Straßen): 80 km/h, mit dem 81-PS-Motor, 85 km/h mit dem 90-PS-Motor, Motortyp: Horch V-8 Benzin, Motorleistung: 81 PS bei 3.600 U/Min., nach 1940: 90 PS, Hubraum: 3.823 ccm.

Varianten

SdKfz 222:
1x2-cm-KwK oder 1x2,8-cm-PzB, Besatzung: 3 Mann, Gewicht: 4,8 Tonnen.
SdKfz 223:
1x2-cm-KwK, Funkwagen, Besatzung: 3 Mann, Gewicht: 4,4 Tonnen.
SdKfz 260 und 261:
unbewaffneter Funkwagen, Besatzung: 4 Mann.

Nach dem sechsrädrigen SdKfz 231 war das SdKfz 221 zeitlich das zweite gepanzerte Einheitsfahrzeug, das in Produktion ging, es war ein leichtes vierrädriges Fahrzeug, das ein einzelnes MG in einem oben offenen Turm hatte. Man stellte fest, daß die Leistung im Gelände für einen Einsatz in Rußland nicht ausreichte, deshalb wurde in die Ausf B ein stärkerer Motor einge-baut. Zu den anderen Waffen, die in einige Fahrzeuge eingebaut wurden, gehörte die 2 cm KwK oder die 2,8 cm-Panzerbüchse (PzB) mit konischer Bohrung. Ein Versuchsturm mit einer 5 cm KwK L/60 wurde auch angefertigt, wurde aber bei der 221er Serie nicht eingebaut, sondern bildete die Basis für den Turm des späteren SdKfz 234/2 Puma. Auf dem Fahrgestell des 221 wurden auch zwei unbewaffnete Funkwagen gebaut; die Gesamtzahl einschließlich aller Varianten war 2.118.

6x4 schwere Panzerspähwagen Typ G 3a(p), SdKfz 231

Haupthersteller: Mercedes-Benz, Herstellungszeit: 1930-35, Bewaffnung: 1x2 cm Kwk, 1x7,92-mm-MG (siehe auch Übersicht über Varianten), Besatzung: 4 Mann, Gefechtsgewicht: 5,7 Tonnen, Gesamtlänge: 5,57 m, Höhe: 2,25 m, Breite: 1,82 m, Radstand: 3,95 m, Bodenfreiheit: 26 cm, Höchstgeschwindigkeit (auf Straßen): 65 km/h, Aktionsradius (auf Straßen): 300 km, (im Gelände): 200 km, Motortyp: Daimler-Benz M 09 6-Zyl. Benzin, Motorleistung: 65 PS bei 2.900 U/Min., Hubraum: 3.663 ccm, Tankinhalt: 105 Liter, Panzerung: 8-14,5 mm.

Ein 4-Rad-Spähwagen, SdKfz 222 der 8. SS-Division »Florian Geyer«. (Sammlung des Verfassers)

Ein 8-Rad-Spähwagen,
SdKfz 232 der 5. Panzer-
division in Griechen-
land. (BA/163/327/24)

SdKfz 231 der 15. Pan-
zergrenadierdivision in
Italien oder auf Sizilien.
Der weiße zackige Stern
— wie auch die USA-
Truppen ihn damals hat-
ten — dürfte bei den Al-
liierten zeitweilig Ver-
wirrung hervorgerufen
haben. (BA/1847/29)

Ein 8-Rad-Spähwagen,
SdKfz 231 während des
Vormarsches in Polen.
(BP/W II 2)

6x4 schwere Panzerspähwagen Typ G 31(p), Sdkfz 231

Wie 6x4 schwere Panzerspähwagen Typ G 3a (p), SdKfz 231, außer: Haupthersteller: Büssing-NAG, Herstellungszeit: 1932-35, Radstand: 3,665 m, Aktionsradius (auf Straßen): 260 km, (im Gelände): 140 km, Motorentyp: Büssing-NAG Typ G 4-Zyl. Benzin, Motorleistung: 60 PS bei 2.500 U/Min., Hubraum: 3.920 ccm, Tankinhalt: 90 Liter.

6x4 schwere Panzerspähwagen Typ M 206 (p), SdKfz 231

Haupthersteller: Magirus, Herstellungszeit: 1934-36, Gefechtsgewicht: 5,3 Tonnen, Radstand: 3,40 m, Bodenfreiheit: 24 cm, Höchstgeschwindigkeit (auf Straßen): 62 km/h, Aktionsradius (auf Straßen): 300 km, (im Gelände): 200 km, Motortyp: Magirus S 88 6-Zyl. Benzin, Motorleistung: 70 PS

bei 2.200 U/Min., Hubraum: 4.562 ccm, Tankinhalt: 110 Liter.

Varianten:
SdKfz 232:
Funkwagen mit 2 cm-Turm unter Rahmenantenne.
SdKfz 263:
Funkwagen — ohne Turm, Besatzung: 5 Mann, 1x7,92-mm-MG.
Die Entwicklung eines sechsrädrigen, auf vier Rädern angetriebenen gepanzerten Fahrzeugs basierte auf dem Fahrgestell eines verstärkten handelsüblichen Lastwagens, sie hatte Ende der 20er Jahre begonnen, und die ersten Modelle von Mercedes wurden 1932 in Dienst gestellt. Die leicht gepanzerte Karosserie hatten beide gemeinsam, ebenso wie die späteren Büssing-NAG- und die Magirus-Versionen. Der Motor war im Vorderteil des Fahrzeugs. Das Getriebe hatte einen Schalthebel für vorwärts/rückwärts-Gangwahl,

Ein SdKfz 232 (8-Rad) mit 2 cm-Geschütz. Das Fahrzeug wurde in Afrika fotografiert. (BA/782/19/1a)

Ein Funkwagen SdKfz 232 mit Rahmenantenne. (BA/443/908/23a)

Ein SdKfz 233 mit 7,5 cm KwK L/24, die Besatzung sind Fallschirmjäger, in Nordafrika. (BA/550/754/14)

Ein Funkwagen SdKfz 263 in Nordafrika mit einem Meldefahrer der italienischen Bersaglieri im Vordergrund. (BA/782/13/28a)

an der Rückseite befand sich ein zweites Steuerrad, so daß das Fahrzeug in gleicher Weise vor- oder rückwärts fahren konnte. Die Hauptbewaffnung war eine 2 cm KwK, doch es wurde auch eine Version ohne Turm als Funkwagen gebaut. Insgesamt wurden 928 einschließlich aller Varianten hergestellt, die meisten kamen von Mercedes. 1936 wurde die Produktion zugunsten der 8-Rad-Spähwagen eingestellt. Das 6x4 SdKfz 231 nahm an den Feldzügen 1939/40 teil, wurde aber danach nur noch zur Aufrechterhaltung der inneren Sicherheit in den besetzten Ländern eingesetzt.

8 x 8 schwere Panzerspähwagen Typ GS, SdKfz 231

Haupthersteller: Büssing-NAG, Herstellungszeit: 1937-42, Bewaffnung: 1x2-cm-KwK, 1x7,92-cm-MG, siehe auch Übersicht über Varianten, Besatzung: 4 Mann, Gefechtsgewicht: 8,3 Tonnen, Gesamtlänge: 5,85 m, Höhe: 2,34 m, Breite: 2,20 m, Radstand: 4,10 m, Bodenfreiheit: 27 cm, Höchstgeschwindigkeit (auf Straßen): 85 km/h, Aktionsradius (auf Straßen): 300 km, (im Gelände): 160 km, Motortyp: Büssing-NAG Typ L 8V-GS V-8 Benzin, Motorleistung: 150 PS bei 3.000 U/Min., 180 PS von 1939 ab, Hubraum: 7.931 ccm, 8.360 ccm von 1939 ab, Tankinhalt: 150 Liter, Panzerung: 8-14,5 mm, später auf 30 mm verstärkt.

Varianten
SdKfz 232:
Funkwagen — mit 2-cm-Turm unter der Rahmenantenne, Gewicht: 8,8 Tonnen.

6 x 4 schwere Panzerspähwagen Typ M 206(p), SdKfz 231

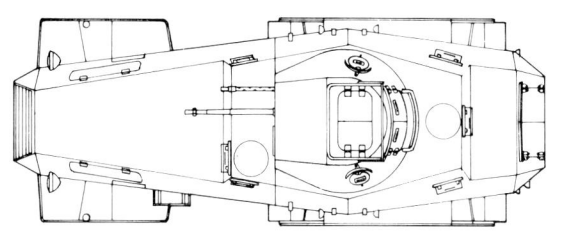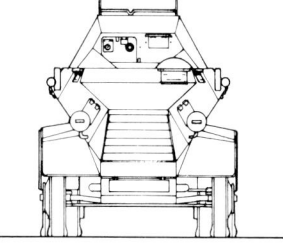

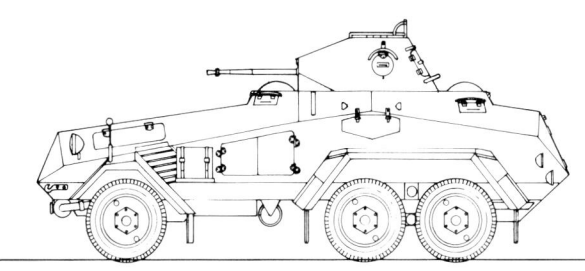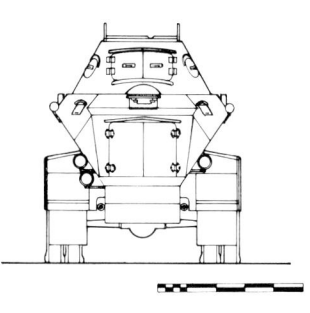

© J L Rue 87

8 x 8 schwere Panzerspähwagen Typ GS, SdKfz 233

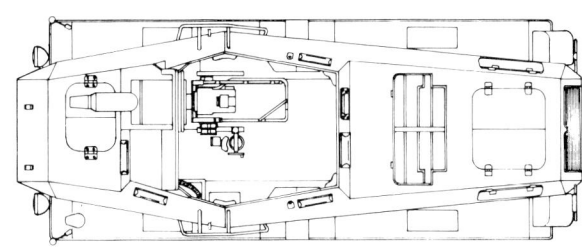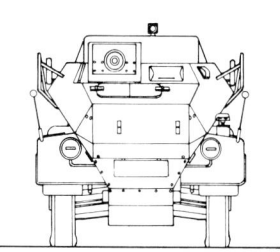

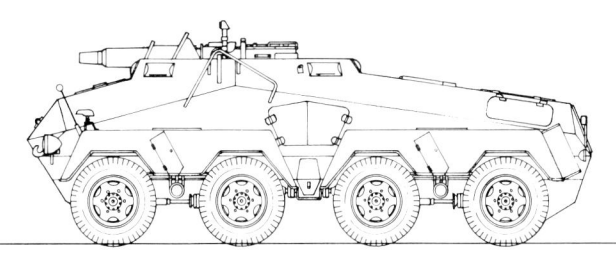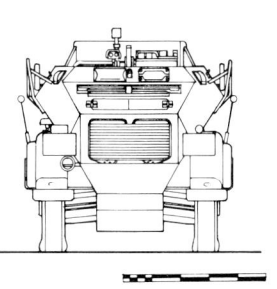

© J L Rue 87

SdKfz 233:
mit 7,5 cm StuK L/24 in oben offenem Kampfraum, kein Turm.
SdKfz 263:
Funkwagen ohne Turm, Besatzung: 5 Mann,
1x7,92-mm-MG.
Anfang der 30er Jahre hatte Büssing-NAG das
Fahrgestell für einen geländegängigen 8x8 Lastwagen entwickelt, der zwar nicht in Dienst gestellt wurde, aber für einen von der Armee gefor-
derten 8-rädrigen Wagen das Fahrgestell lieferte.
Dieses sollte die 6-rädrigen Fahrzeuge ersetzen,
die bislang in Produktion waren, und auch ihre
SdKfz-Nr. übernehmen. Normalerweise waren
die vier rückwärtigen Räder bei der Vorwärts-
fahrt festgestellt, die Lenkung wurde von den
vorderen vier bewerkstelligt. Diese Einstellung
konnte bei Bedarf umgekehrt werden, so daß das
Fahrzeug rückwärts ebenso leicht zu fahren war
wie vorwärts, da an der Rückseite ebenfalls eine
Steuervorrichtung war. Der Motor war auf der
Heckseite. Die Räder waren mit kugelsicherer
Bereifung ausgestattet, die auch abgezogen werden konnten, so daß das Fahrzeug auf der Nor-
malspur der europäischen Eisenbahnen fahren
konnte.
Spätere Versionen dieser Serie hatten einen aufge-
bohrten Motor, um ein größeres Drehmoment
und eine bessere Geländegängigkeit zu erreichen.
Es gab zwei Funkwagenversionen, die SdKfz 262

und 263, die eine bewaffnet, die andere — außer
mit einem MG — unbewaffnet, und eine Sturm-
geschützversion, die anstelle des Turmes eine 7,5
cm StuK L/24 an der Vorderseite des Kampfraumes hatte, dies war das SdKfz 233. Es wurden
insgesamt 1.235 Varianten des SdKfz 231 hergestellt, bevor die Produktion auf das verbesserte
SdKfz 234 umgestellt wurde.

8 x 8 schwere Panzerspähwagen Typ ARK, SdKfz 234/1

Hauptersteller: Büssing-NAG, Herstellungszeit: 1943-45, Bewaffnung: 1x2 KwK, 1x7,92-
mm-MG, siehe auch in der Übersicht über Varianten! Besatzung: 4 Mann, Gefechtsgewicht:
11,7 Tonnen, Gesamtlänge: 6 m, Höhe: 2,10 m,
Breite: 2,33 m, Radstand: 4 m, Bodenfreiheit: 35
cm, Höchstgeschwindigkeit (auf Straßen): 90
km/h, Aktionsradius (auf Straßen): 6-900 km,
(im Gelände): 4-600 km, Motortyp: Tatra 103
V-12, Einspritzer, Diesel, Motorleistung: 210 PS
bei 2.200 U/Min., Hubraum: 14.825 ccm, Tankinhalt: 240 oder 360 Liter, Panzerung: 8-39 mm.

Varianten
SdKfz 234/2 Puma:
1 x 5 cm KwK 39/1 L/60 in neuem Turm: Höhe: 2,38 m.

8 x 8 schwere Panzerspähwagen Typ ARK, SdKfz 234/2 Puma

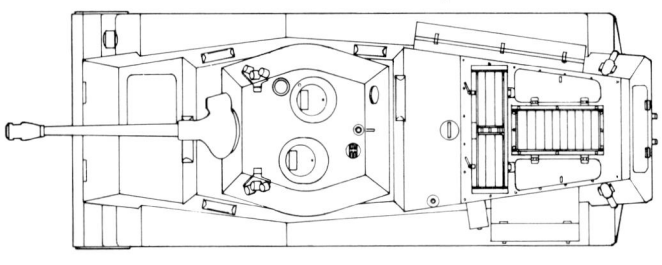
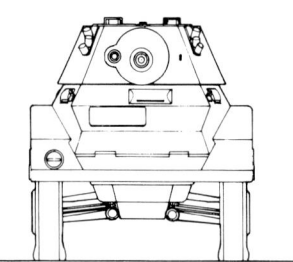
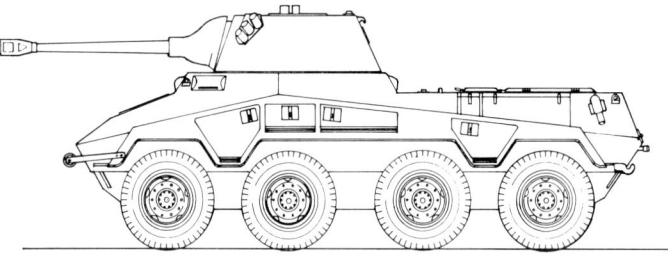
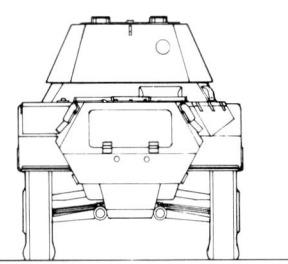

Reparatur der Bereifung eines SdKfz 254 in Nord-afrika. (BA/435/1015/10)

SdKfz 234/3:
1 x 7,5 cm StuK L/24 in oben offenem Kampf-raum — kein Turm.
SdKfz 234/4:
1 x 7,5 cm Pak 40 L/48 in oben offenem Kampf-raum — kein Turm, Höhe: 2,35 m.

Bis 1940 war eine Reihe von Verbesserungen für die gepanzerten Achtrad-Fahrzeuge der Serie 231 eingeführt worden. Die bedeutendste war, daß sie in Schalenbauweise hergestellt werden sollten, mit anderen Worten: Karosserie und Fahrgestell sollten aus einem Stück sein und nicht zusammengesetzt werden. Dieses Verfahren bietet eine viel größere Flexibilität und Festigkeit der Konstruktion, wodurch ein militärisches Fahrzeug Stöße und Beulen besser aushält und die Kosten für Reparatur und Wartung verringert werden. Zur weiteren Verstärkung der Konstruktion wurde anstelle der paarig angeordneten Radabdeckung, die für die SdKfz 231 noch typisch war, ab SdKfz 234 eine Radabdeckung eingeführt, die aus einem Stück war und alle vier Räder (auf jeder Seite) überdeckte. Die Antriebssysteme waren identisch, aber es wurde auch ein stärkerer Motor eingeführt, dies war ein luftgekühlter Diesel, der Wirtschaftlichkeit wegen. Die Tankkapazität wurde vergrößert, um den Aktionsradius zu erweitern. Der Panzerschutz wurde verstärkt, und daher wurde die Serie 234 der gepanzerten Wagen als die beste des Krieges betrachtet. Besonders zu erwähnen ist der Puma mit einem geschlossenen Turm und einer 5-cm-Langrohr-Pak. Außerdem wurden Sturmgeschützvarianten mit

kurzen oder langen Geschützen und einem oben offenen Kampfraum gebaut, aber erstaunlicherweise keine ausgesprochene Funk- und Befehlswagenversion. Bis zum 22. Januar 1945 wurden etwa 1.000 Fahrzeuge der SdKfz-234-Serie gebaut.

Schwere gepanzerte Beobachtungskraftwagen, SdKfz 254

Haupthersteller: Saurer, Herstellungszeit: 1937-40, Bewaffnung: 1x7,92-mm-MG, Besatzung: 4-5 Mann, Gefechtsgewicht: 6,42 Tonnen, Gesamtlänge: 4,50 m, Höhe (siehe Text): 2,18-2,33 m, Breite: 2,47 m, Radstand: 2,40 m, Breite der Gleisketten: 24 cm, Bodenfreiheit: 30 cm auf Rädern, 24 cm Gleisketten, Höchstgeschwindigkeit (auf Straßen): 60 km/h auf Rädern, 30 km/h auf Gleisketten, Aktionsradius (auf Straßen): 240 km, im Gelände: 90 km, Motortyp: Saurer Typ CRDv 4-Zyl. Diesel, Motorleistung: 70 PS bei 2.000 U/Min., Hubraum: 5.320 ccm, Tankinhalt: 72 Liter, Panzerung: 3-10 mm.

Das SdKfz 245 war eine eigenartige österreichische Konstruktion, deren ursprüngliche Bezeichnung RR 7 war. Nach dem Anschluß wurde dieser Wagen von der deutschen Armee hauptsächlich als Artillerie-Beobachtungsfahrzeug benutzt. Für Straßenfahrt hatte es vier gummibereifte Räder, auf deren Innenseite ein Satz Gleisketten lief. Für die Fahrt im Gelände wurden die Räder hydraulisch vom Boden abgehoben, und das Fahrzeug bewegte sich auf Gleisketten. Diese komplizierte Vorrichtung führte zu einer hohen Ausfallquote; es wurden daher auch nur 128 fertigge-

Oben: Ein von der tschechischen Armee übernommenes Fahrzeug Typ Panhard wird bereits 1939 im Feldzug gegen Polen eingesetzt. (BA/81/142/11)

Unten: Der französische gepanzerte Wagen Typ 178 von Panhard konnte auch → wie hier zu sehen ist — auf Schienen fahren, wenn die Bereifung abmontiert wurde. Die Rahmenantenne ist eine von der Wehrmacht angebrachte Zusatzausrüstung. (BA/639/4252/21)

stellt. Die Bewaffnung bestand aus einem rechts vom Fahrerplatz angebrachten einzelnen MG.

8 x 8 schwere Panzerspähwagen Typ ADGZ

Haupthersteller: Austro-Daimler, Herstellungszeit: 1935-42, Bewaffnung: 1x2-cmKwK, 3x7,92-mm-MG, Besatzung: 6-7 Mann, Gefechtsgewicht: 12 Tonnen, Gesamtlänge: 6,26 m, Höhe: 2,564 m, Breite: 2,16 m, Radstand: 4,75 m, Bodenfreiheit: 27,5 cm, Höchstgeschwindigkeit (auf Straßen): 70 km/h, Aktionsradius (auf Straßen): 330 km, (im Gelände): 220 km, Motortyp: Austro-Daimler M 6123 6-Zyl. Benzin, Motorleistung: 150 PS bei 1.800 U/Min., Hubraum: 11.946 ccm, Tankinhalt: 200 Liter, Panzerung: max. 11 mm. Dieses Fahrzeug erhielt keine SdKfz-Nummer.

Von diesem großen und schwerfälligen gepanzerten Wagen aus der österreichischen Produktion wurden nur 52 von der deutschen Armee verwendet. In diesem Modell fanden ein Fahrer und ein MG-Schütze vorn und hinten und zwei Mann im Turm Platz, die ein 2-cm-Geschütz und ein koaxiales MG zu bedienen hatten. Wie die deutschen 8-Radwagen konnte dieses Modell schnell für das Fahren auf Eisenbahnschienen eingerichtet und ohne Mühe in beiden Richtungen gefahren werden. Ganz abgesehen von der Höhe und dem Umfang dieses Wagens waren die großen Kühlschlitze des Motors durch Feindbeschuß leicht zu durchschlagen, daher wurde dieser Typ hauptsächlich für Aufgaben der inneren Sicherheit verwandt.

4 x 4 schwere Panzerspähwagen Typ 178 oder P 204 (f)

Haupthersteller: Panhard, Herstellungszeit: 1935-40, Bewaffnung: 1x2,5-cm-Geschütz, 1x7,92-mm-MG, Besatzung: 4 Mann, Gefechtsgewicht: 8,3 Tonnen, Gesamtlänge: 5,14 m, Höhe: 2,36 m, Breite: 2,01 m, Radstand: 3,12 m, Bodenfreiheit: 26 cm, Höchstgeschwindigkeit (auf Straßen): 72,5 km/h, Aktionsradius (auf Straßen): 350 km, (im Gelände): 210 km, Motortyp: Panhard Typ ISK 4-Zyl. Benzin, Motorleistung: 105 PS bei 2.000 U/Min., Hubraum: 6.330 ccm, Tankinhalt: 150 Liter, Panzerung: 7-20 mm. Dieses Fahrzeug erhielt keine Sdkfz-Nummer.

Das französische Vorkriegsmodell des Panhard AMD (Automitrailleuse de Découverte) Typ 178 war einer der am besten gepanzerten Wagen seiner Zeit, was sich auch in der Tatsache widerspiegelt, daß die Produktion nach dem Kriege

le ZgKw 1 Tonne Typ D7, SdKfz 10 mit 3,7 cm Pak 35/36

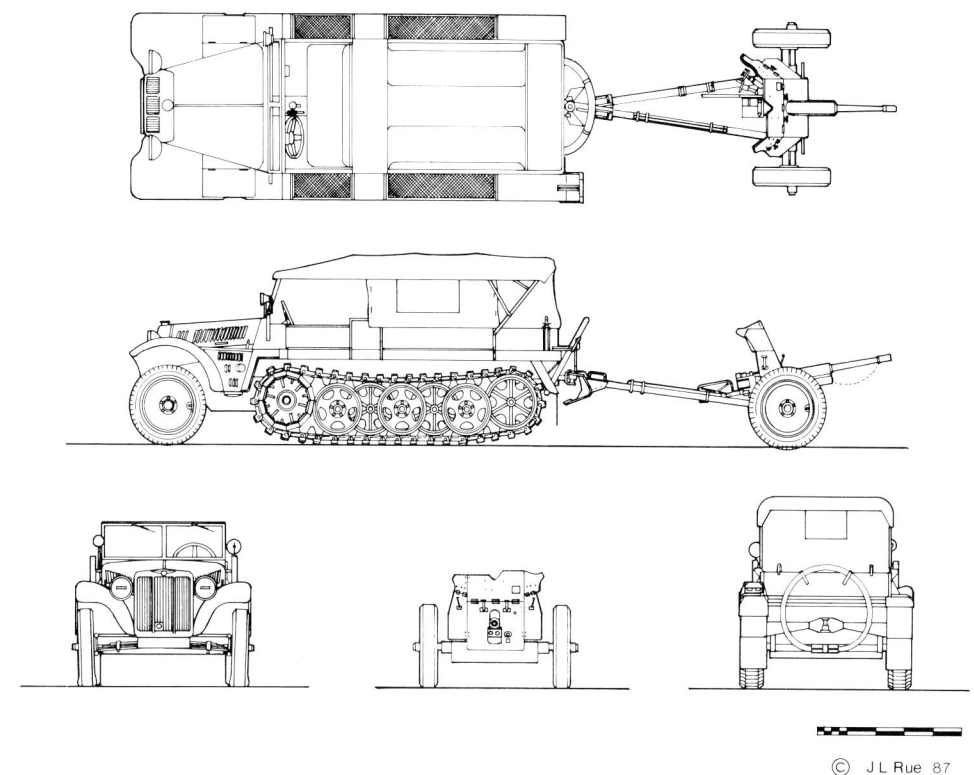

© J L Rue 87

wieder aufgenommen und für die französische Armee bis 1960 fortgeführt wurde. Aufgrund der ausgewogenen Kombination von Panzerung, Bewaffnung und Beweglichkeit war dieses Modell das wendigste gepanzerte Fahrzeug der deutschen Armee, bis dann das SdKfz 234/2 Puma eingeführt wurde. Von den Deutschen wurden 1940 etwa 190 erbeutet, von denen viele an die SS gingen. Dieser Wagen hatte den Motor hinten, hatte auch ein Vor-/Rückwärts-Wahlgetriebe und konnte auf Schienen fahren, wenn die Bereifung abgenommen wurde.

Andere gepanzerte Wagen, die in Dienst gestellt wurden

Gepanzerte Wagen waren den ganzen Krieg hindurch so etwas wie Statussymbole, ebenso wie Seitenwaffen; jeder Offizier, der ein betriebsfertiges Beutefahrzeug requirieren konnte, ließ sich die Gelegenheit nicht entgehen. So kam es, daß eine große Zahl von russischen BA-10 und ähnlichen, britische Rolls-Royce, südafrikanische Marmon-Herringtons und amerikanische Greyhounds, um nur einige zu nennen, mit dem Balkenkreuz auftraten. Das Hauptproblem lag in

der Verschiedenheit der Kaliber der Waffen, des Munitionsnachschubs und der bald fehlenden Ersatzteile.

Halbkettenfahrzeuge
le 1-Tonnen-ZgKw Typ D 6, SdKfz 10

Haupthersteller: Demag, Herstellungszeit: 1937-39, Bewaffnung: keine, Sitzplätze*: 9, Gefechtsgewicht: 4,9 Tonnen, max. Zuggewicht: 1 Tonne, Gesamtlänge: 4,75 m, Höhe, 1,62 m, Breite: 1,93 m, Breite der Gleisketten: 24 cm, Bodenfreiheit: 32,5 cm, Höchstgeschwindigkeit (auf Straßen): 65 km/h, Aktionsradius (auf Straßen): 230 km, (im Gelände): 130 km. Motortyp: Maybach NL 38 TRKM 6-Zyl. Benzin, Motorleistung: 90 PS bei 2.800 U/Min., Hubraum: 3.790 ccm, Tankinhalt: 90 Liter.

*Sitzplätze schließen in diesem Abschnitt den Fahrer ein und beziehen sich auf die Zahl der Männer, die unter »Parade«-Bedingungen Platz finden. Im Einsatz sehen diese Halbkettenfahrzeuge oft wie indische Eisenbahnzüge aus, auf denen die Leute auf jedem erreichbaren Sitzplatz kauern.

le 1-Tonnen-Zgkw Typ D 7, SdKfz 10

Wie le 1-Tonnen-Zgkw Typ D 6, SdKfz 10, außer: Herstellungszeit: 1939-44, Bewaffnung: SdKfz 10/4-1x2-cm-Flak 30, SdKfz 10/5-1x2-cm-Flak 38 oder 1x3,7-cm-Pak 35/36 oder 1x5-cm-Pak 38, Aktionsradius (auf Straßen): 300 km, (im Gelände): 170 km, Motortyp: Maybach Hl 42 TRKM 6-Zyl. Benzin, Motorleistung: 100 PS bei 3.000 U/Min., Hubraum: 4.170 ccm, Tankinhalt: 115 Liter.

1926 begann die Entwicklungsarbeit an einer Reihe von Halbketten-Geschützschleppern, die als Zugmaschinen für Artillerie und als Transportmaschinen für Pionier- und Brückenbaueinheiten gedacht waren. Das ursprüngliche Fahrzeug dieser Serie war der 5-Tonner, der mit der Bezeichnung SdKfz 6 herauskam, aber es waren leichtere und schwerere Ausführungen notwendig. Die Entwicklung des SdKfz 10 begann schon 1932, aber erst 1937 ging es in Serie, und im nächsten Jahre wurde es in Dienst gestellt. Bis 1944 produzierten Adler, Büssing-NAG, Phänomen und Saurer zusammen mit dem ursprünglichen Hersteller Demag 25.000 Fahrgestelle. Die von Phänomen hergestellte Variante war zahlenmäßig die stärkste. Das Fahrzeug konnte eine Last von 1 Tonne ziehen und wurde hauptsächlich als Zugmaschine für die 3,7 cm, die 5 cm und die 7,5 cm Pak benutzt; es wurde auch als Selbstfahrlafette für die 2 cm Flak 30 und 38 sowie für die 3,7 und 5 cm Pak benutzt; sein Fahrgestell bildete die Basis für den gepanzerten Mannschaftstransporter (SPW-kurz) SdKfz 250.

le 3-Tonnen-Zgkw Typ HL kl 5, SdKfz 11

Haupthersteller: Hansa-Lloyd, Herstellungszeit: 1937-38, Bewaffnung: keine, Sitzplätze: 9, Gefechtsgewicht: 7,1 Tonnen, max. Zuggewicht: 3 Tonnen, Gesamtlänge: 5,55 m, Höhe: 2,15 m, Breite: 2 m, Breite der Gleisketten: 28 cm, Bodenfreiheit: 32 cm, Höchstgeschwindigkeit (auf Straßen): 52,5 km/h, Aktionsradius (auf Straßen): 240 km, (im Gelände): 140 km, Motortyp: Hansa L 3.500 L 6-Zyl. Benzin, Motorleistung: 70 PS bei 3.600 U/Min., Hubraum: 3.485 ccm, Tankinhalt: 110 Liter.

le Zgkw 3-Tonnen Typ H kl 6 und HL kl 6 SdKfz 11

Wie le Zgkw 3-Tonnen Typ HL kl 5, SdKfz 11, außer: Haupthersteller: H kl 6 Hanomag, HL l 6 Borgward, Herstellungszeit: 1938-39, Motortyp: Maybach NL 38 TUKR 6-Zyl. Benzin, Motorleistung: 90 PS bei 2.800 U/Min., Hubraum: 3.790 ccm.

le Zgkw 3-Tonnen Typ H kl 6 und HL kl 6, SdKfz 11

Wie le Zgkw 3-Tonnen Typ H kl 6 und HL kl 6, SdKfz 11, außer: Haupthersteller: H kl 6 Hanomag, HK kl 6 Borgward, Herstellungszeit: 1939-44, Bewaffnung: SdKfz 11/5-15 cm Panzerwerfer 42, Motortyp: Maybach HL 42 TUKRM 6-Zyl. Benzin, Motorleistung: 100 PS bei 3.000 U/Min., Hubraum: 4.170 ccm.

Da die mittleren Halbkettenfahrzeuge als Zugmaschinen für die weitverbreitete 10,5 cm le FH 16/18 und Varianten eingesetzt wurden, entwickelte Hansa-Lloyd zwischen 1934 und 1937 ein Fahrzeug der 3-Tonnen-Klasse, das 1937 als das kleinere SdKfz 10 in Dienst gestellt wurde. Wie alle Reihen der deutschen Halbkettenfahrzeuge hatte es einen Frontmotor und ein Paar gummibereifter Lenkungsräder; oberhalb der Gleisketten war eine gewölbte Karosserie, auf

Ein 3-t-Zugkraftwagen, SdKfz 11, der eine 10,5 cm le FH 18 zieht. (BA/208/19/11)

le Zgkw 3-Tonnen Typ HL kl 6, SdKfz 11 mit 7,5 cm Pak 40

© J L Rue 87

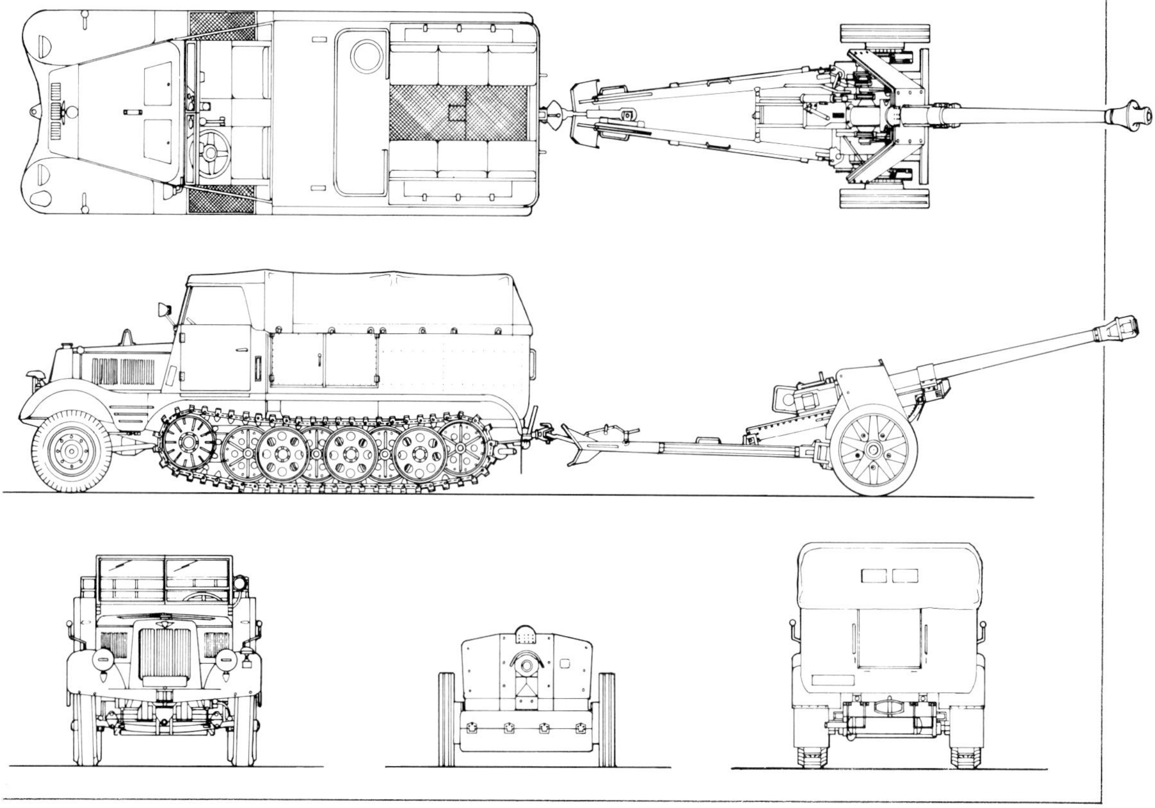

der entweder Sitze angebracht waren oder ein Lastwagenaufbau mit seitlich herabzulassenden Klappen mit Beschlägen für Munition oder zur Anbringung von Werkzeug an der Rückseite. Später wurde die Produktion von Hanomag weitergeführt; insgesamt wurden 41.000 Fahrgestelle dieses zahlreichsten deutschen Halbkettenfahrzeugs des Zweiten Weltkrieges hergestellt. Adler, Borgward, Horch und Skoda beteiligten sich ebenfalls an der Herstellung. Es war ein äußerst wendiges Fahrzeug mit guter Geländegängigkeit, sofern der Boden relativ fest war, aber es litt doch unter der Schwäche vieler deutscher Halbkettenfahrzeuge, deren Gleisketten meist zu schmal waren und daher in tiefem Schnee eine recht enttäuschende Leistung boten. Einige SdKfz 11 hatten an den Seiten 15-cm-Nebelwerfer-Startgeräte. Das Fahrgestell des Fahrzeugs war auch das der SPW-lang, SdKfz 251, des mittleren gepanzerten Mannschaftstransportwagens.

M (mittlerer) 5-Tonnen Zgkw Typ BN L 5, SdKfz 6

Haupthersteller: Büssing-NAG, Herstellungszeit: 1935, Bewaffnung: keine, Sitzplätze: 9, Gefechtsgewicht: 8,8 Tonnen, max. Zuggewicht: 5 Tonnen, Gesamtlänge: 6,02 m, Höhe 2,50 m, Breite: 2,20 m, Breite der Gleisketten: 32 cm, Bodenfreiheit: 40 cm, Höchstgeschwindigkeit (auf Straßen): 50 km/H, Aktionsradius (auf Straßen): 320 km, (im Gelände): 160 km, Motortyp: Maybach NL 35 6-Zyl. Benzin, Motorleistung: 90 PS bei 3.000 U/Min., Hubraum: 3.435 ccm, Tankinhalt: 160 Liter.

M 5-Tonnen Zgkw Typ BN L 7, SdKfz 6

Wie M 5-Tonnen Zgkw BN L 5 SdKfz 6, außer: Herstellungszeit: 1936-37, Motortyp: NL 38 TR oder TUK oder TUKRM 6-Zyl. Benzin, Motorleistung: 100 PS bei 2.800 U/Min., Hubraum: 3.790 ccm.

M 5-Tonnen Zgkw BN L 8, SdKfz 6

Wie 5-Tonnen Zgkw BN L 7, SdKfz 6, außer: Herstellungszeit: 1938, Gefechtsgewicht: 8,5 Tonnen, Gesamtlänge: 6,115 m, Höhe: 2,47 m, Breite: 2,26 m, Aktionsradius (auf Straßen): 370

km, (im Gelände): 180 km, Tankinhalt: 185 Liter.

M 5-Tonnen Zgkw Typ BN L 9, SdKfz 6

Wie 5-Tonnen Zgkw BN L 8, SdKfz 6, außer: Herstellungszeit: 1939-44, Bewaffnung: SdKfz 6/2 - 1x3,7-cm-Flak 36 oder 1x7,62-cm-Pak 36(r), Gefechtsgewicht: 8,9 Tonnen, Gesamtlänge: 6,325 m, Höhe: 2,50 m, Bodenfreiheit: 26 cm, Aktionsradius (auf Straßen): 310 km, (im Gelände): 150 km, Motortyp: Maybach HL 54 TUKRM 6-Zyl. Benzin, Motorleistung: 115 PS bei 2.600 U/Min., Hubraum: 5.420 ccm, Tankinhalt: 190 Liter.

Das erste Serienmodell der deutschen Halbkettenreihen, das 5-Tonnen-SdKfz 6, ging 1936 in Serie und wurde zu Beginn des folgenden Jahres in Dienst gestellt. Als Zugmaschine für Geschütze des Kalibers 10,5 cm war es zu schwer, für schwerere Waffen jedoch nicht stark genug. Die Produktion wurde daher von 1942 an auf das leichtere SdKfz 11 und die schwereren SdKfz 7, 8 und 9 umgestellt. Die ersten Modelle der Serie hatten vier Laufräder, spätere Versionen fünf oder sechs. Unter Beteiligung von Daimler-Benz wurden 1.100 fertiggestellt. Das Fahrgestell wurde auch als Selbsfahrlafette für die 3,7 cm Flak 36 und erbeutete 7,62 cm Pak verwendet, letztere hatten einen großen, kastenförmigen gepanzerten Kampfraum, der oben offen war.

M (mittlerer) 8-Tonnen Zgkw Typ KM m 8, SdKfz 7

Haupthersteller: Krauss-Maffei, Herstellungszeit: 1934-35, Bewaffnung: keine, Sitzplätze: 12, Gefechtsgewicht: 11 Tonnen, max. Zuggewicht: 8 Tonnen, Gesamtlänge: 6,85 m, Höhe: 2,62 m, Breite: 2,35 m, Breite der Gleisketten: 36 cm, Bodenfreiheit: 41 cm, Höchstgeschwindigkeit (auf Straßen): 250 km, (im Gelände): 120 km, Motortyp: Maybach HL 52 TU 6-Zyl. Benzin, Motorleistung: 115 PS bei 2.600 U/Min., Hubraum: 5.184 ccm, Tankinhalt: 205 Liter.

M 8-Tonnen Zgkw Typ KM m 9, SdKfz 7

Wie 8-Tonnen Zgkw Typ KM m 8, SdKfz 7, außer: Herstellungszeit: 1936, Motortyp: Maybach HL 57 TU, Motorleistung: 130 PS bei 2.600 U/Min., Hubraum: 5.616 ccm.

m Zgkw 5-Tonnen Typ BN L 8, SdKfz 6/1 mit 10,5 cm le FH 18

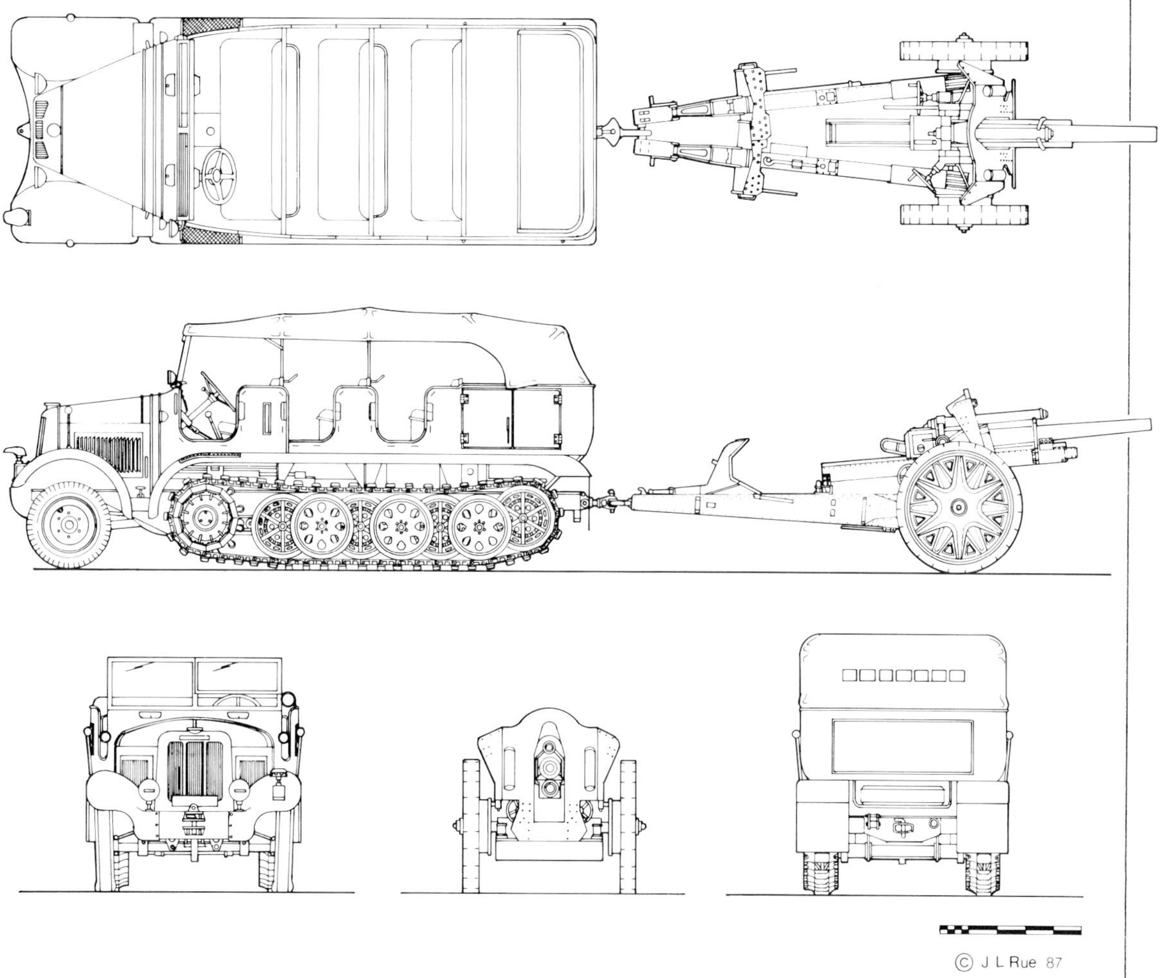

M 8-Tonnen Zgkw Typ Km
m 10, SdKfz 7

Wie m 8-Tonnen Zgkw Typ KM m 9, SdKfz 7, außer: Herstellungszeit: 1936-37, Motortyp: Maybach HL 6 TUK 6-Zyl. Benzin, Motorleistung: 140 PS bei 2.600 U/Min., Hubraum: 6.191 ccm.

Ein Tiger I wird von einem Halbketten-SdKfz 7 begleitet, auf dem ein 2-cm-Flakvierling montiert ist.
(BA/90/3947/12)

Bewohner eines russischen Dorfes achten kaum auf ein vorbeifahrendes SdKfz 7, mit aufmontierter 5 cm Pak 38. Foto von F. Kempe, April 1943. (BA/WII 161)

m 8-Tonnen Zgkw Typ KM m 11, SdKfz 7 mit 8,8 cm Flak 36

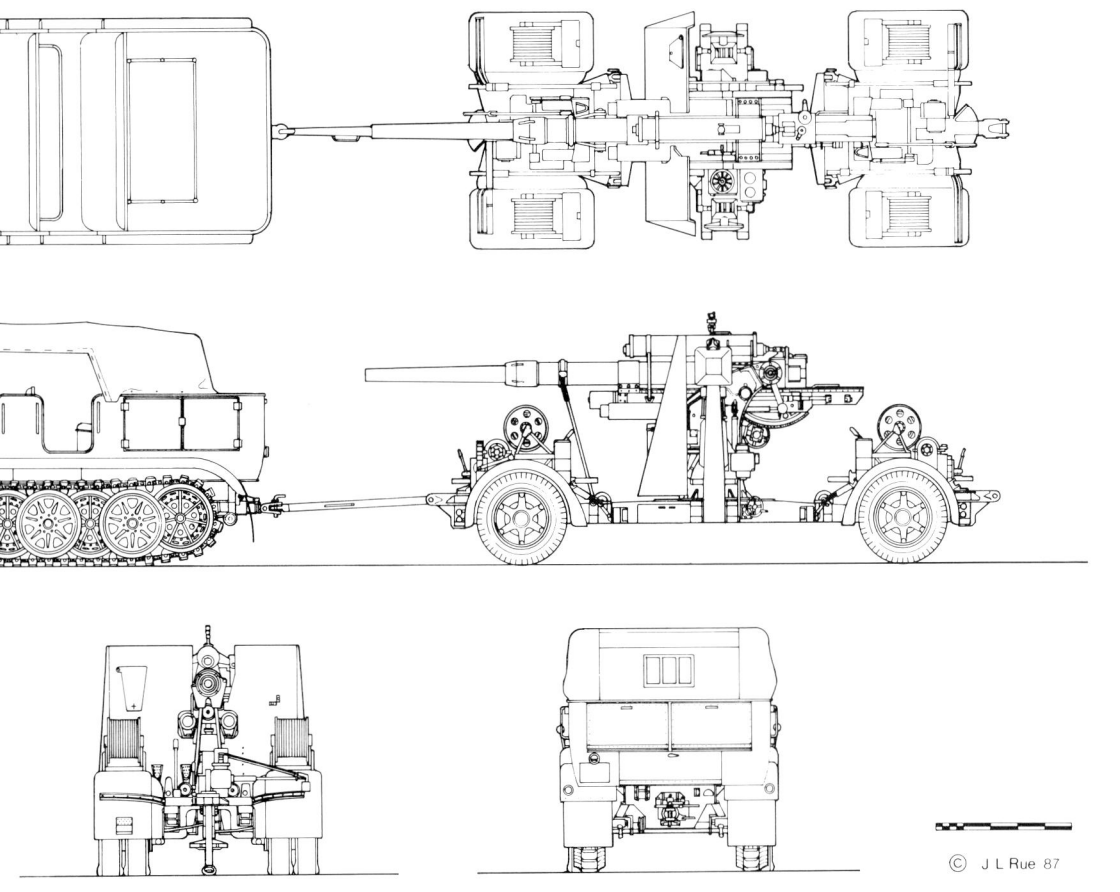

M 8-Tonnen Zgkw Typ KM m 11, SdKfz 7

Wie m 8-Tonnen Zgkw Typ KM m 10, SdKfz 7, außer: Herstellungszeit: 1937-45, Bewaffnung: SdKfz 7/1 - 1x2-cm-Flakvierling 36 oder 38, SdKfz 7/2 - 1x3,7-cm-Flak 36, Gefechtsgewicht: 11,55 Tonnen, Bodenfreiheit: 40 cm, Tankinhalt: 203 - 213 Liter.

Das 8-Tonnen-SdKfz 7 war vielleicht das bekannteste deutsche Halbkettenfahrzeug, das die Zugmaschine der 8,8 cm Flak 18/36 und deren Varianten war, das SdKfz 7 entstand 1934 und blieb den ganzen Krieg hindurch in Produktion; etwa 8.000 wurden von Borgward, Breda, Büssing-NAG, Daimler-Benz, Hansa-Lloyd und Saurer hergestellt, die sich der Produktion von Krauss-Maffei anschlossen. Es war auch die Zugmaschine für die 15 cm s FH 18. Die ersten Serienfahrzeuge hatten ein Blattfederlaufwerk, das sich aber als zu schwach erwies, deshalb wurden später Drehstäbe eingeführt, wodurch die Geländegängigkeit verbessert wurde. Einige Fahrzeuge wurden so umgebaut, daß sie den 2 cm-Flakvierling oder eine einzelne 3,7 cm Flak aufnehmen konnten und mit leicht gepanzerten Kabinen ausgestattet waren.

s 12-Tonnen Zgkw Typ DB 10, SdKfz 8

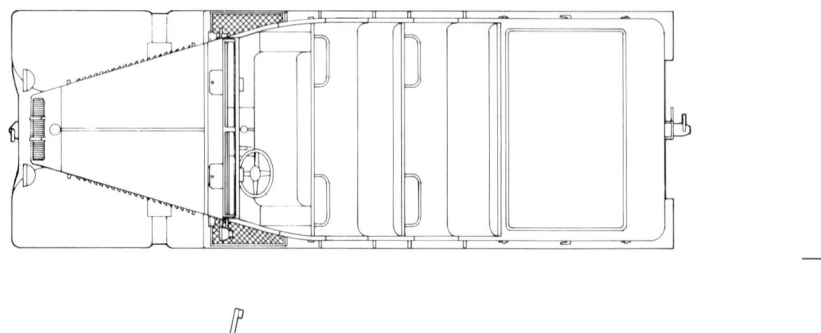
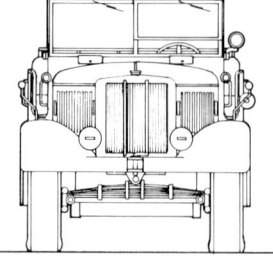
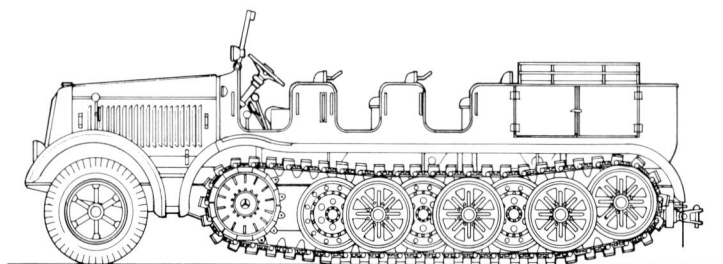
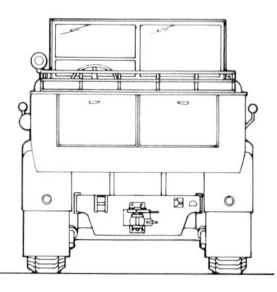

s (schwere) 12-Tonnen Zgkw Typ DB s7, SdKfz 8

Haupthersteller: Daimler-Benz, Herstellungszeit: 1934-35, Bewaffnung: keine, Sitze: 12, Gefechtsgewicht: 14,4 Tonnen, max. Zuggewicht: 12 Tonnen, Gesamtlänge: 6,80 m, Höhe: 2,20 m, Breite: 2,35 m, Breite der Gleisketten: 40 cm, Bodenfreiheit: 40 cm, Höchstgeschwindigkeit (auf Straßen): 50 km/h, Aktionsradius (auf Straßen): 250 km, (im Gelände): 110 km, Motortyp: Maybach DSO 8 V-12 Benzin; Motorleistung: 150 PS bei 2.300 U/min., Hubraum: 7.973 ccm, Tankinhalt: 250 Liter.

s 12-Tonnen Zgkw Typ DB s8, SdKfz 8

Wie s 12-Tonnen Zgkw Typ DB s7, SdKfz 8, außer: Herstellungszeit: 1936-37, Gefechtsgewicht: 15 Tonnen, Gesamtlänge: 7,10 m, Höhe: 2,80 m, Breite: 2,40 m.

s 12-Tonnen Zgkw Typ DB 9, SdKfz 8

Wie s 12-Tonnen Zgkw Typ DB s8, SdKfz 8, außer: Herstellungszeit: 1938-39, Gesamtlänge: 7,40

m, Höchstgeschwindigkeit (auf Straßen): 51 km/h, Motortyp: Maybach HL 85.

s 12-Tonnen Zgkw DB 10, SdKfz 8

Wie s 12-Tonnen Zgkw Typ DB 9, SdKfz 8, außer: Herstellungszeit: 1939-44, Bewaffnung: einige mit 1x8,8-cm-Flak 18/36, Gefechtsgewicht: 14,7 Tonnen, max. Zuggewicht: 14 Tonnen, Gesamtlänge: 7,35 m, Höhe: 2,77 m, Breite: 2,50 m. Dieses 12-Tonnen-Fahrzeug wurde 1931 ursprünglich als Exportmodell für die Sowjetarmee entwickelt. Als Hitler an die Macht kam, wurde die Produktion der Wehrmacht zugeführt. Die ersten Versionen hatten — wie das SdKfz 7 — ein Blattfederlaufwerk, die späteren hatten Drehstabfederung. Es wurde als Zugmaschine für die schweren 15-, 17- und 21-cm-Geschütze benutzt. Rund 4.000 stellten Krauss-Maffei, Krupp und Skoda her. Wenigstens ein Fahrzeug wurde als Selbstfahrlafette (Prototyp) für eine 8,8 cm Flak 37 umgebaut.

s 18-Tonnen Zgkw Typ F2, SdKfz 9

Haupthersteller: Famo, Herstellungszeit: 1938,

s 18-Tonnen Zgkw Typ F 3 Bergungsfahrzeug, SdKfz 9

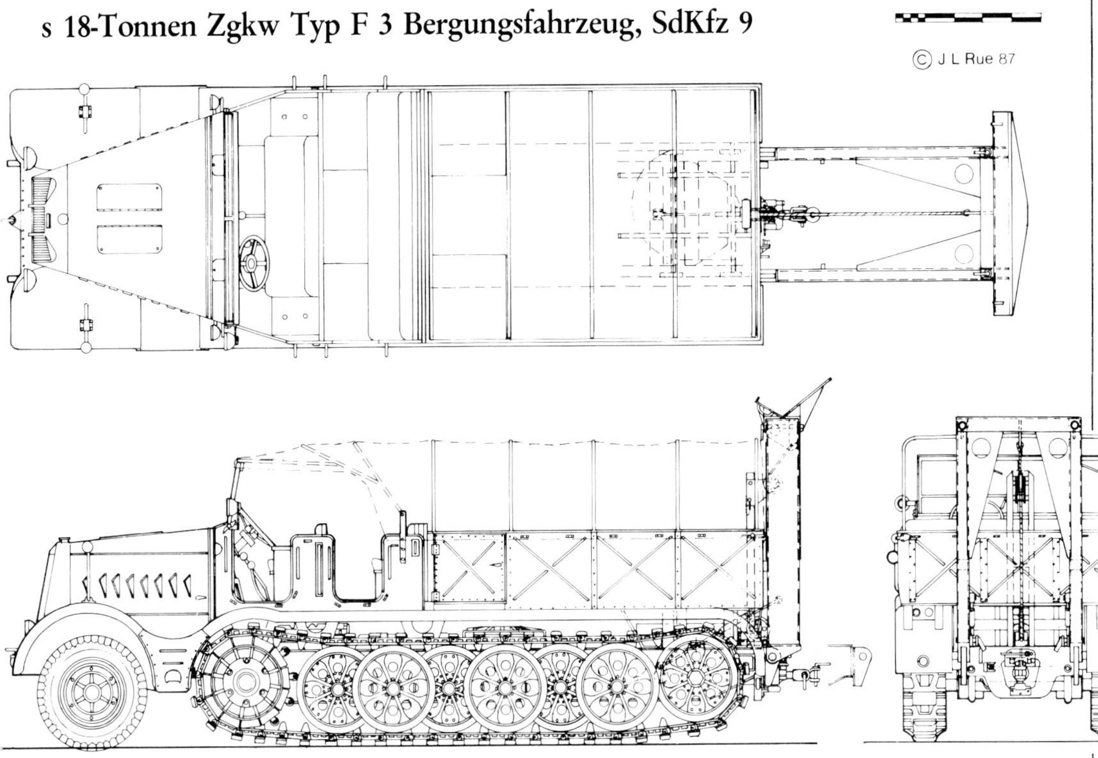

Der Motor eines Panthers wird ausgewechselt. Das Kranfahrzeug ist ein Halbketten-SdKfz 9. (BA/280/109b/34)

Bewaffnung: keine, Sitze: 9, Gefechtsgewicht: 18 Tonnen, max. Zuggewicht: 18 Tonnen, Gesamtlänge: 8,25 m, Höhe 2,85 m, Breite: 2,60 m, Breite der Gleisketten: 44 cm, Bodenfreiheit: 44 cm, Höchstgeschwindigkeit (auf Straßen): 50 km/h, Aktionsradius (auf Straßen): 240 km, (im Gelände): 100 km, Motortyp: Maybach HL H1 98 TUK V-12 Benzin, Motorleistung: 230 PS bei 2.600 U/Min., Hubraum: 9.800 ccm, Tankinhalt: 290 Liter.

s 18-Tonnen Zgkw Typ F3, SdKfz 9

Wie s 18-Tonnen Zgkw Typ F2, SdKfz 9, außer: Herstellungszeit: 1939-44, Bewaffnung: 14 Fahrzeuge mit 1x8,8-cm-Flak 37, Motortyp: Maybach HL 108 TUKRM V-12 Benzin, Motorleistung: 250 PS bei 2.600 U/Min., Hubraum: 10.830 ccm. Das SdKfz 9 war das schwerste deutsche Halbkettenfahrzeug, es wurde als Panzerbergefahrzeug und als Plattform mit einem Schwerlastkran eingesetzt, aber auch als Zugmaschine für

die 21- und 24-cm-Geschütze des Heeres und die 12,8 cm Flak der Luftwaffe. Tatra und Vomag beteiligten sich an der Produktion, die sich auf etwa 2.500 Fahrzeuge belief. Da jedoch das SdKfz 9 nicht dafür geeignet war, den Tiger oder den Panther in Schlepp zu nehmen, wurde der Bergepanther entwickelt.

2-Tonnen Gleisketten-Lkw Maultier, Typ 3,6-36 S/SSM, SdKfz 3

Haupthersteller: Opel, Herstellungszeit: 1942-44, Bewaffnung: keine*, Sitze: 2 (Kabine), Gefechtsgewicht: 5,93 Tonnen, Gesamtlänge: 6 m, Höhe: 2,025 m, Breite: 2,28 m, Breite der Gleisketten: 28 cm, Bodenfreiheit: 28 cm, Höchstgeschwindigkeit (auf Straßen): 38 km/h, Aktionsradius (auf Straßen): 160 km, (im Gelände): 80 km, Motortyp: Opel 6-Zyl. Benzin, Motorleistung: 68 PS bei 3.000 U/Min., Hubraum: 3.626 ccm, Tankinhalt: 82 Liter.

2-Tonnen Gleisketten-Lkw Maultier Typ V 3000 S/SSM, SdKfz 3

Haupthersteller: Ford (Deutschland), Gefechtsgewicht: 5,86-6,18 Tonnen, Gesamtlänge: 6,325 m, Höhe: 2,10 m, Breite: 2,24 m, Bodenfreiheit: 25 cm, Höchstgeschwindigkeit (auf Straßen): 39,5 km/h, Aktionsradius (auf Straßen): 160 km, (im Gelände): 90 km, Motortyp: Ford V-8 Benzin, Motorleistung: 95 PS bei 3.500 U/Min., Hubraum: 3.924 ccm, Tankinhalt: 110 Liter.

2-Tonnen-Gleisketten-Lkw Maultier Typ S 3000/SSM, SdKfz 3

Haupthersteller: Magirus, Gefechtsgewicht: 6,65 Tonnen, Gesamtlänge: 6,12 m, Höhe: 2,80 m, Breite: 2,22 m, Bodenfreiheit: 25 cm, Höchstgeschwindigkeit (auf Straßen): 38 km/h, Aktionsradius (auf Straßen): 170 km, (im Gelände): 80 km, Motortyp: Deutz F4 M513 4-Zyl. Diesel, Motorleistung: 80 PS bei 2.250 U/Min., Hubraum: 4.941 ccm, Tankinhalt: 70 Liter.

4,5-Tonnen Gleisketten-Lkw Maultier Typ L 4500 R, SdKfz 3

Haupthersteller: Mercedes-Benz, Herstellungszeit: 1943-44, Sitze: 2 (Kabine), Gefechtsgewicht: 12,7 Tonnen, Gesamtlänge: 7,86 m, Höhe: 3,215 m, Breite: 2,36 m, Breite der Gleisketten: 30 cm, Bodenfreiheit: 34 cm, Höchstgeschwindigkeit (auf Straßen): 36 km/h, Aktionsradius (auf Straßen): 20 km, (im Gelände): 100 km, Motortyp: DB OM 76/4 6-Zyl. Diesel, Motorleistung: 112 PS bei 2.250 U/Min., Hubraum: 7.274 ccm, Tankinhalt: 140 Liter.

Gepanzerte Halbkettenfahrzeuge

Leichter Schützenpanzerwagen Typ D 7p, SdKfz 250*

Haupthersteller: Demag, Herstellungszeit: 1939-45, Bewaffnung: siehe Übersicht über die Varianten! Gefechtsgewicht (Standard-Mannschafts-

---

*Einige Maultiere erhielten leicht gepanzerte Kabinen und Rückseiten und waren mit 10x15-cm-Wurfgestellen ausgerüstet, die in zwei Reihen zu je fünf auf einer um 360° schwenkbaren Lafette angeordnet waren. Diese Fahrzeuge wurden als SdKfz 4/1 bezeichnet.

*Die ursprüngliche Bezeichnung für die Fahrzeuge, die von 1939-42 gebaut wurden, war »leichte Mannschaftswagen«, die von 1942 ab gebauten wurden »leichte Schützenpanzerwagen« genannt. Von unbedeutenden Einzelheiten abgesehen, waren beide Fahrzeuge identisch, obwohl sie unterschiedliche SdKfz-Nummern hatten, s. unten!

2-Tonnen Gleisketten-Lkw »Maultier« Typ V 3000/SSM, SdKfz 3

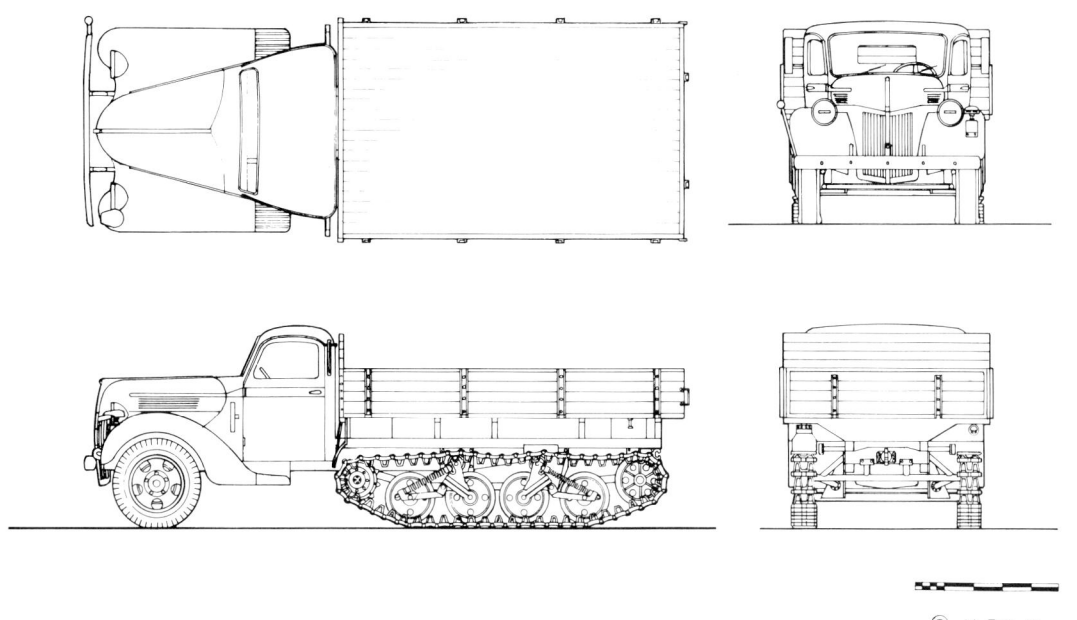

transporter): 5,7 Tonnen, Gesamtlänge: 4,56 m, Höhe: 1,66 m, Breite: 1,95 m, Breite der Gleisketten: 24 cm, Bodenfreiheit: 28,5 cm, Höchstgeschwindigkeit (auf Straßen): 65 km/h, Aktionsradius (auf Straßen): 350 km, (im Gelände): 200 km, Motortyp: Maybach HL 42 TRKM 6-Zyl. Benzin, Motorleistung: 100 PS bei 2.800 U/Min., Hubraum: 4.170 ccm, Tankinhalt: 140 Liter.

General Rommel in seinem SdKfz 250 (SPW-kurz) »Greif«. (BA/785/255/10)

Leichte Schützenpanzerwagen Typ D 7p, SdKfz 250/1

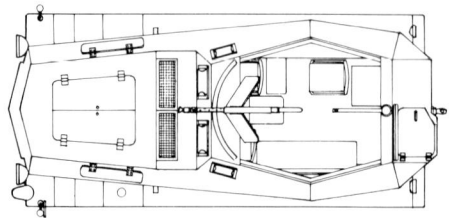
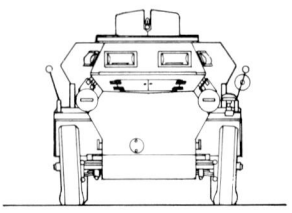
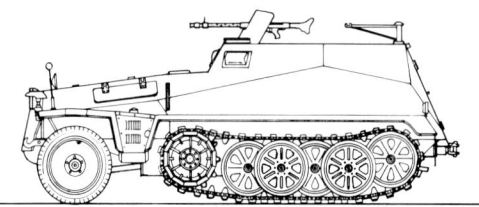
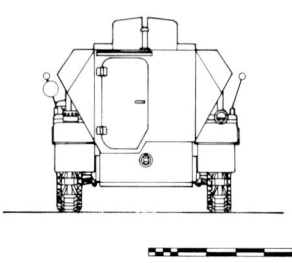

© J L Rue 87

Varianten

SdKfz 250:
leichte Mannschafts-Kraftwagen.
SdKfz 250/1:
leichte Schützen-Panzerwagen.
SdKfz 250/2:
Fernsprech-Panzerwagen.
SdKfz 250/3:
Funk-Panzerwagen.
SdKfz 250/4:
Beobachtungspanzerwagen.
SdKfz 250/5:
Meßtrupp-Panzerwagen.
SdKfz 250/6:
Munitions-Panzerwagen.
SdKfz 250/7:

8-cm-GrW-Wagen.
SdKfz 250/8:
7,5-cm-KwK 37 L/24 auf le SPW.
SdKfz 250/9:
Panzerspähwagen.
SdKfz 250/10:
3,7-cm-Pak 35/36 L/45 auf le SPW.
SdKfz 250/11:
sPzB auf le SPW.
SdKfz 250/12:
Zugführer-SPW.
SdKfz 252:
leichter Munitions-Transport-SPW.
SdKfz 253:
leichter Beobachtungs-SPW.

Ein SdKfz 250 als Befehlsfahrzeug in der Nähe von Tscherkowo im Juli 1942.
(BPK/WII/147/Grimm 243-2)

Im russischen Winter 1941-42 hatten die Deutschen die Erfahrung gemacht, daß auch für Lastkraftwagen Halbkettenfahrzeuge gebraucht wurden. Nach Improvisationen wurde die Serienproduktion unter Verwendung des Carden-Lloyd-Laufwerks begonnen. Weil dieses jedoch nicht besonders stark war, wurde es nur für Fahrzeuge mit einer Tragfähigkeit bis zu 2 Tonnen verwandt, bis dann Mercedes in 1943 mit einer 4,5-Tonnenversion herauskam, bei der Gleisketten und Räder des PzKpfw II verarbeitet wurden. Von Opel wurden etwa 4.000, von Ford 13.952, von Magirus 1.740 und von Mercedes 1.480 dieser Fahrzeuge hergestellt. Sie trugen wesentlich dazu bei, daß die Beweglichkeit der Landstreitkräfte auch bei ungünstigen Witterungs- und Geländeverhältnissen erheblich gesteigert werden konnte.

General Guderian war der grundsätzlichen Auffassung, daß die Infanterie der Panzerdivisionen mit Fahrzeugen ausgestattet werden sollte, die es ihr ermöglichten, mit den Panzern Schritt zu halten, und ihr im Kampf vom Fahrzeug Schutz boten. Aus diesem Grunde entwickelte die deutsche Armee als erste in der ganzen Welt gepanzerte Mannschaftstransportwagen (MTW) und stellte sie in großer Stückzahl her. Das SdKfz 250 war das zweite Fahrzeug dieser Reihe und folgte auf das etwas größere SdKfz 251. Es hatte einen leicht gepanzerten Aufbau auf dem Fahrgestell des 1-Tonnen-SdKfz 10 und wurde von Kradschützen- und Aufklärungseinheiten benutzt. Daneben gab es zahlreiche Umwandlungen für andere Zwecke, was aus der Übersicht über die Varianten ersichtlich ist. In bezug auf Geländegängigkeit war es einem Vollketten-Fahrzeug unterlegen, sogar einer Reihe von 8-rädrigen gepanzerten Fahrzeugen, einem normalen Räderfahrzeug war es aber weit überlegen, und daher auch als Führungsfahrzeug beliebt. Etwa 7.500 wurden hergestellt.

Mittlerer Schützenpanzerwagen Typ HL kl 6p und H kl 6 p, SdKfz 251

Haupthersteller: HL kl 6p - Borgward, H kl 6p - Hanomag, Herstellungszeit: 1939-44, Bewaffnung: siehe Übersicht über die Varianten! Gefechtsgewicht (Standard-Mannschafts-Transporter): 8,5 Tonnen, Gesamtlänge: 5,80 m, Höhe: 1,75 m, Breite: 2 m, Breite der Gleisketten: 28 cm, Bodenfreiheit: 32 cm, Höchstgeschwindigkeit (auf Straßen): 52,5 km/h, Aktionsradius (auf Straßen): 320 km, (im Gelände): 180 km, Motortyp: Maybach HL 42 TUKRM 6-Zyl. Benzin, Motorleistung: 100 PS bei 3.000 U/Min., Hubraum: 4.170 ccm, Tankinhalt: 160 Liter, Panzerung: 8-12 mm.

Varianten

SdKfz 251:
(bis 1941) mittlerer Mannschafts-Transportwagen (MTW).
SdKfz 251:
(von 1941 ab) mittlerer Schützen-Panzerwagen (SPW).
SdKfz 251/1:
m. SPW mit 28/32-cm-Wurfrahmen.
SdKfz 251/2: 8-cm-GrW-Panzerwagen.
SdKfz 251/3: m. Funk-Panzerwagen.
SdKfz 251/4: Zugpanzerwagen für l. IG (7,5 cm).

Ein reparaturbedürftiges SdKfz 251/3 in Nordafrika. (BA/429/640/9a)

Angehörige der Waffen-SS auf einem SdKfz 251, das mit einem MG 42 bewaffnet ist, während der Kämpfe bei Kursk. (BA/73/80/38)

SdKfz 251/5: m. Pionier-Schützenpanzerwagen.
SdKfz 251/6: m. Befehlswagen.
SdKfz 251/7: Pionier-Geräte-Panzerwagen.
SdKfz 251/8: m. Sanitäts-Panzerwagen.
SdKfz 251/9: 7,5-cm-StuK 37 L/24 auf m SPW.
SdKfz 251/10: 3,7-cm-Pak 35/36 L/45 auf m SPW (Zugführerwagen).
SdKfz 251/11: Fernsprechbauwagen.
SdKfz 251/12: Meßtruppe-Panzerwagen.
SdKfz 251/13: Schallaufnahme-Panzerwagen.
SdKfz 251/14: Schallauswerte-Panzerwagen.
SdKfz 251/15: Lichtauswerte-Panzerwagen.
SdKfz 251/16: m. Flamm-Panzerwagen.
SdKfz 251/17: 2-cm-Flak 38 auf m. SPW.
SdKfz 251/18: Beobachtungs-Panzerwagen.
SdKfz 251/19: Fernsprechbetriebs-Panzerwagen.
SdKfz 251/20: Infrarotscheinwerfer-Panzerwagen.
SdKfz 251/21: 1,5- oder 2-cm-Flakdrilling auf m. SPW.
SdKfz 251/22: 7,5-cm-Pak 40 L/46 auf m. SPW.

Das SdKfz 251 war der erste gepanzerte Mannschaftstransporter der Welt und das bekannteste aller deutschen Fahrzeuge, von dem etwa 16.000 hergestellt wurden. Es basierte auf dem 3-Tonnen-Halbketten-SdKfz 11 von Hanomag, dessen Kühlerhaube, Fahrerkabine und der oben offene Kampfraum leicht gepanzert waren. Das Basismodell war mit einem MG ausgerüstet, das hinter einem kleinen Schutzschild auf dem Dach des Fahrerraumes angebracht war. Daneben gab es

zahlreiche Umwandlungen für andere Verwendungszwecke, wie aus der Liste der Varianten ersichtlich ist. Das SdKfz 251 gehörte von 1941 an zur Standard-Ausrüstung der Panzergrenadier-Regimenter. Es war ein sehr wendiges Fahrzeug, mechanisch zuverlässig, aber wegen des engen Zugangs zum Motor nicht eben leicht zu warten; doch war es beliebt, da es den Infanteristen etwas Schutz gegen Splitter und gegen die Wirkung der Handfeuerwaffen bot.

Schwere Wehrmachtschlepper (sWS)

Haupthersteller: Büssing-NAG, Herstellungszeit: 1943-45, Bewaffnung: keine*, Sitze: 12, Gefechtsgewicht: 13,5 Tonnen, max. Zuggewicht: 8 Tonnen, Gesamtlänge: 6,675 m, Höhe: 2,83 m, Breite: 2,50 m, Breite der Gleisketten: 50 cm, Bodenfreiheit: 46,5 cm, Höchstgeschwindigkeit (auf Straßen): 27,4 km/h, Aktionsradius (auf Straßen): 30 km, (im Gelände): 150 km, Motortyp: Maybach HL 42 TRKMS 6-Zyl. Benzin, Motorleistung: 100 PS bei 3.000 U/Min., Hubraum: 4.198 ccm, Tankinhalt: 240 Liter. Dieses Fahrzeug erhielt keine SdKfz-Nummer.
Im weiteren Verlauf des Krieges wurden unablässig noch mehr Halbkettenfahrzeuge gefordert.

---

*Einige sWS hatten — wie einige Versionen der Maultiere — leicht gepanzerte Kabinen sowie Rückseiten und waren mit 10x15 cm Rohrblöcken für Wurfgranaten ausgestattet, die auf einer 360° schwenkbaren Lafette montiert waren.

mittlerer Schützen-Panzerwagen, Typ H kl 6p, SdKfz 251

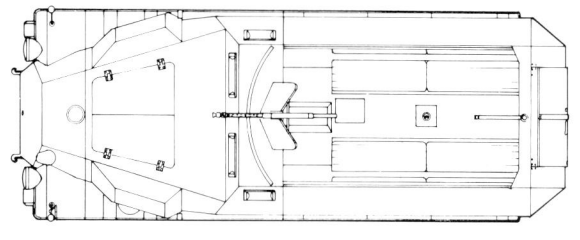
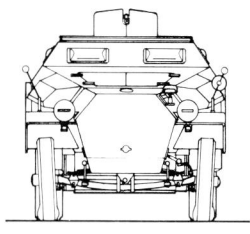

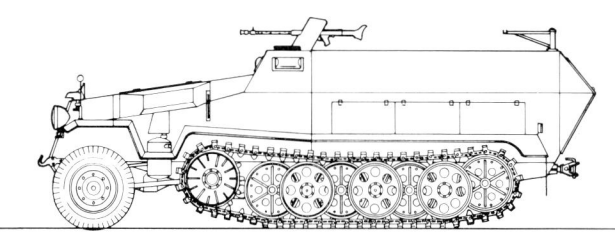
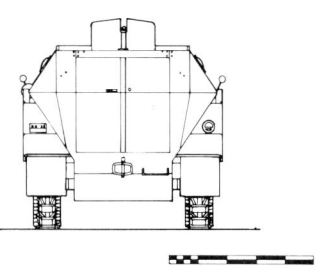

mittlerer Schützen-Panzerwagen Typ H kl, 6p, SdKfz 251/9 mit 7,5 cm Stuk 37 L/24

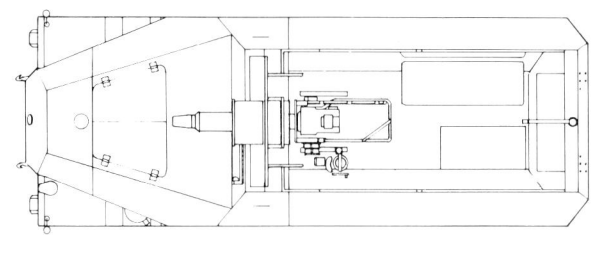
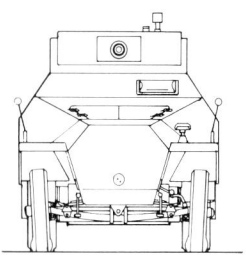

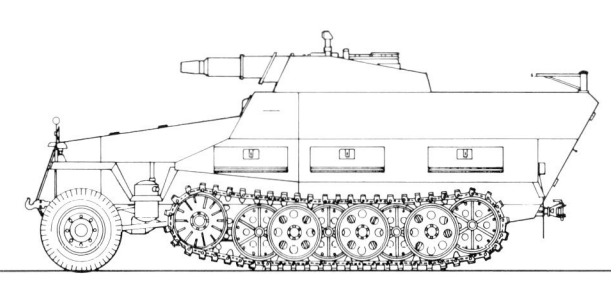
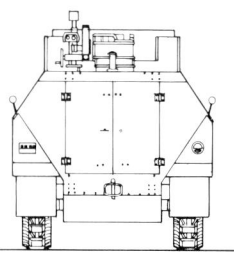

Ein SdKfz 251/17 mit einer 2-cm-Flak 38. (BA/639/4288/11)

Auf Hitlers Anordnung entwickelte Büssing-NAG in 1942 ein einfacheres Fahrzeug, das preisgünstiger und schneller herzustellen war als die bisherigen Standardmodelle. Die Qualität der Fertigung war wegen der kriegsbedingten Materialverknappung nicht so gut wie bei früheren Fahrzeugen, der sWS hatte eine schlechte Geländegängigkeit und war mechanisch unzuverlässig, es wurden nur etwa 1.000 hergestellt.

Ungepanzerte Vollkettenfahrzeuge

Raupenschlepper Ost RSO/01

Haupthersteller: Steyr, Graef & Stift, Klöckner-Deutz-Magirus, Wanderer (Auto-Union), Herstellungszeit: 1942-45, Bewaffnung: gewöhnlich keine, 1944 wurden 87 RSO/01 und /03 mit 1x7,5-cm-Pak 40 als kleine ungepanzerte Panzerjäger ausgerüstet, Sitze: 2, Gefechtsgewicht: 5,2 Tonnen, max. Zuggewicht: 3 Tonnen, Gesamtlänge: 4,425 m, Höhe: 2,53 m, Breite: 1,99 m, Breite der Gleisketten: 34 cm, Bodenfreiheit: 55

cm, Höchstgeschwindigkeit (auf Straßen): 17,2 km/h, Aktionsradius (auf Straßen): 300 km, (im Gelände): 150 km, Motortyp: Steyr V-8 Benzin, Motorleistung: 70 PS bei 2.500 U/Min., Hubraum: 3.517 ccm, Tankinhalt: 180 Liter. Der RSO erhielt keine SdKfz-Nummer!

Raupenschlepper Ost RSO/03

Wie Raupenschlepper Ost RSO/01, außer: Haupthersteller: Glöckner-Deutz-Magirus, Herstellungszeit: 1944-45, Bewaffnung: siehe oben, Gefechtsgewicht: 5,5 Tonnen, Höchstgeschwindigkeit (auf Straßen): 14 km/h, Aktionsradius (auf Straßen): 350 km, (im Gelände): 175 km, Motortyp: Deutz F4 L 514 4-Zyl. Diesel, Motorleistung: 66 PS bei 2.100 U/Min., Hubraum: 5.320 ccm, Tankinhalt: 140 Liter.

Die Halbkettenfahrzeuge waren im allgemeinen geländegängiger als Radfahrzeuge, im Winter 1941/42 gab es die Erfahrung, daß in tiefem Schnee Vollkettenfahrzeuge als Zugmaschinen notwendig waren. Demzufolge kam Steyr mit einem Modell heraus, das die Karosserie und die Transmission des 1,5-Tonnen-Standard-Lastkraftwagens Typ 640 und ein Vollkettenfahr-

Ein SdKfz 251 Ausf D der Division »Großdeutschland« läßt eine geänderte Form der Wannenrückseite erkennen. (BA/732/137/14)

Ein gepanzerter Halbketten sWS mit einer darauf montierten 3,7-cm-Flak, der am 4. September 1944 in der Nähe von Mons von amerikanischen Thunderbolts P-47 außer Gefecht gesetzt wurde. (Über G. Botquin)

werk mit Blattfeder-Laufwerk kombinierte. Es erhielt eine hohe Bodenfreiheit, weil es im tiefen Schnee verwendbar sein sollte. Im Einsatz erwies es sich als nützliches und zuverlässiges Fahrzeug, das auf der Ladefläche 1,5 Tonnen transportieren oder ein 2-Tonnen-Geschütz in Schlepp nehmen konnte.

Personenkraftwagen (Pkw)

Als die deutsche Armee Anfang der 30er Jahre mit ihrer Modernisierung begann, ergab sich für eine Vielzahl von Verwendungszwecken ein riesiger Bedarf an Nutz- und Stabswagen. Diese wurden in leichte, mittlere und schwere eingeteilt, so wie es bei Lastwagen, Halbkettenfahrzeugen und Panzern üblich war, aber im Rahmen dieser Klassifizierung ergab es viele Überschneidungen. Als Hauptmerkmal für Militärwagen wurde gefordert, daß sie 4-Rad-Antrieb haben mußten, für jedes Rad unabhängige Aufhängung, eine Differentialsperre für beide Achsen (später nur bei den schwereren Modellen auf die Hinterachse beschränkt) und einen besonderen Geländegang mit kleinerer Übersetzung. Ausnahmen mit lediglich Vorder- oder Hinterradantrieb wurden ebenfalls in Dienst gestellt. Die Ge-

staltung der Karosserie wurde soweit wie irgendmöglich standardisiert, doch es stand den einzelnen Herstellern frei, ihre eigenen Fahrgestelle, Motoren und Transmissionen zu verwenden. Dies führte zu einer großen Zahl ähnlich aussehender Fahrzeuge, die viele gemeinsame Merkmale hatten. Auf den folgenden Seiten werden die technischen Daten für jeden einzelnen Typ aufgeführt, deshalb soll hier nur eine kurze Beschreibung der Fahrzeuge folgen, die größere Unterschiede aufwiesen oder eine besondere Bedeutung hatten.

Die Mehrheit der Wagen waren viertürige Kübel, d.h. sie hatten ein Faltverdeck aus wasserdichtem Segeltuch oder ähnlichem Material. Die Stabswagen hatten im allgemeinen eine bessere Innenverarbeitung und Trittbretter; die Hersteller hatten auf der linken Seite Rahmen für Kommandowimpel angebracht. Reserveräder wurden normalerweise, auf einem Achsstumpf gesetzt, an einer der beiden Seiten mitgeführt, entweder zwischen den Türen oder auf der Kühlerhaube, manchmal in einer Vertiefung des Schutzblechs, doch es wurden auch Wagen gebaut, die das Reserverad in oder auf dem Kofferraum hatten. Die Herstellung fast aller leichten Pkw wurden 1940 eingestellt, als der VW-Kübelwagen das Standard-

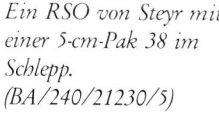

Ein RSO von Steyr mit einer 5-cm-Pak 38 im Schlepp.
(BA/240/21230/5)

Fahrzeug der Armee wurde, doch einige andere wurden noch bis 1943 hergestellt. In der schweren Klasse wurde der Typ 1500 A von Steyr von 1941 ab zum Standardfahrzeug. Mittelschwere und schwere Pkw wurden oft auch als Zugmaschinen für die leichte 3,7-cm- und 5-cm-Pak verwandt. Schwere Wagen wurden oft als Funkwagen oder als Krankenfahrzeuge mit lastwagenähnlichen Karosserien eingesetzt. Andere wurden mit Lautsprechern für Propagandazwecke ausgerüstet, oder mit Funkmeßanlagen, um die Sender der Partisanen zu orten. Die im allgemeinen vorzügliche deutsche Motorenindustrie stellte mechanisch solide und zuverlässige Fahrzeuge her, doch sie waren — unausweichlich — teuer. Die Produktionsziffern der verschiedenen Hersteller, sofern sie ermittelt werden konnten, waren: Adler: etwa 6.407, Auto-Union: etwa 5.600, BMW: etwa 5,225, Ford (Holland): 1.901, Hanomag: über 2.000, Horch: über 22.795, Mercedes-Benz: über 23.676, Opel: über 6.000, Phänomen: unbekannt, Praga: 389, Skoda: unbekannt, Steyr: 13.650, Stoewer: 8.329, Tatra: etwa 6.000, Volkswagen: 65.979, Wanderer: 5.588, in einigen Fällen schließen diese Zahlen Fahrzeuge ein, die vor 1933 hergestellt wurden.

4 x 4 leichte Gelände-Personen-kraftwagen* (le gl-Pkw) Typ 170 VG

Haupthersteller: Mercedes-Benz, Herstellungszeit: 1935, Gewicht, leer: 1,21 Tonnen, vollbeladen: 1,7 Tonnen, Gesamtlänge: 4,08 m, Höhe: 1,60 m, Breite: 1,57 m, Radstand: 2,60 m, Bodenfreiheit: 20 cm, Höchstgeschwindigkeit (auf Straßen): 90 km/h, (Viergang-Schaltung), 110 km

(Fünfgang-Schaltung), Aktionsradius (auf Straßen): 380 km, Motortyp: Daimler-Benz M 28II 4-Zyl. Benzin, Motorleistung: 38 PS bei 3.400 U/Min., Hubraum: 1.697 ccm, Tankinhalt: 50 Liter.

4 x 4 le gl-Pkw Typ 170 VL

Wie 4x4 le gl-Pkw 170 VG, außer: Herstellungszeit: 1935, Gewicht, leer: 1,22 Tonnen, vollbeladen: 1,27 Tonnen, Gesamtlänge: 4,065 m, Höhe: 1,61 m, Radstand: 2,525 m, Bodenfreiheit: 21,5 cm, Höchstgeschwindigkeit (auf Straßen): 82 km/h, Motortyp: Mercedes-Benz M136 MIL 4-Zyl. Benzin, Motorleistung: 38 PS bei 3.400 U/Min.

4 x 45 le gl-Pkw Typ G

Wie 4x4 le gl-Pkw Typ 170 VL, außer: Herstellungszeit: 1937-41, Gewicht, leer: 1,88 Tonnen, vollbeladen: 2,15 Tonnen, Gesamtlänge: 3,99 m, Höhe: 1,90 m, Breite: 1,68 m, Radstand: 2,52 m, Bodenfreiheit: 25 cm, Höchstgeschwindigkeit (auf Straßen): 85 km/h, Aktionsradius (auf Straßen): 280 km, (im Gelände): 180 km, Motortyp: Daimler-Benz M149 II 4-Zyl. Benzin, Motorleistung: 45 PS bei 3.700 U/Min., Hubraum: 2.006 ccm.

4 x 4 le Pkw Typ 170 VK

Haupthersteller: Mercedes-Benz, Herstellungs-

---

*Die Masse der Fahrzeuge war brauchbar, geländegängig, hauptsächlich die mit 4-Rad-Antrieb. Bedauerlicherweise fehlen für die meisten Modelle Zahlenangaben für die Fahrleistungen im Gelände: Die Angaben für »Aktionsradius im Gelände« fehlen im folgenden Abschnitt, weil ich nicht in der Lage war, die entsprechenden Auskünfte nutzutreiben.

Neben vielen seltsamen Konstruktionen gab es auch dieses propellergetriebene »Schneemobil«, das einen 35-PS-Motor hatte. (BA/556/947/28)

zeit: 1938-42, Gewicht, leer: 1,235 Tonnen, voll-beladen: 1,66 Tonnen, Gesamtlänge: 4,10 m, Höhe: 1,83 m, Breite: 1,69 m, Radstand: 2,845 m, Bodenfreiheit: 20 cm, Höchstgeschwindigkeit (auf Straßen): 90 km/h, Aktionsradius (auf Straßen): 330 km, Motortyp: Daimler-Benz M136 4-Zyl. Benzin, Motorleistung: 38 PS bei 3.400 U/Min., Hubraum: 1.697 ccm, Tankinhalt: 43 Liter.

4 x 2 le Pkw P4

Haupthersteller: Opel, Herstellungszeit: 1937-38, Gewicht, leer: 0,93 Tonnen, vollbeladen: 1,465 Tonnen, Gesamtlänge: 4,10 m, Höhe 1,70 m, Breite: 1,50 m, Radstand: 2,46 m, Bodenfreiheit: nicht bekannt, Höchstgeschwindigkeit (auf Straßen): 85 km/h, Aktionsradius (auf Straßen): 250 km, Motortyp: Opel 4-Zyl. Benzin, Motorlei-stung: 26 PS bei 3.400 U/Min., Hubraum: 1.279 ccm, Tankinhalt: 25 Liter.

4 x 2 le Pkw Typ 250

Haupthersteller: Steyr, Herstellungszeit: 1938-40, Gewicht, leer: nicht bekannt, vollbeladen: 1,65 Tonnen, Gesamtlänge: 4,20 m, Höhe: 1,80 m, Breite: 1,70 m, Radstand: 2,60 m, Bodenfreiheit: 20 cm, Höchstgeschwindigkeit (auf Straßen): 75 km/h, Aktionsradius (auf Straßen): 400 km, Motortyp: Steyr 4-Zyl. Benzin, Motorleistung: 25 PS bei 3.600 U/Min., Hubraum: 1.158 ccm, Tankinhalt: 46 Liter.

4 x 2 le Pkw Polular 1100

Haupthersteller: Skoda, Herstellungszeit: 1939-42, Gewicht, leer: 0,95 Tonnen, vollbeladen: nicht bek., Gesamtlänge: 4 m, Höhe: 1,56 m, Breite: 1,50 m, Radstand: 2,485 m, Bodenfreiheit: 20 cm, Höchstgeschwindigkeit (auf Straßen): 100 km/h, Aktionsradius (auf Straßen): 330 km, Motortyp: Skoda 4-Zyl. Benzin, Motorleistung: 32 PS bei 3.500 U/Min., Hubraum: 1.089 ccm, Tankinhalt: 35 Liter.

4 x 2 le Pkw Typ 57 K

Haupthersteller: Tatra, Herstellungszeit: 1941-43, Gewicht, leer: 0,97 Tonnen, vollbeladen: 1,39 Tonnen, Gesamtlänge: 3,98 m, Höhe: 1,69 m, Breite: 1,55 m, Radstand: 2,55 m, Bodenfreiheit: 22 cm, Höchstgeschwindigkeit (auf Straßen): 90 km/h, Aktionsradius (auf Straßen): 380 km, Motortyp: Tatra 4-Zyl. Benzin, Motorleistung: 23 PS bei 3.000 U/Min., Hubraum: 1,256 ccm, Tankinhalt: 38 Liter.

4 x 4 leichte Gelände-Einheits-Personenkraftwagen (le gl Einh-Pkw) R 180 Spezial

Haupthersteller: Stoewer, Herstellungszeit: 1936-38, Gewicht, leer: 1,775 Tonnen, vollbeladen: 2,2 Tonnen, Gesamtlänge: 3,90 m, Höhe 1,90 m, Breite: 1,69 m, Radstand: 2,40 m, Bodenfreiheit: 23,5 cm, Höchstgeschwindigkeit (auf Straßen):

4 x 2 leichte Gelände-Personenkraftwagen Typ 170 VK

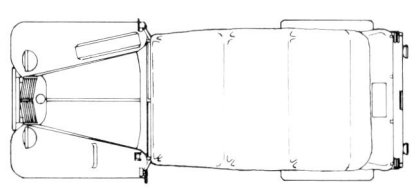
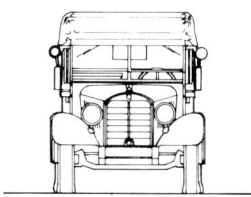
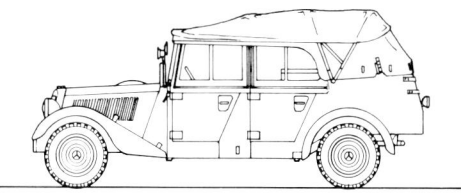
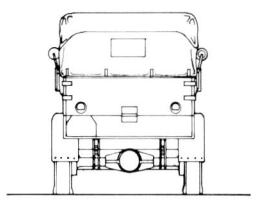

75 km/h, Aktionsradius (auf Straßen): 350 km, (im Gelände): 240 km, Motortyp: Stoewer R 180 W 4-Zyl. Benzin, Motorleistung: 42 PS bei 3.600 U/Min., Hubraum: 1.757 ccm, Tankinhalt: 60 Liter.

4 x 4 le gl Einh-Pkw R 200 Spezial Typ 40

Wie 4x4 le gl Einh-Pkw R 180, außer: Herstellungszeit: 1940-43, Gewicht, leer: 1,7 Tonnen, Höchstgeschwindigkeit (auf Straßen): 80 km/h, Motortyp: Stoewer R AW2 4-Zyl. Benzin, Motorleistung: 50 PS bei 3.600 U/Min., Hubraum: 1.997 ccm.

4 x 4 le gl Einh-Pkw Typ 325

Wie 4x4 le gl Einh-Pkw R 20, außer: Hauptersteller: BMW, Herstellungszeit: 1937-40, Leergewicht: 1,775 Tonnen, Motortyp: BMW 325 6-Zyl. Benzin, Motorleistung: 50 PS bei 3.750 U/Min., Hubraum: 1.957 ccm.

4 x 4 le gl Einh-Pkw Typ 20 B

Wie 4x4 le gl Einh-Pkw Typ 325, außer: Haupthersteller: Hanomag, Motortyp: Hanomag 20 B 4-Zyl. Benzin, Motorleistung: 50 PS bei 3.500 U/Min., Hubraum: 1.991 ccm.

Viele Wagen dieses Einheitsprogramms hatten keine Türen und ein schräges Verdeck. Die BMW waren Zweisitzer. Fotos zeigen, daß die Stoewer Spezial manchmal mit Zwillings-MG für die Fliegerabwehr ausgestattet waren.

4 x 2 le gl Pkw VW-Kübelwagen Typ 62

Haupthersteller: Volkswgen (Porsche), Herstellungszeit: 1939, Gewicht, leer: 0,65 Tonnen, vollbeladen: 1,1 Tonnen, Gesamtlänge: 3,75 m, Höhe 1,55 m, Breite: 1,55 m, Radstand: 2,40 m, Bodenfreiheit (leer): 26 cm, (vollbeladen): 24 cm, Höchstgeschwindigkeit (auf Straßen): 83 km/h, Aktionsradius (auf Straßen): 440 km, Motortyp: Porsche 4-Zyl., Hubraum: 985 ccm, Tankinhalt: 40 Liter.

4 x 2 le gl Pkw VW-Kübelwagen Typ 82

Wie 4x2 le gl Pkw VW-Kübelwagen Typ 62, außer: Herstellungszeit: 1940-45, Gewicht, leer: 0,725 Tonnen, vollbeladen: 1,175 Tonnen, Gesamtlänge: 3,74 m, Höhe: 1,65 m, Breite: 1,60 m,

Bodenfreiheit (leer): 29 cm, (vollbeladen): 27,5 cm, Höchstgeschwindigkeit (auf Straßen): 80 km/h, Motorleistung: 23,5 PS bei 3.000 U/Min. bis März 1943, danach 25 PS, Hubraum: 985 ccm bis März 1943, danach 1.131 ccm.

4 x 4 le VW-Pkw Typ K2/Typ 128 Schwimmwagen

Wie 4x2 le VW-Pkw Typ 82 Kübelwagen, außer: Herstellungszeit: 1941, Gewicht, leer: 0,9 Tonnen, vollbeladen: 1,35 Tonnen, Gesamtlänge: 4,20 m, Höhe: 1,71 m, Breite: 1,62 m, Bodenfreiheit (leer): 26,5 cm, vollbeladen: 24,5 cm, Freibord: 35,5 cm, Höchstgeschwindigkeit (auf Straßen): 80 km/h, (im Wasser): 10 km/h, Motorleistung: 25 PS bei 3.000 U/Min., Hubraum: 1.131 ccm, Tankinhalt: 42 Liter.

4 x 4 le VW-Pkw Typ K2s/Typ 166 Schwimmwagen

Wie 4x4 le VW-Pkw Typ K2/Typ 128, außer: Herstellungszeit: 1942-44, Gewicht, leer: 0,91 Tonnen, vollbeladen: 1,345 Tonnen, Gesamtlänge: 3,825 m, Höhe: 1,615 m, Breite: 1,48 m, Radstand: 2 m, Aktionsradius (auf Straßen): 520 km, Tankinhalt: 50 Liter.

4 x 4 le VW-Pkw Typ 87 Limousine (»Käfer«)

Wie 4x4 le VW-Pkw Typ K2s/Typ 166, außer: Herstellungszeit: 1942-44, Gewicht, leer: 0,82 Tonnen, vollbeladen: 1,24 Tonnen, Gesamtlänge: 3,85 m, Höhe: 1,63 m, Breite: 1,54 m, Radstand: 2,40 m, Aktionsradius (auf Straßen): 420 km, Tankinhalt: 40 Liter.

4 x 2 le VW-Pkw Typ E/Typ 51 Limousine (»Käfer«)

Wie 4x4 le VW-Pkw Typ 87 Limousine, außer: Herstellungszeit: (Typ 82E) 1943-45, (Typ 51) 1945-46, Gewicht, leer: 0,755 Tonnen, vollbeladen: 1,175 Tonnen, Gesamtlänge: 4,06 m, Höhe: 1,64 m, Breite: 1,57 m, Bodenfreiheit, leer: 29 cm, vollbeladen: 27,5 cm.

Der VW-Kübelwagen war der bekannteste und am meisten benutzte Personenkraftwagen der deutschen Armee. Er basierte auf dem von Porsche entwickelten Volkswagen, der auch für den Dienst in der Wehrmacht herangezogen wurde. Die militärische Version als Kübelwagen hatte ein verstärktes Fahrgestell und eine geschweißte

4 x 4 le gl Einh-Pkw Typ 20 B
Fernsprech-Kraftwagen

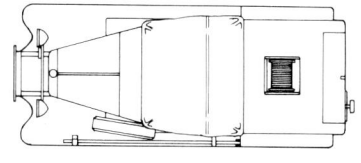
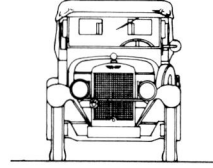

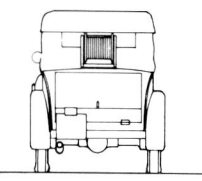

© J L Rue 87

4 x 2 le Pkw VW-Kübelwagen Typ 82

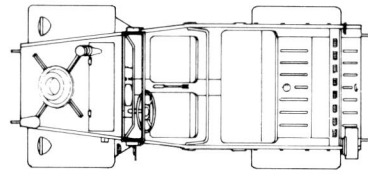
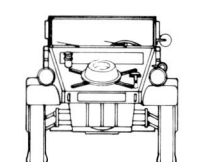
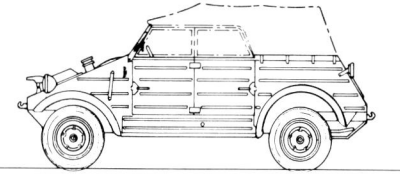
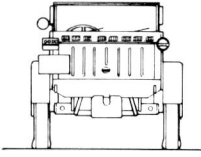

© J L Rue 87

Karosserie, außerdem eine kleinere Übersetzung und eine Differentialsperre an der Hinterachse, um die Geländegängigkeit zu verbessern. Das Reserverad war auf der Kühlerhaube befestigt. Es wurden auch Versuchsversionen hergestellt, bei denen ein Satz kleiner Gleisketten das Hinterrad ersetzten, mit breiteren Rädern zur Fahrt über Schnee, mit verlängerten Achsen, damit sie auf Eisenbahnschienen fahren konnten, und mit abnehmbaren Skiern, die auf die Vorderräder paßten. Typ 62 war der Prototyp, und Typ 82 war die Serienversion, von der 50.435 Exemplare hergestellt wurden.

Der Schwimmwagen wurde eingeführt, weil das Heer ein leichtes amphibisches Fahrzeug brauchte, mit dem die Aufklärungseinheiten in Rußland, wo es zahlreiche, breite Flüsse gibt, ausgestattet werden sollte. Es hatte eine völlig neue badewannenförmige Karosserie und an der Heckseite einen Propeller, der hochgeklappt wurde, wenn das Fahrzeug das Wasser verließ. Zur Beweglichkeit verfügte es über ein 4-Rad-Antrieb. Typ 128 war der Prototyp, von dem 30 gebaut wurden, Typ 166 die Serienversion von der 14.283 Exemplare fertiggestellt wurden.

Außerdem wurden 564 Fahrzeuge des Typs 87 und 667 Fahrzeuge des VW-Käfers vom Heer benutzt. Ihre bewährte Robustheit und Zuverläs-

sigkeit verhalfen ihnen zu einer Erfolgsgeschichte, die sich bis zum heutigen Tag fortgesetzt hat.

4 x 2 mittlerer Kübel-Personenkraftwagen (m Kübel-Pkw) Typ 290

Haupthersteller: Mercedes-Benz, Herstellungszeit: 1934-35, Gewicht, leer: 1,5 Tonnen, vollbeladen: 1,95 Tonnen, Gesamtlänge: 4,45 m, Höhe: 1,66 m, Breite: 1,73 m, Radstand: 2,88 m, Bodenfreiheit: 24 cm, Höchstgeschwindigkeit (auf Straßen): 98 km/h, Aktionsradius (auf Straßen): 50 km, Motortyp: Daimler-Benz M18 6-Zyl. Benzin, Motorleistung: 60 PS bei 3.200 U/Min., Hubraum: 2.867 ccm, Tankinhalt: 80 Liter.

4 x 2 m Kübel-Pkw Typ 290

Wie 4x2 m Kübel-Pkw Typ 290, außer: Herstellungszeit: 1936-37, Gewicht, leer: 1,47 Tonnen, vollbeladen: 1,92 Tonnen, Gesamtlänge: 4,48 m, Höhe: 1,665 m, Breite: 1,78 m, Bodenfreiheit: 24,5 cm, Höchstgeschwindigkeit (auf Straßen): 100 km/h, Motortyp: Daimler-Benz M18 II 6-Zyl. Benzin, Motorleistung: 68 PS bei 3.200 U/Min.

4 x 2 m Kübel-Pkw Typ 320 WK

Wie 4x2 m Kübel-Pkw Typ 290, außer: Herstellungszeit: 1936-39, Gewicht, leer: 1,71 Tonnen, vollbeladen: 2,32 Tonnen, Gesamtlänge: 4,555 m, Höhe: 1,715 m, Breite: 1,81 m, Höchstgeschwindigkeit (auf Straßen): 118 km/h, Aktionsradius (auf Straßen): 800 km, Motortyp: Daimler-Benz M142 I 6-Zyl. Benzin, Motorleistung: 78 PS bei 4.000 U/Min., Hubraum 3.208 ccm, Tankinhalt: 140 Liter.

4 x 2 m Kübel-Pkw Typ 12 N-3G

Haupthersteller: Adler, Herstellungszeit: 1933-35, Gewicht, leer: 1,85 Tonnen, vollbeladen: 2,2 Tonnen, Gesamtlänge: 4,20 m, Höhe: 1,50 m, Breite: 1,70 m, Radstand: 2,84 m, Bodenfreiheit: nicht bek., Höchstgeschwindigkeit (auf Straßen): 75 km/h, Aktionsradius (auf Straßen): 410 km, Motortyp: Adler Typ 3 G 6-Zyl. Benzin, Motorleistung: 60 PS bei 3.300 U/Min., Hubraum: 2.916 ccm, Tankinhalt: 85 Liter.

Rechts: Kübelwagen und dazugehörige Lastwagen der Division »Groß-deutschland«. (BA/748/81/30a)

Links: Einer der überall anzutreffenden VW-Kü-bel, in Tunesien aufge-nommen. (BA/557/1022/12)

Links unten: Ein Tiger I der s SS-Pz-Abt. 101, im Juni 1944 in Morgny. Der im Vordergrund ge-parkte VW-Schwimmwa-gen hat als Verkehrspo-sten den Auftrag, den Fahrzeugen die einzu-schlagende Richtung an-zuzeigen. (BA/299/1804/6)

VW-Schwimmwagen der zweiten Waffen-SS-Divi-sion »Das Reich« wäh-rend der Ausbildung in Frankreich, 1942. (BA/75/119/22)

Rechts unten: Ein VW-Kübel in voller Fahrt in der Wüste. (IWM/MH 5548)

4 x 2 m Kübel-Pkw Typ 3 GD

Wie 4x2 m Kübel-Pkw 12 N/3G, außer: Herstellungszeit: 1936-40, Gewicht, vollbeladen: 2,21 Tonnen, Gesamtlänge: 4,80 m, Höhe: 2 m, Breite: 1,80 m, Radstand: 3,355 m, Bodenfreiheit: nicht bek., Höchstgeschwindigkeit (auf Straßen): 80 km/h, Aktionsradius (auf Straßen): 500 km, Tankinhalt: 85 Liter.

4 x 2 m Kübel-Pkw Wanderer W 11 (2,5 Ltr.)

Haupthersteller: Wanderer (Auto-Union), Herstellungszeit: 1933-36, Gewicht, leer: 1,63 Tonnen, vollbeladen: 2,08 Tonnen, Gesamtlänge: 4,80 m, Höhe: 1,05 m, Breite: 1,87 m, Radstand: 3 m, Bodenfreiheit: 23 cm, Höchstgeschwindigkeit (auf Straßen): 300 km, Motortyp: Wanderer 2,5 Ltr. 6-Zyl. Benzin, Motorleistung: 50 PS bei 3.000 U/Min., Hubraum: 2.540 ccm, Tankinhalt: 52 Liter.

4 x 2 m Kübel-Pkw Wanderer W 11 (3 Liter)

Wie 4x2 Kübel-Pkw Wanderer W 11 (2,5 Ltr.), außer: Herstellungszeit: 1937-41, Gewicht, leer: 1,76 Tonnen, vollbeladen: 2,35 Tonnen, Gesamtlänge: 4,85 m, Höhe: 1,96 m, Breite: 1,83 m, Bodenfreiheit: 26,5 cm, Höchstgeschwindigkeit (auf Straßen): 85 km/h, Aktionsradius (auf Straßen): 300 oder 410 km, je nach Größe des Tankinhalts, Motortyp: Wanderer 3 Liter 6-Zyl. Benzin, Motorleistung: 60 PS bei 3.000 U/Min., Hubraum: 2.979 ccm, Tankinhalt: 52 oder 70 Liter.

4 x 2 m Kübel-Pkw Wanderer W 23 S

Wie 4x2 m Kübel-Pkw Wanderer W 11 (3 Ltr.), außer: Herstellungszeit: 1937-39, Gewicht, leer: 1,65 Tonnen, vollbeladen: 2,3 Tonnen, Gesamtlänge: 5 m, Höhe 2m, Breite: 1,80 m, Radstand: 3,10 m, Höchstgeschwindigkeit (auf Straßen): 90

Kavalleristen reiten an einem Mercedes 4x2 Typ 320 WK vorbei, 1940 in Frankreich. (BA/81/146/2a)

Ein im russischen Schlamm steckengebliebener Kübelwagen Typ Adler 3 GD (mit Luftwaffen-Nr.) wird ausgegraben. (BA/639/4252/25)

km/h, Aktionsradius (auf Straßen): 410 km, Motortyp: Wanderer W 23 6-Zyl. Benzin, Motorleistung: 62 PS bei 3.500 U/Min., Hubraum: 2.651 ccm, Tankinhalt: 70 Liter.

4 x 2 m Kübel-Pkw Typ 830 R

Hauptsteller: Horch, Herstellungszeit: 1934-37, Gewicht, leer: 1,82 Tonnen (2,35 Tonnen als Funkwagen, vollbeladen: 2,2 oder 2,7 Tonnen, Gesamtlänge: 4,75 m, Höhe: 1, 85 m (1,95 m als Funkwagen), Breite: 1,78 m oder 1,80 m, Radstand: 3,20 m, Bodenfreiheit: nicht bek., Höchstgeschwindigkeit (auf Straßen): 110 km/h, Aktionsradius (auf Straßen): 375 km, Motortyp: Horch V-8 Benzin, Motorleistung (die ersten Modelle): 62 km/h bei 3.000 U/Min., (spätere Modelle): 70 km/h, Hubraum (erste Modelle): 3.004 ccm, spätere Modelle: 3.250 ccm, Tankinhalt: 75 Liter.

4 x 4 mittlerer Gelände-Einheits-Personenkraftwagen (m gl Einh-Pkw) 901 und 901 Typ 40

Hauptsteller: Horch, Wanderer (Auto Union), Herstellungszeit: (Typ 091) 1937-40, Horch 901 Typ 40: 1940-43, Wanderer 901 Typ 40: 1940-41, Gewicht, leer: 2,7 Tonnen, vollbeladen: 3,3 Tonnen (3,68 Tonnen als Funkwagen), Gesamtlänge: 4,70 m (4,80 m als Funkwagen), Höhe: 2,07 m, Breite: 1,86 m, 1,80 m), Radstand: 3,10 m, Bodenfreiheit: 25 cm, Höchstgeschwindigkeit (auf Straßen): 90 km/h, Aktionsradius (auf Straßen): 420 km, (im Gelände): 300 km, Motortyp: Horch V-8 Benzin, Motorleistung: 80 PS bei 3.600 U/Min., Hubraum: 3.517 ccm, Tankinhalt: 110 Liter.

4 x 4 m gl Einh-Pkw 901 Typ 40 Kabriolet

Hauptsteller: Horch, Herstellungszeit: 1940-42, Gewicht, leer: 3,08 Tonnen, vollbeladen: 3,4 Tonnen, Gesamtlänge: 4,80 m, Höhe: 1,93 m, Breite: 1,86 m, Höchstgeschwindigkeit (auf Straßen): 95 km/h, Motortyp: Horch V-8 Benzin, Motorleistung: 90 PS bei 3.600 U/Min., Hubraum: 3.823 ccm.

4 x 4 m gl Einh-Pkw mPl und Typ 40

Hauptsteller: (Typ mPl) Opel, (Typ 40), Wanderer, (Opel) 1940-43, (Wanderer) 1942-43, Gewicht, leer: 2,70 Tonnen, vollbeladen: 3,3 Tonnen, Gesamtlänge: 4,70 m, Höhe: 2,30 m, Breite: 1,86 m, Höchstgeschwindigkeit (auf Straßen): 90 km/h, Aktionsradius (auf Straßen): 450 km, (im Gelände): 320 km, Motortyp: Opel 6-Zyl. Benzin, Motorleistung: 68 PS bei 2.800 U/Min., Hubraum: 3.626 ccm.

6 x 4 schwere Gelände-Personenkraftwagen (s gl-Pkw) Typ G 4

Hauptsteller: Mercedes-Benz, Herstellungszeit: 1934-39, Gewicht, leer: 3,55 Tonnen, vollbeladen: 4,4 Tonnen, Gesamtlänge: 5,36 m, Höhe: 1,90 m, Breite: 1,86 m, Radstand: 4,05 m, Bodenfreiheit: 23,3 cm, Höchstgeschwindigkeit (auf Straßen): 67 km/h, Aktionsradius (auf Straßen): 500 km, (im Gelände): 320 km, Motortyp: (1934-35) Daimler-Benz M24, (1934-37) M124, (1938-39) M 24 II 8-Zyl. Benzin, Motorleistung: (M24) 100 PS bei 3.400 U/Min., (M124) 115 PS bei 3.400 U/Min., (M24 II) 110 PS bei 3.400 U/Min., Hubraum: 5.018 ccm, 5.252, bzw. 5.401 ccm, Tankinhalt: 140 Liter.

Dies ist der Stabswagen, der von Hitler und anderen prominenten Parteigrößen bevorzugt und oft bei Paraden und militärischen Aufmärschen gezeigt wurde, es was ein 6-Sitzer.

Mittelschwerer Wagen des 4x4-Einheitsprogramms von Horch in Afrika. (BA/782/41/29)

4 x 4 s gl Einh-Pkw 108 Typ a und b

Haupthersteller: Horch, Herstellungszeit: 1937-38, Gewicht, leer: 2,4 Tonnen, vollbeladen: 3,3 Tonnen, Gesamtlänge: 4,85 m, Höhe 2,04-2,10 m, Breite: 2 m, Radstand 3 m, Bodenfreiheit: 25 cm, Höchstgeschwindigkeit (auf Straßen): 81 km/h, Aktionsradius (auf Straßen): 370 km, (im Gelände): 280 km, Motortyp: Horch V-8 Benzin, Motorleistung: 81 PS bei 3.600 U/Min., Hubraum: 3.515 ccm, Tankinhalt: 120 Liter.

4 x 4 s gl Einh-Pkw 108 Typ 40

Wie 4x4 a gl Einh-Pkw 108 Typ a und b, außer: Herstellungszeit: 1940-42, Höchstgeschwindigkeit (auf Straßen): 90 km/h, Motorleistung: 90 PS bei 3.600 U/Min.

4 x 4s gl Einh-Pkw EGa, EGb, EGd und EG Typ 40

Wie 4x4 s gl Einh-Pkw 108 Typ 40, außer: Haupthersteller: Ford (Holland), Herstellungszeit: 1939-40, Höchstgeschwindigkeit (auf Straßen): 85 km/h, Aktionsradius (auf Straßen): 330 km, (im Gelände): 250 km, Motortyp: Ford V-8 Benzin, Motorleistung: 78 PS bei 3.500 U/Min., Hubraum: 3.613 ccm.

4 x 4 a gl Pkw Typ 1500 A (Mercedes-Benz)

Haupthersteller: Mercedes-Benz, Herstellungszeit: 1941-43, Gewicht, leer: 2,39 Tonnen, vollbeladen: 4,08 Tonnen (auf der Straße; im Gelände: 3,85 Tonnen), Gesamtlänge: 4,93 m, Höhe: 2,225 m, Breite: 2,05 m, Radstand: 3 m, Bodenfreiheit: 24 cm, Höchstgeschwindigkeit (auf Straßen): 85 km/h, Aktionsradius (auf Straßen): 370 km, (im Gelände): 230 km, Motortyp: Daimler-Benz M159 6-Zyl. Benzin, Motorleistung: 60 PS bei 3.000 U/Min., Hubraum: 2.594 ccm, Tankinhalt: 70 Liter.

4 x 4 s gl Pkw Typ 1500 A (Steyr)

Haupthersteller: Steyr, Herstellungszeit: 1941-44, Gewicht, leer: 2,5 Tonnen, vollbeladen: 4,16 Tonnen, Gesamtlänge: 5,08 m, Höhe: 2,32 m, Breite: 2,03 m, Radstand: 3,25 m, Bodenfreiheit: 27,5 cm, Höchstgeschwindigkeit (auf Straßen): 90 km/h, Aktionsradius (auf Straßen): 400 km, (im Gelände): 280 km, Motortyp: Steyr, V-8 Ben-

6 x 4 schwere Gelände-Personenkraftwagen Typ G 4

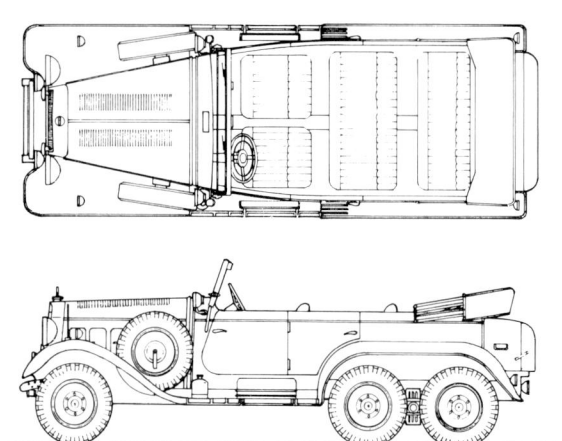
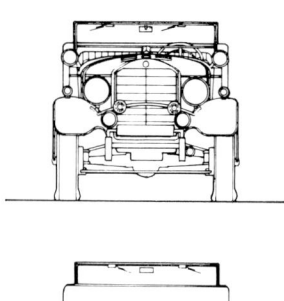
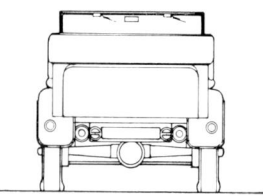

© J L Rue 87

Links oben: Ein Horch 4x4 901 Typ 40 der Division »Hermann Göring«. (BA/639/4277/6)

zin, Motorleistung: 85 PS bei 3.000 U/Min., Hubraum: 3.517 ccm, Tankinhalt: 100 Liter.

4 x 4 s gl Pkw Typ 1500 A (Phänomen Granit)

Haupthersteller: Phänomen Granit, Herstellungszeit: 1941-43, Gewicht, leer: 2,215 Tonnen, vollbeladen: 3,65 Tonnen, Gesamtlänge: nicht bek., Höhe und Breite: nicht bek., Radstand: 3,27 m, Bodenfreiheit: 25,7 cm, Höchstgeschwindigkeit (auf Straßen): 80 km/h, Aktionsradius (auf Straßen): 370 km, (im Gelände): 230 km, Motortyp: Phänomen Granit Typ 27 4-Zyl. Benzin, Motorleistung: 50 PS bei 2.800 U/Min., Hubraum: 2.678 ccm, Tankinhalt: 72 Liter.

Der Steyr 1500 A wurde von 1941 an der schwere Standardwagen der Armee. Es wurden 12.450 Stück hergestellt. Von den beiden anderen Typen gab es zusammen weniger als die Hälfte.

Lastwagen

Mehrere Standardisierungsversuche wurden unternommen, z.B. durch das Einheitsdieselprogramm oder das Schell-Programm, das 1938 von Oberst (dem späteren General) Schell vorgestellt wurde, um die unübersehbare Zahl der Lastwagentypen zu reduzieren, aber die deutsche Ar-

Ein Mercedes-Benz 4x4 Typ 1500 A mit General Balck als Beifahrer. (BA/732/117/6)

Ein schwerer Funkwagen des Horch-Einheitsprogramms 4x4 108 des 2. Fallschirm-Panzerregiments der Division »Hermann Göring«. (BA/639/4260/33a)

mee litt bis Kriegsende unter der Vielfältigkeit der Modelle. Dadurch wurde die Wartung und die Versorgung mit Ersatzteilen oft ein Problem. Alle in diesem Abschnitt beschriebenen Fahrzeuge wurden sowohl für den Transport von Lasten als auch für Mannschaften gebaut. Es gab sie auch als Sanitäts-, Funk-, Fernsprech-, Pionier- und Bergefahrzeuge. Die Qualität der Herstellung war im allgemeinen gut, aber mit der Dauer des Krieges wurden Improvisationen unumgänglich, so gab es z.B. Fahrerkabinen aus Preßpappe anstatt aus Stahl. Aus ähnlichen Gründen wurden zum Ende des Krieges viele Lastwagen auf den Betrieb mit Methan umgestellt, das durch

Holzvergasung produziert wurde. Sie kamen nur in der Heimat oder in den besetzten Gebieten zur Verwendung.

Wie im vorhergehenden Abschnitt werden Einzelangaben nur über die wichtigsten Fahrzeuge gemacht. Die Gesamtproduktion der Lastwagen für die deutsche Armee zwischen 1933 und 1945 lag bei über 324.000, doch sie reichte nicht aus, auch dann nicht, als Beutefahrzeuge verwendet wurden, um noch mehr Divisionen zu motorisieren.

Erstaunlicherweise machte die deutsche Armee nur wenig von Panzer-Tiefladern Gebrauch, sondern verließ sich eher auf die Eisenbahn. Zwei Anhänger wurden immerhin hergestellt, der 8-rädrige 22-Tonnen-Sonderanhänger 116 und eine 24-rädrige 68-Tonnen-Version, die für den Transport des Tiger und des Panther geeignet waren. Beide hatten am hinteren Ende eine kleine Fahrerkabine für einen zweiten Fahrer, der die Hinterräder steuern sollte. Gewöhnlich wurden sie von einem 18-Tonnen-SdKfz 9 gezogen.

Leichte Lastwagen

6 x 4 leichte geländegängige 1-Tonnen-Lastkraftwagen (le gl Lkw) L2 H 43

Haupthersteller: Krupp, Herstellungszeit: 1933-36, Gewicht, leer*: 2,45-2,6 Tonnen, vollbeladen: 3,6-3,75 Tonnen, max. Zuggewicht: 1 Tonne, Gesamtlänge: 4,95-5,10 m, Höhe: 1,93-2,30 m, Breite: 1,95-1,96 m, Radstand: 3,30 m, Bodenfrei-

---

*Gewichtsangaben für leere und beladene Fahrzeuge sind abhängig von der Verwendung, für die das Fahrzeug gebaut wurde, ob es z.B. einfacher Transporter für Lasten oder Mannschaften war oder ein Funk-, Fernsprech- oder Sanitätsfahrzeug. Alle Angaben aufzuführen, würde den Rest des Buches füllen, deshalb werden nur Mindest- und Höchstgewichte und entsprechende Abmessungen angegeben.

heit: 22,5 cm, Höchstgeschwindigkeit (auf Straßen): 70 km/h, Aktionsradius (auf Straßen): 400 km, (im Gelände): 275 km, Motortyp: Krupp M 304 4-Zyl. Benzin, Hubraum: 3.308 ccm, Tankinhalt: 110 Liter.

6 x 4 le gl 1-Tonnen-Lkw L2 H143

Wie 6x4 le gl 1-Tonnen-Lkw L2 H43, außer: Herstellungszeit: 1937-41, Gewicht, leer: 2,45-2,825 Tonnen, vollbeladen: 3,6-3,68 Tonnen, Gesamtlänge: 5,10 m, Höhe: 1,93-2,25 m, Breite: 1,92-1,96 m, Radstand: 3,355 m, Motorleistung: 60 PS bei 3.000 U/Min.

Dieses Fahrzeug wurde oft als Zugfahrzeug für die 3,7-cm-Pak 35/36 benutzt und hatte auch Scheinwerfer. Einige waren mit einer einzelnen 2-cm-Flak ausgerüstet.

6 x 4 le gl 1,5-Tonnen-Lkw M 206

Haupthersteller: Magirus, Herstellungszeit: 1934-37, Gewicht, leer: 3,2-3,85 Tonnen, vollbeladen: 4,85-5,23 Tonnen, max. Zuggewicht: nicht bek., Gesamtlänge 5,35-5,63 m, Höhe: 2,35-2,65 m, Breite: 2,06-2,25 m, Radstand: 3,3665 m, Bodenfreiheit: 22,5 cm, Höchstgeschwindigkeit (auf Straßen): 62 km/h, Aktionsradius (auf Straßen): 250 km, (im Gelände): 200 km, Motortyp: Magirus S 88 6-Zyl. Benzin, Motorleistung: 70 PS bei 2.200 U/Min., Hubraum: 4,562 ccm, Tankinhalt: 90 Liter.

6 x 4 le gl 1,5-Tonnen-Lkw Typ 640

Haupthersteller: Steyr, Herstellungszeit: 1937-41, Gewicht, leer: 2,40-2,88 Tonnen, vollbeladen: 3,8-4 Tonnen, max. Zuggewicht: 2,5 Tonnen, Gesamtlänge: 4,88-5,33 m, Höhe: 2,33-2,65 m,

Die Deutschen benutzten nur selten Anhänger für den Transport von Panzern, sie verließen sich lieber auf die Eisenbahn. Hier wird eine vehältnismäßig seltene Aufnahme eines 8-rädrigen Anhängers mit einem PzKpfw III gezeigt, zumeist wurden sie zur Bergung ausgefallener Kampfpanzer verwendet. (BA/639/4262/9)

Breite: 1,73-1,80 m, Radstand: 3,56 m, Bodenfreiheit: 22 cm, Höchstgeschwindigkeit (auf Straßen): 70 km/h, Aktionsradius (auf Straßen): 270 km, (im Gelände): 180 km, Motortyp: Steyr Typ M640 6-Zyl. Benzin, Motorleistung: 55 PS bei 3.800 U/Min., Hubraum: 2.260 ccm, Tankinhalt: 75 Liter.

Die Karosserie dieses Fahrzeuges stellte die Basis für den Halbketten-sWS, viele wurden als Sanitätsfahrzeuge gebaut.

4 x 2 le 1,5-Tonnen-Lkw(ö) Typ 2,5-32

Haupthersteller: Opel-Blitz, Herstellungszeit: 1938-42, Gewicht, leer: 1,525 Tonnen, vollbeladen: 3,2 Tonnen, max. Zuggewicht: nicht bek., Gesamtlänge: 5,40 m, Höhe: 1,845-2,285 m, Breite: 1,94 m, Radstand: 3,25 m, Bodenfreiheit: 20,6 cm, Höchstgeschwindigkeit (auf Straßen): 80 km/h, Aktionsradius (auf Straßen): 340 km (im Gelände): nicht bek., Motortyp: Opel 6-Zyl. Benzin, Motorleistung: 53 PS bei 3.400 U/Min., Hubraum: 2.473 ccm, Tankinhalt: 57 Liter.

4 x 2 Wehrmacht-Krankenwagen Typ 25H

Haupthersteller: Phänomen Granit: 1936-39, Gewicht, leer: 2,36 Tonnen, vollbeladen: 2,96 Tonnen, max. Zuggewicht: nicht bek., Gesamtlänge: 5,10 m, Höhe: 2,25 m, Breite: 2,04 m, Radstand: 3,26 m, Bodenfreiheit: 23 cm, Höchstgeschwindigkeit (auf Straßen): 73 km/h, Aktionsradius (auf Straßen): 330 km (im Gelände): nicht bek., Motortyp: Phänomen Granit 25 4-Zyl. Benzin, Motorleistung: 37 PS bei 2.500 U/Min., Hubraum: 2.497 ccm, Tankinhalt: 52 Liter.

4 x 2 Wehrmacht-Krankenwagen Typ L 1500 E

Haupthersteller: Mercedes-Benz, Herstellungszeit: 1937-38, Gewicht, leer: 2,4 Tonnen, vollbeladen: 3,5 Tonnen, max. Zuggewicht: nicht bek., Gesamtlänge: nicht bek. Höhe: nicht bek., Breite: nicht bek., Radstand: 3,20 m, Bodenfreiheit: 22,5 cm, Höchstgeschwindigkeit (auf Straßen): 72 km/h, Aktionsradius (auf Straßen und im Gelände): nicht bek., Motortyp: Daimler-Benz M143 6-Zyl., Motorleistung: 44 PS bei 2.800 U/Min., Hubraum: 2.229 ccm, Tankinhalt: nicht bek.

4 x 2 Wehrmacht-Krankenwagen Typ W 61 K

Haupthersteller: Adler, Herstellungszeit: 1937-39, Gewicht, leer: 2,05 Tonnen, vollbeladen: 3,55 Tonnen, max. Zuggewicht: nicht bek., Gesamt-

Ein 1-Tonnen 6x4-Modell L2 H43 von Krupp, dieses Fahrzeug der 3. Waffen-SS-Division »Totenkopf« zieht eine 3,7-cm-Pak 35/36. (BA/77/93/7)

länge: nicht bek., Höhe: nicht bek., Breite: nicht bek., Radstand: 3,25 m, Bodenfreiheit: nicht bek., Höchstgeschwindigkeit (auf Straßen): 80 km/h, Aktionsradius (auf Straßen): 380 km (im Gelände): nicht bek., Motortyp: Adler 6-Zyl. Benzin, Motorleistung: 58 PS bei 3.800 U/Min., Tankinhalt: 65 Liter.

4 x 2 Wehrmacht-Kranken-wagen Typ 1500 S (25 H)

Haupthersteller: Phänomen Granit, Herstellungszeit: 1940-44, Gewicht, leer: 2,135 Tonnen, vollbeladen: 3,75 Tonnen, max. Zuggewicht: nicht bek., Gesamtlänge: 5,49 m, Höhe: 2,085 m, Breite: 1,89 m, Radstand: 3,27 m, Bodenfreiheit: 23 cm, Höchstgeschwindigkeit (auf Straßen): 85 km/h, Aktionsradius (auf Straßen): 430 km (im Gelände): nicht bek., Motortyp: Phänomen Granit 27 4-Zyl. Benzin, Motorleistung: 50 PS bei 2.800 U/Min., Hubraum: 2,678 ccm, Tankinhalt: 72 Liter.

6 x 4 le gl 2-Tonnen-Lkw Typ RV

Haupthersteller: Praga, Herstellungszeit: 1935-39, Gewicht, leer: 3,81 Tonnen, vollbeladen: 5,81 Tonnen, max. Zuggewicht: 2 Tonnen, Gesamtlänge: 5,69 m, Höhe: 2,09-2,50 m, Breite: 2 m, Radstand: 4,02 m, Bodenfreiheit: 26 cm, Höchst-

geschwindigkeit (auf Straßen): 70 km/h, Aktionsradius (auf Straßen): 390 km (im Gelände): nicht bek., Motortyp: Praga 6-Zyl. Benzin, Motorleistung: 68 PS bei 3.000 U/Min., Hubraum: 3.468 ccm, Tankinhalt: 137 Liter.

6 x 4 le gl 2-Tonnen-Lkw Typ 92

Haupthersteller: Tatra, Herstellungszeit: 1937-40, Gewicht, leer: 3,58 Tonnen, vollbeladen: 5,58 Tonnen, max. Zuggewicht: 3 Tonnen, Gesamtlänge: 5,495 m, Höhe: 2,13-2,61 m, Breite: 2 m, Radstand: 3,74, Bodenfreiheit: 25,5 cm, Höchstgeschwindigkeit (auf Straßen): 70 km/h, Aktionsradius (auf Straßen): 370 km (im Gelände): nicht bek., Motortyp: Tatra V-8 Benzin, Motorleistung: 70 PS bei 2.500 U/Min., Hubraum: 3.980 ccm, Tankinhalt: 130 Liter.

6 x 4 le gl 2,5-Tonnen-Lkw ADGR

Haupthersteller: Austro-Daimler, Herstellungszeit: 1936-40, Gewicht, leer: 4 Tonnen, vollbeladen: 4,42 Tonnen, max. Zuggewicht: 4 Tonnen, Gesamtlänge: 6,5 m, Höhe: 2,33 m, Breite: 2,135 m, Radstand: 4,32 m, Bodenfreiheit: 28 cm, Höchstgeschwindigkeit (auf Straßen): 70 km/h, Aktionsradius (auf Straßen): 410 km, (im Gelände): 320 km, Motortyp: Austro-Daimler Typ

4 x 2 Wehrmacht-Krankenwagen Typ 25 H

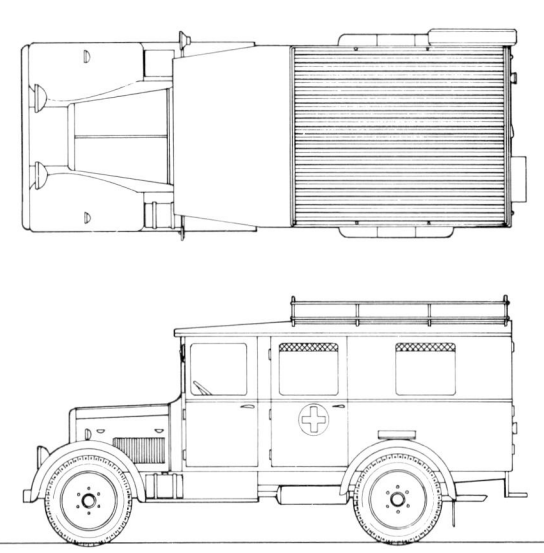
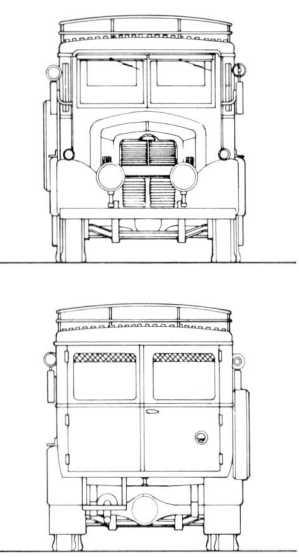

M640 6-Zyl. Benzin, Motorleistung: 72 PS bei 2.500 U/Min., Hubraum: 3.915 ccm, Tankinhalt: 145 Liter.

6 x 6 le gl 2,5-Tonnen-Einheits-Kw »Einheits-Diesel«

Haupthersteller: Borgward, Büssing-NAG, Faun, Henschel, Magirus, MAN, Herstellungszeit: 1937-40, Gewicht, leer: 5-5,5 Tonnen, vollbeladen: 7,3-7,5 Tonnen, max. Zuggewicht: 3,5 Tonnen, Gesamtlänge: 5,85-6,11 m, Höhe: 2,40-2,76 m, Breite: 2,00-2,235 m, Radstand: 4,20 m, Bodenfreiheit: 25 cm, Höchstgeschwindigkeit (auf Straßen): 70 km/h, Aktionsradius (auf Straßen): 360 km, (im Gelände): 260 km, Motortyp: Baumuster HWa 525D 6-Zyl. Diesel, Motorleistung: 80 PS bei 2.400 U/Min., Hubraum: 6.234 ccm, Tankinhalt: 115 Liter.

Dies war kein besonders erfolgreicher Versuch, einen Einheits-Diesel zu bauen. Dennoch wurden 10.300 von den sechs Herstellern produziert, viele auch als Pionier- und Bergungsfahrzeuge, mit Kränen und Winden.

Mittelschwere Lastwagen

6 x 4 mittlerer geländegängiger 3 Tonnen-Lastwagen (m gl Lkw) L3 H163

Haupthersteller: Krupp, Herstellungszeit: 1936-38, Gewicht, leer: 5,7-6 Tonnen, vollbeladen: 9,12 Tonnen, max. Zuggewicht: 3,25 Tonnen, Gesamtlänge: 7,05-7,40 m, Höhe: 3-3,20 m, Breite: 2,35-2,50 m, Radstand: 4,75 m, Bodenfreiheit: 26 cm, Höchstgeschwindigkeit (auf Straßen): 50 km/h, Aktionsradius (auf Straßen): 330 km, (im Gelände): 270 km, Motortyp: Krupp M12 6-Zyl. Benzin, Motorleistung: 110 PS bei 1.600 U/Min., Hubraum: 7.542 ccm, Tankinhalt: 150 Liter.

6 x 4 m gl 3-Tonnen-Lkw LG 3000

Haupthersteller: Mercedes-Benz, Herstellungszeit: 1935-38, Gewicht, leer: 5,7-6 Tonnen, vollbeladen: 8,5 Tonnen, max. Zuggewicht: 2 Tonnen, Gesamtlänge: 7,10 m, Höhe: 2,80 m, Breite: 2,30 m, Radstand: 4,95 m, Bodenfreiheit: 26,5 cm, Höchstgeschwindigkeit (auf Straßen): 53 km/h, Aktionsradius (auf Straßen): 370 km, (im

Gelände): 240 km, Motortyp: Daimler-Benz OM67 6-Zyl. Diesel, Motorleistung: 95 PS bei 2.000 U/Min., Hubraum: 7.414 ccm, Tankinhalt: 112 Liter.

6 x 4 m gl 3-Tonnen-Lkw Typ 33 D1

Haupthersteller: Henschel, Herstellungszeit: 1933-42, Gewicht, leer: 6,1-6,4 Tonnen, vollbeladen: 9,1 Tonnen, max. Zuggewicht: 2,5-3,5 Tonnen, Gesamtlänge: 7 m, Höhe: 3,05 m, Breite: 2,25 m, Radstand: 4,85 m, Bodenfreiheit: 25 cm, Höchstgeschwindigkeit (auf Straßen): 52 km/h, Aktionsradius (auf Straßen): 250 km, (im Gelände): 190 km, Motortyp: Henschel Typ D 6-Zyl. Benzin, Motorleistung: 100 PS bei 1.600 U/Min., Hubraum: 10.857 ccm, Tankinhalt: 114 Liter.

6 x 6 m gl 3-Tonnen-Lkw Typ 33 GL

Wie 6x4 m gl 3-Tonnen-Lkw Typ 33 D, außer: Herstellungszeit: 1937-42, Gewicht, leer: 6,45-6,75 Tonnen, vollbeladen: 9,3 Tonnen, Motortyp: Henschel Typ G 6-Zyl. Diesel, Motorleistung: 100 PS bei 1.500 U/Min., Hubraum: 9.123 ccm.

Von diesen beiden Modellen wurden insgesamt 22.000 hergestellt.

6 x 4 m gl 3-Tonnen-Lkw Gl

Wie 6x4 m gl 3-Tonnen-Lkw Typ 33 Hl (Henschel), außer: Haupthersteller: Magirus (unter Lizenz von Henschel), Herstellungszeit: 1938-40, Gewicht, leer: 6,45-6,75 Tonnen, Aktionsradius (auf Straßen): 380 km, (im Gelände): 250 km, Motortyp: Deutz F6 M516 6-Zyl. Diesel, Motorleistung: 125 PS bei 2.000 U/Min., Hubraum: 9.123 ccm.

6 x 4 m gl 3-Tonnen-Lkw Typ 33 H

Wie 6x4 m gl 3-Tonnen-Lkw Typ 33 Gl, außer: Herstellungszeit: 1940-41, Motortyp: Deutz F6 M516H 6-Zyl. Diesel, Motorleistung: 100 PS bei 1.500 U/Min.

4 x 2 m gl 3-Tonnen-Lkw Typ 3.6-36S Opel Blitz

Haupthersteller: Opel, Herstellungszeit: 1937-44, Gewicht, leer: 2,5-4 Tonnen, vollbeladen: 5,8

6 x 6 le gl 2,5-Tonnen-Einheits-Kw »Einheits-Diesel«

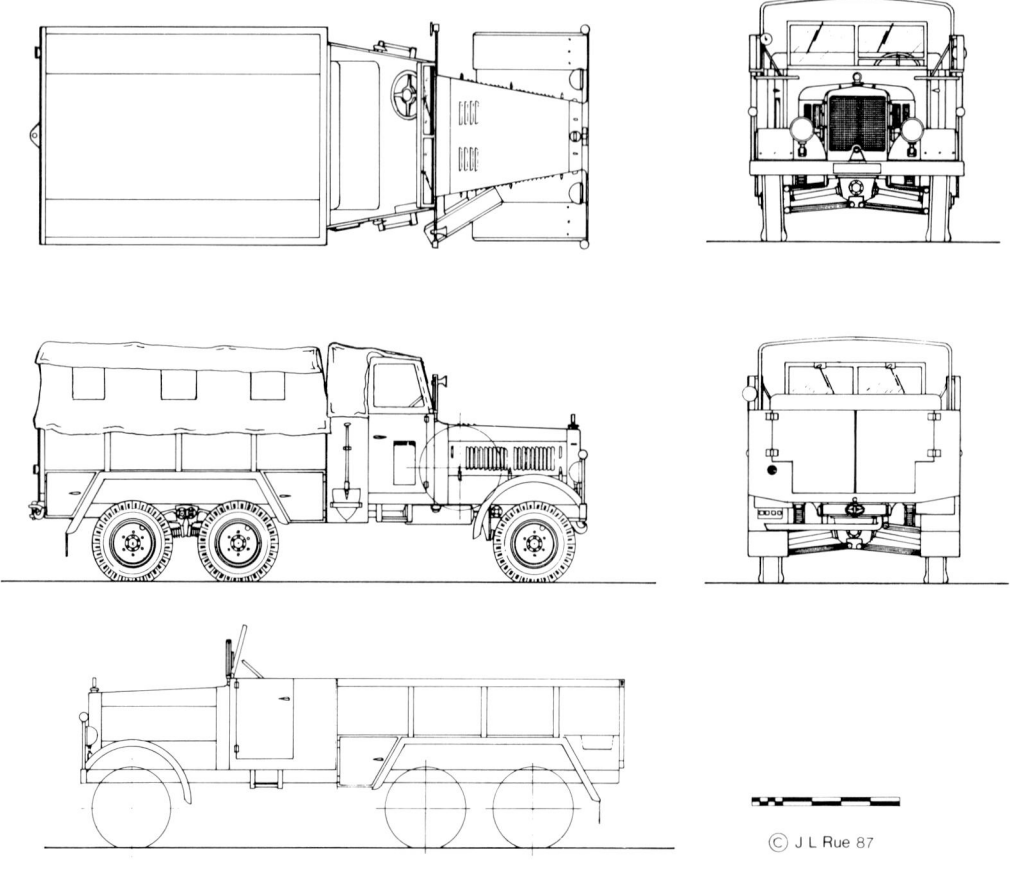

© J L Rue 87

Tonnen, max. Zuggewicht: 2 Tonnen, Gesamtlänge: 5,60-6,105 m, Höhe: 2,025-2,85 m, Breite:
2,15-2,265 m, Radstand: 3,60 m, Bodenfreiheit:
22,5 cm, Höchstgeschwindigkeit (auf Straßen):
95 km/h, Aktionsradius (auf Straßen): 320 km,
(im Gelände): 230 km, Motortyp: Opel 6-Zyl.
Benzin, Motorleistung: 68 PS bei 3.000 U/Min.,
Hubraum: 3.626 ccm, Tankinhalt: 82 Liter.

4 x 4 m gl 3-Tonnen-Lkw Typ 3.6-6700 A Opel Blitz

Wie 4x2 m gl 3-Tonnen-Lkw Typ 3.6-36 S Opel
Blitz, außer: Herstellungszeit: 1940-44, Gewicht,
leer: 3,35 Tonnen, vollbeladen: 5,7-6,1 Tonnen,
max. Zuggewicht: 2 Tonnen, Gesamtlänge:
5,8-5,95 m, Höhe: 2,6-3,18 m, Breite: 2,34 m,
Radstand: 3,45 m, Höchstgeschwindigkeit (auf
Straßen): 80 km/h, Aktionsradius (auf Straßen):

300 km, (im Gelände): 230 km, Tankinhalt: 92
Liter.

4 x 2 Wehrmacht-Omnibus Typ 3.6-47 Opel Blitz

Wie 4x2 m gl 3-Tonnen-Lkw Typ 3.6-6700 A
Opel Blitz, außer: Herstellungszeit: 1939-44, Gewicht, leer: 3,55 Tonnen, vollbeladen: 6 Tonnen,
max. Zuggewicht: nicht bek. Gesamtlänge: 7,20
m, Höhe: 2,70 m, Breite: 2,35 m, Radstand: 4,65
m, Höchstgeschwindigkeit (auf Straßen): 85
km/h, Aktionsradius (auf Straßen): 280 km (im
Gelände): nicht bek., Tankinhalt: 86 Liter.

Der Opel Blitz war der einzige wichtige Lastwagen, der den ganzen Krieg hindurch im Dienst
der Wehrmacht stand, er war eine verstärkte
Version eines handelsüblichen Vorkriegsmodells.
Über 70.000 wurden fertiggestellt, andere dien-

6 x 4 m gl 3-Tonnen-Lkw Typ 33 Gl

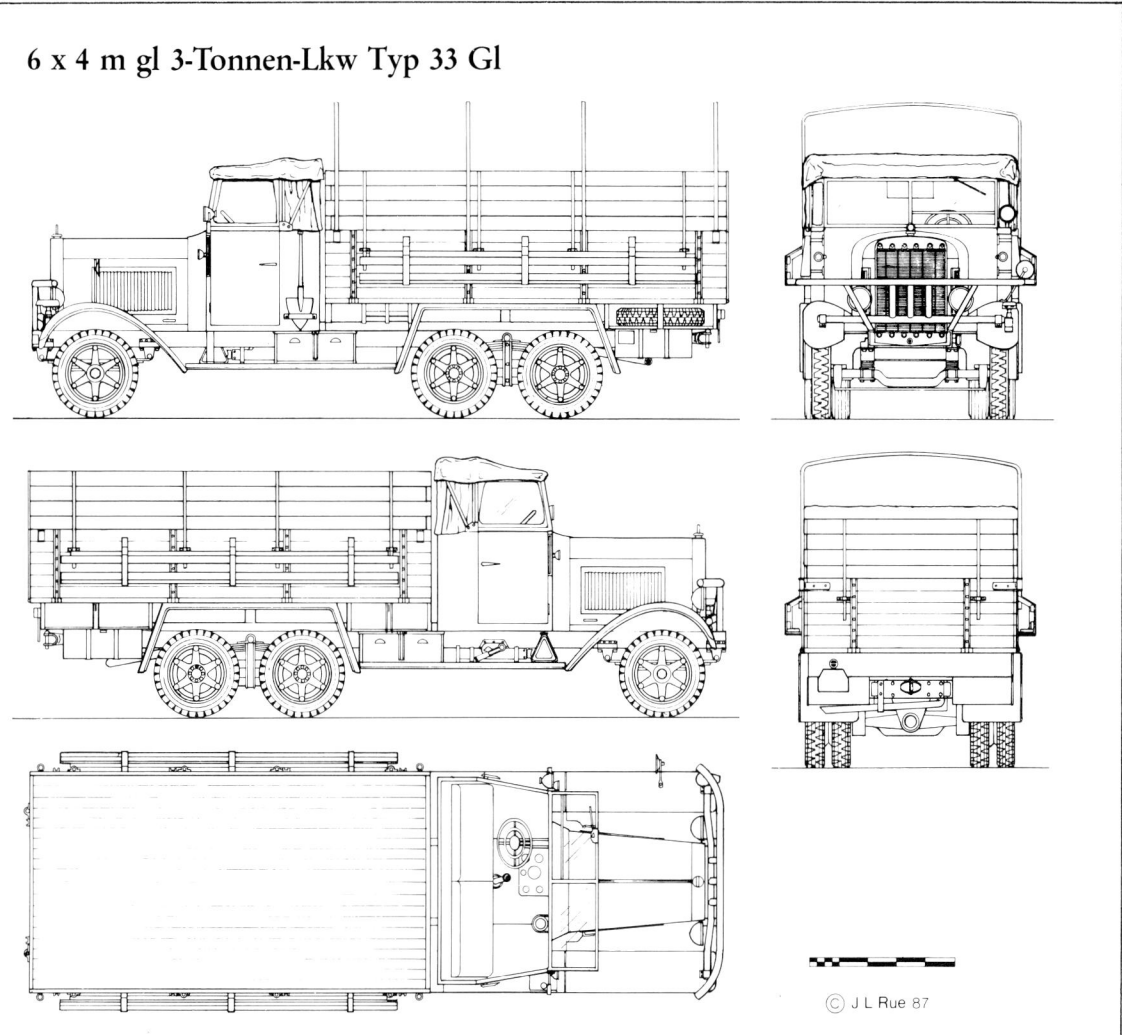

© J L Rue 87

ten zur Herstellung von Maultier-Halbketten-fahrzeugen.

4 x 2 m 3-Tonnen-Lkw G 917 T St IIIa

Haupthersteller: Ford (Deutschland), Herstellungszeit: 1939-41, Gewicht, leer: 2,7 Tonnen, vollbeladen: 5,7 Tonnen, max. Zuggewicht: nicht bek., Gesamtlänge: 6,22 m, Höhe: 2,20 m, Breite: 2,24 m, Radstand: 3,988 m, Bodenfreiheit: 25 cm, Höchstgeschwindigkeit (auf Straßen): 80 km/h, Aktionsradius (auf Straßen): 330 km, (im Gelände): 230 km, Motortyp: Ford V-8 Benzin, Motorleistung: 90 PS bei 3.800 U/Min., Hubraum: 3.613 ccm, Tankinhalt: 105 Liter.

4 x 2 m 3-Tonnen-Lkw G997 T St IIIb

Wie 4x2 m 3-Tonnen-Lkw G917 T St IIIa, außer: Herstellungszeit: 1941-42, Motorleistung: 95 PS bei 3.500 U/Min., Hubraum: 3.924 ccm.

4 x 2 m 3-Tonnen-Lkw V 3000 S (G918 TS)

Wie 4x2 m gl 3-Tonnen-Lkw G997 T St IIIb, außer: Herstellungszeit: 1941-45, Gewicht, leer: 2,54 Tonnen, vollbeladen: 5,84 Tonnen, Gesamtlänge: 6,385 m, Höhe: 2,175 m, Breite: 2,25 m, Radstand: 4,014 m, Höchstgeschwindigkeit (auf Straßen): 85 km/h, Motorleistung: 95 PS bei 3.500 U/Min.

Ein Opel Blitz-Sanitätskraftwagen, der zu einer Fallschirmjägereinheit in Nordafrika gehört. (BA/545/618/13)

4 x 4 m gl 3-Tonnen-Lkw V 3000 A (198 TWA)

Wie 4x2 m gl 3-Tonnen-Lkw V 3000 S, außer: Herstellungszeit: 1943-44, Gewicht, leer: 3,29 Tonnen, vollbeladen: 6,2 Tonnen, Gesamtlänge: 6,343 m, Höhe: 22,37 m, Breite: 2,245 m, Radstand: 4,025 m, Bodenfreiheit: 25,5 cm, Aktionsradius (auf Straßen): 420 km, (im Gelände): 280 km, Tankinhalt: 140 Liter.

Der 3000 S wurde auch als Basis für Maultier-Halbkettenfahrzeuge benutzt. Von allen vier Typen wurden über 76.000 produziert.

4 x 4 m gl 3-Tonnen-Lkw Typ 3.6-6700 A Opel Blitz-Sanitätskraftwagen

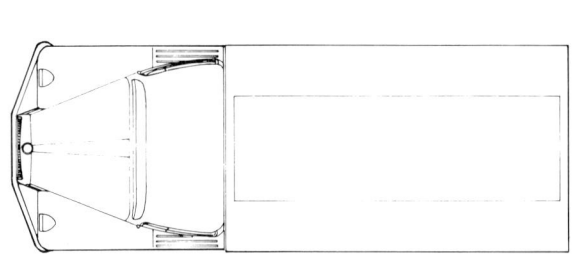
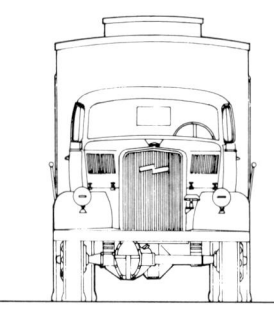
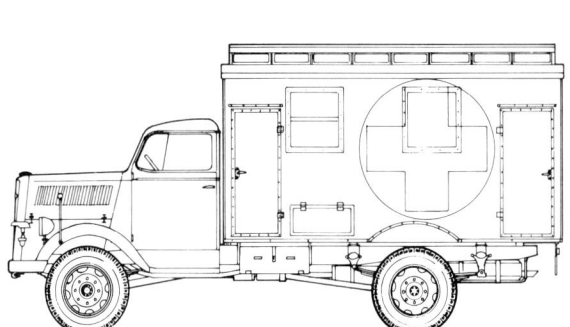
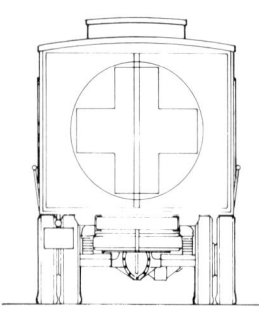

© J L Rue 87

4 x 2 m 3-Tonnen-Lkw Hansa-Lloyd/Borgward Benzin

Haupthersteller: Hansa-Lloyd, Borgward, Herstellungszeit: 1938-41, Gewicht, leer: nicht bek., vollbeladen: 5,85 Tonnen, max. Zuggewicht: nicht bek., Gesamtlänge: 6,05 m, Höhe: 3,15 m, Breite: 2,23 m, Radstand: 3,65 m, Bodenfreiheit: 23,5 cm, Höchstgeschwindigkeit (auf Straßen): 75 km/h, Aktionsradius (auf Straßen): 340 km, (im Gelände): 270 km, Motortyp: Hans-Lloyd oder Borgward L 3500 R 6-Zyl. Benzin, Motorleistung: 65 PS bei 3.000 U/Min., Hubraum: 3.485 ccm, Tankinhalt: 100 Liter.

4 x 2 m 3-Tonnen-Lkw Borgward Diesel

Wie 4x2 m 3-Tonnen-Lkw Hansa-Lloyd Benzin, außer: Haupthersteller: Borgward, Herstellungszeit: 1939-43, Höchstgeschwindigkeit (auf Straßen): 400 km, (im Gelände): 310 km, Motortyp: Borgward D6 M4,4 6-Zyl. Diesel, Motorleistung: 64 PS bei 2.000 U/Min., Hubraum: 4.426 ccm.

4 x 2 m 3-Tonnen-Lkw B 3000 S/O

Wie 4x2 m 3-Tonnen-Lkw Hansa-Lloyd/Borgward Benzin, außer: Herstellungszeit: 1942-44. Gewicht, leer: 3,065 Tonnen, vollbeladen: 6,19 Tonnen, max. Zuggewicht: 4,5 Tonnen, Gesamtlänge: 6,45 m, Höhe: 2,22 m, Breite: 2,30 m, Radstand: 3,70 m, Höchstgeschwindigkeit (auf Straßen): 80 km/h, Aktionsradius (auf Straßen): 410 km, (im Gelände): 320 km, Motortyp: Borgward B6 M3,8 6-Zyl. Benzin, Motorleistung: 78 PS bei

3.000 U/Min., Hubraum: 3.745 ccm, Tankinhalt: 120 Liter.

4 x 4 m gl 3Tonnen-Lkw B 3000 A/O

Wie 4x2 m 3-Tonnen-Lkw B 3000 S/O, außer: Herstellungszeit: 1942-43, Gewicht, leer: 3,345 Tonnen, vollbeladen: 6,44 Tonnen.

4 x 2 m 3Tonnen-Lkw B 3000 S/D

Wie 4x4 m 3-Tonnen-Lkw B 3000 A/O, außer: Gewicht, leer: 3,225 Tonnen, vollbeladen: 6,36 Tonnen, Motortyp: Borgward D5 M5 6-Zyl. Diesel, Höchstgeschwindigkeit (auf Straßen): 70 km/h, Aktionsradius (auf Straßen): 480 km, (im Gelände): 370 km, Motorleistung: 75 PS bei 2.000 U/Min., Hubraum: 4.962 ccm.

4 x 4 m gl 3-Tonnen-Lkw B 3000 A/D

Wie 4x2 m 3-Tonnen-Lkw B 3000 S/D, außer: Gewicht, leer: 3,515 Tonnen, vollbeladen: 6,61 Tonnen.

Es wurden ungefähr 30.000 3-Tonnen-Lastwagen von Borgward hergestellt.

4 x 2 m 3-Tonnen-Lkw L 3000

Haupthersteller: Mercedes-Benz, Herstellungszeit: 1938-39, Gewicht, leer: 3,85 Tonnen, vollbeladen: 6,5 Tonnen, max. Zuggewicht: nicht bek., Gesamtlänge: 6,16 m, Höhe: 2,80 m, Breite: 2,35 m, Radstand: 3,80 m, Bodenfreiheit: 22 cm, Höchstgeschwindigkeit (auf Straßen): 64 km/h,

Ein Borgward-Kranwagen B 3000 wechselt das Geschütz eines Marder II aus. (BA/639/4267/33)

Aktionsradius (auf Straßen): 370 km, (im Gelände): 250 km, Motortyp: Daimler-Benz OM 65/3 4-Zyl. Diesel, Motorleistung: 65 PS bei 2.000 U/Min., Hubraum: 4.849 ccm, Tankinhalt: 70 Liter.

4 x 2 m 3-Tonnen-Lkw L 3000 S

Wie 4x2 m 3-Tonnen-Lkw L 3000, außer: Herstellungszeit: 1940-42, Gewicht, leer: 3,69 Tonnen, vollbeladen: 6,79 Tonnen, Gesamtlänge: 6,715 m, Höhe: 2,585 m, Breite: 2,24 m, Radstand: 3,80 oder 4,25 m, Bodenfreiheit: 22,5 cm, Höchstgeschwindigkeit (auf Straßen): 70 km/h, Aktionsradius (auf Straßen): 500 km, (im Gelände): 330 km, Motortyp: Daimler-Benz OM65/4 4-Zyl. Diesel, Motorleistung: 75 PS bei 2.250 U/Min., Tankinhalt: 90 Liter.

4 x 4 m gl 3-Tonnen-Lkw L 3000 A

Wie 4x2 m 3-Tonnen-Lkw L 3000 S, außer: Herstellungszeit: 1940-43, Gewicht, leer: 4,02 Tonnen, vollbeladen: 7,04 Tonnen (auf Straßen), (6,62 Tonnen im Gelände), Gesamtlänge: 6,255 m, Höhe: 2,60 m, Breite: 2,35 m, Radstand: 3,80 m, Aktionsradius (auf Straßen): 450 km, (im Gelände): 300 km.

4 x 4 m 3-Tonnen-Lkw S 330 oder S 3000

Haupthersteller: Glöckner-Deutz-Magirus, Herstellungszeit: 1941-44, Gewicht, leer: 3,3 Tonnen, vollbeladen: 6,45 Tonnen, max. Zuggewicht: nicht bek., Gesamtlänge: 6,10 oder 6,60 m, Höhe: 2,23 m, Breite: 2,22 m, Radstand: 3,70 oder 4,20 m, Bodenfreiheit: 24 cm, Höchstgeschwindigkeit (auf Straßen): 85 km/h, Aktionsradius (auf Straßen): 350 km, (im Gelände): 230 km, Motortyp: Deutz F4 M513 4-Zyl. Diesel, Motorleistung: 80 PS bei 2.250 U/Min., Hubraum: 4.941 ccm, Tankinhalt: 70 Liter.

4 x 4 m gl 3-Tonnen-Lkw A 330 oder A 3000

Wie 4x2 m 3-Tonnen-Lkw S330 S, außer: Gewicht, leer: 3,66 Tonnen, vollbeladen: 6,76 Tonnen (auf Straßen, 6,36 Tonnen im Gelände), Gesamtlänge: 6,10 m, Höhe: 2,33 m, Radstand: 3,70 m, Höchstgeschwindigkeit (auf Straßen): 75 km/h.

Die S 3000 dienten auch für Maultier-Halbkettenfahrzeuge, von denen über 16.000 hergestellt wurden.

4 x 4 m 3-Tonnen-Lkw E 3000

Haupthersteller: MAN, Herstellungszeit: 1940-44, Gewicht, leer: 2,88 oder 3,01 Tonnen, vollbeladen: 6,3 Tonnen, max. Zuggewicht: nicht bek., Gesamtlänge: 7,19 m, Höhe: 2,45 m, Breite: 2,15 m, Radstand: 4 oder 4,65 m, Bodenfreiheit: 26,6 cm, Höchstgeschwindigkeit (auf Straßen): 60 km/h, Aktionsradius (auf Straßen): 450 km, (im Gelände): 300 km, Motortyp: MAN D 0534 G 4-Zyl. Diesel, Motorleistung: 70 PS bei 2.200 U/Min., Hubraum: 4.503 ccm, Tankinhalt: 90 Liter.

4 x 2 m Wehrmacht-Omnibus E 3000

Wie 4x2 m 3-Tonnen-Lkw E 3000, außer: Gewicht, leer: 4,25 Tonnen, vollbeladen: 6,35 Tonnen, Gesamtlänge: 7,335 m, Höhe: 2,915 m, Breite: 2,35 m, Radstand: 4,65 m, Aktionsradius (im Gelände): nicht bek.

Ein zur Division »Hermann Göring« gehörender Mercedes L 3000, mit Pontons zur Flußüberquerung beladen. (BA/639/4265/18)

4 x 2 m 4,5-Tonnen-Lkw ML 4500 S

Haupthersteller: MAN, Herstellungszeit: 1940-45, Gewicht, leer: 5,05 Tonnen, vollbeladen: 10 Tonnen, max. Zuggewicht: nicht bek., Gesamtlänge: 7,50 m, Höhe: 2,61 m, Breite: 2,35 m, Radstand: 4,60 m, Bodenfreiheit: 35 cm, Höchstgeschwindigkeit (auf Straßen): 63 km/h, Aktionsradius (auf Straßen): 520 km, (im Gelände): nicht bek., Motortyp: MAN D 1040 G 6-Zyl. Diesel-Einspitzer, Motorleistung: 110 PS bei 1.900 U/Min., Hubraum: 7.980 ccm, Tankinhalt: 130 Liter.

4 x 4 m gl 4,5-Tonnen-Lkw ML 4.500 A

Wie 4x2 m 4,5-Tonnen-Lkw ML 4.500 S, außer: Herstellungszeit: 1940-44, Gewicht, leer: 5,55 Tonnen, vollbeladen: 10,5 Tonnen (auf Straßen, 9,9 Tonnen im Gelände), Aktionsradius (auf Straßen): 500 km, (im Gelände): 300 km.

4 x2 m 4,5-Tonnen-Lkw GS 145

Haupthersteller: Glöckner-Deutz-Magirus, Herstellungszeit: 1941-42, Gewicht, leer: 4,9 Tonnen, vollbeladen: 9,7 Tonnen, max. Zuggewicht: nicht bek., Länge: 7,675 m, Höhe: 2,505 m, Breite: 2,35 m, Radstand: 4,75 m, Bodenfreiheit: 32,5 cm, Höchstgeschwindigkeit (auf Straßen): 67 km/h, Aktionsradius (auf Straßen): 460 km, (im Gelände): nicht bek. Motortyp: Deutz GM 145 6-Zyl. Diesel, Motorleistung: 40 PS bei 1.400 U/Min., Hubraum: 7.226 ccm, Tankinhalt: 115 Liter.

4 x 4 m gl 4,5-Tonnen-Lkw GA 145

Wie 4x2 m 4,5-Tonnen-Lkw GS 145, außer: Gewicht, leer: 5,3 Tonnen, vollbeladen: 10 Tonnen, (auf Straßen, 9,4 Tonnen im Gelände), Aktionsradius (auf Straßen): 440 km, (im Gelände): 270 km.

Schwere Lastkraftwagen
4 x 2 s 4,5-Tonnen-Lkw Typ 500 S

Haupthersteller: Büssing-NAG, Herstellungszeit: 1940-41, Gewicht, leer: 5,35 Tonnen, vollbeladen: 10,3 Tonnen, max. Zuggewicht: nicht bek., Gesamtlänge: 8,135 m, Höhe: 2,45 m, Breite: 2,35 m, Radstand: 5 m, Bodenfreiheit: 29 cm, Höchstgeschwindigkeit (auf Straßen): 62 km/h, Aktionsradius (auf Straßen): 440 km, (im Gelände): nicht bek., Motortyp: Büssing-NAG Typ LD 6-Zyl. Diesel, Motorleistung: 105 PS bei 1.800 U/Min., Hubraum: 7.413 ccm, Tankinhalt: 110 Liter.

4 x 4 s gl 4,5-Tonnen-Lkw Typ 500 A

Wie 4x2 s 4,5-Tonnen-Lkw Typ 500 S, außer: Herstellungszeit: 1940-41, Gewicht, leer: 5,95 Tonnen, vollbeladen: 10,72 Tonnen, Gesamtlänge: 8,05 m, Höhe: 2,725 m, Breite: 2,37 m, Radstand: 4,875 m, Aktionsradius (auf Straßen): 390 km, (im Gelände): 260 km.

4 x 2 s 45,-Tonnen-Lkw 4500 S-1

Wie 4x2 s 4,5-Tonnen-Lkw Typ 500 S, außer: Herstellungszeit: 1942-45, Gewicht, leer: 5,2 Tonnen, vollbeladen: 10,1 Tonne, Höhe: 2,80 m, Breite: 2,35 m, Radstand: 4,80 m, Höchstgeschwindigkeit (auf Straßen): 65 km/h, Aktionsradius (auf Straßen): 440 km, (im Gelände): nicht bek.

4 x 2 s 4,5-Tonnen-Lkw 4500 A-1

Wie 4x2 s 4,5-Tonnen-Lkw Typ 4500 S-1, außer: Gewicht, leer: 5,45 Tonnen, vollbeladen: 10,4 Tonnen, Höhe: 2,90 m, Aktionsradius (auf Straßen): 390 km (im Gelände): 260 km.

4 x 2 s 4,5-Tonnen-Lkw L 4500 S

Haupthersteller: Mercedes-Benz, Herstellungszeit: 1939-44, Gewicht, leer: 4,93 Tonnen, vollbeladen: 10,12 Tonnen, max. Zuggewicht: nicht bek., Gesamtlänge: 7,86 m, Höhe: 3,215 m, Breite: 2,35 m, Radstand: 4,6 m, Bodenfreiheit: 34 cm, Höchstgeschwindigkeit (auf Straßen): 66 km/h, Aktionsradius (auf Straßen): 560 km, (im Gelände): nicht bek., Motortyp: Daimler-Benz OM 67/4 6-Zyl. Diesel, Motorleistung: 112 PS bei 2.250 U/Min., Hubraum: 7.274 ccm, Tankinhalt: 140 Liter.

4 x 4s gl 4,5-Tonnen-Lkw L 4500 A

Wie 4x2 s 4,5-Tonnen-Lkw L 4500 S, außer: Herstellungszeit: 1941-44, Gewicht, leer: 5,715 Tonnen, vollbeladen: 10,4 Tonnen (auf der Straße, im Gelände: 9,8 Tonnen), Höhe: 3,345 m, Aktionsradius (auf Straßen): 500 km, (im Gelände): 330 km.
Diese Reihe bildete die Basis für die schwersten Modelle der vier Maultier-Halbkettenfahrzeuge. Produktionszahlen waren nicht aufzutreiben. Wenigstens ein Fahrzeug wurde versuchsweise mit einer 5-cm-Einzelflak und einem gepanzerten Fahrerstand ausgestattet.

4 x 2 s 6,5-Tonnen-Lkw L 6500

Haupthersteller: Mercedes-Benz, Herstellungszeit: 1938-40, Gewicht, leer: 6,65 Tonnen, vollbeladen: 13,65 Tonnen. max. Zuggewicht: nicht bek., Gesamtlänge: 9,45 m, Höhe: 2,42 m, Breite: 2,50 m, Radstand: 5,10 m, Bodenfreiheit: 25 cm, Höchstgeschwindigkeit (auf Straßen): 60 km/h,

Aktionsradius (auf Straßen): 430 km, (im Gelände): nicht bek., Motortyp: Daimler-Benz OM 6-Zyl. Diesel, Motorleistung: 135 PS bei 1.700 U/Min., Hubraum: 12.528 ccm, Tankinhalt: 155 Liter.

6 x 6 schwere geländegängige 6,5-Tonnen-Lastkraftwagen Typ 111

Haupthersteller: Tatra, Herstellungszeit: 1942-44, Gewicht, leer: 8,35 Tonnen, vollbeladen: 14,7 Tonnen, max. Zuggewicht: nicht bek., Gesamtlänge: 8,55 m, Höhe: 2,57 m, Breite: 2,50 m, Radstand: 5,395 m, Bodenfreiheit: 27 cm, Höchstgeschwindigkeit (auf Straßen): 75 km/h, Aktionsradius (auf Straßen): 450 km, (im Gelände): nicht bek., Motortyp: Tatra V-12 Diesel, Einspritzer, Motorleistung: 175 PS bei 1.800 U/Min., Hubraum, 14.825 ccm, Tankinhalt: 160 Liter.
Dies war der schwere Standard-Lastwagen des Heeres von 1942 ab, etwa 2.000 wurden gebaut.

6 x 4 s 9-Tonnen-Lkw Typ 900

Haupthersteller: Büssing-NAG, Herstellungszeit: 1937-39, Gewicht, leer: 8,72 Tonnen, vollbeladen: 18,22 Tonnen, max. Zuggewicht: nicht bek., Gesamtlänge: 9,90 m, Höhe: 2,60 m, Breite: 2,50 m, Radstand: 6,90 m, Bodenfreiheit: 30 cm, Höchstgeschwindigkeit (auf Straßen): 58 km/h, Aktionsradius (auf Straßen und im Gelände): nicht bek., Motortyp: Büssing-NAG 6-Zyl. Diesel, Motorleistung: 130 PS bei 1.500 U/Min., Hubraum: 13.539 ccm, Tankinhalt: nicht bek.

6 x 4 s 9-Tonnen-Lkw Typ L 900 D567

Haupthersteller: Faun, Herstellungszeit: 1937-39, Gewicht, leer: 8,9 Tonnen, vollbeladen: 18,4 Tonnen, max. Zuggewicht: nicht bek., Gesamtlänge: 9,80 m, Höhe: 2,60 m, Breite: 2,50 m, Radstand: 6,875 m, Bodenfreiheit: 30 cm, Höchstgeschwindigkeit (auf Straßen): 50 km/h, Aktionsradius (auf Straßen): 360 km, (im Gelände): nicht bek., Motortyp: Deutz F6 M517 6-Zyl. Diesel, Motorleistung: 150 PS bei 1.600 U/Min., Hubraum: 13.538 ccm, Tankinhalt: 200 Liter.
Diese beiden Lastwagen wurden in der Zeit vor dem Krieg als Panzer-Transporter benutzt, einen PzKpfw I luden sie auf ihre Karosserie, einen zweiten auf einen 4-rädrigen Anhänger. Andere wurden als schwere Pionier- oder Bergungsfahrzeuge gebaut, deren Kräne eine Tragfähigkeit von 7 bis 9 Tonnen hatten.

4 x 4 s gl 4,5-Tonnen-Lkw L 4500 A

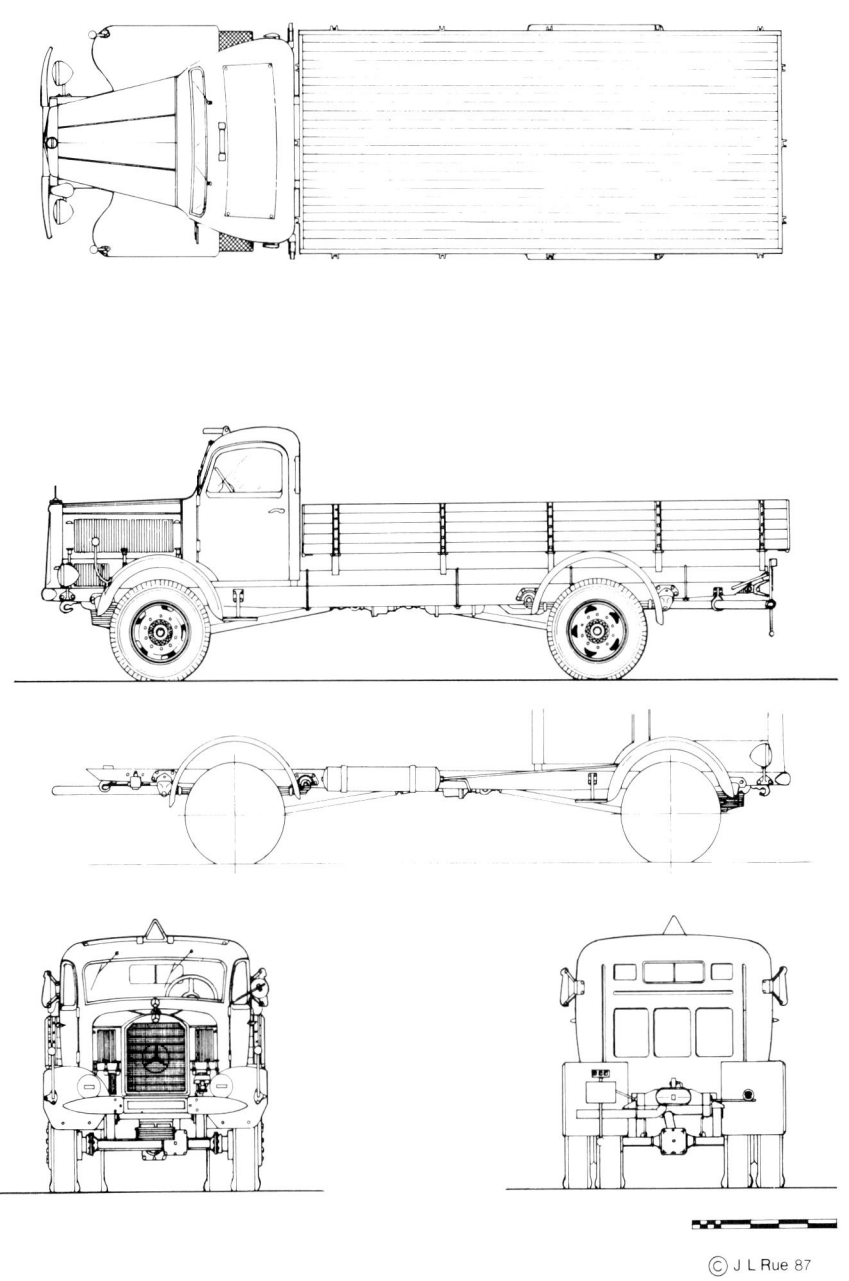

© J L Rue 87

Schwere Zugfahrzeuge

4 x 2 schweres Zugfahrzeug Faun ZR

Haupthersteller: Faun, Herstellungszeit: 1940-44, Gewicht, leer: 9,55 Tonnen, vollbeladen: 10,6 Tonnen, max. Zuggewicht: etwa 20 Tonnen, Gesamtlänge: 6,45 m, Höhe: 2,55 m, Breite: 2,44 m, Radstand: 3,60 m, Bodenfreiheit: 25 cm, Höchstgeschwindigkeit (auf Straßen): 60 km/h, Aktionsradius (auf Straßen): 330 km, Motortyp: Deutz F6 M517 6-Zyl. Diesel, Motorleistung: 150 PS bei 600 U/Min., Hubraum: 13.540 ccm, Tankinhalt: 200 Liter.

4 x 2 s Zugfahrzeug Hanomag ST 100 W

Haupthersteller: Hanomag, Gewicht, leer: 6,6 Tonnen, vollbeladen: nicht bek., max. Zuggewicht: 20 Tonnen, Gesamtlänge: 5,33 m, Höhe: 2,42 m, Breite: 2,46 m, Radstand: 3 m, Bodenfreiheit: 26 cm, Höchstgeschwindigkeit (auf Straßen): 40 km/h, Aktionsradius (auf Straßen): 500 km, Motortyp: Hanomag D85S 6-Zyl. Diesel, Motorleistung: 100 PS bei 1.500 U/Min., Hubraum: 8.553 ccm, Tankinhalt: 250 Liter.

6 x 4 s Zugfahrzeug Skoda 6 ST 6-T

Haupthersteller: Skoda, Herstellungszeit: 1937-39, Gewicht, leer: 7,51 Tonnen, vollbeladen: 11,51 Tonnen. max. Zuggewicht: etwa 20 Tonnen, Gesamtlänge: 7,20 m, Höhe: 2,86 m, Breite: 2,11 m, Radstand: 4,65 m, Bodenfreiheit: 30 cm, Höchstgeschwindigkeit (auf Straßen): 60 km/h, Aktionsradius (auf Straßen): 280 km, Motortyp: Skoda 6-Zyl. Benzin, Motorleistung: 100 PS bei 1.550 U/Min., Hubraum: 8.271 ccm, Tankinhalt: 230 Liter.

Krafträder

Für militärische Motorräder (Krafträder=Kräder) gab es in der deutschen Armee ungezählte Verwendungsmöglichkeiten. Die kleineren bis 250 ccm wurden im allgemeinen für Meldefahrten und Erkundungen verwandt. Mittelschwere Maschinen waren besonders beliebt. Kräder von 500 ccm und darüber wurden als schwere Kräder klassifiziert, gewöhnlich waren sie mit Seitenwagen ausgestattet und oft mit einem MG 34 oder MG 42 ausgerüstet. In dieser Ausführung wurden sie hauptsächlich von den Kradschützen-und Aufklärungsabteilungen motorisierter Verbände

4 x 2 s Zugmaschine Faun ZR

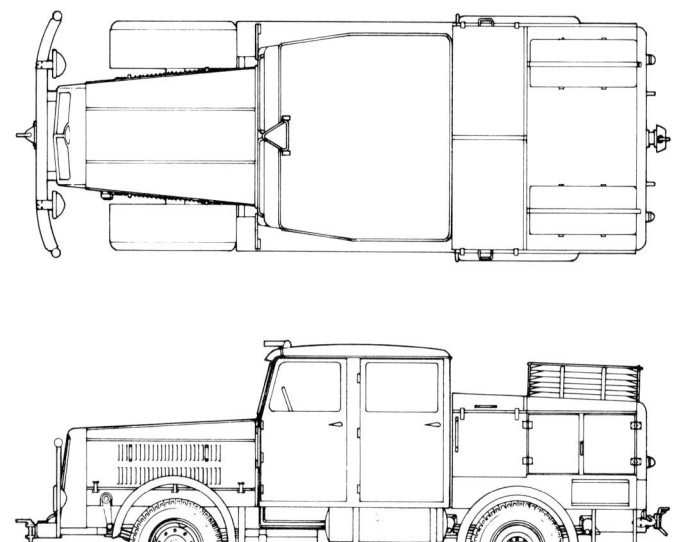
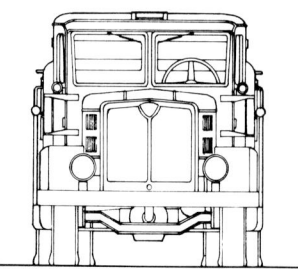
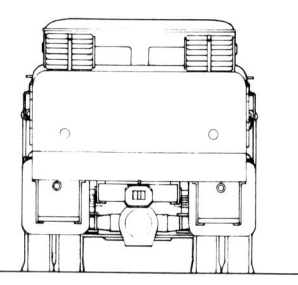

benutzt. Die am meisten verwendeten Kräder waren die 750 ccm BMW R 75 und die Zündapp KS 750. Beide waren groß und schwer, aber äußerst robust und zuverlässig.

Bei der Wehrmacht gab es zwei merkwürdige Modelle, das NSU-Kettenkrad und die österreichische Motorkarette. Ersteres war ein Halb-Kettenkrad mit fünf Laufrädern und einem Antriebsrad auf jeder Seite und einem gummibereiften Einzelrad mit Lenkstange auf der Vorderseite. Es wurde als ein für den Lufttransport geeignetes Modell entworfen, das leichte Anhänger und Geschütze wie z.B. die Pak 35/36 ziehen sollte, und daher in erster Linie an Luftwaffen-Verbände ausgegeben. Doch nach dem Einsatz auf Kreta 1941 gelangte es in alle möglichen Einheiten zu den verschiedensten Verwendungen. Es hatte verschließbare Fächer und zwei Sitze auf der Rückseite.

Das ADMK-WARK-Modell von Austro-Daimler war ein ebenso merkwürdiges Modell wie das SdKfz 254 und wurde lediglich wegen des Gewichtes als Motorrad eingestuft. Es hatte — wie das genannte Fahrzeug — tatsächlich vier Räder, die angehoben werden konnten, so daß das Fahrzeug auf einem parallelen Satz von Gleisketten laufen konnte; es konnte bis zu sechs Mann aufnehmen, doch die normale Besatzung bestand nur aus drei Mann, besonders geschätzt wurde es von den Gebirgsjägern.

Leichtes 125 ccm Kraftrad
DKW RT 125

Haupthersteller: DKW, 1939-45, Gesamtgewicht: 240 kg, Radstand: 1,23 m, Höchstgeschwindigkeit (auf Straßen): 72 km/h, Aktionsradius (auf Straßen): 360 km, Motortyp: DKW RT 125 Einzylinder-Zweitakter Benzin, Motorleistung: 4,3 PS bei 4.000 U/Min., Hubraum: 123 ccm, Tankinhalt: 9 Liter.

le 150 ccm Kraftrad
Triumph BD 250 W

Haupthersteller: Triumph, Herstellungszeit: 1938-45, Gesamtgewicht: 295 kg, Radstand: 1,30 m, Höchstgeschwindigkeit (auf Straßen): 95 km/h, Aktionsradius (auf Straßen): 370 km, Motortyp: Triumph BD 250 W Einzylinder-Zweitakter Benzin, Motorleistung: 12 PS bei 3.850 U/Min., Hubraum: 248 ccm, Tankinhalt: 11,3 Liter.

le 250 ccm Kraftrad
NSU 251 OS

Haupthersteller: NSU, Herstellungszeit: 1938-40, Gesamtgewicht: 294 kg, Radstand: 1,32 m, Höchstgeschwindigkeit (auf Straßen): 92 km/h, Aktionsradius (auf Straßen): 310 km, Motortyp: NSU 251 OS Einzylinder-Viertakter, Motorleistung: 10 PS bei 4.650 U/Min., Hubraum: 241 ccm, Tankinhalt: 11,1 Liter.

Mittleres 350 ccm Kraftrad
BMW R 35

Haupthersteller: BMW, Herstellungszeit: 1937-40, Gesamtgewicht: 345 kg, Radstand: 1,30 m, Höchstgeschwindigkeit (auf Straßen): 100 km/h, Aktionsradius (auf Straßen): 340 km, Motortyp: BMW R 35 Einzylinder-Viertakter Benzin, Motorleistung: 14 PS bei 4.500 U/Min., Hubraum: 340 ccm, Tankinhalt: 12 Liter.

Im Vordergrund 350 ccm DKW NZ-350-Kräder, im Hintergrund: Lkw vom Typ Horch und Opel; alle gehören zur Division »Großdeutschland«. (BA/748/82/24)

m 350 ccm Kraftrad Victoria KR 35 WH

Haupthersteller: Victoria, Herstellungszeit: 1938-45, Gesamtgewicht: 300 kg, Radstand: 1,40 m, Höchstgeschwindigkeit (auf Straßen): 100 km/h, Aktionsradius (auf Straßen): 400 km, Motortyp: Victoria KR 35 Einzylinder-Viertakter Benzin, Motorleistung: 18 PS bei 5.000 U/Min., Hubraum: 342 ccm, Tankinhalt: 14 Liter.

m 350 ccm Kraftrad DKW NZ 350

Haupthersteller: DKW, Herstellungszeit: 1938-40, Gesamtgewicht: 310 kg, Radstand: 1,355 m, Höchstgeschwindigkeit (auf Straßen): 100 km/h, Aktionsradius (auf Straßen): 350 km, Motortyp: DMW NZ 350 Einzylinder-Zweitakter Benzin, Motorleistung: 11 PS bei 4.000 U/Min., Hubraum: 346 ccm, Tankinhalt: 14 Liter.

Schweres 500 cm Kraftrad Zündapp K 500 W

Haupthersteller: Zündapp, Herstellungszeit: 1934-39, Gesamtgewicht: 390 kg, 555 kg mit Seitenwagen, Radstand: 1,39 m, Höchstgeschwindigkeit (auf Straßen): 100 km/h, 85 km/h mit Seitenwagen, Aktionsradius (auf Straßen): 250 km, 200 km mit Seitenwagen, Motortyp: Zündapp K 500 Zweizylinder-Viertakter, Motorleistung: 16 PS bei 4.800 U/Min., Hubraum: 398 ccm, Tankinhalt: 12,5 Liter.

s 500 ccm Kraftrad Victoria KR 9

Haupthersteller: Victoria, Herstellungszeit: 1936-37, Gesamtgewicht: etwa 350 kg, mit Seitenwagen: nicht bek., Radstand: 1,38 m, Höchstgeschwindigkeit (auf Straßen): 100 km/h, 85 km/h mit Seitenwagen, Aktionsradius (auf Straßen): etwa 220 km, 180 km mit Seitenwagen, Motortyp: Victoria KR 9 Zweizylinder-Viertakter Benzin, Motorleistung: 15 PS bei 4.600 U/Min., Hubraum: 498 ccm, Tankinhalt: 10 Ltr.

s 600 ccm Kraftrad Zündapp KS 600 W

Haupthersteller: Zündapp, Herstellungszeit: 1937-40, Gesamtgewicht: 405 kg, 570 kg mit Seitenwagen, Randstand: 1,39 m, Höchstgeschwindigkeit (auf Straßen): 120 km/h, 100 km/h mit Seitenwagen, Aktionsradius (auf Straßen): etwa 270 km, 230 km mit Seitenwagen, Motortyp: Zündapp KS 600 Zweizylinder-Viertakter Benzin, Motorleistung: 28 PS bei 4.700 U/Min., Hubraum: 597 ccm, Tankinhalt: 15 Liter.

s 600 ccm Kraftrad NSU 601 OSL

Haupthersteller: NSU, Herstellungszeit: 1938-39, Gesamtgewicht: 365 kg, mit Seitenwagen: nicht bek., Radstand: 1,42 m, Höchstgeschwindigkeit (auf Straßen): nicht bek., Aktionsradius (auf Straßen): etwa 240 km, mit Seitenwagen: 200 km, Motortyp: NSU 601 OSL Einzylinder-Viertakter Benzin, Motorleistung: 20 PS bei 3.800 U/Min., Hubraum: 562 ccm, Tankinhalt: 12 Liter.

s 600 ccm Kraftrad Victoria KR 6 Bergmeister

Haupthersteller: Victoria, Herstellungszeit: 1933-38, Gesamtgewicht: 360 kg, mit Seitenwagen: nicht bek., Radstand: 1,48 m, Höchstgeschwindigkeit (auf Straßen): 100 km/h, mit Seitenwagen: 85 km/h, Aktionsradius (auf Straßen): etwa 300 km, mit Seitenwagen: 250 km, Motortyp: Victoria KR 6A Zweizylinder-Viertakter, Motorleistung: 20 PS bei 4.000 U/Min., Hubraum: 596 ccm, Tankinhalt: 15 Liter.

Fallschirmjäger springen von einer 750 ccm BMW R-75-Seitenwagenmaschine ab.
(BA/576/1849/19a)

s 750 ccm Kraftrad BMW R 12

Haupthersteller: BMW, Herstellungszeit: 1935-41, Gesamtgewicht: 320 kg, 560 kg mit Seitenwagen, Radstand: 1,40 m, Höchstgeschwindigkeit (auf Straßen): 1200 km/h, 85 km/h mit Seitenwagen, Aktionsradius (auf Straßen): 280 km, mit Seitenwagen: 230 km, Motortyp: BMW R 12 Zweizyinder-Viertakter Benzin, Motorleistung: 18 PS bei 3.500 U/Min., Hubraum: 746 ccm, Tankinhalt: 14 Liter.

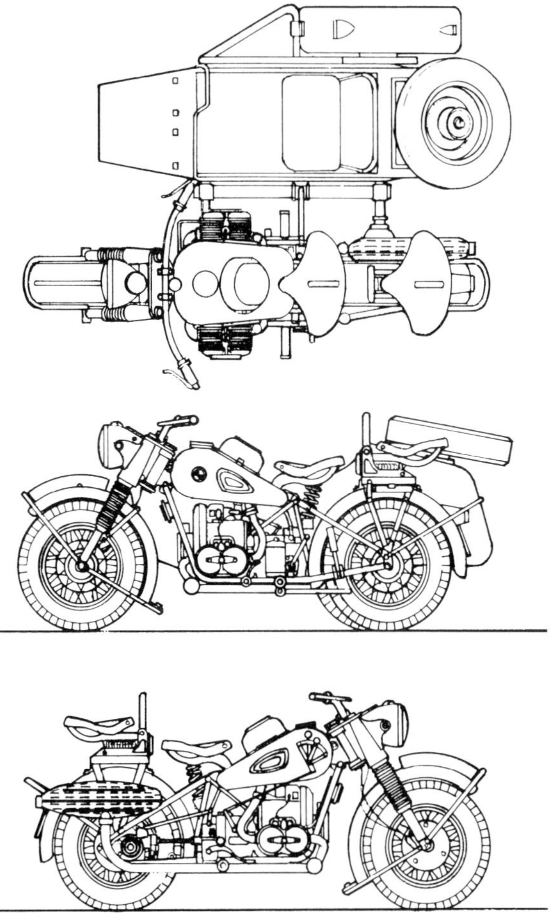

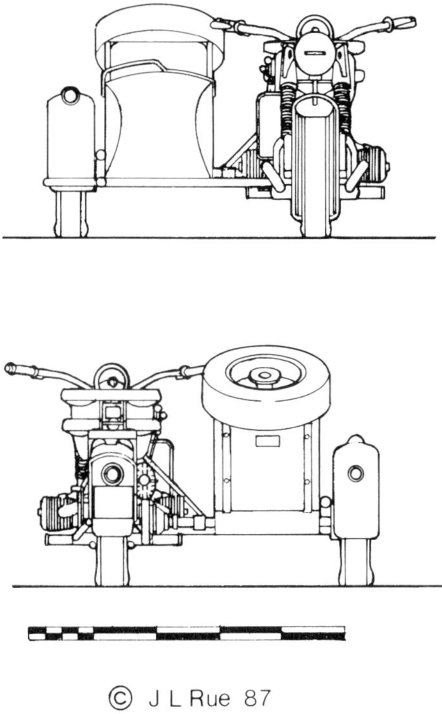

© J L Rue 87

s 750 ccm Kraftrad BMW R 75 mit Seitenwagen

s 750 ccm Kraftrad BMW R 75

Wie s 750 ccm Kraftrad BMW R 12, außer: Herstellungszeit: 1940-44, Gesamtgewicht: 420 kg, 670 kg mit Seitenwagen, Radstand: 1,444 m, Höchstgeschwindigkeit (auf Straßen): 92 km/h mit Seitenwagen, Aktionsradius (auf Straßen): 340 km, Motortyp: BMW R 75 Zweizylinder-Viertakter Benzin, Motorleistung: 26 PS bei 4.400 U/Min., Hubraum: 746 ccm, Tankinhalt: 24 Liter.

s 750 ccm Kraftrad Zündapp KS 750

Haupthersteller: Zündapp, Herstellungszeit: 1940-44, Gesamtgewicht: 400 kg, 670 kg mit Seitenwagen, Radstand: 1,41 m, Höchstgeschwindigkeit (auf Straßen): 95 km/h mit Seitenwagen, Aktionsradius (auf Straßen): 330 km, Motortyp: Zündapp KS 750 Zweizylinder-Viertakter Benzin, Motorleistung: 26 PS bei 4.000 U/Min., Hubraum: 751 ccm, Tankinhalt: 23 Liter.

s 800 ccm Kraftrad Zündapp K 800 W

Haupthersteller: Zündapp, Herstellungszeit: 1934-38, Gesamtgewicht: 415 kg, mit Seitenwagen: 580 kg, Radstand: 1,405 m, Höchstgeschwindigkeit (auf Straßen): 110 km/h, mit Seitenwagen: 95 km/h, Aktionsradius (auf Straßen): etwa 230 km, 200 km mit Seitenwagen, Motortyp: Zündapp K 800, Vierzylinder-Viertakter Benzin, Motorleistung: 22 PS bei 4.300 U/Min., Hubraum: 797 ccm, Tankinhalt: 15 Liter.

Kräder mit Gleisketten
Leichtes NSU-Kettenkrad HK-101 SdKfz 2

Haupthersteller: NSU, Herstellungszeit: 1940-44, Gesamtgewicht: 1,28 Tonnen, Gesamtlänge: 3 m, Höhe: 1,20 m, Breite 1 m, Radstand: 1,352 m, Länge der Gleisketten: insgesamt 4,80 m, Bodenauflage: 0,82 m, Höchstgeschwindigkeit (auf Stra-

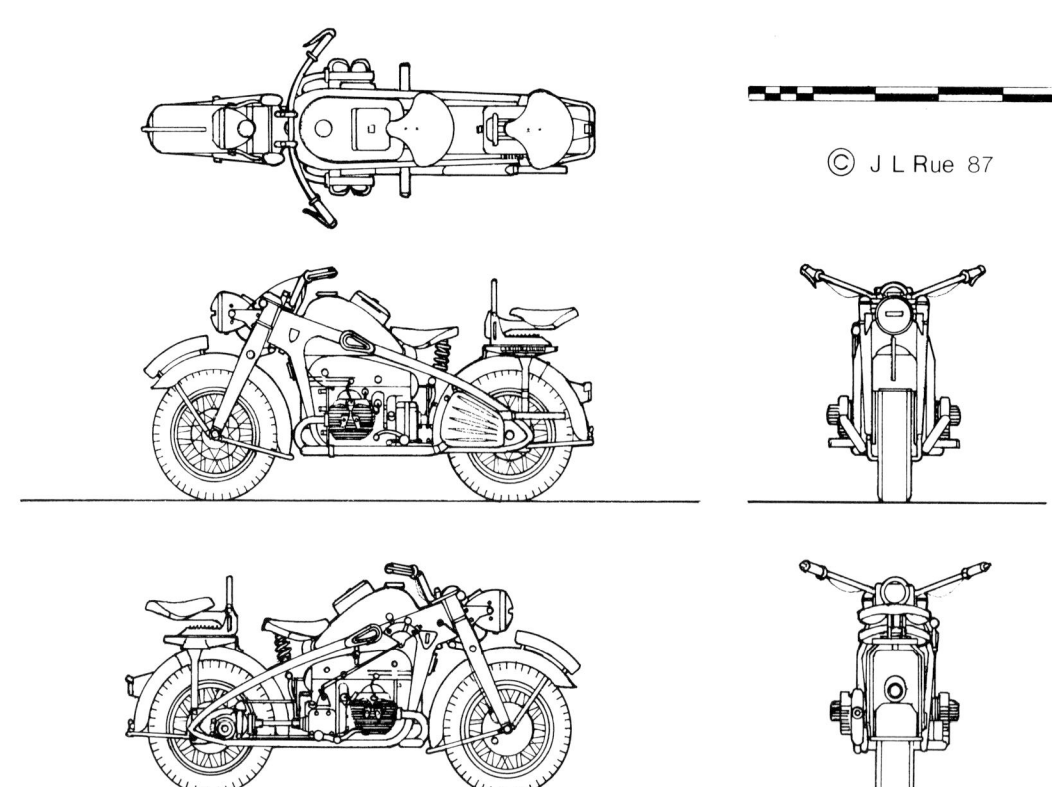

s 750 ccm Kraftrad Zündapp KS 750

© J L Rue 87

ßen): 70 km/h, Aktionsradius (auf Straßen): 250 km, (im Gelände): 175 km, Motortyp: Opel Olympia 4-Zyl. Benzin, Motorleistung: 36 PS bei 3.400 U/Min., Hubraum: 1.478 ccm, Tankinhalt: 42 Liter.

Motor-Karette ADMK-WARK

Haupthersteller: Austro-Daimler, Herstellungszeit: 1935-38, Gesamtgewicht: 1,73 Tonnen, Gesamtlänge: 2,90 m auf Gleisketten, 3,68 m auf Rädern, Höhe: 1,30 m auf Rädern, 1,46 m auf Gleisketten, Breite: 1,20 m auf Gleisketten, 1,54 m auf Rädern, Radstand: 1,77 m, 1,36 m auf Gleisketten, Höchstgeschwindigkeit: 45 km/h auf Rädern, 15 km/h auf Gleisketten, Aktionsradius (auf Straßen): 200 km, (im Gelände): 110 km, Motortyp: Austro-Daimler FB 12/20 4-Zyl. Benzin, Motorleistung: 18 PS bei 1.400 U/Min., Hubraum: 2.312 ccm, Rankinhalt: 39 Liter. (Text über die beiden obigen Fahrzeuge s.S. 299).

Ein NSU-Kettenkrad zieht einen mit Nachschub beladenen Anhänger. (BA/570/1616/38a)

Leichtes NSU-Kettenkrad HK-101, SdKfz 2

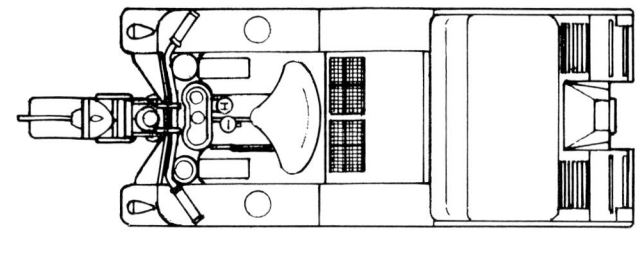
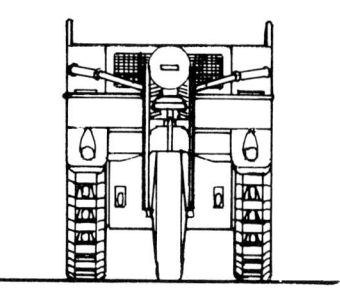
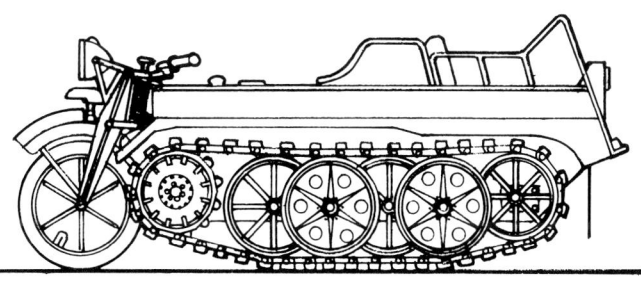
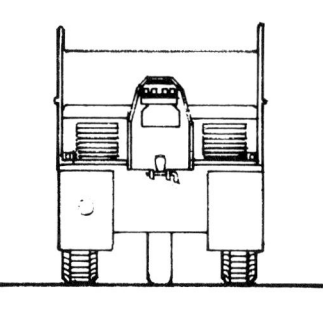

© J L Rue 87

Teil III
Die deutschen Streitkräfte
und die NATO

Am Ende des Zweiten Weltkrieges faßten die siegreichen Alliierten den Entschluß, daß das deutsche Volk niemals wieder aufrüsten und seine Nachbarn bedrohen dürfe. Kaum zehn Jahre jedoch nach Einstellen der Kampfhandlungen hatten die westlichen Alliierten — Amerika, Britannien und Frankreich — ihre Besatzungsstreitkräfte abgezogen und die Souveränität der Bundesrepublik anerkannt und förderten aktiv — unter Beachtung entsprechender Sicherheitsmaßnahmen — die Aufstellung neuer deutscher Streitkräfte. Vorausgegangen war eine intensive Meinungsforschung, sowohl auf internationaler Ebene als auch im kriegsmüden Deutschland.

Im Februar 1945 gab es zwischen Churchill, Roosevelt und Stalin folgende Übereinstimmung: »Es ist unser unabänderliches Ziel, den deutschen Militarismus und Nazismus zu zerstören und sicherzustellen, daß Deutschland nie wieder in der Lage sein wird, den Weltfrieden zu zerstören. Wir sind entschlossen, alle deutschen Streitkräfte zu entwaffnen und aufzulösen und den deutschen Generalstab, der wiederholt das Entstehen des deutschen Militarismus bewirkt hat, für alle Zeit aufzulösen.« Nach der Kapitulation Deutschlands im Mai des gleichen Jahres wurden alle Anlagen der deutschen Rüstungsindustrie demontiert, alle Streitkräfte waren aufgelöst, die Waffen eingezogen worden, und wachsame Männer der Kontrollkommission sorgten dafür, daß sich keinerlei Gruppen ehemaliger Soldaten gegen die Besatzungsstreitkräfte bilden konnten. Der Prozeß der Entnazifizierung wurde unverzüglich in Gang gesetzt, und in Nürnberg wurden »Verbrechen gegen die Menschlichkeit« gerichtlich verfolgt.

Wenn auch die SS für die schlimmsten und entsetzlichsten Grausamkeiten verantwortlich war, so war die Wehrmacht keineswegs ganz ohne Schuld. (Die alliierten Streitkräfte waren es auch nicht — aber den Siegern gehört die Beute, doch diese unangenehme Tatsache wird gewöhnlich beschönigt.)

Die NATO entstand formell am 4. April 1949, als die von einer expansionistischen Sowjetunion ausgehende Bedrohung des Weltfriedens immer offenkundiger wurde. Die ursprünglichen Unterzeichnerstaaten dieses Paktes waren Belgien, Britannien, Dänemark, Frankreich, Holland, Island, Italien, Kanada, Luxemburg, Norwegen, Portugal und die Vereinigten Staaten von Amerika. Griechenland und die Türkei wurden am 18. Februar 1952 aufgenommen. Da Island kein stehendes Heer hat, ist es weniger ein aktives als passives Mitglied. Frankreich trat in der Folgezeit aus, es wird sich nur aktiv beteiligen, wenn es direkt angegriffen wird. Spanien wurde schließlich 1982 nach Francos Tod aufgenommen.

Das Jahr 1949 brachte die Konstituierung der Bundesrepublik Deutschland unter ihrem ersten Kanzler Konrad Adenauer. Eine bedeutende Bestimmung der neuen Verfassung, des Grundgesetzes, enthält das absolute Verbot, einen Angriffskrieg zu führen, und das Recht eines jeden Bürgers auf Kriegsdienstverweigerung.

Um 1950 verschärfte sich die Sorge wegen der sowjetischen Absichten. Die Rote Armee zog in Osteuropa 175 Divisionen zusammen. Die Alliierten hatten weitaus weniger, denn unmittelbar nach der deutschen Kapitulation hatten sie ihre Truppenstärke umgehend reduziert. Offenkundig mußte etwas geschehen, und zwar bald. Die USA schugen daher vor, West-Deutschland in die NATO aufzunehmen, doch dies jagte manchen Leuten einen Schrecken ein, besonders in den Ländern, die unter der Besetzung durch die Nazis gelitten hatten. 1950 machten die Franzosen den von Winston Churchill unterstützten Gegenvorschlag, daß die Deutschen sich an der Europäischen Verteidigungs Gemeinschaft beteiligen sollten, aber nur mit einzelnen Bataillonen, die in größere multinationale Verbände integriert werden sollten.

Widerstand gegen die Aufstellung deutscher Streitkräfte regte sich nicht nur bei den früheren Feinden, sondern auch innerhalb der Bundesrepublik. Die neue Generation der jungen Männer, die für den Militärdienst in Frage kamen, hatten die Folgen des Hitlerschen Militarismus erlebt und darunter gelitten, deshalb wollten sie an einem solchen Projekt nicht beteiligt sein, und so wurde »Ohne mich!« so etwas wie ein Schlachtruf. Adenauer und seinem damaligen militärischen Berater, dem früheren General Gerhard von Schwerin, wurde es daher klar, daß irgendeine Form der Wehrpflicht nötig sei, selbstverständlich unter Beachtung des Grundgesetzes.

Im März 1952 wurde der Vertrag von Bonn unterzeichnet, durch den im Prinzip die Unabhängigkeit der Bundesrepublik als eines autonomen Staates anerkannt wurde; dieser aber war mit dem Vertrag von Paris verknüpft, der am nächsten Tag vorgelegt wurde und die Bestimmungen über die deutsche Wiederbewaffnung enthielt. Frankreich verweigerte die Unterzeichnung und verschob die Debatten bis August 1954, als die Nationalversammlung den Widerstand aufgab. Zu dieser Zeit hatte sich die westliche Welt daran gewöhnt, die Bundesrepublik als souveränen Staat und Verbündeten zu betrachten; in Deutschland wurden umfangreiche Vorarbeiten für eine reformierte Armee durch einen Ausschuß unter Theodor Blank geleistet. Die vollständige und harmlos klingende Bezeichnung, die Blank als dessen Vorsitzender erhielt, war »Beauftragter der Bundesrepublik für alle mit der (Ver-)Stärkung der alliierten Besatzungstruppen verbundenen Fragen«. Dies klang sehr langatmig, und der Ausschuß wurde bald als »Dienststelle Blank« bekannt.

Die Dienststelle Blank war sich im klaren über den Widerstand innerhalb Deutschlands gegen die Aufstellung neuer Streitkräfte, aber auch über die Befürchtungen in anderen Ländern, die einen wieder erstarkenden deutschen Militarismus beargwöhnten. Die Dienststelle Blank legte einige

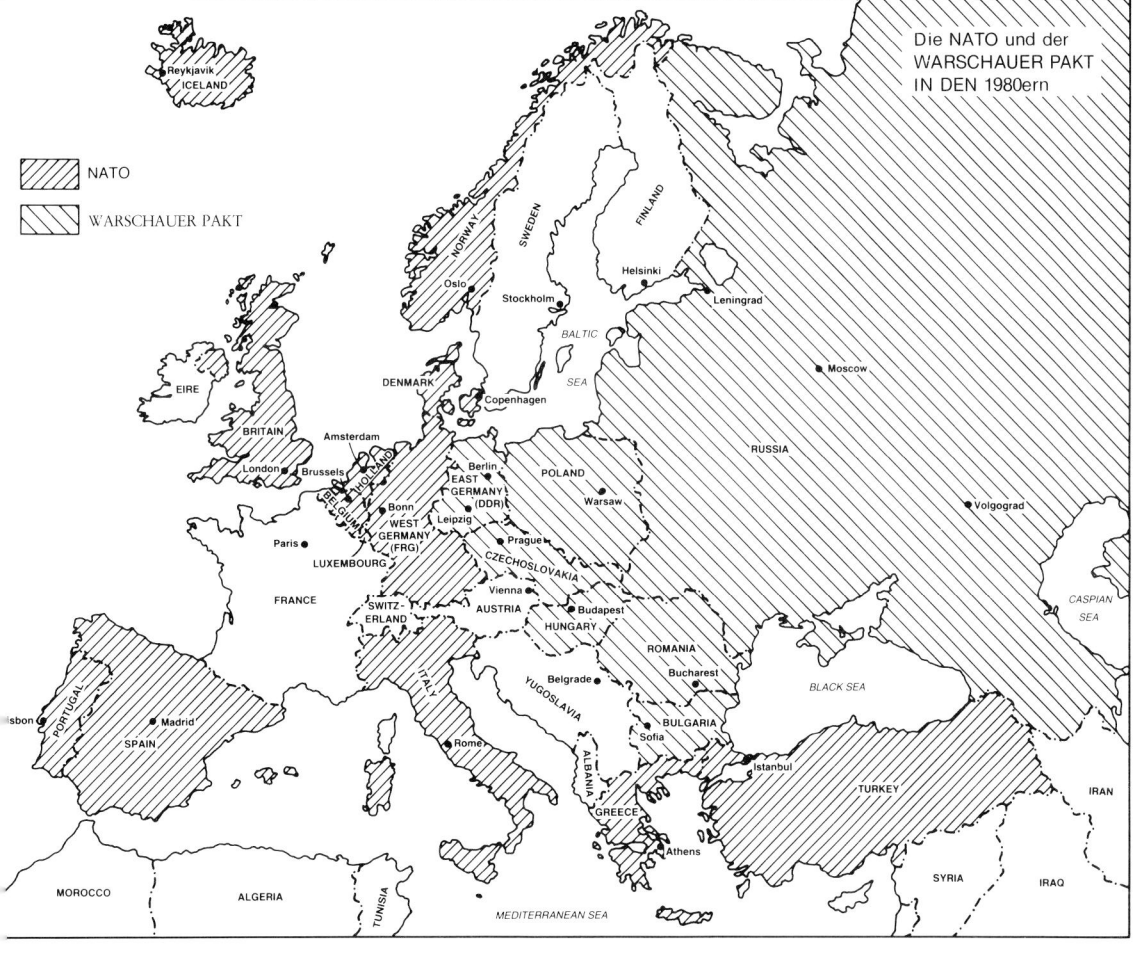

Die NATO und der WARSCHAUER PAKT IN DEN 1980ern

vernünftige Vorschläge vor, um die Befürchtungen abzubauen; ihr grundlegendes Konzept war, daß der neue deutsche Soldat ein Bürger in Uniform und nicht einem Generalstab unterstellt sein solle. Die Streitkräfte sollten unter Berücksichtigung der Erfordernisse des Wehrdienstes so demokratisch wie möglich sein. Der Schwerpunkt sollte bei der Ausbildung auf der Entwicklung der inneren Selbstdisziplin liegen und nicht auf der von außen erzwungenen, strengen Disziplin, wie es früher der Fall war. Da jeder Soldat ein »Bürger in Uniform« war, mußten seine im Grundgesetz verankerten Rechte gewahrt werden, und so unterstand er dem zivilen, nicht dem militärischen Strafrecht; er hatte das Recht, sich an die Regierung zu wenden, wenn er glaubte, ungerecht behandelt worden zu sein. Diese Vorschläge verfolgten bis zu einem gewissen Grade den Zweck, den Widerstand im Landesinneren zu beschwichtigen, aber auch der Widerstand der Franzosen gegen den Pariser Vertrag mußte überwunden werden, bevor die Pläne in die Wirklichkeit umgesetzt werden konnte.

Dies wurde dadurch erreicht, daß Deutschland freiwillig damit einverstanden war, die Größe seiner Streitkräfte auf ein Maß zu begrenzen, das auch den Gegnern des Vertrags annehmbar war. Das Heer sollte nicht mehr als 12 Divisionen haben; außerdem sollte Deutschland atomare, bakteriologische und chemische Waffen weder herstellen noch besitzen. Für die neu aufgestellten Streitkräfte wurde die Bezeichnung »Bundeswehr« gewählt, um einen deutlichen Bruch mit der Vergangenheit zum Ausdruck zu bringen; sie sollten außerdem schon im Frieden direkt dem SACEUR, (Supreme Allied Commander in Europe — Alliierter OB in Europa) unterstehen. Die deutsche Regierung konnte auch darüber hinaus nicht aus eigener Intiative eine Mobilmachung anordnen, außer für Aufgaben im Inneren nach Ausrufung des nationalen Notstands durch den Bundestag, d.h. durch das Parlament der Bundesrepublik, das aber für den Entschluß eine Zweidrittel-Mehrheit benötigt. Schließlich erklärte die Bundesrepublik, daß sie keinerlei Versuch machen werde, die Grenzen des Landes zu ändern oder die Wiedervereinigung mit der Deutschen Demokratischen Republik durch Anwendung von Gewalt herbeizuführen.

Diese freiwilligen Vorschläge besänftigten die französische Nationalversammlung, die schließlich den Pariser Vertrag am 23. Oktober ratifizierte und damit den Weg für die Aufnahme Westdeutschlands in die NATO vorbereitete. Sie wurde formal am 8. Mai 1955 vollzogen.

Wenn man von der Tatsache ausgeht, daß die Franzosen ursprünglich Einwände gegen die Wiederaufstellung deutscher Streitkräfte in Europa hatten, so ist es doch bemerkenswert, daß nach Fertigstellung des Manuskripts für dieses Buch zwischen Bonn und Paris ein Abkommen zustande kam, demzufolge eine französisch-deutsche Brigade aufgestellt werden soll, eine aus zwei Nationalitäten bestehende Streitmacht, die damit eine neue Beziehung zwischen früher erbitterten Feinden symbolisiert.

Organisation von 1955 bis zur Gegenwart

Rekrutierung und Ausbildung

Die Grundsätze für die Aufstellung der Bundeswehr waren zwar von der Dienststelle Blank ausgearbeitet worden, aber im Jahre 1955 war noch ein verfassungsmäßiges Hindernis zu überwinden. Dies erreichte die Regierung dadurch, daß sie zwei Klauseln des Grundgesetzes anwandte, wodurch sie berechtigt war, sich mit dem Status, der Organisation und den Aufgaben des Bundesgrenzschutzes zu befassen. Dies war eine Truppe, die etwa 10.000 Mann stark war und 1950 angesichts der Schutzlosigkeit gegenüber der riesigen sowjetischen Bedrohung aufgestellt worden war. Danach war der Weg frei für die erste Welle der 6.000 Freiwilligen, die im Juli 1955 einberufen wurden. Die ersten Verbände wurden Anfang des nächsten Jahres zusammengestellt, und die ersten Wehrpflichtigen rückten 1957 ein; zu jener Zeit dauerte der Wehrdienst zwölf Monate. Es gab, wie zu erwarten war, Widerstand gegen die Wehrpflicht, doch war er nicht so heftig, wie man befürchtet hatte. Offizielle Zahlen zeigen, daß es in der ersten Zeit der Bundeswehr jährlich 3.000 bis 4.000 Verweigerer gab, von denen annähernd 80% vom Wehrdienst befreit wurden. Diese Zahlen stiegen in der Zeit der Studenten-Proteste Ende der 60er Jahre auf das Drei- bis Vierfache, zu einer Zeit, als die Dienstzeit 18 Monate betrug. 1972 erreichte die Zahl der Verweigerer mit 33.792 einen Höchststand. Seitdem sind die Zahlen zurückgegangen, z.T. weil die Dienstzeit auf 15 Monate verringert wurde, z.T. auch, weil ein zunehmender Teil der deutschen Jugend die Notwendigkeit eingesehen hat, den ständig steigenden Wohlstand ihres Landes zu verteidigen. (Kriegsdienstverweigerer, deren Antrag von dem Prüfungsausschuß anerkannt werden, müssen eine entsprechende Zeit Zivildienst leisten.)

Wäre die Bundeswehr darauf angewiesen, ihre

Soldaten der Bundeswehr; nach der Verladung auf die Bahn sind sie auf der Fahrt zu einer Übung (MARS).

Soll-Stärke lediglich mit Wehrpflichtigen aufzufüllen, wäre sie in einer ungünstigen Lage. Glücklicherweise besteht mehr als die Hälfte der Gesamtstärke des Heeres (durchschnittlich 340.000 Offiziere und Mannschaften, ohne Reservisten und Angehörige der Territorialarmee) aus freiwillig länger Dienenden, die sich für eine Zeit zwischen zwei Jahren und 15 Jahren verpflichten. Aktive Soldaten, die mindestens den Dienstgrad eines Feldwebels erreichten, können Berufsoffiziere werden, was ihnen eine berufliche Tätigkeit bis zum Alter von mindestens 53 Jahren sichert. In der ersten Zeit war ein großer Prozentsatz der Freiwilligen ehemalige Wehrmachtangehörige. Daher wurde ein strenges Auswahlverfahren eingeführt, um eine Einstellung Vorbelasteter zu vermeiden. Diese Vorsichtsmaßnahme ist heute nicht mehr von Bedeutung, da die ehemaligen Kriegsteilnehmer nicht mehr im aktiven Dienst sind. Um eine politische Weiterbildung zu gewährleisten, nehmen sowohl die Freiwilligen als auch die Wehrpflichtigen an Ausbildungen und Diskussionsgruppen teil, die folgende Themenkreise zum Gegenstand haben: bürgerliches und internationales Recht, die deutsche Verfassung (das Grundgesetz) sowie Rechte und Pflichten des Einzelnen. Das Ziel ist, jene »innere Disziplin« zu schaffen, die von der Dienststelle Blank empfohlen wurde.

Darauf zielen auch die Methoden der Truppenausbildung ab. Der Rekrut der Bundeswehr absolviert mit Masse zunächst die dreimonatige »Allgemeine Grundausbildung«; die infanteristische Elementarausbildung, zu der Sport, das Marschieren, das Überwinden von Hindernissen ebenso gehören wie der Umgang mit Handfeuerwaffen. Sie hat auch die Steigerung der Ausdauer und Schaffung von Selbstvertrauen zum Ziel. Der Soldat der Bundeswehr wird in den folgenden drei Monaten in der Spezialgrundausbildung für seine künftige dienstliche Aufgabe, z.B. als Elektriker, Waffenmeister, Schütze, Funker, Radar-Spezialist, Pionier etc. ausgebildet; gleichzeitig werden diejenigen Fähigkeiten entwickelt, die ihn als Soldat mit Selbstdisziplin ausweisen. Der Wehrpflichtige verbringt dann den Rest (Vollausbildung) seiner Dienstzeit zumeist in seiner Stammeinheit.

Wer nach einigen Monaten bei der Kampfeinheit die Eignung zum Unteroffizier erkennen läßt, wird, soweit vom Betroffenen gewünscht, zur weiteren Ausbildung geschickt, wozu auch die Unterweisung über seine Pflichten, Verantwortung und allgemeines Verhalten als Unteroffizier gehört.

Die Schulen sind:

Bezeichnung	Standort
Kampftruppenschule 1 (Jäger)	Hammelburg
Kampftruppenschule 2 (PzGren.; PzJg.; PzAufkl.)	Munster
Artillerieschule	Idar-Oberstein
Heeres-Flugabwehrschule	Rendsburg
Pionierschule	München
Fernmeldeschule	Feldafing
Feldjäger und Stabsdienst	Sonthofen
Heeresfliegerwaffenschule	Bückeburg
Schule Technische Truppe 1	Aachen
Schule Technische Truppe 2	Bremen
Luftlande- und Lufttransportschule	Altenstadt
Gebirgs- und Winterkampfschule	Mittenwald
ABC- und Selbstschutzschule	Sonthofen
Fernspähschule	Weingarten

Offizierausbildung

1973 wurde die Wehrpflicht von 18 auf 15 Monate herabgesetzt. Bis zu diesem Zeitpunkt verbrachten alle Offiziersanwärter eine dreimonatige Anfangszeit mit der oben beschriebenen Grundausbildung. Nach einigen Monaten bei einer Kampfeinheit gingen sie an die Abteilung für Offizierausbildung an einer der Schulen für die einzelnen Truppengattungen. Nach 6 Monaten legten sie die Prüfung für eine der drei Schulen für Heeresoffiziere in Hamburg, Hannover oder München ab. Dort eigneten sie sich die notwendigen Kenntnisse über Truppenführung, Verbindung, Kriegsrecht, die Auswertung von Feindlagemeldungen usw. an. Dies gilt noch für Offiziere, die sich für 12 Jahre oder weniger verpflichten.

1973 richtete die Bundeswehr in München und Hamburg Universitäten ein, die Studiengänge mit Universitätsniveau anbieten und den Langzeit- und Berufsoffizieren offenstehen. Das Studium dauert drei Jahre. Der Schwerpunkt liegt auf den naturwissenschaftlichen und technischen Fächern, ohne die eine moderne Armee nicht funktionieren kann.

Für ausgewählte Offiziere werden Lehrgänge in Spezialfächern an den unten aufgeführten Schulen angeboten, die Diplome verleihen, die den technischen gleichwertig sind und anstelle des technischen Grades oder zusätzlich zu einem akademischen Grad der beiden Universitäten erworben werden.

Folgende Schulen gibt es:

Bezeichnung	Standort
Verwaltung	Mannheim
Nachrichtenwesen	Bad Ems
Fremdsprachen	Euskirchen
Logistik	Hamburg
Maschinenbau	Darmstadt
Sanitätswesen	München
Sport	Sonthofen
Psychologische Kriegführung	Euskirchen

Schließlich gibt es das »Zentrum für Innere Führung« in Koblenz, an dem Lehrgänge über bürgerliche und moralische Verantwortung abgehalten werden; außerdem gibt es in Hamburg die Führungsakademie, die geeigneten Offizieren nach einer mindestens achtjährigen Dienstzeit offensteht. Die kurzen Lehrgänge dauern vier Monate, die langen zwei Jahre; 80-90% der Teilnehmer absolvieren die kurzen Lehrgänge, um ihre Kompetenz in ihrem Führungsgrundgebiet weiterzuentwickeln; die langen Lehrgänge werden einem ausgewählten Kreis angeboten, zur Vorbereitung auf spätere Verwendungen im Generalstabsdienst.

Reserven

Alle Aktiven gehören bis zum 65. Lebensjahr zur Reserve; andere Offiziere und Unteroffiziere bis zum 60. Lebensjahr; die Wehrpflichtigen noch drei Monate nach Ableistung ihrer Dienstzeit. Diese Regelung verschafft der Bundeswehr eine dauernde Reserve von durchschnittlich 1,5 Millionen Männern, von denen etwa 25-30% für eine Mobilmachung im Falle eines Staatsnotstandes mehr oder weniger sofort verfügbar wären.

Führungsstruktur

Die oberste Verfügungsgewalt über die Bundeswehr liegt bei dem »Supreme Allied Commander Europe« (SACEUR = Oberster Alliierter Befehlshaber in Europa) und unter ihm bei dem Befehlshaber der NORTHAG (NATO Northern Army Group = Armee-Gruppe Nord der NATO), der die Operationen des I. Korps leitet sowie bei dem Befehlshaber der CENTAG (NATO Central Army Group = Armee-Gruppe

Mitte der NATO), der die Operationen des II. und III. Korps leitet. Jedes Korps besteht in der Grundgliederung aus drei bis fünf Divisionen (s. Übersicht auf S. 311). In der Gefechtsgliederung führt die 6. Panzergrenadier-Division in Zusammenarbeit mit der dänischen Armee in Schleswig-Holstein Operationen selbständig durch; diese Truppen unterstehen dann dem Commander Allied Forces North (AFNORTH = Befehlshaber der Alliierten Streitkräfte Nord). Außer im Falle des Nationalen Notstands, wenn der Bundestag die Armee mobilisieren könnte, liegt die höchste nationale Kommandoebene beim Korps*.

Ihre wichtigsten Bestandteile sind:
— ein Fernmeldekommando mit
   + Fernmeldeverbindungsbataillon
   + Fernmeldebetriebsbataillon
   + Fernmeldebataillon Elektronische Kampfführung
— ein Artilleriekommando mit
   + Drohnenbatterie
   + Raketenartilleriebataillon (6 Lance)
   + Nachschubbataillon Sonderwaffen
   + Sicherungsbataillon
— ein Flugabwehrkommando mit
   + Flugabwehrraketenregiment (36 Roland)
   + Zwei Flugabwehrkanonenbataillone (Je 24 L-70)
— ein Pionierkommando mit
   + sieben Pionierbataillonen unterschiedlichster Art
— ein Heeresfliegerkommando mit
   + Panzerabwehr-Hubschrauber-Regimenter (56 PAH-1)
   + Heeresfliegertransportregiment (5 Bö 105, 48 UH-1D)
   + Heeresfliegertransportregiment (5 Bö 105, 32 CH-53)
— ein Instandsetzungskommando mit
   + Elo-Instandsetzungsbataillon
   + zwei unterschiedlichen Instandsetzungsbataillonen

---

*Im Falle eines Notstands unterstehen die Streitkräfte dem Bundes-Sicherheits-Rat und dem Verteidigungsminister, die Weisungen an die fünf Stabs-Chefs geben (die den Titel »Inspekteure« erhielten, um historische Anklänge zu vermeiden). Der Generalinspekteur ist für die Gesamtkoordination verantwortlich, je einen Inspekteur gibt es für das Heer, die Marine und die Luftwaffe; der fünfte ist für das Sanitätswesen zuständig. Jeder Führungsstab wird in sieben Abteilungen unterteilt: Personal und Ausbildung, Militärisches Nachrichtenwesen, Führung, Logistik, Planung und Rüstung.
Im Verteidigungsausschuß, der aus gewählten Mitgliedern des Bundestages besteht, hat ein wirkungsvolles Vetorecht bezüglich der Verwendung der Streitkräfte.

— ein Nachschubkommando mit
  + Nachschubbataillon
  + Transportbataillon
  + schwerem Transportbataillon
  + Korpsdepots
— ein Sanitätskommando mit
  + zwei Sanitätsbataillonen
  + schwerem Sanitätstransportbataillon
— ein ABC-Abwehrbataillon (18 SpürPz FUCHS)

Jede Division hat drei Brigaden, ausgenommen die 6. Panzergrenadierdivision und die 1. Gebirgsdivision, die zusätzlich je eine Heimatschutzbrigade (NATO-assigniert) bereits in Friedenszeiten unterstellt haben.
Die Panzerdivisionen (1., 3., 5., 7., 10., 12.) verfügen über je zwei Panzerbrigaden und eine Panzergrenadierbrigade. Panzergrenadierdivisionen (2., 4., 6., 11.) gliedern sich in je zwei Panzergrenadierbrigaden und eine Panzerbrigade. Die 1. (8.) Gebirgsdivision verfügt neben der Heimatschutzbrigade über eine Panzergrenadierbrigade, eine Gebirgsjägerbrigade und eine Panzerbrigade. Die 1. (9.) Luftlandedivision ist mit drei Luftlandebrigaden ausgestattet. Jede Division, mit Abweichungen bei der 1. Luftlandedivision und 6. Panzergrenadierdivision, besitzt als Unterstützungselement folgende Divisionstruppen:
— Stabskompanie
— ABC-Abwehrkompanie (6 SpürPz FUCHS)
— Heeresfliegerstaffel (10 Bö 105 oder Alouette)
— Eloka-Kompanie
— Frontnachrichtenzug
— Panzeraufklärungsbataillon (34 LEOPARD 1, 34 LUCHS, 10 FUCHS, 9 RadarPz)
— Artillerieregiment mit
  + Feldartilleriebataillon (18 FH-70, 18 M110 A2 G)
  + Raketenartilleriebataillon (16 LARS, 16 MARS)
  + Beobachtungsbataillon

— Heeresfliegerregiment (36 GEPARD)
— zwei Jägerbataillone
— Sicherungsbataillon
— Fernmeldebataillon
— Pionierbataillon
— Sanitätsbataillon
— fünf Feldersatzbataillone
— Nachschubbataillon
— Instandsetzungsbataillon

Im Einsatz werden jeder Brigade aus dem Aufklärungsbataillon je 8 SpähPz LUCHS als Brigadespähzug und je ein Sanitätsbataillon des Sanitätsbataillons unterstellt.

Es gibt im Feldheer 4 Brigadetypen:
— Panzergrenadierbrigaden
— Panzerbrigaden
— Luftlandebrigaden
— Gebirgsjägerbrigade

Abgesehen von der Luftlandebrigade gliedert sich jede Brigade grundsätzlich in vier Kampfbataillone, ein Artilleriebataillon und die Brigadeeinheiten.
Für letzte sollen hier nur die Einheiten der beiden wichtigsten Brigadetypen, die der Panzergrenadier- und Panzerbrigade im einzelnen aufgeführt werden:
— Stabskompanie (im Einsatz mit 8 SpähPz LUCHS)
— Panzerjägerkompanie (PzGrenBrig: 12 JgPz JAGUAR 2, PzBrig: 12 JgPz JAGUAR 1)
— Panzerpionierkompanie (9 TPz FUCHS, 2 PiPz, 4 BrPz BIBER, 4 MiW SKORPION, 2 Minenverleger)
— Instandsetzungskompanie
— Nachschubkompanie
— Sanitätskompanie (im Einsatz aus SanBtl/Div.)

Bundeswehr-Divisionen

Korps	Division	Ober-kommando	Einheiten
I	1. Panzer	Hannover	1., 2. und 3. Brigade
III	2. Pz.-Gren.	Kassel	4., 5. und 6. Brigade
I	3. Panzer	Buxtehude	7., 8. und 9. Brigade
II	4.Pz.-Gren.	Regensburg	10., 11. und 12. Brigade
III	5. Panzer	Diez	13., 14. und 15. Brigade
—	6.Pz.-Gren.	Neumünster	16., 17., 18. und 51. Brigade
I	7. Panzer	Unna	10., 20. und 21. Brigade
II	1. Geb.Jäger	Garmisch-Partenkirchen	22., 23., 24. und 56. Brigade
II	Luftlande	Bruchsal	25., 26. und 27. Brigade
II	10. Panzer	Sigmaringen	28., 29. und 30. Brigade
I	11. Pz.Gren.	Oldenburg	31., 32. und 33. Brigade
III	12. Panzer	Würzburg	34., 35. und 36. Brigade

Die einzelnen Brigadetypen sind mit folgenden Kampf- und Artillerieverbänden ausgestattet:

1. Die Panzergrenadierbrigade
   - ein gemischtes Panzergrenadierbataillon (24 SPz MARDER, 13 KPz LEOPARD 1)
   - Panzergrenadierbataillone (je 24 SPz MARDER, 10 SPz MTW M113, 6 Pz Mrs 120 mm)
   - ein Panzerbataillon (41 KPz LEOPARD 1)
   - ein Panzerartilleriebataillon (18 PzH M109 A3G)
2. Die Panzerbrigade
   - ein gemischtes Panzerbataillon (28 KPz LEOPARD 2, 11 SPz MARDER)
   - ein Panzergrenadierbataillon (35 SPz MARDER, 6 PzMrs 120 mm)
   - zwei Panzerbataillone (je 41 KPz LEOPARD 2)
   - ein Panzerbataillon (18 PzH M109 A3G)
3. Die Luftlandebrigade
   - drei Fallschirmjägerbataillone (je 30 Kra-Ka, 20 TOW, 8 MILAN, 12 MK 20 mm)
   - Fallschirmjägerbataillon (9 MK 20 mm)
4. Die Gebirgsjägerbrigade
   - vier Gebirgsbataillone (je 21 MILAN, 6 Mrs 120 mm, 6 MK 20 mm)

- Gebirgsartilleriebataillon (18 GebH 105 mm)

Territorialheer

Das Territorialheer ist der wichtigste Träger der militärischen Landesverteidigung. Die Hauptaufgaben des Territorialheeres bestehen darin,
- die Mittlerfunktion zwischen dem militärischen und dem zivilen Bereich wahrzunehmen,
- das Aufrechterhalten der Operationsfreiheit, besonders für die NATO-Streitkräfte sicherzustellen; dazu gehören:
  + der Schutz rückwärtiger Gebiete,
  + die militärische Verkehrsführung,
  + das Sicherstellen von Bewegungen über Gewässer,
  + die ABC-Abwehr,
  + die Schadensbeseitigung und
  + die Kampfmittelbeseitigung.
- Besondere Führungs- und Unterstützungsaufgaben zu erfüllen.
  Sie erstrecken sich auf
  + die Informationsgewinnung und den Informationsaustausch,
  + die Ordnung des Raumes,
  + das Herstellen und Betreiben von Fernmeldeverbindungen,
  + das Aufrechterhalten der soldatischen Ordnung und militärischer Sicherheit,
  + das militärische Geowesen,
  + den geophysikalischen Beratungsdienst,
  + die psychologische Verteidigung,
  + die Presse- und Öffentlichkeitsarbeit,
  + die Sperrvorbereitungen,
  + die Lähmungen im militärischen Bereich,
  + das Kriegsgefangenenwesen und
  + das Gefallenenwesen.
- die personelle Einsatzbereitschaft und die Logistik des Heeres sowie die sanitätsdienstliche Betreuung und Versorgung der deutsche Streitkräfte zu gewährleisten,
- die zivile Verteidigung zu unterstützen.

Wehrbereiche

Nr.	Standort	Region
TerrKdo		Schleswig-Holstein, Hamburg
S-H	Kiel	
II	Hannover	Niedersachsen und Bremen
III	Düsseldorf	Nordrhein-Westfalen
IV	Mainz	Hessen, Rheinland-Pfalz, Saarland
V	Stuttgart	Baden-Württemberg
VI	München	Bayern

Infanteriewaffen 1955
bis zur Gegenwart

Handfeuerwaffen

9 mm HK 4

Kaliber: 9 mm, Länge: 157 mm, Länge des Laufes: 85 mm, Gewicht, geladen: 0,6 kg, Mündungsgeschwindigkeit: 299 m/sek., Magazinfüllung: 7 oder 8 Schuß, größte Wirkungsweite: 25 m, Feuergeschwindigkeit: 20-25 Schuß/Min., Einzelfeuer.

9 mm P7K3 und P7M13

Wie 9 mm HK4, außer: Länge: 171 mm, Länge des Laufes: 105 mm, Gewicht, geladen: 0,95 kg, Magazinfüllung: 8 Schuß (K3), 19 Schuß (M13), größte Wirkungsweite: 50 m, Feuergeschwindigkeit: 20-25 Schuß/Min., Einzelfeuer (K3), 30-35 Schuß/Min., Einzelfeuer (M13).

9 mm P9S

Wie 9 mm P7K3 und P7M13, außer: Länge: 192 mm, Länge des Laufes: 102 mm, Gewicht, geladen: 1,065 kg, Mündungsgeschwindigkeit: 351 m/sek., Magazinfüllung: 9 Schuß, Feuergeschwindigkeit: 25-30 Schuß Einzelfeuer.

Nach dem Zweiten Weltkrieg wurde das Unternehmen Mauser von der französischen Besatzungsarmee demontiert; seitdem ist die 1948 gegründete Firma Heckler und Koch, die in den 50er Jahren den Betrieb von Mauser in Oberndorf/Neckar wieder eröffnete, der wichtigste Hersteller deutscher Pistolen, Maschinenpistolen und Gewehre. Die erste Militär/Polizei-Pistole war die kleine HK4, die nicht mehr hergestellt wird; es war ein leichtes Rückstoßmodell und ähnelte der früheren Mauser HSc. Darauf folgte die größere und stärkere P7K3 und die P7M13, die den militärischen Erfordernissen eher entsprachen; sie sind Gasdruck-Modelle mit verzögertem Rückstoß (wie alle Waffen von Heckler und Koch) mit modernen Sicherungsvorrichtungen, wozu ein Mechanismus gehört, der verhindert, daß die Waffe unbeabsichtigt losgeht, wenn sie hinfällt. Beide verschießen 9 mm Parabellum-Patronen, wie die P9S, die einen anderen Doppel-Abzugs-Verschlußmechanismus hat, der auf dem des Sturmgewehrs G3 (desselben Herstellers) basiert, im übrigen aber ähnliche Konstruktionsmerkmale wie die P7K3 hat.

Heckler und Koch stellte auch eine halbautomatische Pistole her, die sowohl Feuerstöße zu 3 Schuß als auch Einzelfeuer abgeben konnte. Die 9 mm VP70M hatte zunächst im Export einige Erfolge, wurde aber von keiner einzigen NATO-Streitmacht angenommen, daher wurde die Produktion bald eingestellt; sie hatte eine Kombination von Halfter- und Schulterstütze aus Plastik, die so war wie die hölzerne, die für die P08 Luger und die Mauser C/96 angefertigt wurde.

9 mm Walther P1/P5

Die Walther P1 ist die P38 aus der Kriegszeit unter einer anderen Bezeichnung — siehe: Infanteriewaffen 1933-45. Die P5 ist eine Polizeiwaffe, die normalerweise nicht bei der Armee verwen-

Noch immer im Dienst! — Die Walther P38, nun in P1 umbenannt (MARS).

det wird, doch gibt es zweifellos einige Exemplare, die privat gekauft wurden.

9 mm FN Browning Hochleistungspistole

Siehe Infanteriewaffen 1933-45. Diese Waffe wird noch immer hergestellt und weltweit auch benutzt. Es wurde sogar ein Rotpunkt-Laser-Visier entwickelt.

Maschinenpistolen

9 mm MP5A2

Kaliber: 9 mm, Länge: 680 mm, Lauflänge: 225 mm, Gewicht, geladen: 2,97 kg, Mündungsgeschwindigkeit: 330 m/sek., Magazinfüllung: 15- oder 30-Schuß-Kasten, größte Wirkungsweite: 200 m (obwohl das Visier auf 400 m ausgelegt ist), Feuergeschwindigkeit: 800 Schuß/Min., zyklisch.

Nach dem Erfolg mit dem Gewehr G3 produzierte Heckler und Koch eine neue Maschinenpistole, die den gleichen Grundmechanismus hatte, aber mit einer Kammer für die 9-mm-Parabellum ausgestattet war. Sie wird in verschiedenen Versionen angefertigt, von denen die MP5A2 am zahlreichsten ist, die einen Kolben aus Plastik in geradliniger Verlängerung des Laufes hat, einen Pistolengriff und vor dem Abzug den Einsatzstutzen für das Magazin. Die ersten Modelle hatten gerade Magazine, die von 1978 ab durch gebogene ersetzt wurden, weil diese eine bessere Munitionsnachführung ermöglichten. Eine Besonderheit aller Waffen von Heckler und Koch ist der Wahlhebel für drei verschiedene Einstellungen, für Einzelfeuer, Dauerfeuer und für Feuerstöße von 2 bis 4 Schuß; letzteres ist eine nützliche Vorrichtung, da sie der Neigung einer Maschinenpistole, bei Dauerfeuer hochzurutschen, entgegenwirkt.

Die MP5A3 ist damit identisch, hat aber eine röhrenförmige Schulterstütze aus Metall, die nach vorn geschoben werden kann, so daß die Gesamtlänge der Waffe auf 400 mm verringert wird; daher ist sie für Besatzungen gepanzerter Fahrzeuge eine ideale Waffe. Weiter gibt es drei Modelle mit Schalldämpfern: die MP5SD1, die überhaupt keinen Kolben hat; die MP5SD2, die einen feststehenden Plastik-Kolben wie die MP5A2 hat; und die MP5SD3, die den verschiebbaren Kolben der MP5A3 hat. Für verdeckte Operationen stellte Heckler und Koch ein Miniatur-Modell her, das nur 320 mm lang ist; die MP5KA1; sie hat keinen Kolben, der Lauf ist winzig, hinter und unter der Mündung befindet sich ein Griff, um eine gewisse Treffgenauigkeit zu erzielen. Ihre Reichweite ist nicht größer als die einer Pistole, doch bei der Terroristenbekämpfung ist die Möglichkeit, Dauerfeuer zu geben, sehr vorteilhaft. Diese Waffe kann man in der Hand von Sicherheitskräften auf Flughäfen sehen.

Die MP5 wird von der westdeutschen Polizei und den Streitkräften benutzt; außerdem wird sie in großem Umfang exportiert, besonders für die Verwendung durch Spezialeinheiten; leider ist sie auch eine bei Terroristen beliebte Waffe.

9 mm Walther MP-K und MP-L

Walther stellte nach dem Kriege auch zwei 9-mm-Maschinenpistolen her, die MP-K (K=Kurz) und die MP-L (L=Lang); die Länge des Laufes war 171 bzw. 257 mm. Die deutsche Marine führte sie ein, die Armee nicht; keins der beiden Modelle wird mehr hergestellt.

5,56 mm HK53

Kaliber: 5,56 mm, Länge: 765 mm (mit Kolben), 560 mm (mit eingelegtem Kolben), Lauflänge: 450 mm, Gewicht, geladen: nicht bek., Gewicht, ungeladen: 3,35 kg, Mündungsgeschwindigkeit: 807 m/sek., Magazinfüllung: 40-Schuß-Kasten, größte Wirkungsweite: 2-400 m, Feuergeschwindigkeit: 550 Schuß/Min., zyklisch.

Dies ist im Grunde eine MP5 von Heckler und Koch, mit einer umgearbeiteten Kammer für kleinere Munition, die auf normale Kampfentfernung die gleiche Durchschlagskraft hat. Seitdem in zunehmendem Maße bei der gesamten NATO kleinkalibrige Munition, wie bei dem amerikanischen M16 Armalite, verwendet wird, ist es wahrscheinlich, daß die HK 53 schließlich die Parabellum-Waffe verdrängen wird.

9 mm MP 2A1 (UZI)

Kaliber: 9 mm, Länge: 650 mm, Lauflänge: 260 mm, Gewicht, geladen: 4,22 kg, Gewicht, ungeladen: nicht bek., Mündungsgeschwindigkeit: 400 m/sek. Magazinfüllung: 25- oder 32-Schuß, größte Wirkungsweite: 200 m (meistens auf geringere Entfernungen benutzt), Feuergeschwindigkeit: 600 Schuß/Min., zyklisch.

Die israelische UZI ist sehr schnell eine berühmte Maschinenpistole geworden und wird von den meisten Armeen der ganzen Welt benutzt, besonders von Spezialtruppen, Fallschirmjägern, den Besatzungen von gepanzerten Fahrzeugen, vor allem wegen ihrer handlichen Abmessungen, mit entweder hölzerner oder einklappbarer, röhrenförmiger Metallschulterstütze. Sie wurde von Leutnant Uziel Galil (daher ihre Bezeichnung) nach dem Unabhängigkeitskrieg entwickelt. Einige ihrer Konstruktionsmerkmale wurden von früheren tschechischen Waffen übernommen, neu aber ist: 1., daß das Magazin durch den Pistolengriff eingeführt wird; dadurch wird die Gesamtlänge verringert und das Nachladen erleichert; 2. eine (damals) einzigartige Selbstreinigungsvorrichtung, die Staub und Sand von dem Mechanismus fernhält und so Ladehemmungen vermeiden hilft. Die UZI wurde 1953 in den Dienst übernommen und wird außerhalb Israel von der Fabrique Nationale in Belgien hergestellt, von der die deutsche Armee ihre Exemplare bezieht. Das Mittelstück wird aus einem Stahlblech hergestellt, das gefalzt wird, was die Herstellung preisgünstig und einfach gestaltet. Die Waffe hat sowohl eine Griffsicherheit als auch eine Sicherungs- und Stellvorrichtung an der linken Griffseite, um zu vermeiden, daß eine Salve unbeabsichtigt losgeht, wenn die Waffe einmal hinfällt. Alle diese Merkmale, die Einfachheit, die leichte Wartung, die Sicherheit, der schnelle Magazinwechsel und die handliche Größe machen die Waffe bei jedem Soldaten beliebt, der sie benutzt.

Gewehre

7,62 mm G3

Kaliber: 7,62 mm, Länge: 1.025 mm, Lauflänge: 450 mm, Gewicht, geladen: 5,025 kg, Mündungsgeschwindigkeit: 780-800 m/sek. Magazinfüllung: 20 Schuß, größte Wirkungsweite: 600 m, Feuergeschwindigkeit: 5-600 Schuß/Min., zyklisch.

Das automatische Sturmgewehr von Heckler und Koch hat eine oberflächliche Ähnlichkeit mit dem weithin benutzten automatischen Gewehr FN FAL (Fabrique Nationale, Fusil Automatique Légère), aber es steht dem FG 42 und dem StG 44 aus der Kriegszeit näher; denn es ist ein umgearbeiteter Nachbau eines Modells, das nach dem Krieg von einer Konstruktionsgruppe des spanischen Unternehmens CETME auf der Basis des in der Entwicklung befindlichen StG 45 entwickelt wurde. (CETME=Centro de Estudios Tecnicos de Materiales Speciales-Zentrum für das Studium besonderer Materialien. Zu der unsprünglichen Konstruktionsgruppe von CETME gehörten deutsche Ingenieure, die bei Franco Zuflucht gefunden hatten, als sich herausstellte, daß das Ende unausweichlich war; in der Folgezeit wurde das Unternehmen ein rein spanischer, sehr florierender Konzern). Das Modell wurde unter der Bezeichnung CETME M58 bekannt und 1958 bei der spanischen Armee eingeführt. Es profitierte selbstverständlich von der Erfahrung, die die Deutschen im Krieg bei der kostengünstigen Fertigung von Waffen aus gestanzten und gegossenen Teilen gemacht hatten. Es war eine einfache und auch leicht zu bedienende Waffe, vor allem, weil eine leichte 7,62-mm- anstelle der längeren und stärkeren Patrone eingeführt wurde. Sechs Jahre später arbeitete CETME die Waffe so um, daß sie den Waffen der Alliierten angepaßt wurde.

Noch ehe das CETME-Modell von der spanischen Armee eingeführt wurde, kaufte die Bundeswehr in 1956 400 Exemplare davon. Heckler und Koch wurde beauftragt zu überprüfen, ob das Modell verbessert werden könne, besonders in bezug auf die Einfachheit der Herstellung, der Wartung, Kosten und Zuverlässigkeit. Man forderte auch, daß es die 7,62-mm-»NATO-Standard«-Munition verschießen solle, die, wie man in späteren Jahren entschied, stärker als notwendig war und daher durch Munition geringeren Kalibers ersetzt wurde. Das Ergebnis war das G3, das nicht nur eine Waffe, sondern eine Waffen-Familie darstellt. Die obige Beschreibung trifft auf die Standard-Ausführung zu, doch es gibt auch die Version eines leichten Maschinengewehrs (siehe HK 21 und Varianten), ferner die Fallschirmjäger-Waffe G3A4, die einen einschiebbaren, röhrenförmigen Kolben hat wie die Maschinenpistole MP5A3 (die gewissermaßen ein Ableger des G3 ist), außerdem ein Scharfschützengewehr mit einem 5x42 Zielfernrohr, dies ist das G3SG/1, das einen längeren Lauf hat (650 mm anstatt 450) und 8,1 kg wiegt, ohne Magazin, das 5 oder 20 Schuß fassen kann.

5,56 mm HK 33

Kaliber: 5,56 mm, Länge: 920 mm, Lauflänge: 190 mm, Gewicht, geladen: nicht bek., Gewicht, ungeladen: 3,5 kg, Mündungsgeschwindigkeit: 957 m/sek., Magazinfüllung: 20-, 30-oder 40-Schuß-Behälter, größte Wirkungsweite: 800 m, Feuergeschwindigkeit: 600 Schuß/Min., zyklisch.

In gleicher Weise, wie die Maschinenpistole HK 53 aus der 9 mm MP 5 entwickelt wurde, ist diese Waffe einfach ein G3 mit geänderter Kammer für das Kaliber 5,56 mm, wie es das Armalite hat; die Mündungsgeschwindigkeit ist größer, die Wirkung ist die gleiche.

4,7 mm G 11

Kaliber: 4,73 mm, Länge: 750 mm, Lauflänge: 540 mm, Gewicht, geladen: 4,2 kg, Mündungsgeschwindigkeit: etwa 930 m/sek., Magazinfüllung:

50 Patronen, größte Wirkungsweite: nicht bek., Feuergeschwindigkeit: 450 Schuß/Min., zyklisch; angeblich bis zu 2.000 Schuß/Min. in Feuerstößen zu 3 Schuß.

Das neueste Modell von Heckler und Koch ist das revolutionäre G 11. Es hat eine hülsenlose »Patrone«, deren Geschoß in der Treibladung eingebettet ist, die beim Abfeuern restlos verbrennt. Diese Munition ist in 50-Schuß-Magazinen verpackt, die versiegelt sind, damit Feuchtigkeit und Schmutz nicht an die Treibladungen gelangen; auch das ganze Gewehr, außer dem Pistolengriff, dem Abzug und einer Kombination aus Tragegriff und Visier, ist dicht verpackt, damit kein Schmutz in den Mechanismus gerät.

Anstelle des längsbeweglichen Verschlusses besitzt das G 11 eine drehbare Walze, die gleichzeitig das Patronenlager aufnimmt. Beim Nachladen wird die Patrone von oben in das Patronenlager eingehülst, dann dreht sich die Walze um 90°, so daß das Geschoß in Schußrichtung zeigt. Nach dem Schuß dreht sich die Walze zur Aufnahme der nachfolgenden Patrone wieder zurück.

7,62 mm SP 66 und SP 86

Kaliber: 7,62 mm, Länge: nicht bek., Lauflänge: 680 mm, Gewicht, geladen: nicht bek., Mündungsgeschwindigkeit: etwa 860 m/sek., Magazinfüllung: 3 Schuß, größte Wirkungsweite: 1.000 m, Feuergeschwindigkeit: Einzelfeuer.

Mauser hat zwar den militärischen Massenmarkt verlassen, stellt aber noch Präzisions-Rückstoßgewehre von höchster Qualität her, u.a. das SP 66, das in begrenzter Menge von der Bundeswehr und den Streitkräften anderer Länder als weitreichendes Hochleistungsgewehr für Scharfschützen gekauft wurde. Kolben und Schaft sind aus hervorragend verarbeitetem Holz; Lauf, Verschluß etc. sind aus Stahl von Spitzenqualität. Unter dem Vorderteil des Schaftes ist eine zusammenklappbare Zweibeinstütze aus Leichtmetall; ein Zoom-Zielfernrohr mit einer Vergrößerung zwischen 1,5 und 6 gehört zur Standardausrüstung. Das SP 86 ist die gleiche Waffe, aber mit einem fest eingebauten Nachtsichtgerät ausgestattet. Weil dies eine Präzisionswaffe ist, wird jedes Gewehr einzeln geprüft und kalibriert, ehe es die Fabrik verläßt.

7,62 mm WA 2000

Kaliber: 7,62 mm, Länge: 905 mm, Lauflänge: 650 mm, Gewicht, geladen: 8,31 kg, Mündungsgeschwindigkeit: nicht bek., Magazinfüllung: 6 Schuß, größte Wirkungsweite: nicht bek., Feuergeschwindigkeit: Einzelfeuer.

Wenn das Mauser-Gewehr SP 66 ein konventionelles Rückstoßgewehr für Scharfschützen ist, so ist das Modell WA 2000 von Walther, das für den gleichen Verwendungszweck entwickelt wurde, alles andere als konventionell. Bei diesem kompakten Modell ist der Lauf in den Kolben eingelassen; auf diese Weise wird die Gesamtlänge reduziert, ohne Treffgenauigkeit einzubüßen, und gerade auf Treffgenauigkeit legte man bei der Konstruktion dieser Waffe Wert, denn der Lauf ist nicht nur kanneliert, um die Hitze zu verringern, die beim Feuern entsteht, sondern an beiden Enden des Laufs sind starke Zwingen mit einer stählernen Leitschiene verbunden, um zu gewährleisten, daß der Lauf absolut gerade bleibt; ferner gehören dazu ein Mündungsfeuerdämpfer, eine kleine Zweibeinstütze und ein 8,5 bis 10 mal vergrößerndes Zoom-Zielfernrohr. Wie das Modell von Mauser ist auch das von Walther hervorragend verarbeitet und aus bestem Holz und Stahl hergestellt. Es ist aber kein Rückstoß-Modell, sondern hat einen Gasdruck-Selbstlademechanismus. Dies hat den Vorteil, daß das Ziel auch dann im Visier bleibt, wenn die abgeschossene Hülse ausgeworfen wird. Bisher erfolgte die begrenzte Herstellung nur nach jeweils individueller Bestellung. Die Konstruktion sieht vor, daß die amerikanische 7,62 mm Winchester Magnum-Munition verfeuert werden kann, aber auch die NATO-Standard-Patronen sind nach geringfügiger Umstellung der Produktionsanlagen verwendbar.

Maschinengewehre
7,62 mm MG 1 und MG 3

Kaliber: 7,62 mm, Länge: 1.225 mm, Lauflänge: 531 mm, Gewicht, geladen: 11,05 kg, Mündungsgeschwindigkeit: 820 m/sek., Magazinfüllung: 50-Schuß-Gurte, größte Wirkungsweite: 2.000 m, Feuergeschwindigkeit: 700-1.300 Schuß/Min., zyklisch.

Rechts: Panzergrenadiere mit einem MG 3. (MARS)

Unten links: Die Herkunft des MG 3 ist klar erkennbar. (MARS)

Am Ende des Zweiten Weltkrieges waren sich viele darin einig, daß das MG 42 das beste Maschinengewehr war, das jemals hergestellt wurde, und die wieder aufgestellte deutsche Armee war da keine Ausnahme. Wie schon erwähnt wurde, schied Mauser aus der Herstellung militärischer Waffen nach dem Krieg aus, und Mitte der 50er Jahre nahm Rheinmetall die Produktion wieder auf. In bezug auf Bedienung, Aussehen und Herstellung aus gestanzten und gegossenen Teilen ist das MG 1 beinahe identisch mit seinem berühmten Vorgänger. Der Hauptunterschied besteht darin, daß es die 7,62-mm-NATO-Munition anstelle der früheren 7,92-mm-Munition verschießt und eine chrombeschichtete Bohrung hat, um den Lauf-Verschleiß zu verringern. Das MG 3 ist eine etwas verbesserte Version, die für zerlegbare und/oder feste Gurte geeignet ist. Das MG 3 mit abgenommenem Kolben und Zweibein ist die moderne Standard-Sekundärbewaffnung der deutschen Panzerfahrzeuge. Diese Waffe ist weit verbreitet und wird in Lizenz von verschiedenen anderen Ländern gebaut, die sowohl seine erwiesenen Kampfqualitäten als auch die einfache und preisgünstige Herstellung schätzen.

Die Serie des 7,62 mm HK 21

Kaliber: 7,62 mm, Länge: 1.30 mm, Lauflänge: 450 mm, Gewicht, geladen: 8,30 kg, Mündungsgeschwindigkeit: 800 m/sek., Magazinfüllung: 100-Schuß-Gurte oder 40-Schuß-Behälter, größte Wirkungsweite: 2.000 m, Feuergeschwindigkeit: 900 Schuß/Min.

Nachdem Heckler und Koch in dem G 3 ein so erfolgreiches Sturmgewehr gebaut hatte, dem eine Maschinenpistole folgte, war es selbstverständlich, daß diese Firma auch ein neues leichtes Maschinengewehr baute, das den gleichen Grundmechanismus, aber einen schwereren Lauf mit gegurteter Munition hatte, so daß es für Dauerfeuer zu verwenden war. Wie das MG 3 von Rheinmetall hat es eine dazugehörige Zweibeinstütze am Vorderteil des Laufes, kann aber auch auf eine Dreibein-Stütze montiert werden, um größere Reichweite und Genauigkeit zu erzielen. Das Gewehr wird in einer verwirrenden Vielfalt geringfügig unterschiedlicher Modelle hergestellt, die obigen Daten beziehen sich auf die Version HK 21 A1. Das HK 21E ist für 3-Schuß-Feuerstöße geeignet; das HK 23E ist die gleiche Waffe, allerdings mit dem Kaliber 5,56 mm. Das HK 11 A1, »11E« und »13E« sind dieselben Waffen, aber so ausgelegt, daß sie anstelle der gegurteten Munition 40-Schuß-Kastenmagazine haben, die mit denen austauschbar sind, die für das Gewehr G 3 verwendet werden; es gibt überhaupt bei der Herstellung eine ganze Menge gemeinsamer Teile. Allgemein kann man sagen, daß die Maschinengewehre von Heckler und Koch als leichte Waffe für die Gruppe und das M3 von Rheinmetall als schwere Unterstützungswaffe genommen werden.

Mörser

120 mm MA5

Kaliber: 120 mm, Länge: 1.632 mm, Gewicht: 95 kg, Geschoßgewicht: 13 kg, Reichweite: 7.000 m, Feuergeschwindigkeit: 8 Schuß/Min.

120 mm Soltam

Kaliber: 120 mm, Länge: 1.960 mm, Gewicht: 225,6 kg, Geschoßgewicht: 13 kg, Reichweite: 6.200 m, Feuergeschwindigkeit: 15 Schuß/Min.

Nachdem die neuaufgestellte Bundeswehr entschieden hatte, daß im Kriege 50-mm-Mörser nutzlos waren, erprobte sie 80-mm-Waffen, entschied sich aber schließlich für die 120 mm. Das Heer verwendet den irsaelischen Soltam-Mörser, der wegen seines Gewichts gewöhnlich in M113-Kettenfahrzeuge eingebaut wird (mit der Bezeichnung Panzermörser).

Aufruhr-Bekämpfungswaffen

Das tragbare Reizmittel-Sprühgerät TRGG

Dies ist grundsätzlich eine Polizei- oder paramilitärische Waffe, die von Verbänden, wie z.B. der Spezial-Einheit GSG 9 bei der Terroristenbekämpfung eingesetzt wird. Doch das TRGG-Gerät von Heckler und Koch wird auch vom Militär in Vorrat gehalten, es besteht aus einem in der Hand zu haltenden Sprühgerät, das mit zwei Behältern auf dem Rücken des Trägers verbunden ist; in dem einen befindet sich das Reizmittel, in dem anderen Druckluft als Treibmittel zum Versprühen. Die maximale Reichweite beträgt 20 m, wenn die Behälter voll sind, reicht der Inhalt für etwa 80 »Schüsse«.

Minen

Die Bundeswehr verfügt über vier verschiedene Minenarten: Panzerabwehrverlegeminen, Panzerabwehrwurfminen, Panzerabwehrrichtminen und Schützenabwehrverlegeminen (Einzelheiten siehe Tabelle).
Die Panzerabwehrverlegemine DM 21 wird von Hand, die PzAbwVMi DM 31 von Hand oder durch einen Minenverleger verlegt. Die Panzerabwehrwurfmine AT 2 wird mit vorprogrammierter Wirkzeit entweder durch den Mehrfachraketenwerfer LARS oder MARS oder durch den Minenwerfer SKORPION verschossen. Die Panzerabwehrrichtmine DM 12 ist ein lafettiertes Hohlladungsgeschoß, das entweder durch Sensordrähte oder durch Fernabfeuerung ausgelöst wird. Sie ist besonders für das Schließen von Engen und Minengassen geeignet. Die Schützenabwehrverlegemine ist eine herkömmliche Mine, die von Hand verlegt wird.

Handgranaten

Die Bundeswehr verfügt über zwei Arten von Handgranaten: Sprenghandgranaten des Typs DM 51/DM 51 A (Gewicht: 154 g, Sprengladung: 59 g) oder Splitterhandgranaten.
Letzte gibt es in zwei Versionen, entweder als Typ DM 51/51 A — jetzt jedoch mit Splittermantel (Gewicht: 450 g, Sprengladung: 59 g) oder als Typ DM 41 A (Gewicht: 446 g, Sprengladung: 152 g).

Bezeichnung	Gesamtgewicht (kg)	Gewicht der Sprengladung (kg)	Abmessungen (mm) Durchmesser/Höhe	Wirkung
Panzerabwehrverlegemine DM 21	9,3	5,0	300/100	Sprengstoff
Panzerabwehrverlegemine DM 31	8,2	3,9	254/130	Hohlladung (Wirkzeit 40 Tage)
Panzerabwehrwurfmine AT 2	2,2	0,8	100/130	Hohlladung (Wirkzeit 3-96 Stunden)
Panzerabwehrrichtmine DM 12	10,0	1,5	Standhöhe 390	Hohlladungsgeschoß Durchm. 118 mm (Wirkzeit 40 Tage)
Schützenabwehrverlegemine	4,1	0,5	102/205	Spreng/Splitter (Wirkzeit 40 Tage)

Geschütze 1955 bis zur Gegenwart

Flugzeugabwehr-Geschütze

20 mm MK 20 Rh 202 Flak-zwilling

Kaliber: 20 mm, Rohrlänge (x Kal.) 85, Gefechts-gewicht: 1.640 kg (2.160 kg auf dem Marsch), Er-höhung: 81,6°, Schwenkbereich: 360°, Mün-dungsgeschwindigkeit: 1.045 m/sek., Geschoßge-wicht: 0,12 kg, Wirkungsweite: 2.000 m, Feuer-geschwindigkeit: 1.600-2.000 Schuß/Min., zy-klisch.

Dies ist die gezogene Version des leichten Flak-zwillings von Rheinmetall MK 20, das in dem Abschnitt über »Geschütze für Panzerfahrzeuge« beschrieben wird. Es wurde auf einem Leichtme-tall-Anhänger (bzw. Lafette) montiert, die Muni-tion wurde aus zwei Trommelmagazinen mit je 270 Schuß zugeführt. Beim Einsatz stabilisieren Ausleger das Fahrzeug.

35 mm Oerlikon KDA

Kaliber: 35 mm, Rohrlänge (x Kal.) 90, Gefechts-gewicht: nicht bek., größte Erhöhung: 85°, Schwenkbereich: 360°, Mündungsgeschwindig-keit: 1-175 m/sek., Geschoßgewicht: 0,55 kg, größte Reichweite: 4.000 m, Feuergeschwindig-keit: 550 Schuß/Min., zyklisch.

Während des Zweiten Weltkrieges entwickelten die Deutschen Flak auf Selbstfahrlafetten und den festen Glauben an diesen Waffentyp, trotz dessen erwiesener Unzulänglichkeit; und eine zeitlang benutzte die Bundeswehr nach ihrer Aufstellung neben vielen anderen amerikani-schen Rüstungsgütern auch den amerikanischen FlakPz M 42 »Duster« der mit einem 40-mm-Bo-forszwilling in einem oben offenen Turm ausge-rüstet war; der Flak-Panzer Gepard der Leopard-Familie hingegen verwendet ein Paar 35 mm ra-dargesteuerte Oerlikon-Schnellfeuergeschütze in einem geschlossenen gepanzerten Turm. (Oerli-kon ist eine Schweizer Firma, die nach dem Krieg viel von der Entwicklungsarbeit und Sach-kenntnis von Krupp nutzte, später dann Hispa-ni-Suiza übernahm und enge Verbindungen zu Bofors in Schweden herstellte.) Die ersten Proto-typen des Geschützes standen 1967 zur Verfü-gung und wurden nach gründlicher Erprobung des Gepard zehn Jahre später in Dienst gestellt — dies gibt einen Hinweis, wieviel Zeit und Geld die Entwicklung moderner Waffen beansprucht. Teilweise ging die Verzögerung auf die oft schar-fen Debatten zurück, die in jener Zeit über Vor- und Nachteile der Flak-Geschütze gegenüber den Flugabwehrraketen geführt wurden. Schließlich entschied sich die Bundeswehr sowohl für das ei-ne als auch für das andere, für den FlakPz Ge-pard und den FlaRakPz Roland.

Zwei 20 mm MK20 auf 4x2 Krakas, Typ 640. (MARS)

40 mm Bofors L/60

Kaliber: 40 mm, Rohrlänge (x Kal.) 60, Gefechtsgewicht: 1.730 kg, größte Erhöhung: 85°, Schwenkbereich: 360°, Mündungsgeschwindigkeit: 900 m/sek., Geschoßgewicht: 0,9 kg, größte Reichweite: 4.600 m, Feuergeschwindigkeit: 240 Schuß/Min.

Das altehrwürdige 40-mm-Bofors-Fla-Geschütz gibt es in fast unveränderter Form seit 1933, es wurde von jeder Armee, Marine und Luftwaffe rund um den Globus verwendet, auch bei den amerikanischen Streitkräften, von denen die heranwachsende Bundeswehr den FlakPz M 42, der zwei dieser Waffen in einem oben offene, rundum schwenkbaren Turm hatte; es basierte auf der Wanne und dem Fahrgestell des leichten Panzers M 41; letzterer wurde seit 1977 durch den FlakPz Gepard ersetzt.

Feldartillerie und Artillerie auf Selbstfahrlafetten

105 mm M101A1

Kaliber: 105 mm, Rohrlänge (x Kal.) 22,5, Gefechtsgewicht: 2.259 kg (mit Sockel), 2.30 kg (ohne Sockel), größte Erhöhung: 66°, Schwenkbereich: 360°, Mündungsgeschwindigkeit: 472 m/sek., Geschoßgewicht: 14,9 kg, größte Reichweite: 11.160 m, Feuergeschwindigkeit: 8 Schuß/Min.

105 mm M102

Wie 105 mm M101A1, außer: Rohrlänge (x Kal.) 29,6, Gefechtsgewicht: 1.469 kg (mit Sockel), 1.150 kg (ohne Sockel), größte Erhöhung: 76°, Mündungsgeschwindigkeit: 494 m/sek., größte Reichweite: 12.000 m.

Bis zur internationalen Entwicklung der FH70, die vor wenigen Jahren abgeschlossen wurde, benutzte die Bundeswehr ausschließlich amerikanische Feldgeschütze. Eine der ersten war die aus der Kriegszeit stammende Haubitze M2A1, die 1953, als die Produktion eingestellt wurde, in M101A1 umbenannt wurde. Sie wurde in großem Umfang in allen Teilen der Welt benutzt, vielerorts ist sie bis heute im Dienst. Sie ist ein konventionelles Modell, mit Kasten-Spreiz-Lafet-

te und horizontalem Gleitverschluß; beim Einsatz sitzt sie auf einem Sockel, so daß sie rundum schwenkbar ist. Diese Waffe, in M49 umbenannt, war die Hauptwaffe der Selbstfahrlafette M52, deren Turm eine Erhöhung von 65° und einen Schwenkbereich von 120° zuließ. Die M102, die 1965 der M101 folgte, hat einen vertikalen Gleitverschluß, eine leichtere Lafette aus einer Aluminiumlegierung und ein längeres Rohr, im übrigen ist die Waffe die gleiche geblieben.

155 mm M1

Kaliber: 155 mm, Rohrlänge (x Kal.) 23, Gefechtsgewicht: 5.765 kg, größte Erhöhung: 63°, Schwenkbereich: 50°, Mündungsgeschwindigkeit: 565 m/sek., Geschoßgewicht: 43,1 kg/sek., größte Reichweite: 15.000 m, Feuergeschwindigkeit: 3 bis 4 Schuß/Min.

155 mm M114A1

Wie 155 mm M1, außer: Gefechtsgewicht: 5.760 kg, Schwenkbereich: 48°, Mündungsgeschwindigkeit: 564 m/sek., größte Reichweite: 14.600 m.

Die M1 war den ganzen Krieg hindurch die mittelschwere Standardhaubitze der amerikanischen Armee und befindet sich in einigen Ländern bis zum heutigen Tag im Dienst, obwohl sie 1960 durch die M114A1 in der Produktion abgelöst wurde, die nur geringfügige Änderungen aufweist. Beide sind konventionelle Spreiz-Lafetten-Modelle. Die M1, in M45 umbenannt, war die Hauptwaffe der Selbstfahr-Lafette M44 und befand sich in einem oben offenem Kampfraum, der eine Erhöhung von 65° und ein Schwenkbereich von 30° nach jeder Seite zuließ.

155 mm M126/M185

Kaliber: 155 mm, Rohrlänge (x Kal.) 23,4 (M126), 29 (M185), Gefechtsgewicht: etwa 1.700 kg, größte Erhöhung: 75°, Schwenkbereich: 360°, Mündungsgeschwindigkeit: 561 m/sek. (M126), 684 m/sek. (M1985), Geschoßgewicht: 41,73-42,91 kg, je nach Geschoßart, größte Reichweite: 14.700 m (M126), 18.000 m (M185), Feuergeschwindigkeit: 3-4 Schuß/Min.

Die Entwicklung eines neuen amerikanischen 155-mm-Geschützes auf Selbstfahrlafette begann Mitte der 50er Jahre. Die erste Prototypen der M 109 kamen 1959 heraus. Von 1961 an wurde es in

Eine FH70, die von einem MAN-7-Tonner 6x6 N4520 gezogen wird. (MARS)

Dienst gestellt; die Bundeswehr beschaffte ihre ersten Geschütze dieses Modells 1964. Das ursprüngliche Geschütz des Modells M109 war das M126, das seit Ende der 70er Jahre durch das Modell M185 ersetzt wurde, das ein längeres Rohr hat. Beide Geschütze haben eine sehr komplizierte Mechanik, und sie haben — für moderne Geschütze — eine ziemlich niedrige Feuergeschwindigkeit, obwohl die Deutschen den amerikanischen halbautomatischen Schraubverschluß durch einen horizontalen Gleitverschluß ersetzt haben. Dennoch ist diese Haubitze M109 auf Selbstfahrlafette eine der wichtigsten Waffen der NATO, da sie atomare Munition verschießen kann. Die Bundeswehr hat keine Atomwaffen, aber die M109A3G, diese kann hochwirksame Spreng-, panzerbrechende, Nebel- und Leuchtgranaten verschießen.

155 mm FH70

Kaliber: 155 mm, Rohrlänge (x Kal.) 39, Gefechtsgewicht: 9.144 kg, größte Erhöhung 70°, Schwenkbereich: 52°, Mündungsgeschwindigkeit: 827 m/Min., Geschoßgewicht: 43,5 kg, größte Reichweite: 24-30.000 m (s. Text), Feuergeschwindigkeit: 6 Schuß/Min.

Die FH70 ist jene Seltenheit in der Rüstungsindustrie, wo ein Projekt auf der Basis von internationaler Beteiligung zum Erfolg führte. Die britische und die bundesdeutsche Regierung unterzeichneten 1968 ein Abkommen, ein neues 155-mm-Geschütz bzw. eine Haubitze zu entwickeln; Italien schloß sich diesem Projekt zwei Jahre später an. Rheinmetall war grundsätzlich an der Entwicklung des Rohres und Verschlusses sowie der Zielvorrichtung in Zusammenarbeit mit den Briten beteiligt, während die Italiener für die Lafette, den Rückstoßmechanismus und die Höhenrichtanlage zuständig waren, wiederum mit britischer Beteiligung. Die Bezeichnung »FH70« steht für »Feldhaubitze für die 70er Jahre«; die ersten Exemplare standen 1972 zur Erprobung bereit, und die Waffen aus der Serienproduktion wurden von 1978 ab in Dienst gestellt. Die Rohrbaugruppe ruht auf einem Sattel, der auf der Verbindung der Spreizlafette gelagert ist. Das Geschütz hat zwei Haupträder und am Ende der Holme zwei kleinere Räder, die umgeklappt werden, wenn das Geschütz in Stellung geht. Das Rohr wird für den Marsch oberhalb der Lafette festgezurrt. Um die Beweglichkeit im Felde zu unterstützen, wurde ein 1.700 ccm-VW-Motor an der Vorderseite der Lafette mit einem Sitz für den Fahrer eingebaut; dieser Motor treibt auch die Hydraulik an, mit deren Hilfe die Räder am Ende der Holme angehoben und die Holme herabgelassen werden.

Die FH70 verschießt eine neue Kategorie von Munition, u.a. Spreng-, Hohlladungs-, Nebel-und Leuchtgranaten, auch amerikanische 155-mm-Standardmunition.

175 mm M113

Kaliber: 175 mm, Rohrlänge (x Kal.) 60, Gefechtsgewicht: 6.259 kg, größte Erhöhung 65°, Schwenkbereich: 60°, Mündungsgeschwindigkeit: 914 m/sek., Geschoßgewicht: 66,78 kg, größte Reichweite: 32.700 m, Feuergeschwindigkeit: 1-2 Schuß/Min.

Das »Langrohrgeschütz« der NATO, wie man die M113 allgemein nennt, wird auf dem gleichen Vollkettenträgerfahrzeug montiert wie die 203 mm M115 (s. unten). Die Entwicklung begann 1956, der erste Prototyp der Selbstfahrlafette M107 war nach zwei Jahren fertig, und die Waffe wurde von 1963 an in Dienst gestellt.

203 mm M47 und M115

Kaliber: 203 mm, Rohrlänge (x Kal.) 25, Gefechtsgewicht: ungefähr 6.400 kg, größte Erhöhung: 65°, Schwenkbereich: 60°, Mündungsgeschwindigkeit: 595 m/sek. Geschoßgewicht: 90,7 kg, größte Reichweite: 16.925 m, Feuergeschwindigkeit: 2 Schuß/Min.

Die 203-mm-Haubitze wurde aus dem gezogenen Geschütz M1 entwickelt, das noch aus der Kriegszeit stammte und die Hauptwaffe der Haubitzen-Selbstfahrlafette M 55 war, die nur kurze Zeit von 1958 ab bei der Bundeswehr in Dienst war und von 1964 ab durch die 155-mm-Selbstfahrlafette abgelöst wurde. 1969 begann die Entwicklung eines neuen Trägerfahrzeugs für die 203-mm-Haubitze, das als M110 1977 in Dienst gestellt wurde.
Ab 1985 wurden alle M107/110 der Bundeswehr durch den Einbau eines neuen Rohres (Länge:8.260 mm/L37) von Rheinmetall leistungsgesteigert (Reichweite: 23.000 m); sie tragen nunmehr die Bezeichnung M110A2, SFH 203 mm.

Gebirgsgeschütze
105 mm M1956

Die 105-mm-Tornister- (d.h. zerlegbare) Haubitze, eins der am meisten benutzten Nachkriegsgeschütze, wurde von OTO-Melara in Italien entwickelt und von 1957 ab in Dienst gestellt. Sie wurde von allen NATO-Ländern mit Ausnahme der USA übernommen. Das Geschütz kann auf den mit Kurbeln versehenen Achsen auf die erforderliche Höhe gebracht werden; für größere

Erhöhung in der Verwendung als Haubitze, oder für geringe Erhöhung in der Verwendung als Panzerabwehr-Geschütz zum Verschießen von Hohlladungsmunition. Die Lafettenholme sind auch ungewöhnlich: sie haben zwei »Gelenke«, so daß die Holme verlängert oder verkürzt werden können.

Rückstoßfreie Geschütze
106 mm M40

105 mm Rohrlänge (x Kal.) 32, Gefechtsgewicht: 219 kg, größte Erhöhung: 65°, Schwenkbereich: 360°, Mündungsgeschwindigkeit: 506 m/sek., Geschoßgewicht: 7,71 kg, größte Reichweite: 7.700 m (Brisanz), 1.100 m (Panzergranaten), Feuergeschwindigkeit: 5 Schuß/Min.

Das bekannteste und am meisten benutzte rückstoßfreie Geschütz der Nachkriegszeit ist das M40, dessen Geschichte bis 1943 zurückreicht. Weil die Deutschen diese Waffen einsetzten, wurde die Abteilung für Infanterie bei der amerikanischen Forschungs- und Entwicklungsbehörde angespornt, mit der Nachforschung über das s.Zt. aufgegebene Projekt eines rückstoßfreien Geschützes zu beginnen, das 1914 von Cleveland Davis vorgelegt worden war. Nach dem Krieg führten diese Forschungen zu dem 90 mm M67 und dem 105 mm M27, aber keins dieser Modelle war ein Erfolg; das letztere wurde dann zu dem M40 umgearbeitet und erhielt die Bezeichnung 106 mm, obwohl das tatsächliche Kaliber 105 mm ist. Als es 1965 in Dienst gestellt wurde, war es die erste Panzer-Abwehrwaffe der Welt, die ein koaxiales Maschinengewehr hatte.

Geschütze für gepanzerte Kampffahrzeuge

Vorbemerkung: »Wirksame Kampfentfernung« bezieht sich im folgenden Abschnitt auf die maximale Reichweite bei der Panzerabwehr.

20 mm MK 20 Rh 202

Kaliber: 20 mm, Rohrlänge (x Kal.) 85 (Luchs), Gefechtsgewicht: 83 kg, größte Erhöhung: 65°, (Marder), 85° (Luchs), Schwenkbereich: 360°, Mündungsgeschwindigkeit: 1.045-1.150 m/sek.,

Geschoßgewicht: 0,108-0,12 kg, wirksame Kampfentfernung: 1.000 m, Feuergeschwindigkeit: 800-1.000 Schuß/Min., zyklisch.

Das Rheinmetall MK20 ist eine leichte wirkungsvolle automatische Gasdruck-Schnellfeuerwaffe, die aus den Modellen des gleichen Kalibers aus der Kriegszeit entwickelt wurde. Bei der Bundeswehr wird sie beim Marder eingebaut, wird aber auch als gezogenes, leichtes Zwillings-Fla-Geschütz verwendet; es hat Gurt-Trommeln mit 270 Schuß.

76 mm M32

Kaliber: 76 mm, Rohrlänge (x Kal.) 64, Gefechtsgewicht: 677 kg, Erhöhung: 19°, Schwenkbereich: 360°, Mündungsgeschwindigkeit: 731-1.260 m/sek. (siehe Text), Geschoßgewicht: siehe Text, Wirkungsweite: 1.000 m, Feuergeschwindigkeit: 6-8 Schuß/Min.

Im Krieg war das Kaliber 76 mm sowohl bei der amerikanischen als auch bei der russischen Armee die Standardausführung, aber in den 50er Jahren war es als Hauptwaffe der Panzer völlig überholt. Bei dem leichten Panzer M41 Walker Bulldog, wurde dieses Kaliber ebenso beibehalten wie bei den leicht gepanzerten Aufklärungsfahrzeugen. Das Gewicht der Granaten ist unterschiedlich, es beträgt im Durchschnitt 5,8-6,8 kg.

90 mm M36 und M41

Kaliber: 90 mm, Rohrlänge (x Kal.) 52,5 (M36), 50 (M41), Gefechtsgewicht: 1.203 kg, (M36), 1.076 kg (M41), Erhöhung von -5° bis +19°, Schwenkbereich: 360°, Mündungsgeschwindigkeit: 820-11.067 m/sek., (s. Text), Geschoßgewicht: 5,53-10,94 kg, wirksame Kampfentfernung: 1.500 m, Feuergeschwindigkeit: 8-9 Schuß/Min.

90 mm JPzBK

Wie 90 mm M 36 und M41, außer: Rohrlänge (x Kal.) 40,5, Gefechtsgewicht: ungefähr 1.080 kg, Erhöhung von -8° bis +15°, Schwenkbereich: 30°, Mündungsgeschwindigkeit: 1.145 m/sek. (Hohlladung), Geschoßgewicht: 5,74 kg (Hohlla-

dung), wirksame Kampfentfernung: 2.000 m, Feuergeschwindigkeit: 12 Schuß/Min.

Das Modell der M36 und sein Folgemodell M41 waren die Hauptwaffe des M48, bis der M48A5 mit einem in Lizenz gebauten britischen 105-mm-Geschütz herauskam. Die angegebenen Mündungsgeschwindigkeiten und Geschoßgewichte gelten für Spreng- und Wuchtgeschosse (Treibspiegel).
Die JPzBK wurde in den Jagdpanzer Kanone eingebaut, der letzte Panzerjäger der NATO, der mit einem Geschütz ausgerüstet war.

105 mm M68 /L7A3

Kaliber: 105 mm, Rohrlänge (x Kal.) 51, Gefechtsgewicht: ca. 1.150 kg, Erhöhung: von -9° bis +19° (M48), von -9° bis +20° (Leopard 1), Schwenkbereich: 360°, Mündungsgeschwindigkeit: 730-1.470 m/sek. (s.Text), Geschoßgewicht: 5,9-11,3 kg, wirksame Kampfentfernung: 2.000 m, Feuergeschwindigkeit: 8-9 Schuß/Min. (M48), 9-10 Schuß/Min. (Leopard 1).

120 mm KPzBK

Kaliber: 120 mm, Rohrlänge: (x Kal.) 44-45, (Gesamtlänge: 5.610 mm) Gefechtsgewicht: 2.600 kg, (3.130 kg mit Verschluß, Wiege und Rückstoßmechanismus), Erhöhung: von -9° bis 20°, Schwenkbereich: 360°, Mündungsgeschwindigkeit: 1.100-1.800 m/sek. (siehe Text), Geschoßgewicht 19 kg (Wuchtmunition), 23,0 kg (Hohlladung), wirksame Kampfentfernung: 3.500 m, Feuergeschwindigkeit: 10 Schuß/Min.

Die von Rheinmetall entwickelte Bordkanone hat sich der britischen 105-mm-Waffe als überlegen erwiesen, aber die Ergebnisse der Vergleichs-Erprobung sind noch geheim. Die Hülsen der Treibladung sind — von der Bodenplatte abgesehen — brennbar, der Rauch wird durch einen normalen Rauchabsauger abgesaugt. Mit diesem Geschütz, das von den Amerikanern für den M1A1 Abrams übernommen wurde, hat die Bundeswehr eines der besten Panzerkanonen der Welt.

Raketen und Lenkflugkörper

Panzerabwehr-Lenkflugkörper

Deutschland war als erstes Land der Welt führend auf dem Waffensektor, der heute als ATGW (Anti-Tank-Guided Weapon — gelenkte Panzerabwehrwaffe) bekannt ist. Die Ruhrstahl AG, die schon eine Bombe, deren Flugbahn bei der Bekämpfung von Seezielen gesteuert werden konnte und einen Luft-Luft-Lenkflugkörper X-4 entwickelt hatte, erhielt im Endstadium des Krieges den Auftrag, einen Lenkflugkörper für die Infanterie zu entwickeln, der gegen die neuesten sowjetischen Panzer JS-2 eine bessere Wirkung erzielte als die bisherige Panzerfaust oder Panzerschreck. Der Chefkonstrukteur war — wie bei früheren Waffen — Dr. Max Kramer, der ein Verfahren erfunden hatte, wie mit Spoilern, die am hinteren Ende angebracht wurden, die Lenkflugkörper während des Fluges stabilisiert und gesteuert werden können. Das Ergebnis war die X-7, mit dem Decknamen »Rotkäppchen«. Dies war ein drehstabilisierter Lenkflugkörper mit zwei Flügeln von insgesamt 0,6 m Spannweite und einem Spoiler, der wie ein Schiffsruder am unteren Ende auf einem gebogenen Hebel montiert war. Die Gesamtlänge betrug 0,95 m, der Durchmesser des Körpers 150 mm; der Flugkörper wog beim Start 9 kg und hatte einen 2,5 kg schweren Hohlladungssprengkopf, der einen Feststoff-Startmotor hatte, der mit dem Marschtriebwerk gekoppelt war, das eine Geschwindigkeit von 100 m/sek. und eine Weite von 1.200 m erreichte. Der Flugkörper konnte 30° geneigte Panzerplatten von 200 mm Stärke durchschlagen. Die Lenkung erfolgte manuell über zwei Drähte und einen Miniatur-Steuerknüppel; das gleiche System — heute zwar verbessert — wird noch bei den Systemen wie TOW und Milan angewendet.

Panzerfaust 44

Kaliber: 44 mm, Rohrlänge: 1,60 m, Kaliber des Sprengkopfes: 67 mm, Länge des Flugkörpers: 550 mm, Gewicht des Startgeräts: 7,8 kg, Gewicht des Flugkörpers: 1,5 kg, Anfangsgeschwindigkeit: 168 m/sek., maximale Kampfentfernung: 400 m, panzerbrechende Wirkung: 370 mm bei 30°.

Panzerfaust 3

Kaliber: 60 mm, Rohrlänge: 1,20 m, Kaliber des Sprengkopfs: 110 mm, Länge des Flugkörpers: nicht bek., Gewicht des Startgerätes: 12 kg, Gewicht des Flugkörpers: 3,80 kg, Anfangsgeschwindigkeit: 168 m/sek., maximale Kampfentfernung: 500 m, panzerbrechende Wirkung: 70 mm bei 30°.

Armbrust

Kaliber: 75 mm, Rohrlänge: 850 mm, Kaliber des Sprengkopfs: 115 mm, Länge des Sprengkörpers: nicht bek., Gewicht des Startgerätes: 8,5 kg, Gewicht des Flugkörpers: 3,5 kg, Anfangsgeschwindigkeit: 210 m/sek., maximale Kampfentfernung: 300 m, panzerbrechende Wirkung: 800 mm bei 30°.

Eins der Probleme bei rückstoßfreien Geschützen und Panzerbüchsen war in der Vergangenheit immer der nach rückwärts austretende Feuerstrahl, der entweder durch die Gegen-Ladung oder den Raketenrückstoß entstand, beide verraten dem Feind den Standort des Schützen. Aus demselben Grunde können solche Waffen nicht aus geschlossenen Räumen heraus abgefeuert werden. Bei der Panzerfaust 3 und der neueren Armbrust, die von Messerschmitt-Bölkow-Blohm entwickelt wurde, sind diese Probleme durch einen neuen Kolben in der Mitte des Rohres beseitigt worden, der beim Abschuß zurückgestoßen wird und ein Gegengewicht in der Form relativ harmloser Plastikspäne auswirft. Folglich gibt es keinen Rückstoß-Feuerstrahl. Diese beiden Waffen haben — wie die Panzerfaust der Kriegszeit — überkalibrige Sprengkörper auf Startrohren kleineren Kalibers. Infrarot- oder passive Nachtsichtzielgeräte können bei beiden verwendet werden.

Die frühere Panzerfaust 44, die von Diehl aus Nürnberg konstruiert wurde, ist eine konventionelle, panzerbüchsenartige Waffe, die nicht geeignet ist, die Frontpanzerung eines modernen Kampfpanzers zu durchschlagen.

Cobra 2000

Kaliber/Körperdurchmesser: 100 mm, Länge: 0,95 m, Spannweite: 0,48 m, Gewicht beim Start: 10,3 kg, maximale Kampfentfernung: 2.000 m, Geschwindigkeit: 85 m/sek.

Cobra ist die ziemlich langsame, drahtgesteuerte Panzerabwehr-Lenkwaffe der ersten Generation, die von Messerschmitt-Bölkow-Blohm in München als tragbare Infanteriewaffe entwickelt wurde. Sie wurde zur gleichen Zeit von der Bundeswehr in Dienst gestellt wie die größere SS11, die auf Fahrzeuge und an Bord von Hubschraubern montiert wurde. Sie hat einen zweistufigen Motor (Startmotor und Marschtriebwerk) und wird während des Flugs durch einen »Steuerknüppel« dirigiert, wobei der Schütze den Flug durch ein Fernrohr beobachtet. Das Erbteil des Modell X-7 von Ruhrstahl ist klar erkennbar. Cobra ist heute nicht mehr im Bestand.

Milan 1 und 2

Kaliber/Körperdurchmesser: 103 mm (Milan 1), 116 mm (Milan 2), Länge: 0,769 m, Spannweite: 0,225 m, Gewicht beim Start: 6,665 kg, Gewicht des Flugkörpers und des Behälters: 11,5 kg, Gewicht des Startgeräts: 15,5 kg, maximale Kampfentfernung: 2.000 m, Geschwindigkeit: 200 m/sek.

Nach dem TOW ist der Milan heute der wichtigste Panzerabwehr-Lenkflugkörper im Arsenal der NATO. Bei der Bundeswehr wird er als tragbare Infanteriewaffe benutzt, wird aber auch auf den gepanzerten Mannschaftstransporter montiert. »Milan« ist ein Kunstwort aus Missile d'Infanterie Leger Anti-Char (leichter Infanterie-Panzerabwehr-Lenkflugkörper) und wurde wie HOT in Zusammenarbeit von Aérospatiale und Messerschmitt-Bölkow-Blohm entwickelt, die ein als Euromissile bekanntes Konsortium bildeten. Milan 1 wurde 1975 von der Bundeswehr in Dienst gestellt; Milan 2, mit einem Hohlladungssprengkopf größeren Durchmessers, wurde 1984 in Dienst gestellt und scheint eine lange Dienstzeit vor sich zu haben. Er wird zwar von einem Mann gesteuert, aber gewöhnlich gehören zwei bis drei Mann zu einer Bedienungstruppe: ein Mann trägt den Starter oder den Abschußpfosten, und die anderen tragen Nachlade-Flugkörper in deren versiegelten Startrohren, die einfach an den Starter geklammert werden, der auf einer Dreifuß-Stütze auf dem Boden steht. Die Lafette hat ein optisches Visier und einen Infrarot-Ziel-

Oben: Panzergrenadiere mit Milan sitzen von einem Marder ab. (MARS)

Unten: Ein mit Milan ausgerüsteter gepanzerter Mannschaftstransporter M113. (MARS)

geber und kann wahlweise für den Nachteinsatz mit einem Wärmebildgerät ausgestattet werden. Der Flugkörper wird mit Druckluft abgefeuert, auf diese Weise wird nicht nur der Schütze vor dem Raketen-Rückstrahl geschützt, dem Feind wird auch die genaue Abschußstelle verborgen. Der Gasdruck wirft auch das Startrohr von der Lafette, so daß diese sofort wieder nachgeladen werden kann. Sobald der Flugkörper das Startrohr verläßt, springen vier Leitflügel hervor. Nach 25 Meter Flug setzt der Raketenmotor ein, der eine maximale Brennzeit von elf Sekunden hat. Der Milan ist drahtgesteuert, der Schütze muß das Ziel im Visier behalten, bis der Flugkörper aufschlägt, Kurskorrekturen werden dem Flugkörper automatisch eingegeben, ein »Steuerknüppel« wie bei der ersten Generation der Flugkörper ist nicht erforderlich.

Wenn der Milan auch ein verhältnismäßig kleiner Flugkörper ist, so erzielt er doch ausgezeichnete Leistungen; der ursprüngliche Milan 1 konnte bis 352 mm starke homogene Panzerplatten durchschlagen, bis 1.000 mm soll der Milan 2 durchschlagen können.

HOT 1 und 2

Kaliber/Körperdurchmesser: 165 mm, Länge: 1,27 m, Spannweite: 0,30 m, Gewicht beim Start: 21 kg (HOT 1), 23,5 kg (HOT 2), maximale Kampfentfernung: 4.000 m, Geschwindigkeit: 250 m/sek.

HOT — ein Kurzwort für Haut Subsonique Optiquement Téléguidé Tiré d'un Tube — mit hoher Unterschallgeschwindigkeit, optisch gesteuert, aus einem Rohr abgefeuert — wurde von Aérospatiale in Frankreich und Messerschmitt-Bölkow-Blohm in Deutschland gemeinsam entwickelt, um als von Fahrzeugen und Hubschraubern aus verschossener Flugkörper die frühere (ältere) SS11 zu ersetzen. Die Bundeswehr verwendet HOT auf JgPz JAGUAR 1 und vom PAH-1. Der Unterschied zwischen HOT 1 und 2 besteht darin, daß HOT 2 einen größeren Gefechtskopf von 4,10 kg hat, der eine panzerbrechender Wirkung von 1.300 mm besitzt, (HOT 1: 3 kg mit panzerbrechende Wirkung von 900 mm).

BGM — 71A TOW 1

Kaliber/Körperdurchmesser: 127 mm, Länge: 1,168 m, Spannweite: keine, Gewicht beim Start: 18,9 kg, maximale Kampfentfernung: 3.050 m, Geschwindigkeit: 312 m/sek.

BGM — 71B TOW II

Kaliber/Körperdurchmesser: 152 mm, Länge: 1,40 m, Gewicht beim Start: 21,5 kg, Geschwindigkeit: 330 m/sek.

TOW ist ein Kurzwort, das diesmal Tube-Launched Optically-tracked Wire-Guided bedeutet (Rohr-gestartet, optisch ins Ziel gebracht, drahtgesteuert). 1962 wurden die Hughes Flugzeugwerke in Kalifornien beauftragt, die Entwicklung eines neuen schweren Panzerabwehr-Flug-

Ein mit HOT ausgerüsteter Jaguar 1. (MARS)

körpers aufzunehmen, der die rückstoßfreien 106-mm-Geschütze und die französische SS11 ersetzen sollte, die bis dahin in Dienst waren. Die amerikanische Armee übernahm ihre ersten Flugkörper 1970, seitdem sind die TOW die meistverbreiteten Panzerabwehr-Lenkflugkörper in der westlichen Welt, von denen mittlerweile fast eine halbe Million hergestellt und in über dreißig Ländern verwendet wurden. Sie kann praktisch von jedem Fahrzeug aus abgefeuert werden, sie ist so konstruiert, daß sie von einem Jeep aus genauso gut abgefeuert werden kann wie von einem Hubschrauber.

Die Steuerung erfolgt durch einen Doppeldraht, über den dem Flugkörper Kurskorrekturen eingegeben werden; der Schütze braucht nur — wie bei der Milan — das Ziel im Visier zu behalten. TOW hat eine größere Reichweite sowie einen größeren Gefechtskopf. Sowohl der Startmotor als auch das Feststoff-Marschtriebwerk brennt fast unsichtbar, was dem Feind erschwert, einen ankommenden Flugkörper aufzuklären. In Vietnam hat sich TOW als wirkungsvolle Waffe bewährt, ebenfalls im Libanon und im Golfkrieg. Seine Geschwindigkeit ist so groß, wie die Drahtsteuerung und die menschliche Reaktionsfähigkeit es erlauben.

SS 11

Kaliber/Körperdurchmesser: 170 mm, Länge: 1,201 m, Spannzweite: 0,495 m, Gewicht beim Start: 29,9 kg, Geschwindigkeit: 190 m/sek.
Die SS 11 von Aérospatiale ging 1956 in Produktion und war der erste Panzerabwehr-Lenkflugkörper der Nachkriegszeit, ist jedoch inzwischen längst ausgemustert. Die Steuerung erfolgte manuell, der Schütze mußte Ziel und Flugkörper im Blickfeld behalten und Kurskorrekturen über die nachgezogenen Drähte mittels eines kleinen Steuerknüppels eingeben.

Boden-Luft-Lenkflugkörper

Wie auf so vielen Gebieten, so waren die Deutschen auch auf dem Gebiet der Boden-Luft-Lenkflugkörper die Wegbereiter, und gegen Ende des Krieges hatten sie drei Systeme konstruiert, zwei für die Verwendung durch die Luftwaffe bei der Verteidigung von Städten und Industriegebieten und eins für die Verwendung im Felde durch die Infanterie. Die ersten beiden waren: »Wasserfall«, ein großer Flugkörper, der mit Flüssigbrennstoff angetrieben wurde und auf der V2 basierte, die im Februar 1944 zum ersten Mal in Peenemünde erprobt wurde, und »Taifun«, ein wesentlich kleineres, aber praktischeres Modell, das im Januar 1945 in Produktion ging. »Wasserfall« war 7,835 m lang, hatte einen Körperdurchmesser von 880 m und eine Spannweite der Vorderflossen von 1,89 m und 2,51 m der Schwanzflossen; »Wasserfall« wog 3,500 kg beim Start und hatte einen 235 kg schweren Gefechtskopf, der die feindlichen Flugzeuge durch den bei der Detonation entstehenden Luftdruck und nicht durch direkte Treffer zerstören sollte. Die Spitzengeschwindigkeit betrug 1.370 km/h, die größte Wirkungshöhe war 17.700 m, die horizontale Reichweite 26,5 km. »Taifun« war nur 1,93 m lang und hatte nur 100 mm Körperdurchmesser; er wog lediglich 21 kg, hatte aber eine ungeheure Beschleunigung, die zu 3.600 km/h führte, er hatte einen Berührungszünder und einen 0,5 kg schweren Sprengkopf; die Wirkungshöhe war etwa 15 km.

Die dritte Waffe mit der Bezeichnung «Fliegerfaust« war die Vorgängerin aller heutigen tragbaren SAM-Flugkörper, sie wurde später von der Bundeswehr als amerikanischer Lenkflugkörper »Redeye« (Rotauge) übernommen. Bezüglich des Aussehens und der Handhabung war sie ähnlich wie die RPzB54 »Panzerschreck« mit einem Griffpaar und einem Magnet ausgestattet, der den Stromkreis für den Abschußmechanismus zu aktivieren hatte. Statt eines einzelnen 8,8-cm-Flugkörpers hatte sie neun in einem Kreis angeordnete 2-cm-Rohre, die 2-cm-Standard-Geschosse verfeuerten, die durch kleine nitrozellulose-getriebene Raketenröhren getrieben wurden; diese waren mit angewinkelten Austrittsdüsen versehen und bewirkten den Drall, der die Flugstabilität zur Folge hatte. Diese Flugkörper wogen 0,24 kg, hatten eine Anfangsgeschwindigkeit von 310 m/sek. und eine Reichweite von 500 m.

Die Bundeswehr benutzt seit ihrer Wiederaufstellung im Jahr 1955 amerikanische Boden-Luft-Lenkflugkörper, mit Ausnahme der »Roland« von Euromissile bei der Heeresflugabwehrtruppe. Die deutsche Luftwaffe verfügt ferner über drei Flugabwehrraketen-Systeme Hawk 2 und Patriot.

Roland

Kaliber/Körperdurchmesser: 160 mm, Länge: 2,40 m, Spannweite: 2,40 m, Gewicht beim Start: 66,5 kg, vertikale Reichweite: 5.000 m, horizontale Reichweite: 6.300 m, Geschwindigkeit: Mach 1,6.

Roland ist ein zweistufiger Feststoff-Flugkörper, der in den 60er Jahren in Zusammenarbeit von Aérospatiale und Messerschmitt-Bölkow-Blohm entwickelt und bald darauf ein Exportschlager wurde. Er hat einen Gefechtskopf mit Aufschlags- und Abstandszünder und wird entweder optisch (Roland 1) oder radargesteuert (Roland 2), die Anfangs-Zielerfassung geht über Infrarot-Geräte. Die Bundeswehr setzt Roland 2 entweder vom FlaRakPz Roland (Heeresabwehrtruppe) oder vom Lkw 10 t 8x8 (Luftwaffe) ein.

Nach dem Start fallen die Führungsringe ab, welche die Flossen zusammenhielten, die nun als Leitflossen wirken. Roland wurde mit wechselhaftem Erfolg auf den Falkland-Inseln (wo ein Roland einen Sea-Harrier zum Absturz brachte) und im Golfkrieg eingesetzt.

(Ein Photo ist in dem Abschnitt über »Fahrzeuge unter FlaRakPz Roland.)

FLF — 1 Redeye

Kaliber/Körperdurchmesser: 70 mm, Länge: 1,22 m, Spannweite: 0,14 m, Gewicht beim Start: 8,2 kg, vertikale Reichweite: 2.500 m, horizontale Reichweite: 3.400 m, Geschwindigkeit: 2,5 Mach.

Der Flugkörper FIM-43A Redeye wurde von General Dynamics als tragbarer, zielsuchender Fla-Flugkörper entwickelt, den die Infanterie zur Abwehr niedrigfliegender Erdkampf-Flugzeuge einsetzen sollte. Von 1964 an wurde Redeye als erste Waffe dieser Art in Dienst gestellt und auf der ganzen Welt verwendet; dabei traten die Mängel der »Schwanzjäger«, die automatisch das heiße Auspuffrohr der Düsenmaschine ansteuern, zutage. Diese und andere Mängel wurden bei den »Stinger« (s. unten) beseitigt.

Die Redeye-Flugkörper werden in versiegelten Behälter/Startrohren angeliefert, an denen die Ziel- und elektrische Abschußvorrichtung ebenso befestigt sind wie die Kühleinheit, die eine optimale Temperatur für die Infrarot-Sucherzelle gewährleisten soll. Beim Einsatz hat der Schütze das Flugzeug anzuvisieren; wenn es vorbei ist und der Düsenaustritt am Schwanz sichtbar wird, muß er einen Knopf drücken, um das Gerät mit Energie zu versorgen (ähnlich wie beim Aufladegerät eines Kamerablitzlichts) und den Flugkörper starten, wenn der Summer ertönt, und dann ist oft ein Überschallflugzeug längst über alle Berge...

Redeye mit dem dazugehörigen Zusatzgeräten wiegt 13 kg. Die deutsche Bezeichnung FLF bedeutet »Fliegerfaust«, sie wurden mittlerweile aus der Truppenverwendung gezogen und sollen durch Stinger ersetzt werden.

Stinger

Kaliber/Körperdurchmesser: 70 mm, Länge: 1,52 m, Spannweite: 0,14 m, Gewicht beim Start: 10,94 kg, vertikale Reichweite: nicht bek., horizontale Reichweite: 5.600 m, Geschwindigkeit: Mach 2,2 +.

Was die Bundeswehr schon längst gebraucht hat, ist eine von Schützen zu tragende Fla-Waffe, die Redeye ablöste. Das Heer hat nun den FIM-92A-Stinger von General Dynamics in Auftrag gegeben, der einen doppelten Vorteil bietet: er könnte, falls notwendig, aus einem Startrohr von Roland abgefeuert werden; er wird in einen von Boeing entwickelten Spezialbehälter verpackt, in dem vier Flugkörper untergebracht werden können. Er kann auch gegen anfliegende Flugzeuge eingesetzt werden: er findet den Weg ins Ziel, indem er nicht den Düsenaustritt, sondern die heißen Abgase ansteuert. Er hat eine größere Reichweite als Redeye und ist mit einem IFF-Gerät ausgestattet (Identification Friend or Foe = Identifikation Freund oder Feind) das verhindert, daß ein NATO-Flugzeug (unbeabsichtigt) abgeschossen wird. Es ist auch nicht so leicht durch Reflexlichtstrahlen eines feindlichen Flugzeuges zu täuschen.

»Stinger« wurde Mitte der 60er Jahre entwickelt und 1981 in Dienst gestellt. Wie bei Redeye sorgt in der Anfangsphase des Starts eine inaktive Gasladung solange für den Antrieb, bis der Flugkörper eine für den Schützen sichere Entfernung erreicht hat, erst dann zündet der Feststoff-Motor. »Stinger« hat sich bei den durch den amerikanischen CIA belieferten afghanischen Freiheitskämpfern besonders gegen sowjetische Hubschrauber bewährt, die mit Geschützen bestückt waren.

Gefechtsfeld-Lenkflugkörper

Honest John

Kaliber/Körperdurchmesser: 762 mm, Länge: 7,57 m, Spannweite: 1,37 m, Gewicht beim Start: 2.140 kg, Reichweite: 7,4-37 km, Geschwindigkeit: Mach 1+.

Der Flugkörper MGR-1A Honest John wurde 1950 von Douglas entwickelt, nachdem die amerikanische Armee die Spezifikation für einen neuen Gefechtsfeld-Flugkörper aufgestellt hatte. Vier Jahre später wurde er in Dienst gestellt, ein nicht gesteuerter Feststoff-Flugkörper, der entweder einen atomaren oder einen 680 kg schweren Brisanz-Gefechtskopf hatte. Er wurde von einer hydraulisch betriebenen Rampe aus gestartet, auf dem hinteren Ende eines sechsrädrigen Lastwagens (Länge: 9,89 m, Höhe: 2,67 m, Breite: 2,90 m, Gewicht: 16,4 Tonnen). 1960 kam eine verbesserte Version mit der Bezeichnung MGR-1B heraus; diese wurde von der Bundeswehr übernommen und 1966 durch Sergeant abgelöst.

Sergeant

Kaliber/Körperdurchmesser: 790 mm, Länge: 10,5 m, Spannweite: 1,88 m, Gewicht beim Start: 4.500 kg, Reichweite: 45-140 km. Geschwindigkeit: Mach 2+.

Sergeant, ein Gefechtsfeld-Unterstützungs-Flugkörper der zweiten Generation, wurde Ende der 50er Jahre von Jet Propulsion Laboratory and Sperry Gyroscopes entwickelt und von der amerikanischen Armee in Dienst gestellt, von der Bundeswehr vier Jahre später. Alle drei Korps des Heeres hatten vier Startgeräte für Sergeant. Der Flugkörper hatte ein Trägheits-Steuersystem, das von einem Digitalcomputer in der Feuerleitzentrale programmiert wurde und daher wesentlich genauer war als Honest John. Der Flugkörper lag auf einem Anhänger, der von einem Lastwagen gezogen wurde; ein zweiter Lastwagen beförderte den Montagekran, den Sprengkopf, die Startrampe und das Feuerleitgerät. Die Montage bis zur Herstellung der Feuerbereitschaft dauerte etwa eine halbe Stunde. Sergeant ist inzwischen durch »Lance« abgelöst worden.

Lance

Kaliber/Körperdurchmesser: 557 mm, Länge: 6,146 m, Spannweite: 1,98 m, Gewicht beim Start: 1.285 kg, Reichweite: 4,8-72 km (mit Brisanz-Gefechtskopf) 120 km (mit atomarem Gefechtskopf), Geschwindigkeit: Mach 3+.

Lance ist heute eine der wichtigsten Waffen im Arsenal der NATO, nicht nur das amerikanische und das deutsche Heer sind damit ausgerüstet, sondern auch das britische, belgische, niederlän-

Links: Ein »Stinger« wird von Männern der 7. amerikanischen Kavallerie-Division bei einer Übung eingesetzt. (MARS)

Rechts: Eine Lance wird auf dem Selbstfahr-Startgerät M752 startklar gemacht. Die auf dem Bild gezeigte Waffe steht im Dienst der britischen Armee. (Sammlung des Verfassers)

dische und italienische. Die Entwicklungsarbeit begann 1962 bei der LTV Aérospace Corporation. Der Flugkörper — mit der Bezeichnung MGM-52C — wurde von der amerikanischen Armee zehn Jahre später in Dienst gestellt, von der Bundeswehr 1976. Mittlerweile hat diese Waffe die Honest John vollständig ersetzt.

Lance ist kleiner als ihre Vorgänger, ihr amphibischer Vollketten-Selbstfahr-Starter M 752 verleiht ihr eine außergewöhnliche Beweglichkeit auf dem Gefechtsfeld. Die Daten für das Fahrzeug sind: Länge: 6,568 m, Höhe: 2,715 m, Breite: 2,709 m, Gewicht: 9.075 kg, Motor: 6V53 6-Zyl. Diesel, Motorleistung: 215 PS bei 2.800 U/Min., Höchstgeschwindigkeit: 68 km/h, Aktionsradius: 500 km. Im Feld gehört zu dem Startfahrzeug ein Ladungstransporter mit zwei Nachlade-Flugkörpern; dieses Fahrzeug ist identisch mit dem Startfahrzeug, wiegt aber 10.691 kg (beide Modelle basieren auf dem gepanzerten Mannschaftstransporter M113).

Bei den Gefechtsfeld-Flugkörpern ist Lance insofern ungewöhnlich, als sie flüssigen Treibstoff hat; ihr Rocketdyne-Motor P8E-9 verbraucht Äthanhydrazin und Salpetersäure. Die Treibladung brennt 1,5-6 Sekunden, je nach Entfernung des Ziels. Beim Start werden die Abgase durch zwei Düsen gepreßt, die den Flugkörper in eine stabilisierende Drehung versetzen, die von den schräggestellten Schwanzflossen beibehalten wird, wenn das Marschtriebwerk einsetzt. Die Lance hat eine Trägheitssteuerung, die von einem Computer auf dem Startfahrzeug program-

miert wird; von dort wird auch der Motor auf dem gewünschten Punkt der Flugbahn ausgeschaltet, um das Ziel zu erreichen, das in den meisten Fällen eine Ansammlung feindlicher Panzer sein dürfte.

Die Lance trägt entweder einen atomaren 10-Kilotonnen-Sprengkopf M234 oder einen 454 kg schweren konventionellen Gefechtskopf. Weil die Bundeswehr, dem Pariser Vertrag gemäß, keine atomare Waffen besitzt, werden die M234 für ihre Flugkörper von der amerikanischen Armee überwacht und verwahrt. Bei der Bundeswehr hat jedes Korps ein Lance-Bataillon mit sechs Startgeräten.

Raketen-Artillerie
110 mm LARS (Leichtes Artillerie-Raketen-System)

Kaliber/Körperdurchmesser: 109 mm, Länge: 2,263 m, Spannweite: keine, Gewicht beim Start: 35 kg, Reichweite: 6-14,8 km, Geschwindigkeit: nicht bek.

LARS wurde zwischen 1967 und 1971 hergestellt und wird nun durch das MLRS (Multiple Launch Rocket System — mittleres Artillerie-Raketen-System) ergänzt. Dieses System besteht aus 36 Startrohren in einer schwenkbaren und aufrichtbaren Zwillingsgruppe, die auf dem rückwärtigen Teil eines MAN 6x6-7 t-Fahrgestells montiert ist. Dieses Raketensystem wurde durch

Links und oben rechts: Zwei Aufnahmen des leichten 110 mm Artillerie Raketen-Systems, das auf MAN-6x6-/-Tonnern N 4520 montiert ist. (MARS)

die Erfahrung beeinflußt, welche die Deutschen im Krieg mit der sowjetischen Raketenartillerie (»Stalinorgel«) machten. Die Raketen werden einzeln oder in Wellensalven abgefeuert; LARS verschießt Minenraketen AT 2, Nebelraketen oder Splitterraketen. Jede Division verfügt über 16 LARS.

227 mm MARS (Mittleres Artillerie-Raketen-System)

Kaliber/Körperdurchmesser: 227 mm, Länge: 3,96 m, Spannweite: keine, Gewicht beim Start: 272 kg, Reichweite: 30.000 m, Geschwindigkeit: Mach 1.

Das MARS entstand 1976 als das GSRS (General Support Rocket-System — Allgemeines Unterstützungs-Raketen-System). Seit 1978 ist es ein internationales Unternehmen, an dem auch West-Deutschland, Britannien, Frankreich und — seit kurzem — Italien beteiligt sind. Die beiden Hauptbewerber für den Auftrag waren Boeing und Vought; nach einer langen Debatte 1979 erhielt Vought den Zuschlag. Bei der Bundeswehr ergänzt MARS das leichte 110-mm-LARS-System.

Die 227-mm-Rakete wird durch einen Feststoff-Motor von Atlantic Research angetrieben und hat einen Sprengkopf, der 644 Bomblets enthält, von denen jede 0,23 kg wiegt und einen Hohlladungssprengkopf hat; diese kann eine Panzerung bis zu 100 mm durchschlagen, und das genügt, um jeden z.Zt. existierenden Panzer kampfunfähig zu machen. Für die Bundeswehr können die Gefechtsköpfe für die Aufnahme der Panzerabwehrwurfminen des Typs AT 2 abgeändert werden; diese sind größer, wiegen 2,21 kg und können eine Panzerung von 140 mm durchschlagen. Die Raketen werden in versiegelten »Sechserpack«-Behältern verpackt, die als Startrampen dienen. Zwei solcher Packungen werden in dem Startgerät mitgeführt, das auf beiden Seiten des rückwärtigen Fahrzeugteils gelagert ist. Das Fahrzeug selbst ist ein vielfach umgebautes »Mechanical Infantry Combat Vehicle« (Motorisiertes Kampffahrzeug für die Infanterie), das Modell hat die Bezeichnung M2 Bradley, seine Daten sind: Länge: 6,97 m, Höhe: 2,59 m, Breite der Gleisketten: 53,3 cm, Bodenfreiheit: 43 cm, Höchstgeschwindigkeit: 64 km/h, Aktionsradius: 483 km, Motortyp: Cummins VTA-903 4-Zyl. Turbo-Diesel, Motorleistung: 500 PS bei 2.400 U/Min., Tankfüllung: 617 Liter. Jedes Selbstfahr-Startgerät wird gewöhnlich von zwei Nachlade-Fahrzeugen begleitet, die ein vollautomatisches Nachladesystem haben, das in der Lage ist, »Sechserpackungen« in das Startgerät einzuführen, ohne daß die Besatzung eines der beiden Fahrzeuge in einer möglicherweise kontaminierten Umgebung auszusteigen braucht.

Der Selbstfahr-Starter hat für drei bis vier Mann eine ABC-geschützte, leicht gepanzerte Kabine auf dem Vorderteil des Fahrzeugs; darin ist auch die Feuerleitanlage untergebracht, von der aus die Raketen gestartet werden können; hierzu ermittelt die eingebaute Fahrzeugnavigationsanlage einen genauen Standort für die Entfernung und Richtung zum Ziel. Die Feuergeschwindigkeit ist 2-12 Schuß pro Minute, und infolge der Treffgenauigkeit kann eine volle Salve die Fläche von vier (amerikanischen) Fußball-Feldern mit annähernd 8.000 Sub-Munitions-Gefechtsköpfen belegen.

Fahrzeuge von 1955
bis zur Gegenwart

Panzer

M 41 (Walker Bulldog)

Haupthersteller: Cadillac (General Motors, Cleveland), Herstellungszeit: 1950-58, Bewaffnung: 1x76 mm M32 L/60, 1x12,7 mm Fla-MG, 1x7,62-mm-MG, Besatzung: 4, Gefechtsgewicht: 23,495 Tonnen, Gesamtlänge: 5,819 m, Höhe: 2,726 m, (3,075 m einschl. Fla-MG), Breite: 3,18 m, Breite der Gleisketten: 53,2 cm, Bodenfreiheit: 45 cm, Höchstgeschwindigkeit (auf Straßen): 72 km/h, Aktionsradius (auf Straßen): 161 km, Motortyp: Continental oder Lycoming AOS1-895-5 6-Zyl. Benzin, Motorleistung: 500 PS bei 2.800 U/Min., Hubraum: 14.680 ccm, Tankfüllung: 530 Liter, Panzerung: Turm 20 bis 38 mm, Wanne 12 bis 30 mm.

Der Walker Bulldog (nach dem 1951 in Vietnam gefallenen General Walton W. Walker benannt) war von 1956 ab bei der neu aufgestellten Bundeswehr in Dienst, er war der erste leichte amerikanische Nachkriegspanzer, der den M24 Chaffee ablösen sollte.
Der amerikanische Historiker Colonel Robert J. Icks prägte die Formulierung, dies sei der erste Panzer gewesen, den man um den Motor herumgebaut habe; es sein nicht erst ein Modell entwickelt worden, für das man später einen geeigneten (oder auch ungeeigneten) Motor zu finden bemüht gewesen sei. Daher hatte der Panzer eine bemerkenswerte Beweglichkeit; er hatte ein 76-mm-Hochleistungsgeschütz und war so gut bewaffnet wie die meisten Panzer des Zweiten Weltkriegs. Trotz seiner geringen Größe und seines geringen Gewichts blieb er während des ganzen Vietnam-Krieges bei den Amerikanern in Dienst. Er war der erste amerikanische Panzer, der einen Rauchabzug hatte, der den größten Teil des Rauchs absaugte, der andernfalls den Kampfraum ausgefüllt hätte, sobald der Verschluß nach dem Abschuß geöffnet wurde. Er wurde auch versuchsweise mit einer automatischen Ladevorrichtung ausgestattet, die jedoch im Einsatz keine Verwendung fand, weil sie kompliziert und zu teuer war — außerdem war sie langsamer (1960 bei der Bundeswehr ausgemustert) als der manuelle Ladevorgang. Wegen seines niedrigen Profils und der gut geschrägten Panzerung war er zur damaligen Zeit ein hervorragendes Aufklärungsfahrzeug. Sein Fahrgestell diente auch dem FlakPz M42 Duster.

M 47 (Patton I)

Haupthersteller: Chrysler (Detroit), American Locomotive Co (Schenectady), Herstellungszeit: 1952-55, Bewaffnung: 1x90 mm M36 L/48, 1x12,7-mm-Fla-MG, 2x7,62-mm-MG, Besatzung: 5, Gefechtsgewicht: 46,17 Tonnen, Gesamtlänge: 6,307 m, Höhe: 2,95 m (einschließlich Fla-MG: 3,35 m), Breite: 3,35 m, Breite der Gleisketten: 58 cm, Bodenfreiheit: 46,9 cm, Höchstgeschwindigkeit (auf Straßen): 58 km/h, Aktionsradius (auf Straßen): 130 km, (im Gelände): 60 km, Motor-

typ: Continental AV-1790-5B V-12 Benzin, Motorleistung: 810 PS bei 2.800 U/Min., Hubraum: 29.360 ccm, Tankfüllung: 875 Liter, Panzerung: Turm 50 bis 100 mm, Wanne 25 bis 100 mm.

Als die amerikanische Armee 1954 den M48 erhielt, wurden die M47, mit denen die amerikanischen Divisionen in Deutschland ausgerüstet waren, an die im Entstehen begriffene Bundeswehr abgegeben, bei der sie bis 1960 in Dienst blieben. Dieser Panzer wurde »Patton« (nach dem General Georg S. Patton) genannt, er war eine verbesserte Version des M46, der in Korea in nur geringem Umfang zum Einsatz kam. Er hatte die gleiche Wanne wie der M46, die Zahl der Stützrollen wurde von 4 auf 3 verringert, hatte aber einen neuen Motor und Turm und eine ganze Reihe anderer Verbesserungen. Der Turm war gegossen, gut gerundet und verjüngte sich zum hinteren Ende hin und hatte somit eine hervorragende geschoßabweisende Form. Er hatte eine 90-mm-Bordkanone, teilweise mit einem T-förmigen Luftdruckableiter (Rückstoßbremse) und einen Rauchabsauger. Die Waffenanlage wurde mit Hilfe eines stereoskopischen Entfernungsmessers gerichtet, der sich im Oberteil des Turms befand. Der E-Messer war mit einem ballistischen Rechner verbunden, der die Erhöhung automatisch korrigierte. Diese Computer waren bei weitem nicht so leistungsfähig wie die Mikro-Computer, die in moderne Panzerfahrzeuge eingebaut werden. Die Schwenkung des Turms erfolgt hydraulisch, im Notfall auch manuell.

Die Vorderseite der Wanne war gut geschrägt und hatte ein Maschinengewehr für die Nahverteidigung — dies war eine Reaktion auf die Taktik der Nord-Koreaner, die Infanterie massenweise einzusetzen. Der größte Nachteil des Panzers war, wie die Pakistanis im Krieg gegen Indien feststellten, seine geringe Tankfüllung und der damit verbundene eingeschränkte Aktionsradius. Dennoch war er ein brauchbares Übergangsmodell. Das deutsche Heer, das Anfang 1956 wieder aufgestellt wurde, dachte — zu Recht — daß die deutsche Industrie es besser könne; dies brauchte jedoch Zeit, bis die deutsche Industrie für diesen Zweck umgestellt wurde. In der Zwischenzeit übernahm die Bundeswehr den M48.

M 48 A1 (Patton II)

Haupthersteller: Chrysler (Detroit), Ford (Livonia), Fisher (GMC Detroit), American Locomotive Co (Schenectady), Herstellungszeit: 1954-55, Bewaffnung: 1x90 mm L/48, 1x12,7-mm-Fla-MG, 1x7,62-mm-MG, Besatzung: 4, Gefechtsgewicht: 47,173 Tonnen, Gesamtlänge: 6,87 m, Höhe: 3,12 m (einschl. Fla-MG), Breite: 3,613 m, Breite der Gleisketten: 71,1 cm, Bodenfreiheit: 38,7 cm, Höchstgeschwindigkeit (auf Straßen): 42 km/h, Aktionsradius (auf Straßen): 113 km, (im Gelände): 60 km, Motortyp: Continental AV-1790-7C V-12 Benzin, Motorleistung: 810 PS bei 2.800 U/Min., Hubraum: 29.360 ccm, Tankfüllung: 757 Liter, Panzerung: Turm 50 bis 110 mm, Wanne 25-100 mm. (Nutzung in der Bundeswehr bis 1961).

M 48 A2C

Wie M48 A1 (Patton I) außer: Haupthersteller: Alco (Schenectady), Chrysler (Delaware), Her-

Links: Walker Bulldogs M41. Hier werden Fahrzeuge gezeigt, die der amerikanischen Armee gehören, 1962 in Thailand. (US-Armee über MARS)

Rechts: M47 der Bundeswehr. (Bundeswehr über MARS)

stellungszeit: 1955-60, Höhe: 3,089 m, Höchstgeschwindigkeit (auf Straßen): 48 km/h, Aktionsradius (auf Straßen): 258 km, (im Gelände): 130 km, Motortyp: Continental AV-1790-8 V12 Einspritzer, Benzin, Motorleistung: 825 PS bei 2.800 U/Min., Tankfüllung: 1.230 Liter, metrische Skalen.

M 48 A5 und M 48 A2GA2

Wie M48 A2 (Patton II), außer: Herstellungszeit: 1978-80, Bewaffnung: 1x105 mm M68 L/51, 3x7,62-mm-MG, Gefechtsgewicht: 48,987 Tonnen, Höhe: 3,068 m, Motortyp: Continental AVDS 1790-2D V-12 Diesel, Motorleistung: 750 PS bei 2.400 U/Min.

Als der M47 unter Zeitdruck in Produktion ging (wenn auch zu spät, wie sich herausstellte, um noch in Korea eingesetzt zu werden), war die Arbeit an einem anderen überlegeneren Modell mit der Bezeichnung M48 schon weit fortgeschritten. Irreführenderweise wurde dieses Modell auch »Patton« getauft, daher wurden M47 und M48 inoffiziell auch »Patton I« bzw. »Patton II« genannt. Der M48 ist ein konventionelles Modell mit sechs Laufrädern und fünf Stützrollen, Drehstablaufwerk, Wanne und Turm aus Gußstahl mit gut geschrägter Panzerung. Die Bordkanone war die gleiche wie im M47, ein etwas größerer Raumbild-Entfernungsmesser wurde mit einem ballistischen Computer verbunden. Weil aber der E-Messer weiter rückwärts auf dem Turm angebracht war, mußte er vom Kommandanten anstatt vom Richtschützen bedient werden, was im Einsatz von erheblichem Nachteil war. Das Bug-MG wurde weggelassen, so daß der Fahrer in die Mitte der Wannenvorderseite gesetzt wer-

den konnte, wie dies bei den meisten modernen Panzern der Fall ist; zugleich wurde die Besatzung von 5 auf 4 reduziert.

Der größte Nachteil des M48 A1, des ersten Varianten der Serienproduktion, von der 1.800 hergestellt wurden, war der gleiche wie beim M47, nämlich der eingeschränkte Aktionsradius. Beim M48 wurde daher der Triebwerkraum so umgearbeitet, daß mehr Betriebsstoff mitgeführt werden konnte, außerdem wurden statt 60 nun 64 Schuß mitgeführt; die Stützrollen wurden von 5 auf 3 reduziert. Der im deutschen Dienst befindliche M48 A2C wurde an der Vorderseite des Turms mit einem Infrarot-Scheinwerfer ausgerüstet.

Die amerikanische Armee entwickelte dann den M48 A3, der einen Dieselmotor und einen ABC-Filter hatte; der M48 A4 ging nicht in Serie; bei dem M48 A5 wurden beide Verbesserungen eingearbeitet, er hatte außerdem die in Lizenz gebaute britische 105-mm-Bordkanone anstelle der früheren 90-mm-Waffe. Von den 1.492 M48 A2C der Bundeswehr wurden mit Einführung des Kampfpanzers LEOPARD 2 in das Feldheer 650 Fahrzeuge ebenfalls mit der britischen 105-mm-Bordkanone L7A3 (LEOPARD-1-Kanone), neuer Blende und Kommandantenkuppel durch die Firma Wegmann kampfwertgesteigert. Derartig umgerüstete Fahrzeuge tragen nunmehr die Bezeichnung M48 A2GA2. Sie werden vornehmlich im Territorialheer eingesetzt.

Leopard I

Haupthersteller: Krauss-Maffei, Herstellungszeit: (Leopard-Prototypen) 1960-63, (1) nach 1965-68, (1A1) 1968-72, (1A1A1) 1975-77, (1A2) 1972-73,

Ein M48 A2C während einer Übung 1985. (MARS)

M48A2G

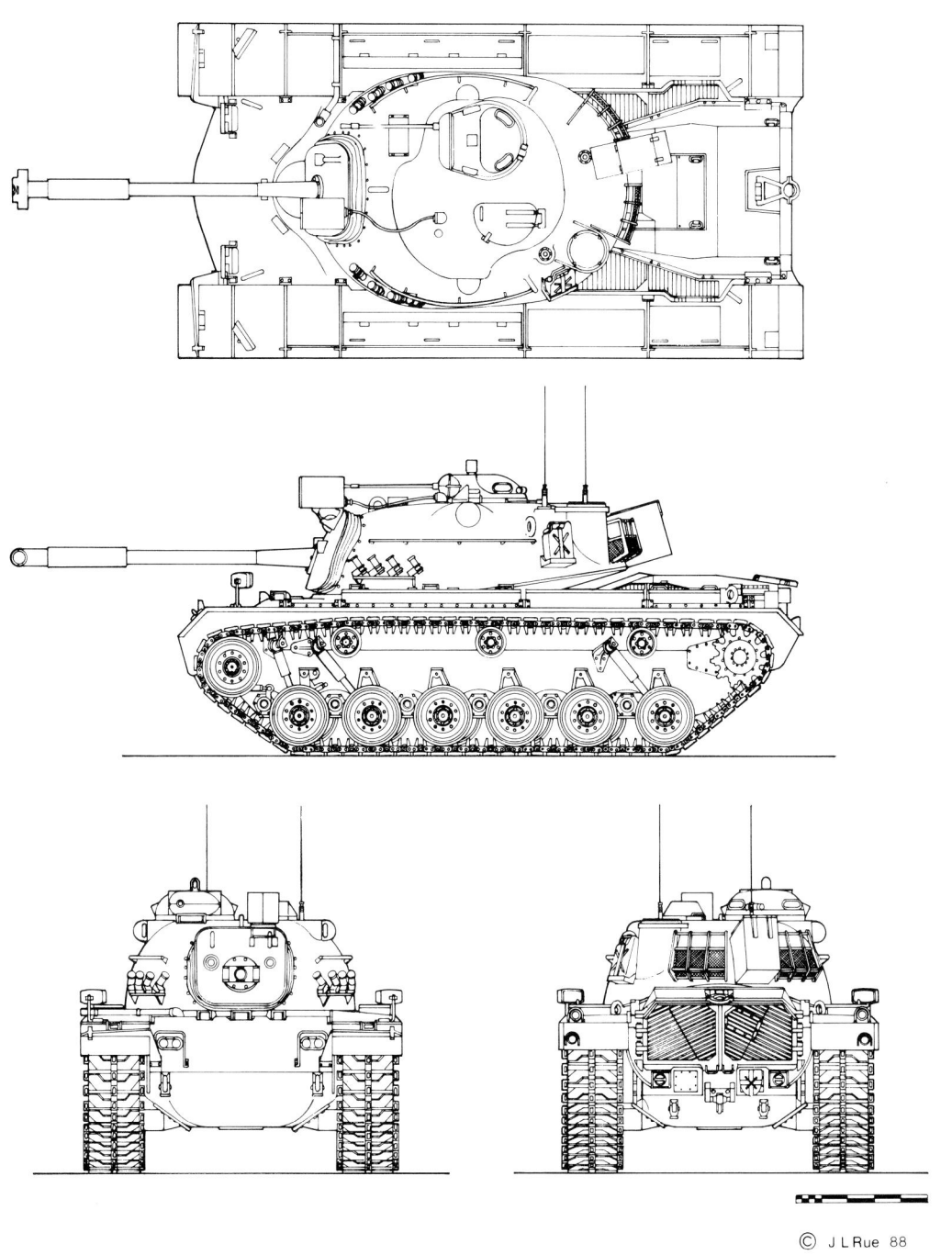

© J L Rue 88

(1A3) 1973-74, (1A4) 1974-76 (für Bundeswehr), (1A5) 1986-92, Bewaffnung: 1x105 mm M68 L/51, 2x7,62-mm-MG, Besatzung: 4, Gefechtsgewicht: (Leopard) 39,8 Tonnen, (1A1) 40 Tonnen, (1A1A1) 41,5 Tonnen, (alle anderen) ca. 42,4 Tonnen, Gesamtlänge: (Leopard) 6,94 m, (alle anderen) 7,09 m, Höhe: 2,61 m, Breite (Leopard) 3,25 m, Breite der Gleisketten: 55 cm, Höchstgeschwindigkeit (auf Straßen): 62-65 km/h, Aktionsradius (auf Straßen): 500 km, Motortyp: MTU MB838 V-10 Vielstoff, Motorleistung: 830 PS bei 2.200 U/Min., Hubraum: 37.330 ccm, Tankfüllung: 985 Liter, Panzerung: frontal max. 70 mm bei 30°, an den Seiten und am Heck 25-35 mm.

Porsche war während des Krieges zweimal — mit Tiger I und II — unterlegen, aber schließlich hatte er Erfolg; die grundlegenden Entwicklungsarbeiten für den Leopard wurden von Dr. Ferdinand Porsches Sohn Ferry durchgeführt. Mit dem Leopard I und II hat die Bundeswehr nun Panzer, die ihren Zeitgenossen mindestens gleichwertig sind und — nach Meinung vieler Beobachter — die besten der Welt sind.

Als die Bundesrepublik in die NATO aufgenommen wurde, sprach man viel von der Entwicklung eines europäischen Standard-Panzers. England beteiligte sich nicht daran, sondern blieb bei der Entwicklung des Chieftain, der schwerer, stärker gepanzert und stärker bewaffnet war, als es den Erfordernissen der NATO entsprach, die im November 1956 festgelegt wurden. Man forderte einen Panzer der 30-Tonnen-Klasse, mit einem Geschütz, das eine Panzerung von mindestens 105 mm bei 30° auf 2.500 m durchschlagen konnte. Die ursprünglichen Partner des Projekts waren Deutschland, Frankreich und Italien; doch die Italiener entschieden sich bald auszusteigen, und den amerikanischen M60 zu kaufen. Zwei deutsche Konsortien waren an den Vorarbeiten beteiligt, Porsche/MaK und Hanomag/Henschel, von denen jede Prototypen herstellte, die im Felde im Vergleich erprobt wurden. Obwohl das Modell von Porsche schwerer war, als die Spezifikation vorschrieb, wurde es als das überlegene beurteilt, weil sein bewährtes Drehstablaufwerk kostengünstiger und leichter herzustellen war als das von dem Konkurrenten

Ein Leopard 1 der Anfangsserie mit gegossenem Turm. (Krauss-Maffei über MARS)

Ein Leopard 1A4 der 10. Panzerdivision mit dem neuen geschweißten Turm und dem vergrößerten Turmanbau. (MARS)

Leopard 1

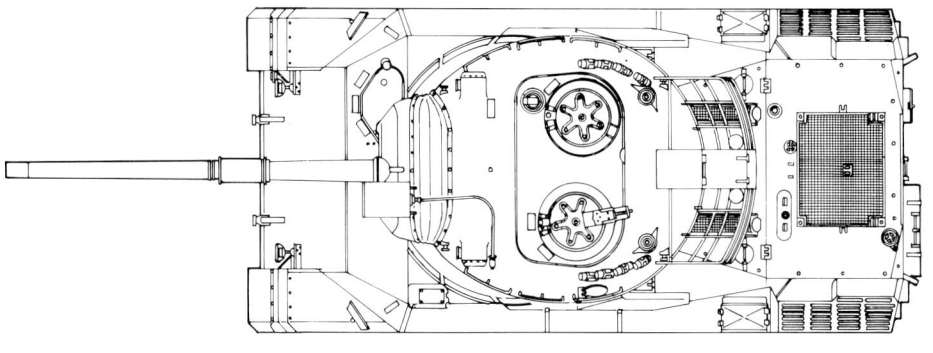

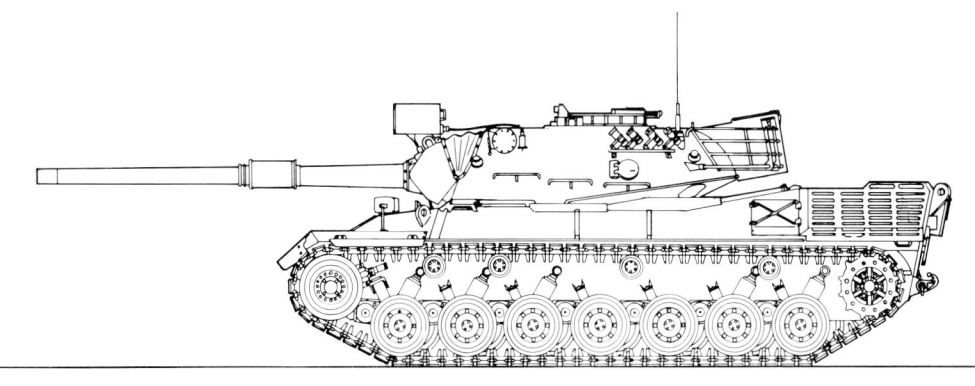

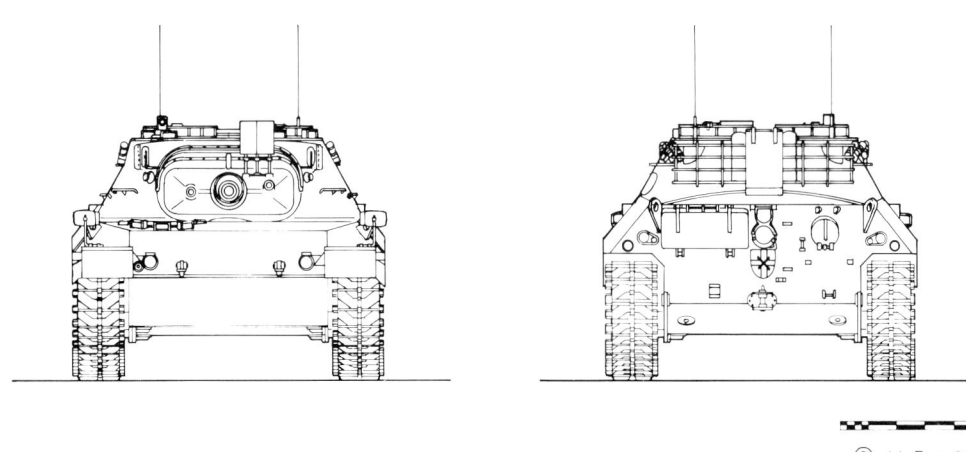

© J L Rue 87

Ein Leopard 1A4, 1984 fotografiert. (MARS)

Eine Kolonne Leopard 1A4 der Panzerbrigade 29 der 10. Panzerdivision. (MARS)

Ein Leopard 1 und Marder der Panzerbrigade 29 mit zwei Luchs des Spähzuges der Panzergrenadierbrigade 30. (MARS)

angebotene hydraulische System. Beide Modelle hatten zufälligerweise den gleichen, von Rheinstahl hergestellten Turm und das gleiche 90-mm-Geschütz von Rheinmetall, das von einem 105-mm-Geschütz von Rheinmetall abgelöst wurde, worauf das britische Geschütz des Centurion folgte, das noch überall in der Welt in Dienst ist, sogar 40 Jahre nach seiner Einführung. Der Motor wurde von 610 auf 830 PS verstärkt.

Der nächste Schritt war das Vergleichsschießen zwischen dem deutschen Panzer und dem französischen Modell AMX30, das 1962-63 stattfand. Dem unvoreingenommenen Beobachter war es sofort klar, daß das deutsche Fahrzeug überlegen war. Es hatte ein besseres Leistungsgewicht, eine größere Reichweite und einen größeren Stauraum für Munition. Im übrigen waren die Fahrzeuge ebenbürtig; 4-Mann Besatzung, geschweißte Wannen und ähnliche Profile. Doch der Franzose wollte die Annahme des deutschen Fahrzeugs nicht zulassen, und so gingen die beiden Länder getrennte Wege.

Der Leopard I, als »Leo 1« allgemein bekannt, wurde von September 1965 an bei der Bundeswehr in Dienst gestellt; Generalunternehmer war Krauss-Maffei, doch 2.700 Zulieferbetriebe waren ebenfalls an der Herstellung beteiligt. Der Leopard 1 wurde von neun Ländern gekauft oder dort in Lizenz gebaut, u.a. in Italien, wo neben dem M60 etwa 800 Leopard 1 im Truppeneinsatz sind. Ungewöhnlich war es, daß auch Australien und Kanada, die traditionsgemäß britische und amerikanische Modelle kauften, ebenfalls den Leopard 1 erwarben. In jener Zeit — zwei Jahre bevor der britische Chieftain und fünf Jahre, bevor der sowjetische T-64 herauskam — war er der beste Panzer der Welt, wenn er auch relativ leicht gepanzert war. Die Deutschen hatten die Erfahrung gemacht, daß ein schlagkräftiges Geschütz und gute Beweglichkeit, verbunden mit Zuverlässigkeit, leichter Wartung, guter Ausbildung der Besatzungen und schließlich deren Kampfbereitschaft die wesentlichen Elemente für einen Kampfpanzer sind; doch die Briten und Israelis mit ihrer relativ geringen Bevölkerungszahl entschieden sich für einen Schutz durch stärkere Panzerung, trotz des damit verbundenen größeren Gewichts.

Der Leopard 1 hatte eine geschweißte Wanne und einschließlich des 1A2 einen gegossenen Turm, der beim 1A3 und 1A4 durch einen geschweißten Turm mit einer geänderten Blende ersetzt wurde. Die ersten Modelle der Hauptserie trugen die Bezeichnung 1 bzw. 1A1. Die folgenden Veränderungen, eine Wärmeschutzhülle für

das 105-mm-Geschütz, automatische Stabilisierung, Seitenschürzen und eine aufgeschraubte gummibeschichtete Panzerung führten zu der neuen Bezeichnung 1A1A1 von 1971 an. Der 1A2 enthielt alle diese Verbesserungen, hatte aber einen gegossenen Turm und keine Zusatzpanzerung; der 1A3 war damit bis auf den geschweißten Turm identisch, während der 1A4 ein vollintegriertes rechnergesteuertes Feuerleitsystem hatte. Ein Modernisierungsprogramm, das bis 1992 läuft, bringt ca. 1.300 Fahrzeuge des 1A1A1 und in der Feuerleitanlage 1A2 auf den Standard des LEOPARD 2; sie werden dann als 1A1A5 bezeichnet werden; diese Modelle werden alle mit einer Zusatzpanzerung ausgerüstet sein.

Alle Modelle des Leopard 1 haben ein Überdruck-ABC-System und einen automatischen Feuerlöscher. Für das Tief-Waten können sie mit Gummikissen abgedichtet werden, auf die Kuppel des Kommandanten wurde in diesem Fall ein Tief-Wat-Schacht aufgesetzt, so daß der Kommandant dem Fahrer Anweisungen geben kann. Der Panzer kann auf diese Weise Wasserläufe bis zu 4 m Tiefe durchqueren.

Als weitere Versionen wurde Bergepanzer, Pionierpanzer 1 und 2, Brückenlegepanzer und der Flak-Panzer Gepard gebaut; außerdem ein besonderes Fahrerausbildungsfahrzeug, das anstelle des Turms eine kleine Kabine für den Fahrlehrer hat.

Der Leopard 1 ist in jeder Hinsicht ein sehr gut durchkonstruierter Panzer, der zweifellos noch viele Jahre in Dienst bleiben wird, auch wenn die Panzerbrigaden der Bundeswehr mit dem noch eindrucksvolleren Leopard 2 ausgerüstet sind.

Leopard 2

Haupthersteller: Krauss-Maffei, MaK, Herstellungszeit: 1979 bis zur Gegenwart, Bewaffnung: 1x120 mm Glattrohr, 2x7,62-mm-MG, Besatzung: 4, Gefechtsgewicht: 55,15 Tonnen, Gesamtlänge: 7,722 m, Höhe: 2,48 m, Breite der Gleisketten: 63,5 cm, Bodenfreiheit: 49 cm (hinten), 54 cm (vorn), Höchstgeschwindigkeit (auf Straßen): 72 km/h, Aktionsradius (auf Straßen): 550 km, (im Gelände): 280 km, Motortyp: MTU MB873 V-12 Turbolader Vielstoff, Motorleistung: 1.500 PS bei 2.600 U/Min., Hubraum: 47.600 ccm, Tankfüllung: 1.200 Liter, Panzerung: Chobham-Typ.

1968 kam man zu der Ansicht, die Bundeswehr brauche einen neuen Panzer für die 90er Jahre; daher fanden zwischen Bonn und Washington

Verhandlungen statt, um die Parameter für einen neuen Panzer zu erstellen, obwohl die Zusammenarbeit beim Leopard 1 fehlgeschlagen war. Diese Besprechungen wurden beschleunigt, als der damals fortschrittliche sowjetische T-64 1971 herauskam. Beide Regierungen kamen zu der Einsicht, daß eine vollkommene Zusammenarbeit sich als unmöglich erweisen könne; daher unterzeichneten sie — vernünftigerweise — ein Abkommen, daß eine möglichst große Zahl von Bestandteilen übereinstimmen solle, um die Probleme der Logistik für die Truppen in Europa zu verringern.

1972 wurde die Genehmigung erteilt, 17 Prototypen des Leopard 2 zu bauen, 1974 kamen sie heraus als im Grunde genommen verbesserte Leopard 1A1A4 mit einem neuen 120-mm-Glattrohr-Geschütz von Rheinmetall. Sie wurden in Amerika und Kanada erprobt und brachten hervorragende Ergebnisse, selbst bei arktischen Temperaturen bis —50° und bei Wüstentemperaturen bis +50°. Bis 1976 wurde das Fahrzeug weiter verbessert, nachdem England, Amerika und die Bundesrepublik das noch geheimgehaltene Verfahren der Chobham-Panzerung anwandten. Der optische Entfernungsmesser entfiel, stattdessen wurde ein Laser-Entfernungsmesser von Hughes eingebaut, so daß es möglich war, am Turm eine Abstandspanzerung anzubringen, was zu der inzwischen vertraut gewordenen eckigen Erscheinungsform des Leopard 2 führte, — doch diese hat er mit dem amerikanischen M1/M1A1 Abrams und dem britischen Challenger gemeinsam. Zu diesem Zeitpunkt hatte sich Amerika entschlossen, eigene Wege zu gehen. Die Bundeswehr gab 1.800 Leopard 2 in Auftrag, um die alternden M48 abzulösen; 990 sollten von Krauss-Maffei in München und der Rest von MaK in Kiel gebaut werden. Die ersten Leopard 2 wurden 1979 in Dienst gestellt. Danach kaufte

die holländische Armee 445, und die Schweiz baute in Lizenz weitere 380; schließlich gab die Bundeswehr 1987 weitere 180 in Auftrag.

Der Leopard 2 ist im Vergleich zum Leopard 1 ein völlig anderes Fahrzeug mit einem viel stärkeren Triebwerk, das zu einem überlegenen Leistungsgewicht führt (27,27 im Vergleich zu 20,75 PS/Tonne) und zu einer überlegeneren Geländegängigkeit, trotz der Tatsache, daß der Leopard 2 13 Tonnen schwerer ist. Die Chobham-Panzerung von nicht genannter Dicke verleiht ihm eine unverkennbare Erscheinungsform, ebenso die hochgezogenen Triebwerkabdeckung.

Die Hauptbewaffnung besteht aus einer 120-mm-Glattrohr-Bordkanone von Rheinmetall (siehe »Geschütze«), der Richtschütze besitzt einen Laser-E-Messer und ein Wärmebildgerät für das Schießen bei Nacht. Der Panzerkommandant hat ein Panorama-Sichtgerät, mit dem er den Richtschützen zum Ziel hinführen oder aber auch übersteuern und unabhängig den Feuerkampf führen kann, wenn er es für notwendig hält. Dasselbe Sichtgerät ermöglicht es dem Kommandanten, weitere Ziele auszumachen, während der Schütze die zuerst ausgemachten Ziele bekämpft. Der Turm schwenkt automatisch weiter auf das neue Ziel, nachdem das erste bekämpft wurde. Diese Optikgeräte sind mit dem Feuerleitcomputer verbunden, der nicht nur die Bewegung des Leopard über dem Boden und dessen Position zum Ziel registriert, sondern auch andere Faktoren berücksichtigt, wie Außenlufttemperatur, Rohrtemperatur und Rohrverschleiß. Aufgrund dieser Tatsachen ergibt sich, daß der erste Schuß auf eine Entfernung bis zu 2.500 m mit hoher Wahrscheinlichkeit ein Treffer ist. Das Geschütz hat auch eine um 40% größere panzerbrechende Wirkung als das 105-mm-Geschütz, das in den Leopard 1 eingebaut wurde (und auch in den M1 Abrams — daher

Ein Leopard 2, der die plattenförmige Erscheinungsform erkennen läßt, die der Turm infolge der Verwendung der Chobham-Panzerung hat. (Kraus-Maffei über MARS)

Leopard 2

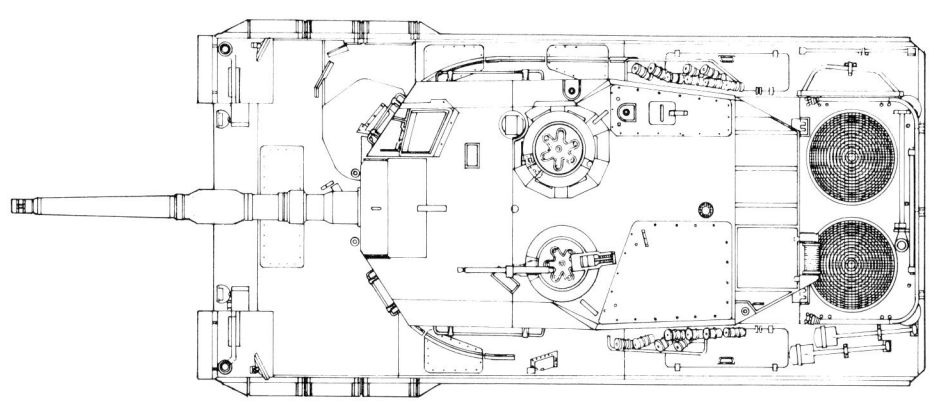

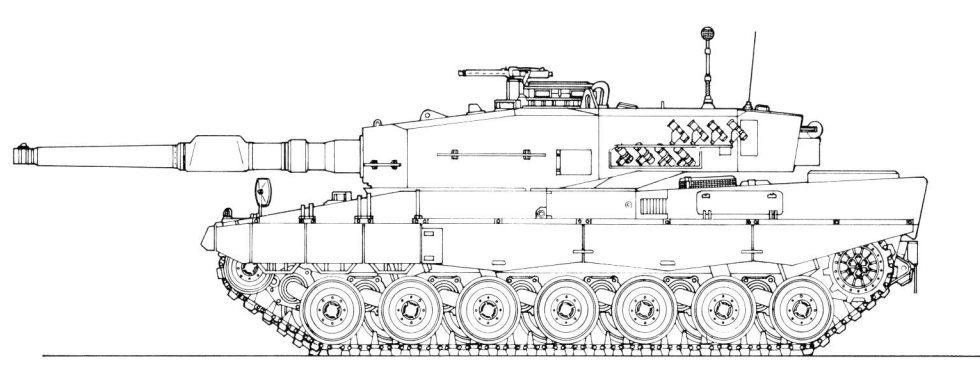

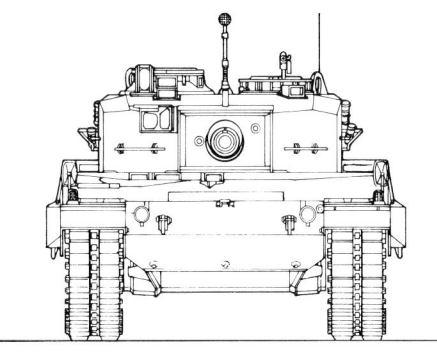

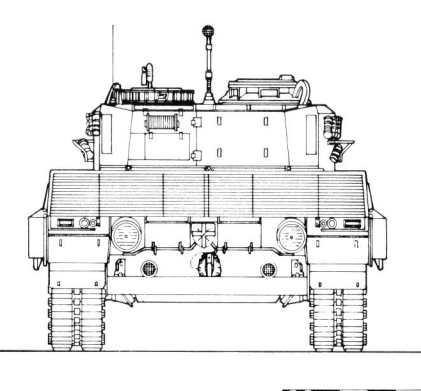

© J L Rue 87

Blick aus der Perspektive des Ziels in das Rohr und auf den gesamten Leopard 2. (Rheinmetall über MARS)

Mitte und unten: Leopard im Manöver. (MARS)

übernahm die amerikanische Armee auch die deutsche 120-mm-Bordkanone für den M1A1). Von den 42 Patronen sind 27 neben dem Fahrer verstaut, 15 befinden sich in einem Behälter an der Rückseite des Turms hinter einem explosionssicheren Schott. Der Leopard 2 verschießt flügelstabilisierte Wucht- und Mehrzweckmunition.

Auf der hinteren Dachpartie des Turms sind Absprengplatten zum Schutz der Besatzung eingebaut, für den Fall, daß die Munition explodieren sollte. Diese Neuerung wurde auch für den M1 Abrams übernommen. Wie der Leopard 1 kann auch der Leopard 2 zum Waten bis zu 4 m Tiefe ausgerüstet werden.

Der Leopard 2 verbindet auf die bestmögliche Weise den Schutz für die Besatzung mit starker Feuerkraft und Beweglichkeit und ist auf alle Fälle jedem westlichen oder östlichen Panzer ebenbürtig.

Artillerie auf Selbstfahrlafetten

Leichte Panzerhaubitze M 52

Haupthersteller: Allis-Chalmers (Milwaukee), Herstellungszeit: 1953-60, Bewaffnung: 1x105 mm L/18, 1x7,62-mm-MG, Besatzung: 5, Gefechtsgewicht: 24,05 Tonnen, Gesamtlänge: 5,80 m, Höhe: 3,31 m, Breite: 3,149 m, Breite der Gleisketten: 53,2 cm, Bodenfreiheit: 51 cm, Höchstgeschwindigkeit (auf Straßen): 56 km/h, Aktionsradius (auf Straßen): 160 km (im Gelände): etwa 100 km, Motortyp: Continental AOS-895-3 6-Zyl. Benizin, Motorleistung: 500 PS bei 2.800 U/Min., Hubraum: 14.680 ccm, Tankfüllung: 660 Liter, Panzerung: max. 12,7 cm.

Das erste Geschütz auf Selbstfahrlafette, über das die Bundeswehr verfügte, war das alte englisch-amerikanische Modell M7 Priest, aber 1957 wurde dieses Modell zugunsten der M52 zurückgezogen, die der Vorläufer einer ausgezeichneten Reihe amerikanischer Geschütze auf Selbstfahrlafette war. (Das Modell »Priest« ging 1942 in Serie, bis 1945 wurden 3.490 hergestellt; es basierte auf der Wanne und dem Fahrgestell des Panzers L3 Lee/Grant, auf den entweder eine amerikanische 105-mm-Haubitze oder ein britisches 25-Pfünder-Geschütz in einen oben offenen Kampfraum montiert wurde; auf einer offenen »Kanzel« — daher die Benennung »Priest« — auf der rechten Seite befand sich ein 0,5 inch-MG.)

Die Nachkriegsarmeen waren selbstverständlicherweise »atombewußt«; die Armee der US forderte daher für die M7 ein Nachfolgefahrzeug mit einem geschlossenen Kampfraum, in den eine Filtervorrichtung gegen radioaktiven Niederschlag einzubauen war. Das Ergebnis war eine weitere Umarbeitung der M41, die als M52 1954 in Dienst gestellt wurde, bei der Bundeswehr 1957.

Die hintere Laufrolle wurde so umgesetzt, daß sie parallel mit den Laufrädern auf dem Boden auflag. So wurde beim Schießen die Standfestigkeit der 105-mm-Haubitze erhöht, die in einem leicht gepanzerten Turm eingebaut war und von der Grundlinie aus einen Schwenkbereich von 60° hatte. Wegen der Unterbringung des Geschützes mußten Triebwerk und Transmission zur Vorderseite der Wanne hin versetzt werden. Obwohl die M52 (wie die M44) ein Übergangsmodell war, blieb es bis Mitte der 60er Jahre bei der Bundeswehr im Dienst.

Mittlere Panzerhaubitze M 44

Haupthersteller: Massey-Harris (Racine, Wisconsin), Herstellungszeit: 1953-60, Bewaffnung: 1x155-mm-Haubitze L/23, 1x12,7-mm-Fla-MG, Besatzung: 5-6, Gefechtsgewicht: 28,349 Tonnen, Gesamtlänge: 6,159 m, Höhe: 3,11 m, Breite: 3,238 m, Breite der Gleisketten: 53,2 cm, Bodenfreiheit: 47 cm, Höchstgeschwindigkeit (auf Straßen): 56 km/h, Aktionsradius (auf Straßen): 140 km, (im Gelände): 120 km, Motortyp: Continental AOS 895-3 6-Zyl. Benzin, Motorleistung: 500 PS bei 2.800 U/Min., Hubraum: 14.680 ccm, Tankfüllung: 600 Liter, Panzerung: max. 12,7 cm.

Die 155-mm-Haubitze auf Selbstfahrlafette war eine weitere Umarbeitung der 155 mm auf Selbstfahrlafette M44 und wurde zwischen 1947 und 1953 entwickelt und bei der amerikanischen und britischen Armee in Dienst gestellt; bei der Bundeswehr wurde sie 1958 eingeführt. Wie bei der M52 war die hintere Laufrolle nach unten versetzt, daß sie auf dem Boden lief; Triebwerk und Transmission wurden ebenfalls nach vorn versetzt. Dadurch wurde auf der rückwärtigen Partie Platz für einen oben offenen Kampfraum geschaffen, in dem das Geschütz, der links daneben sitzende Fahrer und ein Doppelzweck-Drehzapfen mit einem 0,5-Zoll-MG untergebracht waren. Dies war kein zufriedenstellendes Modell und wurde so bald wie möglich durch die M109 ersetzt.

Panzerhaubitze M 55

Haupthersteller: Pacific Car & Foundry Co (Renton, Washington), Herstellungszeit: 1952-66, Bewaffnung: 1x203 mm L/25, 1x7,62-mm-MG, Gefechtsgewicht: 44,452-44,465 Tonnen, Gesamtlänge: 7,90 m (mit Mündungsbremse), Höhe: 3,469-3,55 m (mit Fla-MG), Breite: 3,58 m, Bodenfreiheit: 47 cm, Höchstgeschwindigkeit (auf Straßen): 48 km/h, Aktionsradius (auf Straßen): 257 km, (im Gelände): etwa 180 km, Motortyp: Continental AV-1790-5B/C/D V-12 Benzin, Motorleistung: 704-810 PS bei 2.800 U/Min., Hubraum: 29.360 ccm, Tankfüllung: 1.438 Liter, Panzerung: 12-36 mm.

Aufgrund der Tatsache, daß die M44 und M55, sogar am Maßstab der 50er Jahre gemessen, unzulängliche Modelle waren, erteilte die Armee den Vereinigten Staaten der Pacific Car & Foundry Co. den Auftrag, ein neues Fahrzeug mit einem geschlossenen Turm zu entwickeln, das entweder ein 155-mm-Geschütz bzw.-Haubitze oder eine 203-mm-Haubitze haben sollte. Die ersten Fahrzeuge hatten die Bezeichnung M53, die folgenden M55. Die Bundeswehr erhielt keine M53, die M55 gehörten von 1958 bis 1964 zur Ausrüstung der Gefechtsgruppen. Das Modell basiert — wieder — entfernt auf dem M41, aber die Wanne wurde gestreckt, so daß auf jeder Seite ein Laufrad angebaut wurde. Ein großer hydraulisch betriebener Sporn wurde an der Rückseite angebracht, der den Rückstoß auffangen sollte. Der Zugang zum Turm, der einen Schwenkbereich von 30° nach jeder Seite hatte, führte durch zwei nach oben bzw. unten zu öffnende Klappen auf der Rückseite. Ein ABC-System war nicht vorhanden; die Klappen wurden beim Schießen offengelassen, damit Hitze und Rauch abziehen konnten. Die M55 wurde schließlich durch die M110 ersetzt.

Panzerhaubitze M 109G

Haupthersteller: Cadillac (General Motors) (Cleveland), Herstellungszeit: 1962 bis zur Gegenwart, Bewaffnung: 1x155 mm M185 L/23 (M109), L/39 (M109A1/A2), 1x7,62-mm-MG, Besatzung: 6-8, Gefechtsgewicht: 24,07 Tonnen, Gesamtlänge: 6,612 m (M109), 9,042 m (M109A1/A2), Höhe: 3,06 m (3,295 einschl. Fla-MG), Breite: 3,295 m, Breite der Gleisketten: 38,1 cm, Bodenfreiheit: 46,7 cm, Höchstgeschwindigkeit (auf Straßen): 56 km/h, Aktionsradius (auf Straßen): 390 km, (im Gelände): etwa 280 km, Motortyp: Detroit Diesel (General Motors) 8V71T V-8 Diesel, Motorleistung: 405 PS bei 2.300 U/Min., Hubraum: 9.320 ccm, Tankfüllung: 511 Liter, Panzerung: max. 20 mm.

Die M109 ist in der NATO das wichtigste Geschütz auf Selbstfahrlafette. 1953 begann die amerikanische Armee mit der Entwicklung einer neuen 110-mm-Haubitze, um die damaligen 105-mm-Modelle zu ersetzen. Als der gepanzerte Mannschaftstransporter 1960 in Dienst gestellt wurde, wurden Versuche angestellt, dieses Geschütz in einen rundum schwenkbaren Turm auf einem verlängerten Fahrgestell des M113 zu montieren. Schließlich gab man die 110-mm-Haubitze auf und arbeitete den Turm so um, daß er ein 155-mm-Geschütz aufnehmen konnte. Dieses Modell ging 1963 als das Modell M109 in Produktion. Im nächsten Jahre kaufte die Bundeswehr die ersten Exemplare. Daß die Entscheidung für die 155-mm-Waffe richtig war, wurde im Mittleren Osten bestätigt, als die Israelis 1967 und dann wieder 1973 erkannten, daß die 105-mm-Artillerie nicht ausreichte, konzentrierte Panzerangriffe zu zerschlagen.

Das Basismodell M109 und die Folgemodelle M109A1 und A2 (die unterschiedliche Versionen der Haubitze M185 haben), sind insofern ungewöhnlich, als sie rundum eine 20 mm dicke Alu-

Eine Kolonne von M109G des Panzerartillerie-Bataillons 295 der 10. Panzerdivision. (MARS)

Mittlere Panzerhaubitze M 109G

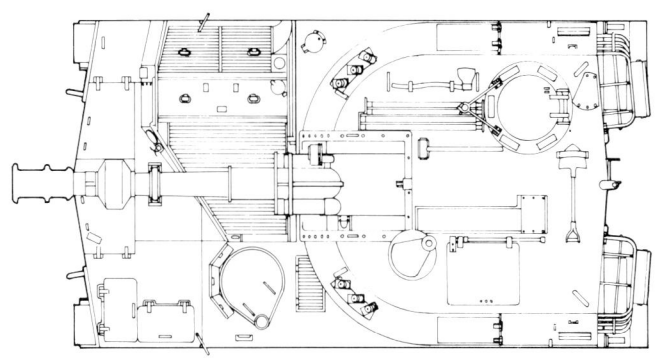

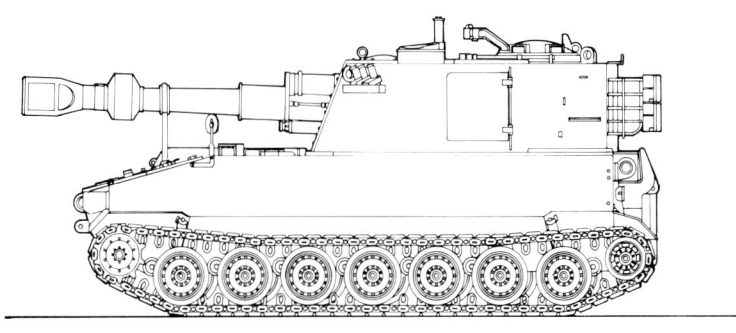

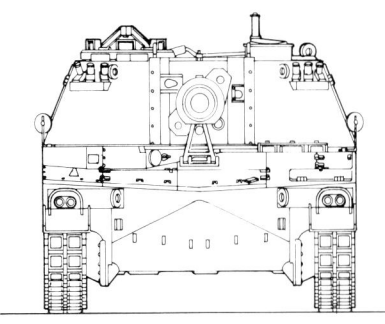

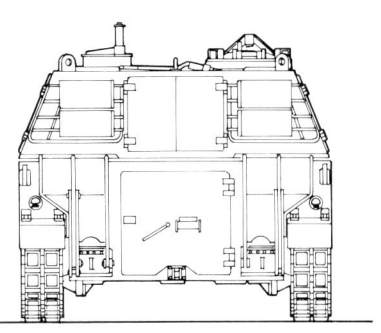

© J L Rue 87

miniumpanzerung und einen (wie bei Panzern üblich) Turm anstelle einer begrenzt schwenkbaren Waffe hatten. Beide Merkmale steigern die Überlebenschancen auf dem Gefechtsfeld und bieten gegenüber früheren Geschützen auf Selbstfahrlafetten ein überlegeneres Potential für Panzerbekämpfung. Die deutsche Version hat die Bezeichnung M109 G und hat einen von Rheinmetall entwickelten horizontalen Gleitverschluß anstelle eines Drehverschlußblocks. Das Rohr hat einen starken Rauchabsauger und eine doppelte Mündungsbremse, um den Rückstoß zu verringern.

Die M109 wird in der vorhersehbaren Zukunft in Dienst bleiben, da die Panzerhaubitze 70 zurückgezogen wurde. Letztere war ein internationales Projekt, an dem Krauss-Maffei, Rheinmetall und MaK in Deutschland, die Royal Ordnance Factories in England und OTO-Melara in Italien beteiligt waren. Sie basierte auf einem umgearbeiteten Fahrgestell des Leopard 2, dessen Panzerung aus Aluminium bestand, hatte einen 360° schwenkbaren Turm, der die FH70 mit automatischem Lader enthielt. Die ersten Prototypen kamen zwar schon 1978 heraus; aber Schwierigkeiten in der Produktion und bei der Finanzierung und Meinungsverschiedenheiten zwischen den beteiligten Unternehmen führten 1987 schließlich zur Aufgabe des Projekts. Als Zwischenlösung begann Rheinmetall das Rohr der FH70 in ein umgearbeitetes Modell der M109 zu montieren. Derartige umgerüstete Fahrzeuge tragen nun die Bezeichnung M109 A3G.

Schwere Feldkanone M 107

Haupthersteller: Pacific Car & Foundry Co (Renton, Washington), Bowen-Mc Laughlin York (Pennsylvania), Herstellungszeit: 1962 bis zur Gegenwart, Bewaffnung: 1x175 mm M113 L/60, Besatzung: 5-8, Gefechtsgewicht: 28,168

Tonnen, Gesamtlänge: 5,72 m, 6,46 m einschl. Rückstoß-Sporn, 11,246 m einschl. Rohr, Höhe: 2,809 m, Breite 3,149, Breite der Gleisketten: 45,7 cm, Bodenfreiheit: 44,1 cm, Höchstgeschwindigkeit (auf Straßen): 56 km/h, Aktionsradius (auf Straßen): 725 km, (im Gelände): etwa 500 km, Motortyp: Detroit Diesel (General Motors) 8V71T V-8 Diesel, Motorleistung: 405 PS bei 2.300 U/Min., Hubraum: 9.320 ccm, Tankfüllung: 1.137 Liter, Panzerung: nur Wanne max. 20 mm. Die Fahrgestelle der M107 wurden für die kampfwertgesteigerte schwere Feldhaubitze M110A2 genutzt, die M107 befindet sich bei der Bundeswehr nicht mehr im Truppeneinsatz.

Feldhaubitze M 119

Wie Feldkanone M107, außer: Bewaffnung: 1x203 mm L/25 (M110) oder L/39 (M110 A1/A2), Gefechtsgewicht: 26,534 Tonnen (M110), 28,35 Tonnen (M110A1/A2), Gesamtlänge: 7,48 m, 10,70 m (M110A1/A2).

Diese beiden Fahrzeuge werden zusammen behandelt, weil sie sich nur durch die Bewaffnung unterscheiden, im einen Falle, bei der M107, ist es ein 175-mm-Langrohr, im anderen Falle, bei der M110, ist es eine 203-mm-Haubitze. Beide Fahrzeuge stammen von demselben Modell ab, das 1956 angefordert wurde und dessen Prototypen zwei Jahre später herauskamen. Bei der Bundeswehr wurden sie von 1964 ab in Dienst gestellt. Es sind leicht gepanzerte Vollkettenfahrzeuge mit fünf Laufrädern (das 5. ist die rückwärtige Laufrolle) und einem großen Rückstoßsporn. Nur der Fahrer auf der linken Vorderseite der Wanne hat einen mit Panzerschutz versehenen Sitz. Sie sind die Schwergewichte der amerikanischen, britischen und deutschen Artillerie-Verbände. Das Triebwerk in dem M107/110 ist

Schwere Feldkanone M 107

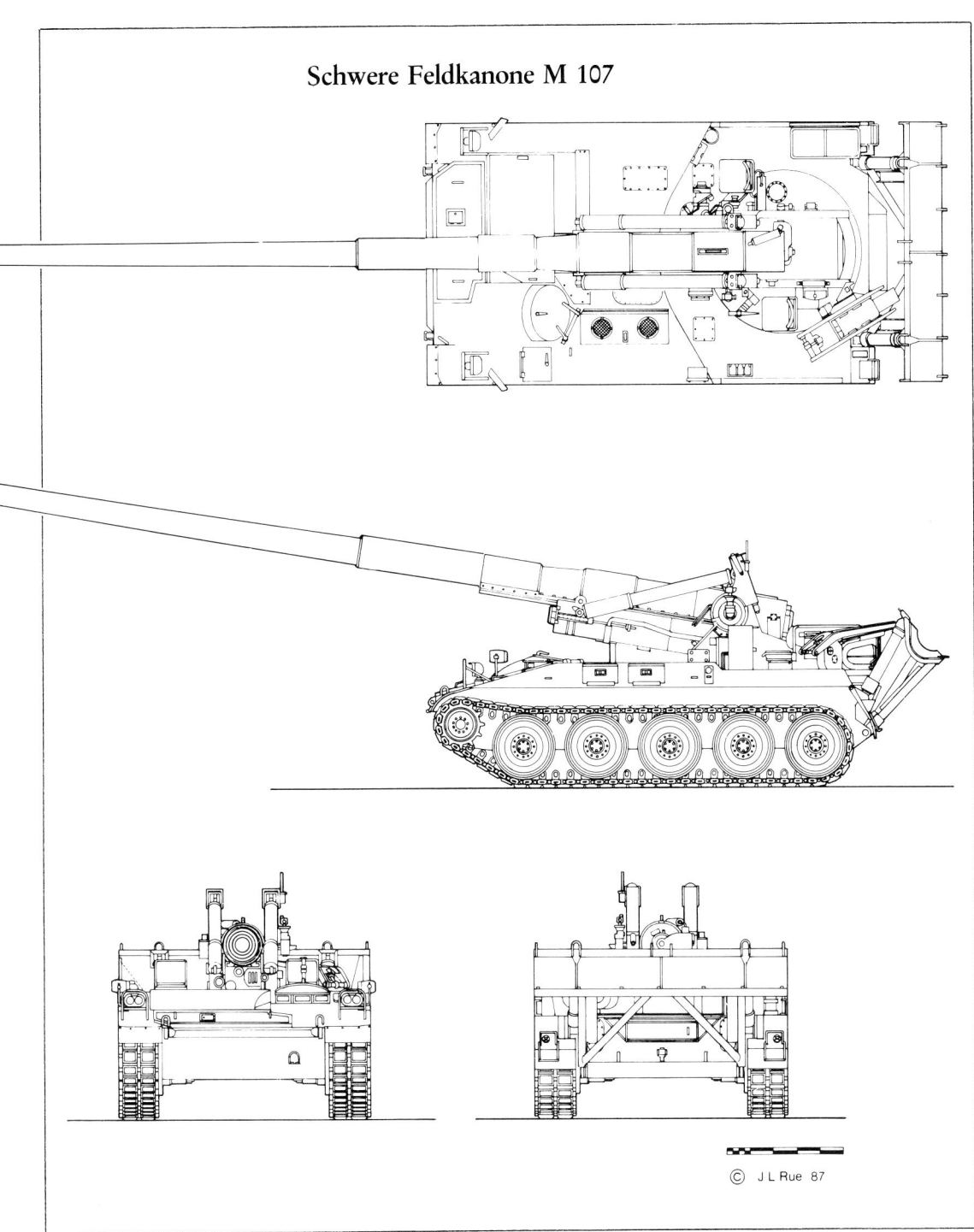

Schwere Feldhaubitze M110A2

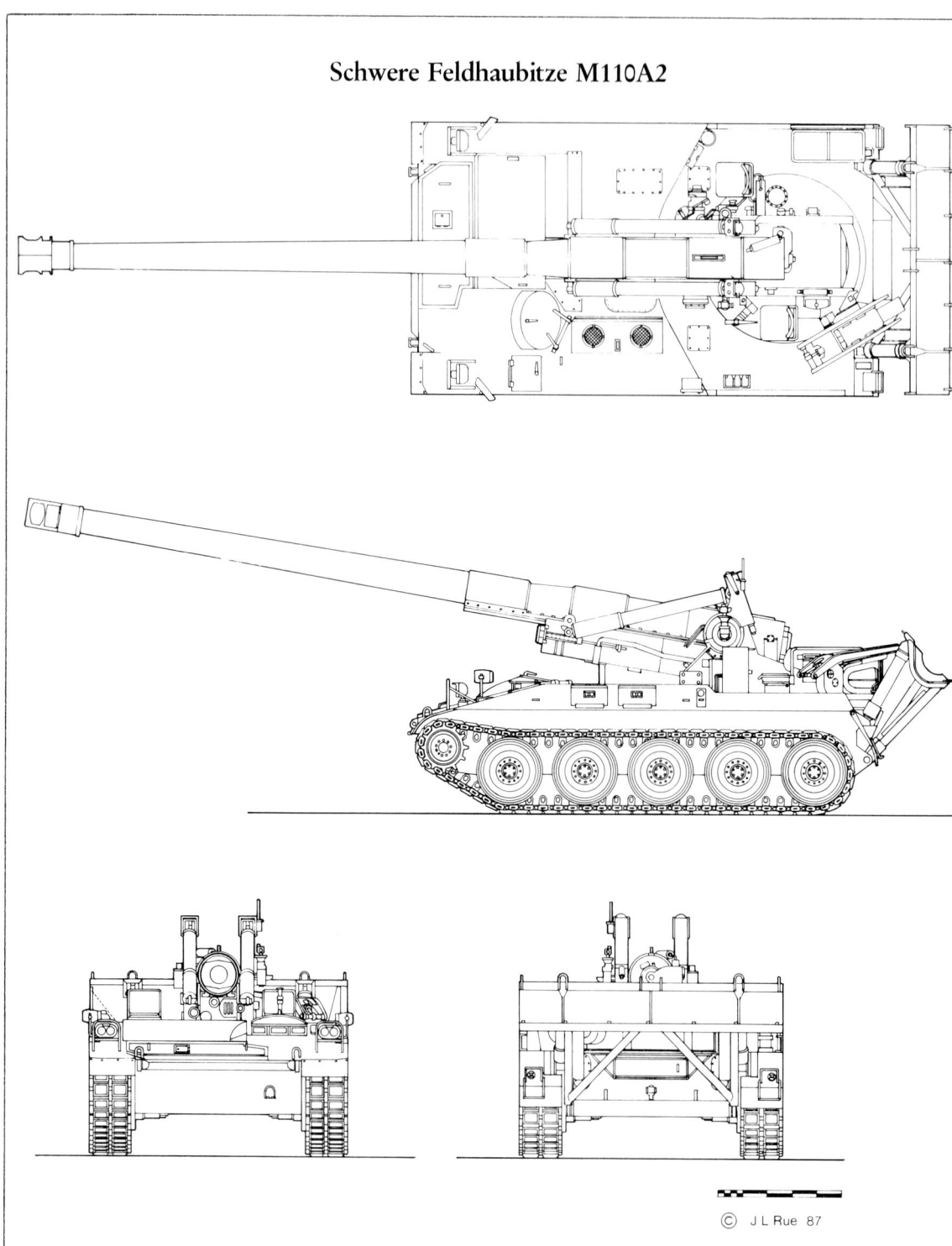

© J L Rue 87

Ein M110A2G mit Wetterhaube, 10. Panzer-Division.

das gleiche wie in dem Modell M109, dies verringert die logistischen Probleme erheblich.

Flugzeug-Abwehr-(Fla-)Fahrzeuge

40 mm Panzerflak-Zwilling M 42A1

Haupthersteller: Cadillac (General Motors, Detroit), ACF Industries (Berwick, Pennsylvania), Herstellungszeit: 1953-58, Bewaffnung: 2x 40-mm-Flak L/60, 1x7,62-mm-MG, Besatzung: 5-6, Gefechtsgewicht: 21,7-22,452 Tonnen, Gesamtlänge: 5,819 m, Höhe: 2,847 m, Breite: 3,225 m, Breite der Gleisketten: 53,2 cm, Bodenfreiheit: 43,8 cm, Höchstgeschwindigkeit (auf Straßen): 72 km/h, Aktionsradius (auf Straßen): 161 km, (im Gelände): etwa 100 km, Motortyp: Continental oder Lycoming AOSI-895-5 6-Zyl. Superbenzin, Motorleistung: 500 PS bei 2.800 U/Min., Hubraum: 14.680 ccm, Panzerung: 10-25 mm.

Der Fla-Panzer M42, bei der amerikanischen Armee als »Duster« bekannt, läßt sich in vielen Einzelheiten auf den deutschen »Kugelblitz« der Kriegszeit zurückführen. Es bestand im Grunde aus der Wanne des leichten Panzers M41 und einem oben offenen Turm, in dem ein 40-mm-Zwillingsgeschütz hinter einem kleinen gebogenen Splitterschutz montiert war. Dieser Panzer war nicht sehr erfolgreich, da er weder über ein Radargerät noch über andere moderne Feuerleitmittel verfügte, dennoch wurden 3.700 Stück gebaut, von denen noch viele in den Armeen der Dritten Welt betriebsfähig sind. Die Geschütze hatten eine Feuergeschwindigkeit von 240 Schuß/Min. und eine Reichweite von 4.700 m; die tatsächliche Kampfentfernung lag meist darunter (Einsatz in der Bundeswehr bis 1979).

Flak-Panzer »Gepard«

Haupthersteller: Krauss-Maffei, Herstellungszeit: 1974-80, Bewaffnung: 2x35 mm Oerlikon Flak, Besatzung: 3, Gefechtsgewicht: 47,3 Tonnen, Gesamtlänge: 7,73 m, Höhe: 3,01 m (Radar eingezogen), 4,17 m (Radar ausgefahren), Breite: 3,25 m, Breite der Gleisketten: 54,8 m, Bodenfreiheit: 45 cm, Höchstgeschwindigkeit (auf Straßen): 62 km/h, Aktionsradius (auf Straßen): 550 km, (im Gelände): 400 km, Motortyp» MTU MB 838 V-10 Vielstoff, Motorleistung: 830 PS bei 2.200 U/Min., Hubraum: 37.330 ccm, Tankfüllung: 985 Liter, Panzerung max. 70 mm.

Die Unzulänglichkeiten des M42 waren Ende der 50er Jahre nicht mehr zu übersehen, daher begannen verschiedene europäische Firmen, sich nach Alternativen umzusehen. Die Bundeswehr hatte zu dieser Zeit die Forderung nach einem Allwetter-Flak-Panzer erhoben, der fähig war, im Bruchteil einer Sekunde zu reagieren und niedrigfliegende Flugzeuge zu bekämpfen. Die Antwort kam als ein gemeinsames Projekt, an dem die Schweizer Computerfirma Conraves beteiligt war, die das Grundkonzept und das Steuersystem lieferte, ferner Oerlikon, Hollandse und Siemens-Albis. Dieses Konsortium nahm das Fahrgestell des Leopard 1 als Basis und entwickelte einen völlig neuen, rundum schwenkbaren Turm, auf den zwei automatische 35-mm-Geschütze von Oerlikon montiert wurden, die

Flak-Panzer Gepard

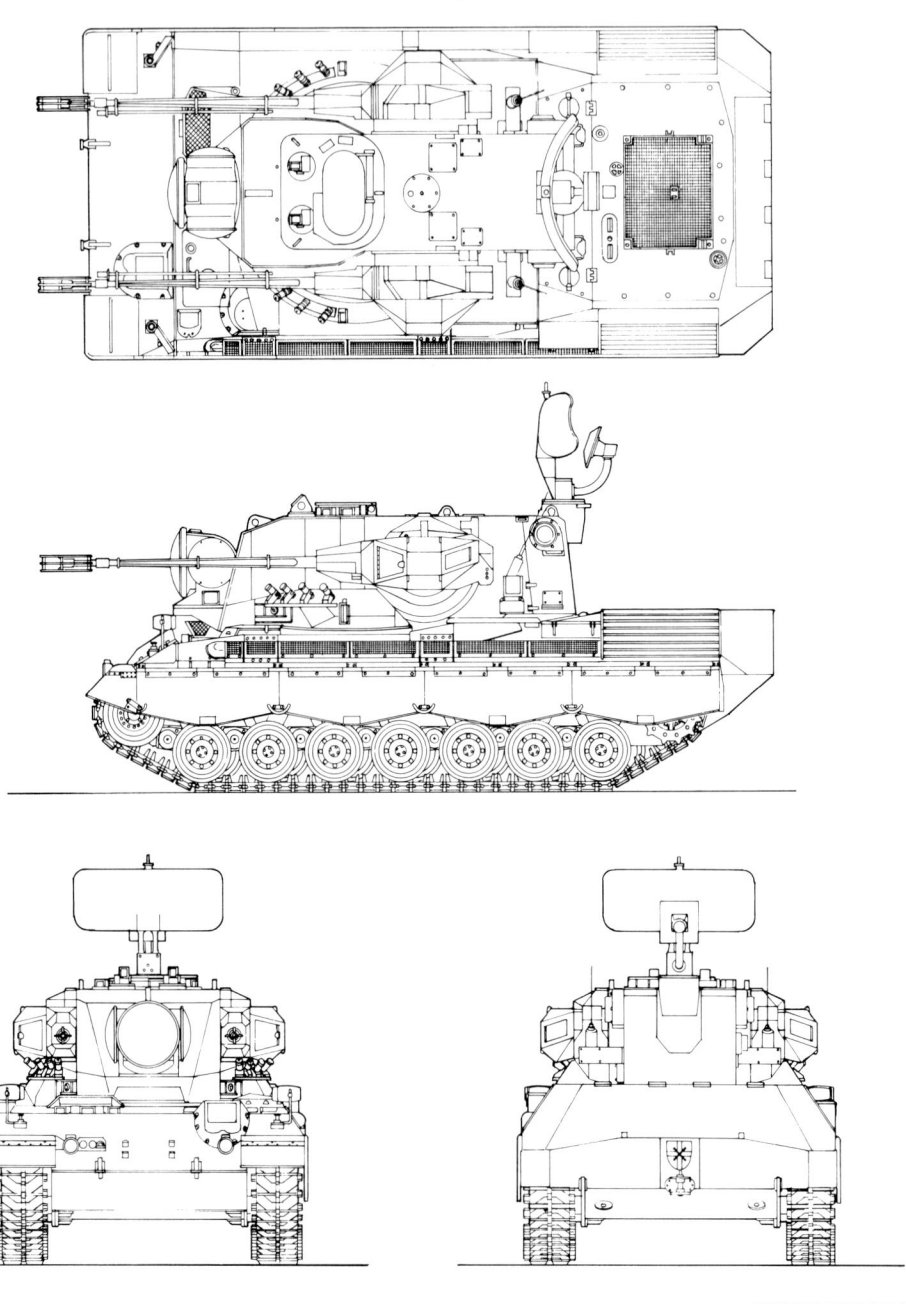

© J L Rue 87

350

Ein Flak-Panzer Gepard auf dem Marsch; Such- und Feuerleit-Radar sind beige-klappt. (MARS)

eine Feuergeschwindigkeit von 550 Schuß/Min. haben; dazu kam ein Suchradar von Hollandse und ein Feuerleitradar von Siemens. Die mit gegurteter Munition beschickten Geschütze haben Geschwindigkeits-Analysatoren auf der Mündung, die dem Bordcomputer laufend Korrekturen eingeben, der selbst auch Faktoren wie z.B. Wind und Temperatur registriert. Das Rundum-Suchradar am Heck erfaßt die Ziele, und das Feuerleitradar auf der Vorderseite, mitten zwischen den Geschützen, bleibt ihnen auf der Spur. Beide haben eine Reichweite von etwa 15 km, die Treffgenauigkeit der Geschütze reicht bis mindestens 3.000 m. Zusätzlich zu den 640 Schuß mit Abstands-/-aufschlagzünder, Brisanz und zerlegenden Granaten für Fla-Einsatz führt der Gepard auch 40 Schuß Panzerabwehrmunition mit,

um sich gegen feindliche Panzerfahrzeuge verteidigen zu können. 430 Gepards wurden in Auftrag gegeben, weitere wurden der belgischen und niederländischen Armee zugeführt.

Fla-Raketenpanzer »Roland«

Haupthersteller: Thyssen, Henschel (früher Rheinstahl), Herstellungszeit: 1979-83, Bewaffnung: 2 x Euromissile Roland 2 Bodenluft-Lenkflugkörper-Startgeräte, 1x7,62-mm-MG, Besatzung: 3, Gefechtsgewicht: 32,5 Tonnen, Gesamtlänge: 6,92 m, Höhe: 4,31 m mit aufgerichtetem Radar. Weitere Einzelheiten siehe unter »Marder«, Breite: 3,24 m, Breite der Gleisketten: 45 cm, Bodenfreiheit: 44 cm, Höchstgeschwindigkeit (auf Straßen): 75 km/h, Aktionsradius (auf Straßen): 520 km, (im Gelände): etwa 400 km,

Ein feuerbereiter Gepard, dessen beide Radargeräte aufgerichtet sind. Die Vorrichtungen am Rohrende sind Geschwindigkeitsanalysatoren, die dem Feuerleitcomputer ihre Korrekturen automatisch eingeben. (Krauss-Maffei über MARS)

Motortyp: Daimler-Benz MB 833 V-6 Diesel, Motorleistung: 600 PS bei 2.200 U/Min., Hubraum: 22.440 ccm, Tankfüllung: 650 Liter, Panzerung: 8-30 mm.

Für die Flugzeugabwehr auf mittlere Entfernungen entwickelte die Bundeswehr einen Flugabwehr-Raketenpanzer auf der Basis des Marder. Er besitzt einen kleinen um 360° schwenkbaren Turm mit zwei Euromissile-Starteinheiten für Roland mit einem frontalen Feuerleitradar (wie beim Gepard) und einem unabhängig rotierenden Suchradar. In dem Fahrzeug werden acht Granaten zum Nachladen mitgeführt. Das Allwetter-Flugabwehrraketensystem Roland hat eine vertikale und horizontale Reichweite von 5 bzw. 6,5 km. Die Reaktionszeit dieses Systems ist äußerst kurz.

Gepanzerte Mannschaftstransportwagen und Gefechtsfahrzeuge der Panzergrenadiere

Schützenpanzer, kurz

Haupthersteller: Hotchkiss, Klöckner, Deutz, Herstellungszeit: 1958-62, Bewaffnung: 1x7,62-mm-MG (Basisfahrzeug), 1x20-mm-Hispano-Suiza HS820 L/85 (Turm-Variante), 1x81-mm-Mörser (Infanterie-Unterstützungs-Variante), Besatzung: 3-5, Gefechtsgewicht: 8,4 Tonnen, Gesamtlänge: 4,51 m, Höhe: 1,60 m, 2,02 m mit Turm für 20-mm-Geschütz, Breite: 2,34 m, Breite der Gleisketten: 30,5 cm, Bodenfreiheit: 35 cm, Höchstgeschwindigkeit (auf Straßen): 58 km/h, Aktionsradius (auf Straßen): 380 km, (im Gelände): etwa 250 km, Motortyp: Hotchkiss 6-Zyl. Benzin, Motorleistung: 164 PS bei 3.900 U/Min., Hubraum: 4.678 ccm, Tankfüllung: 330 Liter, Panzerung: Turm: 20-30 mm, Wanne: 18-15 mm. Gegen Ende der 50er Jahre forderten die Franzosen ein leichtes gepanzertes Aufklärungs- und Vielzweckfahrzeug auf Gleisketten, das von Hotchkiss bald entwickelt, aber von der Armee nicht übernommen wurde. Da die Bundeswehr Verwendung dafür hatte, wurde die Produktion von Klöckner-Deutz übernommen und vier Jahre weitergeführt; erst kürzlich wurde die Reihe dieser kleinen Fahrzeuge zurückgezogen. Die Panzerung ihrer Wanne war aus geschweißtem Aluminium, der Motor war nach vorn versetzt, um den Schutz der Besatzung zu erhöhen, sie hatten ein Drehstablaufwerk und mit Gummistollen versehene Gleisketten und waren sehr wendige gepanzerte Kampfwagen, entweder mit einen kleinen Turm oder oben offenem Kampfraum, aber sie waren nicht amphibisch und hatten auch keinen ABC-Schutz. Kranken- und Befehlsfahrzeuge wurden ebenfalls hergestellt.

Schützenpanzer, lang (HS 30)

Haupthersteller: Hispano Suiza (Schweiz), Leyland (Großbritannien), Henschel, Hanomag, Herstellungszeit: 1959-62, Bewaffnung: 1x20 mm HS820 L/85 (alle Varianten), 1x106 mm rück-

Fla-Raketenpanzer Roland

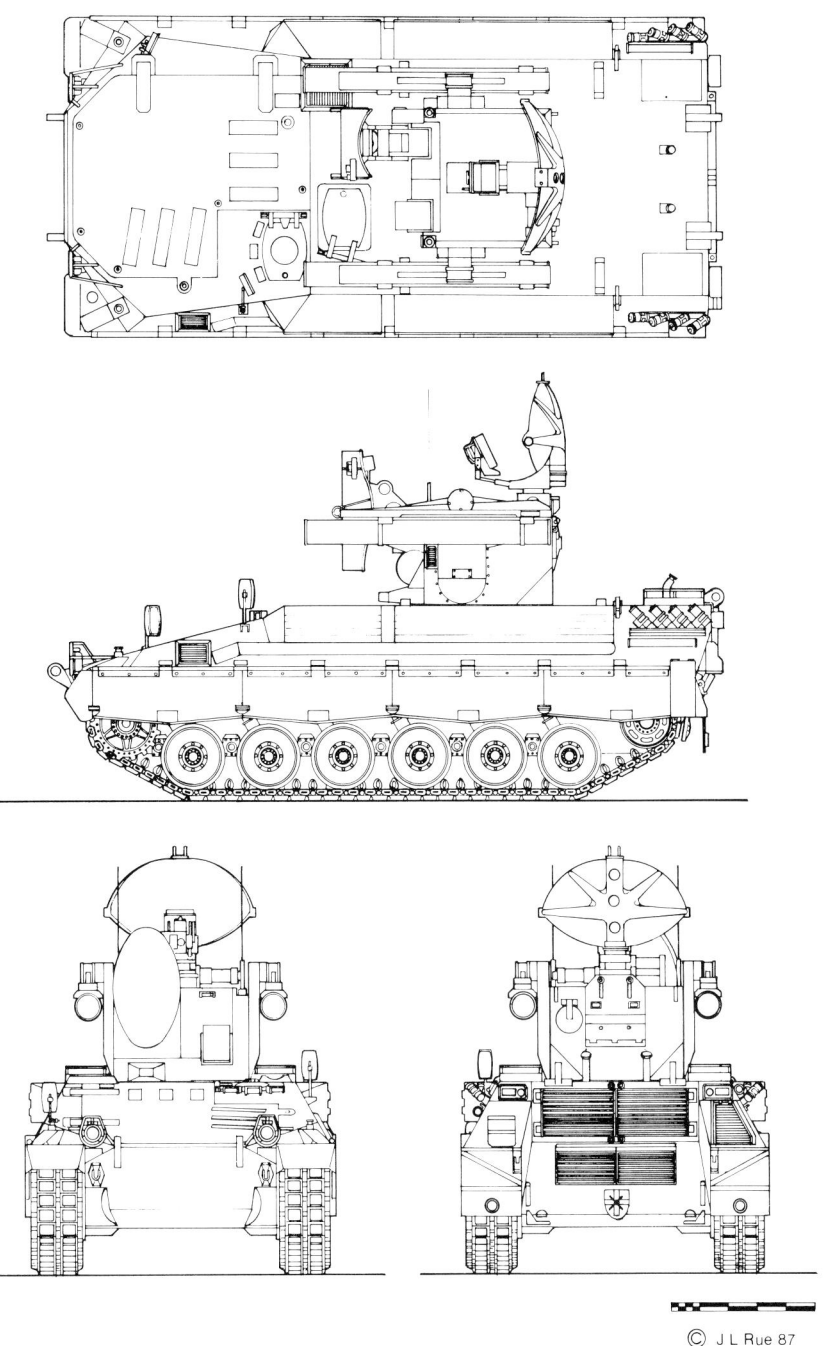

353

stoßfreies Geschütz M40A1, 1x120-mm-Mörser, 1 x Startgerät für Panzerabwehr-Lenkflugkörper SS-11, TOW oder Milan, Besatzung: 3 und 5 Panzergrenadiere, Gefechtsgewicht: 14,6 Tonnen, Gesamtlänge: 5,56 m, Höhe: 1,85 m, Breite: 2,55 m, Breite der Gleisketten: 38 cm, Bodenfreiheit: 33 cm, Höchstgeschwindigkeit (auf Straßen): 58 km/h, Aktionsradius (auf Straßen): 270 km, (im Gelände): etwa 180 km, Motortyp: Rolls-Royce B81 Mk 80F 8-Zyl. Benzin, Motorleistung: 220 PS bei 4.000 U/Min., Hubraum: 6.516 ccm, Tankfüllung: 340 Liter, Panzerung: 15-30 mm.

Der HS30 wurde 1955 von Hispano Suiza in der Schweiz auf eigene Kosten entwickelt; zu jener Zeit benötigten die Planer in Deutschland dringend einen gepanzerten Mannschaftstransportwagen für die Bundeswehr, dem neuen NATO-Partner. An der Produktion beteiligten sich die oben aufgeführten Firmen; England lieferte den im Heck eingebauten Motor; dieses Fahrzeug, von dem etwa 1.000 Stück hergestellt wurden, war der Vorgänger der modernen Generation der westlichen Schützenpanzer-Kampfwagen. Er beförderte eine Halb-Gruppe von fünf Panzergrenadieren, hatte aber auch im Turm eine 20-mm-Maschinenkanone. Als Schützenpanzer-Kampfwagen hatte dieses Modell den riesigen Nachteil, daß die Schützen durch Luken an der Oberseite der Karrosserie aussteigen mußten und

so dem Feindfeuer ausgesetzt waren. Ab 1974 wurde der HS30 durch den SPz Marder ersetzt. Der HS30 konnte mit Panzerabwehr-Lenkflugkörpern ausgestattet werden.

Mannschaftstransportwagen M 113

Haupthersteller: Ford (San José), Kalifornien, Herstellungszeit: 1960-64, Bewaffnung: 1x7,62-mm-MG (Basis-Fahrzeug), weitere Möglichkeiten: 1x81-mm- oder 120-mm-Mörser oder Startgerät für Panzerabwehr-Lenkflugkörper HOT, TOW und Milan, Besatzung: 1 (Fahrer) + bis zu 12 Panzergrenadiere, Gefechtsgewicht: 10,258 Tonnen, Gesamtlänge: 4,87 m, Höhe: 2,50 m, Breite: 2,69 m, Breite der Gleisketten: 38 cm, Bodenfreiheit: 45,1 cm, Höchstgeschwindigkeit (auf Straßen): 64,4 km/h, (5,6 km/h im Wasser), Aktionsradius (auf Straßen): 321 km, (im Gelände): 250 km, Motortyp: Chrysler A710B V-8 Benzin, Motorleistung: 215 PS bei 4.000 U/Min., Hubraum: 5.920 ccm, Tankfüllung: 300 Liter, Panzerung: max. 35 mm.

M 113A1

Wie Mannschaftstransportwagen M113, außer: Herstellungszeit: 1964 bis zur Gegenwart, Geschwindigkeit: 11,156 Tonnen, Höchstgeschwin-

Schützenpanzer, lang HS30

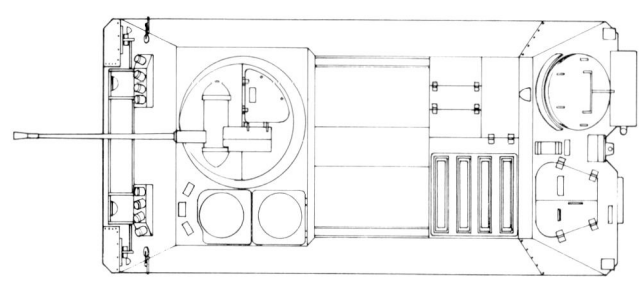
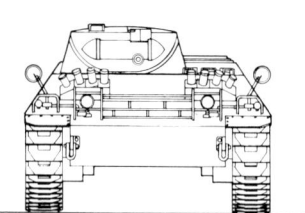
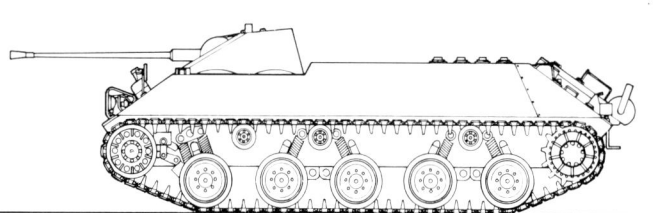
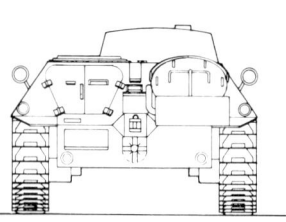

digkeit (auf Straßen): 67,6 km/h, (6,3 km/h im Wasser), Aktionsradius (auf Straßen): 483 km, (im Gelände): 350 km, Motortyp: Detroit Diesel (General Motors) 6V53 V-6 Diesel, Motorleistung: 216 PS bei 2.800 U/Min., Hubraum: 5.220 ccm.

Der überall anzutreffende gepanzerte Vollketten-Mannschaftstransportwagen M113 entstand 1956, als die amerikanische Armee einen gepanzerten Mannschaftstransporter forderte, der für den Lufttransport geeignet sein sollte. Die Serienherstellung begann 1960, die Auslieferung der ursprünglichen Variante, die einen Benzinmotor hatte, an die Bundeswehr begann 1962. Drei Jahre später folgte die Diesel-Version, die eine größere Reichweite hatte und weniger feuerempfindlich war. Der M113 ist ein ziemlich plumpes Fahrzeug, fast ohne geschoßableitende Flächen, aber dennoch wurde er in einer größeren Stückzahl (über 70.000) hergestellt, als irgendein anderer westlicher gepanzerter Mannschaftstransportwagen. Seit seiner Einführung wurde er ständig umgebaut und verbessert, außerdem wurden eine große Zahl von Abarten gebaut. Er besitzt eine Aluminium-Panzerung und ist voll amphibisch; die Gleisketten bewegen ihn im Wasser mit 6,3 km/h vorwärts. Zur Verbesserung der amphibischen Eigenschaften wird an der Vorderseite der Wanne ein Schwallbrett heruntergeklappt. Die

hydraulisch getriebene Ausstiegstür für die Infanteristen befindet sich auf der Rückseite, zusätzliche Ausstiegsluken sind im Dach der Wanne. Der M113 ist in wenigstens 50 Ländern einschließlich der Bundesrepublik in Dienst und wird es wahrscheinlich noch eine beträchtliche Zeit bleiben.

Schützenpanzer »Marder« 1

Haupthersteller: Rheinstahl-Henschel, Atlas-MaK, Herstellungszeit: 1970-75, Bewaffnung: 1x20 mm Rheimetall L/85 im Turm, 1x7,62-mm-MG, die Masse der SPz Marder 1 werden mit einem Startgerät für Panzerabwehr-Lenkflugkörper Milan ausgerüstet, Besatzung: 3 und 6 Panzergrenadiere, Gefechtsgewicht: 28,2-30 Tonnen, Gesamtlänge: 6,79 m, Höhe: 2,86 m (bis zur Oberkante Turm, ohne Flugkörper-Startgerät), Breite: 3,24 m, Breite der Gleisketten: 65 cm, Bodenfreiheit: 45 cm, Höchstgeschwindigkeit (auf Straßen): 70-75 km/h, Aktionsradius (auf Straßen): 520-540 km, (im Gelände): etwa 380 km, Motortyp: Daimler-Benz MB 833 V-6 Diesel, Motorleistung: 600 PS bei 2.200 U/Min, Hubraum: 22.400 ccm, Tankfüllung: 650 Liter, Panzerung: 8-30 mm.

Nach den KPz Leopard 1 und 2 ist der SPz Marder 1, von dem 2.000 in der Bundeswehr im

Mannschaftstransportwagen M113

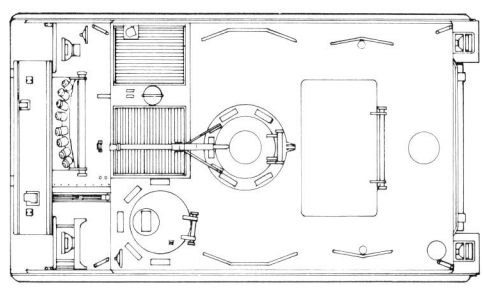

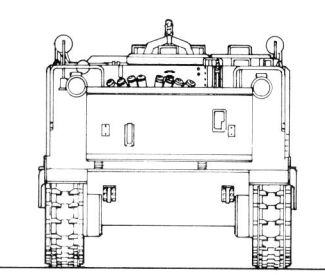

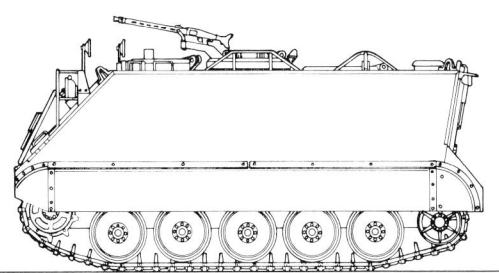

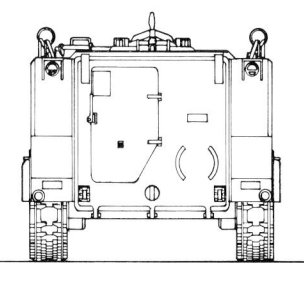

Ein Leopard 1 rast in voller Fahrt an einem gepanzerten Mannschaftstransportwagen vorbei. Weiße Kreuze bedeuten »Schiedsrichterfahrzeug«. (MARS)

Panzergrenadiere sitzen durch die Hecktür eines M113 ab. (MARS)

Auf Fotos aus der Kriegszeit ein vertrauter Anblick! Aber hier hat ein Sanitätsfahrzeug Probleme mit einer Gleiskette. (MARS)

Dienst stehen, das wichtigste gepanzerte Kampffahrzeug des modernen deutschen Heeres. Schon
1959 wurde ein gepanzertes Kampffahrzeug für
die Infanterie angefordert, aber es dauerte zehn
Jahre, bis das Fahrzeug — als SPz Marder 1 bekannt, um den Unterschied zu der Serie aus der
Kriegszeit kenntlich zu machen — in Produktion
ging. Die ersten Prototypen kamen 1961-63 heraus, aber es trat eine Verzögerung von vier Jahren ein, bis zehn endgültige Vorserienfahrzeuge
fertiggestellt wurden. Der offizielle verbindliche
Auftrag wurde 1969 erteilt, und die ersten Fahrzeuge der Serienproduktion wurden im Mai 1971
in Dienst gestellt. Die Bundeswehr war nicht un-
glücklich darüber, daß sie den HS30 und z.T.
den M113 ablösen konnte, denn sie hatte auf
Kriegserfahrungen beruhende klare Vorstellungen davon, was von einem Schützenpanzer-
Kampfwagen verlangt werden mußte; ein Ge-
schützturm und Vorrichtungen, die es der Besatzung ermöglichten, vom Fahrzeug aus sowie abgesessen zu kämpfen.
Der SPz Marder 1 kam als ein Vollkettenfahrzeug heraus, das eine Aluminium-Panzerung hatte, die dem Beschuß durch 20-mm-Kanonen
standhielt. Er hatte einen kleinen Turm mit einer
scheitellaffetierten Maschinenkanone und zunächst ein Heck-MG; auf jeder Seite befinden
sich zwei kugelförmige Öffnungen, durch welche die im hinteren Kampfraum sitzenden Schützen schießen konnten. Wenn die Schützentrupps
unter Beschuß aussteigen müssen, verlassen sie
das Fahrzeug durch die Hecktüre; zusätzliche
Luken im Dach der Wanne ermöglichen es, daß
vom Fahrzeug herab geschossen werden kann.
In seiner langen Dienstzeit wurde das Fahrgestell
des SPz als Trägerfahrzeug für unterschiedliche
Systeme genutzt. Es wurde z.T. unter starker
Abwandlung als Fla-Plattform hergerichtet (siehe
Fla-Raketenpanzer Roland) sowie als Jagdpanzer
(siehe Jagdpanzer Kanone und Raketen-Jagdpanzer 2 ff.) genutzt. Eine Radar-Version zur Tief-
flieger-Überwachung wurde von Siemens entwickelt; die Wanne und das Fahrgestell des Marder stellten auch die Basis für die argentinischen
Panzer TAM/VCTP dar.

*Eins der neuen Artillerie-Beobachtungsfahrzeuge M113
GA2; Einzelheiten über die Ausstattung sind noch
weitgehend geheim. (MARS)*

Gepanzerte Radfahr-
zeuge

6x6 Transportpanzer »Fuchs«

Haupthersteller: Thyssen-Henschel, Herstellungszeit: 1979 bis zur Gegenwart, Bewaffnung:
1x7,62-mm-MG, Besatzung 2 und 10 Schützen,
Gefechtsgewicht: 16,2 Tonnen, Gesamtlänge:
6,76 m, Höhe: 2,30 m, Breite: 2,98 m, Radstand:
3,80 m, Bodenfreiheit: 40,5 cm, Höchstgeschwindigkeit (auf Straßen): 87 km/h, (im Wasser): 10-
12 km/h, Aktionsradius (auf Straßen): 780 km,
(im Gelände): über 500 km, Motortyp: Daimler-
Benz OM402A V-8 Diesel, Motorleistung: 320
PS bei 2.500 U/Min., Hubraum: 12.700 ccm,

Schützenpanzer Marder

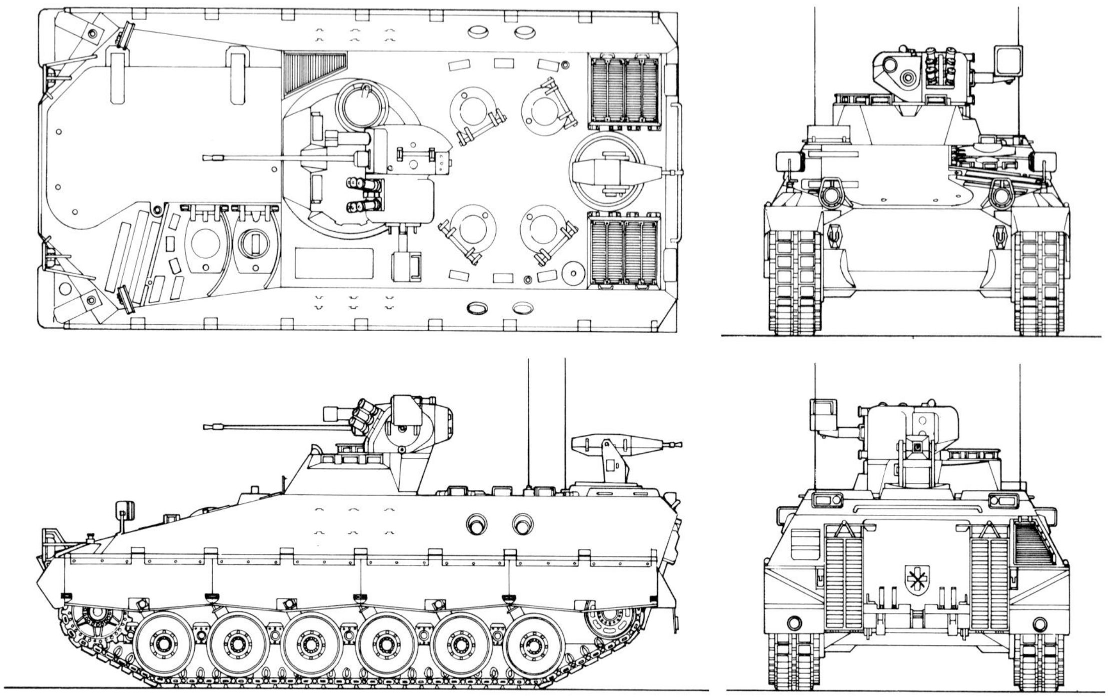

© J L Rue 87

Ein Marder der 10. Panzer-division. (MARS)

6x6 Transportpanzer Fuchs

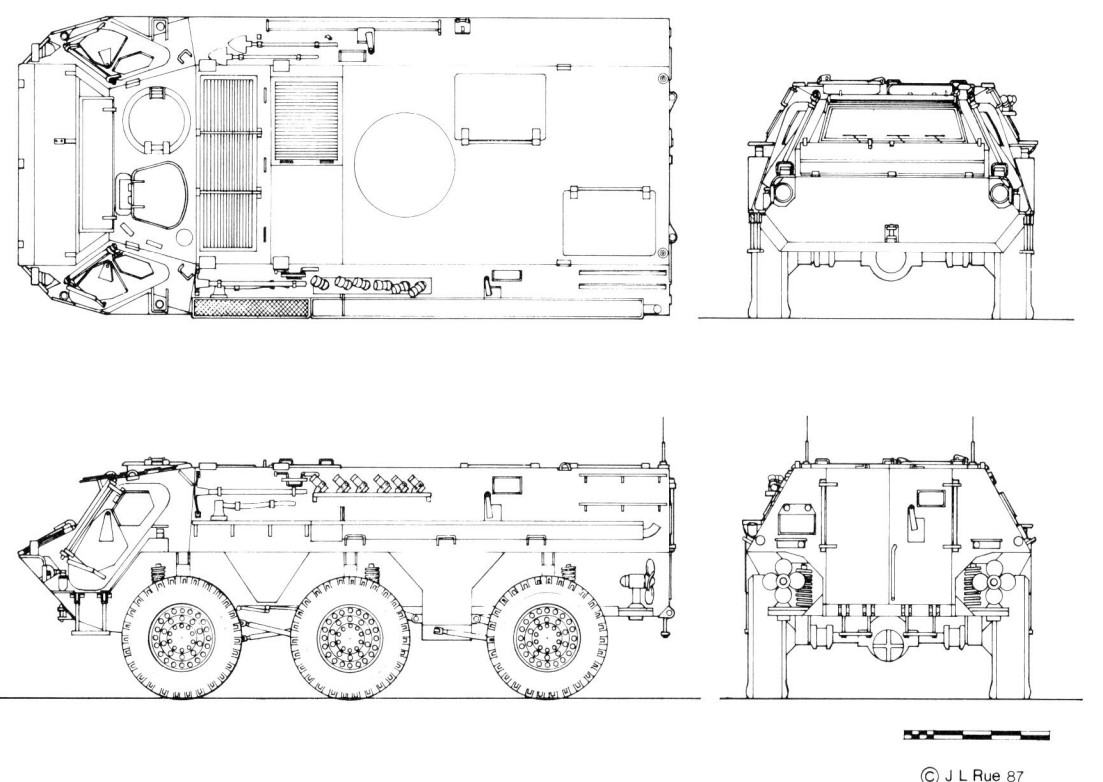

© J L Rue 87

(15.950 ccm bei OM403), Tankfüllung: 390 Liter, Panzerung: 8-10 mm.

In den 60er Jahren entwickelte die Bundeswehr nicht nur gepanzerte Kettenfahrzeuge, sondern gepanzerte, leistungsfähige und geländegängige Räderfahrzeuge, von denen die wichtigsten der Radpanzer Luchs und der 6-rädrige amphibische, gepanzerte Mannschaftstransportwagen Fuchs sind. Die hohe Bodenfreiheit und die einzeln gefederten Räder mit beschußsicherer Bereifung erbringen gute Leistungen auch im schwierigen Gelände oder in Schnee und Schlamm. An der Fahrzeugfront des Fuchs befindet sich eine Kabine ähnlich wie bei einem Lastwagen, mit Türen auf beiden Seiten und einer Windschutzscheibe aus gehärtetem Glas, über die beim Einsatz eine Metallplatte geklappt wird, so daß der Fahrer ein Periskop benutzen muß. Der rückwärtige Teil des Fahrzeugs bietet zehn Soldaten Platz. Für den Ein-/Ausstieg befindet sich eine Doppeltür auf dem Fahrzeugheck. Neben der Kommandan-

ten-Luke kann auf einen Drehzapfen auf dem Dach ein MG montiert werden; oben auf der linken Seite der Karrosserie sind sechs Nebel-Wurfbecher. Beim Zu-Wasser-Gehen sind außer dem Herablassen eines Schwallbrettes am Fahrzeugbug nur geringe Vorbereitungen erforderlich. Im Wasser wird das Fahrzeug von zwei steuerbaren Propellern auf der Rückseite angetrieben. Zu den Abarten des Fuchs gehören gepanzerte Befehls-Funk- und Radarfahrzeuge, ein Sanitätsfahrzeug, der Spürpanzer Fuchs und zwei Versionen für die elektronische Kampfführung. Es ist auch möglich, den Fuchs mit Milan auszurüsten.

»Wiesel«

Haupthersteller: Krupp-MaK, Herstellungszeit: 1988 bis zur Gegenwart, Bewaffnung: ein Startgerät für TOW-Panzerabwehr-Lenkflugkörper oder 1x20 mm RH 20-Kanone, Besatzung: 3, Gefechtsgewicht: 27,5 Tonnen, Gesamtlänge: 3,265

Links: Die Pionierversion des Fuchs gibt Feuerschutz bei einer »Brückensprengung« während eines Manövers 1984. (MARS)

Links: Ein Fuchs der 10. Panzerdivision 1985. (MARS)

Rechts: Ein 8x8 Spähpanzer Luchs. (Thyssen-Henschel über MARS)

m, Höhe: (TOW) 1,875 m; (20 mm) 1,99 m, Breite: 1,82 m, Breite der Gleisketten: 20 cm, Bodenfreiheit: 30,2 cm, Höchstgeschwindigkeit (auf Straßen): 80 km/h, Aktionsradius (auf Straßen): 300 km, (im Gelände): etwa 200 km, Motortyp: VW 5-Zyl. Turbo-Diesel, Motorleistung: 86 PS bei 4.600 U/Min., Hubraum: 1.994 ccm, Tankfüllung: 80 Liter, Panzerung: nicht bek.

1982 wurden die ersten Versuche mit Prototypen eines neuen gepanzerten Kampffahrzeugs gemacht, das — von Porsche entwickelt — für den Lufttransport geeignet sein sollte; 1984 gab die Bundeswehr 312 Exemplare für ihre Luftlandetruppen in Auftrag. Thyssen-Henschel, Krupp-MaK und Krauss-Maffei hatten sich alle um den Auftrag beworben; die Produktion begann 1988. Das Modell Wiesel besteht aus einer geschweißten Stahlkonstruktion und wird von dem glei-

chen Motor angetrieben wie der Audi 100; es ist ein Vollkettenfahrzeug mit vier Laufrädern, von dem das hintere als Stützrad dient, das Antriebsrad ist vorn, vor einer einzelnen Stützrolle zum Spannen der Gleiskette. Das Fahrzeug wird in zwei verschiedenen Versionen gebaut, eine hat in einem rundum schwenkbaren Turm eine 20-mm-Schnellfeuerkanone mit einem Höhenrichtbereich von -10° bis + 60°; die andere besitzt ein Startgerät für Panzerabwehr-Lenkflugkörper TOW 2, von denen sieben mitgeführt werden. Das Fahrzeug kann für amphibische Einsätze abgedichtet werden, bei denen es durch seine Gleisketten angetrieben wird.

Eine ganze Familie von Varianten ist vorgesehen, dazu gehören Befehls-, Gefechtsfeld-Überwachungs-, Aufklärungs-, Nachschub-, Sanitäts-, Fla-Fahrzeuge und gepanzerte Mannschaftstransport-Fahrzeuge.

8x8 Spähpanzer »Luchs«

Haupthersteller: Thyssen-Henschel, Herstellungszeit: 1975-78, Bewaffnung: 1x20 mm Rheinmetall Rh 202 L/85, 1x7,62-mm-MG, Besatzung: 4, Gefechtsgewicht: 19,6 Tonnen, Gesamtlänge: 7,743 m, Höhe: 2,056 m, Breite: 2,98 m, Radstand: 5,165 m, Bodenfreiheit: 40,5 cm, Höchstgeschwindigkeit (auf Straßen): 90 km/h, (im Wasser): 9-10 km/h, Aktionsradius (auf Straßen): 800 km, (im Gelände): über 500 km, Motortyp: Daimler-Benz OM403 V-10 Diesel, Motorleistung: 390 PS bei 2.500 U/Min., Hubraum: 15.950 ccm, Tankfüllung: 500 Liter, Panzerung: max. 20 mm.

Die Serie der achträdrigen gepanzerten Wagen (SdKfz 234) der Wehrmacht hatte sich als so erfolgreich erwiesen, daß verschiedene deutsche Firmen in den 60er Jahren mit der Entwicklung eines modernen Nachfolge-Fahrzeugs begannen, das schließlich 1975 als SpähPz Luchs herauskam; insgesamt wurden 408 Fahrzeuge von Rheinstahl (jetzt Thyssen-Henschel) gebaut. Das Fahrzeug kann — wie das Modell in der Kriegszeit — entweder vom Vorwärtsfahrer oder vom Rückwärtsfahrer gesteuert werden. Jedes Rad hat

Einzelantrieb, alle Räder sind einzeln gefedert und haben eine Bereifung mit Notlaufeigenschaften. Der Luchs kann bis zu vier Räder verlieren und ist dann immer noch einsatzfähig. Das Fahrzeug ist vollamphibisch und wird bei amphibischem Einsatz durch zwei am Heck befindliche steuerbare Propeller angetrieben. Die Treibstoffbehälter sind mit einer besonderen Panzerung versehen; das Fahrzeug hat einen automatischen Feuerlöscher und vollen ABC-Schutz. Die Hauptwaffe ist eine 20-mm-Maschinenkanone in einem kleinen Turm. Zunächst mit Infrarot- und Weißlichtscheinwerfer ausgestattet, verfügt der Luchs heute über ein passives Nachtsichtgerät (Wärmebildgerät). Da der Luchs für Aufklärungszwecke gebaut wurde, ist sein Motor extrem leise und strahlt nur ein schwaches Infrarot-Bild aus.

Jagdpanzer
Raketen-Jagdpanzer HS 30

Haupthersteller: Henschel, Hanomag, Herstellungszeit: 1961-62, Bewaffnung: 1 x Startgerät für

8x8 Spähpanzer Luchs

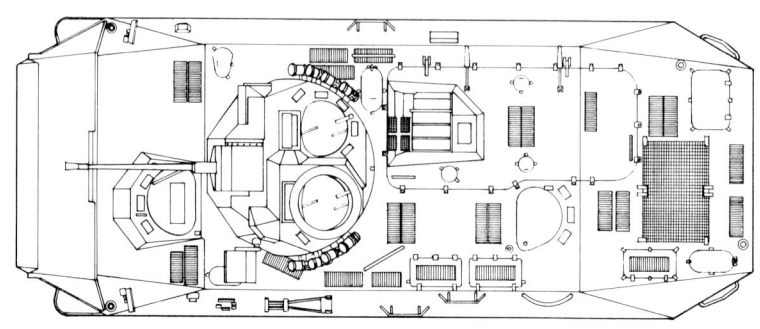

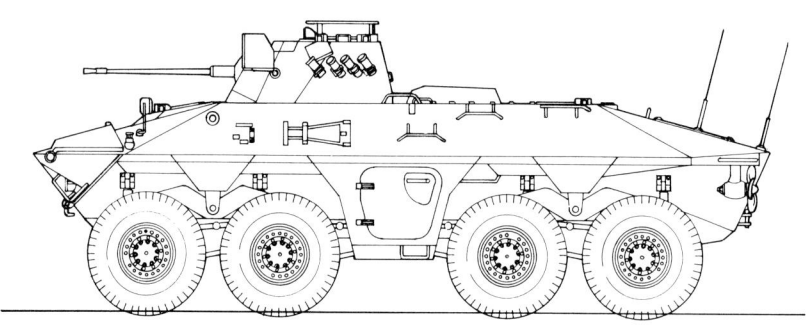

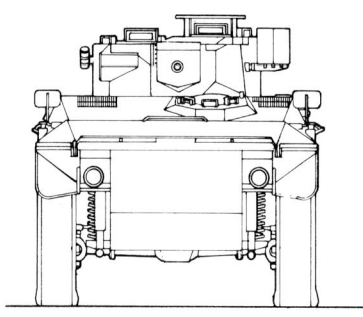
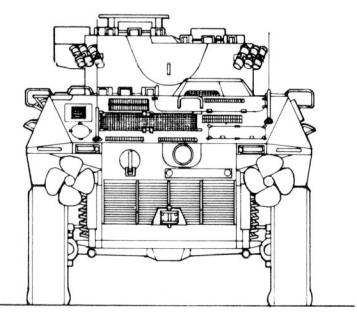

Rechts und unten rechts: Ein Luchs der 10. Panzerdivision aus zwei verschiedenen Perspektiven, November 1985. (MARS)

SS-11, Besatzung: 3, Gefechtsgewicht: 13 Tonnen, Gesamtlänge: 5,56 m, Höhe: 1,71 m, (2,60 m mit Lenkflugkörper), Breite: 2,55 m, Breite der Gleisketten: 38 cm, Bodenfreiheit: 33 cm, Höchstgeschwindigkeit (auf Straßen): 55 km/h, Aktionsradius (auf Straßen): 270 km, (im Gelände): etwa 180 km, Motortyp: Rolls-Royce B81 Mk 80F 8-Zyl. Benzin, Hubraum: 5.515 ccm, Tankfüllung: 340 Liter, Panzerung: 15-30 mm.

Der erste mit Lenkflugkörpern ausgerüstete Jagdpanzer der Bundeswehr war eine Umarbeitung des Schützenpanzers HS30, auf den ein Startgerät für den Lenkflugkörper SS-11 gesetzt wurde. Ende der 60er Jahre wurde er durch den Raketen-Jagdpanzer 2 ersetzt, der auf dem Fahrgestell der »leichten Panzerfamilie« (SPz Marder) basierte.

Jagdpanzer Kanone

Haupthersteller: Rheinstahl/Hanomag, Rheinstahl/Henschel, Herstellungszeit: 1965-67, Bewaffnung: 1x90 mm L/40, 2x7,62-mm-MG, Breite: 2,98 m, Breite der Gleisketten: 45 cm, Bodenfreiheit: 43 cm, Höchstgeschwindigkeit (auf Straßen): 70 km/h, Aktionsradius (auf Straßen): 400 km, (im Gelände): etwa 300 km, Motortyp: Daimler-Benz MB837Aa V-8 Diesel, Motorleistung: 500 PS bei 2.200 U/Min., Hubraum: 22.440 ccm, Tankfüllung: 470 Liter, Panzerung: 8-50 mm.

Während des Zweiten Weltkrieges entwickelten die Deutschen eine ganze Reihe von Jagdpanzern; sie montierten ein starkes Geschütz in einem gut geschrägten Aufbau (mit geringem Schwenkbereich). Die Paradestücke waren der Hetzer und der Jagdpanther. Obwohl dieses Konzept heute nicht mehr hoch im Kurs steht, da die mit Lenkflugkörpern ausgerüsteten Panzer nun überwiegen, begann Rheinstahl Ende der 50er Jahre die Arbeit an einem neuen Jagdpanzer Kanone. Von diesem Fahrzeug wurden insgesamt 800 für Deutschland und Belgien hergestellt. Von den deutschen Fahrzeugen wurden später die Bordkanone ausgebaut, die Vorderseite der Wanne mit adaptierter Zusatzpanzerung versehen und ein Startgerät für TOW-Lenkflugkörper eingebaut; diese Fahrzeuge erhielten die Bezeichnung »Jaguar 2«. Weitere Fahrzeuge wurden später als Beobachtungspanzer (ohne Bordkanone) für die Artillerie- und Panzergrandiertruppe umgerüstet.

Der Jagdpanzer Kanone hat mit seiner geschrägten 50-mm-dicken Frontpanzerung, dem flachen Dach und der nach vorn gezogenen gerundeten Geschützblende für die 90-mm-Hauptwaffe von Rheinmetall eine verblüffende Ähnlichkeit mit Modellen aus der Kriegszeit; er führte 51 Schuß Hohlladungs- oder Quetschkopfmunition mit. Er ist mit einem Infrarot- und Weißlichscheinwerfer ausgerüstet; aufgrund eines Modernisierungsprogramms werden Passiv-Nachtsichtgeräte, Laser-Entfernungsmesser, voller ABC-Schutz und eine automatische Feuerlöschanlage eingebaut.

Der Jagdpanzer Kanone hat mit 19,4 PS/Tonne eine unwesentlich niedrigeres Leistungsgewicht als der KPz Leopard 1 und damit eine gute Geländegängigkeit. Das Rohr hat eine doppelte Mündungsbremse, einen frontalen Rauchabsauger und kann 15° nach beiden Seiten von der Grundlinie geschwenkt werden.

Raketen-Jagdpanzer 2

Haupthersteller: Rheinstahl-Hanomag, Rheinstahl-Henschel, Herstellungszeit: 1967-68, Bewaffnung: 1 Startgerät für SS-11, 2x7,62-mm-MG, Besatzung: 4, Gefechtsgewicht: 23 Tonnen, Gesamtlänge: 6,43 m, Höhe: 1,98 m, (2,60 m mit Lenkflugkörper, Breite: 2,98 m, Breite der Gleisketten: 45 cm, Bodenfreiheit: 43 cm, Höchstgeschwindigkeit (auf Straßen): 70 km/h, Aktionsradius (auf Straßen): 420 km, (im Gelände): etwa 300 km, Motortyp: Daimler-Benz MB 837Aa V-8 Diesel, Motorleistung: 500 PS bei 2.200 U/Min., Hubraum: 22.440 ccm, Tankfüllung: 470 Liter, Panzerung: 8-30 mm. Im Zeitraum 1978-1982 erfolgte die Umrüstung dieser Fahrzeuge auf das LFK-System HOT)Jaguar 1).

Raketen-Jagdpanzer 3, Jaguar 1

Wie Raketen-Jagdpanzer 2, außer: Haupthersteller: Thyssen-Henschel, Herstellungszeit: 1978-81, Bewaffnung: 1 Startgerät für HOT, 2x7,62-mm-

Das Erbteil, das der Jagdpanzer Kanone von dem Hetzer und Jagdpanther übernahm, ist aus dieser Perspektive klar erkennbar. (Thyssen-Henschel über MARS)

Jagdpanzer Kanone

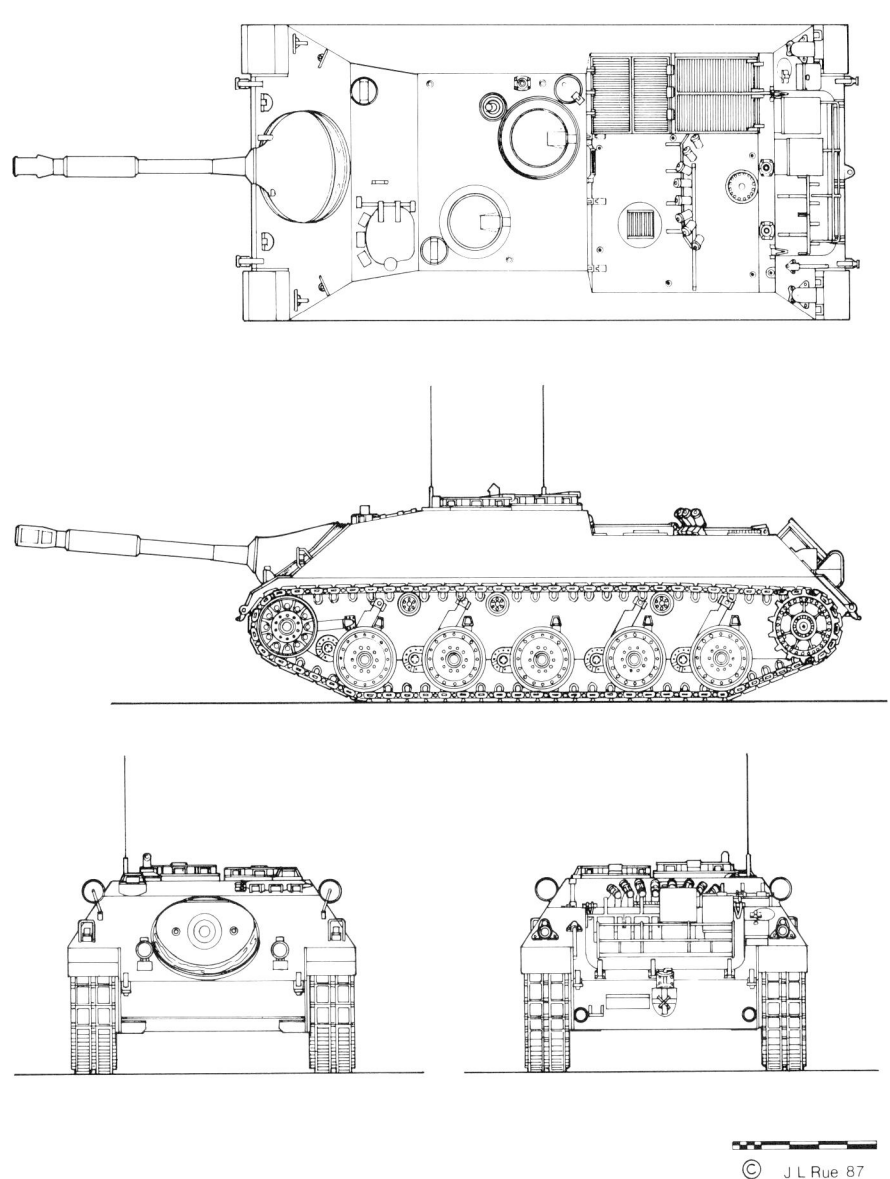

© J L Rue 87

Ein Jagdpanzer Kanone während einer Übung. (Bundeswehr über MARS)

MG, Gefechtsgewicht: 25,5 Tonnen, Gesamtlänge: 6,71 m, Höhe: 2,545 m, Breite: 3,12 m, Aktionsradius (auf Straßen): 390 km (im Gelände): etwa 280 km, Panzerung: wie oben, dazu aufgenietete Zusatzpanzerung.

Raketen-Jagdpanzer 4, Jaguar 2

Wie Raketen Jagdpanzer, Jaguar 1, außer: Herstellungszeit: 1983-85, Bewaffnung: 1 Startgerät für TOW, 2x7,62-mm-MG.

Die Lenkflugkörperausstattung dieser Fahrzeuge wurde ständig verbessert; Jaguar 1 und 2 besitzen eine Zusatzpanzerung als Schutz gegen Hohlladungs-Granaten. 370 Exemplare des ursprünglichen Fahrzeugs wurden gebaut, von denen 316 zu dem Standard-Jaguar 1 umgebaut wurden. Von 162 bei der Armee verbliebenen Jagdpanzern Kanone wurde das 90-mm-Geschütz aus- und dafür Raketen-Startgeräte für TOW eingebaut, das Ergebnis war der Jaguar 2.

Pionierfahrzeuge
Bergepanzer, Standard

Haupthersteller: Atlas-MaK, Herstellungszeit: 1968-69, Bewaffnung: Bug- und FlaMG, Besatzung: 4, Gefechtsgewicht: 39,2 Tonnen, Gesamtlänge: 7,57 m, Höhe: 2,70 m, Breite: 3,25 m, Breite der Gleisketten: 54,8 cm, Bodenfreiheit: 44 cm, Höchstgeschwindigkeit (auf Straßen): 62 km/h, Aktionsradius (auf Straßen): 830 km, (im Gelände): 450 km, Motortyp: MTU MB838 V-10 Diesel, Motorleistung: 830 PS bei 2.200 U/Min., Hubraum: 37.300 ccm, Tankfüllung: 1.410 Liter, Panzerung: max. 70 mm.

Pionierpanzer (Bergepanzer 2A1)

Wie Bergepanzer Standard, außer: Geschwindigkeit: 40,2 Tonnen, Gesamtlänge: 7,98 m, Erdbohrgerät u.a.m.

Ein feuerbereiter Raketen-Jagdpanzer 2 mit SS-11. (Thyssen-Henschel über MARS)

Ein Raketen-Jagdpanzer 3, Jaguar 1 mit einem Startgerät für Lenkflugkörper HOT und Zusatzpanzerung. (Messerschmitt-Bölkow-Blohm über MARS)

Raketen-Jagdpanzer 3, Jaguar 1

© J L Rue 87

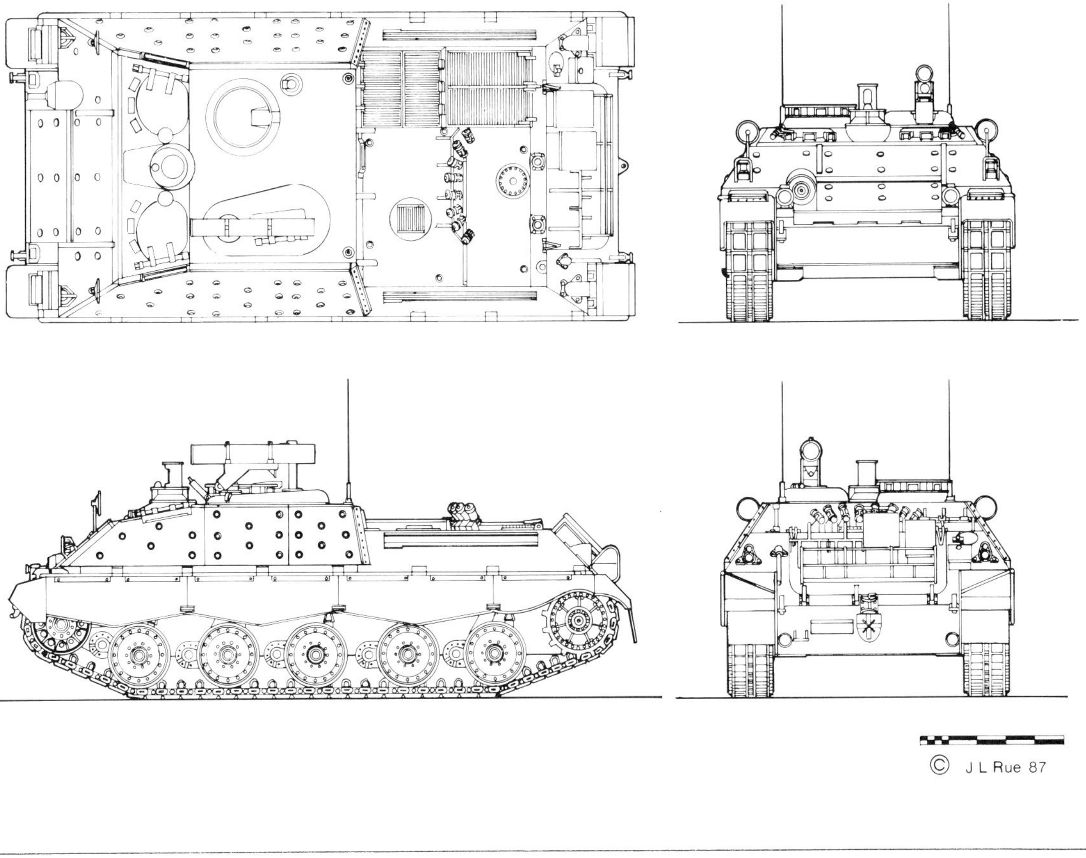

Bergepanzer 2A2

Wie Bergepanzer 2A1, außer: Herstellungszeit: 1977-78, Geschwindigkeit: 40,6 Tonnen, Gesamtlänge: 7,68 m., Heckstütze u.a.m.

Brückenlegepanzer Biber

Haupthersteller: 1973-75, Besatzung: 2, Gefechtsgewicht: 45,3 Tonnen, Gesamtlänge: 10,56 m, (11,82 m mit Brücke), Höhe: 2,56 m, (3,57 m mit Brücke), Breite: 4 m (mit Brücke).

Der Leopard 1 war seit Mitte der 60er Jahre die Basis für Berge-, Pionier- und Brückenlegepanzer. Der Bergepanzer hat auf der rechten Vorderseite neben dem turmlosen Aufbau einen 270° schwenkbaren Kran mit einer Tragfähigkeit von 20 Tonnen; außerdem hat er eine starke Winde mit 90 m Stahldrahtseil und einer Zugkraft von 30 Tonnen. Mit Hilfe dieses Fahrzeugs kann das vollständige Triebwerk eines Leopard 1 oder 2 in weniger als 30 Minuten ausgewechselt werden. Das Pionierfahrzeug ist das gleiche, hat aber einen zusätzlichen Planierschild und eine Erdbohrvorrichtung, die an einem kranartigen Ausleger montiert ist; beide Zusatzgeräte vergrößern natürlich das Gewicht. Der Bergepanzer 2A2 besitzt eine Heckstütze. Die Brückenlegepanzer Biber haben einen hydraulisch betriebenen Hebelarm auf der Rückseite des Fahrzeugs, der die 22 m lange Aluminium-Scherenbrücke hebt und senkt. An der Vorderseite besitzt er ein Stützschild. Die Brücke hat eine Tragfähigkeit von ca. 60 Tonnen.

Ein Bergepanzer Standard in Fahrtstellung. (MARS)

Ein Bergepanzer führt vor, mit welcher Leichtigkeit er das Triebwerk eines Leopard auswechseln kann. (Krauss-Maffei über MARS)

Bergepanzer Standard

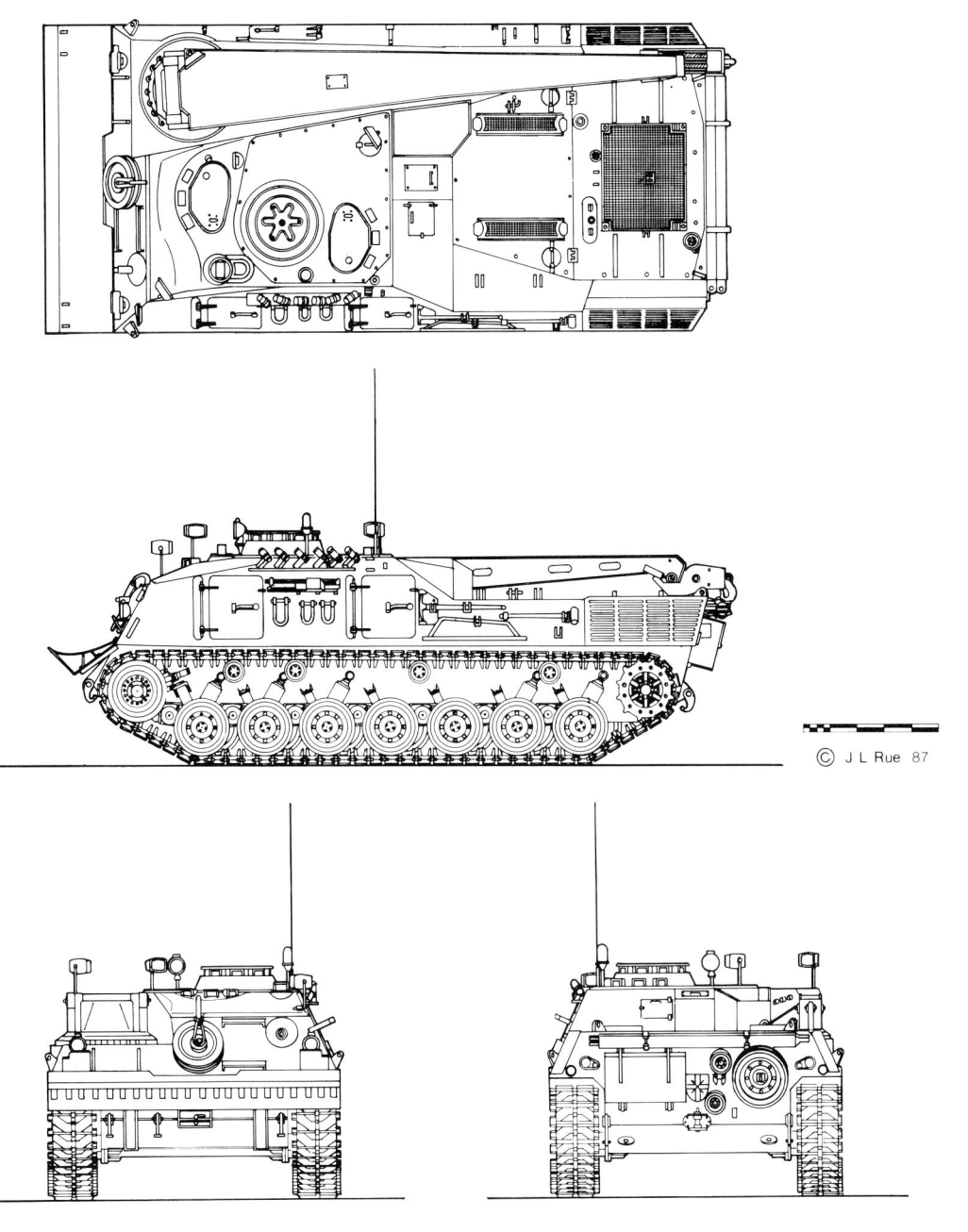

© J L Rue 87

Ein Brückenlegepanzer Biber in Fahrtstellung. (MARS)

Lastkraftwagen und Personenkraftwagen

4x4 0,25-Tonnen-Gelände-Lastkraftwagen Tempo Land-Rover

Haupthersteller: Rover (GB), Herstellungszeit: 1953-55, Leergewicht: 1,45 Tonnen, vollbeladen: 2,05 Tonnen, Gesamtlänge: 3,75 m, Höhe: 1,97 m, Breite: 1,64 m, Radstand: 2,54 m, Bodenfreiheit: 20,30 m, Höchstgeschwindigkeit (auf Straßen): 80 km/h, Aktionsradius (auf Straßen): 340 km, (im Gelände): 260 km, Motortyp: Rover 4-Zyl. Benzin, Motorleistung: 58 PS bei 4.000 U/Min., Hubraum: 1.997 ccm, Tankfüllung: 45 Liter.

Der westdeutsche Bundesgrenzschutz gab 1953 bei den Tempo-Werken in Hamburg-Harburg 250 Viertel-Tonnen Land-Rover in Auftrag, die in Lizenz gebaut wurden. Die Armee bestellte 1956 weitere 100 Fahrzeuge. Dieses wendige Fahrzeug war wie der ebenso berühmte Willy-Jeep bei den Streitkräften vieler Länder im Dienst, daneben wurde eine Zivil-Version gebaut.

4x4 0,25-Tonnen gl Lkw, Porsche

Haupthersteller: Porsche, Herstellungszeit: 1954-58, Leergewicht: 1,09 Tonnen, vollbeladen: 1,5 Tonnen, Gesamtlänge: 3,70 m, Höhe: 1,235 m, Breite: 1,56 m, Radstand: 2,06 m, Bodenfreiheit: 25 cm, Höchstgeschwindigkeit (auf Straßen): 100 km/h, Aktionsradius (auf Straßen): 420 km, (im Gelände): 370 km, Motortyp: Porsche 4-Zyl.

Benzin, Motorleistung: 50 PS bei 4.000 U/Min., (4.200 vom Winter 1955 an) Hubraum: 1.488 ccm, (1.582 vom Winter 1955 an) Tankfüllung: 60 Liter.

Dies war ein Modell, das in den 50er Jahren auf der Basis des Kübelwagens aus der Kriegszeit entwickelt wurde, mit dem es auch eine markante Ähnlichkeit hatte. Man war jedoch der Ansicht, daß für die Verwendung im Felde ein größeres Fahrzeug erforderlich sei, daher wurde dieses Fahrzeug zunächst durch den 0,4-Tonnen VW 181, später durch den 0,5-Tonnen VW 183 »Iltis« ersetzt.

4x4 0,25-Tonnen gl Lkw, Goliath

Haupthersteller: Goliath, Herstellungszeit: 1954-56, Leergewicht: 1,15 Tonnen, vollbeladen: 1,6 Tonnen, Gesamtlänge: 3,78 m, Höhe: 1,335 m, Breite: 1,60 m, Radstand: 2,15 m, Bodenfreiheit: 23,5 cm, Höchstgeschwindigkeit (auf Straßen): 90 km/h, Aktionsradius (auf Straßen): 370 km, (im Gelände): 280 km, Motortyp: Goliath, 2-Zyl. Benzin, Motorleistung: 40 PS bei 4.000 U/Min., Hubraum: 886 ccm, Tankfüllung: 45 Liter.

4x4 0,25-Tonnen gl Lkw, Goliath

Wie 4x4 0,25-Tonnen gl Lkw Goliath, außer: Haupthersteller: 1957-59, Leergewicht: 1,21 Tonnen, vollbeladen: 1,8 Tonnen, Gesamtlänge: 3,735 m, Höhe: 1,275 m, Breite: 1,58 m, Höchstgeschwindigkeit (auf Straßen): 95 km/h, Motortyp: Goliath 4-Zyl. Benzin, Motorleistung: 50 PS bei 5.000 U/Min., Hubraum 1.093 ccm.

Dieses kübelähnliche Fahrzeug hatte vier Sitzplätze und wurde parallel zu dem ähnlichen 0,25-Tonnen-Wagen von Porsche hergestellt; es war von einfacher Preßstahlbauweise mit einem Planenverdeck und Seitenklappen.

4x4 0,25-Tonnen gl Lkw, Auto Union/DKW F91/4

Haupthersteller: Auto Union/DKW, Herstellungszeit: 1954-58, Leergewicht: 1,245 Tonnen, vollbeladen: 1,62 Tonnen, Gesamtlänge: 3,45 m, Höhe: 1,735 m, Breite: 1,81 m, Radstand: 2 m, Bodenfreiheit: 24 cm, Höchstgeschwindigkeit (auf Straßen): 95 km/h, Aktionsradius (auf Straßen): 350 km, (im Gelände): 260 km, Motortyp: Auto Union/DKW F91-900 3-Zyl. Benzin, Motorleistung: 38 PS bei 4.200 U/Min., Hubraum: 896 ccm, Tankfüllung: 45 Liter.

4x4 0,25-Tonnen gl Lkw Auto Union/DKW F91/6

Wie 4x4 0,25-Tonnen gl Lkw Auto Union/DKW F91/4, außer: Herstellungszeit: 1958-68, Leergewicht: 1,315 Tonnen, vollbeladen: 1,885 Tonnen, Gesamtlänge: 3,595 m, Höhe: 1,973 m, Breite: 1,83 m, Höchstgeschwindigkeit (auf Straßen): 90 km/h., Motortyp: Auto Union/DKW F91-1000 3-Zyl. Benzin, Motorleistung: 44 PS bei 4.500 U/Min., Hubraum: 974 ccm.

Dieser geländegängige Wagen von Auto Union/DKW war weitgehend von ähnlicher Form wie die Porsche- und Goliath-Modelle; er wurde auch als Krankenwagen benutzt. Bei einigen Fahrzeugen wurden auch die Rücksitze entfernt, dafür wurde ein Startgerät für Panzerabwehr-Lenkflugkörper oder ein rückstoßfreies 106-mm-Geschütz eingebaut. Eine amphibische Version mit umgearbeiteter Karosserie wurde nur als Prototyp gebaut.

4x2 0,75-Tonnen gl Lkw Kraka Typ 640

Haupthersteller: Faun, Herstellungszeit: 1974-75, Leergewicht: 0,735 Tonnen, vollbeladen: 1,61 Tonnen, Gesamtlänge: 2,78 m, Höhe: 1,19 m, Breite: 1,51 m, Radstand: 2,058 m, Bodenfreiheit: 28 cm, Höchstgeschwindigkeit (auf Straßen): 55 km/h, Aktionsradius (auf Straßen): etwa 250 km, (im Gelände): nicht bek., Motortyp: BMW 427 2-Zyl. Benzin, Motorleistung: 26 PS bei 5.000 U/Min., Hubraum: 697 ccm, Tankfüllung: 12 Liter.

Der Kraka wurde als ein leichter, für den Lufttransport geigneter Lastwagen entwickelt und war hauptsächlich bei der 1. Luftlandedivision im Dienst, an die 762 Stück ausgeliefert wurden. Er hatte sehr breite Reifen und eine fast kugelförmige Bereifung mit sehr griffigem Profil, die eine hervorragende Geländegängigkeit gewährleistete, auch ohne 4-Rad-Antrieb. Der Fahrer saß vorn in der Mitte hinter einer Mini-Windschutzscheibe aus Plexiglas. Die Rückseite des Fahrzeugs bestand aus einem Metallgestell, auf dem bis zu vier Männer — allerdings äußerst unbequem — sitzen konnten. Dieses Gestell konnte so umgeklappt werden, daß es über dem Vorderteil lag und an Bord des Transportflugzeugs Platz sparte. Bei einigen Krakas wurden Panzerabwehr-Flugkörper TOW oder 20-mm-Kanonen von Rheinmetall auf der Fahrzeug-Hinterseite angebracht; in diesem Falle besteht die Besatzung aus dem Fahrer, dem Schützen und dem Ladeschützen. (Ein Foto ist in dem Abschnitt »Geschütze« bei 20-mm-Mk 20 zu finden.)

4x2 0,4-Tonnen Personenkraftwagen VW 181

Haupthersteller: VW, Herstellungszeit: 1969-79, Leergewicht: 0,955 Tonnen, vollbeladen: 1,34 Tonnen, Gesamtlänge: 3,78 m, Höhe: 1,62 m, Breite: 1,64 m, Radstand: 2,40 m, Bodenfreiheit: 20,5 cm, Höchstgeschwindigkeit (auf Straßen): 110 km/h, Aktionsradius (auf Straßen): 320 km, (im Gelände): 260 km, Motortyp: VW 4-Zyl. Benzin, Motorleistung: 44 PS bei 3.800 U/Min., (3.800 von August 1970 an) Hubraum: 1.493 ccm, (1.584 ccm von August 1970 an) Tankfüllung: 40 Liter.

4x4 0,5-Tonnen gl Lkw, VW 183 »Iltis«

Wie 4x2 0,4-Tonnen Personenkraftwagen VW 181, außer: Haupthersteller: 1979 bis zur Gegenwart, Leergewicht: 1,55 Tonnen, Gesamtlänge: 3,887 m, Höhe: 1,837 m, Breite: 1,52 m, Radstand: 2,017 m, Bodenfreiheit: 22,5 cm, Höchstgeschwindigkeit (auf Straßen): 130 km/h, Aktionsradius (auf Straßen): 600 km, (im Gelände): 470 km, Motortyp: VW 4-Zyl. Benzin, Motorleistung: 75 PS bei 5.500 U/Min., Hubraum: 1.714 ccm, Tankfüllung: 85 Liter.

Die beiden wichtigsten Fahrzeuge, die seit 1969 von der Bundeswehr benutzt werden, sind der 4x2 0,4-Tonnen VW/Audi 181 und das spätere 0,5-Tonnen-Fahrzeug mit 4-Rad-Antrieb Typ 183 »Iltis«, von dem die Bundeswehr 8.800 Stück erhielt. Beide haben eine Ähnlichkeit mit dem Kübelwagen der Kriegszeit, aber sie sind größer und besser verarbeitet, obwohl eine ähnliche geriffelte Preßstahl-Konstruktion noch verwandt wird. Der Iltis wurde in Lizenz auch von Bombardier in Kanada gebaut.

Größere Lastwagen

Die Bundeswehr besitzt und benutzt viele verschiedene Lastwagen für zahlreiche Verwendungszwecke, vom einfachen Last-Transporter über Kranken-, Befehls- und Radar-Fahrzeuge usw. bis zum Panzertransporter und dem Spezial-Ponton-Transportfahrzeug, dem M2. Wie in den vorigen Abschnitten werden detaillierte Daten nur bei besonders wichtigen Fahrzeugen angegeben, alle zu beschreiben ist unmöglich.

Der deutschen Regierung ist es im Laufe der Jahre gelungen, die Lastwagen-Produktion zu rationalisieren. Fahrzeuge der 0,75-Tonnen-Klasse werden von Borgward hergestellt; die Fahrzeuge der 1,5-Tonnen-Klasse von Mercedes-Benz/Unimog; 3-Tonner von Ford, 5-Tonner von Mercedes-Benz, MAN und Henschel, 7-Tonner von Magirus-Deutz und die 10-12-Tonnen-Klasse von Faun; es gibt allerdings auch Ausnahmen.

Außer den aufgeführten Fahrzeugen wurden andere nur als Prototypen gebaut, die von der Bundeswehr als Versuchsfahrzeuge in Dienst gestellt wurden; andere wurden für die zivile Verwendung oder für den Export hergestellt. Ebenfalls nicht erwähnt werden das Kriegszeit-Modell DUKW und Alvis Stalwart, beide wurden in nur unbedeutender Anzahl verwendet.

Hier die wichtigsten Angaben für folgende Spezial-Pionier- oder Baufahrzeuge: 25-Tonnen-Bulldozer; Gewicht: 20,5 Tonnen, Gesamtlänge: 5,97 m, Höhe: 3,20 m, Breite: 4,18 m, Motor: 160 PS Diesel, Höchstgeschwindigkeit (auf Straßen): 8 km/h. Zettelmayer ZD3000, ein vierrädriger Traktor für Erdbewegung mit einem Planierschild 3,15x1,25 m, Motor: V-10 Diesel, Höchstgeschwindigkeit (auf Straßen): 62 km/h. Hanomag D18C, ein vierrädriger Traktor für Erdbewegung, Gewicht: 19,2 Tonnen, Gesamtlänge: 6,86 m, Höhe: 3,24 m, Breite: 3,55 m, Radstand: 3 m, Motor: 10,8 Liter 6-Zyl. Turbo-Diesel; mit einer hydraulischen 16-Tonnen-Winde; ein sechsrädriges Gerät zum Ausheben von Gräben mit seitlichem Gräter, Gewicht: 12,5 Tonnen, Gesamtlänge: 8,06 m, Höhe: 3,01 m, Breite: 2,40 m, Höchstgeschwindigkeit (auf Straßen): 45 km/h, ein vierrädriges Gerät zum Ausheben von Gräben, Gewicht: 18 Tonnen, Gesamtlänge: 8,30 m, Höhe: 3,70 m, Breite: 2,50 m, Höchstgeschwindigkeit (auf Straßen): 60 km/h.

Alle Fahrzeuge im Dienst der Bundeswehr haben auf dem Nummernschild den Buchstaben »Y« und ein sechsstellige Ziffer.

4x4 geländegängiger 0,75-Tonnen-Lastkraftwagen B2000A

Haupthersteller: Borgward, Herstellungszeit: 1955-61, Leergewicht: 2,47 Tonnen, vollbeladen: 3,05 Tonnen, max. Zuggewicht/Anhängergewicht: nicht bek., Geschwindigkeit: 5,285 m, Höhe: 2,15 m, Breite: 1,90 m, Radstand: 3,20 m, Bodenfreiheit: 26 cm, Höchstgeschwindigkeit (auf Straßen): 94 km/h, Aktionsradius (auf Straßen): 470 km, (im Gelände): 400 km, Motortyp:

Borgward 6M2.4A, Motorleistung: 80 PS bei 4.000 U/Min., Hubraum: 2.337 ccm, Tankfüllung: 90 Liter.

4x4 gl 1,5-Tonnen-Lkw B2500A

Wie 4x4 gl 0,75-Tonnen-Lkw B2000A, außer: Leergewicht: 2,75 Tonnen, vollbeladen: 4,115 Tonnen, Gesamtlänge: 5,80 m, Höhe: 2,90 m, Breite: 2,10 m, Radstand: 3,40 m, Höchstgeschwindigkeit (auf Straßen): 79 km/h, Aktionsradius (auf Straßen): 450 km, (im Gelände): 390 km.

Dieser leichte Lastkraftwagen mit 4-Rad-Antrieb war bis hin zur Formgebung der Karosserie weitgehend ein Modell der Kriegszeit; er verfügte über eine außergewöhnliche Geländegängigkeit bei starken Steigungen und weichen Oberflächen. Er wurde als 4 türiger mit neun Sitzen und als Funkwagen gebaut, aber auch als Lastwagen mit einem Planenverdeck.

4x4 gl 1,5-Tonnen-Lkw Unimog S404B

Haupthersteller: Mercedes-Benz, Herstellungszeit: 1955-72, Leergewicht: 2,9 Tonnen (offene Karosserie, 3,05 Tonnen, (geschlossene Karosserie) — z.B. Sanitäts- und Feuerlösch-Varianten), vollbeladen: 4,4 oder 4,5 Tonnen, max. Zuggewicht/Anhängergewicht: etwa 4 Tonnen, Gesamtlänge: 5 m (offene Karosserie oder 4,925 (geschlossene Karosserie), Höhe: 2,74 m oder 2,59 m, Breite: 2,05 m oder 2,14 m, Radstand: 2,90 m, Bodenfreiheit: 40 cm, Höchstgeschwindigkeit

(auf Straßen): 95 km/h, Aktionsradius (auf Straßen): 570 km, (im Gelände): etwa 400 km, Motortyp: Daimler-Benz M-180 6-Zyl. Benzin, Motorleistung: 80 PS bei 4.850 U/Min., Hubraum: 2.195 ccm, Tankfüllung: 90 oder 120 Liter.

4x4 gl 2-Tonnen-Lkw Unimog U1300L

Haupthersteller: 1978 bis zur Gegenwart, Leergewicht: 5,25 Tonnen, vollbeladen: 7,5 Tonnen, max. Zuggewicht: 8,5 Tonnen, Gesamtlänge: 5,54 m, Höhe: 2,75 m, Breite: 2,30 m, Radstand: 3,25 m, Bodenfreiheit: 44 cm, Höchstgeschwindigkeit (auf Straßen): 80 km/h, Aktionsradius (auf Straßen): 760 km, (im Gelände): nicht bek., Motortyp: Daimler-Benz OM352 6-Zyl. Diesel, Motorleistung: 130 PS bei 2.800 U/Min., Hubraum: 5.675 ccm, Tankfüllung: 160 Liter.

Die ersten Unimogs (Universal-Motor-Gerät) wurden schon 1949 gebaut; seit Mitte der 50er Jahre wurden sie die meist benutzten militärischen Lastwagen der Welt. Sie wurden mit unterschiedlichen Motoren und in verschiedenen Gewichtsklassen gebaut. Für den Export gab es eine Menge Sonderausführungen. Der 1,5-Tonner S404B (auch als der S404.0 bek.) war der erste, der bei der Bundeswehr in großer Stückzahl in Dienst gestellt wurde, zufälligerweise auch bei der britischen Rheinarmee. Die ersten Versionen hatten einen 2,2-Liter-Dieselmotor, aber die Benzin-Version fand die bei weitem größte Verbreitung. Mit einem 4-Rad-Antrieb, einer Differentialsperre vorn und hinten hat er eine gute Geländegängigkeit. Die Lastwagen-Version mit ei-

Ein Mercedes-Benz-Unimog; im Hintergrund ein Sanitätsfahrzeug M113. (MARS)

4x4 gl 1,5-Tonnen-Lkw Unimog S404B

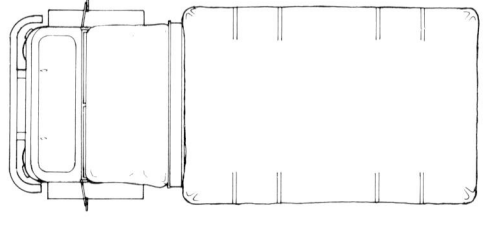
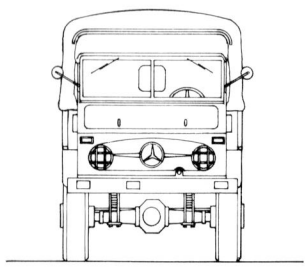
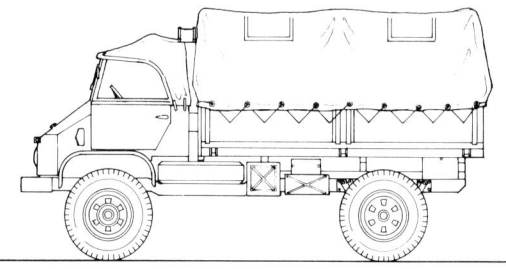
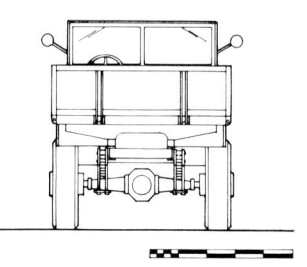

© J L Rue 87

nem Planen-Verdeck oder die Modelle mit lieferwagenartiger Karosserie fanden zahllose Verwendungsmöglichkeiten; er kann bis zu 12 Soldaten mit voller Ausrüstung transportieren.

Da ein größerer Lastwagen nötig war, brachte Mercedes-Benz 1976 eine neue Version heraus, welche die Bezeichnung U1300L erhielt. 17.000 wurden von der Bundeswehr in Dienst gestellt. Die Unimog ist — wie die militärischen Versionen von VW — durchaus der Anfang einer Erfolgsgeschichte.

Ein Unimog-Sanitätsfahrzeug. (MARS)

4x2 2-Tonnen-Lkw L508DG MA

Haupthersteller: Mercedes-Benz, Herstellungszeit: 1972 bis zur Gegenwart, Leergewicht: 3,415 Tonnen, vollbeladen: 5,6 Tonnen, max. Zuggewicht/Anhängergewicht: nicht bek., Gesamtlänge: 5,30 m, Höhe: 2,68 m, Breite: 2,32 m, Radstand: 2,95 m, Bodenfreiheit: 21 cm, Höchstgeschwindigkeit (auf Straßen): 98 km/h, Aktionsradius (auf Straßen): 40 km (im Gelände): etwa 300 km, Motortyp: Daimler-Benz OM 314 V 4-Zyl. Diesel, Motorleistung: 85 PS bei 2.800 U/Min., Hubraum: 3.785 ccm, Tankfüllung: 60 Liter.

4x2 2-Tonnen-Lkw L508 D, ein geschlossener 9-Sitzer-Lastwagen

Wie 4x2 2-Tonnen-Lkw L508DG MA, außer: Herstellungszeit: 1973 bis zur Gegenwart, Leergewicht: 3,01 Tonnen, vollbeladen: 5,19 Tonnen, Gesamtlänge: 5,99 m, Höhe: 2,26 m, Breite: 2,10 m, Radstand: 3,50 m.

4x 2 3,5-Tonnen-Lkw L608D/41

Wie 4x2 2-Tonnen-Lkw L508D, außer: Leergewicht: 3,15 Tonnen, vollbeladen: 6,65 Tonnen, Gesamtlänge: 7,20 m, Höhe: 3,04 m, Breite: 2,38 m, Radstand: 4,10 m, Höchstgeschwindigkeit (auf Straßen): 94 km/h.

Diese Lastwagen von Mercedes-Benz mit Dieselmotoren sind seit Anfang der 70er Jahre neben den mit Benzinmotoren ausgerüsteten Unimogs im Dienst und werden noch immer allen Anforderungen gerecht. Die Basis-Version hat eine Karosserie mit Planenverdeck. Der Lastwagen wurde auch als Bus gebaut, der die Bezeichnung 0 309 D hatte. Zu den anderen Varianten gehört ein Tanklastwagen. Da diese Fahrzeuge keinen 4-Rad-Antrieb haben, sind sie auch nicht so geländegängig wie die Unimogs.

4x4 gl 3-Tonnen-Lkw, Ford G398 SAM

Haupthersteller: Ford, Herstellungszeit: 1957-61, Leergewicht: 4,55 Tonnen (offene Karosserie), 4,78 Tonnen (geschlossene Karosserie), vollbeladen: 7,48 Tonnen (beide Versionen), max. Zuggewicht/Anhängerlast: nicht bek., Gesamtlänge: 7,25 m (offene Karosserie), 7 m (geschlossene Karosserie), Höhe: 3,14 m oder 2,975 m, Breite: 2,445 m, Radstand: 4,013 m, Bodenfreiheit: 32 cm, Höchstgeschwindigkeit (auf Straßen): 80 km/h, Aktionsradius (auf Straßen): 280 km (im Gelände): etwa 200 km, Motortyp: Ford G29T V-8 Benzin, Motorleistung: 92 PS bei 3.500 U/Min., Hubraum: 3.924 ccm, Tankfüllung: 108 Liter.

Dieser robuste und zuverlässige Lastwagen hatte eine bemerkenswerte Ähnlichkeit mit Fahrzeugen aus der Kriegszeit und war relativ billig und einfach herzustellen. Er hatte eine offene Fahrerkabine, die mit einem Verdeck und Plastik-Seitenklappen gegen Niederschläge und Wind versehen werden konnte. Außer der Basis-Version (Lastwagen) wurde auch ein Radar- und Funkwagen hergestellt.

Lastwagen 5-7 Tonnen

4x4 gl 5-Tonnen HS115A

Haupthersteller: Henschel, Herstellungszeit: 1956-57, Leergewicht: 5,6 Tonnen, vollbeladen: 10,6 Tonnen, max. Zuggewicht/Anhängerlast: nicht bek., Gesamtlänge: 6,35 m, Höhe: 2,60 m, Breite: 2,40 m, Radstand: 3,85 m, Bodenfreiheit: 33,5 cm, Höchstgeschwindigkeit (auf Straßen): 65 km/h, Aktionsradius (auf Straßen): 460 km, (im Gelände): nicht bek., Motortyp: Henschel-Lanova 6-Zyl. Diesel, Motorleistung: 125 PS bei 2.500 U/Min., Hubraum: 6.126 ccm, Tankfüllung: 120 Liter.

4x4 gl 5-Tonnen-Lkw LG 315/46

Haupthersteller: Mercedes-Benz, Herstellungszeit: 1958-64, Leergewicht: 7,7 Tonnen, vollbeladen: 12,85 Tonnen, max.Zuggewicht/Anhängerlast: nicht bek., Gesamtlänge: 8,14 m, Höhe: 3,10 m, Breite: 2,50 m, Radstand: 4,60 m, Bodenfreiheit: 40,8 cm, Höchstgeschwindigkeit (auf Straßen): 70 km/h, Aktionsradius (auf Straßen): 510 km, (im Gelände): nicht bek., Motortyp: Daimler-Benz OM315V 6-Zyl. Diesel, Motorleistung: 145 PS bei 2.100 U/Min, Hubraum: 8.726 ccm, Tankfüllung: 140 Liter.

4x2 5-Tonnen-Lkw L1017

Haupthersteller: Mercedes-Benz, Herstellungszeit: 1977 bis zur Gegenwart, Leergewicht: 6,25 Tonnen, vollbeladen: 11,7 Tonnen, max. Zuggewicht/Anhängerlast: nicht bek., Gesamtlänge: 7,19 m, Höhe: 3,23 m, Breite 2,47 m, Radstand: 3,60 m, Bodenfreiheit: 26 cm, Höchstgeschwindigkeit (auf Straßen): 87 km/h, Aktionsradius (auf Straßen): 510 km, (im Gelände): nicht bek., Motortyp: Daimler-Benz OM352A 6-Zyl. Diesel, Motorleistung: 172 PS bei 2.800 U/Min., Hubraum: 5.675 ccm, Tankfüllung: 135 Liter.

4x2 5-Tonnen-Lkw L1017A

Wie 4x2 5-Tonnen-Lkw L1017, außer: Leergewicht: 6,8 Tonnen, vollbeladen: 12,2 Tonnen, Höhe: 3,33 m, Bodenfreiheit: 27 cm, Höchstgeschwindigkeit (auf Straßen): 81 km/h, Aktionsradius (auf Straßen): 480 km.

4x4 gl 5-Tonnen-Lkw MAN 630 L2A Lastwagen mit offener Karosserie

Haupthersteller: MAN, Herstellungszeit: 1958-72, Leergewicht: 7,7 Tonnen, vollbeladen: 13,2 Tonnen, max. Zuggewicht/Anhängerlast: nicht bek., Gesamtlänge: 8,28 m, Höhe: 3,12 m, Breite: 2,50 m, Radstand: 4,60 m, Bodenfreiheit: 40,8

cm, Höchstgeschwindigkeit (auf Straßen): 66 km/h, Aktionsradius (auf Straßen): 420 km (im Gelände): nicht bek., Motortyp: MAN D1246 MV 3A/W 6-Zyl. Diesel, Motorleistung: 130 PS bei 2.000 U/Min., Hubraum: 8.276 ccm, Tankfüllung: 110 Liter.

4x4 gl 5-Tonnen-Lkw MAN 630 L2A mit geschlossener Karosserie

Wie 4x4 gl 5-Tonnen-Lkw 630 L2A mit offener Karosserie, außer: Leergewicht: 8,05 Tonnen, vollbeladen: 13 Tonnen, Gesamtlänge: 7,73 m, Höhe: 2,845 m, Bodenfreiheit: 35 cm.

4x4 gl 5-Tonnen-Lkw MAN 630 L2AE Sattelzugmaschine

Wie 4x4 gl 5-Tonnen-Lkw MAN 630 L2A Lastwagen mit offener Karosserie, außer: Leergewicht: 6,9 Tonnen, Anhänger-Leergewicht: 7,8 Tonnen, Anhänger vollbeladen: 3,3 Tonnen, Ge-

*Ein MAN 630 L2A.
(MARS)*

*Ein MAN 630 L2A in der Verwendung als Feldküche.
(MARS)*

4x4 gl 5-Tonnen-Lkw MAN 630 L2A

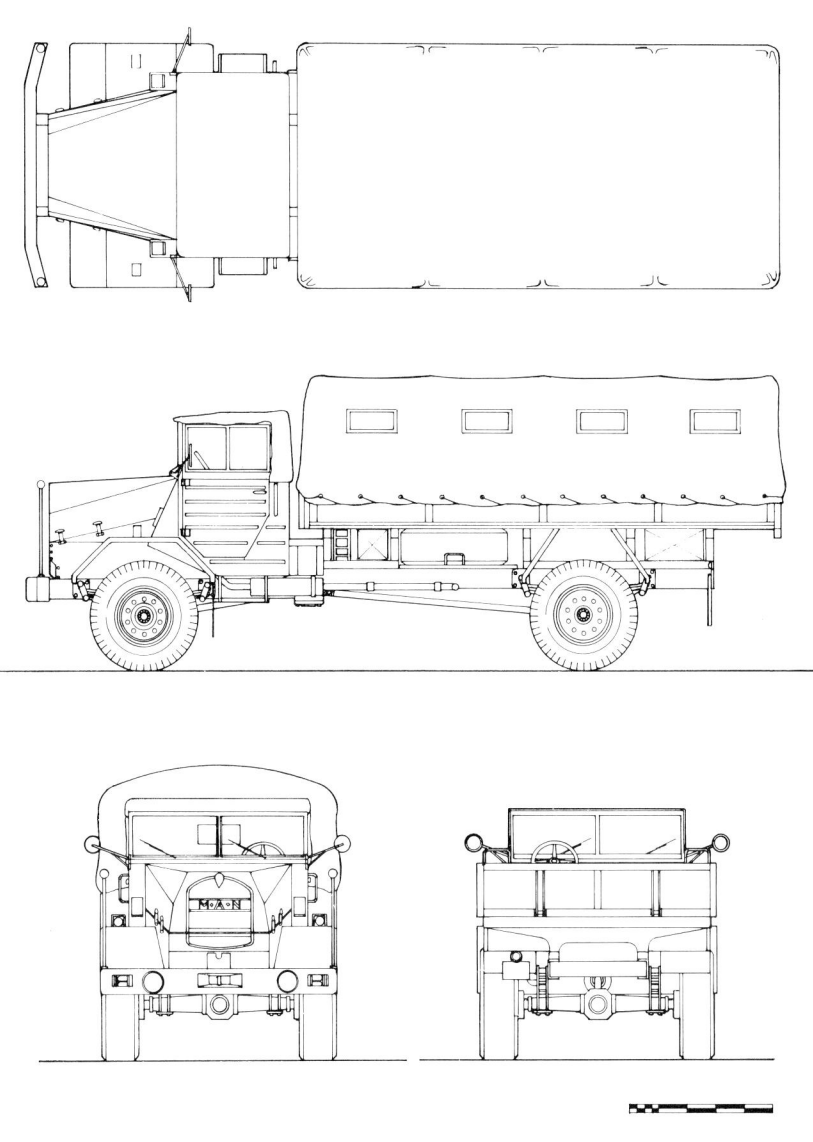

© J L Rue 87

samtlänge: 6,81 m, Länge des Anhängers: 7,50 m, Höhe: 2,20 m, Höhe des Anhängers: 2,50 m, Breite: Wagen und Anhänger: 2,50 m, Radstand: 4,10 m.

4x4 gl 5-Tonnen-Lkw M4510/4610

Haupthersteller: MAN, Haupthersteller: 1977 bis zur Gegenwart, Leergewicht: 9,46 Tonnen, vollbeladen: 14,46 Tonnen, max. Zuggewicht/Anhängerlast: nicht bek., Gesamtlänge: 8,015 m, Höhe: 2,86 m, Breite: 2,50 m, Radstand: 4,50 m, Bodenfreiheit: 41,5 cm, Höchstgeschwindigkeit (auf Straßen): 90 km/h, Aktionsradius (auf Straßen): 750 km, (im Gelände): etwa 600 km, Motortyp: Deutz F8L 413F V-8 Diesel, Motorleistung: 256 PS bei 2.650 U/Min., Hubraum: 12.763 ccm, Tankfüllung: 270 Liter.

4x2 5-Tonnen-Lkw 168 M 11Fl

Haupthersteller: Magirus, Herstellungszeit: 1980 bis zur Gegenwart, Leergewicht: 6,2 Tonnen, vollbeladen: 11,02 Tonnen, max. Zuggewicht: nicht bek., Geschwindigkeit: 7,02 m, Höhe: 3,18 m, Breite: 2,49 m, Radstand: 3,60 m, Bodenfreiheit: 24 cm, Höchstgeschwindigkeit (auf Straßen): 85,5 km/h, Aktionsradius (auf Straßen): 500 km, (im Gelände): nicht bek., Motortyp: Deutz BF6 L913 6-Zyl. Diesel, Motorleistung: 168 PS bei 2.650 U/Min., Hubraum: 6.128 ccm, Tankfüllung: 130 Liter.

MAN und Mercedes-Benz sind seit 1971 die Haupthersteller von 5-Tonnen-Lkw für die Bundeswehr; daneben wurden auch Modelle von Henschel und Magirus benutzt. Der einzige Unterschied zwischen dem MAN N4510 und 4610 besteht darin, daß das Modell N 4510, das etwa ein Drittel der auf 3.000 ausgelegten Serie ausmachte, mit einer Winde ausgestattet war. Diese Lkw wurden als Zugmaschinen für die Artillerie, als Radar- und Funkwagen, als Fahrzeuge für Gerät für die Feuerbekämpfung, Tankfahrzeuge, Flugleitfahrzeuge, Sanitätsfahrzeuge, Fahrzeuge für Dekontamination und für viele andere Zwecke gebaut.

4x4 gl 7-Tonnen-Lkw A 6500 mit kurzem Radstand

Haupthersteller: Magirus-Deutz, Herstellungszeit: 1956-60, Leergewicht: 7 Tonnen, 7,4 Tonnen einschl. Winde, vollbeladen: 14,6 Tonnen, max. Zuggewicht/Anhängerlast: nicht bek., Ge-samtlänge: 7,37 m, Höhe: 2,93 m, Breite: 2,50 m, Radstand: 3,615 m, Bodenfreiheit: 31,5 cm, Höchstgeschwindigkeit (auf Straßen): 74 km/h, Aktionsradius (auf Straßen): 500 km, (im Gelände): nicht bek., Motortyp: Deutz F8L614 V-8 Diesel, Motorleistung: 170 PS bei 2.300 U/Min., Hubraum: 10.644 ccm, Tankfüllung: 150 Liter.

4x4 7-Tonnen-Lkw A 6500 mit langem Radstand

wie 4x4 gl 7-Tonnen-Lkw A6500 mit kurzem Radstand, außer: Leergewicht: 7,4 Tonnen, vollbeladen: 14,6 Tonnen, max. Zuggewicht/Anhängerlast: 10 Tonnen, Geschwindigkeit: 8 m, Höhe: 2,95 m, Radstand: 4,815 m.

4x4 7-Tonnen-Lkw A6500 Sattelzugmaschine

Wie 4x4 gl 7-Tonnen-Lkw mit langem Radstand, außer: Leergewicht: 7,2 Tonnen, (einschl. Winde), Leergewicht des Anhängers: 7,4 Tonnen, Geschwindigkeit: 7,61 m, Länge des Anhängers: variabel, Höhe: 2,60 m, Radstand: 4,415 m.

Das Modell A6500 wurde in zwei Versionen gebaut, mit kurzem und langem Radstand, die entweder eine offene Fahrerkabine oder eine geschlossene mit einer Kuppel hatten, auf der ein MG montiert werden konnte. Außerdem gab es eine Sattelzugmaschine mit einer offenen Kabine.

6x6 gl 7-Tonnen-Lkw Jupiter (seit 1964 so benannt) Typ 178D 15 A
Basis-Version: Lastwagen

Haupthersteller: Magirus-Deutz, Herstellungszeit: 1960-67, Leergewicht: 7,45 Tonnen, 7,85 Tonnen einschl. Winde, vollbeladen: 14,75 Tonnen, 15,15 Tonnen einschl. Winde, max. Zuggewicht: 10 Tonnen, Geschwindigkeit: 8 m, Höhe: 3,24 m, Breite: 2,50 m, Bodenfreiheit: 31,5 cm, Radstand 5,44 m, Höchstgeschwindigkeit (auf Straßen): 74 km/h, Aktionsradius (auf Straßen): 420 km, (im Gelände): etwa 350-380 km, Motortyp: Deutz F8L 714A V-8 Diesel, Motorleistung: 178 PS bei 2.300 U/Min., Hubraum: 12.667 ccm, Tankfüllung: 150 Liter.

6x6 gl 7-Tonnen-Zkw Jupiter (Pionier-Version)

Wie 6x6 gl 7-Tonnen-Lkw Jupiter Typ 178 D 15A, außer: Leergewicht: 10 Tonnen, (Winde

6x6 gl 7-Tonnen-Lkw Jupiter Typ 178D 15A

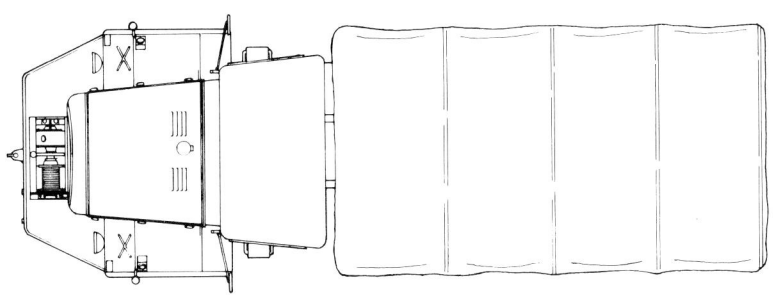

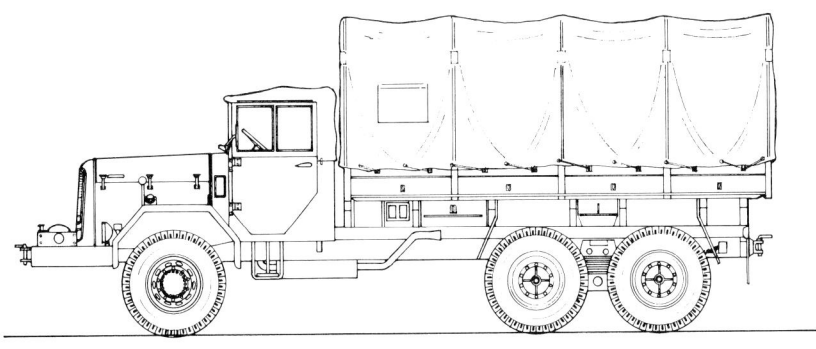

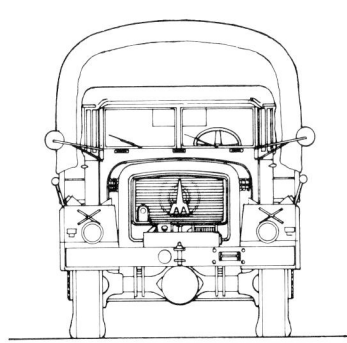

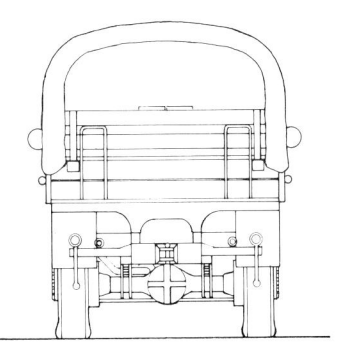

© J L Rue 87

einschl. vollbeladen): 15,15 Tonnen, max. Zuggewicht: 27,4 Tonnen, max. Gesamtgewicht einschl. Ladung: 42,55 Tonnen, Geschwindigkeit: 7,70 m, Höhe: 3,19 m, Radstand: 5.04 m.

6x6 gl 7-Tonnen-Sattelzugmaschine Jupiter

Wie 6x6 gl 7-Tonnen-Lkw Jupiter, außer: Leergewicht: 7,3 Tonnen, 7,7 Tonnen einschl. Winde, vollbeladen: 14,6 Tonnen, 15,5 Tonnen einschl. Winde, max. Zuggewicht/Anhängerlast: 10 Tonnen, max. Gesamtgewicht einschl. Schleppzug: 25 Tonnen, Gesamtlänge: 6,90 m, 7,35 m mit Winde, Höhe: 2,55 m.

6x6 Werferfahrzeug mit geschütztem Fahrerhaus, Raketenwerfer 110SF Typ 178D 15A

Wie 6x6 gl 7-Tonnen-Lkw Jupiter, außer: Herstellungszeit: 1967-71, Bewaffnung: 36x110-mm-Raketen-Startrohre, Leergewicht: 15,25 Tonnen, vollbeladen: 25,25 Tonnen, max. Zuggewicht: nicht bek., Gesamtlänge: 7,66 m, Höhe: 2,85 m, Radstand: 5,44 m.

Der Jupiter war in den 60er und 70er Jahren einer der wichtigsten Lkw der Bundeswehr. Das Basismodell hatte ein offenes Fahrerhaus und ein PVC-Verdeck für den hinteren Teil des Fahrzeugs; die Fahrzeuge für Feuerbekämpfungsgeräte ein geschlossenes Fahrerhaus. Es gab auch eine Variante mit einem 4-Tonnenkran und einen Tanklastwagen. Am interessantesten in dieser Se-

rie ist der Raketenwerfer 110SF, der ein gepanzertes Fahrerhaus mit einem MG auf Drehzapfen hatte. Auf der hinteren Seite des Fahrzeugs waren auf einer schwenkbaren Lagerung zwei Einheiten mit je 18 Startrohren für 100-mm-Raketen. Diese freifliegenden Raketen hatten eine Reichweite von 6,5 bis 14 km und panzerbrechende Gefechtsköpfe. Vor einiger Zeit wurde eine stärkere Rakete entwickelt, deren Reichweite bis 25 km geht. Ein intelligenter Gefechtskopf, der in der Endphase gesteuert wird, ist in der Entwicklung. Die Bundeswehr hat 800 solcher Fahrzeuge, die durch das amerikanische Multiple Launch Rocket System (deutsche Bezeichnung: Mittleres Artillerie Raketen-System—MARS) ergänzt wird. Das gleiche Startgerät wurde auch auf das MAN Modell N4520 montiert.

6x6 gl 7-Tonnen-Lkw N4520

Haupthersteller: MAN, Herstellungszeit: 1977 bis zur Gegenwart, Leergewicht: 11,58 Tonnen, vollbeladen: 18,5 Tonnen, max. Zuggewicht: nicht bek., Gesamtlänge: 8,615 m, Höhe: 2,86 m, Breite: 2,50 m, Radstand: 5,20 m, Bodenfreiheit: 41,5 cm, Höchstgeschwindigkeit (auf Straßen): 90 km/h, Aktionsradius (auf Straßen): etwa 670 km (im Gelände): etwa 550 km, Motortyp: Deutz BF8L 413F V-8 Diesel, Motorleistung: 120 PS bei 2.6540 U/Min., Hubraum: 12.763 ccm, Tankfüllung: 270 Liter. (Ein Foto ist im Abschnitt »Geschütze« bei FH 70 zu finden!)

6x6 gl 7-Tonnen-Lkw Dreiseitenkipper M4530

Wie 6x6 gl 7-Tonnen-Lkw N4520, außer: Leergewicht: 11,8 Tonnen, vollbeladen: 18,88 Tonnen, Gesamtlänge: 8,065 m.

4x2 7-Tonnen-Lkw 15.192F

Haupthersteller: MAN, Herstellungszeit: 1980 bis zur Gegenwart, Leergewicht: 7,21 Tonnen, vollbeladen: 15 Tonnen, max. Zuggewicht: nicht bek., Gesamtlänge: 7,65 m, Höhe: 2,85 m, Breite: 2,50 m, Radstand: 4,10 m, Bodenfreiheit: 29 cm, Höchstgeschwindigkeit (auf Straßen): 84 km/h. Aktionsradius (auf Straßen): 730 km, (im Gelände): nicht bek. Motortyp: MAN D2565MF 5-Zyl. Diesel, Motorleistung: 192 PS bei 2.200 U/Min., Hubraum: 9.511 ccm, Tankfüllung: 220 Liter.

Ein Faun L 908/425 an der Spitze einer Kolonne von Bundeswehr-Transportfahrzeugen. (MARS)

Schwere Lastwagen

6x6 10-Tonnen-Lkw L908/425A

Haupthersteller: Faun, Herstellungszeit: 1957-60, Leergewicht: 9,6 Tonnen, vollbeladen: 20 Tonnen, max. Zuggewicht/Anhängerlast: nicht bek., Gesamtlänge: 7,21 m, Höhe: 43,35 m, Breite: 2,50 m, Radstand: 4,95 m, Bodenfreiheit: 37 cm, Höchstgeschwindigkeit (auf Straßen): 65 km/h, Aktionsradius (auf Straßen): 570 km, (im Gelände): nicht bek., Motortyp: Deutz F8 L614 V-8 Diesel, Motorleistung: 170 PS bei 2.300 U/Min., Hubraum: 10.644 ccm, Tankfüllung: 200 Liter.

6x6 10-Tonnen Sattelzugmaschine L908/SA

Wie 6x6 10-Tonnen-Lkw L908/425A, außer: Herstellungszeit: 1957-63, Leergewicht: 9,6 Tonnen, vollbeladen: 21,5 Tonnen, max. Zuggewicht/Anhängerlast: 10,4 Tonnen, Höhe: 2,80 m, Bodenfreiheit: 37 cm, Höchstgeschwindigkeit (auf Straßen): 65 km/h, Motortyp: (von 61 an) Deutz F8L714a V-8 Diesel, Motorleistung: 178 PS bei 2.300 U/Min., Hubraum: 12.667 ccm.

6x6 10-Tonnen-Sattel-zugmaschine L908/SAT

Wie 6x6 10-Tonnen Sattelzugmaschine /SA, außer: Herstellungszeit: 1957-59, Leergewicht: 9,36 Tonnen, vollbeladen: 21,2 Tonnen, max. Zuggewicht/Anhängerlast: 10 Tonnen, Gesamtlänge: 7,16 m, Höhe: 2,75 m, Bodenfreiheit: 31 cm, Höchstgeschwindigkeit (auf Straßen): 60 km.

6x6 12-Tonnen Flugfeld-Betriebsstoff-Lkw und 15-Tonnen Straßen-Tank-Lkw L908/ATW

Wie 6x6 10-Tonnen-Lkw L908/SAT, außer: Herstellungszeit: 1957-71, Leergewicht: 13,1 oder 14,2 Tonnen, vollbeladen: 25,4 Tonnen, max. Zuggewicht/Anhängerlast: nicht bek., Gesamtlänge: 9,50 m, Höhe: 2,75 m, Radstand: 6,31 m, Bodenfreiheit: 31 cm, Höchstgeschwindigkeit (auf Straßen): 63 km/h.

6x6 10-Tonnen-Lkw L908/54A

Wie 10-Tonnen-Lkw L908/SAT, außer: Herstellungszeit: 1960-71, Leergewicht: 11,5 Tonnen, vollbeladen: 21,5 Tonnen, max. Zuggewicht/An-hängerlast: nicht bek., Gesamtlänge: 9,75 m, Höhe: 3,35 m, Radstand: 6,10 m, Bodenfreiheit: 37 cm, Höchstgeschwindigkeit (auf Straßen): 72 km/h, Aktionsradius (auf Straßen): 520 km, (im Gelände): nicht bek.

Die Faun-Serie L908 wurde als Lastwagen mit Planenverdeck, als Sattelzugmaschine und als Tanklastwagen gebaut und war über viele Jahre eine der meist benutzten Zugmaschinen der Bundeswehr; diese Fahrzeuge hatten eine offene Fahrerkabine und ein Planenverdeck auf der hinteren Fahrzeugseite.

6x6 15-Tonnen-Sattel-zugmaschine L912/SA

Haupthersteller: Faun, Herstellungszeit: 1957-65, Leergewicht: 12,5 Tonnen, vollbeladen: 27,5 Tonnen, max. Zuggewicht/Anhängerlast: 15 Tonnen, Gesamtlänge: 7,61 m, Höhe: 2,82 m, Breite: 2,50 m, Radstand: 5,23 m, Bodenfreiheit: 37 cm, Höchstgeschwindigkeit (auf Straßen): 76 km/h, Aktionsradius (auf Straßen): 660 km, (im Gelände): nicht bek., Motortyp: Deutz F12L614 V-12 Diesel, (von 1961 an): Deutz F12L714a V-12 Diesel, Motorleistung: 250/265 PS bei 2.300 U/Min., Hubraum: 15.966/19.000 ccm, Tankfüllung: 300 Liter.

6x6 15-Tonnen-Lkw L912/54A

Wie 6x6 156-Tonnen Sattelzugmaschine L912/SA, außer: Herstellungszeit: 1958-70, Leergewicht: 12 Tonnen, vollbeladen: 27 Tonnen, max. Zuggewicht/Anhängerlast: nicht bek., Gesamtlänge: 7,65 m, Höhe: 3,44 m.

6x6 10-Tonnen-Gleitkipper L912/5050A

Wie 6x6 15-Tonnen Sattelzugmaschine L912/45A, außer: Herstellungszeit: 1959-71, Leergewicht: 14,6 Tonnen, vollbeladen: 25,2 Tonnen, Gesamtlänge: 9,10 m, Höhe: 2,90 m, Radstand: 5,80 m, Bodenfreiheit: 42 cm, Höchstgeschwindigkeit (auf Straßen): 64 km/h.

6x6 10-Tonnen-Lkw Z912/21-293

Haupthersteller: Faun, Herstellungszeit: 1961-69, Leergewicht: 16,4 Tonnen, vollbeladen: 26,4 Tonnen, max. Zuggewicht/Anhängerlast: 10 Tonnen, Gesamtlänge: 8,40 m, Höhe: 3,45 m, Breite: 2,50 m, Radstand: 4,89 m, Bodenfreiheit:

6x6 25-Tonnen-Sattelzugmaschine L1212/45VSA

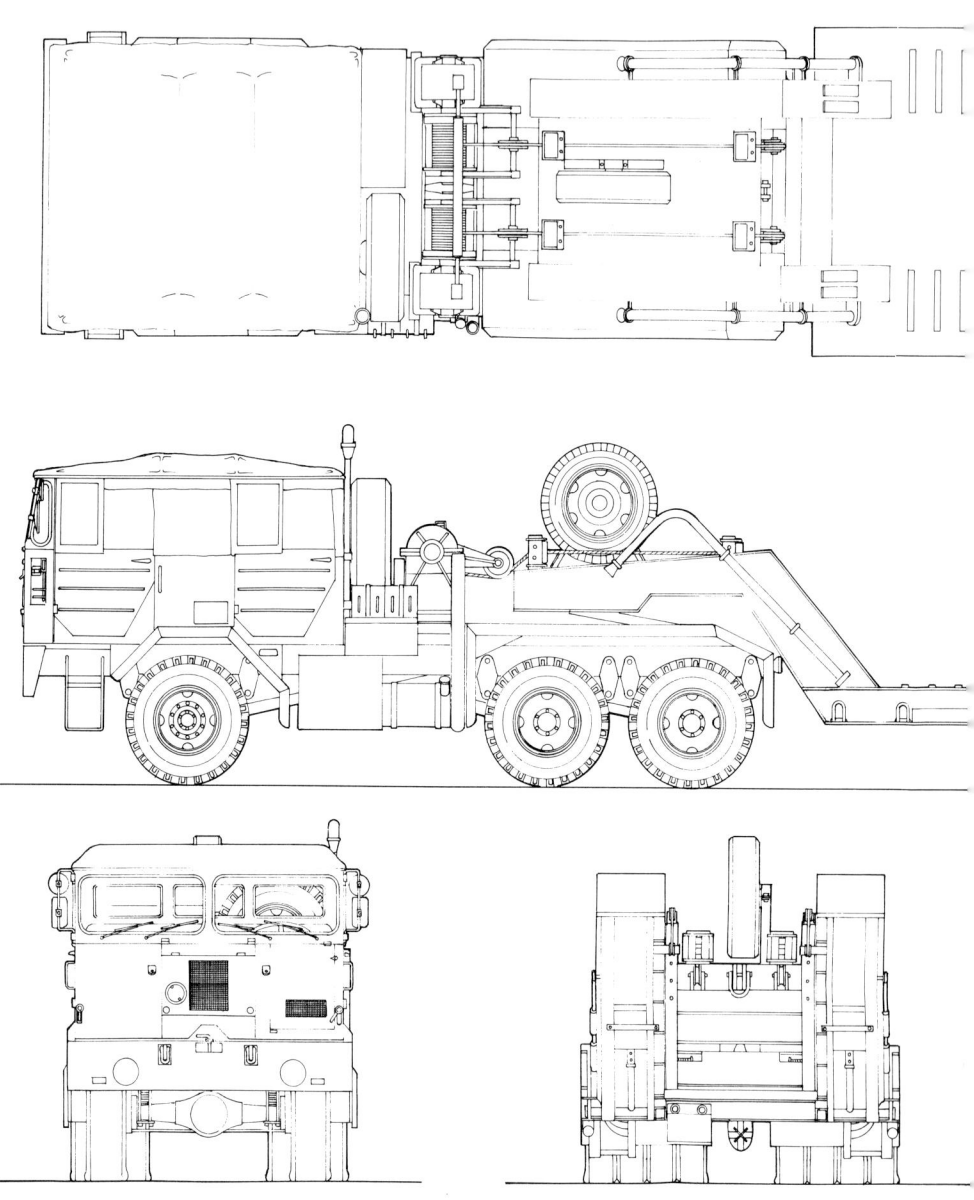

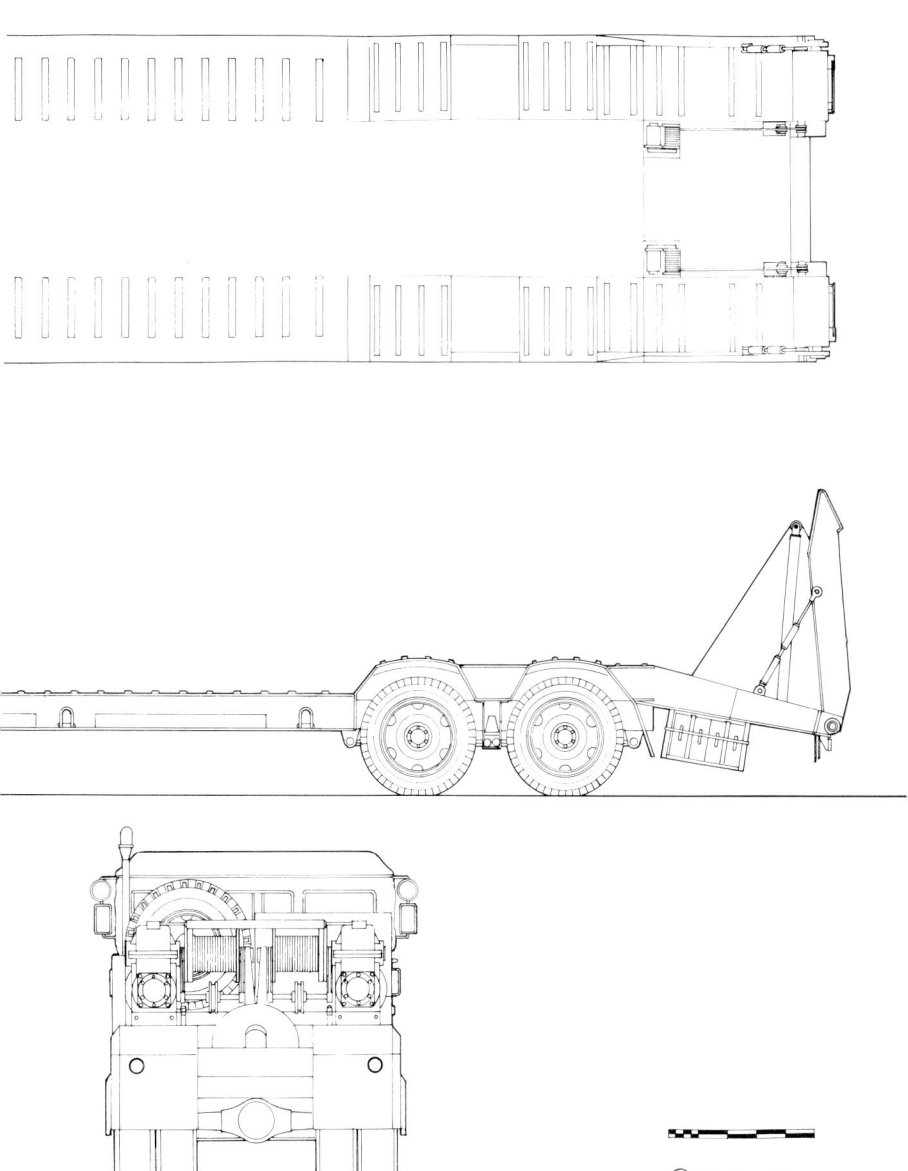

© J L Rue 88

44 cm, Höchstgeschwindigkeit (auf Straßen): 60 km/h, Aktionsradius (auf Straßen): 660 km, (im Gelände): nicht bek., Motortyp: Deutz F12L714a V-12 Diesel, Motorleistung: 265 PS bei 2.300 U/Min., Hubraum: 19.000 ccm, Tankfüllung: 300 Liter.

6x6 10-Tonnen-Kranwagen LK 912/21-400

Wie 6x6 10-Tonnen Z912/21-203, außer: Herstellungszeit: 1959-61, Leergewicht 27,7 Tonnen, vollbeladen: 29 Tonnen, max. Tragfähigkeit des Krans: 10 Tonnen, Gesamtlänge: 8,84 m, Höhe: 3,15 m, Bodenfreiheit: 42 cm, Aktionsradius (auf Straßen): 540 km.

6x6 10-Tonnen Geräteträger Z912/21/A1

Wie 6x6 10-Tonnen LK912/21-400, außer: Herstellungszeit: 1958-62, Leergewicht: 16,8 Tonnen, vollbeladen: 22 Tonnen, Zugkraft der Winde: 10 Tonnen, Gesamtlänge: 9 m, Höhe: 2,90 m, Radstand: 4,39 m, Bodenfreiheit: 44 cm, Aktionsradius (auf Straßen): 720 km, Tankfüllung: 325 Liter.

6x6 24-Tonnen-Sattelzugmaschine L912/VSA

Haupthersteller: Faun, Herstellungszeit: 1957, Leergewicht: 17 Tonnen, vollbeladen: 42,6 Tonnen, max. Zuggewicht/Anhängerlast: 24 Tonnen, max. Gesamtgewicht, Fahrzeug, Panzer-Transportanhänger und Ladung: 80 Tonnen, Gesamtlänge des Fahrzeugs: 7,74 m, Höhe: 3,065 m,

Breite: 2,90 m, Radstand: 5,25 m, Bodenfreiheit: 38 cm, Höchstgeschwindigkeit (auf Straßen): 57 km/h, Aktionsradius (auf Straßen): 800 km (im Gelände): nicht bek., Motortyp: Deutz BF 12 L614 V-12 Diesel, Motorleistung: 300 PS bei 2.300 U/Min., Hubraum: 15.966 ccm, Tankfüllung: 400 Liter.

Lastwagen, Kipper, Kran-, Munitions-, Protz- und Pionierfahrzeuge der Serie 912 waren viele Jahre lang die schwersten Allzweck-Fahrzeuge der Bundeswehr. Nun wird diese Reihe durch den modernen MAN N4540 ersetzt. Die 24-Tonnen-Version hat ein viertüriges Führerhaus anstelle des kleinen zweitürigen, das die kleineren Fahrzeuge hatten.

6x6 25-Tonnen-Sattelzugmaschine L1212/45VSA

Haupthersteller: Faun, Herstellungszeit: 1962-66, Leergewicht: 18,1 Tonnen, vollbeladen: 43 Tonnen, max. Zuggewicht/Anhängerlast: 25 Tonnen, Gesamtlänge (des Motorwagens): 7,838 m, Höhe: 3,04 m, Breite: 2,90 m, Radstand 5,25 m, Bodenfreiheit: 39 cm, Höchstgeschwindigkeit (auf Straßen): 57 km/h, Aktionsradius (auf Straßen): 720 km, (im Gelände): nicht bek., Motortyp: Deutz BF12 L714 -V-12 Diesel, Motorleistung: 340 PS bei 2.300 U/Min., Hubraum: 19.000 ccm, Tankfüllung: 400 Liter.

Das Modell L1212 war der erste planmäßig entwickelte Panzertransporter der Bundeswehr; eigentlich war es ein L912/VSA mit einem stärkeren Motor. Der Anhänger war 16 rädrig (mit

Ein Teil einer Ponton-Brücke wird von einem MAN N4550 abgeladen. (MARS)

8x8 gl 10-Tonnen-Lkw N4540

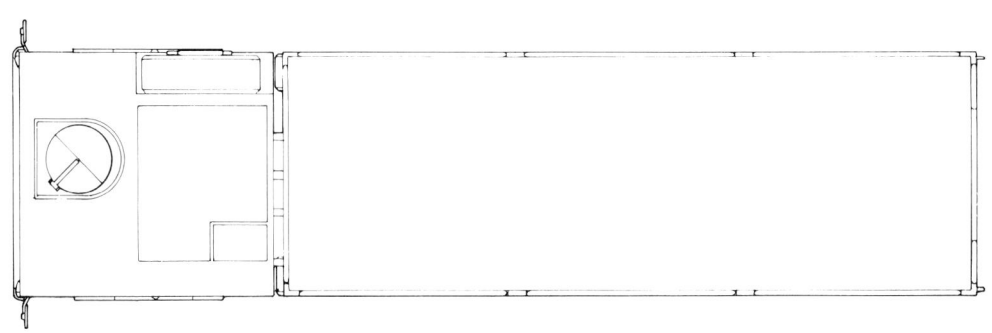

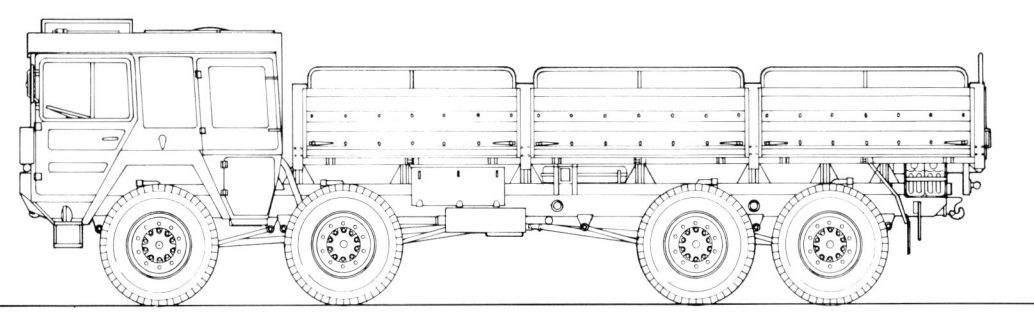

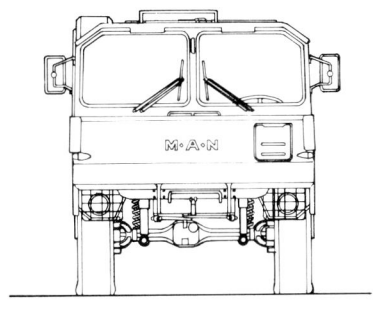

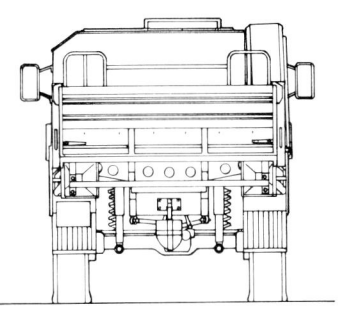

© J L Rue 87

vier Achsen). Dieses Fahrzeug wurde später durch die Modelle SL T50-2 Elefant und FS 42.75/42 ersetzt.

6x6 13-Tonnen Kranwagen LK1212/485

Haupthersteller: Faun, Herstellungszeit: 1958-68, Leergewicht: 17 Tonnen, vollbeladen: 33 Tonnen, max. Tragkraft des Krans: 10 Tonnen, Gesamtlänge: 9,14 m, Höhe 3 m, Breite: 2,50 m, Radstand: 5,70 m, Bodenfreiheit: 42 cm, Höchstgeschwindigkeit (auf Straßen): 60 km/h, Aktionsradius (auf Straßen): 600 km, (im Gelände): nicht bek., Motortyp: Deutz F12 L714a V-12, Diesel, Motorleistung: 265 PS bei 2.300 U/Min. Hubraum: 19.000 ccm, Tankfüllung: 300 Liter.

6x6 10-Tonnen-Lkw 22.240

Haupthersteller: MAN, Herstellungszeit: 1976 bis zur Gegenwart, Leergewicht: 9,7 Tonnen, 11,5 Tonnen mit Kran, vollbeladen: 20 Tonnen, 21,5 Tonnen mit Kran, max. Zuggewicht: nicht bek., Gesamtlänge: 9,155 m, Höhe: 2,85 m, Breite: 2,50 m, Radstand: 5,20 m, Bodenfreiheit: 29 cm, Höchstgeschwindigkeit (auf Straßen): 84 km/h, Aktionsradius (auf Straßen): 570 km (im Gelände): nicht bek., Motortyp: MAN D2566MF 6-Zyl. Diesel, Motorleistung: 240 PS bei 2.200 U/Min., Hubraum: 11.143 ccm, Tankfüllung: 220 Liter.

8x8 gl 10-Tonnen-Lkw N4540

Haupthersteller: MAN, Herstellungszeit: 1977 bis zur Gegenwart, Leergewicht: 14,2 Tonnen, vollbeladen: 24,2 Tonnen, max. Zuggewicht: nicht bek., Gesamtlänge: 10,115 m, Höhe: 2,86 m, Breite: 2,50 m, Radstand: 7 m, Bodenfreiheit: 41,5 cm, Höchstgeschwindigkeit (auf Straßen): 90 km/h, Aktionsradius (auf Straßen): etwa 640 km (im Gelände): nicht bek., Motortyp: Deutz BF 8L413 F V-8 Diesel, Motorleistung: 320 PS bei 2.650 U/Min., Hubraum: 12.763 ccm, Tankfüllung: 270 Liter.

Dies ist das schwerste MAN-Modell im Dienst der Bundeswehr, hat aber den gleichen Motor wie der 6x6 N4520 und N4530. Eine Variante mit der Bezeichnung N4550 ist im Grunde das gleiche Fahrzeug mit einer Kipper-Karosserie zum Transport von Brückenbau-Pontons.

4x4 + 2x0 Sattelzugmaschine 15.240 FAS

Haupthersteller: MAN, Herstellungszeit: 1980-

81, Leergewicht: 6,93 Tonnen, Leergewicht mit Anhänger: 13,73 Tonnen, vollbeladen: 15 Tonnen, vollbeladen mit Anhänger: 29,2 Tonnen, Gesamtlänge: 15 m, Höhe bis zum Oberrand der Fahrerkabine: 3,035 m, Höhe bis zum Oberrand des Anhängers: 3,80 m, Breite: 2,50 m, Radstand: 3,50 m, Bodenfreiheit: 34 cm, Höchstgeschwindigkeit (auf Straßen): 97 km/h, Aktionsradius (auf Straßen): etwa 470 km, (im Gelände): nicht bek., Motortyp: MAN D2566MF 6-Zyl. Diesel, Motorleistung: 240 PS bei 2.200 U/Min., Hubraum: 11.143 ccm, Tankfüllung: 220 Liter.

4x4 Geräteträger GT8/15

Haupthersteller: Faun, Herstellungszeit: 1959-61, Leergewicht: 15,25 Tonnen, vollbeladen: 20 Tonnen, max. Zuggewicht: nicht bek., Gesamtlänge: 7,40 m, Höhe: 3,22 m, Breite: 2,80 m, Radstand: 3,40 m, Bodenfreiheit: 44 cm, Höchstgeschwindigkeit (auf Straßen): 67,5 km/h, Aktionsradius (auf Straßen): 520 km, (im Gelände): nicht bek., Motortyp: Deutz F8 L714a V-8 Diesel, Motorleistung: 178 PS bei 2.300 U/Min., Hubraum: 12.667 ccm, Tankfüllung: 185 Liter.

Das Modell GT8/15 war ein Artillerie-Spezial-Fahrzeug, auf dessen Ladefläche eine 105-mm-Haubitze transportiert werden sollte. Das Geschütz war durch einen Kran auf- und abzuladen. In dem großen Fahrerhaus konnte außer dem Fahrer die fünfköpfige Geschützbedienung untergebracht werden. Zwischen dem Fahrerhaus und dem Geschütz waren Munitionsbehälter eingebaut.

4x4 Zugmaschine* Z12/31A

Haupthersteller: Faun, Herstellungszeit: 1958, Leergewicht: 11,25 Tonnen (14,4 Tonnen in der Ausführung als Sattelzugmaschine), vollbeladen: 20 Tonnen, max. Zuggewicht: siehe Anm.*, Gesamtlänge: 6,79 m, Höhe: 2,80 m, Breite: 2,50 m, Radstand: 3,11 m, Bodenfreiheit: 45 cm, Höchstgeschwindigkeit (auf Straßen): 65 km/h, Aktionsradius (auf Straßen): 650 km, (im Gelände): 580 km, Motortyp: Deutz F12L614 V-12 Diesel, Motorleistung: 250 PS bei 2.300 U/Min., Hubraum: 15.996 ccm, Tankfüllung: 290 Liter.

8x8 + 8x0 Schwerlasttransporter Elefant SLT50-2

Haupthersteller: Faun, Herstellungszeit: 1977-79,

---

*Dies war ein Allzweck-Fahrzeug; nach der Fertigstellung von nur zwei Fahrzeugen wurde der restliche Teil der aufgelegten Serie als Sattelzugmaschinen gebaut, die bis zu 60 Tonnen aufnehmen konnten.

Leergewicht: 23,2 Tonnen, Leergewicht des Anhängers: 39,8 Tonnen, vollbeladen: 87,5 Tonnen bei 62 km/h, 92 Tonnen bei 40 km/h, Gesamtlänge des Motorwagens: 8,83 m, Länge des Anhängers: 18,82 m, Höhe des Fahrzeugs: 3,02 m, Höhe des Anhängers bei angehobenen Rampen: 3,33 m, Breite des Motorwagens: 3,07 m, Breite des Anhängers: 3,15 m, Radstand: 5,70 m, Bodenfreiheit: 28 cm, Höchstgeschwindigkeit (auf Straßen): 65 km/h, Aktionsradius (auf Straßen): 500 km, (im Gelände): nicht bek., Motortyp: MTU MB837 -8 Diesel, Motorleistung: 694 PS bei 2.100 U/Min., Hubraum: 29.920 ccm, Tankfüllung: 800 Liter.

8x8 + 12x0 schwere 56-Tonnen-Sattelzugmaschine FS 42.75/42

Wie 8x8 + 8x0 Schwerlasttransporter Elefant SLT50-2, außer: Herstellungszeit: 1981 bis zur Gegenwart, Leergewicht: 19,2 Tonnen, Leergewicht des Anhängers: 37,7 Tonnen, vollbeladen: 93 Tonnen, Länge des Anhängers: 19,70 m, Höhe des Anhängers bei gehobenen Laderampen: 3,02 m, Höchstgeschwindigkeit (auf Straßen): 67 km/h, Aktionsradius (auf Straßen): 660 km, (im Gelände): nicht bek., Motortyp: Deutz BF12 L413 FC V-12 Diesel, Motorleistung: 525 PS bei 2.650 U/Min., Hubraum: 19.144 ccm.

Von diesen Sattelzugmaschinen sind die zweite und dritte die wichtigsten. Der Elefant wurde als gemeinsames Projekt der amerikanischen und deutschen Armee als Panzertransporter für den damals geplanten »NATO-Panzer« entwickelt, der jedoch nicht zustande kam. Die Bundeswehr ging mit dem KPz Leopard 2 ihren eigenen Weg und die Amerikaner mit ihrem M1 Abrams; aber der Panzertransporter blieb bestehen; in Deutschland wurde er von Faun, in den Vereinigten Staaten von Chrysler gebaut. Die Bundeswehr gab 324 dieser Zugmaschinen in Auftrag. Dann aber fand man, daß der Elefant stärker und teurer als notwendig war, und diese Überlegungen führten zum FS 42.75/42.

Omnibusse

4x2 Kleiner Kraftomnibus 309D

Haupthersteller: Mercedes-Benz, Herstellungszeit: 1973 bis zur Gegenwart, Leergewicht: 3,225 Tonnen, vollbeladen: 4,8 Tonnen, Gesamtlänge: 5,99 m, Höhe: 2,65 m, Breite: 2,10 m, Radstand:

3,50 m, Bodenfreiheit: 19 cm, Höchstgeschwindigkeit (auf Straßen): 91 km/h, Aktionsradius (auf Straßen): 530 km, Motortyp: Daimler-Benz OM314V 4-Zyl. Diesel, Motorleistung: 85 PS bei 2.800 U/Min., Hubraum: 3.785 ccm, Tankfüllung: 80 Liter.

Bundeswehr-Omnibus O 321H

Haupthersteller: Mercedes-Benz, Herstellungszeit: 1958-64, Leergewicht: 5,475 Tonnen, vollbeladen: 9,15 Tonnen, Gesamtlänge: 9,225 m, Höhe: 2,955 m, Breite: 2,50 m, Radstand: 4,18 m, Bodenfreiheit: 23 cm, Höchstgeschwindigkeit (auf Straßen): 80 km/h, Aktionsradius (auf Straßen): 500 km, Motortyp: Daimler-Benz OM321 6-Zyl. Diesel, Motorleistung: 110 PS bei 3.000 U/Min., Hubraum: 5.103 ccm, Tankfüllung: 100 Liter.

Bundeswehr-Omnibus O 302 KR

Wie Bundeswehr-Omnibus 0 32H, außer: Herstellungszeit: 1965-74, Leergewicht: 7,175 Tonnen, vollbeladen: 11,6 Tonnen, Gesamtlänge: 9,618 m, Höhe: 3,026 m, Radstand: 4,685 m, Bodenfreiheit: 19,5 cm, Aktionsradius (auf Straßen): 550 km, Motortyp: Daimler-Benz OM352 6-Zyl. Diesel, Motorleistung: 126 PS bei 2.800 U/Min., Hubraum: 5.675 ccm, Tankfüllung: 110 Liter.

Bundeswehr-Omnibus Konsul 11K

Haupthersteller: Büssing, Herstellungszeit: 1966-68, Leergewicht: 7,375 Tonnen, vollbeladen: 11,8 Tonnen, Gesamtlänge: 9,697 m, Höhe: 3,18 m, Radstand: 4,50 m, Bodenfreiheit: 24,3 cm, Höchstgeschwindigkeit (auf Straßen): 75 km/h, Aktionsradius (auf Straßen): 750 km, Motortyp: Büssing U5-125 6-Zyl. Diesel, Hubraum: 5.890 ccm, Tankfüllung: 150 Liter.

Die hauptsächliche Verwendung von Militär-Omnibussen besteht darin, Soldaten und Verwundete zu befördern. Solche Fahrzeuge brauchen keinen 4-Rad-Antrieb, da nicht zu erwarten ist, daß sie im Feld Verwendung finden.
Die hier aufgeführten Omnibusse sind für die Busse der Bundeswehr von den 50er Jahren bis heute repräsentativ. Weil sie nicht so stark strapaziert werden, bleiben sie in der Regel länger im Dienst als andere Fahrzeuge.

4x4 Amphibisches Brücken- und Übersetzfahrzeug M2

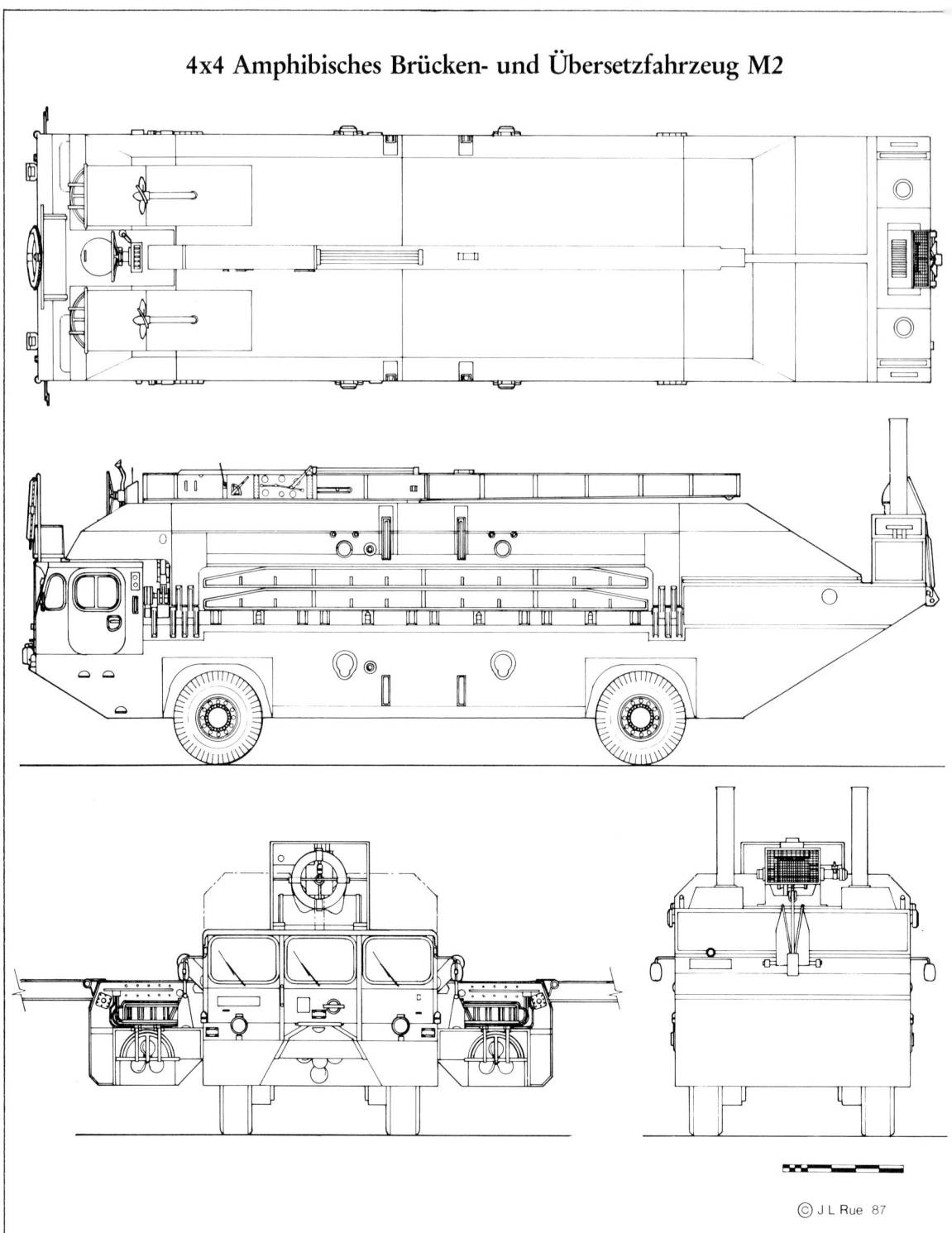

Amphibische Fahrzeuge

4x4 Amphibisches 5-Tonnen-Transportfahrzeug LARC 5

Haupthersteller: Le Tourneau Westinghouse, Consolidated Diesel Corporation, Herstellungszeit: 1960 - etwa 1966, Leergewicht: 8,62 Tonnen, vollbeladen: 13,61 Tonnen, max. Zuggewicht: nicht bek., Gesamtlänge: 10,67 m, Höhe: 3,10 m, Breite: 3,05 m, Radstand: 4,875 m, Bodenfreiheit: nicht bek., Höchstgeschwindigkeit (auf Straßen): 48 km/h, (im Wasser), 16 km/h, Aktionsradius (auf Straßen): 330 km, (auf dem Wasser): 85 km, Motortyp: Cummins V-8 Diesel, Motorleistung: 270 PS bei 3.000 U/Min. Hubraum: 12.874 ccm, Tankfüllung: 546 Liter.

4x4 Amphibisches 15-Tonnen-Transportfahrzeug LARC 15

Wie 4x4 Amphibisches 5-Tonnen-Transportfahrzeug LARC 5, außer: Leergewicht: 20,7 Tonnen, vollbeladen: 34,1 Tonne, Gesamtlänge: 13,72 m, Höhe: 4,72 m, Breite: 4,45 m, Radstand: 6,36 m, Höchstgeschwindigkeit (auf Straßen): 40 km, (auf dem Wasser): 15 km/h, Aktionsradius (auf Straßen): 400 km, (auf dem Wasser): 90 km, Motortyp: 2 x Cummins V-8 Diesel, Motorleistung: 2x270 PS bei 3.000 U/Min, Hubraum: 2x12.874 ccm, Tankfüllung: 1.368 Liter.

Diese beiden Fahrzeuge wurden Ende der 50er Jahre für die amerikanische Armee und das Marine Corps als Ersatz für die zahllos vorhandenen DUKWs* entwickelt. Es sind eher Boote, die auf dem Land fahren können, als Lastwagen, die sich auf dem Wasser fortbewegen können. Beide sind 4-rädrige Fahrzeuge mit einem Propeller. An einem Ende ist die Steuerkabine — im Wasser hinten, zu Lande vorn — am anderen Ende befindet sich ein hydraulisch betriebene Laderampe zum Ein- und Ausladen von Soldaten, Versorgungsgütern und — beim LARC 15 — von Fahrzeugen und Geschützen. Beide Modelle sind geschweißte Aluminium-Konstruktionen.

---

*Nach Auskunft durch die Bücherei des Imperial War Museum ist niemand ganz sicher, was die Initialen dieses Kunstwortes wirklich bedeuten. »D« steht für das Jahr der Konstruktion, 1942, »U« steht für »Utility« (Nutz), »K« bedeutet Frontantrieb und »W« bedeutet entweder »Mit zwei Antriebs-Achsen« oder »6-rädrig«. Da das DUKW ein 6x6-Fahrzeug war, ergibt aber keine der Erklärungen einen Sinn.

4x4 Amphibisches Brücken-und Übersetzfahrzeug M2

Haupthersteller: Göppner, Kaiserslautern, Herstellungszeit: 1967-70, Leergewicht: nicht bek., vollbeladen: 21,5 Tonnen, max. Zuggewicht: nicht bek., Gesamtlänge: 11,35 m, Höhe: 3,58 m, Breite: 2,995 m auf Straßen, 14,16 auf dem Wasser, Radstand: 5,35 m, Bodenfreiheit: 51-75 cm — siehe Text, Höchstgeschwindigkeit (auf Straßen): 60 km/h, (auf dem Wasser): 15 km/h, Aktionsradius (auf Straßen): 1.000 km, (auf dem Wasser): nicht bek., aber Dauer: 6 Stunden, Motortyp: 2x Deutz F8L 714A V-8 Diesel, Motorleistung: 2x178 PS bei 2.300 U/Min., Hubraum: 2x12.667 ccm, Tankfüllung: 527 Liter.

Der M2, weiterhin als der »Alligator« bekannt, kam 1963 als Prototyp heraus. Die Serienproduktion lief 1967 an, und 1968 wurden die ersten Fahrzeuge in Dienst gestellt. Die britische Rheinarmee erwarb auch einige dieser Fahrzeuge. Dieses Modell ist ein 4-rädriges Fahrzeug, auf dem zwei hydraulisch zu bewegende Schwimmtanks verladen sind. Bevor das Fahrzeug zu Wasser geht, werden die Schwimmtanks seitwärts gerückt und längs der Seiten des Fahrzeugs abgesenkt. Die aus drei Abschnitten bestehende Trasse kann mit einem Kran auf die erforderliche Höhe gebracht werden. Der Kran befindet sich hinter der Fahrerkabine und kann umgeklappt werden, wenn er nicht gebraucht wird. Die Trasse, die einen KPz Leopard 2 aufnehmen kann, ist 7,62 m lang und 5,485 m breit. Im Einsatz werden jeweils zwei M2 vertäut; mit ihren Propellern sind sie in der Lage, ihre Position im Wasser zu halten. Die Fahrzeuge können auch als Fähren benutzt werden. Die Laufräder können ganz eingezogen werden, um den Strömungswiderstand zu verringern.

Motorräder

125 ccm le gl Kraftrad Hercules K 125 Bw

Haupthersteller: Hercules, Herstellungszeit: 1970 bis zur Gegenwart, Gesamtgewicht: 300 kg, Radstand: 1,295 m, Höchstgeschwindigkeit (auf Straßen): 95 km/h, Aktionsradius (auf Straßen): 300 km, (im Gelände): 200 km, Motortyp: Sachs 1251/5B 1-Zyl. Zweitakter, Benzin, Motorleistung: 12,5 PS bei 7.000 U/Min., Hubraum: 122 ccm, Tankfüllung: 15 Liter.

Das wichtigste leichte Motorrad bei der Bundeswehr ist die Hercules K 125 Bw, es ist eine äußerst einfache Maschine, die auf einem Versuchsmodell basiert, eine außergewöhnliche Geländegängigkeit hat und von robuster, aber leicht zu wartender Konstruktion ist. Hercules ist heute, nach der Fusion von 1966 mit DKW der größte Motorrad-Hersteller der Bundesrepublik.

175 ccm leichtes Kraftrad DKW RT 175VS

Haupthersteller: DKW, Herstellungszeit: 1955-58, Gesamtgewicht: 280 kg, Radstand: 1,278 m, Höchstgeschwindigkeit (auf Straßen): 95 km/h, Aktionsradius (auf Straßen): 420 km, Motortyp: Auto Union/DKW 1-Zyl., Zweitakter Benzin, Motorleistung: 9,6 PS bei 5.000 U/Min., Hubraum: 174 ccm, Tankfüllung: 15 Liter.

250 ccm le Kraftrad Triumph BDG 250SL

Haupthersteller: Triumph (GB), Herstellungszeit: 1955-57, Gesamtgewicht: 308 kg, Radstand: 1,33 m, Höchstgeschwindigkeit (auf Straßen): 100 km/h, Aktionsradius (auf Straßen): 350 km, Motortyp: Triumph 1-Zyl., Zweitakter Benzin, Motorleistung: 12 PS bei 4.600 U/Min., Hubraum: 248 ccm, Tankfüllung: 14 Liter.

250 ccm le Gelände-Kraftrad Maico M 250/B

Haupthersteller: Maico, Herstellungszeit: 1960-66, Gesamtgewicht: 335 kg, Radstand: 1,33 m, Höchstgeschwindigkeit (auf Straßen): 96 km/h, Aktionsradius (auf Straßen): 400 km (im Gelände): 250 km, Motortyp: Maico 1-Zyl., Zweitakter Benzin, Motorleistung: 14,5 PS bei 5.200 U/Min.,Hubraum: 247 ccm, Tankfüllung: 16 Liter.

600 ccm schweres Kraftrad BMW R60/5

Haupthersteller: BMW, Herstellungszeit: 1969-73, Gesamtgewicht: 400 kg, Radstand: 1,385 m, Höchstgeschwindigkeit (auf Straßen): 120 km/h, Aktionsradius (auf Straßen): 426 km, Motortyp BMW R60/5, Viertakt-Boxer-Motor, Benzin, Motorleistung: 40 PS bei 4.000 U/Min., Hubraum: 599 ccm, Tankfüllung: 17 Liter.

650 ccm schweres Kraftrad BMW R65

Wie 600 ccm Kraftrad R60/5, außer: Herstellungszeit: 1985 bis zur Gegenwart, Gesamtgewicht: 440 kg, Radstand: 1,439 m, Höchstgeschwindigkeit (auf Straßen): 168 km/h, Aktionsradius (auf Straßen): 385 km, Motortyp: BMW 248 Viertakt-Boxer-Motor, Motorleistung: 48 PS bei 7.250 U/Min., Hubraum: 649,6 ccm, Tankfüllung: 22 Liter.

800 ccm schweres Kraftrad BMW R80/7

Haupthersteller: BMW, Herstellungszeit: 1978-80, Gesamtgewicht: 400 kg, Radstand: 1,46 m, Höchstgeschwindigkeit (auf Straßen): 170 km, Aktionsradius (auf Straßen): 607 km, Motortyp: BMW R80/7 Viertakt-Boxer-Motor, Benzin, Motorleistung: 41 PS bei 7.00 U/Min., Hubraum: 798 ccm, Tankfüllung: 24 Liter.

800 ccm schweres Kraftrad BMW R80

Wie 800 ccm schweres Kraftrad BMW R80/7, außer: Herstellungszeit: 1984 bis zur Gegenwart, Gesamtgewicht: 440 kg, Radstand: 1,439 m, Höchstgeschwindigkeit (auf Straßen): 372 km, Motortyp: BMW 247 Viertakt-Boxer-Motor, Benzin, Motorleistung: 50 PS bei 6.500 U/Min., Hubraum: 797,5 ccm, Tankfüllung: 22 Liter.

Das Basis-Modell der BMW-Motorräder, mit einem Zweizylinder Boxermotor und Kardanwellen-Antrieb, ist seit 1923 unverändert geblieben. Alle oben aufgeführten Maschinen werden in der ganzen Welt von der Militär- und Zivil-Polizei benutzt.

Hubschrauber von 1955 bis zur Gegenwart

Nach dem Kriege wurde der Hubschrauber zur wendigsten und wirkungsvollsten militärischen Waffe entwickelt. Er kann von Flächen, die nicht speziell dafür hergerichtet werden müssen, senkrecht starten und landen, kann in der Luft schweben, rückwärts fliegen, eine große Nutzlast — sowohl Soldaten als auch Material — befördern, eine Plattform sein für Geschütze oder Lenkflugkörper — er ist ein Allzweck-Luftkampf-Flugzeug geworden.

Viele Leute glauben, daß der militärische Hubschrauber nach 1945 entwickelt wurde; sie haben insofern recht, als die Technik der vergangenen 40 Jahre es erst ermöglichte, daß sich das Konzept zur vollen Reife entwickelte. Ein großer Teil der experimentellen Arbeiten an Hubschraubern wurde jedoch schon in der 20er und 30er Jahren geleistet. Die deutschen Konstrukteure vor 1945 scheinen die bahnbrechenden Arbeiten Igor Sikorskys weitgehend ignoriert zu haben, der einen Schwanzrotor einbaute, um der Drehbewegung des Hauptrotors entgegenzuwirken; dennoch kamen im Zweiten Weltkrieg zwei Hubschrauber-Modelle zum Einsatz. Die Deutschen — vor allem die Österreicher — bauten an den ersten düsengetriebenen Hubschrauber der Welt, es war dies der WNF 342 (WNF = Wiener Neustadter Flugzeugwerke), der von Friedrich von Doblhoff entwickelt wurde und sich schon 1943 in die Luft erhob.

Die beiden Modelle, die zum Einsatz kamen, waren der Fl 282 Kolibri von Flettner und der Fa 223 Drache von Focke-Achelis. Beide hatten gegenläufige Rotoren; beim Kolibri waren es Doppelblatt-Rotoren, die sich synchron, einen Winkel zueinander bildend, um eine zentrale Welle drehten. Beim Drache waren die Rotoren auf Auslegern an beiden Enden des Rumpfes montiert. Bei beiden Modellen wurde die Steuerung durch ein Schwanzruder bewirkt. Das Modell von Flettner war ein Zweisitzer, für den Pilot und den Beobachter, und wurde in erster Linie von der Marine eingesetzt. Bevor alliierte Bomber die Produktionsanlagen zerstörten, wurden 24 Stück fertiggestellt, von denen einige im Mittelmeer als U-Boot-Späher eingesetzt waren. Der Fa 224 war größer; er basierte auf einem Modell der Lufthansa, das ein 6-Sitzer-Passagier-Flugzeug werden sollte. 25 Exemplare wurden fertiggestellt, einige durch Bombenangriffe zerstört, und nur zehn kamen bei der Lufttransportstaffel 40 als Transport- und Rettungsflugzeuge zum Einsatz. Eine dieser Maschinen flog nach dem Kriege als erster Hubschrauber über den englischen Kanal.

Die Bundeswehr unterhält heute eine Flotte aus folgenden Typen: Alouette SE 313 B und SA 318 C von Aérospatiale; UH-ID Hueys von Bell, Bö 105M und Bö 105 P von Messerschmitt-Bölkow-Blohm, Sikorski CH-53G; vorher hatte die Bundeswehr noch Sikorski S-55 und S-58, daher werden die technischen Daten von allen angegeben. Die Luftwaffe hat auch die Huey, während die Marine mit Westland Lynx und Sea King ausgerüstet ist.

Sikorsky S-55

Rumpflänge: 12,85 m, Höhe: 4,066 m, Durchmesser des Rotors: 16,15 m, Gesamtgewicht: 3.266 kg, Motor: 608 PS Pratt & Whitney R-1340-57, Höchstgeschwindigkeit: 162 km/h, Obergrenze der Operationshöhe: 3.218 m, größte Reichweite: 650 km; der Sikorsky S-55, der zum ersten Mal 1949 geflogen wurde, war der erste wirkliche Kampfhubschrauber, seinen Ersteinsatz erlebte er 1956 bei Suez, wo er von den British Royal Marines geflogen wurde. Viele sind noch im Dienst, meistens für Transport- oder Rettungszwecke. Aus der Bundeswehr wurde er mittlerweile zurückgezogen.

Der S-55 hat einen Hauptrotor mit drei Blättern und einen Zweiblatt-Schwanzrotor, um der Drehbewegung entgegenzuwirken. Der Motor ist in der vorderen Spitze untergebracht. Das Flugzeug hat eine zweiköpfige Besatzung und kann bis zu zwölf voll ausgerüstete Infanteristen in voller Ausrüstung transportieren. Er kann bis

Oben: Eine Bö 105M der
10. Panzerdivision. (MARS)

Oben rechts: Ein Hub-
schrauber der 1. Fallschirmjägerdivision, ein UH-1D
Huey von Bell. (Bundes-
wehr über Paul Beaver)

Links: Der »Panzer-
knacker« Bö 105P ausgerü-
stet mit sechs HOT
Lenkflug-Körper. (MBB
über Paul Beaver)

zu einer Höhe von 1.950 m in der Luft schweben.

Sikorsky S-58

Rumpflänge: 14,25 m, Höhe: 4,86 m, Durchmesser des Rotors: 17,07 m, Gesamtgewicht: 6.040 kg, Motor: 1.525 PS Wright R-1820-84, Höchstgeschwindigkeit: 198 km/h, obere Grenze der Einsatzhöhe: 2.896 m, Reichweite: 290 km.

Der S-58 ist im Grunde ein »gestreckter« S-55 mit einem stärkeren Motor und größerer Tragkraft, für 18 Mann. Zu weiteren Unterschieden gehören Vierblatt-Haupt- und Schwanzrotoren, ein dreirädriges Fahrgestell (2 Haupträder und 1 Schwanzrad) anstelle der früheren vier kleineren Räder unter der Kabine. Die größte Schwebehöhe ist 1.495 m. Der S-58 machte seinen ersten Flug 1954.

Sikorsky CH-53G

Rumpflänge: 20.437 m, Höhe: 7,60 m, Durchmesser des Rotors: 22,02 m, Gesamtgewicht: 19.50 kg, Motor: 2x3.925 PS, General Electric T64-GE-7, Höchstgeschwindigkeit: 315 km/h, Obergrenze der Einsatzhöhe: 5.660 m, Reichweite: 415 km.

Der CH-53G ist die Bundeswehr-Version des amerikanischen DH-53D Sea Stallion, er ist ein großer Vielzweck-Hubschrauber, der von den Erfahrungen, die mit dem S-61 (Sea King) und dem S-64C Flying Crane) gemacht wurden, in vieler Hinsicht profitierte. Er wurde zum ersten Mal 1964 geflogen. Nach der Auswertung gab die Bundeswehr 110 Maschinen in Auftrag, die in Deutschland von VFW-Focker in Lizenz montiert wurden. Er hat einen Sechsblatt-Hauptrotor und einen Vierblatt-Schwanzrotor, ein einziehbares dreirädriges Fahrgestell und ist voll amphibisch. Sein geräumiger Rumpf kann außer der dreiköpfigen Besatzung bis zu 64 Infanteristen unterbringen, gewöhnlich lag die Zahl bei 50.

Eine wesentliche Vorkehrung für die Sicherheit ist, daß er sogar mit nur einem der beiden Motoren fliegen kann. Er hat auch eine Sonde für das Auftanken in der Luft. Die obere Grenze der Schwebhöhe liegt bei 4.084 m. Der CH-53G ist **der** Schwerlast-Hubschrauber der Bundeswehr und wird zweifellos noch Jahre im Dienst bleiben.

SE 313B/SA 318C-Alouette II

Rumpflänge: 9,70 m, Höhe: 2,75 m, Durchmesser des Rotors: 10,20 m, Gesamtgewicht: 1.550 kg, Motor: 530 PS Turboméca Artouste IIC (SE 313B), 530 PS Turboméca Astazou IIA (SA318C), Höchstgeschwindigkeit: 175 km/h, Obergrenze der Einsatzhöhe: 3.200 m, Reichweite: 600.

Der Alouette II, der erste Panzerabwehr-Hubschrauber der Bundeswehr, war mit zwei SS-11 Lenkflugkörpern bewaffnet (inzwischen ist er durch den Bö 105 von MBB ersetzt worden). Er wurde ursprünglich von Sud-Est Aviation, die später von Aérospatiale übernommen wurde, entwickelt und war der erste erfolgreiche Hubschrauber mit Turbo-Motoren. Die Prototypen mit der Bezeichnung SE 3130 Alouette II machten ihre ersten Flüge 1955. Sie wurden von einem 350-PS-Motor angetrieben, der zwei Jahre später auf 530 PS verstärkt wurde, das Flugzeug wurde dann in SE 313 B umbenannt. 1961 wurde ein verbesserter Motor, aber von der gleichen Stärke eingeführt, und das Flugzeug wurde wieder umbenannt — in SA 313C. Die Produktion wurde 1975 eingestellt, nachdem die Bundeswehr 300 dieser Flugzeuge erworben hatte.

Der Alouette ist ein leichter Gebrauchs-Hubschrauber, der eine zweiköpfige Besatzung hat und bis zu vier Passagiere aufnehmen kann. Der Motor ist in der Mitte oberhalb des Rumpfs montiert hinter der Rotor-Pylone. Der Haupt- und der Schwanzrotor haben beide drei Blätter. Das Flugzeug hat eine Plexiglas-Kanzel, die eine gute Rundumsicht ermöglicht. Für den Schwanz wurde eine gitterartige Rahmenkonstruktion entwickelt, um Gewicht einzusparen. Das Fahrgestell besteht aus einem Paar röhrenförmiger Gleitkufen, an denen zwei kleine Räder angebracht sind, um auf dem Boden den Mannschaftszug zu ermöglichen. Im französischen und britischen Truppendienst wird der Alouette nun durch das Modell Gazelle ersetzt. Die Bundeswehr zieht den im eigenen Lande hergestellten Bö 105 vor.

MBB Bö 105M

Rumpflänge: 8,55 m, Höhe: 2,98 m, Durchmesser des Rotors: 9,82 m, Gesamtgewicht: 2.300 kg, Motor: 2x406 PS, Allison 250-C20, Höchstgeschwindigkeit: 270 km/h, Obergrenze der Einsatzhöhe: 5.030 m, Reichweite: 656 km.

MBB Bö 105P (PAH-1)

Wie MBB Bö 105M, außer: Durchmesser des Rotors: 9,84 m, Gesamtgewicht: 2.400 kg, Motor: 2x430 PS Allison 250-C20B.

In den Jahren 1964-66 wurde der Prototyp des Bö 105 — noch vor der 1968 erfolgten Fusion mit Messerschmitt — mit finanzieller Unterstützung durch die Regierung entwickelt. Die erste Maschine der Serienproduktion machte den ersten Flug im April 1970. Dieser kleine Gebrauchs-Hubschrauber bietet in der Vollsicht-Kanzel einer zweiköpfigen Besatzung und außerdem drei Passagieren (oder: wahlweise zwei Krankentragen) Platz; er hat im Export große Erfolge aufzuweisen, wofür einer der wesentlichen Gründe darin lag, daß aus Sicherheitsgründen in der doch relativ kleinen Maschine zwei Motoren eingebaut waren. Er hat ein Gleitgestell, einen Vierblatt-Hauptrotor, der weitgehend aus glasfaserverstärktem Kunststoff konstruiert ist, einen Zweiblatt-Schwanzrotor und kann in einer Höhe von 2.715 m schweben.

Der PAH-1 (Panzer-Abwehr-Hubschrauber) ist ein Modell, das im Zeitraum 1977-78 entstand und das dafür vorgesehen war, die amerikanischen UH-1D Hueys im Besitz der Bundeswehr zu ergänzen und die alternden Alouettes zu ersetzen. Im Dienst der Bundeswehr trägt er 6 Panzerabwehr-Lenkflugkörper HOT, auf jeder Seite des Rumpfs, die mit der periskopischen Zieleinrichtung APX 397, die sich an der Oberkante der Kanzel befindet, ins Ziel gesteuert werden. Diese Visier-Vorrichtung ermöglicht es dem Hubschrauber zu feuern, während er in weit entfernter Position in einer Geländesenke schwebt, relativ sicher vor Beobachtung durch den Feind und vor Feindbeschuß. Der Bo-105 ist zwar ein kleiner Hubschrauber, aber doch eine sehr starke und manövrierfähige Waffenplattform; er verfügt noch über viel Lebenskraft, obwohl er schon ein Vierteljahrhundert alt ist.

Bell UH-D

Rumpflänge: 12,77 m, Höhe: 4,39 m, Durchmesser des Rotors: 14,63 , Gesamtgewicht: 4.310 kg, Motor: 1.100 PS Lycoming T-53-13B, Höchstgeschwindigkeit: 204 km/h, Obergrenze der Einsatzhöhe: 6.700 m, Reichweite: 580 km.

Das Modell 205 Huey von Bell ist vielleicht der bekannteste Militär-Hubschrauber, eine relativ kleine Maschine mit einer großen Tragfähigkeit (zweiköpfige Besatzung und bis zu 15 voll ausgerüstete Infanteristen oder 8 TOW-Lenkflugkörper). Die Variante UH-1D ging 1963 in Serie und wurde zwei Jahre später nach der Auswertung durch die Bundeswehr in Auftrag gegeben. Die Montagearbeiten für die 362 Flugzeuge wurden von Dornier durchgeführt. Die Hälfte davon ist 20 Jahre danach noch im Dienst. Der UH-1D ist im Grunde eine »gestreckte«: Ausführung des Modells 204 Iroquois von Bell, er hat Zwillings-Haupt- und Schwanzrotore und ein Gleit-Fahrgestell. Er findet Verwendung als Truppentransporter, zur Panzerbekämpfung und Bergung von Verwundeten; außerdem wird er von der deutschen Armee häufig als »Artillerie-Kran« für 105- und 155-mm-Geschütze verwandt; die gewichtigere FH70 vermag er jedoch nicht zu befördern.

Die deutschen Kampfflugzeuge im Einsatz
1935-1945

Planung – Flugzeugmuster – Produktion – Entwicklungsabläufe – Ausrüstung – Umrüstung – Pilotenausbildung – Flugschulen – Schulflugzeuge – Einsatzphasen in Foto-Sequenzen – Wartung – Beladung – Instandsetzung – Flugunfälle – Sonderanstriche – Einsätze – das Kriegsende

Manfred Griehl/Joachim Dressel

Diese Neuerscheinung über die deutsche Luftwaffe ist völlig anders aufgebaut als andere Bücher zum Thema. Die umfassende und überzeugende neue Konzeption, die übersichtlichen Darstellungen, die vielen Details und wichtige, bislang unbekannte Tabellen bieten völlig neue Erkenntnisse über die Problematik bei der Entwicklung von Flugzeugtypen bis hin zu ihrem Einsatz.

Besonderer Wert wurde auf Detailaufnahmen von Waffen, Ausrüstungen und sonstige Einzelheiten gelegt, welche in den meisten Veröffentlichungen nur unvollständig vorhanden sind.

Gegliedert ist diese Publikation in die Grundbereiche der deutschen Luftwaffe und präsentiert die Schulung, den Einsatz der Piloten und Warte, die einzelnen Entwicklungsschritte beim Flugzeugbau, die Erprobung, Vorserienmuster und Produktion, schließlich die Verwendung. Zahlreiche Darstellungen von Ausrüstungsgegenständen und Zurüstteilen sowie von diversen Waffenanlagen und Abwurfkörpern komplettieren dieses wichtige Buch.

Die vielen, meist noch nie veröffentlichten Fotos bilden eine ganz neue Grundlage für eigene Studien über die ehemalige Luftwaffe. Der historisch Interessierte findet in diesem Buch ebenso neue Perspektiven wie der technisch versierte Leser oder der Modellbauer.

Format 17 x 24 cm – 220 Seiten – ca. 250 Bilder

ISBN: 3-7909-0398-1

49,80 DM

Die leichte und mittlere Flak
1906-1945
eingesetzt bei den Waffengattungen an allen Fronten
2 cm · 2 cm S.K.C/30 · 3,7 cm · 3,7 cm S.K.C/30 · 4 cm · 5 cm · 5,5 cm
Werner Müller

Endlich liegt eine grundlegende Dokumentation über die leichte und mittlere Flak vor! In der Deutschen Wehrmacht gab es keine Waffengattung, in der nicht Einheiten mit diesen Geschützen ausgerüstet waren. Ob zum Schutz der eigenen Truppenverbände vor gegnerischen Tieffliegerangriffen oder zur Unterstützung auf dem Gefechtsfeld, beim Vormarsch, bei der Abwehr von Angriffen oder zur Sicherung von wichtigen Flußübergängen, Verkehrseinrichtungen und Industrieanlagen, auch als Begleitschutz bei der Eisenbahn und auf Schiffen: die 2 cm, 3,7 cm, 4 cm, 5 cm und 5,5 cm waren unentbehrlich.

Die Entwicklung der leichten und mittleren Flak wird in diesem umfassenden Band durch präzise Texte und an Bildbeispielen aufgezeigt. Die verschiedenen Gerätetypen werden durch Detailskizzen aus Luftwaffendienstvorschriften und Bilder erläutert. Eindrucksvolle Fotos zeigen die Geschütze an allen Fronten von Finnland bis Afrika und in der Heimat im Einsatz. Um diese Waffen schneller verlegen und auch gefechtsbereit als Begleitschutz in Panzerverbänden einsetzen zu können, wurden sie auf Selbstfahrlafetten montiert. Zahlreiche Bilder dokumentieren diese Einsätze. Schließlich fanden sie im Flakpanzer auf dem Fahrgestell vom Panzer IV bei der Truppe Verwendung.

Im Verlauf des Krieges mußten auch die Abwehrwaffen gegen die immer schnelleren und stärker gepanzerten Schlachtflugzeuge verbessert werden, so daß in Folge leistungsstärkere 4 cm-, 5 cm- und 5,5 cm-Flak eingesetzt wurde. Auch diese Gerätetypen sind im vorliegenden Bildband beschrieben und in seltenen Fotos gezeigt.

Mit dieser Neuerscheinung liegt eine komplexe Darstellung dieser Waffengattung vor. Allen Lesern, historisch Interessierten und Waffenkundlern wird eine bisher noch recht unbekannte Waffengattung vorgestellt, die aber in vielen Einsätzen eine entscheidende Rolle gespielt hat.

Format 17 x 24 cm – 176 Seiten – ca. 400 Fotos

ISBN: 3-7909-0395-7

49,80 DM

Die farbigen Taschenbücher

Mehr als 100 farbige Abbildungen und eine Fülle technischer Daten über die Panzerabwehrsysteme unserer Tage in Ost und West. Detaillierte Darstellungen der Einsatzmöglichkeiten bei den Heeren und Luftwaffen. (Nov. 1990)
160 S. – alles in Farbe
ISBN: 3-7909-0391-4 **19,80 DM**

Die wichtigsten und bekanntesten Bomber 1939-1945 in hervorragenden Farbbildern und informativen Texten mit allen Angaben über die Entwicklung. Technische Daten, Einsatz-Chronik, Dreiseitenrisse und Zeichnungen. 160 S. – alles in Farbe
ISBN: 3-7909-0366-3 **19,80 DM**

Ein unübertreffliches Handbuch über die Schlachtschiffe und Schlachtkreuzer der Welt des Ersten und Zweiten Weltkrieges. Alle Großkampfschiffe in beeindruckenden Farbbildern und mit komplexen Texten.
160 S. – alles in Farbe
ISBN: 3-7909-0365-5 **19,80 DM**

Ein beeindruckender Bericht über die Kämpfe im Reichsgebiet, die Festungen und die „Festen Plätze".
(September 1990)
400 S.
ISBN: 3-7909-0408-2 **19,80 DM**

Elitetruppen und Spezialeinheiten
Die Ausrüstung, Ausbildung, Taktik, Operationen der Spezialeinheiten aller Länder.
160 S. – alles in Farbe
ISBN 3-7909-0364-7 **19,80 DM**

Die Panzer des Zweiten Weltkrieges
Vom Panzer I bis zum Königstiger. Die deutschen und alliierten Kampfwagen.
160 S. – alles in Farbe
ISBN 3-7909-0345-0 **19,80 DM**

Die Waffen im Weltraum
Spitzentechnologie für den Kampf außerhalb der Erdatmosphäre.
160 S. – alles in Farbe
ISBN 3-7909-0344-2 **7,95 DM**

Die Militärflugzeuge der Welt
Die Kampfflugzeuge und Luftwaffen der Nationen.
192 S. – alles in Farbe
ISBN 3-7909-0333-7 **19,80 DM**

Fighter 2000
Die Kampfflugzeuge des nächsten Jahrhunderts. Eine faszinierende Vorausschau.
160 S. – alles in Farbe
ISBN 3-0709-0302-7 **5,95 DM**

DEUTSCHLANDS HEER UND FLOTTE in Wort und Bild
Die Kaiserliche Armee und Marine im 19. Jahrhundert
Die Originalausgabe von 1900 ist nur selten im Antiquariat oder bei Versteigerungen aufgetaucht. Jetzt ist das herrliche Werk in einem überzeugenden Nachdruck lieferbar! Uniformfreunde, geschichtlich Interessierte und viele andere finden mit diesem Buch ein einmaliges Standardwerk. Es ist eine militärgeschichtliche Dokumentation mit 41 herrlichen Farbtafeln und umfassendem, im Zeitgeschehen geschriebenen Text.
144 S. – 23 x 33 cm
ISBN: 3-7909-0375-2 **88,– DM**

Sturm auf Moskau 1941 Der Angriff · Die Schlacht · Der Rückschlag
W. Haupt
Jetzt als Taschenbuch lieferbar!
Dieser gewaltige Bericht schildert den ungeheuren Ansturm der deutschen Divisionen, die dramatischen Veränderungen, die sich innerhalb weniger Wochen im Raum vor Moskau ereigneten, die folgenschweren Entscheidungen, das Vordringen durch Schnee, Eis und Schlamm, bis die deutsche Offensive steckenblieb und die russischen Gegenschläge begannen.
294 S. – viele Skizzen
ISBN: 3-7909-0387-6 **19,80 DM**

Das Buch der Panzertruppe 1916-1945
208 S. – 280 Abb.
ISBN: 3-7909-0374-4 **49,80 DM**

Die Heeresgruppe Mitte 1942/1943
526 S. – 80 Fotos
ISBN: 3-7909-0376-0 **49,80 DM**

Das war Guderian
Ein Lebensbericht in Bildern
176 S. – 300 Fotos
ISBN: 3-7909-0130-X **39,80 DM**

Das Handbuch der Deutschen Infanterie
240 S. – 250 Bilder
ISBN: 3-7909-0301-9 **49,80 DM**

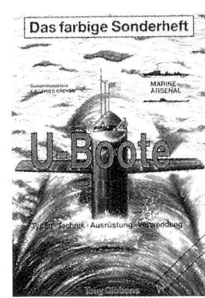

Neuerscheinungen (Herbst 1990)

Titel	Preis	Nr.
Die leichte und mittlere Flak 1940–1945 (Werner Müller)	49,80	10632.1
Schlachtschiff BISMARCK (Band 6 der Reihe Die Deutsche Kriegsmarine) (S. Breyer/G. Koop)	58,—	10636.4
Die neue Luftwaffe im Einsatz 1939–1945 (M. Gellci/J. Dressel)	49,80	10635.6
Die Truppen und Garnisons in Schlesien 1740–1945 (Bergner)	48,—	10633.0

Preußen/Uniformen

Titel	Preis	Nr.
Friedrich und Lotte (R. Ahnert)	29,80	10224.5
Die Uniformen der Panzertruppe (J.-M. Hormann)	58,—	10605.4
Die Uniformen der Infanterie (J.-M. Hormann)	38,—	10611.9
	28,—	

Schauplätze

Titel	Preis	Nr.
Die Heeresgruppe Mitte 1942/43 (F. Kurowski)	49,80	10610.1
Der Abwehrkampf am Peipussee und Kirkenes (F.W. Thofern)	29,80	10604.6
Das war Kurland (Werner Haupt)	49,80	10526.5
Flucht und Vertreibung aus Ostpreußen, Westpreußen usw. (Lothar G. Gauntz)	49,80	10156.7
Leningrad-Wolchow-Kurland (Werner Haupt)	36,—	10398.5
Die 13. Panzer-Division (Alex Buchner)	38,—	10300.4
Die Ostfront 1944 (Alex Buchner)	49,80	10481.7
Der deutsche Festungsbau (Albert Haupt)	28,—	10567.8

Marine

Titel	Preis	Nr.
Die Deutsche Kriegsmarine (Band 2) (Siegfried Breyer)	68,—	10464.7
Die Deutsche Kriegsmarine (Band 3) (Siegfried Breyer/G. Koop)	68,—	10405.1
Die Deutsche Kriegsmarine (Band 4) (Siegfried Breyer/G. Koop)	68,—	10574.1
Die Deutsche Kriegsmarine (Band 5) (Siegfried Breyer/G. Koop)	68,—	10414.1

Nachschlagewerke

Titel	Preis	Nr.
Die deutschen Jagdgeschwader im Rußl.-Feldzug (Werner Held)	49,80	10453.1
Wolfgang Lüth – Der erfolgreichste U-Boot-Kommandant des 2. Weltkrieges (Kurowski)	48,—	10390.0
Die Bildchronik der Fallschirmtruppe (A. v. Roon)	49,80	10566.4
Kampfpanzer in Farbe (WA-Sonderband)	49,80	10347.1

Waffengattungen

Titel	Preis	Nr.
Die deutschen Jagdpanzer (Werner Held)	49,80	10453.1
Grünherzjäger (Böchmann/Held)	48,—	10390.0
Reichsverteidigung – Die Tagjagd (W. Held)	49,80	10566.4
Kampfpanzer in Farbe (WA-Sonderband)	24,80	10347.1

Preußen/Uniformen

Titel	Preis	Nr.
Deutschlands Heer und Flotte (G. Spitz)	88,—	10606.2
Die Kav.-Rgt. Friedrich des Großen (U. Engelmann/G. Dorn)	168,—	10314.4
Friedrich der Große und seine Generale (U. Engelmann/G. Dorn)	98,—	10575.9
Die Polizei-Uniformen in Preußen (Ingo Löhken)	48,—	10453.1
Das Drei-Kaiser-Jahr 1888 (Walther Rohlsch)	49,80	10530.9

Bundeswehr

Titel	Preis	Nr.
Die Bundeswehr und ihre Uniformen (Jörg-M. Hormann)	39,80	10618.6
Schild und Schwert (H.F. Beckmann) (Chronik Panzertruppe Bundeswehr)	48,—	10612.7
Die Artillerietruppe der Bundeswehr (H.J. Zunde)	48,—	10609.9

Sonstiges

Titel	Preis	Nr.
Zwischen Weichsel und Warthe (H. Calliner)	48,—	10607.1
Ostpreußen – Neue Bilder aus einem geliebten Land (T. Merl)	48,—	10151.5
Schlachtfeld Deutschland? (W. Ebeling) (Nettorese)	4,80	10586.6

Restbestände (Lieferung nur solange Vorrat reicht)

Titel	Preis	Nr.
Die 290. Infanterie-Division (H. Pohlman)	29,80	10467.1
Die 22., 25., 27., 233. Res. Panzer-Division (R. Stoves)	24,80	10404.3
Die 5. Jäger-Division (A. Reinicke)	24,80	10257.1
Weiße Flagge von St. Nazaire (H. Müller)	6,80	10441.2
Die Inhaber des Verfassten Kreuzes der BRD 1982/83	28,—	10134.6
Ende im Reich (F. Kurowski)	49,80	10535.0
Vom Einsatz zum Kaukasus (A. Buchner)	24,80	10591.1
Deutsche Jagdflugzeuge 1915/45 (H. Nowarra)	29,80	10163.0
Hakenkreuz und Roter Stern (F. Kurowski)	39,80	10332.2
Die Preußischen Kavallerie Regimenter 1913/1914 (H.F.W. Schütz)	49,80	10354.3
Die Inventar-Uniformen der Süddeutschen Staaten	19,80	10568.6

Divisionen

Titel	Preis	Nr.
Panzerkrieg Großdeutschland – Berichte und Bilder (Helmuth Spaeter)	49,80	10579.1
Die 1. SS-Panzer-Division (Herbert Walther)	36,—	10533.3
Die 12. SS-Panzer-Division (Herbert Walther)	36,—	10534.1
Divisionen der Waffen-SS (Herbert Walther)	46,—	10412.2

Sonderbände Waffen-Arsenal

Titel	Preis	Nr.
Die Einsätze der Pz.-Gren.-Div. Großdeutschland (Helmuth Spaeter)	49,80	10461.2
Die Ritterkreuzträger der Deutschen Luftwaffe (W.P. Fälgebauer)	19,80	10035.8
Die Ritterkreuzträger des Deutschen Heeres 1944/45 (G. Klug)	48,—	10006.4
Die Kampfjets der Generale der deutschen Luftwaffe (H. Abozon)	36,—	10334.9
Deutsche Luftschiffe (H. Nowarra)	14,80	10572.4
Die Kolfflugzeuge der NATO (A.W. Kugel)	14,80	10456.6
Kampfer d. Warschauer Paktstaaten (W. Schneider)	14,80	10512.1
Zweimotorige Kampfflugzeuge (M. Greitt)	14,80	10211.3
Raketen der NATO (A.W. Kugel)	14,80	10565.1
Panzer im Einsatz (W. Sawodny)	14,80	10455.8

Sonderbände Waffen-Arsenal

Titel	Preis	Nr.
Deutsche Löw im Zweiten Weltkrieg (H. Frank)	14,80	10595.3
Die Schwere Flak (8-15) (W. Müller)	16,80	10625.9
Flugzeuge gegen Panzer (8-16) (M. Greitt/J. Dressel)	16,80	10626.7

Marine-Arsenal

Titel	Preis	Nr.
Schlachtschiff TIRPITZ (Band 1) (S. Breyer)	19,80	10485.0
Schlachtschiff GNEISENAU (Band 2) (S. Breyer)	19,80	10513.9
Schlachtschiff SCHARNHORST (Band 3) (S. Breyer)	19,80	10511.2
Flugzeugträger GRAF ZEPPELIN (Band 4) (S. Breyer)	19,80	10515.5
DIE BUNDESMARINE – Schiffe und Flugzeuge (Band 5) (S. Breyer)	19,80	10560.5
Panzerschiff DEUTSCHLAND (Band 6) (S. Breyer)	19,80	10581.3
Die Schlachtkreuzer der Kaiserlichen Marine I (Band 7) (S. Breyer) (NA 1991)	19,80	10562.1
ADMIRAL GRAF SPEE (Band 8) (S. Breyer)	19,80	10287.9
SEGELSCHULSCHIFFE – WELTWEIT (Band 9) (S. Breyer)	19,80	10008.1
Kaiser. Schlachtkreuzer (II) SMS Lützow (Band 10) (S. Breyer)	19,80	10815.1
Die K-Kreuzer (II) (S. Breyer)	19,80	10621.6
Panzerschiff/Schwerer Kreuzer ADMIRAL SCHEER (Band 12) (S. Breyer)	19,80	10622.4
MARINE-SONDER-ARSENAL – Farbe: U-Boote (Tony Gibbons)	24,80	10614.3

Taschenbücher

Titel	Preis	Nr.
Die Militärflugzeuge der Welt (David Donald) (Farbe)	19,80	10573.2
Die Waffen im Weltraum (David Hobbs) (Farbe)	7,95	10582.0
Panzer des Zweiten Weltkrieges (Christopher Foss) (Farbe)	19,80	10593.8
Fighter 2000 (Bill Gunston) (Farbe)	5,95	10526.1
Elite-Truppen (Max Walther) (Farbe)	19,80	10275.0
Schlachtschiffe und Schlachtkreuzer (John Jordan) (Farbe)	19,80	10014.5
Die Airforce der Welt (D. Donald) (Farbe)	19,80	10442.6
Bomber des 2. Weltkrieges (Bill Gunston) (Farbe)	19,80	10631.5
Sturm auf Moskau 1941 (K. Macksey)	19,80	10623.2